Activez le plein potentiel de votre livre !

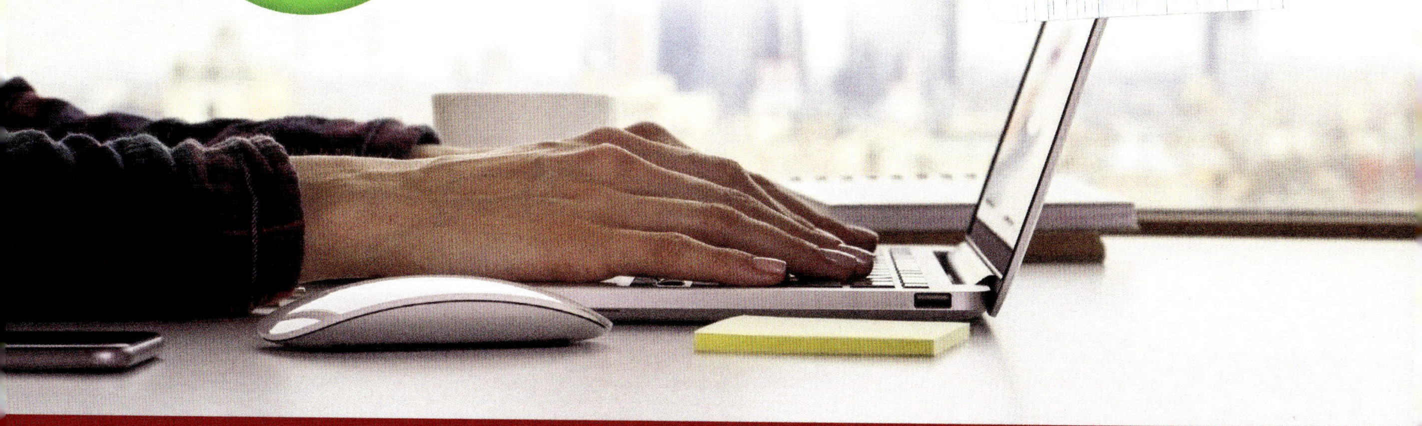

Accédez au matériel en ligne :

- Livre numérique

Pour l'enseignant

- Tableaux, figures et encadrés du manuel

Plus qu'un livre, une expérience d'apprentissage complète !

SOULEVEZ POUR OBTENIR VOTRE CODE D'ACCÈS PERSONNEL

mabibliotheque.cheneliere.ca

CHENELIÈRE ÉDUCATION

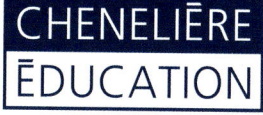

Soutien technique : 1 877 471-0002 ou soutien_technique@tc.tc

VOUS ÊTES ENSEIGNANT ?
Demandez votre code d'accès à votre représentant pour expérimenter et évaluer le matériel numérique exclusif.

(PRJ005019) ISBN 978-2-7650-5950-9

FONDEMENTS DES RELATIONS INDUSTRIELLES

Sous la direction de
Pier-Luc Bilodeau, Université Laval
et **Martine D'Amours**, Université Laval

CHENELIÈRE ÉDUCATION

Fondements des relations industrielles, 2ᵉ édition

Sous la direction de
Pier-Luc Bilodeau et Martine D'Amours

© 2020, 2015 TC Média Livres Inc.

Conception éditoriale : Sonia Choinière
Édition : Marie Calabrese
Coordination : David Bouchet
Révision linguistique : La boîte de correction
Correction d'épreuves : Lucie Bernard
Conception graphique : Françoise Abbate
Conception de la couverture : Guylène Lefort

Des marques de commerce sont mentionnées ou illustrées dans cet ouvrage. L'Éditeur tient à préciser qu'il n'a reçu aucun revenu ni avantage conséquemment à la présence de ces marques. Celles-ci sont reproduites à la demande des auteurs en vue d'appuyer le propos pédagogique ou scientifique de l'ouvrage.

L'achat en ligne est réservé aux résidants du Canada.

Catalogage avant publication de Bibliothèque et Archives nationales du Québec et Bibliothèque et Archives Canada

Titre : Fondements des relations industrielles / Pier-Luc Bilodeau, Martine D'Amours.
Noms : Bilodeau, Pier-Luc, auteur. | D'Amours, Martine, 1958- auteur.
Description : 2ᵉ édition. | Comprend un index.
Identifiants : Canadiana 20190036729 | ISBN 9782765059509
Vedettes-matière : RVM : Relations industrielles—Manuels d'enseignement supérieur.
Classification : LCC HD6971.F66 2020 | CDD 331—dc23

5800, rue Saint-Denis, bureau 900
Montréal (Québec) H2S 3L5 Canada
Téléphone : 514 273-1066
Télécopieur : 514 276-0324 ou 1 800 814-0324
info@cheneliere.ca

TOUS DROITS RÉSERVÉS.
Toute reproduction du présent ouvrage, en totalité ou en partie, par tous les moyens présentement connus ou à être découverts, est interdite sans l'autorisation préalable de TC Média Livres Inc.
Toute utilisation non expressément autorisée constitue une contrefaçon pouvant donner lieu à une poursuite en justice contre l'individu ou l'établissement qui effectue la reproduction non autorisée.

ISBN 978-2-7650-5950-9

Dépôt légal : 2ᵉ trimestre 2020
Bibliothèque et Archives nationales du Québec
Bibliothèque et Archives Canada

Imprimé au Canada

1 2 3 4 5 M 24 23 22 21 20

Gouvernement du Québec – Programme de crédit d'impôt pour l'édition de livres – Gestion SODEC.

Ce projet est financé en partie par le gouvernement du Canada

Présentation des auteurs

PIER-LUC BILODEAU est titulaire d'un doctorat en relations industrielles et professeur agrégé au Département des relations industrielles de l'Université Laval. Il est membre du Centre de recherche interuniversitaire sur la mondialisation et le travail (CRIMT) et du comité de rédaction de la revue *Relations industrielles/Industrial Relations*. Ses enseignements et ses recherches portent sur les relations du travail dans le secteur privé, et plus particulièrement sur la négociation collective et l'industrie de la construction.

MARTINE D'AMOURS est sociologue et professeure titulaire au Département des relations industrielles de l'Université Laval. Elle est membre régulier du Centre de recherche sur les innovations sociales (CRISES) et du comité de rédaction de la revue *Relations industrielles/ Industrial Relations*. Ses principales recherches portent sur les mutations de l'emploi, en particulier les nouvelles configurations de la relation d'emploi (sous-traitance, travail indépendant, intérim et autres formes de salariat atypique), et sur les enjeux que ces mutations soulèvent en matière de protection sociale ainsi que d'action et de représentation collectives des travailleurs concernés.

GENEVIÈVE BARIL-GINGRAS est titulaire d'une maîtrise en ergonomie de l'Université du Québec à Montréal (1992). Elle a agi comme conseillère en prévention pendant une dizaine d'années avant d'obtenir, en 2003, un doctorat de l'Université Laval. Sa thèse portait sur les conditions et les processus menant à des changements visant la prévention à l'occasion d'interventions externes. Professeure titulaire au Département des relations industrielles de l'Université Laval, elle mène des recherches sur les politiques publiques et l'action syndicale dans le domaine de la santé et de la sécurité du travail.

KAMEL BÉJI est titulaire d'un baccalauréat en sciences économiques de l'Université de Sfax, en Tunisie, d'une maîtrise en économie du développement de l'Université Montesquieu Bordeaux IV et d'un doctorat en sciences économiques de l'Université des sciences sociales de Toulouse. Depuis 2007, il est professeur au Département des relations industrielles de l'Université Laval et chercheur au Centre de recherche sur les innovations sociales (CRISES). Ses recherches récentes portent notamment sur les politiques publiques de l'emploi et sur l'intégration socioprofessionnelle des personnes immigrantes.

GUY BELLEMARE enseigne au Département de relations industrielles de l'Université du Québec en Outaouais et est membre du Centre de recherche sur les innovations sociales (CRISES). Il est éditeur de la collection « Gestion des ressources humaines et Relations industrielles » aux Presses de l'Université du Québec. En plus de travailler au renouvellement des théories en relations industrielles, M. Bellemare poursuit des recherches sur les innovations et les transformations sociales dans le travail et le syndicalisme.

RODRIGUE BLOUIN était professeur titulaire de droit du travail au Département des relations industrielles de l'Université Laval au moment de son décès en 2007. Il était titulaire d'un doctorat en droit de l'Université d'Ottawa et était membre du Barreau du Québec et du Barreau canadien. Il était reconnu par ses pairs comme une autorité en matière de droit du travail, domaine dans lequel il a publié de nombreux ouvrages. Il a également collaboré aux travaux de quelques commissions d'étude, notamment ceux du groupe de travail responsable de la révision de la partie I du *Code canadien du travail*, dont le rapport a été déposé en 1996.

ÉRIC CHAREST est titulaire d'un doctorat en relations industrielles de l'Université de Montréal et professeur en gestion des ressources humaines à l'École nationale d'administration publique (ENAP). Spécialiste des politiques proactives de lutte contre les discriminations, il s'intéresse aux enjeux de représentativité des administrations et aux moyens mis en œuvre pour diversifier les effectifs, ainsi qu'à l'efficacité des mesures mises en place pour prévenir et combattre les différentes manifestations de la violence au travail. Il se penche aussi sur les questions d'adaptation des services aux citoyens afin que ceux-ci répondent le mieux possible aux besoins des groupes minorisés.

MARIE-THÉRÈSE CHICHA est titulaire d'un doctorat en sciences économiques de l'Université McGill. Elle est professeure titulaire à l'École de relations industrielles et titulaire de la Chaire en relations ethniques de l'Université de Montréal. Madame Chicha a écrit plusieurs articles et ouvrages sur les thèmes suivants : la discrimination systémique en emploi ; les politiques d'accès à l'égalité et d'équité salariale ; la déqualification des immigrants ; les politiques d'immigration et d'intégration en emploi des immigrants; la gestion de la diversité. En 1989, elle a fait paraître l'ouvrage *Discrimination systémique: fondements et méthodologie des programmes d'accès à l'égalité en emploi* et, en 2011, la troisième édition de *L'équité salariale: mise en œuvre et enjeux* (tous deux aux Éditions Yvon Blais). En 2013, avec la collaboration d'Éric Charest, elle a publié l'étude intitulée *Le Québec et les programmes d'accès à l'égalité: un rendez-vous manqué? Analyse critique de l'évolution des programmes d'accès à l'égalité depuis 1985.*

RENÉE-CLAUDE DROUIN est professeure à la Faculté de droit de l'Université de Montréal depuis juin 2005 et chercheuse au Centre de recherche interuniversitaire sur la mondialisation et le travail (CRIMT). Elle a été admise au Barreau du Québec en 1996 et a obtenu un doctorat en droit de l'Université de Cambridge en 2006. Son enseignement et sa recherche portent sur le droit international du travail et le droit du travail. Elle s'intéresse plus particulièrement aux droits fondamentaux des travailleurs et à la responsabilité sociale des entreprises.

MÉLANIE DUFOUR-POIRIER est titulaire d'un doctorat en administration de HEC Montréal et professeure agrégée en relations du travail à l'École de relations industrielles de l'Université de Montréal. Elle est également cochercheuse affiliée au Centre de recherche interuniversitaire sur la mondialisation et le travail (CRIMT). Ses recherches et son enseignement portent principalement sur le renouveau de la représentation collective et syndicale, la transformation de l'action et des identités syndicales, les aspects sociaux de la mondialisation, les coalitions syndicales, les innovations syndicales (notamment sur le plan de la prévention des atteintes d'ordre psychologique liées au travail), ainsi que sur les études comparatives dans le domaine des relations industrielles. Des travaux de recherche l'ont amenée à se pencher sur l'industrie des mines et de la métallurgie dans plusieurs pays, dont le Chili, le Mexique, le Pérou et les Philippines.

JEAN-NOËL GRENIER est titulaire d'un doctorat en relations industrielles de l'Université Laval. Il est professeur au Département des relations industrielles de cette université depuis juillet 2004. Il a enseigné au collégial pendant huit ans et a agi comme officier syndical à la Fédération nationale des enseignantes et enseignants du Québec (FNEEQ-CSN). Ses recherches touchent aux transformations dans les secteurs publics et les services publics, particulièrement à leurs conséquences sur les personnes salariées et les organisations syndicales qui les représentent.

YVES HALLÉE est professeur agrégé au Département des relations industrielles de l'Université Laval depuis juillet 2012. Il a été pendant quatre ans professeur en gestion des ressources humaines au Département des sciences économiques et administratives de l'Université du Québec à Chicoutimi. Il est membre régulier du Centre de recherche sur les innovations sociales (CRISES). Il a rédigé plusieurs articles et chapitres de livres portant sur l'intégration socioprofessionnelle des personnes sans-abri, l'exclusion sociale, la gestion des ressources humaines, la méthodologie pragmatiste, la rémunération et l'équité salariale. Il est également codirecteur d'un ouvrage sur la gestion des ressources humaines et d'un autre sur la diversité en milieu de travail.

FRÉDÉRIC HANIN est titulaire d'un doctorat en sciences économiques réalisé dans le cadre d'une cotutelle France-Québec. Il est membre régulier du Centre de recherche sur les innovations sociales (CRISES) ainsi que de l'Observatoire de la retraite. Ses publications portent sur les régimes de retraite, l'économie de l'emploi et la financiarisation.

PATRICE JALETTE est professeur titulaire à l'École de relations industrielles de l'Université de Montréal, où il enseigne depuis 2001. Chercheur au Centre interuniversitaire de recherche sur la mondialisation et le travail (CRIMT), il étudie la négociation collective et les relations du travail dans une perspective comparative, en particulier dans les entreprises multinationales, dans le secteur manufacturier et dans des contextes de sous-traitance, de délocalisation et de restructuration. Il s'intéresse de façon générale aux conditions de travail dans les milieux syndiqués. Il est auteur et coauteur de plusieurs ouvrages dont *La convention collective au Québec*, publié chez Chenelière Éducation.

CATHERINE LE CAPITAINE est professeure agrégée au Département des relations industrielles de l'Université Laval. Elle est titulaire d'un doctorat et d'une maîtrise en relations industrielles de cette même université, en plus de compter plusieurs années d'études universitaires en France. Elle est actuellement cochercheuse au Centre de recherche interuniversitaire sur la mondialisation et le travail (CRIMT). Ses recherches portent sur le renouvellement de l'action collective dans la société contemporaine (leadership des femmes, risques psychosociaux, médias sociaux) ainsi que sur la qualité de vie au travail et hors travail des femmes.

JOËLLE RIVET-SABOURIN est titulaire d'un baccalauréat et d'une maîtrise en droit de l'Université Laval. Membre du Barreau du Québec depuis 2005, elle agit comme conseillère syndicale à la Centrale des syndicats du Québec (CSQ), intervenant auprès des syndicats affiliés en matière de rapports collectifs du travail.

PRÉSENTATION DES AUTEURS

VALÉRIE TANGUAY est titulaire d'une maîtrise en relations industrielles de l'Université de Montréal. Elle a été conseillère en relations du travail et rémunération dans le milieu universitaire avant d'entreprendre un doctorat en relations industrielles à cette même université. Désormais gestionnaire des ressources humaines dans un établissement universitaire, elle administre notamment les programmes et mesures en matière d'équité, de diversité et d'inclusion. Spécialiste de l'équité salariale, elle s'est jointe à l'équipe de la Chaire en relations ethniques de l'Université de Montréal en 2014.

DIANE-GABRIELLE TREMBLAY est professeure à l'École des sciences administratives de l'Université TÉLUQ. Elle est directrice de l'Alliance de recherche universités-communautés (ARUC) sur la gestion des âges et des temps sociaux (www.teluq.ca/aruc-gats) et a été de 2002 à 2016 titulaire de la Chaire de recherche du Canada sur les enjeux socio-organisationnels de l'économie du savoir (www.teluq.ca/chaireecosavoir). À titre de professeure, elle a été invitée dans de nombreuses universités européennes et vietnamiennes, notamment.

GILLES TRUDEAU est titulaire d'un doctorat en droit du travail de l'Université Harvard. Professeur à l'Université de Montréal, il enseigne le droit du travail et les relations industrielles depuis de nombreuses années. Il est aussi membre du Centre de recherche interuniversitaire sur la mondialisation et le travail (CRIMT). Ses recherches et publications portent sur le droit du travail en général et son évolution récente en contexte de mondialisation. Gilles Trudeau a été arbitre de griefs pendant plus de vingt ans dans tous les secteurs d'activité, qu'ils soient assujettis à la législation du travail provinciale ou fédérale.

VINCENT VAN SCHENDEL est directeur général de l'organisme de liaison et de transfert Territoires innovants en économie sociale et solidaire (TIESS). Il est titulaire d'un doctorat en relations industrielles de l'Université Laval et d'une maîtrise en économie de l'Université du Québec à Montréal. En 2004, il a coécrit, avec Diane-Gabrielle Tremblay, l'ouvrage *Économie du Québec : régions, acteurs, enjeux,* publié aux Éditions Saint-Martin.

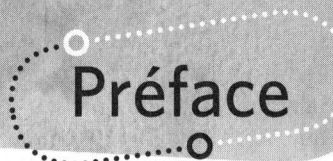

Préface

Nous avons le grand plaisir de vous présenter la deuxième édition du manuel *Fondements des relations industrielles*, entièrement revu et mis à jour. En particulier, cette édition intègre les aménagements législatifs récents apportés à la *Loi sur les normes du travail* (chapitre 7), à la *Loi sur l'équité salariale* (chapitre 8), au *Code du travail* (chapitre 10), ainsi qu'à diverses politiques publiques de l'emploi (chapitre 6). Les statistiques et les références bibliographiques ont été mises à jour dans l'ensemble des chapitres. Tirant parti d'une expérience de cinq années d'utilisation de l'édition précédente par des étudiants québécois et leurs professeurs, nos collaborateurs et nous-mêmes avons apporté diverses autres améliorations au manuel, notamment aux figures et aux tableaux synthèses, et nous avons pris en compte des questions d'actualité dans les domaines du travail et de l'emploi. En outre, les questions de révision qui se trouvent à la fin de chaque chapitre ont été revues afin de couvrir tous les points importants de la matière.

Nous tenons à remercier l'ensemble des auteurs qui ont accepté, pour cette édition comme pour la précédente, de consacrer temps et énergie afin d'offrir aux étudiants et aux professionnels des relations industrielles cet ouvrage d'introduction aux repères généraux, aux acteurs, à l'encadrement institutionnel ainsi qu'à l'organisation des rapports de travail dans l'entreprise. Nous remercions également la succession de notre regretté collègue, le professeur Rodrigue Blouin, de nous avoir autorisés à reproduire et à mettre à jour son excellent texte sur l'encadrement des rapports collectifs du travail, ainsi que les membres de l'équipe de Chenelière Éducation, en particulier Sonia Choinière, Marie Calabrese, David Bouchet, Marise Breault et Lucie Bernard, pour leur professionnalisme.

Pier-Luc Bilodeau et Martine D'Amours

Table des matières

PARTIE 1 — Les repères généraux

Chapitre 1 — Le travail et l'emploi 2
Martine D'Amours

- 1.1 **Le travail dans une économie capitaliste** 3
  - 1.1.1 Le travail comme marchandise 4
  - 1.1.2 L'industrialisation : de l'atelier à la manufacture, et de la manufacture à la fabrique 5
- 1.2 **La division technique du travail : le travail en miettes** 6
  - 1.2.1 Le système professionnel de travail 7
  - 1.2.2 Le taylorisme 7
  - 1.2.3 Le fordisme 8
- 1.3 **Les « problèmes ouvriers » et la naissance des relations industrielles** 9
  - 1.3.1 L'extrême pénibilité de la condition ouvrière 10
  - 1.3.2 Les « problèmes ouvriers » et l'origine des relations industrielles 12
  - 1.3.3 Du compromis fordiste à son effritement 13
- 1.4 **L'emploi : définition, indicateurs et formes** 14
  - 1.4.1 Les catégories de main-d'œuvre 14
  - 1.4.2 Les indicateurs du marché du travail 14
  - 1.4.3 Les formes d'emploi 16
- 1.5 **Le travail et l'emploi aujourd'hui** 17
  - 1.5.1 La précarisation de l'emploi 18
  - 1.5.2 La précarisation du travail 21
  - 1.5.3 Les écarts entre les aspirations des travailleurs et les réalités du travail et de l'emploi 22

Chapitre 2 — Les théories en relations industrielles 28
Guy Bellemare

- 2.1 **Le statut de la théorie dans le champ des relations industrielles : une relation ambivalente** 29
  - 2.1.1 L'importance de la théorie 29
  - 2.1.2 La théorie et l'épistémologie 30
  - 2.1.3 La théorie et l'idéologie : des opposés absolus ? 32

2.2	**Les théories en relations industrielles**	33
	2.2.1 1950-1975 : la théorie du système de relations industrielles et le pluralisme	35
	2.2.2 De 1975 à nos jours : les théories stratégique, néomarxiste et féministes	42

PARTIE 2 Les acteurs et l'action collective en relations industrielles

Chapitre 3 L'action collective des employeurs 60

Vincent van Schendel et Diane-Gabrielle Tremblay

3.1	**Les trois mondes de l'économie et les relations industrielles**	61
3.2	**La structure industrielle du Québec et les emplois par types d'employeurs**	63
	3.2.1 La répartition de l'activité économique	63
	3.2.2 L'emploi selon la taille des établissements	64
	3.2.3 Le monde public	65
	3.2.4 Le monde associatif : l'économie sociale	66
	3.2.5 L'entreprise privée et ses statuts juridiques	67
3.3	**La dynamique productive de l'entreprise privée et ses acteurs**	68
	3.3.1 La production, une œuvre collective	68
	3.3.2 Les acteurs directs	68
	3.3.3 Les acteurs indirects	70
3.4	**Les nouvelles frontières de l'entreprise ou l'entreprise en réseau**	71
3.5	**La performance d'entreprise**	73
	3.5.1 La performance : de quoi s'agit-il ?	73
	3.5.2 La vision tayloriste	74
	3.5.3 L'école des relations humaines	75
	3.5.4 Les visions des acteurs sur la performance	76
	3.5.5 Les associations d'employeurs	77

Chapitre 4 L'action collective des travailleurs et l'évolution du syndicalisme 84

Catherine Le Capitaine et Mélanie Dufour-Poirier

4.1	**L'action syndicale des travailleurs à travers l'histoire**	85
	4.1.1 Le besoin de se syndiquer	85
	4.1.2 La double fonction du syndicalisme	86
	4.1.3 Les origines et l'évolution des traditions syndicales	87
4.2	**Le portrait de la situation syndicale au Canada et au Québec**	90
	4.2.1 Une main-d'œuvre très syndiquée au Québec	90
	4.2.2 Les structures et le fonctionnement des syndicats	93

4.3	Les défis actuels du syndicalisme	99
	4.3.1 Le syndicalisme est-il en crise ?	99
	4.3.2 Le renouvellement de l'action collective des travailleurs	104

Chapitre 5 L'État et la régulation des relations industrielles 116

Martine D'Amours et Pier-Luc Bilodeau

5.1	L'État moderne	117
	5.1.1 Les fonctions de régulation	117
	5.1.2 Les fonctions de distribution	117
	5.1.3 L'activité responsive	118
5.2	L'intervention de l'État dans le champ des relations industrielles : un long parcours	122
5.3	Les premières interventions de l'État : l'État résiduel	122
	5.3.1 Les lois protectrices de la personne au travail	123
	5.3.2 La sécurité sociale	124
	5.3.3 L'encadrement des rapports collectifs du travail	125
5.4	De 1940 à la fin des années 1980 : l'État keynésien-providence	127
	5.4.1 Les lois protectrices de la personne au travail	128
	5.4.2 La sécurité sociale	128
	5.4.3 L'encadrement des rapports collectifs du travail	130
5.5	De la fin des années 1980 à aujourd'hui : l'État néolibéral	133
	5.5.1 Les lois protectrices de la personne au travail	133
	5.5.2 La sécurité sociale	134
	5.5.3 L'encadrement des rapports collectifs du travail	136

PARTIE 3 L'encadrement institutionnel des rapports individuels et collectifs du travail

Chapitre 6 Les politiques publiques de l'emploi 146

Frédéric Hanin et Kamel Béji

6.1	Les fondements des politiques publiques de l'emploi	148
	6.1.1 Un outil politique au service des droits des personnes	148
	6.1.2 Un outil juridique au service de la protection de l'emploi	148
	6.1.3 Un outil économique au service de la solidarité	150
	6.1.4 Les objectifs économiques des politiques publiques de l'emploi	151
6.2	Un panorama des politiques publiques de l'emploi	153
	6.2.1 La formation à l'emploi	154
	6.2.2 L'intégration en emploi	156

6.2.3	Le retrait d'activité et le reclassement professionnel	157
6.2.4	Le soutien et le remplacement du revenu	159

6.3 L'élaboration et la gestion des politiques publiques de l'emploi — 160
- 6.3.1 La relation Québec-Canada — 161
- 6.3.2 Les modèles de gestion des politiques publiques de l'emploi et le rôle de l'État — 161
- 6.3.3 L'architecture institutionnelle de l'élaboration et de la gestion des politiques publiques de l'emploi — 162

6.4 Les défis des politiques publiques de l'emploi — 165
- 6.4.1 La territorialisation des politiques publiques de l'emploi — 165
- 6.4.2 L'institutionnalisation du dialogue social — 167
- 6.4.3 La rareté de la main-d'œuvre — 168

Chapitre 7 Les normes minimales du travail : bilan et éléments de prospective — 173

Gilles Trudeau et Renée-Claude Drouin

7.1 L'historique et les fondements des normes minimales du travail — 174
- 7.1.1 Les premières lois — 174
- 7.1.2 Les lois de l'entre-deux-guerres — 175
- 7.1.3 L'évolution récente — 176

7.2 Un aperçu du régime actuel des normes minimales du travail au Québec — 177
- 7.2.1 Le champ d'application — 178
- 7.2.2 Les effets juridiques des normes minimales — 179
- 7.2.3 Les normes minimales du travail — 179
- 7.2.4 L'administration de la *Loi* et les recours — 187

7.3 Des éléments de prospective — 190
- 7.3.1 La nécessité des normes minimales du travail — 190
- 7.3.2 La teneur et la portée des normes — 192
- 7.3.3 L'application et l'efficacité — 194

Chapitre 8 L'interdiction de discrimination en milieu de travail et les lois proactives du Québec — 200

Éric Charest, Marie-Thérèse Chicha et Valérie Tanguay

8.1 L'équité salariale — 203
8.2 Le cadre général de la *Loi sur l'équité salariale* — 203
8.3 L'objet et le champ d'application — 203
- 8.3.1 La notion de salarié — 203
- 8.3.2 La notion d'employeur et d'entreprise — 204

8.4	**La réalisation de l'équité salariale dans une entreprise**	204
	8.4.1 Les programmes d'équité salariale	204
	8.4.2 La participation des salariés	205
	8.4.3 Les étapes de la réalisation de l'équité salariale	206
8.5	**Les délais de mise en œuvre pour les entreprises**	208
8.6	**Le maintien de l'équité salariale**	208
	8.6.1 Les obligations de l'employeur	208
	8.6.2 La participation des salariés	208
	8.6.3 La mise en œuvre de l'évaluation du maintien	209
	8.6.4 Les affichages	209
	8.6.5 Les ajustements salariaux à la suite de l'évaluation du maintien	209
8.7	**Le bilan de la *Loi sur l'équité salariale***	209
	8.7.1 Le rôle de la Commission des normes, de l'équité, de la santé et de la sécurité du travail	209
	8.7.2 Le bilan de la *Loi sur l'équité salariale*	210
8.8	**Les programmes d'accès à l'égalité**	210
8.9	**L'influence américaine des *Affirmative Action Programs***	211
8.10	**Les programmes d'accès à l'égalité au Québec**	212
8.11	**Les types de programmes d'accès à l'égalité en vigueur au Québec**	213
	8.11.1 Les programmes d'accès à l'égalité recommandés par la Commission des droits de la personne et des droits de la jeunesse ou imposés par un tribunal	213
	8.11.2 Les programmes volontaires d'accès à l'égalité	214
	8.11.3 Les programmes d'accès à l'égalité mis en place en vertu de la politique d'obligation contractuelle	215
	8.11.4 Les programmes d'accès à l'égalité dans la fonction publique	215
	8.11.5 Les programmes d'accès à l'égalité dans les organismes publics	216
	8.11.6 Les programmes d'accès à l'égalité dans l'industrie de la construction	216
8.12	**Le rôle de la Commission des droits de la personne et des droits de la jeunesse**	218
8.13	**La notion d'accommodement raisonnable**	218

Chapitre 9 Le régime québécois de santé et de sécurité du travail et sa mise en œuvre 225

Geneviève Baril-Gingras

9.1	**Le contexte historique et les orientations retenues par le régime québécois en matière de santé et de sécurité du travail**	227
	9.1.1 Le contexte historique	227
	9.1.2 Les stratégies étatiques en matière de prévention	228
	9.1.3 Les stratégies étatiques en matière d'indemnisation	228
	9.1.4 Les autres sources d'encadrement juridique	229

9.2	**Le régime de prévention et sa mise en œuvre**	230
	9.2.1 La Commission des normes, de l'équité et de la santé et de la sécurité du travail	231
	9.2.2 Les autres acteurs institutionnels créés par le régime québécois	232
	9.2.3 La *Loi sur la santé et la sécurité du travail*	233
9.3	**Le régime d'indemnisation des lésions professionnelles et sa mise en œuvre**	242
	9.3.1 Les grands principes	242
	9.3.2 Le processus de réclamation et la notion de lésion professionnelle	243
	9.3.3 Les indemnités de remplacement du revenu	246
	9.3.4 L'assignation temporaire	247
	9.3.5 Le retour au travail	248
	9.3.6 Le processus de révision et de contestation	250
9.4	**Le financement du régime**	251
	9.4.1 La classification	251
	9.4.2 Le régime de tarification (ou de cotisation)	251
	9.4.3 Quelques limites des incitatifs financiers	253

Chapitre 10 L'encadrement juridique général des rapports collectifs du travail : le *Code du travail* ... 261

Rodrigue Blouin, mise à jour du texte original par Joëlle Rivet-Sabourin

10.1	**Le cadre juridique**	262
	10.1.1 Le caractère hétéronome du droit du travail	262
	10.1.2 Le *Code du travail*, pièce maîtresse des rapports collectifs du travail	263
	10.1.3 Un régime général restrictif	264
10.2	**La représentation syndicale**	265
	10.2.1 La liberté syndicale	265
	10.2.2 L'accréditation de l'association de salariés	267
10.3	**La négociation collective**	268
	10.3.1 La négociation directe entre les parties	269
	10.3.2 Les mécanismes de soutien et de substitution aux parties dans la négociation directe	271
	10.3.3 L'usage de moyens de pression économiques	275
10.4	**La gestion des conditions de travail négociées**	280
	10.4.1 La convention collective de travail	280
	10.4.2 Les voies de résolution des litiges	282
Annexe 10.1 Les tableaux synthèses		287

PARTIE 4 — L'organisation des rapports de travail dans l'entreprise

Chapitre 11 — Les fondements, la théorie et les pratiques de gestion des ressources humaines 292

Yves Hallée

- 11.1 Les fondements et l'évolution de la gestion des ressources humaines 294
  - 11.1.1 La formalisation de la fonction GRH, le mouvement de démocratie industrielle et l'organisation scientifique du travail (1914-1930) 294
  - 11.1.2 L'école des relations humaines (1930-1950) 295
  - 11.1.3 La discipline du comportement organisationnel et les perspectives fonctionnalistes (1950-1980) 296
  - 11.1.4 Les perspectives stratégiques (de 1980 à aujourd'hui) 296
- 11.2 Quelques approches théoriques 297
  - 11.2.1 Les théories globales 297
  - 11.2.2 Les théories de la justice organisationnelle 299
  - 11.2.3 Les théories du contrat psychologique et de la motivation 300
- 11.3 La gestion des ressources humaines ou la gestion des personnes? 301
  - 11.3.1 Une définition 302
  - 11.3.2 Les objectifs 302
  - 11.3.3 Le rôle des professionnels de la GRH 303
- 11.4 Quelques considérations générales 304
  - 11.4.1 La tentation universaliste 304
  - 11.4.2 L'alignement horizontal et vertical des pratiques 304
  - 11.4.3 L'effet des relations de pouvoir et l'interaction entre les acteurs 305
  - 11.4.4 La convention collective 305
- 11.5 Les pratiques de gestion des ressources humaines 306
  - 11.5.1 Les aspects stratégiques 306
  - 11.5.2 L'analyse des emplois 306
  - 11.5.3 La gestion prévisionnelle 306
  - 11.5.4 Les pratiques de dotation 307
  - 11.5.5 L'affectation des ressources humaines ou l'organisation du travail 308
  - 11.5.6 L'évaluation du rendement 309
  - 11.5.7 La formation et le développement des compétences 310
  - 11.5.8 Les pratiques de rémunération: définitions et considérations générales 311
  - 11.5.9 Les pratiques disciplinaires 314

Chapitre 12 L'organisation de la prévention en santé et en sécurité du travail à l'échelle du milieu de travail 321

Geneviève Baril-Gingras

12.1 **Les risques du travail et de l'emploi** 322
12.2 **Le regard de l'ergonomie et des relations industrielles** 324
12.3 **Les pratiques spécifiques à la prévention** 325
    12.3.1 La démarche préventive 325
    12.3.2 Les activités d'identification des risques 326
    12.3.3 Le choix et l'implantation des mesures préventives 328
    12.3.4 Le suivi des activités de prévention et leur évaluation 332
12.4 **Les acteurs en prévention** 332
    12.4.1 La structuration de la prévention 332
    12.4.2 La direction 333
    12.4.3 Les superviseurs 333
    12.4.4 Les préventionnistes et les coordonnateurs en santé et en sécurité du travail sous la responsabilité de l'employeur 334
    12.4.5 Les travailleurs 335
    12.4.6 Les syndicats 336

Chapitre 13 La négociation collective 343

Pier-Luc Bilodeau

13.1 **La définition, les origines et le développement de la négociation collective** 344
    13.1.1 La négociation collective 344
    13.1.2 L'évolution de la négociation collective : du marchandage à la régulation conjointe 345
13.2 **Les structures de négociation collective** 347
    13.2.1 Une typologie des structures de négociation 348
    13.2.2 La centralisation indirecte ou informelle de la négociation collective 349
13.3 **Le processus de négociation** 350
    13.3.1 Les sous-processus de la négociation collective 351
    13.3.2 Le déroulement de la négociation interorganisationnelle selon le modèle traditionnel 352
    13.3.3 La négociation basée sur les intérêts 353
    13.3.4 L'intervention de tiers en négociation collective 354
13.4 **L'action stratégique en négociation collective** 356
    13.4.1 La puissance des parties et ses fondements 356
    13.4.2 Deux approches stratégiques générales 359
    13.4.3 Les tactiques de négociation 360

Chapitre 14 La convention collective 368
Jean-Noël Grenier et Patrice Jalette

14.1 La place de la convention collective de travail 369
- 14.1.1 La définition et les types de convention collective 369
- 14.1.2 Le rôle de la convention collective en relations industrielles 370
- 14.1.3 Le profil statistique de la convention collective au Québec 372

14.2 Le contenu de la convention collective 374
- 14.2.1 La classification des clauses 374
- 14.2.2 La relation patronale-syndicale et le contrôle du conflit 376
- 14.2.3 Le compromis effort-rémunération 379
- 14.2.4 La régulation de l'emploi et du travail 382
- 14.2.5 Le contrôle des comportements et l'environnement de travail 386

14.3 L'évolution des conventions collectives et les perspectives 389

Index 395

Abréviations

ACI :	Accord-cadre international
AECQ :	Association des entrepreneurs en construction du Québec
AERE :	Accompagnement des entreprises pour la relance de l'emploi
APSAM :	Association paritaire pour la santé et la sécurité du travail, secteur « affaires municipales »
ARTT :	Aménagement et réduction du temps de travail
ASI :	Alliance syndicale internationale
ASP :	Association sectorielle paritaire
BEM :	Bureau d'évaluation médicale
BIT :	Bureau international du travail
CA :	Conseil d'administration
CALP :	Commission d'appel en matière de lésions professionnelles
CAR :	Comité d'aide au reclassement
CCDL :	*Charte canadienne des droits et libertés*
CCQ :	Commission de la construction du Québec
CCT :	Congrès canadien du travail
CCTM :	Comité consultatif du travail et de la main-d'œuvre
CDLP :	*Charte des droits et libertés de la personne*
CDPDJ :	Commission des droits de la personne et des droits de la jeunesse
CEQ :	Corporation des enseignants du Québec
CES :	Commission de l'équité salariale
CIC :	Corporation générale des instituteurs et institutrices catholiques
CIST :	Commission internationale de la santé au travail
CLP :	Commission des lésions professionnelles
CME :	Conseils mondiaux d'entreprises
CMTC :	Congrès des métiers et du travail du Canada
CNESST :	Commission des normes, de l'équité, de la santé et de la sécurité du travail
COI :	Congrès des organisations industrielles
CPMT :	Commission des partenaires du marché du travail
CPQ :	Conseil du patronat du Québec
CPSST :	Comité paritaire en santé et sécurité du travail
CQCM :	Conseil québécois de la coopération et de la mutualité
CRISES :	Centre de recherche sur les innovations sociales
CRT :	Commission des relations du travail
CSC :	Confédération des syndicats canadiens
CSD :	Centrale des syndicats démocratiques
CSI :	Confédération syndicale internationale
CSMO :	Comité sectoriel de main-d'œuvre
CSMO-ÉSAC :	Comité sectoriel de main-d'œuvre de l'économie sociale et de l'action communautaire
CSN :	Confédération des syndicats nationaux
CSQ :	Centrale des syndicats du Québec
CSS :	Comité de santé et de sécurité
CSST :	Commission de la santé et de la sécurité du travail
CTC :	Congrès du travail du Canada
CTCC :	Confédération des travailleurs catholiques du Canada
EPI :	Équipement de protection individuelle
EPJ :	Exigence professionnelle justifiée
EQCOTESST :	*Enquête québécoise sur des conditions de travail, d'emploi et de santé et de sécurité du travail*
FAT-COI :	Fédération américaine du travail - Congrès des organisations industrielles
FCCQ :	Fédération des chambres de commerce du Québec
FCEI :	Fédération canadienne de l'entreprise indépendante

FCSQ:	Fédération des commissions scolaires du Québec	**PMSD:**	Programme *Pour une maternité sans danger*
FIQ:	Fédération interprofessionnelle de la santé du Québec	**PPE:**	Politiques publiques de l'emploi
FPTQ:	Fédération provinciale du travail du Québec	**PSSE:**	Programme de santé spécifique à l'établissement
FSI:	Fédération syndicale internationale	**PSTA:**	Programme de soutien pour les travailleurs âgés
FTQ:	Fédération des travailleurs et travailleuses du Québec	**RCR:**	Régimes complémentaires de retraite
GRH:	Gestion des ressources humaines	**RCT:**	Rapport collectif du travail
IE:	Internationale de l'éducation	**RDE:**	Rapport de dépendance économique
INSPQ:	Institut national de santé publique du Québec	**RH:**	Ressources humaines
IRR:	Indemnité de remplacement du revenu	**RI:**	Relations industrielles
IRSST:	Institut de recherche Robert-Sauvé en santé et en sécurité du travail	**RP:**	Représentant à la prévention
ISQ:	Institut de la statistique du Québec	**RRQ:**	Régime de rentes du Québec
LATMP:	*Loi sur les accidents du travail et les maladies professionnelles*	**RSPSAT:**	Réseau de santé publique en santé au travail
LES:	*Loi sur l'équité salariale*	**RSST:**	*Règlement sur la santé et la sécurité du travail*
LNT:	*Loi sur les normes du travail*	**SCFP:**	Syndicat canadien de la fonction publique
LSST:	*Loi sur la santé et la sécurité du travail*	**SFPQ:**	Syndicat de la fonction publique et parapublique du Québec
MEDS:	Ministère d'État au Développement social	**SGSST:**	Système de gestion de la santé et de la sécurité du travail
MEQ:	Manufacturiers et Exportateurs du Québec	**SPGQ:**	Syndicat de professionnelles et professionnels du gouvernement du Québec
MESS:	Ministère de l'Emploi et de la Solidarité sociale	**SPI:**	Secrétariats professionnels internationaux
MTESS:	Ministère du Travail, de l'Emploi et de la Solidarité sociale	**SRI:**	Système de relations industrielles
NBI:	Négociation basée sur les intérêts	**SSPFPCT:**	Sous-secrétariat au personnel de la fonction publique du Conseil du trésor
OBNL:	Organisme à but non lucratif	**SST:**	Santé et sécurité du travail
OCDE:	Organisation de coopération et de développement économiques	**TDPQ:**	Tribunal des droits de la personne du Québec
OIT:	Organisation internationale du travail	**TFNR:**	Travailleurs familiaux non rémunérés
OMC:	Organisation mondiale du commerce	**TUAC:**	Travailleurs et travailleuses unis de l'alimentation et du commerce
OMS:	Organisation mondiale de la santé	**UTTAM:**	Union des travailleuses et travailleurs accidentés ou malades
PAE:	Programme d'accès à l'égalité		
PIB:	Produit intérieur brut		
PME:	Petite et moyenne entreprise		

Introduction

Pier-Luc Bilodeau et Martine D'Amours

Les relations industrielles

L'appellation « relations industrielles » renvoie à une époque où c'est la production en usine qui dominait les réflexions sur le travail et l'emploi. Gérard Dion[1], pionnier de l'étude des relations industrielles au Québec, lui préfère d'ailleurs la dénomination « relations du travail » ou « relations professionnelles » pour désigner la triple réalité qu'elle recouvre, c'est-à-dire :

- L'« [e]nsemble des rapports économiques et sociaux, individuels et collectifs, formels et informels, structurés et non structurés, qui naissent et s'établissent à l'occasion du travail (en vue de la production de biens et de services) dans un établissement, une entreprise, une branche et toute l'économie entre les travailleurs et les employeurs, les organisations qui les représentent et l'État lui-même, le tout en fonction des situations, des besoins et des objectifs recherchés par chacun, individuellement ou collectivement, ainsi que des droits reconnus à chacun par la coutume ou par la législation ».
- Un « [e]nsemble cohérent de connaissances faisant appel à diverses disciplines […] qui permettent de comprendre, d'expliquer, de prévoir et d'aménager les rapports économiques et sociaux mentionnés plus haut ».
- L'« [e]nsemble des moyens, procédés et techniques tirés des connaissances et de la pratique servant à l'aménagement des rapports économiques et sociaux mentionnés plus haut ».

Les relations industrielles sont donc à la fois un domaine spécifique des rapports sociaux, un champ d'étude et une pratique professionnelle. Bien sûr, le choix d'une seule et même expression pour désigner des réalités distinctes peut paraître discutable. Dans les faits, il faut pourtant admettre que ces trois réalités sont si étroitement liées qu'elles sont pratiquement indissociables. En effet, les « rapports économiques et sociaux […] s'établiss[a]nt à l'occasion du travail » font nécessairement l'objet d'un aménagement ou d'une régulation, formelle ou informelle. Ces aménagements nécessitent la mise en œuvre de moyens, procédés et techniques qui, à leur tour, font appel à un ensemble de connaissances. Enfin, ces connaissances produites par la recherche en relations industrielles portent tout autant sur les « moyens, procédés et techniques […] servant à l'aménagement des rapports économiques et sociaux » s'établissant à l'occasion du travail que sur ces rapports eux-mêmes.

Quatre domaines de connaissance et d'intervention

En tant que champ d'étude et de pratique professionnelle, les relations industrielles se sont traditionnellement organisées autour de trois grands domaines : la gestion des ressources humaines (GRH), les rapports collectifs du travail (RCT) – auxquels on réduit parfois l'expression « relations du travail » – et les politiques publiques de l'emploi (PPE). Comme on peut le voir à la figure 1, ces trois domaines ne sont pas mutuellement exclusifs. Par exemple, la négociation d'une convention collective, pratique associée aux RCT, vise notamment à encadrer des pratiques de GRH telles que la rémunération ou les mesures disciplinaires. En retour, la négociation collective fait partie des activités de GRH de l'employeur dans les milieux de travail syndiqués. De même, les pratiques

Figure 1 Les domaines du champ des relations industrielles

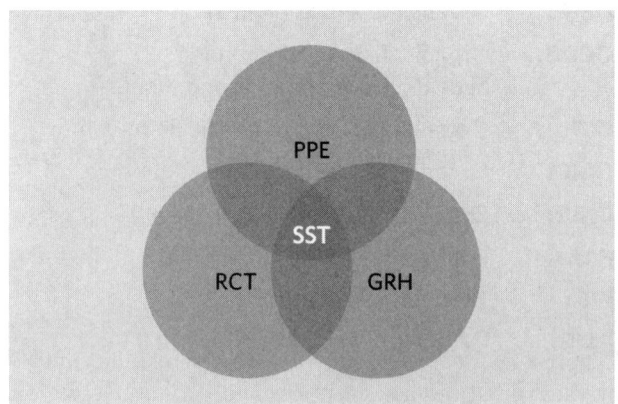

---
1. Dion, G. (1986). *Dictionnaire canadien des relations du travail*, 2e éd., Sainte-Foy, Presses de l'Université Laval, p. 405.

de GRH et les RCT doivent être conformes aux règles découlant des PPE pour ne pas être frappés d'illégalité, une politique de rémunération ou une convention collective ne pouvant pas prévoir des niveaux de rémunération inférieurs au taux minimum fixé par le législateur.

Au fil des ans, un quatrième domaine s'est imposé à l'intersection des trois originaux : la santé et la sécurité du travail (SST). Objet tout à la fois de la GRH, des RCT et des PPE, la SST est au cœur même des problèmes sociaux abordés par les relations industrielles : contrairement aux autres facteurs de production, le travail ne peut être dissocié du corps et de la tête de celles et ceux qui l'exécutent.

Un champ d'étude et de pratique pluridisciplinaire

Ces quatre domaines s'alimentent en connaissances auprès d'un ensemble de disciplines telles que la sociologie, l'économie, le droit, la psychologie, l'ergonomie et l'histoire, ainsi que de deux champs d'étude connexes, l'administration et les sciences politiques. Les relations industrielles constituent donc un champ d'étude pluridisciplinaire où un objet commun – correspondant aux rapports économiques et sociaux du travail ainsi qu'aux moyens, procédés et techniques servant à leur aménagement – est appréhendé d'une multitude de points de vue.

Quelques mots sur l'origine du champ d'étude

En tant que champ d'étude, les relations industrielles sont nées au tournant du XXe siècle de la convergence de deux facteurs, soit l'intérêt d'un nombre grandissant d'universitaires (économistes, sociologues, psychologues, etc.) pour les questions liées au travail et à l'emploi, et une demande sociale pour la résolution des problèmes sociaux associés à ces questions. Ce n'est toutefois qu'au cours des premières décennies que se regroupent, au sein de départements universitaires et d'associations, des chercheurs issus de diverses disciplines dans le but de développer un enseignement et des recherches portant spécifiquement sur le travail, l'emploi et les problématiques sociales qui leur sont associées.

Un premier programme universitaire en relations industrielles voit le jour aux États-Unis en 1920, répercussion d'une commission d'enquête mise sur pied en réponse à l'augmentation de troubles sociaux liés aux conditions de travail et aux relations du travail (les « problèmes ouvriers » discutés au chapitre 1), et plus particulièrement à l'attentat à la bombe perpétré deux ans plus tôt par deux représentants syndicaux au siège du quotidien *L.A. Times*, dont l'éditeur est connu pour son antisyndicalisme (la *Commission on Industrial Relations* de 1912). Ce programme est offert au département d'économie de l'Université du Wisconsin, où enseigne alors l'un des membres de la commission d'enquête, l'économiste John R. Commons. Une première unité d'enseignement et de recherche est créée deux ans plus tard à l'Université Princeton (Kaufman, 1993).

Au départ, l'enseignement dispensé et les recherches réalisées au sein de ces programmes et unités sont articulés autour de deux courants académiques importants, l'économie institutionnaliste du travail et la gestion du personnel, qui cohabiteront au sein du champ d'étude, malgré des tensions persistantes (*ibid.*, p. 19-20). En effet, même si les tenants de ces deux courants partagent, de façon générale, des visées communes de progrès social et de paix industrielle, les tenants du premier voient dans le développement du syndicalisme, de la négociation collective et des PPE la solution aux inégalités inhérentes à la relation d'emploi, alors que ceux du second courant préconisent une harmonisation des rapports de travail par des pratiques de gestion appropriées, dans le respect de la propriété privée. Ces deux courants sont à l'origine des trois domaines exposés plus tôt (GRH, PPE et RCT).

Au Québec, c'est en 1943 qu'est créé le Département des relations industrielles de la nouvelle Faculté des sciences sociales de l'Université Laval, à l'initiative de son doyen, le père Georges-Henri Lévesque. Initialement dirigé par Gérard Tremblay, qui agit à titre de professeur à temps partiel en plus d'exercer ses fonctions de sous-ministre du Travail de la province de Québec, le Département des relations industrielles ne compte alors qu'un seul professeur à temps plein, l'abbé Gérard Dion. Ces deux hommes, ainsi que l'équipe de professeurs et de chargés de cours qui les entoure, offrent une formation alimentée par des savoirs d'ordre pratique et théorique, ainsi que par la doctrine sociale de l'Église catholique.

Les relations industrielles dans le Québec d'aujourd'hui

Bien que les problèmes sociaux du travail et de l'emploi ne constituent plus depuis longtemps un risque à la stabilité politique et économique des pays occidentaux, le champ des relations industrielles conserve toute sa pertinence, même plus d'un siècle après sa création. En effet, même si de grands pas ont été faits au cours du XXᵉ siècle en matière d'amélioration des conditions de travail et de pacification des relations du travail, l'emploi demeure la principale source de revenu de la majorité des individus en âge de gagner leur vie. Le travail et l'emploi continuent de poser nombre de problèmes à résoudre, notamment en matière de santé des travailleurs, de distribution de la richesse et, ces dernières années, de changements sociaux et technologiques (tertiarisation, mondialisation, financiarisation, développement effréné des technologies de l'information et des communications, etc.).

Le Québec compte aujourd'hui trois unités d'enseignement et de recherche universitaires où sont enseignées les relations industrielles. Au département de l'Université Laval se sont ajoutés, en 1945, l'École (autrefois Section) des relations industrielles de l'Université de Montréal, puis, en 1992, le Département de relations industrielles de l'Université du Québec en Outaouais.

Quelque 70 professeurs de ces établissements, ainsi que des dizaines de chargés de cours, forment chaque année près de 2000 étudiants aux 3 cycles universitaires.

L'objectif et la portée du manuel

Comme son titre l'indique, le présent ouvrage renferme un ensemble de connaissances de base sur ce que nous considérons être les *fondements des relations industrielles*. Nous avons réuni une équipe de collaborateurs actifs en enseignement et en recherche, et spécialisés dans l'un ou l'autre des aspects ou domaines de ce champ d'étude. Notre objectif est d'offrir un outil d'apprentissage général aux personnes désireuses de savoir ce que sont les relations industrielles, que ce soit dans le cadre d'un programme spécialisé, d'une formation complémentaire ou d'une pratique professionnelle. Aux étudiants de premier cycle universitaire en relations industrielles, l'ouvrage devrait fournir une base solide sur laquelle ils pourront prendre appui dans la poursuite de leur cheminement scolaire.

La production d'un instrument d'apprentissage général complet et rigoureux dans un champ aussi vaste que celui des relations industrielles n'est pas chose simple, et l'intégration d'une matière aussi volumineuse et diversifiée constitue, en soi, un défi. Compte tenu de cette ampleur, nous avons préféré intituler notre ouvrage *Fondements des relations industrielles* plutôt qu'*Introduction aux relations industrielles,* titre de l'ouvrage publié précédemment sous la direction du professeur Jean Boivin.

En raison de l'ancrage national – provincial, dans le cas du Québec – des acteurs, des institutions et des pratiques associés aux relations industrielles, la matière couverte dans chacun des chapitres s'appuie sur la réalité québécoise. Compte tenu de ce choix, cet ouvrage s'avérera d'un intérêt moindre pour ceux et celles qui s'intéressent plus particulièrement à la réalité des milieux de travail relevant de la compétence législative du Parlement fédéral, des autres provinces canadiennes ou de l'étranger. Cela dit, cette mise en garde vaut surtout pour le volet « institutions » du manuel, et il importe de préciser qu'une large part des travaux sur lesquels s'appuient ses auteurs ont été réalisés hors Québec ou ont une portée qui dépasse la seule réalité québécoise.

Partie 1

Les repères généraux

Chapitre 1 ○ Le travail et l'emploi

Chapitre 2 ○ Les théories en relations industrielles

Tel que nous l'avons précisé dans l'introduction générale, et contrairement à une représentation communément admise, les relations industrielles ne s'intéressent pas seulement aux rapports collectifs de travail entre les directions d'entreprise et les syndicats, mais à l'ensemble des questions et problèmes relatifs au travail et à l'emploi, concernant tant les travailleurs syndiqués que les non-syndiqués, qui occupent un emploi ou qui sont provisoirement sans emploi (par exemple, chômeurs ou retraités). Cette première partie de l'ouvrage comporte des repères généraux sur l'objet d'étude des relations industrielles, ainsi que sur les principales approches théoriques permettant de l'appréhender.

Puisque le cœur de l'objet d'étude des relations industrielles est la relation d'emploi, le chapitre 1, rédigé par Martine D'Amours, est consacré aux conditions d'émergence et au développement du salariat, ainsi qu'à l'histoire de la division technique du travail conduisant aux conditions pénibles qu'affrontait la classe laborieuse des débuts de l'industrialisation. C'est en réaction à ces conditions pénibles et aux problèmes ouvriers qu'elles ont engendrés que sont nés les différents courants de pensée à l'origine du champ des relations industrielles. Ce chapitre passe également en revue les principaux indicateurs du marché du travail tout en s'intéressant aux enjeux contemporains relatifs à la qualité du travail et de l'emploi.

Sous la plume de Guy Bellemare, le chapitre 2 vise à sensibiliser l'étudiant à l'importance de la théorie en relations industrielles. Comme le précise l'auteur de ce chapitre, pour agir efficacement sur les réalités multiformes du travail et de l'emploi, il faut apprendre à « lire » les situations et, pour ce faire, savoir départager le détail et l'essentiel. Or la théorie consiste en une simplification raisonnée du réel multiforme et aide à cerner les facteurs les plus importants d'une situation donnée. Le chapitre passe en revue les différentes visions de la science et de la société dans lesquelles s'inscrivent les principaux courants théoriques en sciences humaines et sociales, pour ensuite brosser un tableau des approches théoriques les plus couramment utilisées en relations industrielles.

Chapitre 1

Martine D'Amours

Le travail et l'emploi

Plan du chapitre

1.1 ▸ Le travail dans une économie capitaliste

1.2 ▸ La division technique du travail : le travail en miettes

1.3 ▸ Les « problèmes ouvriers » et la naissance des relations industrielles

1.4 ▸ L'emploi : définition, indicateurs et formes

1.5 ▸ Le travail et l'emploi aujourd'hui

Objectifs d'apprentissage

- Comprendre ce qui caractérise le travail dans une société capitaliste.
- Connaître les principales étapes du développement de la division technique du travail.
- Cerner les causes du « problème ouvrier » et les solutions promues.
- Être en mesure de comprendre et d'interpréter les principaux indicateurs du marché du travail.
- Reconnaître les principaux enjeux contemporains relatifs à la qualité du travail et de l'emploi.

Introduction

Ce chapitre a pour objectif d'initier l'étudiant à la nature de la relation d'emploi, qui est au fondement du champ d'étude des relations industrielles. Nous exposerons d'abord en quoi le mode de production capitaliste est venu bouleverser les rapports sociaux de production, séparant les travailleurs de leurs moyens de production et les obligeant à vendre leur capacité de travail à un employeur, en échange d'un salaire (*voir la section 1.1*). Nous aborderons ensuite les raffinements de la division technique du travail qui, surtout à partir de Taylor, permettront d'embaucher du personnel non qualifié, aisément remplaçable et faiblement rémunéré (*voir la section 1.2 à la page 6*). La conjonction de ces deux phénomènes sera à la source de l'extrême précarité de la condition ouvrière dans les débuts de l'industrialisation, et c'est pour répondre aux « problèmes ouvriers », qui menaçaient la paix sociale, que des réformateurs ont imaginé des solutions qui sont à l'origine de ce qui deviendra les relations industrielles (*voir la section 1.3 à la page 9*).

Après ce détour historique, nous nous attarderons aux différents statuts au sein de la main-d'œuvre et à la manière de construire et d'interpréter les principaux indicateurs du marché du travail que sont le taux d'activité, le taux d'emploi et le taux de chômage (*voir la section 1.4 à la page 14*). Finalement, nous consacrerons la section 1.5 aux principaux problèmes contemporains du travail et de l'emploi. Mais, avant d'aller plus loin, il importe d'abord de distinguer les notions de « travail » et d'« emploi », qui sont des objets centraux en relations industrielles.

Le travail[1] est « l'activité de production de biens et de services, et l'ensemble des conditions d'exercice de cette activité » (Maruani et Reynaud, 2001, p. 4). Cette notion renvoie à l'organisation du travail et aux marges d'autonomie qu'elle accorde ou non au travailleur, de même qu'à la charge de travail, aux horaires, au lieu et à l'environnement de travail et, par extension, aux qualifications et aux compétences requises pour réaliser l'activité de travail.

L'emploi est l'inscription de l'activité de travail dans un statut, un contrat, une organisation. C'est « une relation qui unit une personne à une organisation dans un cadre construit en dehors de lui et avant lui », notamment par le droit du travail et la convention collective (Fouquet, 1998, p. 228). La notion d'emploi se rapporte aux conditions contractuelles dans lesquelles s'exerce l'activité de travail, notamment la plus ou moins grande sécurité du contrat de travail, la rémunération, les congés et les autres avantages sociaux (assurances collectives, régime de retraite).

Ainsi, on pourrait dire que l'activité que j'exerce (mon travail) est le soin des malades, alors que mon emploi est celui d'ergothérapeute dans un centre hospitalier X, avec un statut de permanent, dans une certaine classification, à un certain niveau de rémunération.

1.1 Le travail dans une économie capitaliste

Il y a de nombreux débats sur la question de savoir si le travail est une catégorie anthropologique universelle, autrement dit s'il a existé de tout temps, dans tous les types de sociétés[2]. Certains auteurs, comme Gorz (1988) et Méda (1995), sont d'avis que le travail n'est pas une catégorie anthropologique universelle, mais une catégorie historique qui s'est construite progressivement jusqu'à devenir l'élément central, le principe unificateur de nos sociétés modernes.

À l'opposé, des auteurs comme Bouffartigue et Eckert (1997) distinguent le travail comme catégorie anthropologique universelle, définie par Eckert (1997) comme une « activité productive socialement contrainte »[3], de

---

1. Nous nous limitons dans ce chapitre au travail rémunéré, sans prendre en considération les activités socialement utiles, mais non rémunérées, que sont le travail bénévole, le travail domestique et le travail de formation (l'éducation).

2. Cette section s'inspire en bonne partie des travaux d'historiens et de sociologues qui ont étudié l'histoire du capitalisme (Marx, au XIXe siècle, et Polanyi, au milieu du XXe siècle), du salariat (Castel, 1995) et de l'industrialisation (Harvey, 1978).

3. Cette expression désigne non seulement le fait que la production de biens et de services est essentielle à la survie des individus et des collectivités, mais aussi le fait que cette activité de production est organisée socialement.

la catégorie du travail salarié, sa forme marchande, qui date du xviiie siècle. En effet, ils font valoir que le travail existe dans les sociétés précapitalistes, même si le concept de travail n'existe pas. Ce qui change avec l'avènement du capitalisme, c'est la réduction du travail au rang de marchandise et l'expansion du salariat, un statut qui s'impose à ceux qui, dépouillés de leurs moyens de production, n'ont d'autre choix que de vendre leur capacité de travail pour survivre (Eckert, dans Bouffartigue et Eckert, 1997).

1.1.1 Le travail comme marchandise

Ainsi, la naissance du capitalisme allait représenter un tournant dans l'histoire du travail. Le mode de production capitaliste se distingue des modes de production qui l'ont précédé par deux caractéristiques fondamentales : la séparation entre les producteurs et leurs moyens de production et la domination de l'économie de marché.

La séparation entre les producteurs et leurs moyens de production

Alors qu'ils étaient jusque-là de petits producteurs indépendants (fermiers, pêcheurs, artisans) qui décidaient quoi et comment produire, puis vendaient leur production sur le marché, les travailleurs se voient, avec l'avènement du capitalisme, dépouillés des moyens de production, désormais concentrés entre les mains d'entrepreneurs qui possèdent les bâtiments, les machines, les capitaux.

Cette situation a plusieurs conséquences. Le travailleur n'a plus d'accès direct au marché ; il ne décide plus de la finalité du travail (ce qu'il va produire) ni de la manière d'organiser le travail (les procédés, les cadences). Tout ce qu'il possède est sa capacité à produire un travail, et il vend cette capacité à l'entrepreneur capitaliste, en échange d'un salaire. Ce salaire ne correspond qu'à une partie de la valeur créée par son travail, et l'employeur s'approprie la différence (que Marx appelle la plus-value). Voilà qui explique succinctement l'antagonisme qui est au cœur des rapports de production capitalistes.

L'avènement du capitalisme crée donc une nouvelle figure de travailleur : le salarié, soit le travailleur qui se trouve en double situation de dépendance (Morin, 1982, p. 36) :

- dépendance économique, au sens où, en contexte d'industrialisation, de concentration des moyens de production et du capital, et finalement de rationalisation du travail, il dépend exclusivement[4] de la vente de sa force de travail pour survivre ;
- dépendance professionnelle, au sens où la contrepartie du salaire est la soumission à la volonté de l'employeur, qui décide quoi produire, comment produire, avec quels outils, etc.

La domination de l'économie de marché

Dans son ouvrage célèbre (*La Grande Transformation*, initialement publié en 1944), Karl Polanyi explique comment la domination de l'économie de marché a eu pour effet de tout transformer, même la terre et le travail, en marchandises, qui sont dès lors régulées par la seule loi de l'offre et de la demande. Le travail est désormais vendu comme n'importe quelle autre marchandise, alors que

> [...] dans les sociétés précapitalistes, peu de travailleurs sont vraiment des marchandises, au sens où leur survie dépend de la vente de leur force de travail. C'est lorsque les marchés deviennent universels et hégémoniques que le bien-être des individus commence à dépendre entièrement du rapport à l'argent (Esping-Andersen, 1999, p. 35).

Pour que le rapport salarial puisse exister, il faut en effet que le travailleur dispose librement[5] de sa force de travail, plutôt que d'être soumis à la tutelle d'autrui, en échange de sa protection, comme c'était le cas dans les rapports d'esclavage ou de servage. La vente de la force de travail devient donc l'objet d'un contrat « libre » entre le travailleur et l'employeur, et elle est réglée par le mécanisme du marché plutôt que par des institutions extérieures à l'échange lui-même (Polanyi, 1983, p. 104). Il s'agit là d'une rupture avec la période antérieure, pendant laquelle l'État intervenait, d'une part, pour réguler les métiers et, d'autre part, pour obliger les indigents à travailler et pour réprimer le vagabondage (Castel, 1995). En d'autres termes, avec l'avènement du capitalisme, le travailleur est formellement libre, mais il se trouve dénué de toute protection, d'autant que l'idéologie du libéralisme économique professe que l'État ne doit pas intervenir dans le fonctionnement des marchés, y compris celui du travail. Conformément à cette idéologie, il n'existe donc

---

4. Même si les petits producteurs indépendants recouraient de manière épisodique au travail salarié, celui-ci n'était pas leur seule source de subsistance. L'expansion du salariat signifie qu'un nombre grandissant de travailleurs comptent exclusivement sur la vente de leur force de travail pour survivre.

5. Pour Locke (1992, publié la première fois en 1690), le travail-marchandise est la plus haute manifestation de la liberté individuelle, et pour Smith (1776), il est « la première et la plus inviolable de toutes les propriétés [...], la source originaire de toutes les autres propriétés ». « Le patrimoine du pauvre est dans la force et dans l'adresse de ses mains. » (Cité dans Méda, 1995, note 94, p. 319)

pas, à cette époque, de lois protectrices du travailleur ou de régimes publics de soutien du revenu; de même, les syndicats, considérés comme des entraves à la libre concurrence, sont frappés d'illégalité.

Le droit de l'époque, que reflète le *Code civil du Bas-Canada* (1866), inscrit la vente de la force de travail dans le paradigme de la liberté contractuelle, qui postule l'autonomie et l'égalité des parties en présence, la primauté du contrat, la liberté de commerce et la libre concurrence. Ainsi, le *Code civil du Bas-Canada*, qui reprend presque textuellement le *Code civil français* de 1804, soumet le « louage de service personnel » des ouvriers, domestiques et autres compagnons ou journaliers aux mêmes règles que n'importe quel contrat. D'ailleurs, le louage de services personnels, qui inclut tant « le service personnel des ouvriers, domestiques et autres » que « celui des contracteurs et autres entrepreneurs suivant devis et marché », fait l'objet de cinq articles placés entre le louage de choses et la location de bétail (Morin, Brière et Roux, 2006, p. 222).

Or cette égalité juridique n'est qu'une fiction, car les positions des deux contractants sont foncièrement inégales. En effet, si le travailleur disposait de la même liberté que l'entrepreneur capitaliste, il pourrait attendre d'obtenir un juste prix pour son travail, tout comme je peux refuser de vendre ma maison ou ma voiture tant que je n'aurai pas obtenu le prix qui me convient. Mais comme il n'a pas d'autre moyen de subsistance que la vente de sa capacité de travail et qu'il ne peut donc se payer le luxe d'attendre le « juste prix », il n'a pas le choix d'accepter le salaire qu'on lui offre (*voir l'encadré 1.1*). Ce n'est qu'à la fin du XIXe siècle que le droit du travail s'élabore progressivement, reconnaissant que le travail n'est pas une marchandise, que les parties contractantes ne sont pas égales et qu'il est impératif de protéger le salarié, qui est la partie faible au contrat (*voir la section 3.3, à la page 68, et le chapitre 5*).

1.1.2 L'industrialisation : de l'atelier à la manufacture, et de la manufacture à la fabrique

Si l'avènement du capitalisme signifie que le travailleur ne possède plus ses moyens de production et qu'il doit vendre, pour un temps déterminé, sa capacité de travail à l'entrepreneur qui les possède, les formes particulières prises par les rapports de production varieront selon les étapes de l'industrialisation. Les auteurs distinguent deux phases dans l'évolution du travail industriel, deux modalités distinctes qui succèdent à l'atelier dans lequel l'artisan fabriquait un produit complet, avec ses outils, seul ou avec l'aide d'apprentis ou de membres de sa famille. Ces deux modalités sont la manufacture et la fabrique.

La manufacture réunit sous un même toit un nombre plus ou moins grand d'ouvriers de métier qui effectuent chacun une ou quelques opérations particulières, contribuant à la réalisation du produit. À cette étape, il s'agit essentiellement, comme le rapporte Harvey (1978), de décomposer le métier traditionnel en tâches spécialisées. Cependant, l'ouvrier de manufacture conserve la maîtrise de son travail et contrôle la manière d'utiliser son outil. Dans la manufacture, définie comme « un établissement industriel utilisant surtout le travail à la main » (*Le Petit Robert*, 2009), la machine n'est pas totalement exclue, mais, selon Marx, que citent plusieurs auteurs contemporains, elle ne joue pas un rôle déterminant.

Dans la fabrique, au contraire, des machines-outils de plus en plus perfectionnées, mues par une énergie extérieure à l'humain (la vapeur d'abord, puis l'essence et l'électricité), deviennent le principe clé de l'organisation du travail, dans laquelle l'ouvrier est soumis au mouvement et au rythme qu'elles déterminent. Marx résume ainsi ce qui distingue la manufacture de la fabrique :

Encadré 1.1 Le travailleur : une marchandise au même titre que le poisson

Dans un article paru en 1892, un journaliste compare ainsi le travailleur au poisson offert au marché Bonsecours :

« En d'autres termes, plus la marchandise est abondante, c'est-à-dire plus l'offre est grande et la demande petite, plus le prix est faible. Au contraire, plus la marchandise est rare, c'est-à-dire plus l'offre est petite et plus la demande est grande, plus le prix est fort. De même, plus les ouvriers sont nombreux, plus le salaire est restreint ; plus les ouvriers sont rares, plus le salaire est étendu. C'est pourquoi un manœuvre de maçon, genre très nombreux, coûte une cinquantaine de cents par jour. Alors que le sculpteur, genre très rare, coûte trois ou quatre piastres. » (Journal *Le Monde*, 26 mars 1892, cité par de Bonville, 1975, p. 81)

Dans la manufacture et le métier, l'ouvrier se sert de son outil ; dans la fabrique, il sert la machine. Là, le mouvement de l'instrument de travail part de lui ; ici, il ne fait que le suivre. Dans la manufacture, les ouvriers forment autant de membres d'un mécanisme vivant. Dans la fabrique, ils sont incorporés à un mécanisme mort qui existe indépendamment d'eux (Marx, 1967, p. 104, cité dans Harvey, 1978, p. 101).

Dans le passage de l'atelier à la manufacture, puis de la manufacture à la fabrique, la division du travail s'accroît et la qualification requise pour effectuer le travail diminue, comme en témoigne l'évolution du métier de cordonnier, au XIXe siècle, que relate Harvey. Dans l'atelier, le cordonnier artisan réalisait toutes les étapes nécessaires à la fabrication d'une paire de chaussures. À l'étape de la manufacture, l'ouvrier semi-qualifié se concentrait sur une seule étape, le talon, par exemple. À l'étape de la fabrique, l'ouvrier semi-qualifié qui occupait le poste de talonneur a été remplacé par un ouvrier spécialisé, c'est-à-dire ne possédant aucune compétence relative au métier. « Ce dernier, assisté d'une jeune fille, commande une machine à poser les talons […]. L'habileté requise des anciens cordonniers est donc remplacée, dans ce cas-ci, par l'habitude et la rapidité. » (Harvey, 1978, p. 107)

Ces changements s'effectuent progressivement et, pendant les premières vagues d'industrialisation, le métier persiste en dépit de la croissance du travail non qualifié, de même que la grande entreprise coexiste avec la sous-traitance et le travail à domicile. Harvey (1978) explique qu'au sein d'une même entreprise on trouve des travailleurs peu qualifiés et d'autres très qualifiés, ainsi que le recours au *sweating system*. Dans ce système « de la sueur », une partie du travail est confiée à des entrepreneurs ou sous-traitants, qui font effectuer le travail à domicile par des employés, souvent des femmes et des jeunes filles, à de très petits salaires.

Linteau, Durocher et Robert (1989, p. 141) rappellent en outre que le processus d'industrialisation s'étale sur plusieurs décennies au Québec, surtout durant la deuxième moitié du XIXe siècle, à un rythme variable selon les secteurs de l'économie. Dans certains secteurs, l'étape de la manufacture semble avoir été assez brève, et parfois même escamotée, parce que le développement industriel est le fait d'entrepreneurs étrangers, essentiellement britanniques et américains, qui importent directement les innovations techniques mises en œuvre dans leur pays d'origine.

1.2 La division technique du travail : le travail en miettes

La division sociale du travail[6], c'est-à-dire la différenciation des tâches ou la spécialisation des rôles dans une société, a toujours existé dans toutes les sociétés, qu'il s'agisse de répartition des tâches entre les sexes ou les groupes sociaux ou, par la suite, de spécialisation du travail entre les secteurs d'activité et, à l'intérieur de chacun des secteurs, entre les métiers et professions (De Coster, 1998). Toutefois, c'est l'évolution de la division technique du travail, c'est-à-dire la division et la répartition des tâches à l'intérieur de l'entreprise, qui nous intéresse ici parce que cette division technique aura des conséquences importantes pour le travail et l'emploi.

La division technique du travail existe depuis bien avant le XIXe siècle. Adam Smith, qui écrit en 1776, s'intéresse déjà aux gains de productivité permis par la division du travail dans une manufacture d'épingles[7] : la division du processus en 18 opérations simples, réparties entre 10 ouvriers, permet de produire quotidiennement plus de 48 000 épingles, une moyenne de 4800 par ouvrier, alors qu'en assumant tout le processus, chaque ouvrier ne produirait pas 20 épingles par jour.

Mais, comme le note Stroobants (1993, p. 37), une série de facteurs interreliés, parmi lesquels le développement technique, le développement des marchés ainsi que la concentration des capitaux et des moyens de production, vont favoriser une division technique encore plus poussée, allant jusqu'à la parcellisation des tâches, ou « le travail en miettes », pour reprendre le titre de l'ouvrage de Friedmann (1956). De Coster (2014) repère cinq grandes étapes de cette division technique du travail (associant type de technologie, forme de l'organisation du travail et type de travailleurs) : le système professionnel de travail, le taylorisme, le fordisme, l'automation et l'informatique. Pour les besoins de notre exposé, nous nous limiterons aux trois premières.

---

6. Cette section s'inspire en bonne partie des travaux de sociologues ou d'économistes du travail, en particulier De Coster (1998, 2014), Stroobants (1993), Braverman (1976) et Coriat (1979).

7. Le cas de la manufacture d'épingles est rapporté par Stroobants (1993), Erbès-Seguin (1999) et De Coster (1998), mais aussi par plusieurs autres auteurs.

1.2.1 Le système professionnel de travail

Le système professionnel de travail correspond en gros à ce qui a été dit précédemment sur la manufacture. Si la direction y définit de manière générale la quantité et la qualité de la production requise, les travailleurs disposent d'une grande autonomie dans l'organisation de leur travail. L'ouvrier travaille sur des machines universelles (qui peuvent produire divers types de pièces) ; il est capable d'accomplir plusieurs types de tâches, et son travail requiert la mise à contribution de son habileté et de ses connaissances (De Coster, 2014, p. 122 à 124).

Comme le mentionne Braverman (1976, p. 56), « le travail restait donc sous le contrôle immédiat des producteurs qui incarnaient la connaissance traditionnelle et la pratique habile de leur art ». En conséquence, sans cet ouvrier de métier, il n'y a pas à cette époque de développement manufacturier possible. Coriat rappelle que les entrepreneurs s'arrachent ces ouvriers de métier, une ressource si importante que les pays d'Europe leur interdisent d'émigrer et que les manufactures sont contraintes de se déplacer pour s'établir là où se trouve cet atout indispensable (Coriat, 1979, p. 23).

1.2.2 Le taylorisme

Frederick W. Taylor (1856-1915), un ingénieur qui a d'abord été ouvrier puis contremaître, n'a pas inventé la parcellisation du travail. Selon De Coster, « l'originalité de Taylor est d'avoir seulement formalisé dans un système de règles un principe qui existait bien avant qu'il fût né, à savoir la séparation radicale entre la conception et la préparation du travail, d'une part, et son exécution matérielle, d'autre part. Elle réside également dans l'idée qu'il n'existe qu'une seule solution rationnelle (*the one best way*) à chaque problème d'organisation du travail » (De Coster, 2014, p. 126).

L'objectif déclaré[8] de Taylor est d'augmenter la productivité du travail, dans le but d'obtenir la prospérité maximum tant pour l'employeur que pour les salariés. Il part donc du postulat que les intérêts des patrons et des ouvriers convergent, et qu'il est possible de concilier salaires élevés et bas coût de revient de la main-d'œuvre. Pour cela, il veut s'attaquer à ce qu'il appelle la « flânerie systématique » des ouvriers, qui limitent délibérément la production, de crainte que la hausse de la productivité ne fasse augmenter le chômage, et parce que le fait de travailler plus fort ne se traduit pas en augmentations de salaire ; au contraire, le fait de travailler plus fort conduit souvent les employeurs à baisser le taux de salaire à la pièce.

Le système proposé par Taylor, désigné sous le nom d'organisation scientifique du travail, repose sur les principes de base suivants :

- l'étude de toutes les connaissances traditionnelles, leur enregistrement, leur classement et la transformation de ces connaissances en lois scientifiques ;
- la sélection scientifique des ouvriers et le perfectionnement de leurs qualités et connaissances ;
- la mise en application de la science du travail par des ouvriers scientifiquement entraînés ;
- la répartition presque égale du travail exécuté dans l'entreprise entre les ouvriers et les membres de la direction (Taylor, 1957, p. 82).

Le taylorisme suppose donc une division du travail entre ceux qui conçoivent le travail (ingénieurs, direction d'atelier ou d'entreprise) et ceux qui l'exécutent (ouvriers). Taylor attribue à la direction le rôle de « réunir tous les éléments de la connaissance traditionnelle qui, dans le passé, était en la possession des ouvriers, de classer ces informations, d'en faire la synthèse et de tirer de ces connaissances des règles, des lois et des formules qui sont d'un grand secours pour aider l'ouvrier à accomplir sa tâche journalière » (Taylor, 1957, p. 79). Comme le font remarquer plusieurs auteurs, cette division est essentielle pour mettre un terme à « la flânerie ouvrière » puisque, tant que les travailleurs détiennent le monopole de la connaissance du métier, les employeurs ignorent la quantité de travail que ceux-ci peuvent normalement effectuer et sont incapables de contrôler les temps de production.

À partir de cette connaissance fine du travail, obtenue par l'observation des ouvriers les plus habiles (par l'étude des temps et mouvements), la direction détermine la manière « optimale » d'effectuer une tâche (le *one best way*), c'est-à-dire la meilleure méthode, le meilleur outil, au moindre coût. Il s'agira ensuite d'enseigner la meilleure méthode aux ouvriers qui devront la reproduire. Une fois qu'ils l'auront intégrée et appliquée, ils pourront faire des

---

8. Les analystes critiques sont d'un autre avis : Braverman (1976) dira que son but réel est de contrôler le travail, afin de maximiser les profits, alors que Coriat (1979) insiste sur le fait que le principal effet du taylorisme est de briser le métier, socle de la résistance ouvrière, et, avec elle, l'organisation syndicale basée sur les métiers.

suggestions pour l'améliorer. Braverman (1976) insiste sur cette notion de contrôle inhérente au taylorisme, puisque la direction impose aux travailleurs une manière précise de faire le travail, plutôt que de définir les tâches d'une manière générale, comme c'était le cas auparavant. Finalement, le travailleur qui effectue le travail selon les normes prescrites, « quand il travaille à l'allure optimum d'un ouvrier qualifié ou de première catégorie », reçoit une partie des gains de productivité sous la forme d'augmentation salariale.

L'extrait suivant résume bien la méthode promue par Taylor :

> Le travail de chaque ouvrier est prévu dans son entier par la direction au moins un jour à l'avance, et chaque ouvrier reçoit, dans la plupart des cas, des instructions écrites complètes, décrivant dans le détail la tâche qu'il doit accomplir et lui indiquant les moyens qu'il doit employer pour exécuter son travail. [...] Les instructions spécifient non seulement ce qui doit être fait, mais aussi comment il faut le faire et le temps alloué pour le faire ; quand l'ouvrier réussit à exécuter sa tâche convenablement et dans le temps limite spécifié, alors il reçoit un salaire supérieur de 30 à 100 % à celui qui est d'usage courant (Taylor, 1957, p. 93-94).

La division entre le travail de conception et le travail d'exécution, et la prescription stricte des modalités d'exécution du travail associées au taylorisme, diminuent le besoin pour les employeurs de recourir à des travailleurs qualifiés. Toutefois, l'introduction de la chaîne de montage marquera une étape additionnelle de division et de déqualification du travail.

1.2.3 Le fordisme

Henry Ford (1863-1947), qui a été mécanicien et ingénieur-mécanicien avant de fonder l'entreprise portant son nom, approfondit la division technique du travail quand il introduit la chaîne de montage dans son usine d'automobiles de Détroit. D'une part, il supprime en grande partie le travail de manutention et les temps morts, lors de déplacements, puisque l'ouvrier se tient devant un poste fixe, alors que défilent devant lui les pièces sur lesquelles il doit effectuer une ou quelques opérations simples. D'autre part, il parcellise encore davantage le travail d'exécution, comme l'exprime bien cette citation célèbre : « L'homme qui place une pièce ne la fixe pas : la pièce peut n'être complètement fixée qu'après l'intervention de plusieurs ouvriers. L'homme qui place un boulon ne met pas l'écrou. L'homme qui place l'écrou ne le visse pas. » (Ford, 1925, p. 93)

Élément important, à partir de l'introduction de la chaîne de montage, la parcellisation des tâches est, selon les termes de Stroobants, « inscrite dans la disposition des postes de travail et dans les installations elles-mêmes », puisque c'est la chaîne qui impose la cadence de travail.

> Une grande part des consignes et des directives, précédemment transmises d'homme à homme, vont donc être matérialisées, incorporées aux installations. Plus besoin de dire : « vous allez réaliser autant de pièces, de telle manière, en autant de temps. » L'ouvrier enchaîné est soumis au rythme automatique (Stroobants, 1993, p. 43-44).

Cela permet de surcroît à l'employeur d'accroître encore la productivité et l'intensité du travail en augmentant la cadence de la chaîne.

Cette forme d'organisation du travail, reposant sur des travailleurs faiblement qualifiés, permet la production de masse de produits standardisés[9], et Ford l'assortit d'augmentations salariales. L'instauration, en 1914, d'un salaire de 5 $ par jour, pour une journée de travail de 8 heures (au lieu de 2,34 $ en moyenne), vise selon certains (Stroobants, 1993 ; Lipietz, 1989) à encourager la consommation ouvrière et à créer des débouchés pour l'industrie, alors que pour Braverman (1976) et Coriat (1979), il s'agit surtout de répondre, d'une part, au mécontentement des ouvriers qui quittaient leur emploi en masse et, d'autre part, à la campagne de syndicalisation lancée par les Industrial Workers of the World. Coriat mentionne en outre que ce salaire n'était pas accordé à tous, mais seulement aux ouvriers, à l'exclusion des femmes et des jeunes de moins de 21 ans, répondant à certaines normes de bonne moralité.

Quelles seront les conséquences de cette division technique poussée du travail ?

Elle aura d'abord pour effet d'augmenter la productivité totale (donc les profits) de manière fulgurante, grâce à la triple économie de temps, de spécialisation et

---

9. En 1909, Ford décide de ne construire qu'un seul modèle, la Ford T, qu'il qualifie « d'automobile pour les masses ». « Elle sera établie avec les meilleurs matériaux, par les meilleurs ouvriers, d'après les dessins les plus simples que puisse imaginer l'art de l'ingénieur moderne. Mais elle sera d'un prix assez modeste pour que tout homme gagnant un bon salaire puisse l'acheter [...]. » (Ford, 1925, p. 82)

d'innovation, mise en lumière par Smith (1776) et citée par Coutrot (1999).

> L'économie de temps : en se consacrant à une seule tâche, le travailleur évite de perdre du temps à changer d'outil ou de place entre deux manœuvres. L'économie de spécialisation : à force de se consacrer à la même tâche, il y acquiert une habileté supérieure. [...] L'économie d'innovation : la décomposition du travail permet sa standardisation et favorise l'invention de machines qui vont accroître la productivité (Coutrot, 1999, p. 21).

Un indice de cette hausse fulgurante de la productivité nous est fourni par la diminution radicale du temps requis pour monter le châssis de la Ford T, le modèle de base produit dans les usines Ford, au début du XXe siècle. L'introduction de deux innovations (une surélévation du châssis à hauteur de la taille des ouvriers et son déplacement sur le convoyeur mécanique) fait passer ce temps de 12 heures 28 minutes à 1 heure 33 minutes. De 1912 à 1916, la production de la Ford T décuple et son prix baisse de moitié (Stroobants, 1993, p. 46, qui résume la description qu'en fait Ford).

Les répercussions pour les travailleurs sont tout aussi remarquables, mais beaucoup plus néfastes. La parcellisation du travail rend inutile le savoir-faire de l'homme de métier et lui enlève le contrôle sur son travail, alors que le seul « grand acquis » du salarié, sa principale source de pouvoir face à son employeur, réside précisément dans sa connaissance des secrets du métier, transmis oralement, par observation, etc., qui lui permet de décider des modes opératoires et du temps requis pour la production (*voir l'encadré 1.2*). La parcellisation permet ainsi l'embauche massive de travailleurs peu qualifiés (manœuvres et ouvriers spécialisés), qui feront toute la journée les mêmes gestes simples et répétitifs que même un enfant peut exécuter, des travailleurs aisément remplaçables et qu'on peut facilement contrôler. À terme, cette division poussée du travail permettra aussi d'abaisser son coût.

Finalement, comme le souligne Coriat, en s'attaquant au métier, le taylorisme s'attaque aussi à l'organisation ouvrière naissante (le syndicalisme) qui s'appuyait sur le rapport de forces détenu par les hommes de métier (*voir le chapitre* 4), « car ce qui est progressivement évacué de l'usine, en même temps que l'ouvrier de métier, c'est l'ouvrier syndiqué et organisé » (Coriat, 1979, p. 55).

1.3 Les « problèmes ouvriers » et la naissance des relations industrielles[10]

La relation entre les travailleurs et leurs employeurs apparaît donc foncièrement inégale. Le capitalisme instaure une division entre ceux qui possèdent les moyens de production et ceux (les salariés) qui n'ont d'autre choix que de vendre leur travail pour survivre. Contrairement à la situation antérieure de l'artisan qui contrôlait le produit,

---

Encadré 1.2   **Le pouvoir que procure le métier**

« Le seul grand acquis du salarié, c'est son métier. Nous considérons habituellement la pratique d'un métier comme la capacité de manier habilement les outils et les matériaux d'un métier. Mais pratiquer un métier, c'est beaucoup plus que cela. Les éléments réellement essentiels qui le composent ne sont pas l'habileté ou la dextérité manuelle mais quelque chose qui est emmagasiné dans le cerveau de l'ouvrier. Ce quelque chose est en partie la connaissance approfondie du caractère et de l'utilisation des outils, des matériaux et des procédés du métier que la tradition et l'expérience ont donnés à l'ouvrier. Mais, plus que cela et au-dessus de cela, c'est le savoir qui lui permet de comprendre et de vaincre les difficultés qui se dressent constamment devant lui et qui proviennent des variations non seulement des outils et des matériaux, mais des conditions dans lesquelles ce travail doit être fait. »

Source : Extrait d'un éditorial de l'*International Molders Journal*, cité dans Braverman, H. (1976). *Travail et capitalisme monopoliste. La dégradation du travail au XXe siècle*. Paris, Maspero.

---

10. Cette section s'inspire des sources historiques suivantes : Castel (1995), de Bonville (1975), Harvey (1978), Copp (1978) et Kaufman (1993). Même si les éléments de la condition ouvrière de l'époque étaient largement répandus dans les pays occidentaux, nous avons fait un effort particulier pour présenter des sources québécoises.

la finalité du travail et son organisation, l'ouvrier de la manufacture, mais surtout celui de la fabrique, n'exécute qu'une tâche bien délimitée, et ce n'est pas lui qui en décide. Une division de plus en plus poussée du travail (parcellisation) rend inutile le savoir-faire de l'homme de métier et engendre une surabondance d'ouvriers peu qualifiés ou semi-qualifiés, aisément remplaçables, dont on peut faire baisser les salaires.

Il n'y a de surcroît aucun mécanisme qui vient compenser cette inégalité. Le corollaire du marché autorégulateur (ou du marché comme principe exclusif de régulation du travail), c'est qu'on ne doit rien permettre qui empêche la formation ou qui influence le fonctionnement des marchés (Polanyi, 1983), ce qui signifie notamment que l'État ne doit pas intervenir dans l'économie et le marché du travail. En d'autres termes, dans cette période marquée par l'idéologie du libéralisme économique, il n'y a aucune loi du travail qui vient fixer les conditions minimales de travail et de rémunération, aucun régime de protection pour soutenir le revenu du travailleur accidenté, chômeur ou simplement trop âgé pour travailler. En vertu de cette même idéologie, les syndicats, qui sont vus comme un obstacle à la liberté des échanges, sont déclarés illégaux, ce qui signifie que le travailleur est réduit à négocier individuellement avec son employeur, sans avoir le pouvoir que lui conférait anciennement son métier.

1.3.1 L'extrême pénibilité de la condition ouvrière

À la fin du XIXe siècle, cette situation se traduit par l'extrême pénibilité de la condition ouvrière, dont voici les principales caractéristiques:

- en dépit de longues heures de travail, l'ouvrier gagne un revenu minimal, lui procurant à peine de quoi survivre;
- en l'absence de garanties légales quant à sa situation de travail, l'ouvrier est soumis à l'insécurité d'emploi, particulièrement grande en période de chômage;
- les conditions de travail des ouvriers se révèlent extrêmement pénibles: les conditions de santé et de sécurité dans les manufactures et les fabriques sont déplorables, et les accidents du travail, nombreux;
- les contremaîtres disposent à l'époque d'un pouvoir absolu pour embaucher, congédier, discipliner et mettre à l'amende les ouvriers, un phénomène désigné sous le terme de *drive system*.

Diverses sources historiques, notamment la Commission royale d'enquête sur les relations entre le capital et le travail, mise sur pied en décembre 1886 par le premier ministre canadien John A. Macdonald (Harvey, 1978), mais aussi les chroniques signées, dans le journal *La Presse*, par le journaliste Jules Helbronner (sous le pseudonyme de Jean-Baptiste Gagnepetit) (de Bonville, 1975) ou les travaux recensés par Copp (1978) permettent de tracer un portrait de la condition ouvrière et des conditions de travail dans les débuts de l'industrialisation.

Un revenu minimal permettant à peine de survivre

À partir des témoignages recueillis par la Commission royale d'enquête sur les relations entre le capital et le travail, lors des audiences publiques tenues entre novembre 1887 et mai 1888, Harvey établit la semaine de travail à 60 heures, en moyenne, dans les fabriques, et à 72 heures, en moyenne, dans les services. Selon cet auteur, il est difficile d'établir les salaires de façon précise, puisque «chaque patron avait intérêt à faire de chacun de ses employés un cas particulier et de le traiter selon son rendement propre. Rares sont les artisans ou les ouvriers qui ont su imposer un taux fixe de rémunération» (Harvey, 1978, p. 149).

En s'appuyant sur les données disponibles sur le coût de la vie, cet auteur a établi à 9 $ environ le salaire hebdomadaire minimum permettant à un homme de subvenir aux besoins de sa famille. Or si certains ouvriers qualifiés, qui sont une infime minorité dans les fabriques, gagnent davantage, les ouvriers spécialisés et les journaliers n'atteignent pas ce minimum vital. En conséquence, pour assurer tout juste la reproduction du travailleur et de sa famille, il faut souvent mettre au travail les femmes et les enfants (ce que permet la division technique poussée du travail), dans les fabriques ou à domicile (*sweating system*), à des salaires bien inférieurs aux salaires des hommes.

L'insécurité d'emploi et le chômage

Il faut également considérer le problème de l'irrégularité de l'emploi et du chômage, particulièrement élevé «en période de crise économique et pendant l'hiver», comme le soulignent Linteau *et al.* (1989, p. 195), ce qui affecte évidemment le revenu, puisqu'il n'existe à l'époque aucun dispositif de remplacement du revenu pendant les périodes de chômage ou de maladie. En outre, il n'y a aucune garantie légale de continuité dans le contrat de louage de services, et le travailleur n'est donc jamais assuré de pouvoir conserver son travail. «Chômage saisonnier et conjoncturel, immigration, maladie, accidents menacent la régularité du salaire. En fait, rares sont les travailleurs qui jouissent d'un revenu proportionnel à leur salaire hebdomadaire.» (de Bonville, 1975, p. 224)

La faiblesse et l'irrégularité des salaires créent un état de pauvreté tel que, selon les observations de Jean-Baptiste Gagnepetit, la nourriture et le logement accaparent entre 75 % et 80 % du salaire ouvrier (de Bonville, 1975) ; pourtant, ni cette nourriture ni ce logement ne sont de grande qualité, au contraire. Ne parlons pas de loisirs, de santé ni d'éducation... (*Voir l'encadré 1.3.*)

Les conditions déplorables de santé et de sécurité au travail

Les manufactures et les usines sont caractérisées par des conditions effroyables de sécurité et de salubrité – bâtiments surpeuplés, insalubres, froids en hiver et suffocants en été, sans ventilation ni issues de secours adéquates –, ainsi que par l'absence de mesures pour prévenir les accidents (Desîlets et Ledoux, 2006, p. 20-21). En témoigne cet extrait du rapport de l'inspecteur Louis Guyon, datant de 1890 : « Parmi les accidents graves relevés par l'inspection, les accidents causés par les arbres de couche[11] et les courroies sont les plus fréquents ; l'ouvrier entraîné par une courroie ou par la prise de ses habits à l'arbre de couche échappe rarement à la mort ou à la perte d'un membre » (rapport de M. Louis Guyon, DS, doc. n° 2, 1890, p. 260, cité dans de Bonville, 1975, p. 75). Quand un accident survient, le travailleur est considéré comme responsable de sa situation, victime de son inattention ou de sa négligence, et ne reçoit aucune forme d'indemnisation.

Les pratiques arbitraires et autoritaires des contremaîtres

Finalement, les contremaîtres disposent d'un grand pouvoir discrétionnaire pour obtenir le maximum de production dans un minimum de temps, réalité désignée sous l'appellation *drive system*. De surcroît, le salaire peut subir une diminution, en raison des amendes appliquées au bon vouloir des contremaîtres, comme le décrit le chroniqueur Jules Helbronner :

> [C'est le contremaître] qui prend ou renvoie les ouvriers, qui fixe les salaires, les heures de travail, qui embauche les enfants, qui inflige les amendes, qui, en un mot, règne et gouverne au lieu et place du patron. [...] Il existe à Montréal toute une classe de contremaîtres dont le salaire est en raison directe de la diminution des salaires qu'ils peuvent imposer aux ouvriers ; il en est même dont le salaire est formé en grande partie des amendes qu'ils infligent aux travailleurs. [...] Et voilà pourquoi dans certaines grèves qui ne sont pas vieilles à Montréal, on trouve dans l'atelier un contremaître-gérant qui gagne 40 $ ou 50 $ par semaine. (extrait du journal *La Presse*, 20 août 1887, cité dans de Bonville, 1975, p. 64)

Encadré 1.3 — La condition ouvrière dans les débuts de l'industrialisation

« Le sort des travailleurs montréalais, au terme de ces observations, n'apparaît pas enviable. Sans doute un certain nombre d'ouvriers privilégiés parviennent-ils à une modeste aisance. Ils habitent un logement convenable, équipé d'un w.c. ; ils ignorent les affres du chômage et leur revenu leur permet d'inscrire à leur menu plusieurs rations de viande fraîche par semaine. Ils savent lire, écrire et participent, selon leurs goût, aptitude et motivation, aux affaires publiques. À l'autre extrémité, il y a les pauvres, les déclassés, les malades, handicapés, ivrognes, journaliers malchanceux. Pour eux, c'est la misère à la petite semaine, la charité publique, les taudis, la maladie. Entre ces deux pôles, par strates superposées, des catégories de travailleurs, plus ou moins chanceux, plus ou moins chômeurs. Ils espèrent améliorer leur situation, craignent qu'elle ne se détériore. Leur logement n'offre pas toutes les commodités, les menus ne varient guère. Ils échappent à la misère. Même si, à cause du chômage, des maladies, des naissances rapprochées, l'insécurité pèse lourd sur eux. » (de Bonville, 1975, p. 149)

« Bref, si l'on en croit les données, la grande majorité des familles vivant à Montréal à l'époque sur laquelle porte notre étude ne pouvait gagner le revenu minimum que pendant les périodes de plein emploi et encore, à la condition de compter deux employés rémunérés dans la famille. Les deux tiers des ouvriers de sexe masculin rémunérés à l'heure avaient peu de chance de gagner un revenu suffisant, même à l'âge adulte, pour offrir à une famille moyenne un niveau de vie minimum. » (Copp, 1978, p. 30)

---

11. Ce terme désigne l'essieu moteur ou l'axe principal d'une machine.

1.3.2 Les « problèmes ouvriers » et l'origine des relations industrielles

Bruce E. Kaufman voit dans le concept de *labor problems* (problèmes ouvriers), lié à la dégradation de la condition ouvrière, le précurseur intellectuel du concept de « relations industrielles ». « *The term* labor problem *came into vogue in the latter part of the nineteenth century and was used to connote the general struggle between labor and capital over the control of production and the distribution of income and the conflict engendered by this struggle.* » (Kaufman, 1993, p. 4)

Les *labor problems* ne sont pas nouveaux ; ce qui est nouveau, c'est l'intensité et la violence des conflits entre le capital et le travail, qui menacent la production et la paix sociale. Kaufman explique que l'expression « relations industrielles », d'abord utilisée par l'économiste Henry Carter Adam dans son essai *Relation of the State to Industrial Action*, publié en 1886 (Kaufman, 2008, p. 185), a été popularisée aux États-Unis à partir de 1912, lorsque le Congrès a créé la Commission des relations industrielles (*Commission on Industrial Relations*) à la suite du dynamitage de l'édifice du Los Angeles Times par deux leaders syndicaux. Le mandat de la commission consiste à déterminer les causes du conflit entre employeurs et employés, de même que les solutions possibles.

Au Canada, une instance similaire, la Commission royale d'enquête sur les relations industrielles, est mise sur pied en 1919, une année marquée par une forte agitation des milieux ouvriers, qui protestaient contre l'augmentation rapide du coût de la vie et la hausse du taux de chômage.

> L'opposition entre le patronat et les syndicats se durcit avec la hausse du chômage ; un peu partout à travers le pays éclatèrent grèves et lock-out. En avril 1919, le gouvernement fédéral institua une Commission royale sur les relations industrielles qu'il chargea d'enquêter sur l'agitation ouvrière. Le rapport de la Commission fut remis au gouvernement au moment où la grève générale de Winnipeg, le plus mémorable des conflits de travail qu'ait connu l'histoire canadienne, touchait à sa fin. (Guest, 1995, p. 101-102)

Ceux qui reconnaissent l'inégalité intrinsèque de la relation d'emploi et l'existence des *labor problems* adopteront soit la perspective socialiste révolutionnaire, soit la perspective réformiste. La première, inspirée notamment par Marx, dont l'influence a été plus importante en Europe qu'en Amérique du Nord, considère que les problèmes ouvriers trouveront leur solution dans le renversement du capitalisme. La perspective réformiste, qui croit possible de trouver une solution aux problèmes ouvriers à l'intérieur du système capitaliste, est au cœur de ce qui deviendra le champ des relations industrielles, lequel s'institutionnalisera à partir des années 1920, aux États-Unis, avec la mise sur pied de programmes de formation universitaire et la création de revues et d'associations professionnelles.

Dès le départ, deux écoles de pensée se disputent le contrôle du champ, ce qui amène Kaufman à parler de « schisme ». Ces deux écoles voient différemment les problèmes ouvriers et proposent des solutions différentes pour les résoudre.

La première est en quelque sorte l'ancêtre de la gestion des ressources humaines (GRH). Elle est, à l'origine, ancrée dans le courant prônant une gestion scientifique du travail et se développera à la suite des critiques formulées par l'École des relations humaines. Cette école de pensée place la responsabilité des *labor problems* sur les épaules du management ; ses promoteurs croient que la motivation, la communication et le leadership créent un climat de travail satisfaisant et productif, susceptible de prévenir les problèmes. La clé de bonnes relations industrielles réside dans une gestion permettant à l'employeur et aux travailleurs, dont les intérêts apparaissent sinon communs, du moins congruents, d'atteindre leurs objectifs. En général, ses partisans sont opposés aux syndicats et à la négociation collective, mais favorables à d'autres types de représentation des travailleurs, qui privilégient des attitudes positives comme la loyauté, l'engagement, l'initiative et la coopération employeur-employés.

La deuxième école de pensée, ancêtre des relations du travail et des politiques publiques de l'emploi, mais ayant aussi influencé certains courants en GRH, est celle de l'économie institutionnaliste. Elle s'intéresse plutôt à l'impact qu'ont les forces organisationnelles et institutionnelles (syndicats, État, famille, coutumes, lois) sur la relation d'emploi et le marché du travail. Pour les tenants de cette approche, les causes des *labor problems* sont de trois types : l'inégalité du rapport de forces (négociation individuelle) conduisant à de bas salaires ; de mauvaises conditions de travail et des conflits causés par une gestion autoritaire[12] ; et finalement l'insécurité économique des travailleurs. Les partisans de ce courant de pensée réclament des conditions

---

12. Certains auteurs de cette école de pensée font valoir que les travailleurs ont obtenu des droits politiques, mais que la relation employeur-employé ressemble à une relation maître-esclave.

minimales communes, obtenues soit par le truchement de la négociation collective, soit par les lois du travail, divers mécanismes de représentation des travailleurs destinés à instaurer une forme de démocratie industrielle et, enfin, la mise en place de divers mécanismes micro et macroéconomiques pour renforcer la sécurité d'emploi et la protection sociale (Kaufman, 1993, p. 21 à 35).

C'est dans ce deuxième courant que s'inscrivent les travaux de Sidney et Beatrice Webb, deux réformateurs anglais qui promeuvent le concept de démocratie industrielle et prônent une voix pour les travailleurs au sein des entreprises, notamment par l'entremise des syndicats. Dans le même ordre d'idées, les travaux de Commons et de l'École du Wisconsin influencent le *New Deal* et le développement de l'État-providence aux États-Unis.

1.3.3 Du compromis fordiste à son effritement

À l'origine, comme nous l'avons vu, le salariat ne donnait accès à aucune forme de protection en cas de maladie, de chômage ou de tout autre événement empêchant de manière provisoire ou définitive la participation au marché du travail. Progressivement, le salariat se généralisera à la majorité des ouvriers, puis à la quasi-totalité de la main-d'œuvre, marginalisant les autres moyens de gagner sa vie, et sera progressivement encadré par le droit du travail et assorti de droits sociaux. On doit à Castel (1995) d'avoir retracé le long cheminement par lequel le salariat est passé de la condition misérable des débuts de l'industrialisation au statut de principal pourvoyeur de revenus et de protections pour la majorité des travailleurs, du moins dans les pays industrialisés.

Ces droits et ces protections sont attribués grâce au droit du travail, qui reconnaît l'inégalité des parties en présence et la nécessité de protéger la partie faible au contrat, aux régimes de sécurité sociale, qui vont procurer un revenu de remplacement dans les situations d'interruption provisoire ou définitive de la prestation de travail (accident, chômage, maternité ou vieillesse), et à la possibilité pour les salariés de négocier collectivement les conditions de travail, une entorse aux lois interdisant le délit de coalition. Nous en traiterons plus longuement au chapitre 5. Ces droits et ces protections permettront, dans des mesures variables selon les pays, de faire en sorte que le travail ne soit plus considéré comme une marchandise (*voir l'encadré 1.4*).

Ce mouvement de protection des travailleurs a connu son apogée dans la période d'après-guerre (1945-1975), connue comme celle du compromis social fordiste. Ce compromis est défini par une organisation du travail tayloriste, permettant d'importants gains de productivité, combinée avec une redistribution partielle de la richesse ainsi créée aux travailleurs, et plus généralement aux citoyens, par l'expansion de la négociation collective,

---

Encadré 1.4 La Déclaration de Philadelphie : « le travail n'est pas une marchandise »

« La Conférence générale de l'Organisation internationale du travail, réunie à Philadelphie en sa vingt-sixième session, adopte, ce dixième jour de mai 1944, la présente Déclaration des buts et objectifs de l'Organisation internationale du travail, ainsi que des principes dont devrait s'inspirer la politique de ses Membres.

[...]

La Conférence affirme à nouveau les principes fondamentaux sur lesquels est fondée l'Organisation, à savoir notamment :

a) le travail n'est pas une marchandise ;
b) la liberté d'expression et d'association est une condition indispensable d'un progrès soutenu ;
c) la pauvreté, où qu'elle existe, constitue un danger pour la prospérité de tous ;
d) la lutte contre le besoin doit être menée avec une inlassable énergie au sein de chaque nation et par un effort international continu et concerté dans lequel les représentants des travailleurs et des employeurs, coopérant sur un pied d'égalité avec ceux des gouvernements, participent à de libres discussions et à des décisions de caractère démocratique en vue de promouvoir le bien commun. »

Source : Extrait de la Déclaration de Philadelphie concernant les buts et objectifs de l'Organisation internationale du travail, dans Supiot, A. (2010). *L'esprit de Philadelphie. La justice sociale face au marché total*. Paris, Éditions du Seuil.

la création de régimes de protection sociale et la mise en place de services collectifs. Dans les années 1950, l'emploi le plus répandu – quoique beaucoup plus chez les hommes que chez les femmes – était permanent, à temps complet, pour un seul employeur. Lorsqu'il faisait l'objet d'une couverture syndicale, cet emploi, que nous appellerons *typique*, procurait des avantages supérieurs à ceux prévus dans les lois du travail.

Nous verrons plus loin que, depuis le milieu des années 1970, d'autres formes d'emploi, souvent plus précaires, se sont multipliées. En effet, un nombre grandissant de salariés travaillent en vertu de contrats temporaires ou à temps partiel, alors que de nombreux travailleurs dits autonomes ou indépendants ne bénéficient d'aucune protection. En d'autres termes, dans un nombre croissant de situations, le travail redevient une marchandise. Mais avant d'aborder les défis contemporains liés au travail et à l'emploi, il importe de présenter les formes d'emploi et les principaux indicateurs qui nous permettent de comprendre « l'état de santé » du marché du travail.

1.4 L'emploi : définition, indicateurs et formes

Cette section sera consacrée à l'explication des principaux indicateurs concernant l'emploi et le chômage, qui nous permettront notamment d'analyser les statistiques du marché du travail.

L'une des enquêtes les plus importantes sur l'emploi – et la source officielle du taux de chômage au Canada – est l'Enquête sur la population active de Statistique Canada. Il s'agit d'une enquête mensuelle qui est réalisée auprès d'un échantillon de 53 000 ménages et qui divise la population canadienne en âge de travailler (population civile de 15 ans ou plus, hors réserves et hors institutions) en trois catégories : les personnes occupées (ou en emploi), les chômeurs et les inactifs.

1.4.1 Les catégories de main-d'œuvre

La population active est composée des personnes occupées et des chômeurs, autrement dit des personnes qui sont en emploi ou en recherche active d'emploi. Les inactifs sont les personnes qui ne sont ni en emploi ni disponibles ou en recherche active d'emploi, soit parce qu'elles ne sont pas en mesure de travailler, qu'elles ne souhaitent pas le faire ou qu'elles ne croient pas qu'il y aurait un emploi, sur le marché, qu'elles pourraient occuper ; c'est le cas de chômeurs de longue durée, qui finissent par se décourager et abandonner la recherche d'emploi. Ils ne sont pas considérés comme faisant partie de la main-d'œuvre.

Selon les définitions de l'Enquête sur la population active (Statistique Canada, 2017), les personnes occupées sont celles qui, dans la semaine de référence de l'enquête :

- ont fait un travail quelconque dans le cadre d'un emploi ou d'une entreprise, soit tout travail rémunéré accompli pour un employeur ou à son propre compte, y compris le travail familial non rémunéré dans une ferme ou une entreprise dirigée par un parent membre du ménage ;
- avaient un emploi, mais en étaient absentes en raison d'une maladie, d'une incapacité, d'obligations personnelles ou familiales, de leurs vacances ou d'un conflit de travail.

Les chômeurs sont les personnes qui, dans la semaine de référence de l'enquête :

- étaient sans emploi, avaient activement cherché un emploi au cours des quatre dernières semaines et étaient disponibles pour travailler ;
- avaient été mises à pied temporairement, mais s'attendaient à être rappelées au travail et étaient disponibles pour travailler ;
- devaient commencer un nouvel emploi dans quatre semaines ou moins et étaient disponibles pour travailler.

Remarquons que le statut de chômeur désigne le fait d'être sans emploi, mais disponible et à la recherche d'un emploi. Cela n'a aucun lien avec le fait de recevoir des prestations d'assurance-emploi (aujourd'hui, la majorité des chômeurs ne reçoivent pas de telles prestations), ni avec le fait d'avoir occupé un emploi antérieurement.

Finalement, les inactifs sont les personnes qui, considérant les conditions qui existaient sur le marché du travail dans leur région, ne désiraient pas ou ne pouvaient offrir ni fournir leurs services au cours de la semaine de référence. Autrement dit, elles n'étaient ni occupées ni en chômage. Cette catégorie comprend les retraités, les parents au foyer, les étudiants à temps plein, les personnes sans emploi qui ne sont pas à la recherche d'un emploi, etc.

1.4.2 Les indicateurs du marché du travail

Ces définitions servent de base pour la constitution des indicateurs du marché du travail, desquels il est régulièrement fait mention dans les médias d'information : le taux d'activité, le taux d'emploi et le taux de chômage. La compréhension de la signification de ces indicateurs est essentielle pour qui veut interpréter les statistiques relatives au marché du travail.

Le taux d'activité (*voir le tableau 1.1*) reflète la proportion de la population en âge de travailler (ou d'un sous-groupe de cette population, comme les femmes de 45 à 54 ans) qui occupe un emploi ou est à la recherche d'un emploi. Cet indicateur est formé de la manière suivante :

$$\frac{\text{Nombre de personnes actives (c'est-à-dire occupées ou en chômage)}}{\text{Nombre de personnes dans la population cible}} \times 100$$

Le taux d'occupation ou taux d'emploi (*voir le tableau 1.2*) reflète la proportion de la population en âge de travailler (ou d'un sous-groupe de cette population, comme les jeunes de 15 à 24 ans) et ayant un emploi, qu'il s'agisse d'employés ou de travailleurs indépendants (aussi appelés « travailleurs autonomes »). Cet indicateur est formé de la manière suivante :

$$\frac{\text{Nombre de personnes occupées}}{\text{Nombre de personnes dans la population cible}} \times 100$$

Quant au taux de chômage (*voir le tableau 1.3 à la page suivante*), il reflète la proportion de la population active qui ne trouve pas d'emploi, c'est-à-dire qui en cherche un sans succès. Cet indicateur est formé de la manière suivante :

$$\frac{\text{Nombre de chômeurs}}{\text{Nombre de personnes actives}} \times 100$$

Durant la période considérée, le taux d'activité et le taux d'emploi sont globalement en croissance, grâce

Tableau 1.1 Le taux d'activité, selon le sexe et le groupe d'âge, années choisies

	1976		1991		2003		2013		2017	
Âge	H	F	H	F	H	F	H	F	H	F
15-24 ans	65,0	54,5	66,8	61,4	69,1	67,6	66,4	67,3	66,4	67,1
25-44 ans	94,6	48,4	91,1	74,1	91,8	82,3	90,3	85,4	91,7	87,5
45-54 ans	90,0	39,4	88,1	64,1	88,9	78,6	89,1	83,8	90,8	85,5
55 ans+	47,0	14,4	33,1	13,0	35,1	19,3	40,0	27,1	40,5	28,5
Ensemble	76,7	41,4	73,3	54,3	72,2	60,0	69,3	60,9	68,9	60,9

Sources : Institut de la statistique du Québec (septembre 2005). *Annuaire québécois des statistiques du travail*, vol. 1, n° 1, ISQ, Québec ; Institut de la statistique du Québec (mars 2014). *Annuaire québécois des statistiques sur le travail*, vol. 10, ISQ, Québec ; Institut de la statistique du Québec (mars 2018). *Annuaire québécois des statistiques sur le travail*, vol. 14, ISQ, Québec.

Tableau 1.2 Le taux d'emploi, selon le sexe et le groupe d'âge, années choisies

	1976		1991		2003		2013		2017	
Âge	H	F	H	F	H	F	H	F	H	F
15-24 ans	54,3	47,0	52,7	52,4	58,0	59,5	56,2	60,2	58,9	60,8
25-44 ans	89,1	44,5	80,5	65,7	83,6	75,6	84,0	80,5	86,1	83,1
45-54 ans	85,5	36,7	80,4	57,4	82,1	73,1	83,1	78,8	86,7	81,2
55 ans+	44,7	13,6	29,6	11,9	32,0	17,7	36.8	25,2	38,1	27,0
Ensemble	70,5	37,4	64,1	48,0	65,2	54,9	63,5	56,8	64,5	57,4

Sources : Institut de la statistique du Québec (septembre 2005). *Annuaire québécois des statistiques du travail*, vol. 1, n° 1, ISQ, Québec ; Institut de la statistique du Québec (mars 2014). *Annuaire québécois des statistiques sur le travail*, vol. 10, ISQ, Québec ; Institut de la statistique du Québec (mars 2018). *Annuaire québécois des statistiques sur le travail*, vol. 14, ISQ, Québec.

Tableau 1.3 Le taux de chômage, selon le sexe et le groupe d'âge, années choisies

	1997		2003		2008		2013		2017	
Âge	H	F	H	F	H	F	H	F	H	F
15-24 ans	20,5	18,2	16,1	12,0	13,8	10,3	15,5	10,5	11,2	9,5
25-44 ans	11,7	9,4	8,9	8,1	7,3	5,5	7,0	5,7	6,1	5,0
45-54 ans	8,7	8,6	7,7	6,9	6,7	4,8	6,7	5,9	4,6	4,9
55 ans+	9,2	10,1	8,8	8,2	7,4	6,1	7,9	6,9	5,9	5,3
Ensemble	12,0	10,7	9,7	8,5	8,2	6,2	8,3	6,7	6,4	5,7

Sources: Institut de la statistique du Québec (juin 2006). *Annuaire québécois des statistiques du travail*, vol. 2, n° 1, ISQ, Québec; Institut de la statistique du Québec (mars 2014). *Annuaire québécois des statistiques sur le travail*, vol. 10, ISQ, Québec; Institut de la statistique du Québec (mars 2018). *Annuaire québécois des statistiques sur le travail*, vol. 14, ISQ, Québec.

à l'augmentation spectaculaire de la participation des femmes au marché du travail depuis le milieu des années 1970. À première vue, il s'agit d'une bonne nouvelle, mais avant d'émettre un jugement définitif, il importe de savoir quels types d'emplois sont occupés par la main-d'œuvre québécoise contemporaine.

1.4.3 Les formes d'emploi

Selon une typologie mise au point par Vosko *et al.* (2003), les personnes occupées sur le marché du travail peuvent être divisées selon trois critères:

- la situation face à l'emploi;
- le degré de permanence de l'emploi;
- la durée habituelle du travail.

La situation face à l'emploi départage les employés (ou salariés) et les travailleurs indépendants[13].

Les employés sont ceux qui travaillent pour un employeur, auquel ils sont subordonnés. Les travailleurs indépendants sont ceux qui travaillent à leur compte, sans lien de subordination. Ils peuvent être des propriétaires actifs d'une entreprise (qu'elle soit ou non constituée en société), d'une exploitation agricole ou d'un bureau professionnel ou encore des travailleurs indépendants ne possédant pas d'entreprise, comme les journalistes pigistes, les gardiennes d'enfants ou les livreurs de journaux. Cette catégorie comprend les travailleurs familiaux non rémunérés (TFNR), des personnes qui œuvrent sans rémunération dans une entreprise, une exploitation agricole ou un bureau professionnel, pour un parent qui en est propriétaire ou exploitant et qui occupe le même logement. La proportion de TFNR a déjà été élevée, notamment quand l'agriculture occupait une part importante de l'économie, mais elle représente aujourd'hui une part infime de la main-d'œuvre.

Le degré de permanence de l'emploi distingue les salariés selon qu'ils sont permanents ou temporaires, et les travailleurs indépendants selon qu'ils ont des employés ou qu'ils travaillent seuls.

L'emploi permanent est un emploi qui devrait durer aussi longtemps que l'employé le désire, à condition que la conjoncture économique le permette; pour le dire autrement, la date de cessation de l'emploi n'est pas déterminée à l'avance; on parle alors de contrat de travail à durée indéterminée. Au contraire, un emploi temporaire est un emploi dont la date de cessation est prédéterminée ou qui se terminera dès qu'un mandat déterminé aura pris fin; on parle alors de contrat à durée déterminée. Un emploi temporaire peut être saisonnier, temporaire d'une durée déterminée ou à contrat (y compris le travail effectué par le truchement d'une agence de placement), occasionnel ou autre. L'emploi temporaire est de manière générale plus instable pour le travailleur, qui est à chaque fin de contrat « soumis au repêchage » et doit trouver un nouvel engagement.

De manière similaire, le travailleur indépendant peut avoir des employés (donc être un travailleur indépendant

---

13. Ces définitions, ainsi que celles de l'emploi permanent ou temporaire, à temps plein ou à temps partiel, sont celles de Statistique Canada. Récupéré au www.statcan.gc.ca/pub/71-543-g/2011001/part-partie3-fra.htm

employeur[14]) ou ne pas en avoir (on parlera alors de travailleur indépendant à son propre compte, ou en solo). Les deux groupes ont un profil différent, tant sur le plan des motifs d'établissement que de sa durée, du revenu, de la couverture par des régimes complémentaires d'assurance santé ou de retraite (D'Amours, 2019), et celui des travailleurs indépendants exerçant en solo est plus précaire que celui des travailleurs indépendants employeurs.

Finalement, à l'intérieur de chacune de ces catégories, la durée habituelle du travail départage les travailleurs à temps complet et ceux à temps partiel.

On parle de temps complet, ou temps plein, pour les personnes dont l'emploi unique ou principal (c'est-à-dire celui qui représente habituellement le plus grand nombre d'heures de travail par semaine) comporte habituellement 30 heures ou plus par semaine, et de temps partiel pour les personnes dont l'emploi unique ou principal comporte habituellement moins de 30 heures par semaine.

Le tableau 1.4 permet de voir comment la population québécoise occupée se répartit par rapport à ces différents statuts.

1.5 Le travail et l'emploi aujourd'hui

La section précédente nous a permis d'en savoir plus sur les fluctuations quantitatives de la main-d'œuvre et de comprendre quels sous-groupes se trouvent davantage en emploi ou en chômage, mais ces données ne nous permettent pas de répondre à des questions telles que : les emplois contemporains permettent-ils de vivre décemment et donnent-ils accès à des protections en cas de maladie ou encore à un régime de retraite ? Sont-ils caractérisés par une certaine stabilité d'emploi et de revenu ? À quels types d'horaires et de charges de travail sont-ils associés ? Permettent-ils de développer la qualification et la compétence des travailleurs ? Bref, elles ne nous renseignent pas sur la qualité du travail et de l'emploi.

Précisons d'abord ce que nous entendons par qualité du travail et de l'emploi. La qualité du travail renvoie à l'activité de travail, à ses caractéristiques et à ses conditions d'exercice (Lapointe, 2013). Elle concerne la nature même du travail accompli, c'est-à-dire le contenu de la tâche, l'autonomie et la reconnaissance professionnelles, le soutien entre collègues et les relations avec les collègues et les supérieurs, le climat et l'environnement de travail, le développement des compétences et les perspectives de carrière. Lapointe ajoute l'intensité du travail et les risques qu'il présente pour la santé. La qualité de l'emploi se rapporte à la nature du contrat de travail et aux avantages qu'il procure, ainsi qu'aux conditions dans lesquelles le travail est effectué. Elle comprend la rémunération, les congés, le régime de retraite, les assurances collectives, les heures de travail, la stabilité de l'emploi, etc. (Institut de la statistique du Québec, 2008).

Qu'en est-il de la qualité du travail et de l'emploi au Québec ? Les auteurs consultés formulent des réponses opposées, certaines optimistes, d'autres pessimistes.

Tableau 1.4 La décomposition de l'emploi total en catégories mutuellement exclusives, Québec, 2017, population de 15 ans ou plus

Emploi typique (emploi salarié, permanent, temps plein) 2 670 300 (63,2 %)	Emploi total 4 223 200 (100 %)				
	Emploi atypique 1 553 000 (36,8 %)				
	Emploi salarié (23,6 %)			Travail indépendant (13,2 %)	
	Temps partiel temporaire 198 700 (4,7 %)	Temps partiel permanent 480 400 (11,4 %)	Temps plein temporaire 316 900 (7,5 %)	Sans employé(s) 398 000 (9,4 %)	Avec employé(s) 158 900 (3,8 %)

Sources : Adapté de Cloutier-Villeneuve, L. (octobre 2014). « Évolution de l'emploi atypique au Québec depuis 1997 », *Flash-info*, Institut de la statistique du Québec, vol. 15, n° 3, p. 1-13. Données mises à jour pour 2017 selon celles publiées sur le site de l'Institut de la statistique du Québec.

---

14. La majorité des travailleurs indépendants ont cinq employés ou moins, alors que de nombreux propriétaires et dirigeants d'entreprises sont des salariés de cette entreprise.

Sur le versant plus optimiste, Cloutier (2013), qui s'intéresse à quatre dimensions particulières (rémunération, heures de travail, qualification et stabilité d'emploi), en arrive à la conclusion que la qualité de l'emploi s'est améliorée pendant la période 1997-2011, au sens où la part relative des emplois de qualité élevée a augmenté, alors que celle des emplois de faible qualité a diminué.

Sur le versant pessimiste, Lapointe (2013), qui se penche sur les dimensions de la rémunération, des statuts d'emploi, des inégalités de revenus et de la polarisation des emplois, conclut plutôt à une détérioration de la qualité de la vaste majorité des emplois depuis le milieu des années 1970. D'autres auteurs en arrivent à un constat paradoxal: dans certains emplois qualifiés, la qualité d'emploi s'améliore, alors que celle du travail diminue, notamment en raison de l'intensification et de la surcharge de travail. En nous appuyant sur de nombreux résultats de recherche récents, publiés tant au Québec qu'à l'étranger (Bernier, Vallée et Jobin, 2003; Chaykowski, 2005; D'Amours, 2006, 2009b; de Terssac, Saint-Martin et Thébault, 2008; Fleury et Fortin, 2006; Vézina *et al.*, 2011; Lerouge, 2014), nous défendons la vision pessimiste: les nouvelles manières de produire et les stratégies de flexibilité des entreprises ont surtout des effets négatifs, à la fois sur le travail et sur l'emploi. Les restructurations des entreprises et leurs pratiques de flexibilité induisent une précarisation de l'emploi, alors que la production en flux tendu, le juste-à-temps et l'intensification du travail entraînent une précarisation du travail. Dans cette cinquième et dernière section, nous illustrons certains problèmes contemporains relatifs à la qualité du travail et de l'emploi, en utilisant trois angles d'approche: la fragmentation de l'emploi en divers statuts atypiques, généralement associés à des conditions précaires; la tendance à une plus grande autonomie, mais aussi à une intensification du travail, qui crée de nombreux problèmes de santé au travail; et le fait qu'il persiste un écart important entre les aspirations des travailleurs et leurs conditions de travail et d'emploi.

1.5.1 La précarisation de l'emploi

Nous avons déjà mentionné que, pendant la période fordiste, l'emploi salarié, à temps complet, pour un seul employeur, que nous avons appelé «emploi typique», était le lot de la majorité des chefs de ménage masculins blancs. Ce type d'emploi était souvent syndiqué et assorti de diverses protections. Depuis le milieu des années 1970 toutefois, d'autres formes d'emploi se sont développées, qui offrent de manière générale des conditions moins avantageuses (D'Amours, 2006, 2009b, 2019; Noiseux, 2012; Vosko, 2006). Si l'on considère l'emploi typique comme l'emploi permanent à temps complet, on réalise, à la lecture du tableau 1.4, que 63,2 % des travailleurs québécois occupaient un tel emploi en 2017. C'est donc dire que 36,8 % de la population québécoise occupée avait un emploi salarié atypique (emploi salarié permanent à temps partiel, emploi salarié temporaire à temps complet ou à temps partiel), était travailleur indépendant à temps complet ou à temps partiel, ou encore cumulait plusieurs de ces formes.

L'emploi atypique n'est pas un phénomène nouveau, mais il a longtemps été confiné à des segments particuliers de la main-d'œuvre: femmes, jeunes, nouveaux arrivants. Ce qui diffère ici, c'est que l'atypie dans l'emploi traverse aujourd'hui les frontières sociodémographiques et professionnelles. Dans le cas du Québec, elle concerne, en 2017, 34,4 % des emplois occupés par des hommes et 39,4 % de ceux occupés par des femmes. Elle est surreprésentée aux deux extrémités de la pyramide des âges[15]. Elle a envahi tous les niveaux de qualification, touchant 45,5 % des travailleurs sans diplôme d'études secondaires, mais également un peu plus de 37 % des titulaires de diplômes secondaires et postsecondaires, et 32,8 % des titulaires d'un diplôme universitaire. Finalement, si le travail atypique demeure très répandu dans le secteur primaire (54,5 %), l'hébergement et la restauration (54,5 %), les services d'entretien, bâtiments et autres (49,2 %) ainsi que la construction (41,9 %), il est aussi fortement présent dans les secteurs de l'information, de la culture et des loisirs (49 %), des soins de santé et d'assistance sociale (38,6 %), des services professionnels, scientifiques et techniques (39,4 %) et de l'enseignement (44 %) (Institut de la statistique du Québec, 2018).

De manière générale[16], au Québec comme ailleurs en Amérique du Nord, les emplois atypiques (y compris le travail indépendant) présentent des conditions plus précaires que les emplois typiques, comme l'illustrent les quelques données suivantes.

---

15. Les formes d'emploi atypiques concernaient 66,7 % des emplois chez les travailleurs âgés de 15 à 24 ans, et 42,4 % des emplois chez ceux âgés de 55 ans ou plus, en 2017, alors que le groupe mitoyen demeurait relativement moins touché, dans une proportion légèrement inférieure à 30 %.

16. De manière générale, car la situation varie entre les formes atypiques et entre les individus ou les groupes au sein d'une même forme atypique.

En effet, ces emplois offrent moins de sécurité, car il est possible d'y mettre fin très facilement. L'emploi temporaire est par définition de durée limitée et rien ne garantit son renouvellement. Quant au travail indépendant, il porte sur une prestation précise et limitée dans le temps. Cette réalité se traduit par la durée de l'emploi atypique, en général plus courte que celle de l'emploi typique.

Plus instables, les emplois atypiques sont également, et de manière générale, moins bien rémunérés que les emplois typiques. Comme le révèle le tableau 1.5, en 2017, un salarié à temps partiel gagne 67,1 % du salaire horaire d'un salarié à temps plein (en légère baisse depuis 2007), alors qu'un employé temporaire gagne 83,1 % du salaire horaire d'un employé permanent (en très légère hausse depuis 2007). De plus, comme les employés à temps partiel travaillent moins d'heures par semaine et que les employés temporaires risquent de ne pas travailler toute l'année, le revenu annuel des salariés atypiques est de manière générale plus faible que celui des salariés typiques.

Quant aux travailleurs indépendants, leurs revenus annuels sont très polarisés (hauts ou bas revenus), mais ils sont très nombreux à rejoindre les rangs des travailleurs pauvres. Chaykowski (2005) estime que 42 % des indépendants sont faiblement rémunérés, contre 11 % des salariés ; l'ampleur et la gravité de la pauvreté se révèlent en général plus élevées pour eux que pour leurs contreparties salariées. Selon Fleury et Fortin (2006), plus de 40 % des travailleurs pauvres au Canada, en 2001, étaient des travailleurs indépendants avec ou sans employés (alors que ce groupe représente 15 % de la main-d'œuvre), et l'incidence de la pauvreté était quatre fois plus élevée chez eux que chez les salariés[17] (D'Amours, 2009a). Comparés aux salariés pauvres, les travailleurs indépendants pauvres sont plus susceptibles d'être titulaires d'un diplôme postsecondaire (près de la moitié), de bénéficier d'une plus longue expérience professionnelle et de travailler à temps complet dans leur activité.

Les travailleurs atypiques sont aussi moins souvent syndiqués, alors que la variable de la syndicalisation est associée à une amélioration des conditions de travail. Les salariés atypiques ont accès à la syndicalisation en vertu du régime général, prévu au *Code du travail*, mais en pratique, la durée limitée de leurs contrats de travail entraîne un fort taux de roulement qui rend la procédure d'accréditation plutôt aléatoire (Bernier, Vallée et Jobin, 2003), sans compter les difficultés liées à l'organisation. Le taux de couverture syndicale des salariés à temps partiel est inférieur à celui des salariés à temps plein (30,3 % contre 41,7 %, en 2013 au Québec) et celui des salariés temporaires est légèrement inférieur à celui des salariés permanents (38,8 % contre 39,7 %) (Institut de la statistique du Québec, novembre 2014), un élément qui accroît leur précarité, puisqu'ils disposent d'un moindre accès aux outils qui leur permettraient d'améliorer leur sort. De leur côté, sauf pour de rares exceptions, les travailleurs indépendants n'ont pas accès à la syndicalisation.

Les travailleurs atypiques sont moins bien protégés par les lois du travail et les régimes de protection sociale. Comme l'ont montré Bernier, Vallée et Jobin (2003), les salariés atypiques sont couverts par les lois du travail, mais peuvent ne pas bénéficier de l'ensemble des protections qu'elles prévoient ; par exemple, la *Loi sur les normes du travail* (*voir le chapitre 7*) exige deux ans de service continu chez le même employeur pour pouvoir bénéficier d'un recours en cas de congédiement sans cause juste et suffisante, ce qui exclut *de facto* les travailleurs qui n'ont pas accumulé une telle durée de service continu. Les salariés atypiques bénéficient des régimes de protection sociale, mais leur couverture est moins étendue que celle des salariés typiques, en raison de leur

Tableau 1.5 La rémunération horaire selon le statut d'emploi, Québec, 2007 et 2017

	Temps plein	Temps partiel	%	Permanent	Temporaire	%
2007	20,51 $	14,11 $	68,8	19,80	16,41	82,9
2017	26,56 $	17,83 $	67,1	25,55	21,23	83,1

Source : Institut de la statistique du Québec (mars 2018). *Annuaire québécois des statistiques sur le travail*, vol. 14, ISQ, Québec.

---

17. Ces deux études sont construites sur des bases différentes, mais leurs résultats pointent dans la même direction. Fleury et Fortin définissent le travailleur pauvre comme « une personne travaillant un nombre d'heures équivalent à un emploi à temps plein, pendant au moins la moitié de l'année, dont le revenu familial est inférieur au seuil de faible revenu », alors que Chaykowski définit le travailleur faiblement rémunéré comme un individu dont les revenus de travail sont bas.

présence discontinue dans l'emploi et de leurs salaires moyens plus faibles. Ainsi, comme l'ont révélé Kapsalis et Tourigny (2004), les salariés atypiques sont plus susceptibles d'être en chômage, mais moins susceptibles de recevoir des prestations d'assurance-emploi. Par ailleurs, en matière d'assurance-emploi, de rentes de retraite ou d'indemnisation des accidents du travail, le niveau des bénéfices dépend de l'importance des gains antérieurs, qui est habituellement moindre dans les formes salariées atypiques.

De leur côté, les travailleurs indépendants ont accès à une protection de base (assurance maladie, prestations de la Sécurité de la vieillesse, régime de rentes et prestations parentales), mais pour certaines modalités de ces protections, ils doivent payer double prime, soit celle de l'employeur et celle de l'employé. Ils sont par ailleurs exclus de l'aire d'application de la majorité des lois protectrices du travailleur (normes du travail, santé et sécurité au travail), ainsi que des régimes d'indemnisation des maladies professionnelles et des accidents du travail. Ils sont en général fort mal protégés contre le risque de manquer de travail ou de tomber malade, ou encore en vue de la retraite (D'Amours, 2009b).

Finalement, le travail atypique est associé à des problèmes particuliers de santé et de sécurité au travail. D'une part, la courte durée de la présence en milieu de travail, la concurrence pour l'emploi, l'intensité du travail et les longues heures à y consacrer, entraînent des problèmes de santé psychique et des risques accrus d'accidents, comme l'ont bien montré les travaux de Quinlan *et al.* (2001) ainsi que, plus près de nous, les résultats de l'*Enquête québécoise sur des conditions de travail, d'emploi et de santé et de sécurité du travail* (Vézina et al., 2011), une enquête menée auprès d'un échantillon représentatif de 5000 travailleurs occupant un emploi à titre de travailleurs salariés ou indépendants depuis au moins 8 semaines, à raison d'au moins 15 heures par semaine (*voir le tableau 1.6*). Cette même étude a aussi révélé que l'insécurité d'emploi et la précarité contractuelle sont associées de manière importante à la détresse psychologique et aux symptômes dépressifs (*voir l'encadré 1.5*).

Si la proportion des emplois atypiques s'est stabilisée depuis le début des années 2000, la composition de l'emploi atypique a changé pendant la période étudiée, au profit de ses formes les plus précaires que sont l'emploi

Tableau 1.6 La fréquence des accidents de travail à l'emploi principal selon le statut d'emploi

Statut d'emploi	Oui	Non
Agence de placement	14 %	8,3 %
Temps partiel	13,3 %	8 %
Emploi temporaire	11,4 %	8,1 %
Emploi saisonnier	11,1 %	7,8 %

Source : Vézina, M., E. Cloutier, S. Stock, K. Lippel, É. Fortin *et al.* (2011). *Rapport sommaire. Enquête québécoise sur des conditions de travail, d'emploi et de santé et de sécurité du travail (EQCOTESST)*. Québec, Institut de recherche Robert-Sauvé en santé et sécurité du travail – Institut national de santé publique du Québec et Institut de la statistique du Québec.

Encadré 1.5 La précarité du travail et de l'emploi et la détresse psychologique

« Cette étude montre qu'environ 18 % des travailleurs québécois visés par l'enquête présentent un niveau élevé de détresse psychologique, [...] et ce, en plus grande proportion chez les femmes (21,7 % vs 15,0 %). Elle permet également de constater que l'insécurité d'emploi et la précarité contractuelle sont associées de façon importante à la détresse psychologique, particulièrement chez les femmes. C'est aussi le cas d'une exposition à une demande psychologique élevée, surtout en l'absence de latitude décisionnelle ou de soutien au travail, ou lorsque les travailleurs n'ont pas les moyens de faire un travail de qualité ou sont victimes de harcèlement psychologique. De plus, les travailleuses des secteurs de l'enseignement ou du regroupement des industries manufacturières, de même que celles des services de réparation et d'entretien, sont davantage atteintes de détresse psychologique. »

Source : Vézina, M., E. Cloutier, S. Stock, K. Lippel, É. Fortin *et al.* (2011). *Rapport sommaire. Enquête québécoise sur des conditions de travail, d'emploi et de santé et de sécurité du travail (EQCOTESST)*. Québec, Institut de recherche Robert-Sauvé en santé et sécurité du travail – Institut national de santé publique du Québec et Institut de la statistique du Québec.

temporaire et le travail indépendant exercé en solo. Depuis 1997, l'emploi permanent à temps partiel a eu tendance à décroître au profit de l'emploi temporaire à temps complet ou à temps partiel, alors que le travail indépendant exercé en solo est en légère hausse et que celui exercé avec l'aide d'employés connaît une baisse notable. Cette tendance à la croissance des formes les plus précaires est particulièrement visible chez les diplômés universitaires et les professionnels, qui sont relativement moins présents qu'avant dans les emplois à temps partiel permanents et le travail indépendant avec employés, et plus présents dans l'emploi temporaire et le travail indépendant en solo. Dans les milieux syndiqués, la part relative des emplois permanents à temps partiel a diminué, alors que celle des emplois temporaires a augmenté. Les données produites par l'Institut de la statistique du Québec (Cloutier-Villeneuve, 2014) révèlent aussi que le secteur public est particulièrement touché par la prolifération des emplois temporaires, conjuguée à une baisse relative des emplois permanents à temps partiel.

Mentionnons aussi le nombre croissant de travailleurs dans « l'économie de plateformes » (Uber, Airbnb, AskforTask, etc.). Les études scientifiques de ce phénomène révèlent certains aspects positifs, comme la flexibilité et une meilleure conciliation entre travail et vie privée, mais elles montrent aussi une incidence beaucoup plus élevée des effets négatifs : mise en concurrence des travailleurs, salaires très bas, absence de protection sociale et de mécanisme de règlement des conflits, intensification du travail, isolement social, etc. (Vendramin et Valenduc, 2016).

> De même, les effets globaux sur la qualité de l'emploi, les conditions de travail, les formes de travail, les inégalités sociales sont difficiles à évaluer précisément. Un consensus semble se dessiner sur une polarisation accrue de la société de demain, avec une classe moyenne qui se rétrécit, une forte augmentation des ménages et travailleurs à bas revenus, et une infime minorité de « superstars » dont les niveaux de richesse explosent littéralement (Degryse, 2016, p. 53).

Par ailleurs, gardons-nous de tenir pour acquis que l'emploi permanent, à temps complet, pour un seul employeur est toujours synonyme d'emploi de qualité. En effet, une autre manifestation de la vulnérabilité sur le marché du travail réside dans le fait qu'un nombre croissant de travailleurs sont pauvres en dépit du fait qu'ils travaillent à temps complet toute l'année (Lewchuk *et al.*, 2010 ; Yerochewski, 2014). Ce phénomène des travailleurs pauvres ou vulnérables est souvent tributaire de la faiblesse de la rémunération, elle-même souvent associée à l'absence d'avantages sociaux (Chaykowski, 2005).

1.5.2 La précarisation du travail

Le travail a changé ; une proportion de plus en plus grande des situations de travail font appel à des qualités relationnelles et à la capacité de manipuler des idées ou de résoudre des problèmes (Reich, 1993 ; Perret, 1997). Les contextes ont changé : les pressions concurrentielles sur les marchés ont conduit les entreprises à produire en continu, juste à temps, en augmentant la polyvalence à l'interne et la flexibilité à l'externe. Le taylorisme existe encore, mais n'est plus aujourd'hui la forme unique ou dominante d'organisation du travail. De nouvelles formes d'organisation faisant appel à l'autonomie, à la responsabilité et à l'investissement personnel des travailleurs ont gagné en importance ces dernières années. Ces transformations ont eu des effets paradoxaux : parfois associées à une satisfaction accrue, mais souvent au stress et à la souffrance, souvent conceptualisées comme des risques psychosociaux au travail. Trois dimensions seront abordées dans cette section : l'intensification du travail, l'éclatement des horaires et les attentes relatives à l'investissement subjectif des travailleurs.

L'intensification du travail peut prendre différentes formes. Montoussé *et al.* (2009) distinguent l'intensification « classique », caractérisée par l'accélération des cadences de travail, une situation qu'on trouve tant dans le secteur manufacturier que dans les services (par exemple, les centres d'appels) ; l'intensification « événementielle », liée aux imprévus ou aux urgences, qui se manifeste quand les travailleurs doivent assumer plusieurs fonctions, résoudre rapidement des problèmes ou réagir aux pressions des clients ; et finalement l'intensification « par cumul de contraintes », lorsque les individus doivent tenter de concilier des exigences contradictoires – de temps, de qualité, de réponse aux besoins du client. Or la souffrance au travail est fortement liée aux caractéristiques du travail, notamment à son intensité (Gollac, dans de Terssac *et al.*, 2008). Même quand l'intensification du travail s'accompagne d'un niveau élevé d'autonomie, les risques psychosociaux s'accroissent s'il y a contrainte de résultats, absence de ressources, absence de reconnaissance, isolement et détérioration des relations sociales au travail (Lapointe, 2013).

Par ailleurs, les transformations des manières de produire, notamment la production en continu et l'offre de services selon des plages horaires étendues, notamment en Amérique du Nord, ont accru la proportion des horaires de travail qui diffèrent de l'horaire traditionnel (sept ou huit heures par jour, dans un même quart de travail, du lundi au vendredi). Les données citées par Iavicoli (dans Lerouge, 2014) indiquent que plus d'un travailleur européen sur deux exerce sa prestation selon des modalités atypiques : longues semaines de travail, travail de fin de semaine, de nuit, par rotation ou à la demande. Au Québec, un travailleur sur cinq (21,1 %) travaille plus de 40 heures par semaine[18] ; près de 12 % travaillent selon un horaire rotatif et près de 10 % sont soumis à des horaires brisés, variables, sur appel ou autres. Parmi ceux qui disposent d'un horaire normal, c'est-à-dire avec les mêmes plages horaires d'une journée sur l'autre, environ un sur cinq travaille à d'autres moments que le jour seulement, alors que près de 60 % des travailleurs visés par l'enquête ont indiqué qu'il leur arrivait de travailler le samedi ou le dimanche à leur emploi principal, avec ou sans rémunération, à la demande de leur employeur ou à leur initiative personnelle (Vézina *et al.*, 2011). Ces horaires dits atypiques sont souvent associés à des problèmes de santé ainsi qu'à des difficultés de conciliation entre vie professionnelle et vie privée.

Enfin, de nombreuses contributions (Boltanski et Chiapello, 1999 ; de Gaulejac, 2005) ont mis en évidence les nouvelles attentes des entreprises à l'égard des travailleurs : ceux-ci doivent désormais s'investir subjectivement dans leur travail, faire preuve d'autonomie et avoir le sens de l'initiative, une aptitude à l'apprentissage et des qualités relationnelles. Certains auteurs (Hughes *et al.*, 2003 ; Mercure et Vultur, 2010) ont fait valoir par ailleurs que de nombreux individus, dans toutes les catégories socioprofessionnelles, aspirent à exercer un travail intéressant, dans lequel ils pourront s'accomplir, être créatifs et autonomes. Où est le problème alors ? Comme le souligne Saint-Martin (dans de Terssac *et al.*, 2008), il réside dans le fait que ces formes de travail axées sur la création et l'autonomie s'exercent au prix d'une contrainte à l'inventivité permanente et de contrôles serrés sur les résultats. En outre, elles favorisent l'intériorisation par le travailleur de sa responsabilité par rapport à l'atteinte des objectifs, alors qu'il dispose de marges d'autonomie variables et souvent de moyens fort limités. La sursollicitation des capacités personnelles et subjectives des travailleurs, combinée avec un recul des mécanismes sociaux qui freinaient le surinvestissement dans le travail, est associée au phénomène croissant de l'épuisement professionnel (Kirouac, 2015).

Il peut être utile, à des fins pédagogiques, de traiter séparément la précarisation de l'emploi et celle du travail, mais, dans la réalité, les deux phénomènes sont en partie liés. Ainsi, les emplois atypiques sont très souvent exercés selon des horaires atypiques (Tremblay, 2002 ; Vézina *et al.*, 2011). De nombreux auteurs font ressortir l'impact conjugué de la précarisation de l'emploi et de la précarisation du travail sur les risques psychosociaux au travail (Lerouge, 2014 ; Vézina *et al.*, 2011 ; Lewchuk *et al.*, 2010). Ainsi, à la tension découlant de situations caractérisées par la combinaison d'un niveau élevé de demande et d'un faible niveau d'autonomie et de soutien s'ajoute dans plusieurs cas le stress ou la tension découlant de l'incertitude relative à la durée de l'emploi et au nombre d'heures de travail, et donc au revenu. Les résultats de l'*Enquête québécoise sur des conditions de travail, d'emploi et de santé et de sécurité du travail* illustrent l'impact de la précarisation du travail et de l'emploi sur le niveau de détresse psychologique des travailleurs québécois (*voir l'encadré 1.5*).

1.5.3 Les écarts entre les aspirations des travailleurs et les réalités du travail et de l'emploi

Une dernière façon d'aborder la qualité du travail et de l'emploi est de s'interroger sur la manière dont les travailleurs évaluent leur travail et leur emploi ; en d'autres mots, il s'agit de voir si les aspirations que les travailleurs entretiennent à l'égard du travail et de l'emploi sont comblées dans la réalité.

Deux études canadiennes révèlent un écart important entre les aspirations des salariés et l'évaluation qu'ils font de leur travail. Selon l'enquête menée par Hughes, Lowe et Schellenberg (2003), les éléments les plus valorisés par les travailleurs (vus comme très importants) sont, dans l'ordre : le fait d'être traité avec respect (73,8 %), de faire un travail intéressant (71,4 %), le sentiment d'accomplissement professionnel (70,6 %), la bonne communication avec les compagnons de travail (70,2 %), la conciliation travail-famille (69,8 %), la sécurité d'emploi (64,6 %), la bonne rémunération (62,6 %) et les avantages sociaux (56 %). Ces éléments sont appréciés différemment selon le sexe – les femmes valorisant plus que les hommes les relations sociales et la conciliation travail-famille – et le niveau de scolarité – la sécurité d'emploi, la rémunération et les avantages sociaux étant davantage cités par les personnes titulaires d'un diplôme d'études secondaires seulement ou d'un niveau de scolarité inférieur.

---

18. Alors que, à l'opposé, 14,1 % travaillent de 15 à 29 heures.

Toutefois, de nombreux travailleurs vivent d'importantes disparités entre ce qu'ils valorisent et la réalité de leur emploi, surtout en ce qui concerne la conciliation travail-famille et les dimensions extrinsèques du travail : rémunération, avantages sociaux, sécurité d'emploi et possibilités d'avancement. Une étude plus récente (Lowe, 2007) révèle que, si les dimensions jugées les plus importantes n'ont guère changé depuis la première enquête, il existe un déficit important entre la proportion de salariés qui jugent une caractéristique importante et la proportion de salariés qui considèrent que cette caractéristique est présente dans leur situation d'emploi ou de travail actuelle. À titre d'exemple, 73 % des répondants jugent très important le fait de travailler dans un milieu exempt de harcèlement et de discrimination, mais seulement 51 % considèrent que cette caractéristique est présente dans leur emploi actuel ; 63 % des répondants jugent très importante la possibilité de concilier travail et famille, mais 34 % croient pouvoir l'exercer de manière importante dans leur emploi actuel. Le différentiel entre aspiration et réalité est supérieur à 30 points de pourcentage pour les éléments « milieu de travail sain et sécuritaire », « gestionnaires expérimentés et dignes de confiance », « rémunération » et « offre de la formation requise pour faire le travail ».

L'étude met également en évidence les importantes inégalités qui persistent entre les travailleurs eu égard à la qualité du travail et de l'emploi : alors qu'une minorité d'entre eux (6 %) occupent sur le marché du travail des postes leur procurant des gratifications dans l'ensemble des dimensions, près d'un travailleur sur quatre (37 %) occupe un emploi procurant très peu de gratifications. Entre les deux extrémités de ce continuum, on trouve des profils où se combinent bonnes conditions d'emploi, mais piètre autonomie et valorisation dans le travail ou, au contraire, qui comportent une bonne marge de manœuvre et la possibilité de prendre des décisions, mais ils sont associés à des niveaux modérés ou faibles dans les autres aspects de la qualité d'emploi. Au total, conclut l'auteur, sauf pour la réduction du taux de chômage, la récente période de prospérité économique (avant 2007) ne s'est pas traduite par des gains importants en matière de qualité des emplois ; très peu de Canadiens (6 %) ont des emplois de qualité si l'on tient compte de tous ces facteurs. En revanche, fait-il valoir, la qualité des emplois peut contribuer à une prospérité économique durable. C'est dire qu'il reste beaucoup à faire pour qu'un nombre important de participants au marché du travail bénéficient de conditions où se conjuguent qualité du travail et qualité de l'emploi.

Conclusion

En introduction de ce chapitre, nous avons distingué le travail, activité productive, et l'emploi, inscription de cette relation dans un cadre organisationnel et contractuel. Puis, nous avons vu que la nature du travail a été profondément bouleversée avec l'avènement du capitalisme, alors que les travailleurs ne possèdent plus leurs moyens de production et sont obligés de vendre leur capacité de travail à un employeur, en échange d'un salaire. Nous avons ensuite abordé l'évolution de la division technique du travail qui, de l'artisanat à la manufacture puis à la fabrique, s'est traduite par la parcellisation du travail, permettant d'embaucher du personnel non qualifié, aisément remplaçable et faiblement rémunéré. La relation entre les travailleurs et leurs employeurs apparaît donc foncièrement inégale et, dans les débuts de l'industrialisation, il n'y a de surcroît aucun mécanisme qui vient compenser cette inégalité.

Cette situation, source de l'extrême précarité de la classe ouvrière et génératrice d'importants conflits sociaux, conduit des réformateurs à imaginer des solutions qui sont à l'origine de ce qui deviendra les relations industrielles. Dès l'origine, deux écoles de pensée se disputent le contrôle du champ : la gestion de personnel et l'économie institutionnaliste. Elles voient différemment les problèmes ouvriers et proposent des solutions différentes pour les résoudre.

Après ce détour historique, nous nous sommes intéressés aux principaux statuts de main-d'œuvre et aux principaux indicateurs du marché du travail : le taux d'activité, le taux d'emploi et le taux de chômage. Ces indicateurs nous renseignent sur l'intensité de la participation au marché du travail, mais pas sur les enjeux contemporains du travail et de l'emploi, que nous avons abordés en dernière partie avec les notions de fragmentation de l'emploi, d'autonomie et d'intensification du travail, puis avec la notion d'écart entre les aspirations des travailleurs et la réalité de leur travail et de leur emploi.

Au terme de ce tour d'horizon, il apparaît que la réalité du travail a considérablement changé en un siècle et demi, du moins au Québec, car dans les pays du Sud, les conditions de travail ressemblent fort à celles, effroyables, des manufactures aux premiers temps de l'industrialisation. Il semble pourtant que la qualité du travail et de l'emploi pose encore de nombreux problèmes… et que les mécanismes destinés à protéger les travailleurs contre les pires abus ont tendance à diminuer ou à être moins bien adaptés. Décidément, même au XXIe siècle, même au Québec et au Canada, nous avons encore besoin des relations industrielles.

QUESTIONS DE RÉVISION

1. Distinguez le travail de l'emploi.
2. Nommez les deux éléments que le capitalisme vient bouleverser dans la sphère du travail.
3. Qu'est-ce qui distingue la manufacture de la fabrique ?
4. Quels sont les principes à la base du taylorisme ?
5. Qu'est-ce que Ford est venu ajouter au taylorisme ?
6. Quelles sont les conséquences, pour les travailleurs, de la parcellisation du travail ?
7. Quelles sont les causes des « problèmes ouvriers » ?
8. Comment se manifestent les « problèmes ouvriers » ?
9. Comment définit-on et comment forme-t-on les taux d'activité, d'emploi et de chômage ?
10. Exposez quelques-uns des problèmes contemporains concernant la qualité du travail.
11. Exposez quelques-uns des problèmes contemporains concernant la qualité de l'emploi.

POUR ALLER PLUS LOIN

Bonville, J. de (1975). *Jean-Baptiste Gagnepetit. Les travailleurs montréalais à la fin du XIXe siècle*. Montréal, L'Aurore.

De Coster, M. (2014). « La division technique du travail », dans Tremblay, D.-G. et M. Alberio (dir.). *Travail et société*. Québec, Presses de l'Université du Québec, p. 113-148.

Lapointe, P.-A. (dir.) (2013). *La qualité du travail et de l'emploi au Québec*. Québec, Presses de l'Université Laval.

Stroobants, M. (1993). *Sociologie du travail*. Paris, Nathan.

RÉFÉRENCES

Bernier, J., G. Vallée et C. Jobin (2003). *Les besoins de protection sociale des personnes en situation de travail non traditionnelle*. Québec, ministère du Travail, synthèse du rapport final.

Boltanski, L. et E. Chiapello (1999). *Le nouvel esprit du capitalisme*. Paris, Gallimard.

Bonville, J. de (1975). *Jean-Baptiste Gagnepetit. Les travailleurs montréalais à la fin du XIXe siècle*. Montréal, L'Aurore.

Bouffartigue, P. et H. Eckert (dir.) (1997). *Le travail à l'épreuve du salariat*. Paris, L'Harmattan.

Braverman, H. (1976). *Travail et capitalisme monopoliste. La dégradation du travail au xxe siècle.* Paris, Maspero.

Castel, R. (1995). *Les métamorphoses de la question sociale. Une chronique du salariat.* Paris, Fayard.

Chaykowski, R. P. (2005). *Non-standard Work and Economic Vulnerability.* Réseau canadien de recherches sur les politiques publiques. Rapport de recherche n° 3, mars.

Cloutier, L. (2013). « Bien définir la qualité de l'emploi pour mieux comprendre l'état et l'évolution du marché du travail », dans Lapointe, P.-A. (dir.) (2013). *La qualité du travail et de l'emploi au Québec.* Québec, Presses de l'Université Laval, p. 19-56.

Cloutier-Villeneuve, L. (octobre 2014). « Évolution de l'emploi atypique au Québec depuis 1997 », *Flash-info,* Institut de la statistique du Québec, vol. 15, n° 3, p. 1-13.

Copp, T. (1978). *Classe ouvrière et pauvreté.* Montréal, Boréal Express.

Coriat, B. (1979). *L'atelier et le chronomètre : essai sur le taylorisme, le fordisme et la production de masse.* Paris, Christian Bourgois Éditeur.

Coutrot, T. (1999). *Critique de l'organisation du travail.* Paris, Maspero.

D'Amours, M. (2019). « Le travail indépendant contemporain : regards croisés à partir des mutations du salariat et de l'indépendance », *Management international,* vol. 23, n° 5, p. 78-89.

D'Amours, M. (2009a). « La responsabilisation comme nouvelle figure de la domination au travail : le cas des travailleurs indépendants », dans Malenfant, R. et G. Bellemare (dir.). *La domination au travail : des conceptions totalisantes à la diversité des formes de domination.* Québec, Presses de l'Université du Québec, p. 77-98.

D'Amours, M. (2009b). « Travail précaire et gestion des risques : vers un nouveau modèle social ? », *Lien social et Politiques,* n° 61, p. 109-121.

D'Amours, M. (2006). *Le travail indépendant : un révélateur des mutations du travail.* Québec, Presses de l'Université du Québec.

De Coster, M. (2014). « La division technique du travail », dans Tremblay, D.-G. et M. Alberio (dir.). *Travail et société.* Québec, Presses de l'Université du Québec, p. 113-148.

De Coster, M. (1998). « Les divisions sociales du travail », dans De Coster, M. et F. Pichault (dir.). *Traité de sociologie du travail.* 2e éd., Paris-Bruxelles, De Boeck.

Degryse, C. (2016). *Les impacts sociaux de la digitalisation de l'économie.* Bruxelles, European Trade Union Institute.

Desîlets, C. et D. Ledoux (2006). *Histoire des normes du travail au Québec de 1885 à 2005. De l'Acte des manufactures à la Loi sur les normes du travail.* Québec, Les Publications du Québec.

Eckert, H. (1997). « Centralité du travail ou centralité du salariat ? » dans Bouffartigue, P. et H. Eckert (dir.) (1997). *Le travail à l'épreuve du salariat.* Paris, L'Harmattan, p. 51-71.

Erbès-Seguin, S. (1999). *La sociologie du travail.* Paris, La Découverte, coll. « Repères ».

Esping-Andersen, G. (1999). *Les trois mondes de l'État-providence.* Paris, PUF, collection Le lien social.

Fleury D. et M. Fortin (2006). *Lorsque travailler ne suffit pas afin d'échapper à la pauvreté : une analyse de la pauvreté chez les travailleurs au Canada.* Groupe de recherche sur les politiques, Ressources humaines et Développement social Canada, août.

Ford, H. (1925). *Ma vie et mon œuvre.* Paris, Payot.

Fouquet, A. (1998). « Travail, emploi ou activité ? », dans J. Kergoat, J. Boutet, H. Jacot et D. Linhart (dir.) (1998). *Le monde du travail.* Paris, La Découverte, p. 228-238.

Friedmann, G. (1956). *Le travail en miettes : spécialisation et loisirs.* Paris, Gallimard.

Gaulejac, V. de (2005). *La société malade de la gestion : idéologie gestionnaire, pouvoir managérial et harcèlement social.* Paris, Éditions du Seuil.

Gorz, A. (1988). *Métamorphoses du travail. Quête du sens.* Paris, Éditions Galilée.

Guest, D. (1995). *Histoire de la sécurité sociale au Canada.* Montréal, Boréal.

Harvey, F. (1978). *Révolution industrielle et travailleurs. Une enquête sur les rapports entre le capital et le travail au Québec à la fin du 19e siècle.* Montréal, Boréal Express.

Hughes, K. D., G. Lowe et G. Schellenberg (2003). *Men's and Women's Quality of Work in the New Canadian Economy,* RCRPP W/19. Récupéré au www.researchgate.net/publication/253734518_Men's_and_Women's_Quality_of_Work_in_the_New_Canadian_Economy

Institut de la statistique du Québec (2018). *Tableaux statistiques sur l'évolution de l'emploi atypique pendant la période 1997-2017*. ISQ, Québec. Récupéré au http://stat.gouv.qc.ca/statistiques/travail-remuneration/lien-statut-emploi/taux_emploi_atypique.html

Institut de la statistique du Québec (2014). *Regard statistique sur la couverture syndicale au Québec, ailleurs au Canada et dans les pays de l'OCDE*. ISQ, Québec.

Institut de la statistique du Québec (octobre 2008). *La qualité de l'emploi au Québec. Développements conceptuels et création d'une typologie*. Récupéré au www.stat.gouv.qc.ca

Kapsalis, C. et P. Tourigny (2004). « La durée de l'emploi atypique ». *L'emploi et le revenu en perspective*. Statistique Canada, n° 75-001-XIF au catalogue, p. 4-54.

Kaufman, B. E. (2008). *Managing the Human Factor : The Early Years of Human Resource Management in American Industry*. Ithaca et Londres, ILR Press, Cornell University Press.

Kaufman, B. E. (1993). *The Origins and Evolution of the Field of Industrial Relations in the United States*. Ithaca, ILR Press.

Kirouac, L. (2015). *L'individu face au travail-sans-fin. Sociologie de l'épuisement professionnel*. Québec, Presses de l'Université Laval.

Lapointe, P.-A. « La qualité de l'emploi au Québec : portrait, évolution et causes », dans P.-A. Lapointe (dir.) (2013). *La qualité du travail et de l'emploi au Québec*. Québec, Presses de l'Université Laval, p. 57-129.

Lerouge, L. (2014). *Approche interdisciplinaire des risques psychosociaux au travail*. Paris, Octares.

Lewchuk, W., M. Clarke et A. de Wolff (2010). *Working without Commitments. The Health Effects of Precarious Employment*. Montréal & Kingston, McGill-Queens.

Linteau, P.-A., R. Durocher et J.-C. Robert (1989). *Histoire du Québec contemporain. De la Confédération à la crise*. Montréal, Éditions du Boréal Express.

Lipietz, A. (1989). *Choisir l'audace. Une alternative pour le vingt et unième siècle*. Paris, La Découverte.

Locke, J. (1992). *Traité du gouvernement civil*. Paris, Garnier-Flammarion. Deuxième édition corrigée ; ouvrage paru pour la première fois en 1690.

Lowe, G. (2007). *21st Century Job Quality : Achieving What Canadians Want*, Research Report W/37. Récupéré au http://oaresource.library.carleton.ca/cprn/48485_en.pdf

Maruani, M. et E. Reynaud (2001). *Sociologie de l'emploi*. 3e éd., Paris, La Découverte.

Marx, K. (1967). *Le Capital, livre 1er, tome II*. Paris, Éditions sociales.

Méda, D. (1995). *Le travail : une valeur en voie de disparition*. Paris, Aubier.

Mercure, D. et M. Vultur (2010). *La signification du travail. Nouveau modèle productif et ethos du travail au Québec*. Québec, Presses de l'Université Laval, coll. « Sociologie contemporaine ».

Montoussé, M. et al. (2009). *50 débats sur le travail*. Paris, Boréal, fiche 16, p. 68-69 et fiche 18, p. 78-81.

Morin, F. (1982). *Rapports collectifs du travail*. Montréal, Thémis.

Morin, F., J.-Y. Brière et D. Roux (2006). *Le droit de l'emploi au Québec*. 3e éd., Montréal, Wilson & Lafleur ltée.

Noiseux, Y. (2012). « Le travail atypique au Québec : les jeunes au cœur de la dynamique de précarisation par la centrifugation de l'emploi », *Revue multidisciplinaire sur l'emploi, le syndicalisme et le travail*, vol. 7, n° 1, p. 28-54.

Perret, R. (1997). « L'avenir du travail : des tendances contradictoires », dans *Le travail, quel avenir ?* Paris, Gallimard, p. 1-33.

Polanyi, K. (1983). *La Grande Transformation. Aux origines politiques et économiques de notre temps*. Paris, Gallimard (édition originale en 1944, sous le titre *The Great Transformation*).

Quinlan, M., C. Mayhew et P. Bohle (2001). « The Global Expansion of Precarious Employment, Work Disorganization and Consequences for Occupational Health : A Review of Recent Research », *International Journal of Health Services*, vol. 31, n° 2, p. 335-414.

Reich, R. (1993). *L'économie mondialisée*. Paris, Dunod (édition originale en 1991, sous le titre *The Work of Nations*).

Smith, A. (1976). *Recherche sur la nature et les causes de la richesse des nations*. Paris, Gallimard. Ouvrage paru pour la première fois en 1776.

Statistique Canada (2017). *Enquête sur la population active*. Récupéré au www.statcan.gc.ca/pub/71-543-g/2011001/part-partie2-fra.htm

Stroobants, M. (1993). *Sociologie du travail*. Paris, Nathan.

Supiot, A. (2010). *L'esprit de Philadelphie. La justice sociale face au marché total*. Paris, Éditions du Seuil.

Taylor, F. W. (1957). *La direction scientifique des entreprises*. Paris, Dunod.

Terssac, G. de, C. Saint-Martin et C. Thébault (dir.) (2008). *La précarité : une relation entre travail, organisation et santé*. Paris, Octares, Collection Le travail en débats.

Tremblay, D.-G. (2002). « Nouveaux modes d'exercice et nouvelles formes de travail ? Quelles évolutions pour l'avenir ? », dans Tremblay, D.-G. et L. F. Dagenais (dir.). *Ruptures, segmentations et mutations du marché du travail*. Actes du colloque, Association d'économie politique. Québec, Presses de l'Université du Québec, p. 1-24.

Vendramin, P. et G. Valenduc (2016). *Le travail virtuel. Nouvelles formes de travail et d'emploi dans l'économie digitale*. Bruxelles, FTU – Fondation Travail-Université.

Vézina, M., E. Cloutier, S. Stock, K. Lippel, É. Fortin *et al.* (2011). *Rapport sommaire. Enquête québécoise sur des conditions de travail, d'emploi et de santé et de sécurité du travail (EQCOTESST)*. Québec, Institut de recherche Robert-Sauvé en santé et sécurité du travail – Institut national de santé publique du Québec et Institut de la statistique du Québec.

Vosko, L. F. (dir.) (2006). *Precarious Employment : Understanding Labour Market Insecurity in Canada*. Montréal et Kingston, McGill-Queen's University Press.

Vosko, L. F., N. Zukewich et C. Cranford (2003). « Le travail précaire : une nouvelle typologie de l'emploi », dans *L'emploi et le revenu en perspective*. Ottawa, Statistique Canada, n° 75-001-XIF au catalogue, p. 17-28.

Yerochewski, C. (2014). *Quand travailler enferme dans la pauvreté et la précarité. Travailleuses et travailleurs pauvres au Québec et dans le monde*, Québec, Presses de l'Université du Québec.

Chapitre 2

Guy Bellemare

Les théories en relations industrielles

Plan du chapitre

2.1 ▸ Le statut de la théorie dans le champ des relations industrielles : une relation ambivalente

2.2 ▸ Les théories en relations industrielles

Objectifs d'apprentissage

○ Expliquer l'utilité des théories, leurs caractéristiques, leurs buts, leur variété et leur évolution.

○ Initier l'étudiant aux principales contributions théoriques qui ont tenté de circonscrire le domaine d'étude des relations industrielles ainsi qu'à leurs critiques.

Introduction

Le chapitre se divise en deux parties. La première discute du statut de la théorie dans le champ des relations industrielles (RI) : une science appliquée qui n'est jamais loin des débats sociopolitiques et de l'idéologie. La deuxième partie présente les principales théories en relations industrielles. La conclusion du chapitre propose un bilan du développement de ces théories et du champ académique des relations industrielles.

2.1 Le statut de la théorie dans le champ des relations industrielles : une relation ambivalente

Trois citations permettent d'introduire ce thème, qui est décliné en trois sous-thèmes : importance de la théorie, théorie et épistémologie, théorie et idéologie.

Il n'y a rien de plus pratique qu'une bonne théorie Kurt Lewin (1951).

La pratique sans théorie est aveugle, la théorie sans pratique est vide Kwame Nkrumah (1994).

Ce n'est pas en perfectionnant la bougie qu'on découvre la lumière électrique Édouard Brézin (dans Rioux Soucy, 2004).

2.1.1 L'importance de la théorie

Le domaine des relations industrielles entretient un rapport ambigu avec les théories. L'étudiant en relations industrielles est généralement davantage préoccupé par la pratique professionnelle. Il désire que son apprentissage, au cours de ses études, lui permette de se trouver rapidement un emploi dans son domaine. Ce faisant, il fait l'hypothèse qu'il y parviendra principalement grâce à ses compétences techniques. De leur côté, les employeurs recherchent plutôt des étudiants ayant une connaissance générale du domaine et une « tête bien faite », soit des capacités de jugement et d'analyse, des habiletés relationnelles et de bonnes communications à l'oral et à l'écrit (Francœur[1], 2014). Finalement, le rôle des universités consiste à préparer des citoyens engagés dans leur société et dotés d'un esprit critique.

Ces différentes attentes à l'égard de la formation universitaire sont illustrées par les deux premières maximes. Pour Lewin, il n'y a rien de plus pratique qu'une bonne théorie, et pas uniquement pour la recherche scientifique. La pratique sur laquelle le professionnel veut intervenir est multiforme, variée. Pour être efficace, il faut apprendre à « lire » la situation et, pour ce faire, savoir départager le détail et l'essentiel. Or la théorie est indispensable pour y parvenir, car elle consiste en une simplification raisonnée du réel multiforme et aide à déterminer les facteurs les plus importants d'une situation donnée.

Nous agissons toujours à partir d'une « théorie » implicite du fonctionnement d'un phénomène. Celle-ci vient de notre socialisation et de la vulgarisation, depuis des années, de théories sociales. Puisque nos actions sont ancrées dans des théories implicites, il devient alors pertinent de prendre conscience des théories qui nous habitent, de les expliciter et de les confronter aux théories les plus récentes, car comme le disait l'économiste John Maynard Keynes (2014) : « Tous les hommes politiques appliquent sans le savoir les recommandations d'économistes souvent morts depuis longtemps et dont ils ignorent le nom. » Dans la même ligne de pensée, il affirmait : « La difficulté n'est pas de comprendre les idées nouvelles, mais d'échapper aux idées anciennes. »

Une nouvelle théorie permet de mettre en lumière des événements ou des éléments nouveaux ou longtemps occultés et qui sont importants pour la compréhension d'un phénomène, d'où la troisième maxime introductive : « Ce n'est pas en perfectionnant la bougie qu'on découvre la lumière électrique. » Lorsqu'une théorie peine à expliquer des phénomènes en transformation ou a négligé depuis toujours des éléments de la réalité qui se révèlent importants, il vaut mieux chercher une nouvelle théorie que de tenter de modifier de façon *ad hoc* celle qui domine depuis longtemps. Par exemple,

---

1. M. Francœur était, en 1994, président de l'Ordre des conseillers en ressources humaines agréées du Québec.

comme l'a montré Forrest (1993), les théories présentes en relations industrielles avant les années 1990 n'ont pas considéré les enjeux de genre.

Les théories et les pratiques en relations industrielles reposent encore, pour l'essentiel, sur un certain nombre de postulats qui sont de plus en plus remis en question par les nouvelles pratiques sociales. Ainsi, dans plusieurs situations, on trouve de nouveaux acteurs ayant une influence sur les rapports de travail, tels les regroupements d'usagers, les groupes écologistes, les organisations non gouvernementales, alors que les travaux classiques en relations industrielles ne tiennent compte que des acteurs patronaux, syndicaux et étatiques (Bellemare, 2000; Heery et al., 2012; Michelson et al., 2008; Hallée et Plamondon, 2018). Autre exemple, les théories dominantes en relations industrielles et la plupart des pratiques sont encore pensées sur la base d'un établissement industriel ou commercial aux frontières juridiques et physiques bien délimitées. Or l'activité de production de biens et de services est, dans plusieurs secteurs, organisée sur la base de filières de production dans un marché dominé par une entreprise meneuse dans les relations avec d'autres firmes (une chaîne de valeurs), réseaux de production, etc. Cela incite divers chercheurs à mettre en avant les notions de gestion des ressources humaines (GRH) territoriale, sectorielle et hors entreprise.

Ce n'est que depuis les années 2010 qu'on a commencé à voir, dans la littérature scientifique, des textes documentant et théorisant ces pratiques de relations industrielles hors des frontières juridiques des entreprises (Flecker et Meil, 2010; Fischer et al., 2010; Lakhani et al., 2013; Swart et Kinnie, 2014). Les nouvelles théories encourageront les étudiants à penser en dehors du cadre, à briser les schémas convenus. Elles aideront les praticiens à ouvrir leurs horizons, les inciteront à faire preuve de créativité dans le développement de leurs actions en relations industrielles, que ce soit à titre de gestionnaires, de syndicalistes ou de responsables de politiques publiques du travail et de l'emploi.

2.1.2 La théorie et l'épistémologie

Selon la définition du Larousse (2000), l'épistémologie est « l'étude, du point de vue philosophique, de la science, de ses méthodes, de ses principes et de sa valeur ». La définition de ce qu'est la théorie dépend de l'épistémologie dans laquelle on se situe. Jusqu'aux années 1800, la science ne s'oppose pas à la métaphysique. Les démonstrations empiriques se combinent, sans détenir a priori une valeur supérieure, aux arguments et raisonnements philosophiques (Klibansky et al., 1989). Entre 1800 et 1930, il y a rupture entre les sciences naturelles, les arts et les sciences humaines avec le développement de l'épistémologie positiviste, laquelle entraîne une dévalorisation relative de l'idée de théorie.

Selon l'épistémologie positiviste, la théorie émerge d'un long processus d'observation des faits. Ces faits sont considérés comme objectifs, indépendants de la personne qui les observe. Le lien entre la réalité d'expérience et le savoir implique un terrain commun. Cet enjeu est résolu, pensait-on, par la quantification qui était le miroir du monde ou, dit autrement, le monde avait été créé pour être calculable, d'où la fameuse maxime d'Einstein : *Dieu ne joue pas aux dés*. Le positivisme est peu attentif à ce qui ne se calcule pas.

L'exemple classique de la logique positiviste est le suivant : après des milliers d'observations, j'ai vu seulement des corbeaux noirs, d'où, par inférence, la loi universelle que tous les corbeaux sont noirs. La critique classique faite à l'encontre du positivisme, c'est que rien ne me permet de soutenir cette hypothèse hors de tout doute, puisqu'il est possible, un jour, que j'observe un corbeau blanc. Chalmers (1987) illustre les limites de ce type de raisonnement par l'exemple de la dinde inductiviste, créé par le mathématicien Bertrand Russel (*voir l'encadré 2.1*).

Chalmers (1987) généralise ce problème à l'aide de la logique mathématique. Une loi universelle est une loi qui vaut partout, tout le temps, soit à l'infini. Or même si je réalise des milliards d'observations, à l'exposant milliard, à l'exposant milliard et ainsi de suite, toutes ces « n » observations divisées par l'infini vont toujours être égales à zéro, ce qui rend impossible de prouver mathématiquement l'existence d'une loi universelle.

Le positivisme sera aussi mis à mal par diverses expériences, dont celles en psychologie expérimentale, qui ont montré la subjectivité de l'observation humaine. L'observation repose toujours sur une théorie implicite. C'est la théorie qui informe les faits. Pour illustrer cela, on trouve sur Internet diverses versions de l'histoire de la grenouille sauteuse (*voir l'encadré 2.2*).

Le positivisme comme philosophie de la science sera remplacé par le néopositivisme, dont l'idée de base est simple. Partant du fait qu'on ne peut prouver une théorie, même après des milliards d'observations, le néopositivisme pose le problème à l'inverse. La science ne consisterait plus à prouver des théories, mais à les réfuter. Cet objectif serait à portée humaine, puisqu'il faut une seule observation qui contredit la théorie pour que celle-ci soit réfutée. Par exemple, il suffit que quelqu'un observe un corbeau qui ne

> **Encadré 2.1** **L'histoire de la dinde inductiviste**
>
> Dès son arrivée à la ferme, une dinde s'aperçut qu'on la nourrissait à 9 heures du matin. Toutefois, en bonne inductiviste, elle ne s'empressa pas d'en conclure quoi que ce soit. Elle attendit d'avoir observé de nombreuses fois qu'elle était nourrie à 9 heures du matin, et elle recueillit ces informations dans des circonstances fort différentes, les mercredis et les jeudis, les jours chauds et les jours froids, les jours de pluie et les jours sans pluie. Chaque jour, elle ajoutait un autre énoncé d'observation à sa liste. Sa conscience inductiviste fut enfin satisfaite et elle recourut à une inférence inductive pour conclure : « Je suis toujours nourrie à 9 heures du matin. » Hélas, cette conclusion se révéla fausse d'une manière indubitable quand, une veille de Noël, au lieu de la nourrir, on lui trancha le cou. Une inférence inductive avec des prémisses vraies peut conduire à une conclusion fausse.

> **Encadré 2.2** **L'histoire de la grenouille sauteuse**
>
> Un chercheur expérimente les effets de différentes chirurgies sur le comportement d'une grenouille. Le chercheur dit : « Saute, grenouille ! » Celle-ci s'exécute parfaitement. Le chercheur coupe une patte à la grenouille et dit : « Saute, grenouille ! » La grenouille sautille tant bien que mal. Le chercheur coupe une seconde patte à la grenouille et dit : « Saute, grenouille ! » La grenouille reste en place et ne bouge pas. Conclusion du rapport de recherche : lorsqu'on coupe les pattes de la grenouille, elle devient sourde !

soit pas de couleur noire pour réfuter la loi voulant que tous les corbeaux sont noirs. La science formule une théorie, la soumet à des tests-expériences, et si les hypothèses qui découlent de cette théorie résistent aux tests, on dira de la théorie en question non pas qu'elle est prouvée, mais qu'elle a réussi les tests, qu'elle est momentanément la meilleure, jusqu'à ce qu'elle soit soumise à de nouveaux tests. Si l'un de ces tests ne produit pas le résultat prévu par la théorie, on devra alors abandonner celle-ci et en concevoir une autre.

Le néopositivisme rencontre toutefois deux problèmes insurmontables qui sapent ses fondements. Premièrement, dans les situations de recherches concrètes, que ce soit en sciences naturelles ou en sciences humaines, il n'y a jamais un énoncé d'observation qui puisse garantir la réfutation hors de tout doute de la théorie. Il se peut que ce soit un aspect mineur de la théorie qui doive être rejeté ou modifié, comme le dispositif de recherche, des outils de l'enquête mal adaptés ou mal calibrés, des variables encore inconnues à ajouter à la théorie et qui permettront d'expliquer le résultat, etc., ce qui amène au deuxième grand problème du néopositivisme, soit le problème du temps. Chalmers (1987) rappelle que certaines hypothèses et théories, parmi les plus importantes de la physique moderne, ont d'abord été falsifiées, mais elles ont été maintenues par les chercheurs qui avaient la conviction de leur véracité, avant d'être confirmées des dizaines et parfois des centaines d'années plus tard. Si l'on prend un exemple en relations industrielles, la théorie supposant un lien entre la satisfaction au travail et la productivité a connu, depuis 100 ans, de nombreuses falsifications, mais elle continue d'être enseignée et utilisée par les praticiens (Francès, 1995). Le néopositivisme aura tout de même eu une influence considérable sur la science, en réhabilitant l'importance des théories. C'est la théorie qui guide l'observation.

À la suite de l'échec des épistémologies positiviste et néopositiviste à fonder la science, c'est-à-dire à prouver hors de tout doute la vérité ou la fausseté des théories[2], les frontières entre les diverses disciplines scientifiques s'affaiblissent, donnent lieu au développement de la recherche interdisciplinaire (Klein, 2011). Les départements de relations industrielles en constituent un exemple déjà ancien.

---

2. La science positiviste permet toujours des avancées significatives de la connaissance et de ses applications. C'est principalement sa prétention à établir une vérité hors de tout doute qui est remise en question.

Les nouvelles philosophies des sciences (conventionnalisme de Kuhn et théorie anarchiste de la connaissance de Feyerabend, dans Chalmers, 1987) suggèrent que les critères de la science et la séparation entre le sujet et l'objet de la recherche sont eux-mêmes des constructions sociales.

La notion de fait dépend de la théorie qui permet de la reconnaître. Par exemple, Galilée a eu des problèmes à convaincre les autres chercheurs de son époque, entre autres parce que plusieurs de ses observations empiriques s'appuyaient sur l'usage d'un nouvel instrument, le télescope. Or, sans théorie de l'optique, les opposants à sa théorie avaient raison de contester la supériorité des observations de Galilée sur celles réalisées à l'œil nu, car rien ne garantissait que ce qu'il voyait avec son nouvel instrument n'était pas tout simplement une déformation du réel produite par cet instrument (Chalmers, 1987).

Ainsi, la distinction positiviste et néopositiviste entre les faits et la théorie s'affaiblit. Avec l'épistémologie conventionnaliste (Chalmers, 1987), on considère désormais qu'un fait n'est un fait que dans le cadre d'une théorie. Toute théorie étant partielle (elle ne peut tout couvrir), elle laissera hors de son observation des phénomènes reconnaissables dans d'autres théories. Par conséquent, parce que la plupart des théories des sciences sociales, jusqu'aux années 1980, ne reconnaissaient pas le concept de rapports de genre, leurs études ont été aveugles aux discriminations et aux préjugés à l'égard des femmes, et ont peu considéré et n'ont pas expliqué leur situation spécifique. Les recherches faites à partir des théories insensibles aux rapports de genre, et les outils de gestion qui en ont découlé, ont contribué au maintien de la discrimination à l'égard des femmes en matière de salaire, de carrière, de santé et de sécurité au travail, dans le syndicalisme, etc. (Forrest, 1993 ; Messing, 2000 ; Briskin et McDermott, 1993).

2.1.3 La théorie et l'idéologie : des opposés absolus ?

Les conceptions positiviste et néopositiviste de la science opposent radicalement la théorie et l'idéologie. La théorie serait le fruit du travail désintéressé des chercheurs, formulée dans un langage clair et le plus neutre possible, en s'appuyant sur la connaissance valide, au moment de sa formulation, et pouvant donner lieu à des hypothèses testables. Ces hypothèses, une fois testées, puis avérées ou réfutées, permettraient d'améliorer la théorie, et ce, indépendamment de tout préjugé des chercheurs. Selon la définition du *Petit Robert* (2019), l'idéologie serait l'« ensemble des idées, des croyances et des doctrines propres à une époque, à une société ou à une classe ». L'idéologie ne constitue pas une quête désintéressée et neutre de la vérité ou de la fausseté de propositions. Elle constitue un discours, basé sur des valeurs et des intérêts, visant à convaincre ses partisans, et le plus grand nombre de personnes possible, de la justesse de ses propositions.

Toute la méthodologie de la recherche positiviste et néopositiviste (Popper, 1984) tente de garantir que l'idéologie n'y a pas de place, idée exprimée généralement par le thème de la séparation entre le sujet (le chercheur) et l'objet d'étude. Tout un courant de pensée a tenté de mettre au point des outils permettant d'éliminer l'influence humaine. Cela a fait naître la quantification en sciences, qui vise à limiter au maximum l'influence de la culture et du langage en réduisant l'étude du réel à ce qui se quantifie et peut s'analyser à l'aide du langage logicomathématique. Ce langage est considéré comme neutre, exprimant la réalité, et comme un outil d'unification de toutes les sciences. Cette idée a rencontré de nombreuses difficultés. Une de celles-ci est l'incapacité avérée à fonder la valeur scientifique du langage logicomathématique universel. Le mathématicien Gödel a démontré que toute théorie axiomatisable est incomplète et ne peut prouver sa propre cohérence (Kline, 1989, p. 480). Par ailleurs, la sociologie de la science, qui étudie les pratiques de la recherche, les rapports entre les chercheurs et entre ceux-ci et la société, a montré que la science est une activité humaine particulière, mais tout de même insérée dans des logiques de pouvoir et de communauté d'appartenance[3].

Dans le domaine des sciences humaines, les rapports sociaux de la science sont davantage reconnus. Un des axes de ce débat sur le rapport idéologie-science oppose les chercheurs qui travaillent avec des théories fonctionnalistes, accordant la primauté à l'ordre dans leur

---

3. Un exemple tiré des sciences naturelles illustre ceci. Une lettre ouverte signée par plus d'une centaine de chercheurs dans la revue britannique *New Scientist* (22 mai 2004), dont quelques prix Nobel en physique et en astrophysique, dénonce le quasi-monopole qu'exercent les chercheurs partisans de la théorie du big bang sur les départements de physique et d'astrophysique dans le monde, tendant à ne recruter que d'autres adhérents de la théorie du big bang. En dirigeant les organismes attribuant les subventions de recherche et les principales revues scientifiques dans le domaine, ces chercheurs jugent plus sévèrement les articles soumis qui reposent sur l'une ou l'autre de la dizaine de théories qui divergent de celle du big bang. Nous retrouvons le même genre de phénomène dans plusieurs départements d'économie, où la théorie néoclassique domine dans le choix des professeurs. (Récupéré au assoeconomiepolitique.org/depeche-afp-23-janvier-2015-obscurantisme-contre-pensee-unique-les-economistes-francais-se-dechirent)

explication du social, à ceux œuvrant avec les théories de type marxiste, donnant la primauté au conflit dans leur analyse des rapports sociaux au sein des sociétés capitalistes. Les chercheurs se sont souvent accusés mutuellement, dans l'histoire, de ne pas faire de la science, mais plutôt de l'idéologie.

En relations industrielles, au Québec, ce découpage a existé jusqu'aux années 1980. Le champ académique des relations industrielles était profondément antimarxiste. Toute approche marxiste était considérée comme idéologique. De même, on trouve dans le domaine des relations industrielles les approches unitaristes, davantage associées à la gestion des ressources humaines, et les approches pluralistes, associées aux relations du travail. Alors que les premières considèrent irrationnelle ou inutile la présence d'un syndicat dans l'entreprise, le pluralisme considère non seulement qu'elle est utile, mais qu'elle est l'expression même de la démocratie dans les rapports de travail.

Un exemple récent de cette volonté de distinguer les notions de théorie et d'idéologie se trouve dans l'ouvrage important de Bruce E. Kaufman (2004). Toute son analyse des tendances d'évolution des relations industrielles dans le monde se base sur l'interprétation américaine de celles-ci. Le champ scientifique et les pratiques des acteurs sont considérés dans les relations industrielles s'ils suivent le modèle étasunien. Il n'y a pas de champ académique ni de chercheurs en RI qui utilisent des grilles d'analyse marxistes ou anarchistes, comme on le fait en France. Les chercheurs français seraient davantage des idéologues politisés (*more politicized and ideological*). Pourtant, Kaufman a documenté, dans son livre, le fondement politique et idéologique des efforts américains pour proposer une théorie autre que celle du marxisme, que ce soit en relations industrielles au sens large (Dunlop, 1958, 1993) ou dans le domaine du syndicalisme (Perlman, 1922[4]). Il montre comment le ministère américain du Travail, le magnat des affaires Rockefeller – et la Standard Oil – ainsi que le ministère des Affaires extérieures américain ont financé les recherches et la création de départements de relations industrielles. Il s'agissait d'offrir une approche de limitation des conflits tout en empêchant les acteurs sociaux d'être attirés par des solutions jugées anti-américaines (*unamerican*). Il raconte comment les diverses fondations étasuniennes ont financé la diffusion de cette théorie-idéologie américaine des relations industrielles en Amérique du Sud, en Europe, en Asie et en Afrique. Il documente le fait que certains de ces chercheurs américains étaient sur la liste de paie du département d'État et de la CIA.

Le travail scientifique se démarque tout de même fortement du travail idéologique. Le premier exige de présenter les postulats et le cadre théorique de la recherche, d'exposer la méthode et les techniques d'enquête, de détailler l'analyse des données et de soumettre les résultats à l'évaluation des diverses communautés de recherche, et ce, même si, dans le monde de la recherche, il y a des communautés plus ou moins en désaccord avec des théories et des méthodes jugées pertinentes, de même qu'avec la définition des critères de la scientificité.

2.2 Les théories en relations industrielles

Les éléments discutés précédemment nous permettent d'introduire les théories en relations industrielles, et ce, en nous fondant sur le schéma conçu par Audet et Larouche (1988)[5] et en le complétant.

Le schéma est organisé selon deux axes (*voir la figure 2.1 à la page suivante*). L'axe horizontal est celui de l'épistémologie. Il permet de classer les diverses théories selon qu'elles se situent dans une épistémologie positiviste ou antipositiviste. L'axe vertical sépare les théories. Il y a celles qui conçoivent la société et les relations industrielles comme tendant vers la régulation des tensions et vers l'ordre social. Pour ces théories, une gestion rationnelle de la société et des organisations est une garantie d'un progrès incessant. Ensuite, il y a celles qui analysent la société et les relations industrielles en les considérant comme fondamentalement conflictuelles, basées sur l'exploitation d'une classe par une autre. Ces théories estiment également qu'il faut un changement radical de ces rapports sociaux afin d'abolir l'exploitation de la classe ouvrière par le patronat ou les capitalistes.

Le domaine des relations industrielles en Amérique du Nord a été dominé, depuis sa fondation, par les théories situées dans le quadrant n° 1. Toutefois, depuis quelques années, on remarque un déplacement de ces théories, qui s'éloignent des pôles extrêmes de l'objectivisme et de la régulation. Les théories du conflit (quadrant n° 2),

---

4. Tremblay (1965) fait la même analyse du projet politique de la théorie de Perlman.
5. Nous avons adapté leur schéma, car Audet et Larouche n'étaient pas encore au fait, à ce moment, des théories antipositivistes. Leur schéma s'inspirait du travail de Burrel et Morgan (1979).

Figure 2.1 La classification des théories en relations industrielles

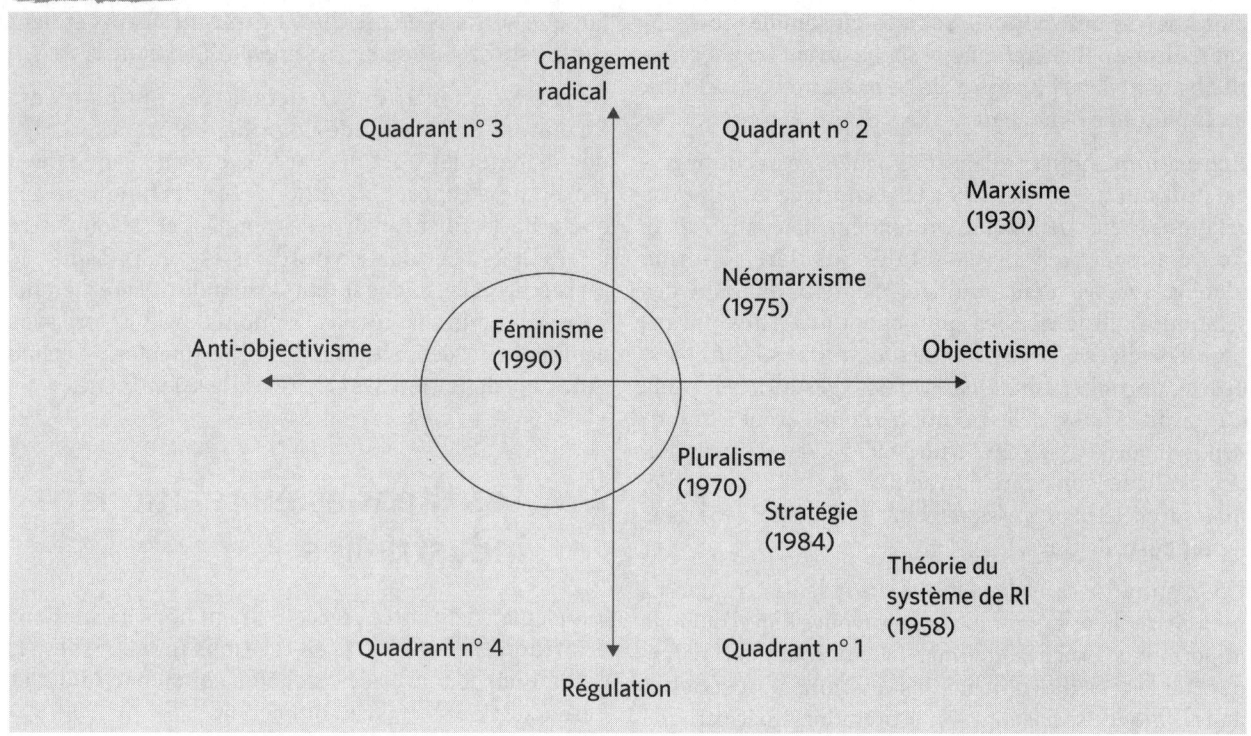

pour leur part, ont occupé une place moins importante mais croissante depuis les dernières années, au fur et à mesure qu'elles quittaient, elles aussi, les pôles extrêmes de l'objectivisme et du changement radical. Finalement, bien que les théories féministes et de la modernité avancée soient diversifiées, la plupart se situent dans le pôle de l'antipositivisme (quadrants 3 et 4). Ces théories se distribuent autour de la frontière qui sépare le changement radical et la régulation, d'où leur représentation sous la forme ovoïde.

Sur le plan théorique, pour les auteurs du quadrant n° 1, l'industrie façonne les sociétés contemporaines et fait surgir des problèmes ignorés par les sociétés agricoles. Pour eux, ce n'est pas le capitalisme et les rapports de classes qui caractérisent les sociétés modernes, mais la structuration de la société par l'industrie. L'Américain Dunlop propose une définition limitée des RI. Celles-ci concernent l'étude de l'établissement (*collective bargaining*) et de l'administration des règles gouvernant les contacts entre acteurs dans un système de relations industrielles. Dès lors, ne se rapporteraient aux RI que les questions qui sont débattues entre le patronat et les syndicats. Pour leur part, les pluralistes britanniques (Fox, 1973; Flanders, 1970) considèrent qu'il existe une multiplicité de groupes d'intérêts dans la société et l'entreprise, et que l'équilibre du rapport de forces est atteint par les stratégies de coalitions des groupes les plus faibles, afin de contrer la puissance du groupe le plus fort. Le syndicalisme y est analysé comme un contre-pouvoir essentiel au bon fonctionnement de l'entreprise et comme l'expression même de l'idéal démocratique. À partir du milieu des années 1980, on assiste à un renouvellement de l'approche systémique de Dunlop, par la théorie stratégique de Kochan, Katz et McKersie (1986). Ces auteurs mettent davantage l'accent sur l'étude des choix stratégiques et les valeurs des gestionnaires.

Pour sa part, l'approche marxiste classique propose une définition étendue des RI: celles-ci visent l'étude des relations de pouvoir dans l'entreprise et hors de l'entreprise. Les marxistes des années 1930-1970 (Miliband, 1969; Wright Mills, 1959) considéraient l'idée même d'un champ d'étude des RI comme une soumission intellectuelle aux intérêts capitalistes et comme un empêchement à comprendre le processus de régulation des emplois. Ils l'incluaient dans une analyse portant sur la dynamique de la production et de l'accumulation capitalistes. Pour les marxistes, le système de relations industrielles vise à assurer la domination du patronat sur le salariat (Hyman, 1989, p. 129).

Hyman (1975) proposera une approche néomarxiste. Il reprend le postulat d'une opposition structurée des intérêts entre capital et travail, mais il considère que les marxistes n'ont pas assez étudié le fait que le capitalisme organise collectivement les travailleurs en même temps qu'il établit, par conséquent, la base matérielle d'une résistance effective au capital et aux priorités du mode de production capitaliste.

La présentation des théories se fera selon un découpage en périodes. La séparation de ces périodes repose principalement sur le critère de l'épistémologie, soit du passage de théories plus proches du positivisme (1950-1975) à des positions sur l'axe, allant plus ou moins dans le sens de l'antipositivisme. Pour chacune des théories sont présentés sa genèse, sa description, ses principales critiques et son bilan (*voir le tableau 2.1 à la page suivante*).

2.2.1 1950-1975 : la théorie du système de relations industrielles et le pluralisme

Au cours de cette période, deux théories dominent le champ des relations industrielles : la théorie systémique de Dunlop, en Amérique du Nord, et le pluralisme britannique.

La théorie du système de relations industrielles (SRI)

La genèse

Le projet de grande théorie explicative des rapports de travail est délaissé depuis les tentatives des fondateurs, et particulièrement depuis Commons[6]. L'essentiel de la recherche en relations industrielles jusqu'aux années 1950 porte sur le fonctionnement du syndicalisme et sur son influence sur les conditions de travail, les salaires et les grèves. Il faut attendre la publication en 1958 de l'ouvrage de Dunlop pour voir un nouvel effort de théorisation.

Le monde sort de deux grandes guerres mondiales et a connu la grande crise économique du capitalisme des années 1930. Les gouvernements occidentaux dressent le constat que le capitalisme laissé à lui-même est une des causes importantes de ces situations troubles et que l'État doit intervenir dans sa régulation. De plus, la menace communiste et les révoltes ouvrières conduisent les États des pays occidentaux à assurer une reconnaissance du syndicalisme et à instaurer des législations, afin d'accorder certaines protections à la classe ouvrière contre les risques sociaux.

La théorie des systèmes connaît un essor important au cours des années 1950. Cette théorie considère qu'il est possible de prédire l'évolution des systèmes ouverts en étudiant les relations entre ces systèmes et leur environnement. C'est cette promesse de contrôle et de planification de l'action qui a rendu cette théorie si populaire auprès des gouvernements et des milieux d'affaires. Et ce sera le constat d'un relatif échec dans la prévision et la gestion qui expliquera en partie les critiques de cette théorie.

La théorie du système de relations industrielles est alors vue comme un des outils permettant de gérer l'évolution des rapports de travail et leurs résultats : les conditions de travail, la paix sociale, la prospérité, la répartition des revenus. Nous présentons en premier quelques notions de la théorie générale des systèmes, puis la théorie du SRI.

La description

Au plus simple, un système est un ensemble d'éléments coordonnés de façon à former un tout ; il est plus que la somme de ses parties. Par exemple, si vous démontez une automobile en pièces et en liquides, ces éléments ne constituent plus alors ce qu'on appelait une automobile. Ce qui fait la différence, ce sont les relations entre les parties. Chaque système est composé de sous-systèmes et s'insère dans un système plus large. Par exemple, le corps humain est un système composé des sous-systèmes cardiaque, respiratoire, etc. Par ailleurs, le corps humain fait partie d'un système plus large, celui de l'environnement terrestre, lui-même faisant partie du système solaire, lui-même... et ainsi de suite.

La notion de système est devenue une notion aussi bien abstraite que concrète. Abstraite, car elle est une modélisation, une représentation qu'on se fait du fonctionnement social, telle la théorie du SRI. Concrète, car cette représentation est tirée de l'observation du réel : une fois diffusée dans la population, elle amène certains acteurs sociaux à agir dans une perspective systémique. Par le truchement des commissions d'enquête, comme la Commission Woods (1968), elle est devenue la pensée officielle du ministère canadien du Travail, qui a, par la suite, structuré ses interventions législatives et autres en fonction de cette grille de lecture. Ainsi, les relations du travail au Canada sont devenues en partie systémiques.

On peut diviser les sources d'évolution d'un système en deux : les internes et les externes. Les syndicats constituent un des trois acteurs internes au SRI. Or la diminution de près de la moitié du taux de syndicalisation

---

[6]. Aux étudiants qui veulent lire un bref exposé des auteurs fondateurs du champ des relations industrielles au début du XXe siècle (entre autres Marx, Webb et Webb, Commons), nous suggérons la lecture de Barbash (1993).

Tableau 2.1 **La synthèse des théories en relations industrielles**

	Genèse	Auteurs	Éléments clés	Apports	Limites
Avant 1950					
Marxisme	• Marx propose une analyse du développement et de la lutte des classes dans la société capitaliste. • Vers 1960, débutent les analyses marxistes des relations industrielles.	• Marx (1859) • Miliband (1969) • Braverman (1976)	• Le capitalisme et les rapports de classes sont étudiés dans l'entreprise et à l'extérieur d'elle. • La révolution est jugée nécessaire pour mettre fin au capitalisme et à l'exploitation du prolétariat. • Le champ d'étude des RI est voué à la défense des intérêts capitalistes.	• L'analyse des rapports de travail et des conflits de travail est située dans la perspective plus large des conflits de classe et de l'évolution de l'économie capitaliste.	• Un soutien est donné au déterminisme de l'économique. • Le marxisme a une conception omnisciente et omnipotente du patronat. • La capacité des acteurs sociaux à arracher des gains au patronat et à l'État est mise de côté.
1950-1975					
Théorie du système de relations industrielles (SRI)	• Cette théorie est issue de la théorie des systèmes et de la théorie structuro-fonctionnaliste de Talcot Parsons. • Dunlop veut contrer le communisme et propose des modalités réformistes de limitation des excès du capitalisme.	• Dunlop (1958)	• Un SRI est constitué d'acteurs, de certains contextes, d'une idéologie, qui fait du système un tout, et d'un corps de règles dont le but est de régir les acteurs dans leurs conditions de travail. • Un postulat d'équilibre entre les salariés et les employeurs est proposé. • Le déterminisme par les contextes permet de prédire l'évolution du SRI et des règles.	• La théorie montre l'existence d'un ensemble de phénomènes sociaux cohérents et assez stables pour constituer un SRI. • Les RI ont une logique propre qui n'est pas celle du marché; elles ne constituent pas une entrave à la productivité.	• L'étude des relations entre les capitalistes et les dirigeants d'entreprise est négligée. • La théorie se limite au cadre de l'État-Nation, est mal adaptée à la mondialisation, est ethnocentrique. • La coocurrence de l'État-employeur et de l'État-législateur est mise de côté.
Théorie pluraliste des RI	• La diversité des idées et des pratiques sociales est valorisée. • Les chercheurs de la Oxford School reconnaissent la diversité des intérêts patronaux et syndicaux.	• Clegg (1975) • Flanders (1970) • Fox (1973)	• Dans l'entreprise, le pouvoir est partagé entre des groupes d'intérêts, dont aucun ne peut dominer les autres. • Les solutions aux conflits ne peuvent être imposées; elles doivent être négociées. • Cette théorie fait le postulat d'un équilibre du pouvoir et d'une idéologie de survivance mutuelle.	• Les rapports de pouvoir sont placés au cœur de l'étude des RI. • Les droits d'association, de négociation et de grève sont des éléments fondamentaux d'une démocratie.	• Le postulat de l'équilibre du rapport de force dans l'entreprise est remis en question par Fox. • L'analyse des transformations du capitalisme est mise de côté. • La question du déséquilibre profond entre la classe dominante et les syndicats est écartée.

Chapitre 2 • Les théories en relations industrielles

	Genèse	Auteurs	Éléments clés	Apports	Limites
De 1975 à aujourd'hui					
Théorie stratégique	• D'origine militaire, la notion de stratégie se diffuse dans les sciences de l'administration, puis en RI. • Cette théorie reprend une idée pluraliste : les décisions de RI sont aussi des décisions politiques, influencées par les rapports de pouvoir à l'intérieur du SRI.	• Kochan, Katz, McKersie (1986)	• Les pratiques et les résultats du SRI sont déterminés par l'interaction entre les forces environnementales, les choix stratégiques et les valeurs des managers, des syndicalistes et des décideurs publics. • Ce sont les employeurs qui auraient contribué le plus à la transformation des RI. • Il y a trois niveaux d'activités en RI : stratégie ; négociation et GRH ; milieu de travail. • Il n'y a pas nécessairement d'idéologie commune.	• L'objet d'étude (au-delà de la négociation collective) est élargi. • Cette théorie contribue à réorienter la recherche en RI, en invitant à étudier davantage les pratiques des employeurs.	• Un problème de cohérence logique s'impose, dont une absence de définition opérationnelle de la notion de stratégie.
Théorie néomarxiste	• Cette théorie se développe au cours des années 1970, à la suite des échecs du « communisme réel », et en réaction au cadre d'analyse positiviste et déterministe du marxisme. • Elle est issue aussi d'une critique du pluralisme : mettre l'accent sur les règles, comme le fait le pluralisme, c'est refuser de tenir compte de la signification des conflits de contrôle.	• Hyman (1975, 1989) • Boyer (1986), Boyer et Saillard (2002)	• Les analyses néomarxistes britanniques se sont beaucoup concentrées sur l'entreprise. Sur les lieux de travail, il y a des luttes autour d'une frontière implicite du contrôle, qui réduit le pouvoir formel de l'employeur. • L'école de la régulation a surtout fait l'analyse des régimes capitalistes nationaux. Elle a montré comment la crise de la régulation fordiste du travail a marqué un tournant dans les rapports de travail et de classes depuis les années 1980.	• L'analyse du rôle de l'État, jusque-là mal vu en RI, est intégrée de plein droit. • La capacité des salariés à contester certaines procédures et à obliger les directions d'entreprise à modifier leurs politiques est démontrée.	• Cette théorie pêche par son analyse du management en bloc, négligeant l'étude des conflits importants entre les diverses fractions du management. L'étude des rapports de genres, des rapports ethniques, etc., est mise de côté.
Théories féministes	• Ces théories apparaissent en relations industrielles au cours des années 1990, principalement par la GRH, à la suite du constat d'effets pervers de l'application de la pensée moderne et de la science positiviste sur la société et les organisations, et entre autres sur les discriminations.	• Forrest (1993) • Kergoat (2009)	• Les effets de la crise de la rationalité administrative et de la légitimité des directions d'entreprise sont étudiés. • L'épistémologie positiviste est remise en question. • L'objet d'étude est élargi aux interrelations entre le travail et ce qui est hors du travail. • Ces théories critiquent les théories systémique, stratégique et marxiste parce qu'elles ont négligé l'étude des rapports de genre.	• Ce que la modernité avait refusé d'aborder de face est mis à l'avant-scène : l'expression de soi, les émotions, ainsi que les femmes et les minorités raciales, sexuelles, etc. • Ces théories donnent un élan à des discours politiques et à des mouvements sociaux permettant des transformations importantes, tant dans la société que dans les rapports de travail.	• La critique de l'usage du discours de la science pour légitimer des discriminations et des dominations ne doit pas conduire à un rejet de l'idéal scientifique.

aux États-Unis, au cours des 30 dernières années, a affaibli considérablement la capacité des syndicats américains à négocier le partage des gains de productivité et a conduit à une stagnation des salaires. Une source externe d'évolution du SRI est constituée par la mondialisation de l'économie, qui rend plus facile, pour les employeurs, la délocalisation de leurs établissements dans des pays ou les taux de salaire sont inférieurs, ce qui affaiblit la capacité des salariés à négocier leurs conditions de travail.

La notion d'équilibre est une autre notion centrale de la théorie des systèmes. Un système est stable si ses variations oscillent autour d'un certain équilibre. En relations industrielles, on suppose qu'il existe un équilibre du rapport de forces entre les employeurs et les syndicats, et que celui-ci est nécessaire à la stabilité du système. Une situation de déséquilibre conduit soit à la dégradation du système (par exemple, un réacteur nucléaire qui, sans paramètres de contrôle, s'emballerait et exploserait), soit à un nouvel équilibre, à un nouvel ensemble de relations plus fortes. Le second cas trouve une illustration dans le phénomène du vieillissement des populations. Dans plusieurs pays, les populations meurent plus tard qu'au début des années 1900 parce qu'elles ont réussi à se protéger des intempéries et à améliorer leur hygiène et leur alimentation. En relations industrielles, il y a un débat depuis les années 1980, à savoir si nous sommes dans une période de variation du SRI préservant son équilibre (Dunlop, 1993) ou si nous sommes dans une période de rupture (Kochan, Katz, McKersie, 1986; Boyer, 1986; Lapointe *et al.*, 2006).

Un des buts de la théorie des systèmes est de prédire les comportements d'un système, d'en prévoir l'évolution. Par exemple, un employeur qui refuse de négocier, de reconnaître un syndicat et qui engage des briseurs de grève à la place des employés en négociation d'une première convention collective doit s'attendre à des actes de violence, d'où la modification québécoise au *Code du travail*, en 1977, afin d'interdire le recours aux briseurs de grève, qui a produit un succès conforme à cette prédiction, en permettant de réduire à presque rien la violence lors des grèves et des lock-out.

La théorie du SRI repose sur une causalité linéaire simple: l'événement A va causer l'effet B. Toutefois, des développements dans le domaine des théories des systèmes postérieurs à la théorie de Dunlop ont montré (Prigogine, 1996) qu'il existe des systèmes qui, à partir d'une cause unique, peuvent engendrer l'un ou l'autre de divers résultats, imprévisibles. C'est ce qu'on appelle la «multifinalité». Inversement, à partir d'un effet, on ne pourrait retrouver la cause, car certains types de systèmes sont multicausaux. Ces découvertes amènent Prigogine et Stengers (1986, p. 42) à considérer que «nous ne verrons plus la fin de l'incertitude et du risque». Or la théorie du SRI de Dunlop est née avant ces développements scientifiques.

Le SRI de Dunlop

En 1958, Dunlop publie sa théorie dans le livre *Industrial Relations Systems* (les systèmes des relations industrielles). Il se fonde sur la théorie des systèmes sociaux du sociologue Talcott Parsons (1951), mais explique qu'il faut ajouter un SRI aux sous-systèmes économique, politique et culturel de Parsons. Dunlop considère un SRI comme un ensemble constitué d'acteurs, de certains contextes, d'une idéologie, qui fait du système un tout, et d'un corps de règles dont le but est de régir les acteurs dans leurs conditions de travail. L'objet d'étude consiste à expliquer pourquoi des règles sont établies dans un SRI. Les règles sont la résultante des relations entre les acteurs dans ce système. Pour Dunlop, les contextes technologique, économique et politique composant les autres sous-systèmes de la société globale sont déterminants pour la spécification de la résultante d'un SRI, soit les règles. Le but que chercherait le système serait l'ordre par les règles. Ces règles peuvent prendre différentes formes: conventions collectives, accords, décrets.

Dans cette approche, un niveau élevé de conflits est considéré comme dysfonctionnel. Les motivations des acteurs et leur communication reposent sur un consensus sur les valeurs et sur la protection contre les forces extérieures (concurrence, État). Cette idéologie commune n'est pas considérée comme l'idéologie dominante, mais comme un ensemble d'idées qui définit le rôle et la place de chaque acteur dans le système. Ainsi, le patronat juge légitime la présence syndicale, et les syndicats jugent aussi légitimes le système capitaliste et l'existence d'un droit de direction patronale. L'État doit encadrer, par la loi, les rapports entre les parties, fournir des services de conciliation et de médiation, mais ne doit pas se mêler des négociations. Pour Dunlop, les relations industrielles reposent principalement sur le bipartisme patronal et syndical, contrairement à l'usage fréquent en Europe du tripartisme État-patronat-syndicat[7].

---

7. On trouve un exemple de ce bipartisme au Québec, dans le rapport du 29e Congrès des relations industrielles de l'Université Laval (1974), dans lequel plusieurs analystes notent la grande intervention de l'État, laquelle est vue comme une politisation fâcheuse qui risque d'affecter l'équilibre du rapport de force.

Un SRI comporte trois acteurs : les travailleurs et leurs organisations, les gestionnaires et leurs organisations et les agences gouvernementales spécialisées du travail (services d'accréditation, de conciliation, etc.). Ces acteurs agissent dans des contextes qui déterminent leurs actions : la technologie, l'économique, le politique. Ces contextes renvoient à d'autres sous-systèmes sociaux. Pour Dunlop, ces contextes sont considérés comme donnés. Ils n'ont pas à être expliqués dans le système lui-même, mais ils jouent un rôle décisif pour la forme que prennent les règles produites par les acteurs. Il y a un déterminisme des contextes qui permet la prévision, puisque les acteurs ne feraient que réagir à ces contextes. On peut représenter le SRI de la façon suivante (*voir la figure 2.2*).

Les critiques

Plusieurs critiques visent l'amélioration de la théorie. Par exemple, Craig (1993) ajoute de nouveaux éléments de contextes (social, écologique, etc.) ainsi qu'une boucle de rétroaction des résultats du SRI sur le contexte ; d'autres (Boivin, 1987), des éléments de gestion des ressources humaines négligés par Dunlop. Blain et Gennard (1970) considèrent que la notion d'idéologie de Dunlop est erronée. Dunlop prend l'idéologie comme une donnée déjà là, une condition de base du SRI, alors que, selon eux, l'idéologie peut aussi être la résultante du SRI. Un SRI qui produirait des résultats constamment défavorables à un groupe pourrait conduire à une radicalisation politique de ce groupe social. Finalement, la théorie de Dunlop a une faible capacité explicative parce qu'elle étudie peu la boîte noire des relations entre les trois acteurs du SRI. De même, Fatchett et Whittingham (1976) reprochent son positivisme à la théorie de Dunlop. Selon eux, l'analyse doit se centrer sur la définition que les acteurs du SRI se font des contextes. Même s'il existe des contextes objectifs qu'un analyste pourrait déceler, ce ne sont pas ceux-ci qui font agir les acteurs. Ce qui les fait agir, c'est leur perception ou leur lecture de ces contextes, ce qui vient limiter l'influence des contextes sur le comportement des acteurs et sur les résultats du SRI.

Un des grands oubliés dans la théorie de Dunlop est la situation de l'État-employeur et de l'État-législateur, ainsi que la dynamique particulière des relations du travail qui en découle. L'État-employeur, alors acteur du SRI, peut recourir à la législation (l'État étant alors compris dans le contexte politique) pour modifier son contexte de négociation de conventions collectives (Boivin, 1979 ; Adams, 1992).

La théorie dunlopienne pèche par ethnocentrisme. Elle correspond au modèle américain des relations du travail des années 1945-1975, où il y a séparation relative du SRI et du politique (national, municipal), mais elle est difficilement applicable aux pays ayant des modèles néo-corporatistes de relations du travail, dans lesquels cette séparation est faible, vu l'importance des négociations tripartites. Par exemple, en Italie, au cours des années 1980, les négociations collectives traitent des salaires et autres conditions de travail, mais aussi des tarifs des services publics (transport en commun, par exemple), des politiques d'aide au développement économique du sud de l'Italie, du système fiscal (nombre de paliers d'imposition), de la réforme du marché du travail, des allocations familiales, etc. (Brunetta, 1989).

En conclusion, ce qui ressort des critiques de la théorie de Dunlop, c'est qu'on ne peut plus considérer le SRI comme une boîte noire, analyser seulement les intrants (contextes) et les extrants (règles) pour dégager la dynamique du SRI. Il faut entrer dans la boîte noire, porter attention aux processus et aux acteurs. Comme le souligne Reynaud (1990, p. 285), « contrairement à la formulation parsonnienne,

Figure 2.2 **La théorie du système de relations industrielles de Dunlop (1958)**

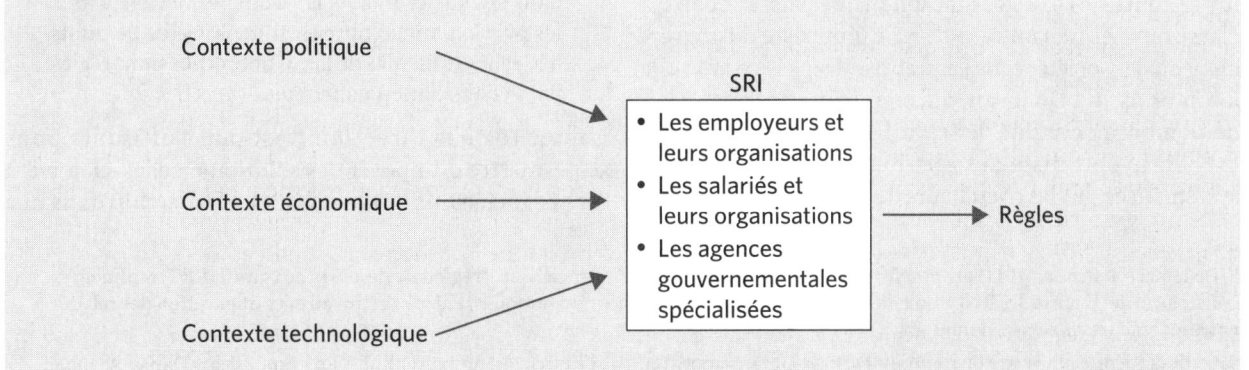

le système social ne se découpe pas, pour répondre à des fonctions définies a priori, en sous-systèmes qui eux-mêmes se redécouperaient... Dans un ensemble flou peuvent se découper des configurations d'acteurs qui ont une certaine capacité d'élaborer leurs propres règles. C'est cette théorie qui nous paraît sous-jacente au modèle de Dunlop. » Reynaud propose de sauver le SRI par les acteurs et leurs stratégies, puisque les acteurs créent un champ d'action sociale relativement autonome. Mais peut-on parler encore d'un système alors ? Reynaud ne pose pas le problème du degré d'ouverture du système. Un système très ouvert comme celui qu'il propose s'appelle-t-il encore un système, ou doit-on alors utiliser d'autres référents analytiques, comme ceux de la théorie des réseaux[8] ?

Le bilan
Nombreux sont ceux qui ont vu l'instrument de fondation des RI comme une discipline universitaire. Les relations industrielles ont bien une logique propre, qui n'est pas la logique du marché, qui est construite par des rapports de travail collectifs et qui contribue aussi à construire des règles relatives à l'utilisation de la force de travail. Dunlop a établi qu'il y a un ensemble de phénomènes sociaux assez cohérents et stables pour constituer un phénomène social distinct, qu'il nomme SRI. C'est aussi un de ceux qui montrera le mieux, à son époque, que les relations industrielles ne constituent pas une entrave à la productivité du travail.

Le pluralisme

La genèse
Selon Rezler (1990), l'idée pluraliste vient de la Grèce antique, d'abord influencée par des religions où règnent une pluralité de dieux, puis matérialisée en partie dans la démocratie naissante de la cité athénienne. Le principe de base du pluralisme est de reconnaître la légitimité de diverses tendances politiques ou sociales. En relations industrielles, la théorie pluraliste est développée pour lutter contre les ravages du capitalisme naissant dans la classe ouvrière et contre la théorie unitariste du gouvernement, des sociétés et de l'entreprise. Dans les travaux de la Commission Donovan, qui enquêtait sur la situation de nombreux conflits de travail en Grande-Bretagne, la théorie pluraliste des relations industrielles a été systématisée par les chercheurs de la Oxford School, soit Clegg, Flanders et Fox (Audet et Larouche, 1988). Ceux-ci voulaient défendre les syndicats dans une conjoncture où leur action était critiquée (Wood, 1978).

La description
Fox (1973) oppose le pluralisme à l'unitarisme, présente ensuite le pluralisme et en fait la critique. Nous nous appuyons principalement sur ce texte pour synthétiser le sujet[9]. La théorie unitariste conçoit l'entreprise comme une autorité unifiée et une structure loyale comprenant des prérogatives managériales. Il y règne une harmonie autour de valeurs communes. Étant donné que les buts du management sont perçus comme rationnels, il s'ensuit que le comportement des employés sera jugé rationnel s'il est en accord avec cette politique (Schein, 1978). Toute contestation des employés est analysée comme une résistance irrationnelle au changement. L'organisation informelle, dans les entreprises, résulte de la nature sentimentale des travailleurs et est jugée contraire aux intérêts des ouvriers eux-mêmes (Miller et Form, 1964). Le pouvoir de coercition de la direction se trouve légitimé, puisqu'il se fonderait sur le droit de propriété et la rationalité des dirigeants. Il viserait à protéger les intérêts des salariés contre eux-mêmes.

La théorie pluraliste présente une autre conception de l'entreprise et des rapports de travail. Le pouvoir est partagé entre des groupes d'intérêts : employés, consommateurs, fournisseurs, gouvernement, loi, communauté locale et actionnaires. Aucun des groupes d'intérêts n'est capable de devenir un groupe dominant ou une classe dominante à cause du contre-pouvoir des autres. Pour Fox (1973, p. 192), l'entreprise doit être vue comme

> une coalition d'individus et de groupes ayant leurs propres aspirations et perceptions, qu'ils considèrent naturellement comme valides et qu'ils exprimeront par l'action si ça se révèle nécessaire... Les individus et les groupes ayant une grande variété de priorités acceptent de collaborer dans des structures sociales qui permettent à tous les participants d'obtenir une partie de ce qu'ils désirent, les termes de la collaboration étant réglés par la négociation collective.

L'autorité de la direction n'est plus suffisante pour se permettre d'imposer des solutions : celles-ci doivent être négociées, donc modifiées. Le leadership dans une

---

8. Bellemare et Briand (2011) proposent de remplacer la notion de SRI par celle de « région de rapports de travail (RRT) », afin de construire une théorie des RI qui soit davantage attentive à la diversité des pratiques, enjeux du travail et configuration des relations entre les acteurs, anciens et nouveaux.

9. Seule la théorie pluraliste britannique est présentée, compte tenu de l'espace qui nous est alloué. En France, Jean-Daniel Reynaud (1997) développe aussi une théorie qui met l'accent sur la régulation conjointe des lieux de travail.

telle structure doit être défini différemment que dans une structure unitaire : ce doit être un leadership partagé. Les meilleures chances pour la direction de contrôler les événements passeraient par un partage de ce contrôle (*regain control by sharing it*, Flanders, 1970).

Il importe alors que l'État établisse un cadre légal permettant d'atteindre un équilibre dans les rapports de pouvoir entre le patronat et les salariés. Pour les pluralistes britanniques, cet équilibre passe par le soutien à la syndicalisation des travailleurs, la négociation des conditions de travail et le droit de grève. Dans ce modèle, le changement ne peut être que progressif et non pas révolutionnaire. Il est le fait des multiples interactions entre groupes d'intérêts différents et évolue selon les rapports de force. Le syndicalisme n'est pas analysé, comme dans l'unitarisme, comme la conséquence d'une mauvaise gestion, mais plutôt comme la manifestation d'une valeur de base des sociétés démocratiques : le droit des groupes de se constituer et de défendre leurs intérêts.

Les pluralistes posent comme principe qu'il y a une sorte de balance de pouvoir, un équilibre entre les parties. Comme chez Dunlop, les pluralistes considèrent qu'un SRI peut fonctionner uniquement si l'idéologie des groupes est cohérente par rapport au pluralisme : une idéologie de survivance mutuelle. Une partie ne cherche pas à détruire l'autre partie. Il y a une reconnaissance des conflits d'intérêts. Le conflit ouvert est accepté à un certain degré, comme témoignage que les aspirations des différents groupes ne sont pas supprimées par le pouvoir. Ce conflit existe en raison des tentatives de la direction pour atteindre l'efficacité et la rentabilité, ainsi que celles des travailleurs pour assurer leur sécurité d'emploi et de revenu. Ces conflits peuvent être contenus par des arrangements institutionnels appropriés : *cooperation needs to be engineered* (Fox, 1966).

Les règles du système sont analysées comme étant déterminées par le processus de la négociation collective (très différent de la théorie de Dunlop, dans laquelle les règles sont déterminées par les contextes). Ce processus de négociation est analysé comme une institution politique avant tout, comme une relation de pouvoir entre les employeurs et les employés. On entre alors dans la « boîte noire » du système de relations industrielles. Du point de vue méthodologique, l'étude des RI passe alors de l'étude des contextes de négociation à l'étude des négociations collectives sur les lieux de travail (*workplace relations*), de la perspective de l'économiste à celle du sociologue (Hyman, 1989).

Les critiques

Une des critiques qui aura beaucoup porté est venue d'un des penseurs de la théorie pluraliste en relations industrielles, Alan Fox (1973). Il rejette la notion d'équilibre du rapport de forces entre les acteurs des RI. Comme, dans une société, il existe de nombreux groupes d'intérêts, plusieurs d'entre eux peuvent se coaliser pour faire opposition à celui qui acquiert de plus en plus de pouvoirs. Dans une entreprise, par contre, où les pluralistes construisent le modèle pluraliste, on trouve peu de groupes, essentiellement les employeurs ainsi que les salariés et leurs syndicats. On doit postuler l'égalité du pouvoir de ces deux groupes si l'on ne veut pas constater la domination de l'un des groupes sur l'autre et l'impossibilité de la conception pluraliste des RI. De plus, en limitant l'analyse à l'entreprise, en considérant que les gestionnaires et les travailleurs sont deux groupes de salariés qui ont « des fonctions différentes », la théorie pluraliste écarte les enjeux plus larges du pouvoir et de la domination dans le système économique. Elle refuse de remettre en question l'origine et le développement de ces « fonctions différentes ». Finalement, dire que les parties sont égales dans la négociation collective ne tient pas compte du fait que les sujets discutés lors des négociations collectives sont singulièrement restreints et que la nature de l'organisation du travail dans les entreprises est autoritaire. Il s'agit du système de subordination et des droits de gérance : *obey now, grieve later*[10] (Fox, 1973).

Selon Fox (1973), la société se caractérise par l'exploitation d'une classe par une autre, par l'appropriation, par quelques-uns, de la plus grande part de la propriété. En conséquence, d'après lui, le cadre légal favorise la classe dominante, et les syndicats n'ont pas à respecter les ententes conclues, ce qui rend le SRI instable. La grève illégale et le sabotage sont légitimes. La deuxième critique de Fox sera de décrire l'état du SRI britannique sous l'angle de l'anomie : un état d'absence de normes ou plutôt de multiplication de normes partielles et locales, résultant du bris de la régulation sociale.

Le bilan

Les pluralistes ont permis de mettre au cœur de l'étude des relations industrielles les rapports de pouvoir entre les acteurs du SRI. L'analyse dunlopienne, elle, s'attardait plutôt à l'influence des contextes sur l'évolution des règles du SRI. La théorie pluraliste a permis de rappeler que la question du travail est une question politique et pas seulement économique, et que les libertés d'association et

---

10. En droit du travail nord-américain, généralement, un salarié est tenu d'obéir à un ordre de son supérieur, en vertu de son contrat de travail qui le place en situation de subordination juridique. Si l'ordre est illégitime, il pourra le contester plus tard en déposant un grief.

de négociation et le conflit sont des éléments fondamentaux d'une démocratie. Par contre, le pluralisme néglige les liens entre les directions d'entreprise, les politiques publiques ainsi que les intérêts et logiques capitalistes. Ce faisant, il diminue l'importance des sources de conflits.

Ackers (2002) propose de développer un modèle néopluraliste, en poursuivant l'analyse de Fox, au sujet de la fragmentation des normes de régulation sociale. Il propose de donner plus d'importance à l'étude des valeurs sociales, de la cohésion sociale et aux questions de responsabilité sociale des entreprises. Les auteurs antipositivistes vont retenir, de la théorie pluraliste, l'idée d'une régulation politique des milieux de travail, de conflits de rationalités et de la confiance comme autre modalité de régulation des rapports de travail. On peut aussi en voir l'héritage dans le développement des analyses stratégiques en relations industrielles. Empiriquement, dans la conjoncture actuelle et devant le renforcement du pouvoir patronal, on assiste tout de même à des tentatives de création de coalitions entre les syndicats et divers groupes et mouvements sociaux qui peuvent relancer la théorie pluraliste. Il en est de même avec la reconnaissance de nouveaux acteurs en relations industrielles.

2.2.2 De 1975 à nos jours : les théories stratégique, néomarxiste et féministes

Au cours des années 1970, l'Occident connaît des taux records de grèves. Le SRI échoue dans son rôle de maintien de l'ordre et de la paix industrielle, ce qui entraîne un rejet assez général de la théorie de Dunlop et le développement de nouvelles théories. Les années 1980 sont marquées par la montée de l'idéologie néolibérale. Les gouvernements américain et britannique, qui seront suivis par ceux de plusieurs autres pays, adoptent des lois antisyndicales, ou refusent d'adapter les lois du travail aux transformations socioéconomiques, si bien que le syndicalisme est en déclin dans plusieurs pays et voit sa capacité de négociation diminuer. Les inégalités sociales augmentent. Les employeurs sont plus agressifs dans leurs négociations avec les syndicats, recourent plus souvent aux lock-out et exigent de nombreuses concessions dans les conventions collectives. S'ils échouent, ils ferment les portes de leur établissement ou transfèrent une partie ou la totalité de leur production à l'étranger. La contestation sociale se déplace vers les enjeux environnementaux et culturels : rapports hommes-femmes, situation des minorités, etc.

La théorie dunlopienne est remplacée par la théorie stratégique des relations industrielles. La théorie néomarxiste marque un tournant par rapport aux positions des théories marxistes jusqu'alors en usage, lesquelles récusaient l'existence d'un système de relations industrielles séparé du système économique capitaliste. À partir des années 1990 se développent des approches antipositivistes en relations industrielles. Nous en donnons un exemple avec les approches féministes.

La théorie stratégique

La genèse

Sur le plan théorique, la notion de choix stratégique n'est pas nouvelle. Elle provient du domaine militaire. La notion de stratégie a colonisé les diverses disciplines de l'administration, allant du marketing stratégique à la comptabilité stratégique. Certains auteurs (Kochan, Katz et McKersie, 1986 ; Kochan, McKersie et Cappelli, 1984) étendent la notion de stratégie au champ des relations industrielles. Puis, cette notion de stratégie se fractionne elle-même en négociation collective stratégique, en gestion stratégique des ressources humaines, en stratégie de carrière, etc.

La notion de stratégie s'oppose aux théories de la contingence, comme celle de Dunlop. Ce que les critiques de cette approche de la contingence ont mis en relief, c'est la nature politique des prises de décision dans les organisations (Child, 1972). Ce sont les jeux de pouvoir qui structureraient l'organisation et non pas principalement l'environnement. C'est aussi ce que met en avant l'approche pluraliste en relations industrielles. Le choix stratégique consisterait à décider quels événements ou circonstances de l'environnement il faudrait exploiter.

La description

Kochan, Katz et McKersie, ou KKM (1986), tentent de prendre en compte ledit nouvel environnement compétitif des entreprises. Pour eux, le comportement des gestionnaires et la recherche de l'accroissement de l'efficacité de l'organisation deviennent à la fois l'objet d'étude et le cadre explicatif. L'objet d'étude se formule ainsi : qu'est-ce qui explique, en matière de relations industrielles, l'efficacité des entreprises ? Pour sa part, le cadre explicatif considère que c'est la recherche d'efficacité par les directions d'entreprise qui explique les transformations des relations industrielles.

KKM rejettent la thèse de l'idéologie commune de Dunlop. Selon eux, il n'y a jamais eu de consensus aux États-Unis pour accepter le syndicalisme. Il s'agirait plutôt d'une acceptation pragmatique de la part du patronat. La thèse centrale des stratégistes avance que les pratiques et les résultats du SRI sont déterminés par l'interaction entre les forces environnementales, les choix stratégiques et les valeurs des managers, des syndicalistes et des décideurs publics. De ces trois acteurs, ce sont les employeurs qui auraient réagi le plus vite à la crise économique des années 1980 et qui auraient contribué le plus à la transformation des relations industrielles. Ils auraient notamment établi des pratiques de gestion des ressources humaines, en plus des pratiques usuelles de relations du travail, tandis que, selon KKM, les syndicats et l'État sont demeurés accrochés au modèle du *New Deal*, ce qui expliquerait le recul du syndicalisme étasunien.

Leur modèle présente un élargissement de l'objet d'étude à la GRH par rapport à celui de Dunlop, dont les applications ont eu tendance à se concentrer sur les seules relations du travail. Leur théorie est schématisée à la figure 2.3.

La proposition de KKM, appelée « modèle des trois tiers » et selon laquelle il existe trois niveaux d'activités en relations industrielles, a encore élargi l'objet d'étude des RI. Devront être étudiés : 1) la stratégie à long terme des acteurs ; 2) la négociation collective et la GRH ; 3) les relations sur les lieux de travail et les modes d'organisation du travail. Il s'agirait, pour le chercheur, de tenter de comprendre et, pour le praticien, de dégager et de mettre en place les articulations entre la stratégie globale de l'entreprise et la stratégie des relations industrielles, partant du postulat qu'il devrait y avoir un tel lien. Le tableau 2.2 à la page suivante définit ces trois niveaux d'activités.

KKM considèrent que les deux paliers autres que celui des négociations collectives prennent de plus en plus d'importance. L'approche stratégique a aussi des conséquences sur l'idée qu'on se fait de l'utilité de la recherche en RI : puisqu'on accorde une place aux choix stratégiques, l'idée de dégager des « lois » en RI, qui permettraient de prédire des comportements ou l'évolution même du SRI, doit être ramenée à l'objectif plus limité de dégager des tendances, puisque le déterminisme des contextes est affaibli par les choix que peuvent faire les acteurs du SRI.

Les critiques

Les critiques portent sur la cohérence logique de la théorie et sur son réalisme. Il existe quatre confusions dans la théorie stratégique de KKM. Premièrement, il faut noter une confusion importante dans la théorie entre le niveau stratégique d'activités de l'État, soit les politiques macroéconomiques et sociales, et le contexte externe des politiques publiques. La première variable se situe à l'intérieur du SRI, et la seconde, à l'extérieur comme variable causale, bien que leur contenu soit le même.

Figure 2.3 Le cadre de référence pour comprendre les enjeux des relations industrielles

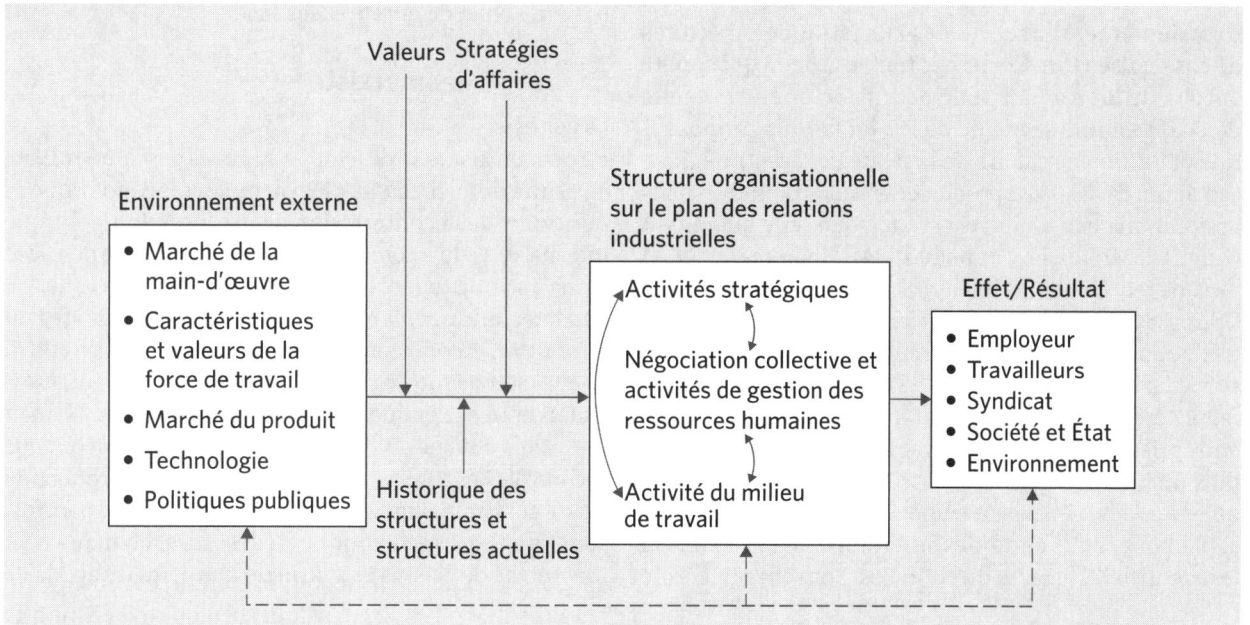

Source : Adapté de Kochan, T. A., H. C. Katz et R. B. McKersie (1986). *The Transformation of American Industrial Relations*. New York, Basic Books.

Tableau 2.2 **Les trois niveaux d'activités en relations industrielles**

Niveaux	Employeurs	Syndicats	Gouvernement
Stratégie à long terme et décisions politiques	• Stratégies d'affaires • Stratégies d'investissement • Stratégies de gestion des ressources humaines	• Stratégies politiques • Stratégies de représentation • Stratégies organisationnelles	Politiques macroéconomiques et sociales
Négociation collective et politiques de gestion des ressources humaines	• Stratégies de négociation collective • Politiques de gestion des ressources humaines	• Stratégies de négociation collective	Législation du travail et application de cette législation
Lieux de travail et relations individuelles	• Style de gestion • Participation des travailleurs • Organisation du travail	• Conventions collectives • Participation des travailleurs • Organisation du travail	• Normes minimales du travail • Participation des travailleurs • Droits individuels

Source: Adapté de Kochan, T. A., H. C. Katz et R. B. McKersie (1986). *The Transformation of American Industrial Relations*. New York, Basic Books.

Deuxièmement, une question se pose: le phénomène de la stratégie est-il en croissance? Selon Ansoff (1965), la stratégie implique l'idée de pouvoir et de contrôle sur les événements, ce que KKM occultent en omettant de considérer le phénomène de la spéculation boursière. Celle-ci a pourtant modelé l'industrie américaine depuis les années 1980 et l'a orientée dans une gestion à court terme (Porter, 1992). Or le court terme est l'antithèse de la stratégie.

Troisièmement, aucune des statistiques ou études de cas réalisées par Kochan et tout le groupe qui gravite autour de lui n'a fourni de définition opérationnelle de ce qu'est une stratégie de RI. En fait, ils proposent une définition circulaire de la stratégie: est stratégique l'action/la décision qui produit des résultats durables dans la situation des acteurs; est stratégique celle qui réussit (Kochan, McKersie, Cappelli, 1984). Finalement, KKM ont une représentation linéaire de l'action. Ils considèrent a priori que les discours sur la stratégie ont bel et bien une traduction en stratégies concrètes qui sont respectées et suivies avec opiniâtreté. Or tout l'article de Hyman (1987) fait référence à des études qui montrent des actions en entreprises contradictoires avec la stratégie. Des aspects plus ou moins importants de la stratégie sont remis en question. Il y a interpénétration des différentes phases, si bien que, dans certaines situations, on aura peine à les identifier. La haute direction est souvent obligée de faire des compromis. Parle-t-on encore de stratégie ou d'opportunisme[11]?

Le bilan
Les efforts de KKM pour réorienter la recherche en RI aux États-Unis ont été couronnés de succès. On a rappelé aux chercheurs s'inspirant de la théorie du SRI qu'il n'y avait pas que des syndicats en relations industrielles et qu'une des parties importantes en RI, le patronat, n'avait pas fait l'objet de nombreuses études.

La théorie néomarxiste
La genèse
Le néomarxisme se développe au cours des années 1970, à la suite des échecs (sur les plans socioéconomique et politique, de la contestation de la répression politique interne, etc.) du «communisme réel» ainsi que du cadre d'analyse positiviste et déterministe du marxisme. En Angleterre, le néomarxisme aborde la problématique du *job control* en opposition au pluralisme. Hyman (1975, 1989), chef de file du néomarxisme, reproche au pluralisme de ne parler que du pouvoir par les règles. Hyman fait valoir qu'il ne s'agit là que d'un type de pouvoir, que le contrôle des travailleurs sur le processus de production existe aussi. Or Flanders (1970) décrit ce type de contrôle sous l'angle de l'anarchie et du désordre. Hyman y voit un préjugé de classes et considère plutôt qu'il s'agit là de

---

11. L'opportunisme est une tactique ou une politique qui cherche à tirer le meilleur parti des circonstances en transigeant avec les principes.

signes pouvant mener à un nouvel ordre qui rétablirait un peu l'équité sur les lieux de travail. Pour Hyman, mettre l'accent sur les règles, la *job regulation*, comme le fait le pluralisme, c'est refuser de tenir compte de la signification des conflits de contrôle : a) sur le marché du travail ; b) dans le procès de travail en entreprise. Ces conflits de contrôle sont analysés par l'école du *job control* comme des manifestations d'un processus continu et fondamental de conflits d'intérêts.

La pensée critique, qu'elle soit issue de l'économie politique ou de l'école française de la régulation, se veut une pensée globale qui couvre tous les phénomènes sociaux, comme les relations du travail, la GRH, etc. Toutefois, ce que les théories critiques en disent est très différent, tant dans la description de phénomènes que dans la position politique à l'égard de ceux-ci. Le discours critique sur les RI et la GRH se différencie des théories systémique, pluraliste et stratégique par le point de vue duquel il se situe : il est davantage prosalarié.

Le néomarxisme se distingue du marxisme par son éloignement relatif de l'épistémologie positiviste de la théorie marxiste, ainsi que par la reconnaissance de l'existence d'un système de relations industrielles et de la possibilité d'un champ d'étude des relations industrielles. Pour Marx (1972), « l'existence détermine la conscience ». Les conditions matérielles (technologie, économie) de la vie déterminent la conscience et le changement social. La société se définit avant tout par son système économique. Les acteurs sociaux voient leur action déterminée par la position sociale qu'ils occupent et par la défense de leurs intérêts de classe. Le capitalisme est un système dans lequel les ressources sont monopolisées, sous la forme du capital, par les propriétaires des moyens de production. La majorité de la population est réduite à l'état de salariat et la société devient stratifiée entre deux classes sociales, la bourgeoisie et le prolétariat. Le processus d'industrialisation capitaliste entraîne l'aliénation de l'individu. Sa libération passe par le renversement du système capitaliste. Les changements incessants dans la société capitaliste conduisent à des contradictions du système économique qui provoquent des changements dans la conscience des individus et éventuellement la révolution.

Ce marxisme est critiqué pour sa valse-hésitation fondamentale entre le volontarisme et le déterminisme. La bourgeoisie y est décrite comme omnisciente et omnipotente, et le prolétariat, comme dominé[12]. Par contre, Marx affirme que la classe ouvrière fait sa propre histoire. Les néomarxistes vont critiquer le marxisme sur trois aspects : le rôle de l'État, la notion de patronat et la notion de travailleur. Dans tous les cas, on assiste à un recul du déterminisme.

L'État n'a pas seulement un rôle répressif, il assume aussi celui de soutien de l'économie capitaliste. Il possède une autonomie relative par rapport aux intérêts des capitalistes. Les rapports de classes ne déterminent pas toutes les politiques de l'État. D'un État libéral, on est passé à un État providentialiste, ce qui a transformé considérablement les caractéristiques des régimes capitalistes (politiques économique et sociale, charte des droits) (Giddens, 1981). Le néomarxisme présente aussi la notion d'un patronat moins omniscient et moins omnipotent. Il reconnaît que les stratégies de contrôle du travail ne sont pas conçues et implantées selon une manière totalement calculée et coordonnée (Reed, 1989). Le marxisme orthodoxe sous-estime la capacité de résistance de la classe ouvrière. Le fait que les RH doivent être « gérées » et non pas strictement disciplinées, comme aux débuts du capitalisme, indique bien cette capacité de résistance des salariés. Nous présentons en premier la théorie du *job control* suivie de l'école de la régulation.

La théorie du *job control*

Le néomarxisme est moins déterministe et plus stratégique que le marxisme. Contrairement aux analyses structuro-marxistes, Hyman (1975, 1989) considère qu'on ne peut déduire du seul état de la conjoncture économique et politique (les contextes) l'état des relations du travail dans un pays, bien qu'il ne puisse être compris sans référence à cet arrière-plan. Il y a une spécificité des institutions et des processus de médiation qui est, sous certains aspects, différente d'un pays, d'un secteur d'activité économique, d'une entreprise ou d'un poste de travail à l'autre. Ses effets peuvent se modifier dans le temps. Pour Hyman, les structures sociales ne sont pas que contraignantes, elles peuvent aussi être habilitantes. Par exemple, le fait, pour le patronat, de réunir dans un même lieu de travail des salariés constitue aussi une occasion pour eux de se regrouper et de faire pression sur leur employeur afin d'améliorer leurs conditions de travail.

La lutte sur les lieux de travail se fait autour d'une frontière implicite du contrôle, qui réduit le pouvoir formel de l'employeur dans un certain nombre de champs. Cette frontière est redéfinie continuellement dans un processus de pressions et de luttes. La frontière du contrôle, à n'importe quel point dans le temps, représente un compromis insatisfaisant. Il y a toujours un fossé

---

12. Comme exemple de ce type d'analyse, voir Braverman (1976).

considérable entre l'usage optimal de la force de travail dans une organisation technique donnée et la somme de travail effectivement fournie. Ce fossé constitue une réserve de productivité. Un des postulats centraux de l'école du *job control* considère que ce que l'employeur achète sur le marché du travail est une capacité de travail (savoir, force physique). Le contrat de travail précise habituellement les conditions auxquelles le salarié travaillera, mais rarement ce que l'employeur recevra en retour. Il serait très difficile de décrire clairement ces exigences, et les employeurs préfèrent habituellement se contenter de règles peu définies afin de se réserver la possibilité d'un usage flexible de la force de travail des salariés.

C'est la tâche de la gestion de transformer cette capacité de travail en activité productive, au moyen de la hiérarchie de contrôle. Avec la division du travail et la spécialisation des tâches, le travail ne devient productif que par son caractère collectif. La gestion remplit aussi une double fonction. Elle contribue au processus collectif de production, en fournissant la coordination d'ensemble du travail des salariés et des autres services techniques. Elle dirige et surveille les salariés, en agissant comme médiatrice de la dynamique coercitive et exploitante du capitalisme. Or le développement des processus et des logiques de production contemporains exigerait une transformation des pratiques du *job control*, un plus grand autocontrôle de la part des salariés. Les employeurs devraient alors recourir à de nouvelles techniques de surveillance des salariés.

Il y a deux caractéristiques principales au travail salarié : le contrôle de la production et l'appropriation du surplus. La problématique du *job control* s'est intéressée surtout à la première de ces caractéristiques. L'étude des relations industrielles est alors définie comme l'étude du processus de contrôle sur le travail. Cette définition permet d'étudier l'origine et la nature des règles, la nature des limites imposées aux parties (comme par l'État) ainsi que les moyens de dépassement de ces règles et de ces limites. Pour Hyman, les syndicats sont un des éléments charnières entre les classes antagonistes. Ils portent en eux un potentiel de contradictions qui confère à leur organisation et à leur action une dualité permanente. Dans quelle mesure les syndicats affectent-ils les profits ? Amortissent-ils les luttes autour du procès de travail ? Contribuent-ils à l'unité ou à la division de la classe ouvrière ?

Tout comme KKM, les néomarxistes constatent que la négociation collective perd en influence et en ampleur, et que les employeurs montrent effectivement plus d'initiative. L'inégalité, sous toutes ses formes, est encore un enjeu fondamental en RI et pour la société dans son ensemble. Hyman (1987) propose d'élargir la problématique d'étude des relations industrielles aux relations entre le travail et l'inégalité, puis d'en étudier les dimensions politique et économique.

Cette théorie s'est limitée elle-même, d'une part, en se centrant sur les relations formelles et informelles en milieu de travail, et, d'autre part, en mettant l'accent sur les fonctions directement liées au processus de production. Ce faisant, elle ignorait les autres fonctions de l'organisation (finances, marketing, etc.) et leur impact sur le *job control*. Il y a eu peu d'études sur le secteur des services et le travail des femmes. Depuis quelques années, ces limites sont toutefois en voie de disparaître (Thompson et Smith, 2010).

L'école de la régulation

Selon l'école de la régulation (Boyer, 1986 ; Boyer et Saillard, 2002), le rapport salarial est une des formes institutionnelles importantes du régime d'accumulation capitaliste. Ce rapport salarial se caractérise par la séparation entre les producteurs et les moyens de production, d'où la lutte pour le partage de la plus-value et pour la soumission-autonomisation du travail salarié. L'accumulation peut réussir par l'établissement d'un régime d'accumulation, sorte de répartition et de réallocation systématique du produit social. Cela réalise, sur une période prolongée, une certaine adéquation entre la transformation des conditions de la production et les transformations dans les conditions de la consommation finale. À défaut d'une telle adéquation, le régime d'accumulation tombe en crise et est menacé de dépassement.

C'est ainsi que la théorie de la régulation explique le passage du régime d'accumulation concurrentielle (avant 1940) au régime d'accumulation fordiste (1940-1975). La première période, avant les années 1940, est celle du capitalisme concurrentiel. Celui-ci se caractérise par un rapport salarial fondé sur la loi de l'offre et de la demande. La vente et l'achat de la force de travail se font dans un contexte de concurrence quasi parfaite. La deuxième période, couvrant les années 1940-1975, présente un régime d'accumulation monopoliste. Dans cette phase de régulation, divers régimes de relations du travail se définissent dans les pays occidentaux. La convention collective de travail encadre de plus en plus le rapport salarial. La période de 1975 à nos jours est celle qui voit le renversement de tous les grands indices socioéconomiques et le passage à de nouveaux types de rapports salariaux.

Ici, la reproduction de la relation entre des parties aux intérêts divergents est analysée sous l'angle de la régulation des rapports sociaux, malgré la lutte entre ces parties, au moyen des instances de résolution des conflits. Celles-ci constituent des formes de régulation (par exemple, État, convention collective ou compromis sociaux) qui concourent à un mode de régulation. Le rapport salarial se décompose en deux rapports qui se rapprochent sensiblement de la problématique du *job control* : c'est-à-dire un rapport de propriété régi par le contrat salarial et un rapport de possession réglé par l'organisation du processus productif et son fonctionnement au quotidien. La régulation de cette dernière contradiction se matérialise par la lutte sur les lieux mêmes du travail, au sein des réseaux de reproduction de la force de travail, dans l'institutionnalisation d'une structure de qualifications, de normes variées de disciplines d'entreprise, etc., aboutissant à la différenciation des collectifs de travail. L'école de la régulation couvre non seulement les modes de gestion directe des RH, mais aussi toute la structure sociale de qualification et de disciplinarisation de la main-d'œuvre. Elle propose une analyse qui intègre l'étude des évolutions sociale, économique et culturelle des sociétés.

L'analyse régulationniste se propose d'expliquer le comment et le pourquoi de la réorientation des pratiques patronales et étatiques en cours depuis la fin des années 1970, d'en dégager les nouveaux modèles émergents, selon leurs conditions d'émergence et leurs caractéristiques-efficacité, et de proposer des voies de sortie de crise qui ne soient pas régressives sous l'angle des droits sociaux et syndicaux.

Comme système de production, le fordisme se révèle inefficient (piètre qualité et peu de différenciation des produits) en comparaison des nouveaux modèles de production flexibles. Les conventions collectives fordistes ne règlent plus la détermination des salaires (normes étatiques, moins d'indexations des salaires, impact de l'absence de lutte au chômage sur le niveau des salaires). La décentralisation des négociations et la segmentation du marché du travail modifient la stabilité de la hiérarchie des salaires. Il y a accroissement de l'inégalité de la distribution de la richesse dans les sociétés. L'État-providence est soumis à des pressions pour diminuer son rôle dans l'économie.

L'école de la régulation tente de cerner les nouveaux modèles de travail appelés à remplacer le fordisme en crise. À cette fin, elle utilise deux dimensions d'analyse fondamentale, soit l'organisation et l'institution.

> En tant qu'organisation, l'entreprise est un espace de production et de réalisation d'un travail, organisé selon des principes de division et de coordination du travail. Cette dimension inclut les méthodes de gestion de la production et de la qualité et les formes d'organisation du travail. En tant qu'institution, l'entreprise est un système politique de définition de règles (équité, rémunération et emploi, notamment) et de régulation des conflits de pouvoirs et d'intérêts. La dimension institutionnelle concerne [...] les pratiques de relations de travail et de gestion des ressources humaines. Les deux dimensions fondamentales d'un modèle socioproductif sont associées de manière cohérente, grâce au compromis social qui lie fondamentalement entre eux les acteurs du monde du travail [...] Le compromis social définit la répartition des gains (profits, salaires et avantages sociaux), des contributions (nature des qualifications et des efforts requis au travail) et des pouvoirs (mode de prise de décisions selon les domaines particuliers dans le milieu de travail [...] En période de crise, des changements dans l'environnement (marchés ou technologies) de même que les pressions internes (crise du travail) peuvent exiger des innovations organisationnelles qui, à leur tour, appellent des modifications dans les formes institutionnelles et les compromis sociaux (Lapointe *et al.*, 2006, p. 12-13).

Le bilan

Une des grandes forces des analyses néomarxistes est d'intégrer de plein droit l'analyse du rôle de l'État, que les approches traditionnelles des RI considèrent habituellement négativement (la « politisation » des relations industrielles). Les analyses néomarxistes montrent qu'il n'y a pas que la classe dominante et les gestionnaires qui jouent un rôle dans l'orientation des stratégies des entreprises. Les salariés aussi ont la capacité de contester certaines procédures et d'obliger les directions d'entreprise à modifier leurs politiques. Selon les analyses néomarxistes, il est fallacieux d'exagérer l'autonomie des « relations industrielles » par rapport au reste de la société, tout particulièrement en période de crise.

Par contre, les approches néomarxistes pèchent par leur analyse du management en bloc, négligeant ainsi l'étude des conflits importants qui existent entre les diverses fractions du management. Elles laissent dans l'ombre toutes les pratiques de gestion et de coordination qui ne sont pas en lien étroit avec les opérations. Ces analyses font peu de place à l'étude du secteur des services, dont le développement des services aux entreprises et des fonctions-conseils dans les entreprises. Pourtant, ce secteur semble jouer un rôle important dans la croissance actuelle des entreprises, que ce soit sur le plan de l'organisation, du marketing ou de la technologie. Finalement, le néomarxisme, comme l'approche stratégique des relations industrielles, a négligé l'étude des rapports de genre, des rapports ethniques, etc., se concentrant sur l'analyse du rapport salarial. Or c'est ce vide que tentent de combler les théories féministes.

Les théories féministes

La genèse

Ces autres approches[13] font leur apparition en relations industrielles au cours des années 1990, principalement par des objets d'étude liés à la gestion des ressources humaines: la rémunération, la sélection, la gestion des talents, etc. Ces théories mettent à l'avant-scène ce que la modernité avait refusé d'aborder de face: l'expression de soi, les émotions, ainsi que les femmes et les minorités raciales, sexuelles, etc., dont les luttes depuis 50 ans sont venues souligner justement leur absence du discours scientifique moderne (Hamel, 1999).

Sur le plan social, les contestations portent, entre autres, sur les effets pervers que peuvent avoir l'application de la pensée moderne, par exemple la pollution, l'aliénation au travail, la discrimination. Le mot clé de la modernité, à savoir le progrès, lequel devrait naître de la technoscience et du capital privé, est le sujet de nombreux débats depuis la Première Guerre mondiale. Pour Polanyi (1983) et Hobsbawm (1999), les deux guerres mondiales et la montée du fascisme sont les filles de la modernité capitaliste.

En sciences de l'organisation et en RI émerge un constat d'échec des propositions d'action qui en découlent. À partir des années 1980, on publie une série d'ouvrages charnières qu'on pourrait regrouper sous le nom de « série des *rise and fall of* », dans les domaines de la politique internationale, du marketing, de la recherche opérationnelle, de la comptabilité, de la stratégie, de la finance, des relations industrielles et de la psychologie du travail[14]. Il en résulte la reconnaissance que les organisations reposent sur des principes opératoires et sur des rationalités qui engendrent des contradictions. Celles-ci se refléteront dans les pratiques managériales (Reed, 1989). La vision unitaire du patronat est fortement contestée à partir des années 1960, un peu partout en Occident, par suite tant du rehaussement du niveau de scolarité des salariés que des conséquences négatives de plusieurs décisions des gestionnaires et de l'expression de plus en plus claire de conflits de rationalité entre les différentes composantes du patronat. Ces changements érodent et minent graduellement la légitimité de la « compétence supérieure » à fournir une fondation idéologique défendable pour cet ensemble de pratiques associé à un tel mécanisme de contrôle (Reed, 1989). C'est donc d'une crise générale de l'entreprise qu'il s'agit. Pour la comprendre, il faut élargir la problématique qui a prévalu jusqu'ici dans l'étude des transformations des rapports de travail, afin d'y inclure la crise de la rationalité et de la légitimité dans l'entreprise ainsi que la crise des capacités de surveillance de la direction (Bellemare, 1995). Avec cette crise de la rationalité, c'est aussi le débat épistémologique qui s'ouvre avec la montée de théories antipositivistes.

Par ailleurs, cette crise de la rationalité permet de reconnaître des dimensions des rapports sociaux qui avaient été relégués à l'espace privé de la vie sociale moderne. La modernité avancée[15] produit aussi des transformations dans l'intimité des rapports interindividuels, lesquelles, en retour, ont des effets sur les organisations et la société. Le champ politique de la vie, ce nouvel enjeu des rapports sociaux, se caractériserait par des luttes visant l'amélioration des possibilités d'une vie remplie et satisfaisante pour tous. Il donnerait lieu à l'expérimentation de pratiques diverses de transformation psychologique et corporelle. Le champ politique de la vie pose fondamentalement la question suivante: que faire de sa propre vie? Il y a interpénétration du développement personnel et des systèmes sociaux. L'identité personnelle de chacun n'est plus simplement héritée de sa classe sociale. Chacun doit désormais se construire réflexivement une identité, en

---

13. Cette section traite surtout des approches féministes, mais elles émergent au même moment que d'autres théories: postmoderne, moderne avancée, etc.

14. Sciences de l'organisation: Audet, Déry et Landry, 1986; marketing: Tedlow et Jones, 1993; comptabilité: Johnson et Kaplan, 1987; recherche opérationnelle: Van Gigch, 1989; stratégie: Mintzberg, 1994; finance: Ryan, Scapens et Theobald, 1992; relations industrielles: Kaufman, 1993 (ce dernier titre – *The Origins and Evolution of the Field of Industrial Relations in the United States* – ne rend pas justice au contenu, qui correspond davantage à *the rise and fall of IR*.

15. Sociologiquement, la modernité avancée, ou postmodernité, se rapporte aux styles de vie qui se développent surtout dans les pays occidentaux depuis les années 1950, bien que la datation de la postmodernité en tant que courant de pensée remonte aux années 1930 environ. Les termes *société de l'information*, *société postindustrielle* et *société de consommation*, notamment, ont été utilisés pour caractériser ces sociétés.

choisissant parmi une diversité de styles de vie possibles (Giddens, 1990)[16].

Ces styles de vie deviendraient un enjeu des rapports sociaux, en étant de plus en plus considérés comme un facteur de productivité par les directions des entreprises et comme la source d'un avantage comparatif par les publicitaires (Bellemare, 1999; Gadrey, 1990; Schneider et Bowen, 1995). Selon Giddens (1993, 1990), les luttes autour du champ politique de la vie, menées surtout par les nouveaux mouvements sociaux, s'ajoutent à celles ayant trait au champ politique de l'émancipation, menées surtout par les syndicats, qui avaient caractérisé la période de la modernité. Ces luttes avaient, et ont encore, comme enjeu principal la promotion de la justice et de l'égalité, et sont donc menées contre l'inégalité et l'exploitation.

Les enjeux liés au champ politique de la vie ont montré, dans le cas des groupes écologistes, pacifistes et féministes, qu'ils pouvaient constituer une base efficace de mobilisation et produire des gains pour la majorité de la population. Les syndicats y trouvent de nouvelles bases de mobilisation dans une conjoncture de déclin du syndicalisme aux États-Unis et en Europe (Bellemare et Briand, 2012; Cook, 1994; Robinson, 1994).

La modernité avancée radicalise et globalise ce qui anime les institutions modernes, sous l'influence du développement des transports et des communications, entre autres. La globalisation n'est pas qu'économique. Le local et le global sont de plus en plus liés, mais de façon souvent fractionnelle ou éliminatoire. Par exemple, plus le travail est fragmenté, divisé à l'échelle mondiale, plus sa coordination et son intégration deviennent essentielles à son efficacité. La globalisation renvoie aux tendances des mouvements sociaux (féministe, écologiste, pacifiste, démocratique) à globaliser leur action. Elle comprend aussi le développement d'une conscience globale[17] issue des risques globaux[18]. Il y a « unification » de la vie sociale, comme sont venus le rappeler, dans leur aspect négatif, les événements du 11 septembre 2001, au World Trade Center de New York.

La globalisation se développe concurremment à une autre tendance, habituellement négligée dans les débats actuels, celle de la fragmentation. Celle-ci est née de l'épuisement du positivisme, qui ouvre la voie au doute méthodique à l'égard des connaissances produites dans des contextes de pouvoir. Cette fragmentation sociale est responsable de la tendance à l'enfouissement de toutes les questions relatives aux valeurs, sous les fragments du contextualisme. Les jugements éthiques sont contestés en raison des difficultés à déterminer des normes généralisées de jugements de valeur; la politique tend à devenir de la micropolitique et à se traduire par une suite indéfinie d'engagements localisés, sans lien entre eux et qui ne se prêtent pas à une évaluation d'ensemble (Freytag, 1988; Fox, 1973).

La description

Les données sur la progression de la situation des femmes dans les entreprises et sur le marché du travail indiquent qu'il existe encore une forte discrimination à leur égard, laquelle force les praticiens et les praticiennes des relations industrielles à se pencher sur la question. Même si les femmes ont fait des progrès sur le marché du travail, depuis les trois dernières décennies, leur situation demeure généralement désavantageuse par rapport à celle des hommes : elles se situent davantage dans le bas de la hiérarchie, gagnent moins, occupent plus d'emplois à statut précaire. Leur place sur le marché du travail tend, la plupart du temps, à reproduire l'ordre social (Legault, 2013). Les femmes demeurent aussi sous-représentées dans les structures syndicales parce qu'il a fallu du temps aux syndicats pour reconnaître le besoin de syndiquer les femmes et de défendre leurs intérêts (Whyte, 1993).

« On ne naît pas femme, on le devient. » (de Beauvoir, 1949) Par cette phrase, Simone de Beauvoir émet deux propositions importantes. Selon ce courant féministe, la biologie a moins d'importance dans la répartition des rôles sociaux que les rapports de force et la culture d'une société. Sur le plan épistémologique, elle rejette la conception positiviste de la science, pour adopter une approche dite constructiviste. Selon cette approche, ce que l'on nomme le « réel » est le résultat de représentations

---

16. Par exemple, on constate la diminution en importance du quartier comme vecteur d'identification, de regroupement et d'organisation sociale, au profit d'amitiés, de lieux de consommation ou de rencontres, davantage choisis et répartis dans toute la ville. Cela ne signifie pas que tout soit possible. La situation sociale d'un individu peut représenter aussi bien une contrainte qu'une chance dans le développement de son identité.

17. Développement de la conscience écologiste entraînant une révision du rapport exclusivement instrumental à la nature, demande de démocratie à l'échelle locale et internationale, retour à la spiritualité, démilitarisation, humanisation de la technique.

18. Guerre nucléaire ou à grande échelle, pollution, pouvoir totalitaire, écroulement des mécanismes de croissance économique.

dominantes qui découlent des luttes passées et de l'état des rapports de force dans une société. La biologie existe (ce sont les femmes qui accouchent), mais le reste relève de constructions sociales : la définition de ce qu'est un père, une mère, la famille, un travailleur, etc., est le résultat de rapports sociaux spécifiques.

Les diverses théories féministes (Calas et Smirchich, 1996, en sciences de l'organisation ; Forrest, 1993, en relations industrielles) critiquent toutes les théories systémique, stratégique et marxiste en RI parce qu'elles ont négligé l'étude des rapports de genre, comme s'il n'existait qu'un conflit d'intérêt patronal-syndical ou qu'un conflit de classe dans les rapports de travail, ou comme si les conflits autour des rapports de genre étaient secondaires.

La théorie féministe postcoloniale (Calas et Smirchich, 1996) approfondit cette critique en avançant l'hypothèse qu'en plus des conflits de classe et de genre, il faut considérer la situation différente des femmes dans le monde. Les enjeux et les revendications des femmes racisées[19] ou habitant dans des pays en voie de développement ne sont pas nécessairement ceux des féministes blanches occidentales. À partir de ce féminisme postcolonial est née une théorie plus générale qui tente de tenir compte des divers facteurs d'organisation et de division sociale. Appelées « théorie de l'intersectionnalité » dans le monde anglosaxon et théorisées de façon quelque peu différente en France avec la notion de « consubstantialité des rapports sociaux » (Kergoat, 2009), ces approches soutiennent la thèse que le rapport capital-travail s'appuie sur, et influence en retour, les rapports sociaux structurés par le genre, l'ethnie, la racisation, l'orientation sexuelle, etc.

> Le projet est donc de dénaturaliser radicalement les constructions différencialistes qui s'inscrivent dans les différentes inégalités [...] Les rapports dont nous parlons ici, genre, « race », classe sont des rapports de production. Ils croisent donc exploitation, domination et oppression [...] en ce qui concerne le rapport social de sexe, les enjeux sont la division du travail entre les sexes et le contrôle de la sexualité et de la fonction reproductive des femmes (Kergoat, 2009, p. 118-119).

Dans ces analyses, il n'y a pas, comme dans les théories précédentes en relations industrielles, une séparation forte entre lesdits « contextes » et le SRI. Par exemple, la division du travail dans les entreprises ne peut être comprise sans considérer comment elle résulte de la division sexuelle du travail dans la famille, tout en contribuant à la reproduire ou à la transformer. Par exemple, Bellemare et Briand (2012) ont montré que lorsque les syndicats ont fait alliance avec les mouvements féministes dans la lutte pour la syndicalisation des centres de la petite enfance, ils ont compris qu'ils allaient devoir modifier leurs revendications s'ils voulaient voir leurs efforts couronnés de succès. Ils allaient devoir exiger un système universel de services de garde de qualité afin de sortir la garde de la sphère dite privée de la famille, où elle est octroyée aux femmes, vers la sphère publique des services de garde, cela afin de permettre aux femmes qui le désiraient de conquérir leur autonomie financière en intégrant le marché du travail.

Pour comprendre comment se construisent ces rapports sociaux, il faut d'abord les situer dans leur histoire, les uns par rapport aux autres. L'exploitation du travail des femmes repose à la fois sur une base matérielle et sur une base idéologique qui veut naturaliser ces rapports sociaux. Dans l'histoire, deux lignes de force se dégagent de la division sexuelle du travail : « le principe de séparation (travail d'homme versus travail de femme) et le principe de hiérarchie (un travail d'homme "vaut" plus qu'un travail de femme) (Kergoat, 2009, p. 121) ». Cet auteur donne l'exemple de la dévalorisation du travail dans les services à domicile :

> [...] les rapports de genre permettent d'intensifier l'exploitation : le système de genre induit un type d'exploitation supplémentaire, puisque l'engagement subjectif des salariées, partie intégrante et indispensable de leur travail, n'est ni reconnu, puisqu'il n'a pas fait l'objet d'une formation institutionnalisée, ni bien sûr rémunéré, puisque cet engagement n'est pas prévu explicitement dans le contrat de travail, les seules tâches décrites étant les tâches matérielles.

La situation des femmes dans les entreprises

Collinson et Hearn (1996) montrent que la gestion a toujours été liée au domaine militaire. Elle se fonde sur une conception masculiniste de l'entreprise, dont le centre est la figure du leader. Cela se renouvelle dans le langage récent de la stratégie, contribuant ainsi à perpétuer

---

19. Pour paraphraser de Beauvoir, cette théorie nous dit qu'on ne naît pas noir ou jaune ou blanc, mais qu'on le devient par suite de processus d'altérisation, visant à définir l'autre comme étranger. Le fait de noter la couleur est avant tout un rapport social.

l'association existant entre l'organisation, la hiérarchie et le genre masculin.

Cette culture d'entreprise repose sur un schéma de masculinité hégémonique, imposé aux femmes et aux autres schémas de la masculinité. La masculinité hégémonique évolue dans le temps. Celle qui domine aujourd'hui décrit les hommes en pouvoir ou aspirant au pouvoir comme :

> [...] des êtres conformes, capables, compétents, en contrôle. Les attributs de ce modèle-type idéal comprennent la compétitivité, la pugnacité (combativité), l'autosuffisance et l'hétérosexualité. La masculinité hégémonique préserve donc des attributs socialement désirables, conformes à la culture dominante et elle se manifeste dans l'interaction sociale. Tant que cette masculinité hégémonique est considérée comme naturelle, universelle et inévitable, chacun suppose le respect de cette norme par les autres (Dulac, 1998, p. 87).

Aussi, chacun reproduit cette norme à l'occasion de changements organisationnels ou technologiques. Liée à cette masculinité hégémonique, la question des émotions se manifeste sous deux formes. Le discours patriarcal moderne met l'accent, dans un premier temps, sur la suppression ou la répression des émotions, puis dans un deuxième temps, sur la gestion des « capacités affectives » des travailleurs à titre de ressources exploitables. L'entreprise a longtemps encouragé la répression des émotions (« garde tes problèmes personnels à la maison »), et les hommes se sont souvent réfugiés dans le travail pour fuir leurs relations personnelles. À cette lumière, la thèse de la bureaucratie impersonnelle, décrite par Weber, est réinterprétée comme étant plutôt l'illustration idéale-typique d'un modèle d'entreprise masculiniste qui refoule les émotions (Ferguson, 1984).

D'ailleurs, les organisations tentent de plus en plus d'utiliser les capacités affectives de leur personnel à des fins de rentabilité (Bellemare, 1999). Une grande partie du travail des gestionnaires consiste à gérer les émotions (Dulac, 1998). Le développement actuel des discours sur l'intelligence émotionnelle et sa gestion, de même que sur les « habiletés relationnelles », se démarque par une nouvelle importance accordée aux émotions.

Selon Dulac, l'échec de nombreux programmes de conciliation travail-famille dans les entreprises s'explique par la culture d'entreprise patriarcale. « La plupart des entreprises ont une vision généralement étroite des responsabilités parentales (une affaire privée entre les parents [...]). Lorsque les entreprises offrent des programmes de conciliation, leurs initiatives s'adressent généralement aux mères, car elles sont toujours considérées comme le parent principal » (Dulac, 1998, p. 100 ; voir aussi Murgia et Poggio, 2012). La culture d'entreprise patriarcale exige des pères qu'ils se dévouent pour l'organisation. Encore aujourd'hui, un homme sera mal considéré par la direction s'il choisit, en lieu et place de sa conjointe, de prendre le congé parental. Les dirigeants de l'organisation considéreront cela comme un manque d'implication dans son travail et un manque d'ambition.

La recherche en relations industrielles est-elle sexiste ?

De façon générale, les auteurs en relations industrielles ne sont pas conscients de reproduire les caractéristiques sexuées de leurs domaines de connaissances et des pratiques organisationnelles qu'ils étudient. Les femmes sont quasi absentes des études sur les relations industrielles, le travail et l'entreprise, du moins jusqu'aux années 1990 (Forrest, 1993). Lorsqu'elles sont étudiées, elles le sont dans des perspectives qui nient ou ne reconnaissent pas assez leur condition spécifique ou qui sont carrément biaisées selon le genre. Par exemple, les problèmes de santé au travail des femmes ne sont presque pas étudiés ni reconnus, pas plus qu'ils ne donnent lieu à une indemnisation. Pour Messing (2000), dans le système nord-américain de santé au travail, les femmes évoluent dans un monde d'hommes, où leur biologie, leur emploi et leur situation sociale sont des sujets étrangers à ceux qui en jugent. Les agents auxquels elles sont exposées et les conditions auxquelles elles sont soumises ne peuvent être déclarés dangereux ou, au contraire, sans danger, puisqu'ils n'ont pas été étudiés. En fait, la division sexuelle a même été renforcée par les études de santé au travail, par exemple, avec les tests de force physique, qui ont permis d'exclure les femmes de postes de travail plutôt que de modifier les conditions d'exécution du travail. D'ailleurs, la validité de ces tests est faible, puisque les normes sécuritaires de poids n'ont jamais continué de baisser depuis.

Les critiques

Selon Godard (1993), l'idéal postmoderniste (ou modernité avancée chez Giddens) et, nous ajoutons, féministe, est de nous libérer des contraintes et des limitations modernes. Ces auteurs réussissent à montrer que le discours de la raison instrumentale et de la rationalité peut être utilisé par les groupes dominants pour légitimer leur domination. Ne doit-on pas pour autant rejeter l'idéal de la science ou de la raison instrumentale ? Ne peut-on pas tenter d'établir une vérité par consensus intersubjectif (Habermas, 1987), même s'il arrive que ce consensus se trouve dans l'erreur ?

Les approches féministes soulèvent plusieurs questions, dont l'une continue à faire l'objet d'importants débats. En traitant de la situation des femmes globalement, certaines théories féministes (libérale, radicale, psychanalytique, marxiste ; voir Calas et Smirchich, 1996) en viennent à universaliser la situation des femmes et, ainsi, à négliger des différences importantes, d'où le développement des théories postcoloniales, qui estiment qu'il faut tenir compte de l'intersectionnalité des rapports sociaux liés au genre, à la classe, à l'ethnie, etc.

Le bilan

Les théories de la modernité avancée et féministes permettent de comprendre et d'expliquer des enjeux que les théories précédentes laissaient dans l'ombre. Elles ont aussi aidé à construire des discours politiques et des mouvements sociaux qui ont permis de produire des transformations importantes tant dans les rapports sociaux que dans les rapports de travail. Les politiques publiques et les lois (par exemple, la *Charte canadienne des droits et libertés*, la *Loi sur l'égalité en emploi* et la *Loi sur l'équité salariale*, les politiques des services de garde, les dispositions législatives relatives au harcèlement en milieu de travail), la transformation même des pratiques de gestion et syndicales, pour faire en sorte que les organisations soient de moins en moins des *boys clubs*, sont quelques-unes des réalisations associées à ces théories et mouvements sociaux.

Conclusion

Le domaine des relations industrielles vit une période de renouvellements et de bouleversements importants. Ceux-ci proviennent de la transformation majeure des relations entre les acteurs, anciens et nouveaux, des relations industrielles, qui ont essayé nombre de nouvelles stratégies et pratiques, afin d'agir sur les transformations en cours dans un sens qui leur soit favorable. Depuis les années 1980, le rapprochement important entre les États et les milieux d'affaires présente des défis majeurs pour le mouvement syndical et les autres acteurs sociaux. Ceux-ci réussissent souvent à créer des coalitions afin d'accroître leurs chances d'obtenir des gains. Plusieurs théories post-dunlopiennes notent l'importance accrue des rapports de travail sur les lieux de travail, mais aussi des enjeux sociétaux d'équité et d'égalité. Les grandes manifestations des années 2010 soulèvent toutes ces questions, que ce soit la grève étudiante de 2012 au Québec, le Printemps arabe, le mouvement *Occupy Wall Street*, lequel s'est déployé dans de nombreuses villes du monde, la dénonciation du 1 % de la population qui détient près de la moitié de la richesse mondiale, le mouvement international des grèves pour le climat depuis 2018, etc.

Ces transformations incitent le domaine des relations industrielles à revoir ses théories, ses objets d'étude et ses concepts. Plus particulièrement, on constate un élargissement de l'objet d'étude au-delà des seuls rapports collectifs du travail. On veut inclure l'étude des milieux de travail non syndiqués, des travailleurs indépendants et du travail dans l'économie informelle, laquelle représente jusqu'à 90 % de l'emploi dans certains pays du Sud. La notion d'entreprise doit être repensée afin qu'on tienne compte des nouveaux modes d'organisation en réseau et en chaîne de valeurs de la production, ainsi que des agences de placement de personnel. Ces nouvelles formes d'organisation de la production remettent directement en question l'ordre juridique fordiste qui préside aux rapports de travail. Par exemple, la notion d'employeur du *Code du travail* pourrait être revue à la lumière du partage de la fonction patronale entre diverses entreprises dans les entreprises réseaux. Ces exemples illustrent la nécessité du renouvellement théorique, car si l'on veut analyser et comprendre les transformations sociales, il est nécessaire d'innover aussi théoriquement, comme l'illustre la maxime de Brézin, en début de chapitre. Être utile, c'est aussi aider une société à se comprendre.

Science sans conscience n'est que ruine de l'âme (Rabelais, 2012).

QUESTIONS DE RÉVISION

1. À quoi servent les théories ?

2. En relations industrielles, comme dans toutes les disciplines scientifiques, il existe plusieurs théories, qui soit se complètent, soit se concurrencent. Nommez deux critères permettant de les différencier et de les classifier.

3. Quelle est la distinction principale entre les épistémologies positiviste et néopositiviste ?

4. Qu'est-ce qui différencie la théorie de l'idéologie ?

5. Quelles sont les principales ressemblances et différences entre la théorie du système de relations industrielles de Dunlop et la théorie stratégique de Kochan, Katz et McKersie ?

6. Quelles sont les principales ressemblances et différences entre la théorie du *job control* et l'école de la régulation ?

7. Les théories stratégique et néomarxiste, bien que très différentes dans leur explication des rapports de travail, partagent un point commun, celui de s'éloigner de l'épistémologie positiviste. Indiquez pour chacune des théories un élément qui contribue à l'éloigner du positivisme pur.

8. Simone de Beauvoir a écrit : « On ne naît pas femme, on le devient. » Que veut-elle dire exactement ? Développez votre argumentation en vous basant sur la notion de « fait » scientifique versus celle des constructions sociales.

9. Plusieurs théories féministes remettent en question la séparation entre les sphères dites privées (par exemple, la famille) et publiques (ici, le travail). Expliquez l'incidence de cette remise en question sur la séparation classique définie par Dunlop et dans la théorie stratégique de Kochan, Katz et McKersie entre les « contextes » (économique, politique, etc.) et le SRI.

10. Expliquez trois raisons pour lesquelles le champ des relations industrielles connaît et doit continuer à connaître un renouvellement de ses théories.

POUR ALLER PLUS LOIN

Bellemare, G. et L. Briand (2011). « Penser les relations industrielles : de la notion de système à la notion de région », dans G. Bellemare, G. et J.-L. Klein, *Innovations sociales et territoire : convergences théoriques et pratiques.* Québec, PUQ, p. 43-76.

Kaufman, B. E. (2004). *The Global Evolution of Industrial Relations. Events, Ideas and the IIRA.* Geneva, International Labour Office.

Kaufman, B. E. (2004). *Theoretical Perspectives on Work and the Employment Relationship.* Ithaca, ILR Press.

RÉFÉRENCES

Ackers, P. (2002). « Reframing Employment Relations : The Case for Neo-pluralism », *Industrial Relations Journal*, vol. 33, n° 1, p. 2-19.

Adams, R. (1992). « The Role of the State in Industrial Relations », dans D. Lewin *et al., Research Frontiers in Industrial Relations and Human Resource Management.* Madison, IIR Series.

Ansoff, I. (1965). *Corporate Strategy.* New York, McGraw Hill.

Audet, M., R. Déry et M. Landry (1986). « Science et résolution de problèmes : liens, difficultés et voies de dépassement », *Philosophie des sciences sociales,* vol. 16, p. 409-440.

Audet, M. et V. Larouche (1988). « Paradigmes, écoles de pensée et théories en relations industrielles », *Relations industrielles,* 1988, vol. 43, n° 1, p. 3-31.

Barbash, J. (1993). « The Founders of Industrial Relations as a Field of Study : An American Perspective », dans R. Adams et N. Meltz, *Industrial Relations Theory.* Metuchen, IMLR Press, p. 67-80.

Beauvoir, S. de (1949). *Le deuxième sexe.* Paris, Gallimard.

Bellemare, G. (2000). « End Users : Actors in the Industrial Relations System ? », *British Journal of Industrial Relations,* vol. 38, n° 3, p. 383-405.

Bellemare, G. (1999). « Marketing et gestion des ressources humaines postmodernes. Du salarié-machine au salarié-produit ? », *Sociologie du travail,* n° 1, p. 89-103.

Bellemare, G. (1995). *Vers l'établissement de nouvelles pratiques de surveillance et de nouveaux rapports sociaux de production et de service. Le cas de la STCUM.* Thèse de doctorat, sociologie, Montréal, UQAM.

Bellemare, G. et L. Briand (2012). « La syndicalisation des services de garde au Québec. À pratiques innovatrices, des concepts nouveaux », *Revue de l'IRES,* vol. 7, n° 4, p. 117-141.

Bellemare, G. et L. Briand (2011). « Penser les relations industrielles : de la notion de système à la notion de région », dans G. Bellemare et J.-L. Klein, *Innovations sociales et territoire : convergences théoriques et pratiques.* Québec, PUQ, p. 43-76.

Blain, A. N. et J. Gennard (1970). « Industrial Relations Theory : a Critical Review », *British Journal of Industrial Relations,* vol. 8, n° 3, p. 389-407.

Boivin, J. (1987). « Les relations industrielles. Une pratique et une discipline », *Relations industrielles,* vol. 42, n° 1, p. 179-195.

Boivin, J. (1979). « Règles du jeu et rapport de force dans les secteurs public et parapublic québécois », *Relations industrielles,* vol. 34, n° 1, p. 3-21.

Boyer, R. (1986). *La théorie de la régulation : une analyse critique.* Paris, La Découverte.

Boyer, R. et Y. Saillard (2002). *Théorie de la régulation. L'état des savoirs.* Paris, La Découverte.

Braverman, H. (1976). *Travail et capitalisme monopoliste. La dégradation du travail au xxe siècle.* Paris, Maspero.

Briskin, L. et P. McDermott (1993). « The Feminist Challenge to the Unions », dans L. Briskin et P. McDermott, *Women Challenging Unions.* Toronto, University of Toronto Press, p. 3-19.

Brunetta, R. (1989). « Politique des revenus et réforme de l'échelle mobile », dans M. Maruani *et al., La flexibilité en Italie.* Paris, Syros, p. 189-212.

Burrel, G. et G. Morgan (1979). *Sociological Paradigms and Organisational Analysis.* London, Heinemann.

Calas, M. et L. Smirchich (1996). « From the Woman's Point of View : Feminist Approaches to Organization Studies », dans S. Clegg *et al., Handbook of Organization Studies.* London, Sage, p. 218-258.

Chalmers, A. (1987). *Qu'est-ce que la science ?.* Paris, La Découverte, p. 40.

Child, J. (1972). « Organizational Structure, Environment and Performance : The Role of Strategic Choice », *Sociology,* vol. 6, n° 1, p. 1-22.

Clegg, H. (1975). « Pluralism in Industrial Relations », *British Journal of Industrial Relations,* vol. 13, n° 3, p. 309-316.

Collinson, D. et J. Hearn (1996). « Breaking the Silence : On Men, Masculinities and Managements », dans D. Collinson et J. Hearn, *Men as Managers, Managers as Men. Critical Perspectives on Men, Masculinities and Managements.* London, Sage, p. 1-24.

Cook, M. L. (1994). « Regional Integration and Transnational Labor Strategies Under NAFTA », dans M. L. Cook et H. C. Katz, *Regional Integration and Industrial Relations in North America.* Ithaca, Industrial Relations Press, p. 142-166.

Craig, A. (1993). *The System of Industrial Relations in Canada.* Scarborough, Prentice-Hall.

Dulac, G. (1998). *Paternité, travail et société. Les obstacles organisationnels et sociostructurels qui empêchent les pères de concilier leurs responsabilités familiales et le travail.* Montréal, École de service social, Université McGill.

Dunlop, J. T. (1958, 1993). *Industrial Relations Systems.* New York, Henry Holt.

Fatchett, D. et W. Whittingham (1976). « Trends and Developments in Industrial Relations », *Industrial Relations Journal,* vol. 7, n° 1, p. 50-60.

Ferguson, K. (1984). *The Feminist Case Against Bureaucracy.* Philadelphia, Temple University Press.

Fischer, S. *et al.* (2010). « Don't Miss the Boat : Research on HRM and Supply Chain », *Human Resource Management,* vol. 49, n° 5, p. 813-828.

Flanders, A. (1970). *Management and Unions.* London, Faber.

Flecker, J. et P. Meil. (2010). « Organizational Restructuring and Emerging Service Value Chains : Implication for Work and Employment », *Work, Employment and Society,* vol. 24, n° 4, p. 680-698.

Forrest, A. (1993). « Women and Industrial Relations Theory : No Room in the Discourse », *Relations industrielles,* vol. 48, n° 3, p. 409-440.

Fox, A. (1973). « Industrial Relations : a Social Critique of Pluralist Ideology », dans J. Child, *Man and Organization,* Allen & Unwin, p. 185-233.

Fox, A. (1966). *Industrial Sociology and Industrial Relations.* London, HMSO.

Francès, R. (1995). *Motivation et efficience au travail.* Liège, Mardaga.

Francœur, F. (27 février 2014). *Le Devoir,* p. C4.

Freytag, M. (1988). « La Raison contre les raisons », *Société,* n° 2, p. 177-214.

Gadrey, J. (1990). « Rapports sociaux de service : une autre régulation », *Revue économique,* vol. 41, n° 1, p. 49-69.

Giddens, A. (1993). « Identité de soi, transformation de l'intimité et démocratisation de la vie », dans *Structuration du social et modernité. Autour des travaux d'Anthony Giddens.* Québec, Presses de l'Université Laval, p. 455-476.

Giddens, A. (1990). *The Consequences of Modernity.* Stanford, Stanford University Press.

Giddens, A. (1981). *A Contemporary Critique of Historical Materialism. Vol. 1, Power, Property and the State.* London, Macmillan.

Godard, J. (1993). « Theory and Method in Industrial Relations : Modernist and Postmodernist Alternatives », dans R. Adams et N. Meltz, *Industrial Relations Theory.* Metuchen, IMLR Press, p. 283-306.

Habermas, J. (1987). *Théorie de l'agir communicationnel.* Paris, Fayard.

Hallée, Y. et G. Plamondon (2018). « Les organisations en soutien aux démarches de (ré)insertion socio-professionnelle des personnes en situation d'itinérance : de nouveaux acteurs en relations industrielles au Québec ? », *Relations industrielles,* vol. 73, n° 2, p. 343-368.

Hamel, J. (1999). « Heur et malheur de la pensée postmoderne. Le dilemme de la science en anthropologie et en sociologie », *Raison présente,* vol. 129, p. 70.

Heery, E., B. Abbott et S. Williams (2012). « The Involvment of Civil Society Organizations in British Industrial Relations : Extent, Origins and Significance », *British Journal of Industrial Relations,* vol. 50, n° 1, p. 47-72.

Hobsbawm, E. (1999). *L'âge des extrêmes. Histoire du court xxe siècle.* Paris, Le Monde diplomatique.

Hyman, R. (1989). *The Political Economy of Industrial Relations.* London, MacMillan.

Hyman, R. (1987). « Strategy or Structure ? Capital, Labour and Control », *Work, Employment and Society,* vol. 1, n° 1, p. 25-55.

Hyman, R. (1975). *Industrial Relations : A Marxist Introduction.* London, MacMillan.

Johnson, H. et R. Kaplan (1987). *Relevance Lost : The Rise and Fall of Management Accounting.* Boston, Harvard Business School Press.

Kaufman, B. E. (2004). *The Global Evolution of Industrial Relations. Events, Ideas and the IIRA.* Geneva, International Labour Office.

Kaufman, B. E. (1993). *The Origins and Evolution of the Field of Industrial Relations in the United States.* Ithaca, ILR Press.

Kergoat, D. (2009). « Dynamique et consubstantialité des rapports sociaux », dans E. Dorlin, *Sexe, race, classe.* Paris, Presses universitaires de France, p. 11-126.

Keynes, J. M. (2014). *Citations.* Récupéré au http://evene.lefigaro.fr/citations/john-maynard-keynes

Klein, J. T. (2011). « Une taxonomie de l'interdisciplinarité », *Nouvelles perspectives en sciences sociales,* vol. 7, n° 1, p. 15-48.

Klibansky, R., E. Panofsky et F. Saxl (1989). *Saturne et la Mélancolie. Études d'histoire de la philosophie de la nature, de la religion et de l'art.* Paris, Gallimard.

Kline, M. (1989). *Mathématiques. La fin des certitudes.* Paris, C. Bourgeois.

Kochan, T. A., H. C. Katz et R. B. McKersie (1986). *The Transformation of American Industrial Relations.* New York, Basic Books.

Kochan, T. A., R. B. McKersie et P. Cappelli (1984). « Strategic Choice and Industrial Relations Theory », *Industrial Relations,* vol. 23, n° 1, p. 17-39.

Lakhani, T. et al. (2013). « From the Firm to the Network : Global Value Chains and Employment Relations Theory », *British Journal of Industrial Relations,* vol. 51, n° 3, p. 440-472.

Lapointe, P.-A. et al. (2006). « Du fordisme au post-fordisme ? », dans P.-A. Lapointe et G. Bellemare (dir.), *Innovations sociales dans le travail et l'emploi.* Québec, Presses de l'Université Laval, p. 12-13.

Legault, M.-J. (2013). *Équité en emploi, équité salariale.* Québec, PUQ.

Lewin, K. (1951). *Field Theory in Social Science.* New York, Harper and Row.

Marx, K. (1859, 1972). *Contribution à la critique de l'économie politique.* Paris, Éditions sociales. Récupéré au http://classiques.uqac.ca/classiques/Marx_karl/contribution_critique_eco_pol/contribution_critique.html

Messing, K. (2000). *La santé des travailleuses. La science est-elle aveugle ?* Montréal et Toulouse, Éditions du Remue-ménage et Octarès.

Michelson, G., S. Jamieson et J. Burgess (2008). *New Employment Actors. Developments from Australia.* Peter Lang éditeur.

Miliband, R. (1969). *The State in Capitalist Society.* London, W & F.

Miller, D. et W. Form (1964). *Industrial Sociology.* New York, Harper & Row.

Mintzberg (1994). *The Rise and Fall of Strategic Planning.* New York, Free Press.

Murgia, A. et B. Poggio (2012). « Nouvelles formes de masculinité dans les organisations. L'expérience des congés parentaux racontée par les hommes », *REMEST,* vol. 7, n° 1, p. 55-73.

Nkrumah, K. (1994). *L'Afrique doit s'unir.* Paris, Présence africaine.

Parsons, T. (1951). *The Social System.* Glencoe, Free Press.

Perlman, S. (1922). *A History of Trade Unionism in the United States.* New York, Macmillan.

Polanyi, K. (1983). *La Grande Transformation. Aux origines politiques et économiques de notre temps.* Paris, Gallimard (édition originale en 1944, sous le titre *The Great Transformation*).

Popper, K. L. (1984). *La logique de la découverte scientifique.* Paris, Payot.

Porter, M. (septembre 1992). « Capital Disadvantage : America's Failing Capital Investment System », *Harvard Business Review,* p. 65-82.

Prigogine, I. (1996). *La fin des certitudes.* Paris, Odile Jacob.

Prigogine, I. et I. Stengers (1986). *La nouvelle alliance. Métamorphose de la science.* Paris, Gallimard.

Rabelais, F. (2012). *Pantagruel.* Paris, Hatier.

Reed, M. (1989). *The Sociology of Management.* Toronto, Harvester Wheatsheaf, 1989.

Reynaud, J.-D. (1997). *L'action collective et la régulation sociale.* Paris, Armand Collin.

Reynaud, J.-D. (1990). « Un paradigme du système social », dans J.-D. Reynaud et al., *Les systèmes de relations professionnelles.* Paris, CNRS éditions, p. 279-290.

Rezler, A. (1990). *Le pluralisme. Une idée dominante de notre fin de siècle.* Genève, Georg.

Rioux Soucy, L-M. (2004). « L'esprit d'invention se meurt », *Le Devoir,* récupéré au www.ledevoir.com/non-classe/55889/l-esprit-d-invention-se-meurt

Robinson, I. (1994). « NAFTA, Social Unionism, and Labour Movement in Canada and United States », *Relations industrielles,* vol. 49, n° 4, p. 657-692.

Ryan, B., R. W. Scapens et M. Theobald (1992). « The Philosophy of Financial Research », dans B. Ryan, R. W. Scapens et M. Theobald, *Research Method and Methodology in Finance and Accounting.* New York, Academic Press, p. 3-25.

Schein, E. H. (1978). *Career Dynamics : Matching Individual and Organisational Needs.* Reading, Addison, Wesley.

Schneider, B. et D. E. Bowen (1995). *Winning The Service Game.* Boston, Harvard Business School Press.

Swart, J. et N. Kinnie (2014). « Reconsidering Boundariers : HRM in a Network World », *Human Resource Management,* vol. 53, n° 2, p. 291-310.

Tedlow, R. et G. Jones (1993). *The Rise and Fall of Mass Marketing.* New York, Routledge.

Thompson, P. et C. Smith (2010). *Working Life. Renewing Labour Process Analysis.* New York, Palgrave.

Tremblay, J. M. (1965). « La théorie de Selig Perlman : une étude critique », *Relations industrielles,* vol. 20, n° 2, p. 295-339.

Van Gigch, P. (1989). « The Potential Demise of Operational Research/Management Science », *European Journal of Operational Research,* vol. 42, n° 3, p. 268-278.

Whyte, J. (1993). *Sister and Solidarity. Women and Unions in Canada.* Toronto, Thompson Educational Publishing.

Wood, S. (1978). « Ideology in Industrial Relations Theory », *Industrial Relations Journal,* vol. 9, n° 4, p. 42-56.

Woods, H. (1968). *Les relations industrielles au Canada.* Rapport de l'équipe spécialisée en relations du travail, Ottawa, Bureau du Conseil privé.

Wright Mills, C. (1959). *The Sociological Imagination.* New York, Oxford University Press.

Partie 2

Les acteurs et l'action collective en relations industrielles

Chapitre 3 o L'action collective des employeurs

Chapitre 4 o L'action collective des travailleurs et l'évolution du syndicalisme

Chapitre 5 o L'État et la régulation des relations industrielles

---

Si, suivant Dunlop (1993 [1958])[1], on considère le système de relations industrielles comme produisant « un ensemble de règles relatives aux conditions de travail et à la vie de travail », il devient essentiel de s'intéresser à l'origine de ces règles, qui sont produites par l'action des acteurs, individuels et collectifs. Les théories traditionnelles en relations industrielles reconnaissaient d'emblée l'existence de trois acteurs :

- l'organisation des dirigeants et de leurs représentants [...], autrement dit les employeurs et leurs organisations ;
- l'organisation des travailleurs [...] et de leurs porte-parole, parmi lesquels les organisations syndicales jouent un rôle déterminant ;
- les institutions publiques spécialisées [...] dont la fonction est d'assister les deux acteurs dans leurs relations, en d'autres termes les ministères et autres instances étatiques qui interviennent dans le champ du travail et de l'emploi (Dunlop, 1993).

Nous avons retenu ici ces trois grandes catégories d'acteurs collectifs.

Le chapitre 3, signé par Vincent van Schendel et Diane-Gabrielle Tremblay, traite des diverses catégories d'entreprises et du rôle qu'y jouent les employeurs, mais également des organisations d'employeurs, qui représentent les intérêts du patronat face à l'État et aux autres acteurs des relations industrielles. Sous la plume de Catherine Le Capitaine et de Mélanie Dufour-Poirier, le chapitre 4 est dédié à l'histoire du syndicalisme et à ses missions fondamentales – négocier et mettre en œuvre les conditions de travail au bénéfice des salariés et être un agent de transformation sociale –, aux principales organisations syndicales ainsi qu'à la crise et aux pistes de renouvellement du syndicalisme. Le chapitre 5, rédigé par Martine D'Amours et Pier-Luc Bilodeau, est consacré aux trois principales dimensions de l'intervention de l'État dans le champ des relations industrielles que sont les lois protectrices, la sécurité sociale et l'encadrement des rapports collectifs du travail, ainsi qu'aux transformations historiques des modes d'action étatique en ces matières.

D'autres groupes ont également, « par le fait de leur action, la capacité d'influer sur l'orientation des relations industrielles (action directe), ou celle d'influer sur les actions déployées par d'autres acteurs des relations industrielles (action indirecte) » (Bellemare, 2000)[2]. Qu'on pense, par exemple, aux actionnaires, aux investisseurs et parfois aux clients des entreprises, dont la vision et les interventions ont des répercussions sur l'activité de travail et sur les conditions de travail, ou

---

1. Dunlop, J. T. (1993). *Industrial Relations Systems*. Boston, Harvard Business School Press.
2. Bellemare, G. (2000). « End Users : Actors in the Industrial Relations System ? », *British Journal of Industrial Relations*, vol. 38, n° 3, p. 383-405.

encore aux groupes de travailleurs non syndiqués, de travailleurs immigrants, aux groupes de femmes ou de travailleurs indépendants, aux coalitions d'organismes non gouvernementaux qui réclament des lois du travail et des politiques publiques mieux adaptées aux réalités contemporaines du travail et de l'emploi. Au fil des chapitres qui composent cette partie, il sera aussi question de ces groupes qu'il faut bien, à la suite de Bellemare, considérer comme de nouveaux acteurs des relations industrielles.

Chapitre 3

Vincent van Schendel et Diane-Gabrielle Tremblay

L'action collective des employeurs

Plan du chapitre

3.1 ▸ Les trois mondes de l'économie et les relations industrielles

3.2 ▸ La structure industrielle du Québec et les emplois par types d'employeurs

3.3 ▸ La dynamique productive de l'entreprise privée et ses acteurs

3.4 ▸ Les nouvelles frontières de l'entreprise ou l'entreprise en réseau

3.5 ▸ La performance d'entreprise

Objectifs d'apprentissage

○ Connaître les diverses catégories d'employeurs et leurs caractéristiques.

○ Savoir identifier les principaux secteurs d'activité économique et déterminer la répartition de l'activité selon le type d'employeur.

○ Comprendre le rôle des parties qui interviennent dans les entreprises et organisations et qui influencent la relation d'emploi.

○ Situer le lien entre dynamique productive et forme organisationnelle des employeurs.

○ Établir la liste des principales associations d'employeurs et leurs caractéristiques.

○ Assortir les visions de la performance et les catégories d'employeurs.

○ Connaître les formes d'associations et de réseautage des employeurs.

Introduction

Les employeurs, qui constituent l'un des principaux acteurs en relations industrielles, sont privés, publics ou associatifs. Si certaines de leurs fonctions (embaucher, rémunérer, gérer et définir l'organisation du travail, le temps de travail et les horaires, etc.) sont communes à ces trois catégories, leur forme peut varier en fonction du type de propriété, de la taille de l'établissement, du secteur d'activité, des interactions entre les composantes de l'organisation, etc.

Dans ce chapitre, nous verrons comment se définissent ces catégories d'employeurs, quel est leur rôle et à quel point elles sont importantes au Québec. Nous verrons qui sont les acteurs qui interviennent dans chaque type d'organisation, les défis qu'ils ont à relever et comment se décline l'organisation du travail. Nous nous intéresserons également aux motifs qui incitent les employeurs à s'associer.

3.1 Les trois mondes de l'économie et les relations industrielles

Dans nos sociétés, la relation d'emploi, celle qui lie un employeur et ses employés, se structure à partir de l'activité productive. La valeur de l'ensemble des activités de production de biens ou de services effectuées contre rémunération constitue le produit intérieur brut (PIB). Dire que le PIB mesure la production de biens et de services effectuée contre rémunération ne constitue pas un jugement sur le bien-fondé de cette production, car on peut aussi bien produire des produits contaminants que des tomates. On peut aussi offrir gratuitement un service ou l'échanger avec son voisin, et le fait qu'il ne soit pas rémunéré n'a rien à voir avec son utilité. La production contre rémunération induit cependant une relation entre celui qui embauche et celui qui reçoit la rémunération : une relation d'emploi.

L'activité productive, qui est à la base de la relation d'emploi, s'organise autour de trois catégories d'organisations correspondant à ce que nous appellerons des mondes : le monde des entreprises privées (appelé ci-après « monde privé »), le monde public et le monde associatif. Chacun de ces mondes, qui participe à l'activité productive dans des proportions et des modalités différentes, est caractérisé par un mode de propriété et d'organisation qui lui est propre. Il s'ensuit que la relation d'emploi et la fonction d'employeur prennent une forme différente selon la configuration des rapports qui interviennent entre les acteurs. Certes, comme on le verra, les organisations peuplant ces mondes ne sont pas homogènes et certaines adoptent des formules hybrides. Au-delà des grandes catégorisations, il faut donc être nuancé dans l'analyse des situations concrètes. Il faut aussi noter que l'entrepreneuriat est très développé au Québec comme au Canada, notamment en ce qui concerne les PME, et plus récemment les très petites entreprises créées par des jeunes dans toute une gamme de domaines (St-Jean et Tremblay, 2016).

Dans chaque monde – privé, public ou associatif – se trouvent des organisations qui vendent les biens et les services qu'elles produisent et d'autres qui ne vendent pas leur production. Toutes les organisations ne sont donc pas des entreprises. Une entreprise est une organisation autonome qui produit des biens et des services destinés à être vendus. Une partie de l'économie est ainsi marchande. C'est le cas bien sûr des entreprises privées, mais aussi de certaines entreprises publiques telles Hydro-Québec et la SAQ, et d'une partie du monde associatif (entreprises d'économie sociale). Pour rémunérer ses employés et payer ses frais de fonctionnement, toute organisation doit se financer. Ce financement peut provenir de la vente, de subventions (privées ou publiques) ou de dons. Le fait qu'une production soit vendue ou pas n'est pas un signe de son utilité ou de sa valeur : que le financement de l'activité provienne directement de la poche des utilisateurs, ou indirectement par l'entremise de l'impôt, on finit toujours par payer les biens et services que l'on se procure et par répartir leur coût en fonction de leur usage ou de notre capacité de payer.

Quelles sont les caractéristiques des trois mondes que nous évoquons ?

Le monde privé est caractérisé par la propriété privée des capitaux. Certes, dans une entreprise multinationale comportant des dizaines de milliers d'actionnaires, la propriété peut sembler collective plus que privée. L'important ici, c'est que la part de la propriété d'une entreprise privée peut être vendue ou cédée. La forme d'organisation dominante est l'entreprise privée, qui peut prendre différents statuts juridiques : compagnie, société en commandite, etc. Dans une entreprise privée à capital-actions, les décisions sont prises par un conseil d'administration (CA) représentant les actionnaires et élu selon le principe « une action = un vote ».

Le monde public est caractérisé par la propriété publique, gouvernementale, des actifs des établissements. Au Canada, les gouvernements fédéral, provinciaux et municipaux en font partie. Les pouvoirs publics peuvent ainsi produire des biens et des services directement, par l'entremise des ministères, ou par l'intermédiaire d'agences, d'entreprises publiques ou d'établissements financés par les budgets publics, mais autonomes dans leur gestion (universités, hôpitaux, etc.) ; on parlera alors des secteurs public (activités relevant directement des gouvernements) et parapublic (organisations recevant leur mandat et leur financement des gouvernements). Dans le monde public, les grandes décisions sont prises par les élus – au suffrage universel – qui nomment des gestionnaires et donnent, par des lois et des règlements, des mandats à des organisations.

Le monde associatif comprend les organisations qui produisent des biens et des services et dont la propriété est collective, sans être étatique. Font partie de cette catégorie les coopératives, les organismes à but non lucratif (OBNL), les mutuelles et les syndicats. L'appellation « économie sociale » sert souvent à désigner cette catégorie d'organisations, et les « entreprises d'économie sociale » sont celles qui vendent les biens et services produits. Dans une association, les décisions sont prises par le conseil d'administration, élu cette fois selon le principe « un membre = un vote ».

Les organisations d'économie sociale sont juridiquement des OBNL, des coopératives ou des mutuelles. Les coopératives se divisent en divers types : de production, de consommation, de travail, de travailleurs actionnaires et de solidarité.

L'importance relative de chacun de ces mondes dépend de l'histoire de chaque société, des rapports entre ses acteurs et des compromis réalisés au fil des ans. Certes, dans les pays industrialisés, c'est le monde privé qui domine, car ce sont ces organisations qui regroupent la majorité des employeurs et des emplois. Le monde public arrive en deuxième place avec, au Québec, un peu plus de 20 % des emplois. Le monde associatif est bien entendu le moins développé, quoique aucune mesure officielle ne le confirme, mais il est en croissance. L'exercice de la fonction d'employeur s'y développe dans un contexte où d'autres acteurs interviennent (les membres et les populations obtenant des services), ce qui constitue un sujet d'intérêt en relations industrielles.

On l'a vu, chacun de ces mondes est composé d'organisations marchandes (des entreprises) et non marchandes, mais les contraintes et les objectifs sont toutefois différents selon les mondes. Dans le monde privé, on vise toujours à faire des profits et à les reverser aux actionnaires sous forme de dividendes. Dans le monde public, la prestation de services aux citoyens est l'objectif central, même si les sociétés d'État peuvent générer des surplus qui seront reversés à leur propriétaire (l'État), qui, à son tour, affectera cette somme au fonds général. Dans le monde associatif, les besoins des membres définissent les actions à entreprendre, même s'il faut rechercher la viabilité économique (faire ses frais et prévoir une provision pour éventualités). Les acteurs qui interviennent dans chaque type d'organisation ne sont pas forcément les mêmes. Par exemple, la présence d'« investisseurs institutionnels » (sociétés financières, régimes de retraite, etc.) dans le capital d'une grande entreprise privée influence les choix quotidiens des gestionnaires, y compris en matière de relations du travail. L'entreprise, avons-nous dit, se définit essentiellement par son autonomie et par son activité de vente. Toutefois, l'entreprise peut ne pas être privée (elle peut faire partie du monde public ou de l'économie sociale) et ne pas forcément chercher à réaliser des profits privés pour ses propriétaires. En revanche, la production ou la prestation de services peut être effectuée par un autre type d'organisation qu'une entreprise. Par exemple, un ministère, un hôpital et une école ne vendent pas leurs services, mais les fournissent selon certaines directives et moyennant un financement externe octroyé pour ce faire. Il en est de même d'un organisme communautaire de défense des droits des citoyens qui offre un service, qui est financé pour le faire, mais qui ne vend pas ce service. Des lois réglementent par ailleurs les activités de chaque type d'organisation. Elles définissent ce que chacun peut ou ne peut pas faire, doit ou ne doit pas faire, et encadrent les conflits éventuels qui pourraient survenir dans les activités courantes de chacun.

Le tableau 3.1 présente les types d'organisations selon qu'elles sont marchandes ou non marchandes et selon le monde auquel elles appartiennent.

Tableau 3.1 Les mondes, leurs modes opératoires et leurs formes organisationnelles

Monde (types de transactions)	Marchandes	Non marchandes
Privé	Entreprise privée	Fondations
Public	Entreprise publique Société d'État	Agences, ministères, organismes publics
Associatif	Entreprise (économie sociale)	Économie sociale non marchande, communautaire, syndicats, etc.

3.2 La structure industrielle du Québec et les emplois par types d'employeurs

Comment se répartit l'activité économique au Québec ? Dans quels types d'activités se trouvent les emplois et les employeurs ? C'est ce que nous allons maintenant examiner.

3.2.1 La répartition de l'activité économique

On divise généralement l'activité économique en trois grands secteurs : primaire, secondaire et tertiaire.

- Le secteur primaire regroupe les activités d'extraction des ressources naturelles, renouvelables ou non : agriculture, coupe d'arbres en forêt, mines, barrages électriques, etc.
- Le secteur secondaire regroupe à la fois la construction et les industries manufacturières, soit celles qui transforment les biens issus du secteur primaire.
- Le secteur tertiaire regroupe les activités de services : services à la consommation (commerces de détail, etc.), services publics (éducation, santé, etc.) et services aux entreprises (finance, transport, recherche et développement, marketing, etc.).

Si, au début du XIXe siècle, les activités primaires et secondaires représentaient la plus grande partie des emplois et de la production, la tendance s'est progressivement inversée au point que le secteur tertiaire constitue maintenant plus des trois quarts de l'activité économique, tant par la part de la production (PIB) que par celle des emplois, du moins dans les économies développées. Le terme « tertiaire » ne semble d'ailleurs plus approprié : il désignait initialement un secteur « tiers », l'activité économique étant considérée pour l'essentiel comme celle qui produit des biens (*voir les tableaux 3.2 et 3.3*). Si les activités de services se sont aujourd'hui développées, elles se sont aussi diversifiées et complexifiées et jouent souvent un rôle moteur dans l'activité économique.

Tableau 3.2 La répartition de l'activité économique (emploi et produit intérieur brut) selon les grands secteurs d'activité, 1911-2012

	Primaire		Secondaire		Tertiaire	
Année	Emploi	PIB	Emploi	PIB	Emploi	PIB
1911	34,6	–	32,1	–	33,3	–
1951	18,0	–	38,6	–	41,5	–
1961	11,4	6,4	34,5	37,0	51,1	56,6
1981	4,8	4,8	26,3	29,2	68,9	65,9
1998	3,0	3,2	23,2	28,5	73,8	68,4
2012	2,1	–	18,5	–	79,4	72,0

Source : Compilé à partir des données de l'Institut de la statistique du Québec (2017).

Tableau 3.3 **L'emploi par grands secteurs d'activité économique, Québec, 2017**

Secteurs d'activité économique	Répartition de l'emploi (%)
Primaire	2,2 %
Secondaire	17,5 %
Industries manufacturières	11,7 %
– Ressources naturelles	2,4 %
– Produits de consommation	4,8 %
– Complexes	4,5 %
Construction	5,8 %
Services	80,3 %
– à la consommation/aux ménages	27,4 %
– publics	27,1 %
– moteurs	25,8 %
Total	100,0 %

Source : Adapté à partir des données du ministère de l'Économie, de la Science et de l'Innovation du Québec (2018), p. 50, 53 et 56.

Le tertiaire moteur, ou services aux entreprises, est souvent celui qui génère, ou du moins permet de générer, l'activité productrice de biens, et qui offre les emplois les plus qualifiés et les mieux rémunérés.

3.2.2 L'emploi selon la taille des établissements

Combien le Québec compte-t-il d'employeurs ? La réponse varie selon les sources, les définitions et bien sûr les dates de publication des données. Ainsi, Revenu Québec, l'Agence du revenu du Canada, le Registraire des entreprises du Québec, la Commission des normes, de l'équité, de la santé et de la sécurité du travail (CNESST), le ministère de l'Économie et de l'Innovation (MEI) du Québec et Innovation, Sciences et Développement économique Canada ont tous leur façon de compter le nombre d'entreprises et d'établissements.

Dans les lignes qui suivent, nous utiliserons les données du MEI et d'Innovation, Sciences et Développement économique Canada, de même que celles de l'Institut de la statistique du Québec et de Statistique Canada.

La taille des établissements varie selon les secteurs d'activité et selon les « mondes » desquels ils font partie. Les établissements manufacturiers appartenant à des entreprises multinationales sont souvent de grande taille, mais il y a aussi un grand nombre de petites et moyennes entreprises (PME) au Québec. Les établissements publics sont de grande taille en général, alors que les établissements du secteur des services, privés ou associatifs, sont de plus petite taille.

En résumé, en 2016, plus de la moitié (51,5 %) des établissements sont de très petite taille (1 à 4 employés) ou de petite taille (5 à 49 employés – 43,6 %). Seulement 0,9 % des établissements ont 200 employés ou plus. La plupart exercent leurs activités dans le secteur des services, soit une part sensiblement analogue à la part de l'emploi de ce secteur (76 % des établissements contre 80,3 % de l'emploi)[3]. Les tableaux 3.4 et 3.5 donnent plus de précisions à cet égard. Il faut savoir que ces données sont présentées en fonction de la taille des établissements, mais que certaines entreprises ont plus d'un établissement (*voir l'encadré 3.1*).

Au Québec, en 2018, les 500 plus grandes entreprises généraient à elles seules 780 510 emplois. Les 50 premières au classement embauchaient 461 166 personnes, et les 100 premières, plus de 569 000, ce qui représente plus d'un emploi sur 8 au Québec (*voir le tableau 3.6*).

Tableau 3.4 **La répartition des établissements par grands secteurs d'activité, Québec, 2016**

Secteurs d'activité économique	Nombre d'établissements	En pourcentage
Primaire	12 384	5,4 %
Manufacturier	13 180	5,7 %
Construction	29 949	12,9 %
Services	176 008	76,0 %
Total	231 521	100,0 %

Source : Compilé à partir des données d'Innovation, Sciences et Développement économique Canada (2019).

---

3. Pour des données par région, on pourra consulter la publication annuelle du ministère de l'Économie et de l'Innovation (MEI) intitulée *Portrait économique des régions du Québec*.

Tableau **3.5** La taille des établissements par nombre d'employés, Québec, 2016

Nombre d'employés	Nombre d'établissements	% du total des établissements
1 à 4	119 215	51,5 %
5 à 99	107 656	46,5 %
100 à 499	4 109	1,8 %
500 et +	541	0,2 %
Total	231 521	100,0 %

Source : Compilé à partir des données d'Innovation, Sciences et Développement économique Canada (2019), extraites de Statistique Canada, Centre des projets spéciaux sur les entreprises (janvier 2018), *Base de données des indicateurs de l'entrepreneuriat*, récupéré au www23.statcan.gc.ca/imdb/p2SV_f.pl?Function=getSurvey&Id=1255932

Tableau **3.6** Le nombre d'emplois des 500 premiers employeurs au Québec par classes d'emploi, 2018

Employeurs	Nombre d'emplois
50 premiers	461 166
51 à 100	108 023
101 à 150	55 069
151 à 200	40 278
201 à 500	112 974
Total	**777 510**

Source : *Les affaires* (2018).

Encadré 3.1 L'entreprise et l'établissement

Voyons comment Statistique Canada distingue l'entreprise de l'établissement :

« L'entreprise (au sommet de la hiérarchie) est associée à un ensemble complet d'états financiers. L'entreprise, en tant qu'unité statistique, est l'unité organisationnelle d'une firme qui dirige et contrôle l'affectation de ressources relatives à ses activités nationales et pour laquelle on établit des états financiers et des bilans consolidés [...].

L'établissement (troisième niveau dans la hiérarchie) est le niveau auquel on trouve les données comptables nécessaires pour mesurer la production (ressources principales, revenus, salaires et traitements). En général, l'établissement correspond à une division, à une usine ou à une manufacture. »

Source : Innovation, Sciences et Développement économique Canada (2019).

3.2.3 Le monde public

Selon Statistique Canada, le secteur public québécois comptait 833 936 emplois en mars 2012. Ce nombre passe à 897 076 en comptant les sociétés d'État commerciales, comme la SAQ et Hydro-Québec. C'est donc, en tout, 21,2 % des emplois au Québec qui se trouvent dans les secteurs public et parapublic[4] (22,8 % en comptant les sociétés d'État). L'emploi dans le secteur public (*voir le tableau 3.7 à la page suivante*) ne renvoie pas à un employeur unique ; aux Administrations provinciale (gouvernement du Québec) et fédérale (gouvernement du Canada), on ajoute des centaines d'administrations municipales, de commissions scolaires, d'organismes du domaine de la santé, d'universités, de cégeps et d'autres institutions publiques. Cette masse d'employeurs regroupe des grands et des petits milieux de travail et chacun de ces réseaux publics a ses propres mandats, gestion, descriptions de tâches et conditions de travail. Certes, celles-ci tendent à

---

4. Ces secteurs couvrent tout « organisme lié à l'État, qui bénéficie d'une plus grande autonomie que les organismes publics ou gouvernementaux et dont les systèmes de gestion sont très proches de ceux du secteur privé. [...] Parmi les organismes parapublics, on retrouve, par exemple, les centres hospitaliers et les universités. » Source : www.thesaurus.gouv.qc.ca/tag/terme.do?id=8756

Tableau 3.7 L'emploi dans le secteur public au Québec, 2012

Emploi dans le secteur public au Québec – mars 2012	Nombre d'emplois – public	Nombre d'emplois – Québec	% des emplois – public	% des emplois – Québec
Secteur public québécois	641 281		71,5 %	16,3 %
Administration publique québécoise		88 353		
Institutions de services de santé et de services sociaux		271 448		
Universités, collèges, instituts de formation professionnelle et écoles de métiers		95 569		
Commissions scolaires et écoles primaires et secondaires		185 911		
Administrations publiques générales, locales (municipalités)	108 012		12,0 %	2,7 %
Administration publique fédérale	84 643		9,4 %	2,2 %
Sous-total secteur public au Québec, tous paliers de gouvernement	833 936		93,1 %	21,2 %
Entreprises publiques	63 140		7,0 %	1,6 %
fédérales		18 872		
provinciales et territoriales		39 943		
locales		4 325		
Total des emplois – Organismes gouvernementaux fédéraux, québécois et locaux	897 076		100,0 %	22,8 %
Total des emplois au Québec	3 927 800			

Source : Compilé à partir des données de Statistique Canada, E-Stat 183-0002.
Note : Les tableaux 3.3 et 3.7 présentent des données différentes pour l'emploi dans les services publics. La ligne « Services publics » du tableau 3.3 (voir à la page 64) comprend en effet les services au public offerts par le secteur privé (gaz naturel, cliniques médicales, etc.).

influencer les conventions collectives, et vice versa (le taux de syndicalisation est élevé), mais les activités des personnes employées sont distinctes.

3.2.4 Le monde associatif : l'économie sociale

On parle de monde associatif pour évoquer l'ensemble des organisations œuvrant selon le principe de la propriété collective et prenant leurs décisions selon le principe « une personne = un vote », ce qui regroupe les coopératives, les OBNL, les mutuelles et les syndicats. Comme dans les mondes public et privé, le monde associatif est en fait très varié et regroupe des organisations de tailles et de statuts juridiques différents ; certaines vendent des biens et des services (entreprises), d'autres, non ; mais dans la mesure où elles ont des employés, elles sont toutes des employeurs.

Certaines études récentes consignent le nombre d'emplois dans ces organisations. L'Institut de la statistique du Québec (ISQ) a ainsi entrepris de faire un tel portrait. Son enquête parue au printemps 2019 (mais couvrant l'année 2016) établit qu'il y aurait 11 200 entreprises d'économie sociale au Québec, ce qui représente 220 000 emplois dans toutes les régions et tous les secteurs d'activité, les deux tiers de ces emplois étant occupés à temps plein, la plupart dans de petites organisations[5]. Cela équivaut à environ 5 % du total des emplois au Québec. Le Comité sectoriel de main-d'œuvre de l'économie sociale et de l'action communautaire (CSMO-ÉSAC), dans sa plus récente enquête publiée en 2019 (appelée *Les Repères*), estime quant à lui le nombre d'emplois en économie sociale et en action communautaire à près de 320 000 (environ 7,5 % des emplois), ce qui inclut ceux dans les coopératives[6]. Ce sont donc près de 8 % des emplois qui sont générés par des établissements régis par le principe de la propriété collective[7]. Tous les OBNL ne sont pas comptabilisés ici, certains ne correspondant pas aux critères définis par la loi et les acteurs du secteur.

Les conditions de travail dans ces organisations y sont variables et pas forcément inférieures à celles qui ont cours dans de petites entreprises privées (CSMO-ÉSAC, 2019 ; Tremblay, 2012). De multiples acteurs interviennent dans ces organisations : les salariés, les membres, les populations rejointes et les administrateurs. De ce fait, elles rejoignent et mobilisent un nombre beaucoup plus grand de personnes que leurs seuls salariés.

Longtemps définie par des phrases de forme négative (qui n'est ni du privé ni du public), l'économie sociale se définit de plus en plus par la forme positive, en fonction de ses caractéristiques : une économie qui repose sur la propriété collective et sur des modes de prise de décision collectifs (*voir l'encadré 3.2*) et une économie qui peut produire les mêmes biens et services que les secteurs privé et public. La volonté de faire différemment et de prôner une certaine démocratisation de l'économie confère aussi à ce secteur le nom d'« économie solidaire ».

3.2.5 L'entreprise privée et ses statuts juridiques

Les entreprises privées, de toutes tailles et œuvrant dans de multiples secteurs d'activité, génèrent de 70 % à 75 % des emplois au Québec. Elles forment la principale catégorie d'employeurs dans l'ensemble des pays occidentaux. Certes, entre la petite entreprise de deux employés, à propriétaire unique, et la multinationale à capital-actions de plusieurs centaines, voire de milliers d'employés, il y a d'énormes différences. Les entreprises privées évoluent sous différents statuts juridiques[8] :

- l'entreprise individuelle ;
- la société en nom collectif ;
- la société en commandite ;
- la société par actions (compagnie), constituée au Québec ou en vertu de la loi canadienne.

Encadré 3.2   **L'économie sociale au Québec**

L'Assemblée nationale du Québec a voté à l'unanimité en octobre 2013 la *Loi sur l'économie sociale*. Par « économie sociale » on entend l'ensemble des activités économiques à finalité sociale réalisées par des entreprises dont les activités consistent notamment à vendre ou à échanger des biens ou des services, et qui sont exploitées conformément aux principes suivants : réponse aux besoins de la collectivité, autonomie de gestion, fonctionnement démocratique, viabilité économique, distribution des surplus aux membres, cession des actifs à un organisme similaire en cas de fermeture. « Est une entreprise d'économie sociale une entreprise dont les activités consistent notamment en la vente ou l'échange de biens ou de services et qui est exploitée, conformément aux principes énoncés au premier alinéa, par une coopérative, une mutuelle ou une association dotée de la personnalité juridique*. »

* *Loi sur l'économie sociale* (RLRQ, c. E-1.1.1), article 3.

---

5. ISQ (2019). *L'économie sociale au Québec*. Portrait statistique 2016. Récupéré au www.stat.gouv.qc.ca/statistiques/economie-sociale/portrait-economie-sociale-2016.pdf

6. CSMO-ÉSAC (2019). *Les repères en économie sociale et en action communautaire. Panorama du secteur et de sa main-d'œuvre. Édition 2018*. Récupéré au www.csmoesac.qc.ca/assets/medias/documents/CSMOesac_lesreperes_2018.pdf. La différence entre les deux résultats tient d'une part à la méthodologie utilisée et d'autre part au champ couvert : l'action communautaire concerne des organismes qui ne vendent pas forcément des biens et des services et elle vient s'ajouter aux emplois en économie sociale au sens défini par la loi.

7. On arrive à ce pourcentage en ajoutant les quelques milliers d'emplois dans les organisations syndicales elles-mêmes.

8. Pour en savoir plus, voir Tremblay et van Schendel, 2004 ; gouvernement du Québec, 2018 ; Registraire des entreprises du Québec, 2017.

Chaque forme juridique a ses avantages et ses inconvénients et est adaptée à la taille, au type et au stade de développement de l'entreprise. Une entreprise qui veut réunir des centaines de millions de dollars de financement sous forme de capital-actions doit forcément être constituée en société. Un dépanneur n'a pas besoin d'une telle forme juridique. Ainsi, l'existence de la forme juridique qu'est la compagnie ou société par actions permet de mobiliser des capitaux considérables par l'émission d'actions. Ce faisant, on introduit dans l'entreprise de nouvelles catégories d'acteurs qui peuvent y jouer un rôle actif ou passif.

L'entreprise privée est, par la variété de ses formes et la multiplicité des groupes et acteurs qui y interviennent, la forme d'entreprise la plus complexe et, de façon générale, cette complexité se reflète aussi dans son rôle d'employeur. C'est pourquoi nous y consacrons la section suivante. Cette multiplicité des formes et des acteurs complexifie parfois l'analyse de la relation d'emploi.

3.3 La dynamique productive de l'entreprise privée et ses acteurs

La dynamique productive dans une entreprise apparaît comme une œuvre collective faisant interagir un grand nombre d'acteurs tant dans l'entreprise qu'en dehors de celle-ci. Si cela est vrai de toute forme d'entreprise, ce l'est sans doute encore davantage pour la grande entreprise privée.

3.3.1 La production, une œuvre collective

Dans le monde privé, la production est généralement effectuée par une entreprise, dans un ou plusieurs établissements. Cette production est réalisée par des individus (employés et gestionnaires) qui, dans le cadre de leur emploi, interagissent et accomplissent diverses fonctions, directement ou avec l'aide de technologies. Une entreprise compte donc de nombreux acteurs, et la production des biens ou des services offerts est la résultante de leur action à tous : elle est en quelque sorte une œuvre collective. La relation d'emploi est au cœur de cette œuvre collective (*voir le chapitre 1*).

Chacun de ces acteurs occupe une place et joue un rôle qui lui sont propres. Chacun peut aussi développer une vision particulière de la situation, cerner des problèmes (et des solutions) que les autres acteurs ne voient pas forcément, ou tout au moins les formuler différemment. Et les gestes des uns auront inévitablement des effets sur les autres : comme dans un engrenage, une roue qui tourne fait tourner les autres ; une roue qui bloque, ou un grain de sable, bloquera le mouvement d'ensemble.

Les acteurs de l'entreprise peuvent être regroupés en plusieurs catégories. Distinguons d'abord les acteurs directs et indirects, bien que la frontière entre les deux ne soit pas toujours claire. La production peut, par exemple, être organisée au sein d'un réseau d'entreprises qui se partagent les tâches. C'est ainsi que les contours de l'entreprise sont parfois flous, ce qui a des conséquences sur la relation d'emploi.

3.3.2 Les acteurs directs

Les acteurs directs sont ceux qui, de l'intérieur ou de l'extérieur de l'établissement, interviennent directement dans le processus de production. Cette distinction n'est pas de nature juridique, car certains peuvent avoir une existence juridique propre. Ce qui nous intéresse ici, c'est d'identifier ceux qui agissent dans le processus de production de la valeur ajoutée ou qui influencent ce processus. Nous retiendrons donc les propriétaires, la direction, les employés, les fournisseurs, les clients.

Les propriétaires

Les propriétaires sont ceux qui possèdent l'entreprise. Ils peuvent y jouer un rôle actif ou au contraire, passif et effacé. Cela dépend du type d'entreprise, du nombre de propriétaires et de la répartition de la propriété.

Au Québec et au Canada, la majorité des entreprises sont constituées sous forme de compagnies ou de sociétés par actions. On les appelle des « personnes morales » et les propriétaires sont les actionnaires. Il importe de distinguer diverses catégories d'actionnaires : 1) les actionnaires de contrôle, qui possèdent le plus grand nombre d'actions ; 2) le groupe potentiellement hostile, qui détient un nombre important d'actions, qui est minoritaire et n'a pas le contrôle, mais est en position de l'obtenir ; 3) les investisseurs institutionnels, qui détiennent un nombre important d'actions, mais qui ne veulent pas contrôler l'entreprise ; 4) les petits porteurs (ou petits actionnaires), soit des particuliers qui détiennent quelques actions achetées à des fins de placement ; et 5) les fonds de travailleurs (Fonds de solidarité FTQ, Fondaction), des institutions financières qui visent d'abord à consolider l'entreprise et ses emplois.

Toutes ces catégories d'actionnaires ne se trouvent pas toujours dans une même entreprise. En fait, plus sa taille est grosse, plus le nombre de ses actionnaires risque d'être élevé.

La répartition des actions entre groupes à l'intérieur d'une entreprise peut influencer ses objectifs et son type de gestion. En effet, à partir du moment où les « petits porteurs » décident de confier leurs actions à un intermédiaire financier qui les gère en vue d'obtenir le meilleur rendement financier à court terme, la dynamique des groupes d'actionnaires se transforme. Un groupe de plusieurs particuliers, actionnaires passifs, qui cèdent volontiers leur droit de vote à la direction en place est dès lors remplacé par un groupe financier dont les objectifs sont différents de ceux de la direction, qui se fait représenter au conseil d'administration et qui n'hésitera pas à vendre ses actions si on ne tient pas compte de ses objectifs. On a donc vu apparaître, depuis les années 2000 en particulier, une tendance dans plusieurs entreprises à brader des actifs ou à licencier du personnel pour augmenter la rentabilité à court terme et satisfaire ces catégories d'actionnaires (diminution des coûts à court terme au détriment, parfois, du rendement à long terme) (Hanin, 2015 ; Tremblay, 2015 ; Tremblay et Rolland, 2018).

La direction

La direction d'une entreprise est constituée des personnes qui la gèrent, qui prennent les décisions stratégiques (définissent les grandes orientations) ou quotidiennes dans la poursuite de ses activités. Ces personnes sont embauchées par le CA ou, plus exactement, le CA embauche les membres de la haute direction, laquelle embauche ceux de la direction intermédiaire. On voit aussi différents niveaux de direction qui n'ont pas toujours les mêmes intérêts ou comportements : la haute direction, la direction locale, l'encadrement de premier niveau, etc.

Les employés

Les employés sont bien sûr les personnes qui, embauchées par la direction de l'entreprise, assurent la réalisation de ses activités quotidiennes dans son ou ses établissements.

Les employés peuvent se regrouper et former une association ou un syndicat. C'est cette organisation qui les représente dans les discussions avec l'employeur (*voir le chapitre 4*).

Nous pouvons schématiser ainsi la relation entre ces deux groupes d'acteurs : les employés d'une part, la direction et les propriétaires de l'autre (*voir la figure 3.1*). Tous deux œuvrent à la production (de la valeur ajoutée). Dans ce processus, parfois ils s'opposent, parfois ils entrent en conflit et parfois ils collaborent. En fait, la production exige un certain degré de coopération dans la poursuite des activités quotidiennes, mais la répartition de la valeur produite et la façon dont elle est produite peuvent faire l'objet de conflits, ouverts ou non.

Les fournisseurs

Il s'agit de ceux (la plupart du temps d'autres entreprises) qui vendent à l'entreprise les pièces, les matières premières, l'énergie ou les services qui entreront dans la production de la valeur ajoutée. La nature des relations entre une entreprise et ses fournisseurs peut varier. Dans certains cas, la relation est ténue et se limite aux commandes et aux paiements. Les fournisseurs peuvent être facilement remplacés, le produit ou le service (appelé ci-après « intrant ») fourni étant tout aussi facilement substituable (papier, crayons, etc.). Dans d'autres cas, la relation est très étroite, l'entreprise donneuse d'ordres travaillant de près avec son fournisseur pour s'assurer que l'intrant est bien adapté à ses activités. Dans certains cas, l'activité de l'entreprise fournisseuse est intégrée à celle du donneur d'ordres. Elle peut ainsi faire partie d'une grappe industrielle (*cluster*), où les relations sont plus étroites, et collaborer à la recherche et développement ou à l'innovation avec la grande entreprise donneuse d'ordres. Nous reviendrons sur ce sujet plus loin, car cette situation peut aussi avoir une incidence sur les relations du travail et sur l'emploi dans l'entreprise-fournisseur.

Les clients

Les personnes ou organisations qui achètent les biens et services de l'entreprise se situent sur plusieurs niveaux, puisque les biens et services doivent passer par plusieurs

Figure 3.1 Les acteurs de la production

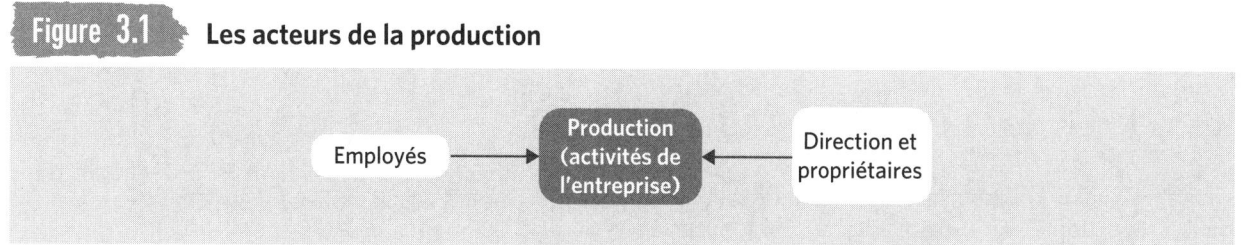

intermédiaires (distributeur, grossiste, commerçant) avant d'atteindre le consommateur ultime. L'importance relative de chaque segment de distribution, selon le secteur d'activité, leur confère une influence plus ou moins grande.

Les fournisseurs et les clients peuvent être étroitement intégrés dans la logique productive de l'entreprise et en être des acteurs importants, tout en demeurant des entités tout à fait distinctes sur le plan juridique (*voir la figure 3.2*).

3.3.3 Les acteurs indirects

Aux cinq grands types d'acteurs directs s'ajoutent des acteurs indirects. Sans intervenir directement dans le processus de production de la valeur ajoutée, ils exercent une influence sur les décisions de l'entreprise ou sur le contexte dans lequel elle évolue.

Les institutions financières

Il s'agit ici des banques, des caisses populaires et d'économie et des autres institutions financières qui prêtent de l'argent à l'entreprise à long terme ou à court terme, sous forme de marge de crédit, etc. Le Fonds de solidarité FTQ et Fondaction agissent parfois comme propriétaires-actionnaires ou comme prêteurs dans les entreprises partenaires.

Les concurrents

Les concurrents sont les entreprises qui produisent un bien ou un service similaires qu'elles cherchent à vendre aux mêmes clients (réels ou potentiels). Les concurrents, par leurs faits et gestes, par leurs décisions, forcent l'entreprise à rectifier le tir et à modifier les siennes. À ce titre, ils interviennent, bien qu'indirectement, dans la conduite des affaires de l'entreprise.

Les gouvernements et les pouvoirs publics

Les pouvoirs publics sont presque toujours appelés à jouer un rôle, même discret, dans la conduite des affaires d'une entreprise : réglementation, services publics, infrastructures, taxation et subventions, aide à l'exportation (missions à l'étranger), conseils. Les gouvernements fédéral et provinciaux, ou leurs ministères et agences, ainsi que les municipalités, participent également à la définition, à la négociation et à l'application des règles régissant les échanges commerciaux et les investissements internationaux.

Les décisions des pouvoirs publics, dont les politiques publiques, constituent donc un élément qui influe sur l'environnement général de l'entreprise.

Les gouvernements étrangers

Bien que de façon plus discrète encore, les gouvernements étrangers peuvent jouer un certain rôle dans la conduite des activités d'une entreprise : par exemple, dans le secteur du bois d'œuvre, le gouvernement étasunien a influencé le niveau de production en imposant des taxes à l'importation ; dans le secteur de la fourrure de phoque ou dans celui de l'amiante, l'Europe a joué un rôle analogue en interdisant l'importation. Pareillement, l'annulation par Donald Trump de l'entente sur le nucléaire avec l'Iran aura sans doute des incidences sur les entreprises d'autres pays qui avaient conclu des ententes commerciales avec l'Iran et qui ne pourront y donner suite, sous peine de perdre les marchés étasuniens.

Figure 3.2 L'entreprise : une production de valeur ajoutée et la rencontre de plusieurs acteurs

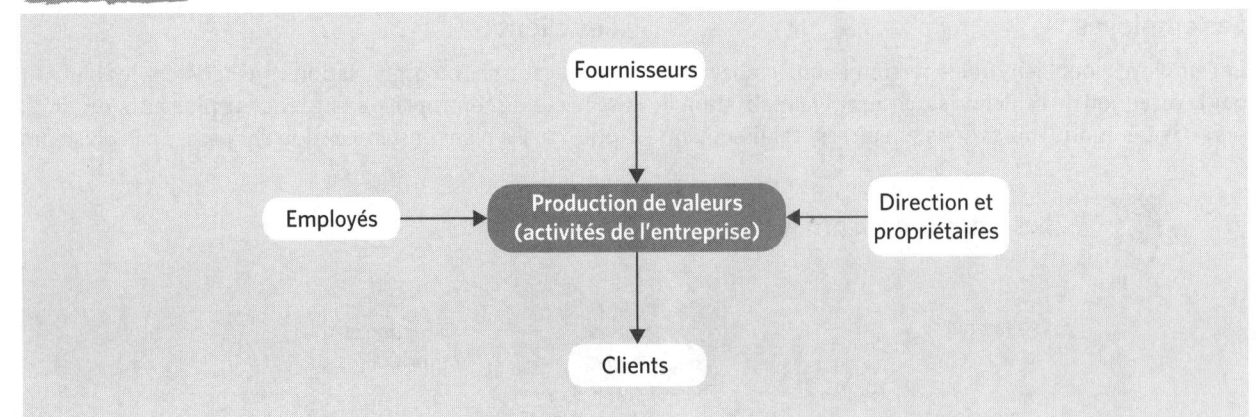

Les institutions internationales

Les institutions internationales font également partie du portrait. Que ce soit l'Organisation mondiale du commerce (OMC) pour la négociation d'accords commerciaux et les règles du commerce international, l'Organisation de coopération et de développement économiques (OCDE) pour la définition des grandes politiques internationales, ou d'autres institutions, elles interviennent dans la définition de l'environnement économique de l'entreprise, ce qui a un effet sur ses activités quotidiennes.

L'entreprise est un acteur de l'activité économique au même titre que l'État, les travailleurs et travailleuses, les syndicats et diverses associations de la société civile. On peut également voir l'entreprise comme le lieu de rencontre de multiples acteurs : les travailleurs, les fournisseurs, la direction, les détenteurs de capitaux, les institutions financières et les créanciers (*voir la figure 3.3*). Chacun de ces groupes se subdivise parfois en plusieurs ; ainsi, le groupe des détenteurs de capitaux n'est pas forcément homogène et ceux-ci peuvent adopter des stratégies différentes. La façon dont ces acteurs entrent en relation, tant dans l'entreprise qu'avec des acteurs d'autres entreprises, dévoile une nouvelle dynamique : le travail en réseau, dont il sera question dans la section suivante.

3.4 Les nouvelles frontières de l'entreprise ou l'entreprise en réseau

L'entreprise qui fonctionne seule contre tous dans un contexte de grande concurrence n'existe pas ou n'existe que pour peu de temps ; elle ne peut réussir son démarrage et se développer par la suite que si elle peut compter sur des réseaux complémentaires et performants (Julien, 2000, p. 276).

Figure 3.3 La production et le partage de la valeur ajoutée dans l'entreprise

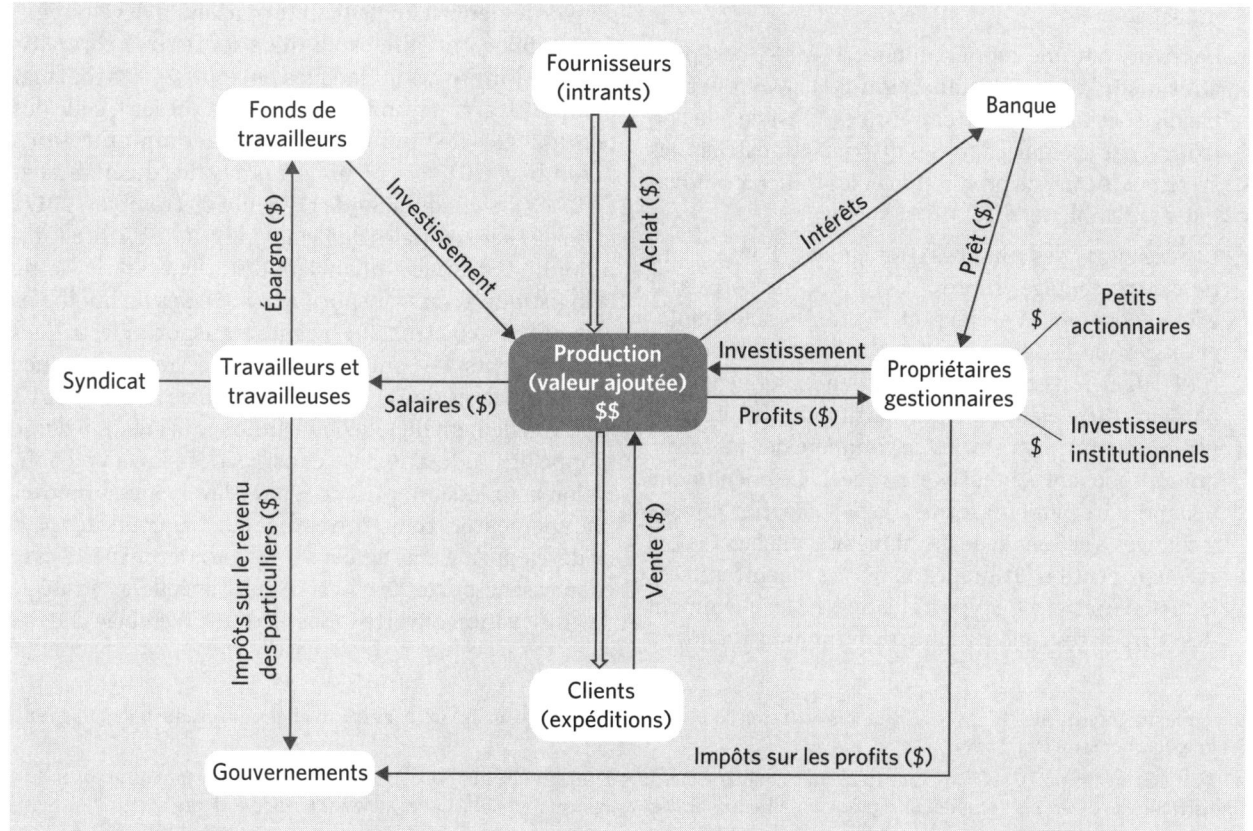

Source : Tremblay et van Schendel (2004).

Cette citation résume bien le besoin des entreprises, qui s'apparente à une nécessité, de fonctionner en réseau.

- Le réseau avec les fournisseurs ou les clients : cette forme de réseautage peut être très développée, au point de constituer une structure de coopération sophistiquée. Le cas de Bombardier en est un exemple probant. Les PME en croissance rapide sont souvent dans cette situation : 36 % d'entre elles ont des accords formels avec des clients et 33 % avec des fournisseurs (Julien, 2001, p. 29).
- Le réseau avec les institutions d'enseignement ou de recherche : les grandes entreprises sont souvent directement liées aux universités et financent parfois des chaires de recherche. Les PME développent également de tels liens systématiques : « 19 % des PME en croissance rapide ont des accords formels avec des établissements d'enseignement et 13 % avec des universités ou des centres de recherche (*ibid*.). »
- Le réseau avec d'autres entreprises non liées formellement entre elles : on s'en sert pour des échanges de services, des exportations, l'achat de biens et de services, etc. Les gouvernements favorisent de plus en plus ce type de réseautage d'entreprises, ou grappe industrielle.
- Le réseau par une coopération territoriale : cela peut aller jusqu'à une spécialisation de l'activité et un partage des tâches entre entreprises. C'est ce que l'on trouve, par exemple, dans les districts industriels, les systèmes locaux de production et les milieux innovateurs (Tremblay *et al.*, 2016).
- Le réseau par des alliances stratégiques ; il s'agit d'un type de réseautage propre aux grandes entreprises où elles « coopèrent en partageant le contrôle, la technologie, la gestion, les ressources financières et les marchés » (El-Filali El-Youssefi, 2000). Ces alliances seraient dans plusieurs cas préférables aux acquisitions et aux fusions utilisées comme stratégies de conquête des marchés, qui sont souvent coûteuses et risquées. Ce phénomène peut prendre plusieurs formes : la participation croisée (échanges d'actions et de membres siégeant aux CA), la création d'entités juridiques distinctes (coentreprises), le partenariat, etc. Ce type d'alliances lie fréquemment des entreprises concurrentes, souvent dans un même marché, et vise la réduction des coûts et des risques, dans des industries où les développements technologiques sont rapides et importants.

Ces quelques données nous forcent à constater que si les entreprises sont en concurrence, elles coopèrent également. Ces liens peuvent prendre des formes différentes selon les types d'entreprises ou les territoires. Ce constat n'est du reste pas surprenant : les services ou départements d'une entreprise ne collaborent-ils pas pour améliorer sa performance globale ? Ainsi en est-il d'un réseau d'entreprises, où chaque membre collabore afin d'améliorer la performance globale du réseau. Il y a toutefois ici un paradoxe : alors que la mondialisation des économies accentue la concurrence et déréglemente l'activité, les entreprises elles-mêmes scellent des ententes pour contrecarrer les risques associés à cette concurrence et à la rapidité des transformations, redéfinissant ainsi de nouvelles formes, tels les grappes ou districts industriels.

Au Canada comme au Québec, on a développé des grappes industrielles (*clusters*) dans nombre de secteurs et de villes[9]. Si, au départ, on observait surtout des districts ou des grappes « spontanés » (*naturally occurring innovative districts*), on constate que de plus en plus de gouvernements à l'échelle internationale développent des grappes « planifiées » afin de soutenir la compétitivité et l'innovation dans les entreprises[10]. Montréal compte 10 grappes industrielles structurées[11], celle des technologies de l'information et des communications (Tremblay, 2017a et b), mais aussi celles du cinéma et de la télévision, de la mode (Yagoubi et Tremblay, 2017a et b), de l'aérospatiale (Ben Hassen *et al.*, 2011), de l'aluminium, des services financiers, des sciences de la vie, de la logistique et du transport, ainsi que des technologies propres (Hatch *et al.*, 2017) et des transports électriques et intelligents. Le contexte récent a accru l'importance de ces collaborations et du travail en réseau, et, en 2019, le gouvernement du Québec a annoncé la création d'une grappe de l'industrie de la construction. En effet, l'obligation pour les entreprises des pays développés d'innover pour demeurer compétitives face aux bas coûts des pays en développement a augmenté le recours aux expertises et connaissances externes. C'est ce qu'on appelle la « stratégie de l'innovation ouverte » (Scaillerez et Tremblay, 2017a).

---

9. Voir le site Internet de l'Innovation Systems Research Network (ISRN), un réseau de chercheurs canadiens qui étudient depuis 1998 les grappes industrielles au pays.

10. Voir les travaux du TCI Network, qui regroupe chaque année lors d'une grande manifestation un nombre important de grappes industrielles de divers pays afin de consigner les meilleures pratiques en la matière. Récupéré au www.tci-network.org

11. Voir le site Internet des grappes métropolitaines de Montréal. Récupéré au https://cmm.qc.ca/champs-intervention/developpement-economique/dossiers-en-developpement-economique/grappes-metropolitaines/

L'innovation ouverte[12] repose sur le constat que les entreprises ne possèdent pas toutes les compétences requises pour innover à l'intérieur même de leur organisation. De fait, ce sont les ressources externes, les collaborations et la recherche et développement externes qui vont favoriser l'innovation. De plus, les entreprises n'ont pas toujours les meilleurs talents à leur emploi, de sorte qu'elles doivent chercher à profiter des expertises et compétences externes, dont les connaissances tacites mises en avant par Nonaka (1991[13]). Sans pour autant négliger les connaissances internes, elles doivent s'efforcer d'acquérir la propriété intellectuelle et les idées développées à l'externe pour s'assurer une performance et une compétitivité meilleures.

Cette idée de l'innovation ouverte et du recours aux réseaux n'est peut-être pas entièrement nouvelle (Trott et Hartmann, 2009), mais elle est clairement mise en avant depuis quelques années en vue d'assurer la compétitivité des entreprises. On peut cependant considérer qu'elle rappelle les concepts des cercles de qualité, de la théorie Z dans les entreprises japonaises ou entreprises J (par opposition aux entreprises américaines – A – moins axées sur la recherche de qualité et l'innovation (Tremblay et Rolland, 2018). Quoi qu'il en soit, ces théories de l'innovation ouverte ou de l'entreprise japonaise axée sur l'innovation, ou encore les politiques de grappes industrielles (*clusters*), mettent l'accent sur l'importance des échanges de connaissances et des réseaux pour réussir à innover (Tremblay, 2015, 2014), ou simplement trouver de nouvelles occasions ou idées d'affaires. Dans les dernières années aussi, on propose des espaces de cotravail (*coworking*) afin de permettre à des travailleurs indépendants ou à des PME d'être en contact avec d'autres pour échanger leurs expertises, leurs connaissances et leurs réseaux (Dossou-Yovo *et al.*, 2019; Scaillerez et Tremblay, 2017a, b, 2016).

Certains auteurs pensent en revanche que l'innovation ouverte ou les échanges d'expertises peuvent présenter un risque de fuite d'information, ce qui peut nuire à la compétitivité et à la performance de l'entreprise. Il faut donc mettre en place de bonnes structures de gouvernance pour éviter les fuites, mais aussi s'assurer que les flux d'information continuent de circuler à l'interne, même si l'entreprise s'ouvre sur l'externe. Ce principe s'applique non seulement aux entreprises d'une certaine taille, qui s'ouvrent sur l'externe pour aller chercher des ressources et des talents, mais aussi aux PME, qui peuvent « ouvrir » leur entreprise ou leur activité aux idées externes (Tremblay, 2014), et même aux travailleurs indépendants et aux très petites entreprises (TPE), qui peuvent trouver dans les réseaux et les espaces de cotravail (Krauss et Tremblay, 2019) des lieux d'accès aux connaissances et aux expertises que leur petite taille ne leur fournit peut-être pas.

3.5 La performance d'entreprise

La performance d'une entreprise n'est pas facile à définir. Cependant, comme la recherche d'avantages concurrentiels et de meilleurs résultats fait généralement partie des principales visées des entreprises, il faut s'interroger sur la notion de performance.

3.5.1 La performance : de quoi s'agit-il[14] ?

Nous avons évoqué l'importance de la compétitivité et de la performance pour la survie des entreprises et nous avons souligné que les entreprises d'aujourd'hui doivent généralement innover pour avoir de bons résultats et faire face à la concurrence internationale. Mais qu'entend-on aujourd'hui par « performance » d'une entreprise ? Le terme vient de l'ancien français « forme[15] », qui a ensuite été adopté dans la langue anglaise et qui, au cours des dernières années, est revenu en force dans la langue française et dans le discours économique et gestionnaire. Selon les auteurs, « performance » peut tout aussi bien signifier « rendement », « efficacité » ou « efficience », voire « productivité ».

Selon Wikipédia, dont les définitions suivantes proviennent, le concept de rendement qualifie la manière dont une action, un procédé de transformation, un

---

12. Voir Tremblay (2014) et Dossou-Yovo *et al.* (2019).

13. Voir la traduction récente du texte fondateur de Nonaka par L. Pendarias avec l'aide d'Axelle Barten (2015), « La compagnie créatrice de savoir ». Récupéré au www.academia.edu/20213224/Nonaka_I._The_Knowledge-Creating_Company_Harvard_Business_Review_November-December_1991_96-104._Traduction_in%C3%A9dite_de_Laurent_Pendarias

14. Nous reprenons ici des éléments de Tremblay et Rolland (2018).

15. Voir Picoche (1992). Au cours des dernières années, le sens du mot a en quelque sorte été élargi, puisqu'on l'applique de plus en plus aux résultats d'entreprises et de nations.

processus, dans lequel on a initialement entré quelque chose, « retourne » le résultat prévu ou attendu, avec l'idée que ce rendu, retour, renvoi peut être plus ou moins performant du fait de l'existence d'imperfections, de gaspillage, de déchets, d'inertie. Par ailleurs, l'efficacité est la capacité d'une personne, d'un groupe ou d'un système à parvenir à ses fins, à ses objectifs (ou à ceux qu'on lui a fixés). Être efficace revient à produire à l'échéance prévue les résultats escomptés et à réaliser des objectifs fixés, objectifs qui peuvent être définis en termes de quantité, mais aussi de qualité, de rapidité, de coûts, de rentabilité, etc. L'efficience est un composant important de la mesure de la performance. C'est l'optimisation de la consommation des ressources utilisées (intrants [...]) dans la production d'un résultat (extrant). L'efficience se mesure à partir de rapports entre les résultats obtenus et les ressources utilisées.

Enfin, en économie, la productivité entend mesurer le degré de contribution d'un ou de plusieurs facteurs de production (facteurs matériels consommés ou facteurs immatériels mis en œuvre) à la variation du résultat final dégagé par un processus de transformation. La productivité a un rôle clé dans la compréhension de la façon dont les actions humaines (à l'échelon micro ou macro) contribuent au progrès, au développement et à la croissance économique. Historiquement, les gains de productivité les plus forts ont coïncidé avec les périodes de très forte croissance économique[16].

De fait, on parle généralement de productivité apparente du travail, puisqu'on divise le produit ou résultat final par le volume de travail, les heures ou le nombre de travailleurs (Tremblay et van Schendel, 2004).

Selon le modèle de Beer et de ses collaborateurs (1984, dans Tremblay et Rolland, 2018), la performance peut être vue comme l'ensemble des conséquences à long terme des actions entreprises sur le bien-être des individus, sur l'efficacité des organisations et sur le bien-être de la société tout entière. Ce modèle permet de bien comprendre ce qui lie la gestion ou les relations du travail et la performance (ou encore les résultats) d'une organisation et, ultimement, le bien-être de la société ou la qualité de vie des individus. On peut diviser les éléments composant la performance en deux groupes : 1) les résultats des pratiques de gestion des ressources humaines ou de relations du travail, à savoir l'engagement, la compétence, les coûts et la congruence (ou la cohérence des pratiques) ; et 2) les conséquences à long terme sur l'ensemble de la société, y compris le bien-être des individus, mais aussi l'efficacité organisationnelle et le bien-être sociétal.

Les critères qui permettent d'évaluer la performance en regard de chacun de ces aspects varient dans le temps. Dans la période de l'après-Deuxième Guerre mondiale (1945-1970), l'augmentation de la productivité permettait de maintenir l'inflation à un faible niveau, compte tenu de la situation de plein emploi et des négociations collectives. À partir de 1970, l'ouverture des économies et l'essor du commerce mondial ont mis en contact des pays dont les coûts de main-d'œuvre étaient différents, et la course à la productivité s'est accentuée pour compenser des coûts comparatifs inférieurs dans d'autres pays (Mahoney, 1988, p. 9).

En matière de relations du travail ou de gestion des ressources humaines (Tremblay et Rolland, 2018), de grandes périodes renvoient à une série de critères de mesure de la performance. Au fil des ans, des critères nouveaux se sont ajoutés aux précédents et on peut se demander s'ils peuvent coexister. Ainsi, certaines pratiques de gestion ou de relations du travail peuvent s'appliquer à un « noyau » de salariés bénéficiant d'emplois stables ou permanents, ainsi que de conditions d'emploi favorables, alors que d'autres s'appliquent à une « périphérie » de salariés coexistant dans la même entreprise, mais occupant des emplois occasionnels, à durée déterminée, et ayant des conditions de travail plus précaires (*voir le chapitre 1*).

Dans les pages qui suivent, nous résumerons rapidement deux grandes périodes et visions de la performance, soit la vision traditionnelle, ou tayloriste, et l'école des relations humaines, ou la vision sociotechnique. Ces deux visions représentent l'extrémité des deux pôles ; des positions intermédiaires peuvent exister à l'échelle des organisations et ces positions ont évidemment une incidence sur la qualité de vie au travail et hors travail des salariés.

3.5.2 La vision tayloriste

La vision tayloriste renvoie au modèle développé par l'ingénieur américain Frederick W. Taylor, selon lequel l'efficacité signifie la capacité de produire le maximum d'extrants avec le minimum d'intrants. Ainsi, plus la main-d'œuvre est rare, ou plus les salaires sont élevés, plus la productivité ou le volume (ou la qualité dans

---

16. Récupéré au https://fr.wikipedia.org/wiki/Rendement, au https://fr.wikipedia.org/wiki/Efficacité, au https://fr.wikipedia.org/wiki/Efficience et au https://fr.wikipedia.org/wiki/Productivité

les services) produit par cette main-d'œuvre aura de l'importance. Dans ce cadre, la productivité se mesure en divisant le volume de biens produits par le nombre d'heures travaillées, ce qu'on appelle la « productivité apparente du travail[17] ».

En revanche, ce type de mesure ne tient pas compte d'un ensemble de facteurs qui, outre le travail des individus, ont une influence sur la productivité. En effet, le résultat du travail dépend, entre autres, de la qualité des matériaux, des outils, des équipements de production, des technologies adoptées, des méthodes de gestion et de l'organisation du travail. De plus, ce type de mesure est de plus en plus difficile à utiliser lorsque le produit est moins tangible, comme c'est le cas dans les secteurs des services et de l'économie de la connaissance ou du savoir (Tremblay, 2015).

La productivité, définie au sens étroit comme étant le rapport entre les intrants et les extrants, n'est généralement pas le but ultime de l'entreprise (Mahoney, 1988, p. 35). Selon le type de coalition que forment les acteurs d'une entreprise, l'efficacité peut être redéfinie. Pour Morin et ses collaborateurs (1994, p. 4), le choix des critères d'évaluation « est lié au statut et aux rôles des individus ou des groupes dans l'organisation ». Dans l'entreprise américaine, par exemple, les acteurs importants ont été tour à tour l'entrepreneur, le propriétaire, les gestionnaires et, aujourd'hui, les actionnaires (leur place ne semble pas avoir été remise en question, pas plus que la dominance des milieux financiers, à la suite de la crise de 2008-2012).

Les critères financiers (le rendement du capital investi) ont toujours été dominants dans l'évaluation des activités des entreprises, mais ils sont plus souvent remis en question à la suite des crises vécues depuis quelques décennies (1990-1991, 2000, 2008-2010, etc.). Déjà, dans les années 1950, on avait découvert ce que le taylorisme avait en partie caché, à savoir que l'entreprise n'est pas une entité séparée de la société, qu'elle fonctionne avec des gens ayant aussi des besoins psychologiques et sociaux, bref, que l'entreprise est ancrée dans une société. L'école des relations humaines contribue à modifier les critères de performance des entreprises, dans un contexte où les travailleurs peuvent davantage se mobiliser. La crise du travail est alors latente dans les organisations, mais elle se manifeste par un manque d'enthousiasme et par l'absentéisme, deux facteurs qui influent sur la performance globale de l'organisation (Tremblay et Rolland, 2018). Évoquons l'école des relations humaines, car elle est d'actualité et constitue une autre manière, plus soucieuse des personnes, de stimuler la productivité et la performance (*voir le chapitre 11*).

3.5.3 L'école des relations humaines

Selon l'école des relations humaines, ce mouvement intellectuel fondé par Elton Mayo, les besoins des personnes doivent être pris en compte pour favoriser l'efficacité ou la performance des organisations. En plus d'être productrice de biens, l'organisation est productrice de rapports sociaux. La montée de la vision de l'organisation comme milieu social au cours des années d'après-guerre tient beaucoup au fait que la main-d'œuvre s'est relativement stabilisée. Dans une relation d'emploi de plus longue durée, les interactions entre les personnes peuvent être plus profondes et avoir un effet plus significatif sur l'organisation dans son ensemble. L'école des relations humaines met ainsi l'accent sur le potentiel de développement de la personne, d'une part pour elle-même et pour le surplus de motivation que cela entraîne et, d'autre part, pour les avantages qui en découlent sur le plan de l'accroissement des connaissances techniques et professionnelles des employés.

On perçoit alors le développement d'une organisation plus humaine et de nouvelles formes de relations du travail comme des façons d'améliorer l'efficacité et la performance des entreprises. On développe des indicateurs comme le « climat de travail », la « satisfaction des employés » et le « développement du potentiel » pour rendre compte de l'importance des ressources humaines dans l'efficacité des organisations, et ces dimensions semblent de plus en plus importantes pour la performance de celles-ci (Tremblay et Rolland, 2018). Même si la vision des relations humaines est loin d'être dominante, de plus en plus d'organisations commencent à reconnaître qu'il est très difficile pour elles d'avoir de bons résultats sans tenir compte de la dimension humaine. L'école des relations humaines revient aussi dans le sillage des préoccupations actuelles pour la santé et les risques psychosociaux au travail[18].

---

17. Voir le chapitre à ce sujet dans Tremblay et van Schendel (2004).
18. Lazzari Dodeler et Tremblay, 2011 ; Tremblay, 2019. Voir d'autres notes de recherche illustrant les nouveaux modes d'organisation et la préoccupation pour les relations humaines, notamment la conciliation travail-vie personnelle, sur ce site : http://benhur.teluq.uquebec.ca/SPIP/aruc/IMG/pdf_ARUC-NR11-01.pdf

3.5.4 Les visions des acteurs sur la performance

Les acteurs du système de relations industrielles permettent de définir divers aspects de la notion de performance. Selon l'acteur visé, la performance peut être jugée bonne ou mauvaise et surtout désigner des résultats différents. L'atteinte par un acteur d'un niveau de performance donné, le rendement financier de l'entreprise par exemple, doit être évaluée en fonction de l'effet de cet indicateur en regard des préférences des autres acteurs, comme les salariés ou le syndicat, qui peuvent être plus sensibles à des éléments comme l'autonomie ou la qualité de vie au travail.

Selon la vision de l'économiste John Dunlop (1993), l'État intervient dans le système de relations industrielles et contribue à la formalisation de règles dans le domaine de la relation d'emploi, notamment en établissant des normes minimales de travail. Il intervient également de façon plus générale et contribue à définir les activités économiques qui peuvent être interdites, tolérées ou encore encouragées. Or l'État est le seul acteur à pouvoir édicter des règles qui doivent être suivies par tous. Cela permet de stabiliser la concurrence et d'atteindre des objectifs tant sociaux qu'économiques.

Selon Beer et ses collaborateurs (1984), les pratiques des entreprises ont une influence sur la production de règles, principalement dans le cas du marché du travail. Dans d'autres domaines, l'État intervient de façon plus ou moins directive pour tenter de corriger certaines failles du marché.

Par ailleurs, les syndicats, et parfois les communautés, sanctionnent par leur collaboration ou leur opposition les systèmes de relations du travail qui ne leur conviennent pas, contribuant ainsi à modifier les conditions de la performance des entreprises ou de la concurrence interentreprises. Dans certains cas, leurs actions influent aussi sur les pouvoirs de l'État. Dans une ville mono-industrielle, par exemple, les pratiques d'une entreprise ont de fortes répercussions sur la vie communautaire. Ainsi, cette entreprise pourra assurer la cohésion de la communauté en favorisant l'embauche locale. Dans le cas où la mise en valeur des régions éloignées est un objectif de la politique gouvernementale, l'État pourra par exemple inciter les entreprises à stabiliser leur main-d'œuvre, modifiant du même coup leur stratégie de gestion des ressources humaines (Tremblay et Rolland, 2018).

D'un autre côté, les buts des autres acteurs économiques privés divergent parfois des objectifs de rendement financier des entreprises. Des associations de consommateurs ou des investisseurs institutionnels impriment une nouvelle orientation à la conduite des « affaires ». Dans un tel contexte, la performance d'une organisation est aujourd'hui appelée à intégrer des dimensions qui dépassent largement la dimension financière. Au fil des ans, des critères éthiques et de responsabilité sociale des entreprises se sont ajoutés aux préoccupations liées à la performance, comme le montre l'encadré 3.3.

Les entreprises sont aujourd'hui fortement touchées par ce concept de responsabilité sociale, qui renvoie au positionnement à la fois éthique et social des activités de l'entreprise ; son émergence a mis en évidence une série

---

Encadré 3.3 — Les critères de responsabilité morale et sociale des entreprises

- Le montant des dons de charité.
- Le nombre de femmes dans les postes de direction.
- Le degré d'engagement dans les forces armées (qui sera jugé négatif).
- L'expérimentation de produits sur des animaux (qui sera jugé négatif).
- La transparence de l'entreprise concernant ses politiques et ses programmes sociaux.
- La participation aux services communautaires (par exemple, l'éducation, le bénévolat et le logement).
- Le degré d'implication dans l'industrie du nucléaire (qui sera jugé négatif).
- Le degré d'engagement dans la protection de l'environnement naturel.
- Le degré de développement des avantages sociaux concernant la famille, par exemple les congés de maternité, de paternité ou parentaux, les services de garde, le partage de l'emploi, le télétravail, etc.

Source : Adapté de Morin, E. *et al.* (1994), p. 69.

d'organisations et de normes qui permettent d'évaluer les dimensions écologiques, philanthropiques, charitables, ou encore les pratiques d'emploi des entreprises, sous l'angle éthique (Tremblay et Rolland, 2004). Avec l'innovation et la qualité de l'emploi, il s'agit là des principaux enjeux et défis pour les entreprises d'aujourd'hui.

Les pratiques de gestion et de relations du travail sont également évaluées par les individus-travailleurs. Les choix de carrière et les décisions d'accepter tel ou tel emploi dans une entreprise donnée sont modelés à bien des égards par ses pratiques de gestion. En exerçant certains choix, les individus manifestent leurs préférences envers des styles de gestion tout autant qu'envers des niveaux de rémunération. Les entreprises en tiennent particulièrement compte lorsque le marché du travail est tendu, dans un contexte de pénurie de main-d'œuvre ou lorsqu'elles cherchent des outils pour attirer et retenir les employés.

Les individus sont ainsi amenés à s'exprimer sur leurs conditions de travail de plusieurs manières, selon la structure organisationnelle de participation de l'entreprise. L'un des principaux intérêts d'une affiliation syndicale ou des systèmes de participation pour les entreprises est d'obtenir une information plus exacte au sujet des attentes des individus envers le système de gestion des ressources humaines (Taira, 1994, p. 248). Dans certains pays, le syndicat joue ce rôle en permettant aux employés de s'exprimer et en faisant en sorte que les règles soient négociées à la faveur de la direction de l'entreprise et des employés. Ainsi, les règles de sécurité d'emploi (*voir le tableau 3.8*) constituent souvent un critère important de l'évaluation par les individus de la gestion des entreprises.

3.5.5 Les associations d'employeurs

On compte des dizaines d'associations d'employeurs au Québec, des centaines à travers le Canada. Elles sont sectorielles, régionales ou nationales et elles sont présentes dans chacun des mondes de l'économie: public, privé et associatif.

Il peut sembler paradoxal, surtout dans le secteur privé, que des employeurs, par ailleurs en concurrence, s'associent, mais ils le font pour défendre leurs intérêts communs.

Le *Code du travail* définit ainsi l'expression « association d'employeurs »: « un groupement d'employeurs ayant

Tableau 3.8 Les éléments d'analyse des coûts et des avantages de la sécurité d'emploi

Coûts	Avantages
Dépenses supplémentaires sur le plan: • de la formation; • des heures supplémentaires dues à la non-incitation à l'embauche; • des dépenses pour tout programme de préretraite.	En l'absence d'insécurité, meilleur moral des employés.
Frais de mobilité et remplacement des salariés.	Avantages sur le plan de la productivité, associés à une moindre résistance au changement de méthode ou de technologie, attribuable à la faible crainte de perdre son emploi.
Possibilité d'un rythme plus lent de livraison.	Plus grande acceptation (et participation) aux changements de méthode et de technologie.
Perte de productivité associée au fait que les employés peuvent être affectés à différents postes.	Moindres coûts de l'assurance-emploi (États-Unis).
Coût financier d'un surinventaire.	Épargne sur le plan du recrutement et de la formation dans les cas de mises à pied temporaires.
Coûts associés à la sélectivité lors du recrutement.	Image positive de l'entreprise au sein de la communauté.
Possibilité d'un ralentissement du rythme des changements technologiques pour éviter de déplacer des employés permanents.	

Source: Loseby (1992), p. 16.

pour buts l'étude et la sauvegarde des intérêts économiques de ses membres et particulièrement l'assistance dans la négociation et l'application de conventions collectives[19]. » Le besoin de s'organiser dans une perspective de relations du travail (établir et négocier des conditions de travail similaires dans un même secteur) est certes une première raison motivant ces associations et en constitue le rôle premier. Deux autres rôles leur incombent : 1) la représentation auprès des gouvernements et la présence dans les organismes gouvernementaux de consultation ou de concertation ; et 2) le réseautage pour la promotion commune d'activités et de ressources.

La négociation et l'administration de conventions collectives

En Amérique du Nord, la négociation collective est généralement décentralisée (*voir les chapitres 10 et 13*). Ce ne sont donc pas, ou rarement, les associations d'employeurs qui négocient les conventions collectives, mais bien chaque employeur avec chacun des syndicats représentant ses employés. Ainsi, les régimes nord-américains de rapports collectifs du travail favorisent moins les regroupements qu'en Europe, par exemple, où les négociations sont davantage sectorielles ou nationales, incitant les employeurs à se regrouper. Au Québec, deux lois – dans la construction et le secteur public – désignent des associations d'employeurs pour représenter les employeurs aptes à signer une convention collective, et rendent obligatoire l'adhésion à de telles associations. Les associations d'employeurs telles que l'Association des entrepreneurs en construction du Québec (AECQ) et la Fédération des commissions scolaires du Québec (FCSQ) sont des syndicats patronaux. La *Loi sur les décrets de conventions collectives* (*voir le chapitre 13*), étendant par décret certaines dispositions des conventions collectives, favorise également la formation de tels syndicats patronaux (Boivin, 2004).

La représentation, le lobbying et la présence dans les organismes gouvernementaux

Les associations d'employeurs agissent très souvent à titre de représentants de leurs membres auprès des pouvoirs publics. Cette représentation peut prendre différentes formes : 1) lobby auprès des gouvernements (plusieurs personnes provenant de ces associations sont d'ailleurs enregistrées au registre des lobbyistes du gouvernement du Québec) ; ou 2) présentation de mémoires, participation à des organismes gouvernementaux (CNESST, Conseil des partenaires du marché du travail [CPMT], Conseil consultatif sur le travail et la main-d'œuvre [CCTMO], etc.) ou à des sommets socioéconomiques. Cette représentation peut du reste se faire sur une base nationale, sectorielle ou régionale. Les associations d'employeurs développent ici des analyses et des argumentaires qu'elles diffusent ; leurs activités de lobby, de représentation et de présence leur permettent d'influencer les politiques publiques. C'est ainsi, par exemple, qu'elles ont réussi à obtenir le déplafonnement de la durée des conventions collectives en 1994 et les modifications de l'article 45 du *Code du travail* en 2003 (*voir le chapitre 5*). Leur rôle de représentation ne doit donc pas être vu comme un rôle passif : il peut avoir une relation directe avec les relations du travail, même s'il ne s'agit pas de négociation de convention collective.

Le réseautage et la promotion commune d'activités

Souvent, les employeurs s'associent pour faire valoir des objectifs ou des intérêts collectifs (promotion économique à l'étranger, développement d'une formation adaptée à leurs activités, etc.), pour se donner des services communs (assurances, recherche, etc.) ou simplement pour faire du réseautage (développement des affaires, échanges sur les meilleures pratiques, etc.).

La coopération des réseaux

Dans certains cas (*voir la section 3.4, p. 71*), la collaboration au sein même des processus productifs incite également à la coordination, ce qui ne demande cependant pas toujours de regroupements formels. La coordination, dans les systèmes locaux de production, peut prendre la forme d'activités ponctuelles ou de projets particuliers (mutuelle de formation, agence de placement localisée, par exemple), ou encore des formes plus structurées, comme nous l'avons vu avec les grappes industrielles.

Certaines associations d'employeurs sont très connues et occupent une place importante dans les médias et la vie publique. Mentionnons les principales.

Le Conseil du patronat du Québec
Cette fédération a été créée en 1969 pour être un porte-parole du patronat. De ce fait, le Conseil du

---
19. *Code du travail*, RLRQ, c. C-27, art. 1(c).

patronat du Québec (CPQ) siège à différents organismes gouvernementaux, tels la CNESST et le CPMT, et dépose annuellement plusieurs mémoires aux différents paliers de gouvernement où il défend les intérêts de l'entreprise privée, tous secteurs confondus. Il regroupe environ 500 membres : une centaine d'associations d'employeurs et près de 400 organisations (la plupart des entreprises privées, mais aussi quelques municipalités, universités, cégeps et sociétés d'État). Selon Boivin (2004), le CPQ est un phénomène unique en Amérique du Nord : on ne trouve nulle part ailleurs pareille « centrale » patronale. Le CPQ ne négocie pas de conventions collectives, mais s'occupe des « grands dossiers » : main-d'œuvre, réglementation, finances publiques, santé et sécurité au travail, etc. Ailleurs dans le monde, notamment en Europe, il existe des associations patronales qui jouent un rôle actif dans la négociation.

La Fédération canadienne de l'entreprise indépendante

Fondée en 1971 à Toronto, il s'agit d'une association pancanadienne qui a pour mission spécifique de défendre les PME. La Fédération canadienne de l'entreprise indépendante (FCEI) revendique 109 000 membres d'un océan à l'autre (dont environ 20 % au Québec) et a un bureau dans chaque province. Elle s'informe auprès de ses membres de leurs préoccupations (sondages et votes), elle les informe et cherche à influencer les politiques gouvernementales au moyen de représentations, de mémoires, de recherches et d'activités de communication soutenues.

La Fédération des chambres de commerce du Québec

Cette organisation regroupe quelque 140[20] chambres de commerce à travers le Québec, de toutes tailles : de la Chambre de commerce du Montréal métropolitain aux chambres de commerce de petites municipalités. Selon la Fédération des chambres de commerce du Québec (FCCQ), ces organismes locaux représentent 60 000 entreprises privées, 150 000 « gens d'affaires », et des organisations. Elle entend appuyer le développement des entreprises de l'ensemble des secteurs et des régions, développer la culture entrepreneuriale et soutenir les chambres de commerce dans leurs activités. Elle offre de l'information, développe des services pour ses membres et organise un concours annuel, Les Mercuriades, une belle occasion pour ses membres de se rencontrer. Elle prend parfois position sur des questions relatives au travail, à l'emploi ou à la formation. Dans le cadre de ses recommandations aux gouvernements, elle fait souvent front commun avec les autres associations d'employeurs du monde privé (CPQ, FCEI, Manufacturiers et Exportateurs du Québec [MEQ], etc.).

Manufacturiers et Exportateurs du Québec

Cette division de Manufacturiers et Exportateurs du Canada (MEC), fondée en 1871, se présente comme « une association qui a pour mission d'améliorer l'environnement d'affaires et d'aider les entreprises manufacturières et exportatrices à être plus compétitives sur les marchés locaux et internationaux » (Manufacturiers et Exportateurs du Québec [MEQ], 2019). MEQ représente les entreprises manufacturières du Québec auprès des gouvernements. Au moyen d'activités d'information stratégiques, de réseautage, d'échanges sur les bonnes pratiques, MEQ fait la promotion du secteur manufacturier et tente d'outiller ses membres pour les aider à améliorer leurs performances. MEQ ne se mêle pas des questions de relations du travail, ou seulement indirectement.

La liste complète des associations d'employeurs est assez longue, et la gamme des missions et activités, très étendue, mais celle-ci tourne toujours autour des questions de représentation, de réseautage et parfois de relations du travail, voire de santé et sécurité au travail. Si ces associations n'ont pas été créées pour les relations du travail, le seul fait qu'elles existent permet cependant de forger des relations et des collaborations dans le domaine des relations du travail, même de façon informelle.

Le régime de relations du travail canadien et québécois est certes décentralisé, mais on note quand même un vaste réseau d'associations d'employeurs. Les mondes public et associatif ont eux aussi leurs associations ou regroupements, qui sont toutefois moins nombreux, comme c'est le cas des domaines de l'éducation, avec les commissions scolaires, et de la santé, avec d'autres associations d'employeurs telles que le Conseil québécois de la coopération et de la mutualité (CQCM), une association de plusieurs fédérations de coopératives, et le Chantier de l'économie sociale, qui regroupe des représentants de plusieurs secteurs d'entreprises d'économie sociale, des syndicats et des organismes de soutien au développement territorial.

---

20. Il y avait 200 chambres de commerce membres en 2003 : ce nombre a diminué rapidement à la suite de la fusion de nombre d'entre elles au cours des 10 années qui ont suivi.

Conclusion

Les employeurs qui, avec les syndicats, représentent l'un des acteurs du système de relations industrielles, se divisent en trois mondes : privé, public et associatif. Les employeurs du monde privé constituent la principale catégorie, générant les trois quarts des emplois au Québec. Les employeurs jouent également un rôle dans les entreprises et les organisations qui produisent des biens et des services. Dans ces organisations, il y a une dynamique productive, une organisation de la production ou de la prestation de services. Ces organisations sont différentes, mais le processus productif, d'un bien ou d'un service, dans le privé, le public ou l'économie sociale, est toujours en définitive une œuvre collective : les acteurs s'y affrontent, coopèrent et établissent des compromis.

L'ensemble des actions des employeurs, des règles en vigueur, des objectifs, des cultures organisationnelles et des contraintes existantes définissent ce que l'on pourrait appeler une « action collective des employeurs », ou plutôt « des » actions collectives des employeurs, car elles sont plurielles et non homogènes. Au fil des ans, l'action collective des employeurs s'est progressivement transformée et a tenté, parfois avec succès, d'influencer les politiques publiques. Elle a graduellement modifié ses relations avec le syndicalisme, passant de plus en plus souvent d'une acceptation de la présence syndicale à des stratégies de résistance, d'évitement, de contournement, voire parfois d'affrontement. De nouvelles formes d'organisation du travail et de rémunération sont apparues, ainsi que de nouvelles formes de coopération et de concurrence entre entreprises et donc entre employeurs. Des alliances se sont créées avec les institutions publiques, particulièrement dans le domaine de la recherche. Les associations d'employeurs ont développé des capacités d'action, d'analyse et de regroupement qui ont peu à peu renforcé leur influence sur la société québécoise. Enfin, l'internationalisation accrue de l'économie a offert un champ d'action en dehors des règles nationales et permis à de grandes entreprises de définir elles-mêmes le cadre de leur activité productive. L'action collective des employeurs, prise globalement et selon des modalités et des formes diverses, s'est donc en grande partie transformée.

QUESTIONS DE RÉVISION

1. Quelles sont les grandes catégories d'employeurs et comment peut-on les différencier ?
2. Dans quels types d'établissements et chez quels types d'employeurs les emplois sont-ils les plus nombreux ?
3. Entreprises, établissements, employeurs : quelles sont leurs ressemblances et leurs différences ?
4. Quelles sont les parties prenantes qui interviennent dans les organisations ? Quelle influence ont ces acteurs sur la relation d'emploi ?
5. En quoi peut-on dire que la production est une « œuvre collective » ?
6. Qu'entend-on par efficacité du point de vue des employeurs ? Peut-il y avoir plusieurs conceptions de l'efficacité ? Si oui, en fonction de quels critères ?
7. Quelles sont les principales associations d'employeurs et quels sont leurs effets sur les relations du travail au Québec ?
8. Quels sont les grands enjeux et préoccupations des employeurs du point de vue de la gestion de la production et de la responsabilité sociale ?
9. Quelles sont les formes de réseautage des employeurs et quels sont les avantages de ces collaborations ?
10. En quoi peut-on dire qu'il existe une action collective des employeurs et en quoi s'est-elle transformée ?

POUR ALLER PLUS LOIN

Gouvernement du Québec (2018). *Formes juridiques.* Récupéré au www2.gouv.qc.ca/entreprises/portail/quebec/trousse?lang=fr&g=trousse&sg=&t=&e=557954595:3445373013

Julien, P.-A. (janvier-février 2001). « Les gazelles : des PME en croissance rapide », *Découvrir,* vol. 22, n° 1.

Julien, P.-A. (2000). *L'entrepreneuriat au Québec : pour une révolution tranquille entrepreneuriale, 1980-2005.* Montréal et Charlesbourg, Transcontinental et Éditions de la Fondation de l'entrepreneurship.

Julien, P.-A. Raymond, L, Jacob, R. et Abdul-Nour, G. (2003). *L'entreprise réseau.* Québec, Presses de l'Université du Québec.

Ministère de l'Économie, de la Science et de l'Innovation du Québec (2018). *Portrait économique des régions du Québec.* Récupéré au www.economie.gouv.qc.ca/fileadmin/contenu/documents_soutien/regions/portraits_regionaux/portrait_socio_econo.pdf

St-Jean, É. et D.-G. Tremblay (2016). « Les différentes composantes de l'activité entrepreneuriale selon le modèle GEM : le cas du Québec », dans Philippart, P. (dir.), *Écosystème entrepreneurial et logiques d'accompagnement.* Paris, EMS Éditions, collection Gestion en liberté, p. 233-262.

Tremblay, D.-G. (2015). *Emploi et gestion des ressources humaines dans l'économie du savoir.* Québec, Presses de l'Université du Québec.

Tremblay, D.-G. et D. Rolland (2018). *Gestion des ressources humaines : typologies et comparaisons internationales.* 3e édition, Québec, Presses de l'Université du Québec.

RÉFÉRENCES

Beer, M., B. Spector, P. R. Lawrence, D. Q. Mills et R. E. Walton (1984). *Managing Human Assets.* New York, Free Press.

Ben Hassen, T., J.-L. Klein et D.-G. Tremblay (2011). « Building Local Nodes in a Global Sector : Clustering within the Aeronautic Industry in Montreal », *Canadian Geographer,* vol. 55, n° 4, p. 439-456.

Boivin, J. (2004). « La place et le rôle des employeurs dans un système de relations industrielles », dans Boivin, J. (dir.), *Introduction aux relations industrielles.* Montréal, Gaëtan Morin, p. 27-54.

CSMO-ÉSAC (2019). *Les repères en économie sociale et en action communautaire. Panorama du secteur et de sa main-d'œuvre. Édition 2018.* Récupéré au www.csmoesac.qc.ca/assets/medias/documents/CSMOesac_lesreperes_2018.pdf

D'Amours, M., S. A. Soussi et D.-G. Tremblay (dir.) (2015). *Repenser le travail : des concepts nouveaux pour des réalités transformées.* Québec, Presses de l'Université du Québec.

Dossou-Yovo, A., A. Scaillerez et D.-G. Tremblay (2019), « Espaces de coworking et culture de collaboration : exploration des facteurs déterminants », dans Krauss, G. et D.-G. Tremblay (dir.), *Tiers-lieux. Travailler et entreprendre sur les territoires : espaces de coworking, fablabs, hack labs.* Rennes et Québec, Presses universitaires de Rennes et Presses de l'Université du Québec.

Dunlop, J. T. (1993). *Industrial Relations Systems.* Boston, Harvard Business School Press.

El-Filali El-Youssefi, M. (avril 2000). « Les alliances stratégiques entre les entreprises à l'ère de la mondialisation et du changement de paradigme technologique », *Cahier du CRISES,* n° 8.

Hanin, F. (2015). « La remise en cause des régimes à prestations déterminées. Les transformations institutionnelles de la régulation et l'innovation syndicale au Québec », dans D'Amours, M., S. A. Soussi et D.-G. Tremblay (dir.), *Repenser le travail : des concepts nouveaux pour des réalités transformées.* Québec, Presses de l'Université du Québec.

Hatch, C. J., D.-G. Tremblay et L. Cazabon-Sansfaçon (2017). « The Role of Social Actors in Advancing a Green Transition : The Case of Québec's Cleantech Cluster », *Journal of Innovation Economics,* n° 24, p. 63-87. Récupéré au www.cairn.info/revue-journal-of-innovation-economics-2017-3-page-63.htm

Innovation, Sciences et Développement économique Canada (2019). « *Glossaire* », *Statistiques relatives à l'industrie canadienne*. Récupéré au www.ic.gc.ca/eic/site/cis-sic.nsf/fra/h_00005.html

Institut de la statistique du Québec (2017). *Annuaire québécois des statistiques du travail. Portrait des principaux indicateurs du marché et des conditions de travail, 2007-2017, vol. 14*. Récupéré au www.stat.gouv.qc.ca/statistiques/travail-remuneration/annuaire-v14.pdf

Julien, P.-A. (janvier-février 2001). « Les gazelles : des PME en croissance rapide », *Découvrir*, vol. 22, n° 1.

Julien, P.-A. (2000). *L'entrepreneuriat au Québec : pour une révolution tranquille entrepreneuriale, 1980-2005*. Montréal et Charlesbourg, Transcontinental et Éditions de la Fondation de l'entrepreneurship.

Krauss, G. et D.-G. Tremblay, dir. (2019). *Tiers-lieux. Travailler et entreprendre sur les territoires : espaces de coworking, fablabs, hacklabs*. Rennes et Québec, Presses universitaires de Rennes et Presses de l'Université du Québec.

Lazzari Dodeler, N. et D.-G. Tremblay (2011). « Analyse de mesures et services en faveur de la conciliation travail-vie personnelle », note de recherche n° 2011-1 de l'Alliance de recherche université-communauté sur la gestion des âges et des temps sociaux (ARUC-GATS). Récupéré au http://benhur.teluq.uquebec.ca/SPIP/aruc/IMG/pdf_ARUC-NR11-01.pdf

Les affaires (2018). « Les 500 au Québec : le classement des plus importantes sociétés québécoises en 2018 ». Récupéré au www.lesaffaires.com/classements/les-500/liste

Loseby, P. H. (1992). *Employment Security : Balancing Human and Economic Considerations*. Westport, Conn., Quorum Books.

Mahoney, T. A. (1988). « Productivity Defined : The Relativity of Efficiency, Effectiveness, and Change », dans J. P. Campbell *et al*. (dir.), *Productivity in Organizations. New Perspectives from Industrial and Organizational Psychology*. San Francisco, Jossey-Bass, p. 13-39.

Manufacturiers et Exportateurs du Québec (2019). Récupéré au https://meq.ca/a-propos-de-nous/

Ministère de l'Économie, de la Science et de l'Innovation du Québec (2018). *Portrait économique des régions du Québec*. Récupéré au www.economie.gouv.qc.ca/fileadmin/contenu/documents_soutien/regions/portraits_regionaux/portrait_socio_econo.pdf

Morin, E. M., A. Savoie et G. Beaudin (1994). *L'efficacité de l'organisation : théories, représentations et mesures*. Montréal, Gaëtan Morin.

Pendarias, L. et A. Barten (2015). *La compagnie créatrice de savoir*. Traduction de l'article de I. Nonaka. Récupéré au www.academia.edu/20213224/Nonaka_I._The_Knowledge-Creating_Company_Harvard_Business_Review_November-December_1991_96-104._Traduction_in%C3%A9dite_de_Laurent_Pendarias

Picoche, J. (1992). *Dictionnaire étymologique du français*. Montréal, Dicorobert.

Registraire des entreprises du Québec (2017). *Les différentes formes juridiques d'entreprises*. Récupéré au www.registreentreprises.gouv.qc.ca/fr/demarrer/differentes-formes-juridiques

Scaillerez, A. et D.-G. Tremblay (2017a). « Modalités de contribution à l'innovation ouverte : la contribution des modèles de partage de technologies dans le contexte des tiers-lieux : *coworking, living labs* et *fab labs* », note de recherche n° 2017-2 de l'Alliance de recherche université-communauté sur la gestion des âges et des temps sociaux (ARUC-GATS).

Scaillerez, A. et D.-G. Tremblay (2017b). « Coworking, fab labs et living labs : état des connaissances sur les tiers lieux », *Territoire en mouvement. Revue de géographie et d'aménagement*, n° 34. Récupéré au http://tem.revues.org/4200

Scaillerez, A. et D.-G. Tremblay (2016). « Le télétravail, comme nouveau mode de régulation de la flexibilisation et de l'organisation du travail : analyse et impact du cadre légal européen et nord-américain », *Revue de l'organisation responsable*, mai-juin 2016, p. 21-31.

Statistique Canada, Centre des projets spéciaux sur les entreprises (janvier 2018). Base de données des indicateurs de l'entrepreneuriat. Récupéré au www23.statcan.gc.ca/imdb/p2SV_f.pl?Function=getSurvey&Id=1255932

St-Jean, É. et D.-G. Tremblay (2016). « Les différentes composantes de l'activité entrepreneuriale selon le modèle GEM : le cas du Québec », dans Phillipart P. (dir.), *Écosystème entrepreneurial et logiques d'accompagnement*. Paris, EMS Éditions, collection Gestion en liberté, p. 233-262.

Taira, K. (1994). « Workplace Productivity, Macroeconomic Performance and World History », dans Japan Institute of Labour, *Human Ressources Management and Economic Development in Asia*. Tokyo, Japan Institute of Labour, p. 239-256.

Tremblay, D.-G. (2019). *Conciliation travail-famille et temps sociaux*, 4ᵉ édition, Québec, Presses de l'Université du Québec.

Tremblay, D.-G. (2017a). « La Cité du multimédia : l'action publique pour développer le *branding* de la Cité », dans Klein, J.-L. et R. Shearmur (dir.), *Montréal, la cité des cités*. Québec, Presses de l'Université du Québec, p. 229-247.

Tremblay, D.-G. (2017b). « The Montréal Multimedia Cluster and Sector : Sources of a Creative Ecosystem Dynamic (Creativity in the Fashion Sector of Montreal : The Metropolis as a Creative City) », dans Spender, J. C., G. Schiuma et T. Gavrilova (dir.), *Knowledge Management in the 21st Century : Resilience, Creativity and Co-creation*, 12th International Forum on Knowledge Asset Dynamics, p. 106-118.

Tremblay, D.-G. (2015). *Emploi et gestion des ressources humaines dans l'économie du savoir*. Québec, Presses de l'Université du Québec.

Tremblay, D.-G. (2014). *L'innovation technologique, organisationnelle et sociale*. Québec, Presses de l'Université du Québec.

Tremblay, D.-G. (2012). « Work-family balance : is the social economy sector more supportive and if so, is this because of a more democratic management ? », *Review of Social Economy*, vol. 70, n° 2, p. 200-232.

Tremblay, D.-G., J.-L. Klein et J.-M. Fontan (2016). *Initiatives locales et développement socioterritorial*. Québec, TÉLUQ et Presses de l'Université du Québec.

Tremblay, D.-G. et D. Rolland (2018). *Gestion des ressources humaines : typologies et comparaisons internationales*. 3ᵉ édition, Québec, Presses de l'Université du Québec.

Tremblay, D.-G. et D. Rolland (2004). « Introduction », dans Tremblay, D.-G. et D. Rolland (dir.), *La responsabilité sociale d'entreprise et la finance responsable : quels enjeux ?* Québec, Presses de l'Université du Québec.

Tremblay, D.-G. et V. van Schendel (2004). *Économie du Québec : régions, acteurs, enjeux*. Éditions St-Martin.

Trott, P. et D. Hartmann (2009). « Why "Open Innovation" is Old Wine in New Bottles », *International Journal of Innovation Management*, vol. 13, n° 4, p. 715-736. Récupéré au www.worldscientific.com/doi/abs/10.1142/S1363919609002509

Yagoubi, A. et D.-G. Tremblay (2017a). « L'innovation numérique et technologique dans le vêtement-mode : les politiques publiques en soutien à la création d'un écosystème d'affaires intersectoriel », *Innovations. Revue d'économie et de management de l'innovation*, n° 53, p. 153 à 193.

Yagoubi, A. et D.-G. Tremblay (2017b). « Trajectoires créatives et figures du designer : une exploration des *ateliers-créateurs* et de leurs stratégies dans le secteur montréalais de la mode », dans Milliot E., S. Nivoix et J.-P. Lemaire (dir.), *Les organisations face aux transitions internationales*. Paris, Vuibert, p. 243-259.

Catherine Le Capitaine et Mélanie Dufour-Poirier

L'action collective des travailleurs et l'évolution du syndicalisme

Plan du chapitre

4.1 ▸ L'action syndicale des travailleurs à travers l'histoire

4.2 ▸ Le portrait de la situation syndicale au Canada et au Québec

4.3 ▸ Les défis actuels du syndicalisme

Objectifs d'apprentissage

- Comprendre le rôle du syndicalisme et ses grandes phases d'évolution à travers l'histoire.
- Connaître les principales organisations et structures syndicales au Canada, plus particulièrement au Québec.
- Dégager les facteurs fondamentaux derrière la crise actuelle du syndicalisme et en comprendre la portée.
- Illustrer la diversité des stratégies de renouveau syndical par des exemples concrets.

Introduction

L'acteur syndical, représentant les travailleurs, fait partie intégrante, avec l'employeur et l'État, du système des relations industrielles. Dans une société capitaliste, sa légitimité repose sur l'existence d'une relation d'emploi asymétrique entre l'employeur, détenteur des moyens de production, et les salariés, qui effectuent une prestation de travail en échange d'une rémunération. Le syndicalisme vise à pallier ce déséquilibre de pouvoir en cherchant, d'une part, à défendre et à améliorer les conditions de travail des salariés couverts par une convention collective et, d'autre part, à promouvoir, par ses actions politiques, une plus grande justice sociale. Pour atteindre ces deux objectifs, les organisations syndicales se sont dotées de structures et d'instances complexes. En témoigne, notamment, le pluralisme syndical présent sur tout le territoire du Québec.

Bien que le mouvement syndical soit encore bien implanté au Canada, particulièrement au Québec, une crise du syndicalisme, qui se manifeste par une diminution des effectifs syndicaux, se dessine depuis plusieurs décennies dans la plupart des pays occidentaux. Des changements fondamentaux sur les plans économique, législatif, socioculturel et organisationnel fragilisent l'acteur syndical et l'obligent, s'il veut survivre, à adopter de nouvelles pratiques et stratégies. Si les organisations syndicales ont su montrer leur capacité d'adaptation au fur et à mesure de leur évolution, elles sont, une nouvelle fois, forcées d'agir autrement, somme toute, d'innover.

Ce chapitre se divise en trois parties. La première présente l'évolution de l'action syndicale, plus particulièrement au Canada et au Québec. Nous y retraçons l'histoire florissante du mouvement syndical qui se déroule sur plus de deux siècles, période au cours de laquelle se sont succédé plusieurs phases en matière de syndicalisation des travailleurs. Dans la deuxième partie, nous exposons les principales structures et organisations syndicales au Canada, tout en faisant état de la spécificité de la situation syndicale au Québec. Dans la dernière partie, nous cherchons à cerner l'ampleur de la crise que traverse le mouvement syndical et examinons les facteurs qui expliquent son affaiblissement dans la société contemporaine. Les expériences novatrices mises en avant révèlent les efforts de renouveau syndical actuellement à l'œuvre dans plusieurs organisations québécoises.

4.1 L'action syndicale des travailleurs à travers l'histoire

Dans cette première partie, nous donnons un aperçu de l'action syndicale des travailleurs au cours des deux derniers siècles, plus particulièrement au Canada et au Québec. Nous y décrivons les raisons pour lesquelles les travailleurs choisissent de se syndiquer, définissons le double rôle du syndicalisme, puis retraçons ses origines et son évolution au fil du temps.

4.1.1 Le besoin de se syndiquer

Au Québec comme ailleurs en Amérique du Nord, la conception législative de la représentation syndicale se réduit généralement au palier de l'établissement. À la différence de certains pays européens, comme l'Allemagne ou la France, ce régime de relations du travail est décentralisé, surtout dans le secteur privé. Ainsi, un seul employeur et un seul syndicat, accrédité, négocient en vue d'une convention collective relative à l'unité d'accréditation de l'établissement (Lévesque et Murray, 2003). La législation actuelle impose à l'employeur de reconnaître le syndicat accrédité en tant que représentant exclusif des travailleurs d'un groupe donné, en raison de l'appui majoritaire dont le syndicat bénéficie au sein de ce groupe. À cet effet, l'employeur doit négocier de bonne foi les conditions de travail avec lui pour conclure une convention collective applicable à tous les salariés couverts par l'unité d'accréditation (Coiquaud *et al.*, 2016) *(voir le chapitre 10)*.

Le désir de se syndiquer émane des salariés issus d'un même établissement. Bien que non exhaustives, deux raisons fondamentales expliquent la volonté des salariés de se syndiquer. La première réside dans le sentiment d'être victimes d'un abus, d'une injustice, d'un manque de respect ou d'une atteinte à leur dignité de la part de leur employeur. La deuxième provient d'un constat d'insatisfaction à l'égard des conditions de travail, négociées jusqu'alors de façon individuelle entre le salarié et l'employeur. Se percevant impuissants sur le plan individuel, les salariés peuvent décider de se regrouper et de se constituer en syndicat pour contrer l'arbitraire patronal et améliorer leurs conditions de travail (les salaires, les avantages sociaux, les horaires de travail, etc.). Lors d'une démarche de syndicalisation, les salariés sont conscients de leurs faiblesses dans leurs relations de pouvoir avec l'employeur : ils jugent ou espèrent que, collectivement, le syndicat aura la capacité de défendre et de bonifier leurs conditions de travail (Lévesque *et al.*, 2005).

Le bien-fondé des syndicats résulte donc du déséquilibre de pouvoir existant dans toute société capitaliste entre les employeurs, à savoir les détenteurs de l'autorité et des moyens de production (le capital), et les salariés qui reçoivent une rémunération en échange de leur prestation (ou force) de travail. Cette relation d'emploi asymétrique, qui s'exerce aux dépens des travailleurs, peut engendrer des inégalités et des iniquités dans les milieux de travail. Cependant, la plupart des individus, notamment par crainte de représailles de la part de l'employeur, ne sont pas en mesure, à partir de leur seul rapport de force individuel, de protéger, ni d'améliorer leurs conditions de travail. Le recours à la force collective leur est requis pour y parvenir (Healy, 1999).

4.1.2 La double fonction du syndicalisme

L'action syndicale vise deux fonctions à la fois distinctes et complémentaires (Thwaites, 2014, 2016) (*voir la figure 4.1*).

Sur un plan local, les syndicats contribuent, d'une part, à défendre les intérêts économiques de leurs membres.

Figure 4.1 La double fonction du syndicalisme

Double fonction du syndicalisme
- Défense des intérêts des membres
- Agent de transformation sociale

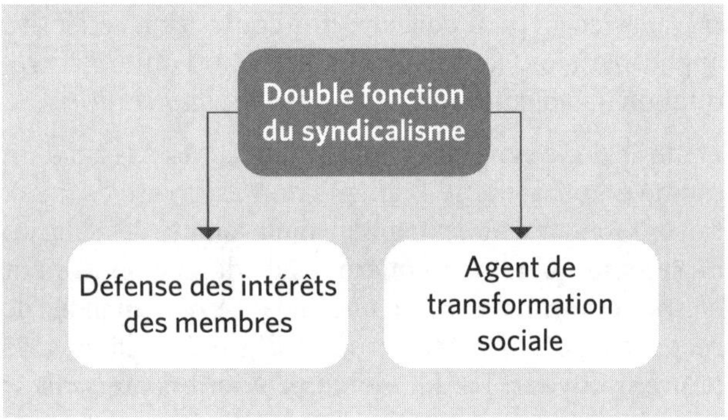

Cette conception étroite et pragmatique de l'action syndicale, la plus connue, se concrétise dans chaque milieu de travail syndiqué par la négociation des conditions de travail entre l'employeur et le syndicat. Une fois que les parties se sont entendues, ces conditions de travail sont consignées dans une convention collective.

Sur un plan sociétal, l'organisation syndicale peut agir, d'autre part, comme un agent de transformation sociale. Ce rôle, plus méconnu, mais tout aussi fondamental que le précédent, consiste, pour les syndicats, à investir la sphère politique et sociale afin de promouvoir le bien-être de l'ensemble des citoyens. Les organisations syndicales du Canada, bien plus que celles des États-Unis, prennent à cœur cette fonction d'engagement social. Elles s'efforcent d'influencer la législation afin de transformer des politiques publiques au profit de tous les travailleurs, syndiqués ou non. Concrètement, le mouvement syndical au Canada a contribué à l'adoption de politiques sociales, telles que l'assurance-emploi, l'éducation publique, les soins de santé, l'équité salariale (Kumar et Murray, 2007) et, plus récemment, le Régime québécois d'assurance parentale.

Malgré leur perte d'influence sur l'échiquier politique (Rouillard, 2009), dans un contexte marqué par la mondialisation et le néolibéralisme, les syndicats poursuivent leurs luttes pour une meilleure justice sociale et un bien-être accru des citoyens. Les exemples d'alliances et de coalitions avec une panoplie d'acteurs de la société civile foisonnent à ce propos. En témoignent, sur le plan transnational, l'existence d'une solidarité syndicale (par les fonds d'aide humanitaire) et la Marche mondiale des femmes. Aux points de vue local, régional et national, la protection de l'environnement et le développement durable (comme la Coalition Québec-Kyoto, mobilisée en 2004 contre l'exploitation de la centrale thermique au gaz du Suroît), le soutien au mouvement étudiant québécois du printemps 2012 pour contrer la hausse des droits de scolarité et la lutte pour le salaire minimum à 15 $ l'heure constituent d'autres exemples de l'engagement social des syndicats au Québec. Cette implication permet aux syndicats de contester les changements en cours et d'exercer leur rôle d'agents de transformation sociale (Turner, 2005).

En somme, les syndicats cherchent à la fois à défendre les intérêts économiques de leurs membres dans leur milieu de travail et à s'engager dans les sphères sociale et politique : ces deux pans de l'action syndicale renvoient aux deux fonctions essentielles du syndicalisme. Au fil de leur histoire, les organisations syndicales ont priorisé l'un ou l'autre de ces rôles ou joué les deux à la fois ; celles d'aujourd'hui poursuivent dans la même veine.

4.1.3 Les origines et l'évolution des traditions syndicales

Le mouvement syndical au Canada et au Québec possède une histoire riche qui s'étend sur plus de deux siècles (Thwaites, 2016). Son évolution s'apparente à celle du syndicalisme aux États-Unis, bien que certaines de ses phases de croissance s'en distinguent (Godard, 2006; Murray, 2002, 2017). La figure 4.2 présente sous forme de schéma les grandes phases d'évolution du syndicalisme[1].

Les origines du syndicalisme (début du XIXe siècle)

Durant l'ère artisanale du début du XIXe siècle, nous assistons aux premiers rassemblements de travailleurs au Québec, ailleurs au Canada et aux États-Unis. Ces regroupements, qui se constituent dans le secteur communautaire, sont souvent informels et mal organisés (Heckscher, 1988; Piore, 1991). Les plus importants s'élaborent sur la base des corps de métiers qui produisent des biens (par exemple, des chaussures) qu'ils vendent ensuite dans les marchés locaux et régionaux. Ces travailleurs, totalement autonomes, disposent d'un rapport de force important dans ces marchés, puisqu'ils ont un savoir et des compétences spécifiques à leur métier. Ils contrôlent aussi le processus de production des biens qu'ils confectionnent (Stone, 2004).

Au Québec, les premières associations de travailleurs qualifiés (comme les charpentiers et menuisiers de Montréal, en 1818, et les imprimeurs de Québec, en 1827) sont souvent clandestines et éphémères, puisque les lois de l'époque interdisent aux travailleurs de se regrouper pour améliorer leurs salaires et leurs conditions de travail. Jugées séditieuses parce que contrevenant à la liberté de commerce, les activités syndicales sont ainsi considérées comme criminelles jusqu'à l'adoption de la *Loi sur les syndicats ouvriers*, en 1872 (Rouillard, 2004).

L'essor du syndicalisme de métier (fin du XIXe siècle jusqu'aux années 1930)

Si les premiers regroupements de travailleurs émergent avant le processus d'industrialisation, l'expansion des syndicats demeure liée, quant à elle, à la montée en force du salariat résultant de la révolution industrielle

Figure 4.2 Les phases d'évolution du syndicalisme au Québec

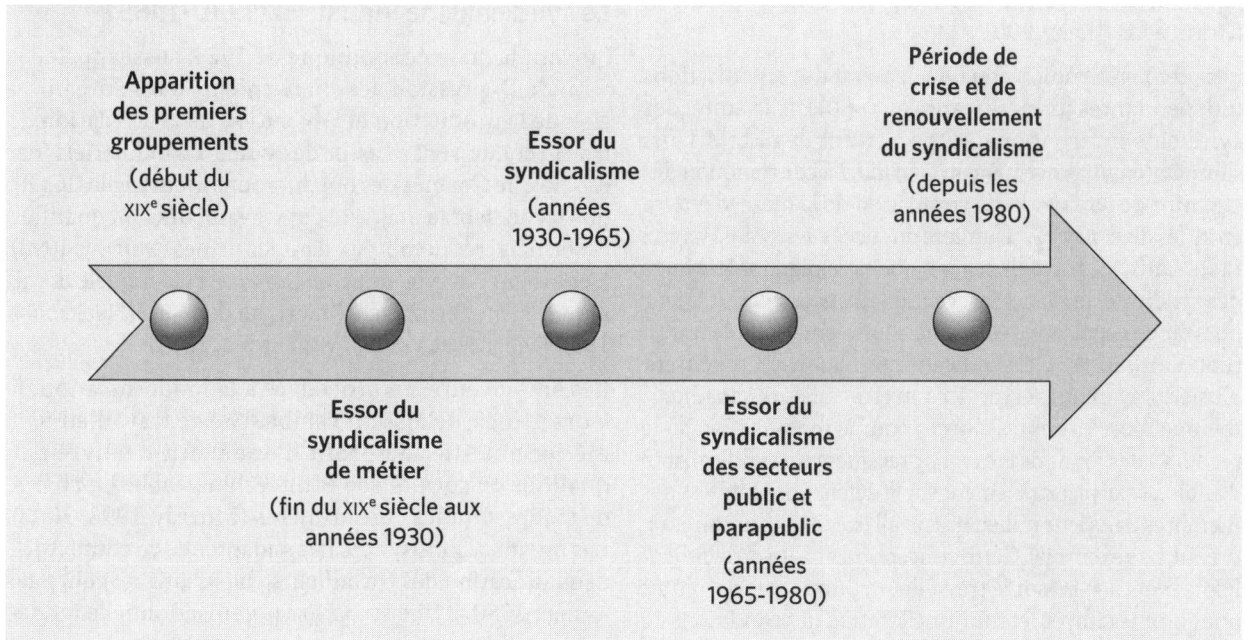

---
1. Pour une description approfondie de ces phases, voir Le Capitaine, C. (2009). *L'impact des nouvelles identités professionnelles sur les identités syndicales. Le cas du Mouvement Desjardins au Québec*. Thèse de doctorat, Québec, Université Laval, p. 10-61.

(Rouillard, 2004). Les regroupements communautaires déclinent donc à la fin du XIXe siècle, au profit d'organisations syndicales (Heckscher, 1988).

Comme nous l'avons vu au chapitre 1, la transition de l'ère artisanale à l'industrialisation s'accompagne d'un nouveau contexte de travail pour les travailleurs de métier qui deviennent des employés de manufactures dirigées par des employeurs, désormais uniques détenteurs des moyens de production. Cette période d'industrialisation favorise, tant aux États-Unis qu'au Canada, l'expansion des syndicats de métier, ces derniers s'imposant jusqu'au tournant des années 1930 (Stone, 2004). Cette forme de représentation collective regroupe exclusivement des travailleurs d'un même métier, des hommes qualifiés en l'occurrence, accoutumés à déterminer leur rythme et leurs méthodes de travail, en somme, à contrôler le processus de production de leurs biens, depuis leur conception jusqu'à leur mise en marché.

C'est le savoir spécifique à un métier qui procure aux travailleurs qualifiés le pouvoir de négocier avec l'employeur. Les syndicats luttent pour préserver l'autonomie et le rôle des travailleurs dans l'acquisition de compétences et l'apprentissage de leur métier (Piore, 1991 ; Stone, 2004). Ils parviennent à s'imposer dans le domaine de l'embauche de la main-d'œuvre, puisque ce sont eux qui jugent de la compétence requise pour occuper un emploi (Crain et Matheny, 2001).

Les premiers syndicats du Québec sont des organisations indépendantes jusqu'aux années 1860. Par la suite, des syndicats internationaux[2] provenant des États-Unis s'implantent massivement au Canada. La construction des chemins de fer favorise la circulation de la main-d'œuvre entre les deux pays. À la lumière du succès des syndicats aux États-Unis, les travailleurs canadiens rejoignent les rangs des syndicats de métier internationaux pour accroître leur pouvoir de négociation et bonifier leurs conditions de travail (Rouillard, 2004). Ces syndicats internationaux procurent plusieurs avantages et services aux travailleurs canadiens, tels que l'accès à des ressources pour la mobilisation ou le recours à des fonds de grève. Ils pratiquent un syndicalisme d'affaires, axé principalement sur la défense des intérêts des membres dans leur milieu de travail (salaires et horaires de travail, par exemple). Cette conception étroite du syndicalisme met l'accent sur le travailleur comme salarié, plutôt que comme citoyen, et sur l'amélioration des conditions de travail des membres au moyen de la négociation collective (Kumar et Murray, 2007).

Si le mouvement syndical est largement dominé, pendant cette période, par les syndicats de métier internationaux (Murray, 2002), d'autres organisations syndicales voient le jour et marquent l'histoire du syndicalisme québécois. Mentionnons d'abord les Chevaliers du travail qui, des années 1880 au début du XIXe siècle, cherchent à exercer un syndicalisme social et politique prônant l'éducation, la santé et la justice pour l'ensemble de la classe ouvrière (Rouillard, 2004 ; Thwaites, 2016). Bien que les Chevaliers du travail soient aussi une organisation syndicale internationale, leur action sociopolitique et leurs revendications les distinguent des syndicats de métier déployant une action syndicale plutôt corporatiste, propre au syndicalisme d'affaires. Cette organisation, qui annonce le syndicalisme industriel, s'est ensuite propagée par la voie des syndicalismes catholique et enseignant. Le syndicalisme catholique émerge au Québec dès la fin du XIXe siècle. La Confédération des travailleurs catholiques du Canada (CTCC), créée en 1921, domine le paysage syndical québécois jusqu'à sa déconfessionnalisation, en 1960. Cette centrale se démarque des autres syndicats en se faisant le porte-étendard du nationalisme canadien et de la doctrine sociale de l'Église (Rouillard, 2004). Ces organisations concurrentes sont à l'origine de la pluralité des syndicats au Québec.

Le syndicalisme industriel (1930-1965)

Suivant la crise économique de 1929, aussi appelée la Grande Dépression, les changements dans l'organisation de la production et l'évolution de la législation du travail conduisent à l'essor des syndicats industriels (par exemple, le Congrès des organisations industrielles [COI]) qui accueillent la majorité des travailleurs non qualifiés, désormais très nombreux dans les usines (Murray, 1998). Depuis lors, ce type de syndicalisme est le modèle dominant le secteur privé en Amérique du Nord (Heckscher, 1988 ; Murray et Verge, 1999 ; Stone, 2004).

Les employeurs, en procédant à la modernisation de leurs usines, délaissent l'embauche de travailleurs de métier qualifiés au profit d'une main-d'œuvre peu qualifiée ou spécialisée et interchangeable, en charge de tâches simples et routinières (Murray, 1998, 2002). Les organisations syndicales s'adaptent à ce contexte de déqualification des travailleurs en passant, au cours des années 1930, d'une structure organisationnelle fondée sur les métiers à une forme de syndicalisme regroupant les salariés d'un même établissement, sans égard à leurs

---

2. Telle que nous l'entendons en Amérique du Nord, l'expression « syndicat international » correspond à une organisation créée aux États-Unis qui se répand au Canada, mais qui ne se trouve pas ailleurs dans le monde.

qualifications. Ce nouveau type de syndicalisme s'est développé à partir des spécificités propres à un lieu de travail fixe, dans le secteur manufacturier. Il est codifié selon des règles et des statuts négociés dans une convention collective. La croissance du syndicalisme industriel est issue de la production de masse, effectuée par les grandes entreprises, notamment dans les nouveaux secteurs industriels (acier, textile, bois, papier, etc.) en pleine croissance (Brody, 1991; Kochan *et al.*, 1994; Murray, 1998; Stone, 2004). Dans un tel contexte, les hommes peu enclins à la mobilité professionnelle, aux prises avec des emplois aliénants, routiniers, pour le compte d'un seul employeur, dépendent désormais des syndicats et de la solidarité de classe pour améliorer leurs salaires et leurs conditions de travail au sein de l'établissement (Osterman *et al.*, 2001). Cette forme de syndicalisme, qui renforce le rapport conflictuel entre l'employeur et le syndicat, parvient à regrouper les diverses catégories socioprofessionnelles sur la base de l'homogénéité culturelle ouvrière liée à la production manufacturière (Gagnon, 1998).

Cette nouvelle organisation du travail donne lieu à l'institutionnalisation des rapports collectifs du travail. Dans la lignée de l'adoption du *Wagner Act* aux États-Unis, en 1935, la *Loi des relations ouvrières* (1944), en accordant une prépondérance aux rapports de travail au niveau local, oblige les employeurs à négocier de bonne foi avec les représentants des travailleurs (*voir le chapitre 10*). Au-delà de la défense des droits de représentation, l'action syndicale qui s'est développée pendant la période dite fordiste (de 1945 à 1975 environ) comporte quatre volets:

> [...] premièrement, revendiquer un degré de sécurité d'emploi au moyen de négociations locales et nationales; deuxièmement, assurer un degré de justice en matière de procédure dans le fonctionnement des marchés de travail internes et en ce qui a trait à l'exercice des droits de la direction en matière de production et de travail; troisièmement, améliorer les salaires et les conditions de travail en fonction de l'accroissement de la productivité; quatrièmement, exercer des pressions sur l'État par l'entremise d'un parti politique ou de lobbying direct (Bélanger *et al.*, 2004, p. 24).

Les syndicats offrent une gamme de services à leurs membres, en lien direct avec les rapports collectifs du travail (indemnités de grève) et la bonification des régimes collectifs du travail (par exemple, les régimes syndicaux de protection sociale, les conseils juridiques et financiers, les services éducatifs, etc.). En réalité, on met l'accent sur les salaires, les conditions de travail et les règles contractuelles.

En rétrospective, l'objectif derrière l'action syndicale consiste à rééquilibrer le rapport de force entre l'employeur et ses salariés, par la voie de la négociation collective et la ratification d'une convention collective, qui devient alors la «loi des parties». La grève, à savoir une cessation concertée du travail par les salariés d'un établissement, constitue le principal moyen de pression à la portée de ces derniers pour faire valoir leurs revendications en cas de dissensions avec l'employeur. L'histoire du syndicalisme est d'ailleurs marquée par de nombreux conflits et tensions émergeant d'enjeux contractuels liés à la négociation de meilleures conditions de travail, mais également de luttes portant sur l'identité ouvrière (Rosanvallon, 1988) et le droit d'exister du mouvement syndical (Heckscher, 1988).

Le syndicalisme dans les secteurs public et parapublic (1965-1980)

Dans les années 1960, l'arrivée massive des employés des secteurs public (municipal, provincial et fédéral) et parapublic (éducation, santé et services sociaux) procure une nouvelle occasion de syndicalisation. Les organisations syndicales parviennent non seulement à percer dans ces nouveaux secteurs, mais également à rallier les femmes, majoritaires dans les secteurs public et parapublic, jusqu'alors délaissées (Yates, 2010).

Au cours des années 1970, le mouvement syndical québécois se radicalise (Rouillard, 2004). Les organisations syndicales des secteurs public et parapublic mènent de nombreuses luttes et grèves pour améliorer leurs conditions de travail, inférieures à celles du secteur privé. L'un des moments charnières est le conflit épique mené par le Front commun de 1972. Malgré la difficulté des négociations et l'emprisonnement des principaux chefs syndicaux, la grève de 210 000 syndiqués des secteurs public et parapublic permet l'obtention d'un salaire minimal de 100 $ par semaine pour ces employés, la sécurité d'emploi et la création d'un régime de retraite. Cette lutte a aussi des répercussions positives dans le secteur privé. Les pressions qu'elle a exercées pour hausser le salaire minimum profiteront à l'ensemble des travailleurs du Québec. Cette vague de syndicalisation s'organise au sein des syndicats nationaux (uniquement présents au Canada), ce qui réduit la dépendance du syndicalisme canadien envers le mouvement syndical étasunien, qui peine à percer le secteur public. Cette situation a pour effet de créer un écart entre les deux pays quant au taux de syndicalisation, qui perdure encore aujourd'hui (Rouillard, 2014).

En somme, le mouvement syndical connaît une forte croissance au Québec et ailleurs au Canada jusque dans les années 1980. Depuis lors, il doit relever plusieurs défis, notamment en ce qui a trait au secteur tertiaire privé, qui affiche pourtant une franche progression de l'emploi (recherche et développement, services professionnels, etc.). Ces dernières années, nous assistons ainsi à une multiplication des efforts pour renouveler le syndicalisme et ses pratiques, tant au Canada et au Québec que dans la plupart des pays occidentaux. Avant de déterminer les principales pistes de ce renouveau, il est fondamental de mieux saisir le portrait actuel des organisations syndicales au Canada et au Québec.

4.2 Le portrait de la situation syndicale au Canada et au Québec

Cette deuxième partie brosse le portrait du syndicalisme au Canada et au Québec. Les principales données statistiques, structures et organisations syndicales mises en avant aident à comprendre la situation syndicale actuelle et la spécificité du Québec, liée à la présence de plusieurs centrales syndicales, contrairement au reste du Canada.

4.2.1 Une main-d'œuvre très syndiquée au Québec

L'ampleur du phénomène syndical peut être estimée par le taux de syndicalisation et le taux de présence syndicale. Le taux de syndicalisation se rapporte à l'ensemble des membres d'un syndicat. La présence syndicale, quant à elle, renvoie à la couverture syndicale, soit au nombre de travailleurs régis par une convention collective, qu'ils soient membres ou non du syndicat. Tous versent néanmoins une cotisation syndicale, dans la mesure où ils sont représentés par un syndicat : c'est ce qu'on appelle le précompte syndical généralisé et obligatoire. Au Québec, le taux de syndicalisation est légèrement inférieur au taux de présence syndicale.

Le Québec est le territoire le plus syndiqué de toute l'Amérique du Nord. En 2016, le taux de présence syndicale au Québec atteignait 38,9 %, comparativement à 26,8 % en Ontario, à 29,2 % dans le reste du Canada et à 12,0 % aux États-Unis (*voir la figure 4.3*).

Figure 4.3 Le taux de présence syndicale au Québec, en Ontario, dans le reste du Canada et aux États-Unis, de 2007 à 2016

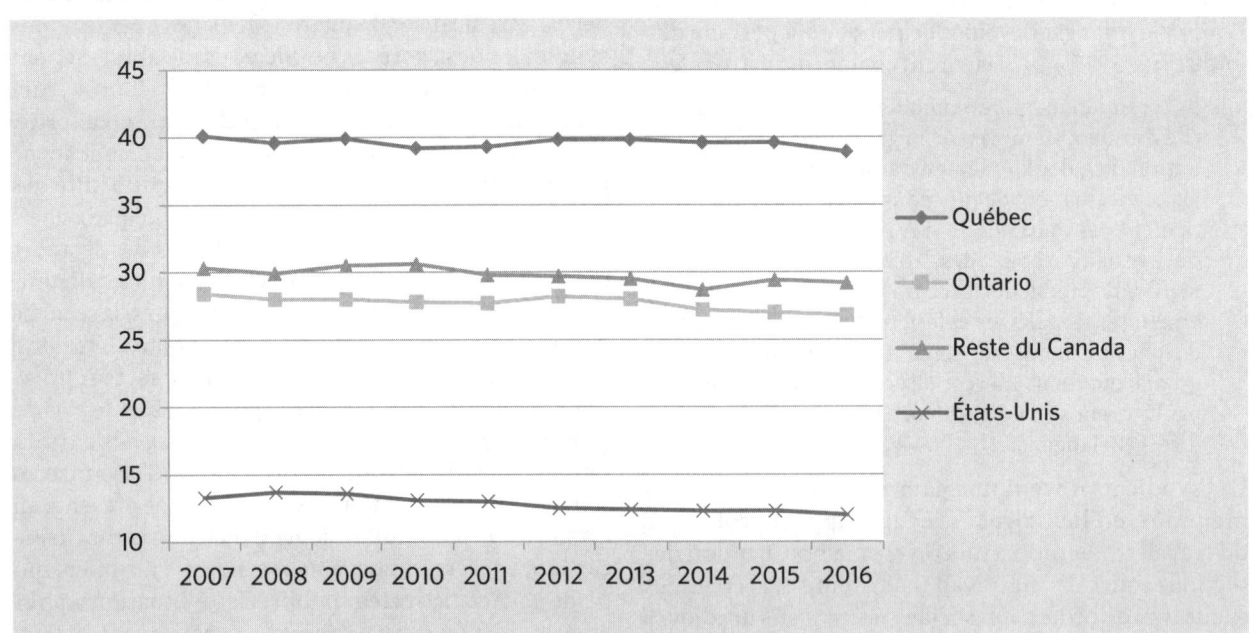

Source : Labrosse, A. (2018). *La présence syndicale au Québec en 2016*. Québec, ministère du Travail. Récupéré au www.travail.gouv.qc.ca/fileadmin/fichiers/Documents/presence_syndicale/2016.pdf

Ces taux de présence syndicale ont connu un léger fléchissement au cours des 10 dernières années. Au Québec, ce taux est passé de 40,1 % en 2007 à 38,9 % en 2016. En Ontario, la couverture syndicale est passée de 28,4 % en 2007 à 26,8 % en 2016. Durant cette même période, le taux de présence syndicale a glissé de 30,3 % à 29,2 % dans le reste du Canada et de 13,3 % à 12,0 % aux États-Unis.

La forte syndicalisation des secteurs public et parapublic explique en grande partie le taux de présence syndicale plus élevé au Québec, en Ontario et ailleurs au Canada qu'il ne l'est aux États-Unis (*voir la figure 4.4*).

En 2016, le taux de présence syndicale dans le secteur public s'établissait à 84,0 % au Québec et à 72,2 % en Ontario. Dans le reste du Canada, il était aussi très élevé (75,4 %). D'ailleurs, il est en hausse depuis quelques années, contrairement à la couverture syndicale du secteur public aux États-Unis, qui se restreint à 37,9 %.

Malgré une certaine diminution depuis 2007, la présence syndicale la plus élevée du secteur privé, en 2016, se trouve au Québec (23,7 %). En Ontario et dans le reste du Canada, elle s'établit respectivement à 13,8 % et à 14,0 %. Le taux de présence syndicale du secteur privé aux États-Unis atteint, quant à lui, à peine 7,3 % en 2016.

Le taux de présence syndicale varie également selon les secteurs d'activité économique (*voir le tableau 4.1 à la page suivante*).

Les taux de présence syndicale de tous les secteurs d'activité économique au Québec, que ce soit en 2007 ou en 2016, sont supérieurs à ceux de l'Ontario et du reste du Canada. Bien que le secteur public (principalement les administrations publiques, les services d'enseignement et les services publics) bénéficie de taux de présence syndicale très élevés, c'est tout le contraire pour le secteur tertiaire privé (par exemple, les services professionnels, l'hébergement et les services de restauration), qui présente la couverture syndicale la plus faible en 2016, variant de 10,7 % en Ontario à 18,5 % au Québec. Le taux de présence syndicale du secteur tertiaire privé au Québec

Figure 4.4 Le taux de présence syndicale dans les secteurs privé et public au Québec, en Ontario, dans le reste du Canada et aux États-Unis en 2007 et en 2016

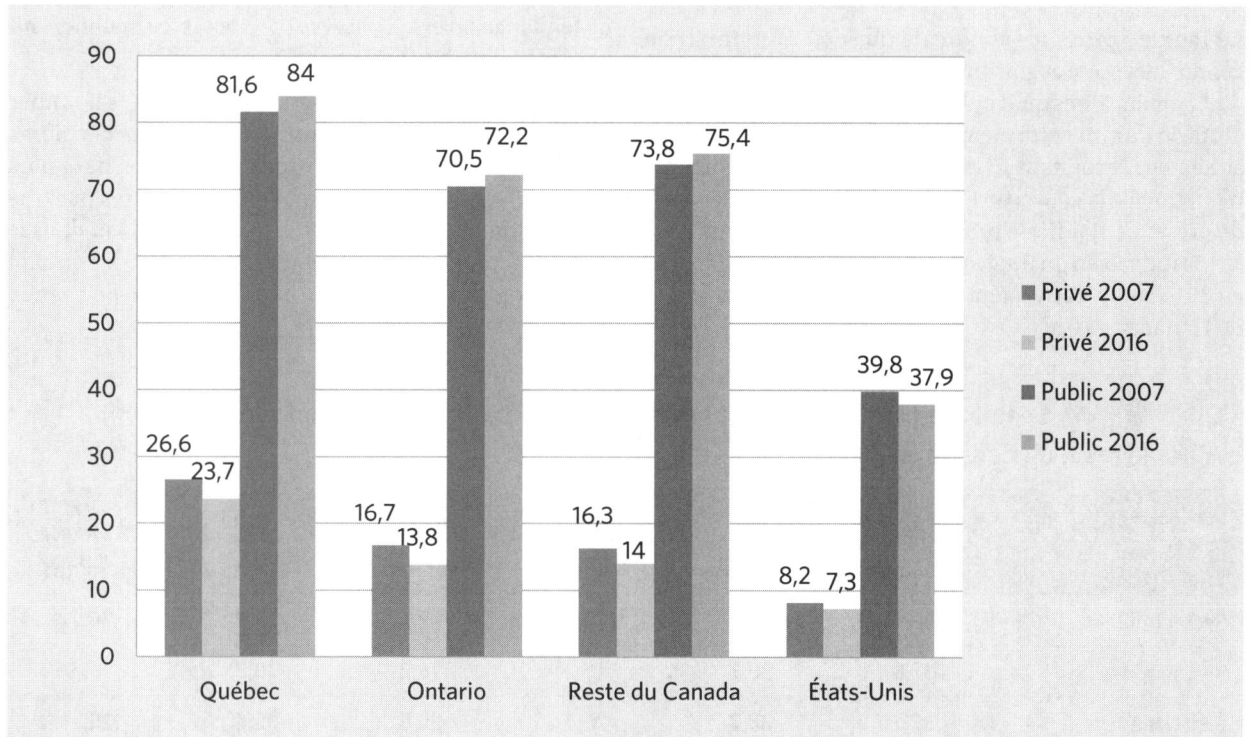

Source : Labrosse, A. (2018). *La présence syndicale au Québec en 2016*. Québec, ministère du Travail. Récupéré au www.travail.gouv.qc.ca/fileadmin/fichiers/Documents/presence_syndicale/2016.pdf

Tableau 4.1 Le taux de présence syndicale selon les secteurs d'activité économique au Québec, en Ontario et dans le reste du Canada en 2007 et 2016

Secteurs d'activité économique	Québec		Ontario		Reste du Canada	
	2007	2016	2007	2016	2007	2016
Secteur primaire	36,8	37,4	34,6	29,4	19,1	21,0
Secteur secondaire	42,7	39,3	27,1	24,1	26,2	22,9
Construction	54,0	53,7	35,1	32,3	22,1	21,8
Fabrication	39,6	33,9	24,7	20,1	29,1	24,0
Secteur tertiaire	39,4	38,8	28,6	27,4	31,7	30,7
Tertiaire privé	20,5	18,5	12,8	10,7	13,5	11,5
Tertiaire public	81,5	84,0	70,5	72,2	73,8	75,5
Ensemble	**40,1**	**38,9**	**28,4**	**26,8**	**30,3**	**29,2**

Source: Labrosse, A. (2018). *La présence syndicale au Québec en 2016*. Québec, ministère du Travail. Récupéré au www.travail.gouv.qc.ca/fileadmin/fichiers/Documents/presence_syndicale/2016.pdf

est passé de 20,5 % en 2007 à 18,5 % en 2016, alors que celui du secteur tertiaire public a augmenté, progressant de 81,5 % à 84,0 %.

Le taux de présence syndicale du secteur primaire a connu une légère augmentation au Québec et dans le reste du Canada, alors qu'il a diminué significativement en Ontario durant cette même période (2007-2016). Quant au secteur secondaire, il est marqué par une importante réduction de la couverture syndicale. Cette chute du taux de présence syndicale provient surtout du secteur de la fabrication, bien qu'il soit encore élevé au Québec (33,9 %) en 2016 comparativement à l'Ontario (20,1 %) et au reste du Canada (24,0 %).

Finalement, la présence syndicale, tant au Québec, en Ontario que dans le reste du Canada, est plus forte chez les hommes que chez les femmes dans le secteur privé. La tendance inverse s'observe dans le secteur public, sauf en Ontario (*voir le tableau 4.2*).

L'écart entre le taux de présence syndicale des hommes et celui des femmes a diminué au cours des dernières années, si bien que les femmes sont désormais plus nombreuses que les hommes à être couvertes par une convention collective au Québec, en Ontario et dans le reste du Canada. L'augmentation de la part de l'emploi des femmes dans le secteur public explique en grande partie cette tendance.

Tableau 4.2 Le taux de présence syndicale selon le genre au Québec, en Ontario et dans le reste du Canada en 2016

Secteurs d'activité économique	Québec		Ontario		Reste du Canada	
	Femmes	Hommes	Femmes	Hommes	Femmes	Hommes
Secteur public	86,1	80,3	72,1	72,4	77,9	70,7
Secteur privé	17,8	28,7	11,2	16,2	10,8	16,5
Ensemble	**39,6**	**38,3**	**28,1**	**25,5**	**32,4**	**25,9**

Source: Labrosse, A. (2018). *La présence syndicale au Québec en 2016*. Québec, ministère du Travail. Récupéré au www.travail.gouv.qc.ca/fileadmin/fichiers/Documents/presence_syndicale/2016.pdf

4.2.2 Les structures et le fonctionnement des syndicats

Les syndicats forment une structure complexe (*voir la figure 4.5*) afin d'exercer leurs deux fonctions :

- la défense des intérêts des membres du syndicat par la négociation et la mise en œuvre des conditions de travail inscrites dans la convention collective ;
- l'amélioration ou la transformation de la société par l'action politique.

La principale centrale syndicale du Canada est le Congrès du travail du Canada (CTC), auquel est affiliée la Fédération des travailleurs et travailleuses du Québec (FTQ), d'où l'appellation FTQ-CTC. Au Québec, il existe également la Confédération des syndicats nationaux (CSN), la Centrale des syndicats démocratiques (CSD) et la Centrale des syndicats du Québec (CSQ). Les syndicats ont le choix de s'affilier à une centrale syndicale ou de demeurer indépendants, sans aucun lien avec une centrale syndicale. Il existe trois types de syndicats indépendants : les syndicats nationaux non affiliés – les plus nombreux, comme le Syndicat de la fonction publique et parapublique du Québec (SFPQ), la Fédération interprofessionnelle de la santé du Québec (FIQ) –, les syndicats internationaux non affiliés – très rares – et les organisations locales indépendantes – comme l'Alliance des professionnels et professionnelles de la Ville de Québec.

Les structures syndicales liées à la négociation collective et à l'action politique

Comme ailleurs en Amérique du Nord, les rapports collectifs du travail accordent une grande importance à l'action locale. Les syndicats locaux et sections locales peuvent être affiliés à une organisation plus vaste : un syndicat national ou international, ou une fédération professionnelle. Un tel rattachement n'existe toutefois pas dans tous les cas. Il est alors question de syndicats à charte directe ou d'organisations locales indépendantes (*voir le tableau 4.3 à la page suivante*).

En 2015, les syndicats nationaux, représentant uniquement des travailleurs au Canada, sont plus nombreux (25,3 %) que les syndicats internationaux couvrant tant les travailleurs du Canada que ceux des États-Unis (5,2 %). Quant aux fédérations professionnelles, elles sont affiliées à une centrale syndicale qui regroupe des membres seulement au Québec. Les syndicats nationaux et internationaux (affiliés surtout à la FTQ-CTC), et les fédérations professionnelles (affiliées principalement à la CSN et à la CSQ), offrent aux syndicats locaux des services d'aide liés à la négociation collective et à l'application de la convention.

Les syndicats internationaux, qui ont connu beaucoup de succès au début de l'histoire du syndicalisme au Canada, sont demeurés majoritaires jusqu'au milieu des années 1960. À partir de cette époque, la syndicalisation des secteurs public et parapublic au sein de

Figure 4.5 Les principales structures syndicales

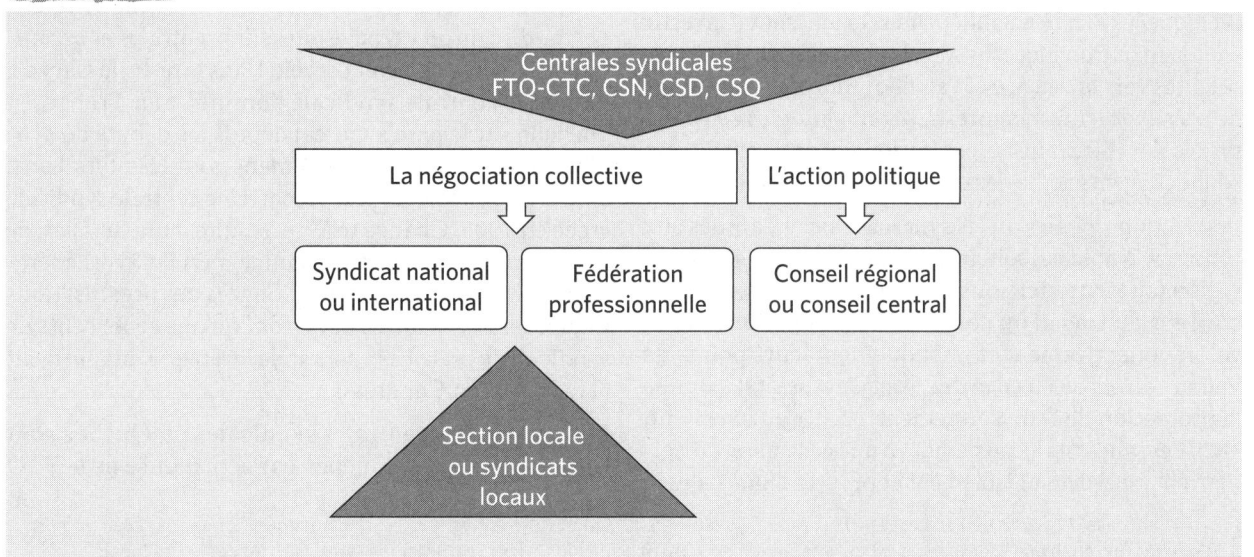

Tableau 4.3 — La composition des syndicats au Canada par type d'organisation en 2015

Type d'organisation	Syndicats		Couverture	
	Nombre	%	Nombre	%
Nationales et fédérations professionnelles	196	25,3	3 364 739	69,7
Internationales	40	5,1	1 200 415	24,9
Organisations locales indépendantes	250	32,2	188 609	3,9
Syndicats à charte directe	290	37,4	74 490	1,5
TOTAL	**776**	**100,0**	**4 828 253**	**100,0**

Source : Emploi et Développement social Canada (2016). *Organisations du travail au Canada – 2015*. Récupéré au www.canada.ca/content/dam/esdc-edsc/migration/documents/fra/ressources/info/publications/couverture_syndicale/UnionCoverage_FR.pdf

syndicats nationaux, puis la désaffiliation de certaines sections locales canadiennes de syndicats internationaux (à l'instar des travailleurs du papier, au début des années 1970, et des travailleurs de l'automobile au milieu des années 1980) ont contribué à la diminution des effectifs des syndicats internationaux et à l'essor des syndicats canadiens nationaux (Boivin, 2010).

Quelque 37,4 % des syndicats sont à charte directe, c'est-à-dire des sections locales ou des syndicats locaux regroupant des travailleurs préférant être affiliés directement à une centrale syndicale sans être membres d'une fédération professionnelle, d'un syndicat national ou d'un syndicat international. Près du tiers des syndicats (32,2 %) représentent des organisations locales indépendantes qui choisissent de ne pas s'affilier à une centrale syndicale (Emploi et Développement social Canada, 2016).

Bien que les syndicats indépendants puissent s'investir dans la sphère politique, ils sont, le plus souvent, davantage orientés vers la défense et l'amélioration des conditions de travail de leurs membres. Ce sont plutôt les centrales syndicales et leurs instances (régionales notamment) qui sont des agents actifs de transformation sociale.

Les sections locales ou les syndicats locaux affiliés aux centrales syndicales sont incités à se regrouper, selon leur région (ou territoire), sous forme de conseils régionaux, conseils du travail ou conseils centraux, afin de faire valoir collectivement et publiquement leurs points de vue sur divers enjeux d'ordres social et sociétal (comme la protection de l'environnement, l'accès au logement, etc.). Les syndicats locaux affiliés à une centrale syndicale peuvent ainsi éviter l'isolement et profiter d'une tribune de choix pour exprimer leurs positions et participer au bien-être commun de la région ou du territoire.

Les principales organisations syndicales au Canada

Le tableau 4.4 dresse la liste des principales organisations syndicales, indépendantes ou affiliées à une centrale syndicale, du Canada et du Québec. Ce tableau illustre la diversité des organisations syndicales en termes d'affiliation (ou non), de taille, de secteur ou de profession. Le Syndicat canadien de la fonction publique (SCFP), affilié au CTC, est l'organisation syndicale qui regroupe le plus grand nombre de travailleurs au Canada (plus de 635 500).

Les centrales syndicales au Québec

Le Québec se caractérise par son pluralisme syndical, c'est-à-dire qu'on y trouve plusieurs centrales et organisations syndicales de tout acabit. Dans le reste du Canada, une seule centrale syndicale domine[3]. Si la France est plurielle sur le plan syndical depuis les débuts du syndicalisme, il en va tout autrement pour les États-Unis, dont le pluralisme est plus récent. Une centrale syndicale créée en 2005, Change to Win, résulte d'une scission de la centrale syndicale dominante, la FAT-COI (Fédération américaine du travail - Congrès des organisations industrielles). D'autres pays n'ont qu'une seule centrale syndicale ; c'est le cas en Grande-Bretagne, notamment (Trades Union Congress).

Les principales centrales syndicales du Québec sont le CTC, présent au Québec par l'entremise de la FTQ

---

3. Ajoutons toutefois que le paysage syndical au Canada est constitué de plusieurs organisations syndicales aux échelles locale, régionale et provinciale. Il ne s'agit donc pas d'un monisme syndical absolu.

Tableau **Les syndicats comptant plus de 30 000 travailleurs couverts en 2015**

Nom du syndicat	Affiliation	Nombre de travailleurs
Syndicat canadien de la fonction publique	CTC	635 500
Syndicat national des employées et employés généraux du secteur public	CTC	360 000
Unifor	CTC (désaffilié depuis 2018)	300 152
Travailleurs et travailleuses unis de l'alimentation et du commerce Canada	FAT*-COI / CTC	247 543
Syndicat international des travailleurs unis de la métallurgie, du papier et de la foresterie, du caoutchouc, de la fabrication, de l'énergie, des services et industries connexes (« Syndicat des Métallos »)	FAT-COI / CTC	190 452
Alliance de la fonction publique du Canada	CTC	181 017
Fédération de la santé et des services sociaux	CSN	135 527
Union internationale des employés des services	CtW / CTC	126 656
Union internationale des journaliers d'Amérique du Nord	FAT-COI / CTC	97 000
Teamsters Canada	CtW / CTC	93 351
Syndicat de la fonction publique de l'Alberta	Indépendant	85 803
Fédération des enseignantes et des enseignants de l'élémentaire de l'Ontario	CTC	78 204
FTQ Construction	CTC	77 300
Fédération des enseignantes et des enseignants des écoles secondaires de l'Ontario	CTC	73 311
Fédération interprofessionnelle de la santé du Québec	Indépendant	66 000
Association chrétienne du travail du Canada	Indépendant	61 501
Fédération des employées et employés de services publics inc.	CSN	60 700
Association des infirmières et des infirmiers de l'Ontario	CTC	60 000
Fédération des syndicats de l'enseignement	CSQ	59 000
Fraternité internationale des ouvriers en électricité	FAT-COI / CTC	57 130
Association unie des compagnons et apprentis de l'industrie de la plomberie et de la tuyauterie des États-Unis et du Canada	FAT-COI / CTC	55 643
L'Institut professionnel de la fonction publique du Canada	Indépendant	53 930
Union internationale des opérateurs-ingénieurs	FAT-COI / CTC	52 326
Syndicat des travailleurs et travailleuses des postes	CTC	50 531
Association internationale des machinistes et des travailleurs et travailleuses de l'aérospatiale	FAT-COI / CTC	50 000

* Fédération américaine du travail

Tableau **4.4 Les syndicats comptant plus de 30 000 travailleurs couverts en 2015 (*suite*)**

Nom du syndicat	Affiliation	Nombre de travailleurs
Fraternité unie des charpentiers et menuisiers d'Amérique	CTC	50 000
Association des enseignantes et des enseignants catholiques anglo-ontariens	CTC	48 545
British Columbia Nurses' Union	Indépendant	46 291
Fédération des enseignantes et enseignants de la Colombie-Britannique	CTC	43 563
The Alberta Teachers' Association	Indépendant	42 572
Syndicat uni du transport	FAT-COI / CTC	38 000
Syndicat canadien des employées et employés professionnels et de bureau	CTC	36 287
Syndicat de la fonction publique du Québec et parapublique du Québec	Indépendant	34 904
Fédération autonome de l'enseignement	Indépendant	34 000
Fédération nationale des enseignantes et des enseignants du Québec	CSN	34 000

Source : Emploi et Développement social Canada (2016). *Organisations du travail au Canada – 2015*. Récupéré au www.canada.ca/content/dam/esdc-edsc/migration/documents/fra/ressources/info/publications/couverture_syndicale/UnionCoverage_FR.pdf

(FTQ-CTC), la CSN, la CSD et la CSQ[4]. Le tableau 4.5 présente les principales caractéristiques et la structure de chacune des centrales syndicales.

Avant de présenter chacune des centrales syndicales présentes au Québec, mettons plusieurs généralités en évidence. Tout d'abord, un congrès constitue l'autorité souveraine de chacune des centrales syndicales. Réunissant des délégués syndicaux, c'est le congrès qui élit les dirigeants des centrales. D'autres instances, dont le vocable varie d'une organisation syndicale à l'autre, sont responsables des orientations et de l'application des décisions prises lors des réunions des congrès, ainsi que de la gestion administrative quotidienne (Bois, 2014).

De plus, les services offerts aux syndicats affiliés se ressemblent d'une centrale syndicale à l'autre. Ils portent notamment sur la formation, la santé et sécurité au travail, les communications, la syndicalisation, les lois sociales, le soutien à la vie syndicale, les conseils juridiques, la négociation collective et la solidarité internationale.

Enfin, la FTQ-CTC, la CSN et la CSD sont associées au conseil exécutif de la Confédération syndicale internationale (CSI), alors que la CSQ est affiliée à l'Internationale de l'éducation (IE) et à l'Internationale des services publics (ISP).

La Fédération des travailleurs et travailleuses du Québec
Créée en 1957, la FTQ est issue de la fusion de deux organisations concurrentes : la Fédération provinciale du travail du Québec (FPTQ), qui regroupe surtout des syndicats de métier, et la Fédération des unions industrielles du Québec (FUIQ), composée de syndicats industriels (Fédération des travailleurs et travailleuses du Québec, 2019). Cette union emboîte le pas aux fusions similaires survenues aux États-Unis, en 1956 (FAT-COI), et au Canada, peu de temps après (CTC). En effet, le CTC, créé à Toronto en 1956, provient de la fusion entre le Congrès des métiers et du travail du Canada (CMTC) et le Congrès canadien du travail (CCT)[5]. Le CTC, rassemblant plus de trois millions de membres à travers le pays (près

---

4. Nous incluons la FTQ dans cette liste bien qu'elle soit affiliée au CTC, car il s'agit de l'organisation syndicale qui dispose des effectifs les plus importants au Québec. En revanche, nous ne traiterons pas de la Confédération des syndicats canadiens (CSC), la plus petite des centrales, regroupant environ 10 000 membres.

5. Le CMTC et le CCT constituent respectivement les pendants canadiens de deux centrales américaines, la FAT et le COI, qui demeurent rivales jusqu'à leur fusion en 1955, grâce à laquelle est créée la principale centrale des États-Unis : la FAT-COI. Un an plus tard, en 1956, les deux centrales canadiennes fusionnent à leur tour.

Tableau 4.5 **Les principales caractéristiques des centrales syndicales au Québec**

	FTQ-CTC	**CSN**	**CSQ**	**CSD**
Nombre de travailleurs en 2019	600 000 (*plus de 3 300 000 au Canada pour le CTC*)	300 000	140 000	71 000
Territoire	Québec	Québec	Québec	Québec
Niveau sectoriel ou professionnel (*négociation collective*)	35 syndicats nationaux et internationaux	8 fédérations	11 fédérations, un regroupement des unités catégorielles et une association de retraités	1 fédération et 7 secteurs
Niveau régional (*action politique*)	15 conseils régionaux	13 conseils centraux	–	6 bureaux et secrétariats régionaux
Instance suprême	Congrès	Congrès confédéral	Congrès	Congrès ou assemblée plénière
Autres instances	Conseil général Bureau	Conseil confédéral Bureau confédéral	Conseil général Conseil exécutif Conseil intersectoriel	Conseil de direction Bureau syndical
Affiliation internationale	CSI	CSI	IE ISP	CSI

Source: Données provenant des sites officiels des organisations syndicales.

de 70 % des effectifs syndicaux), est la principale centrale syndicale canadienne. Non seulement le CTC représente ses membres auprès du gouvernement fédéral et de la Chambre des communes, mais il défend également des enjeux importants ayant trait à l'amélioration des politiques sociales et économiques de portée nationale, telles que l'assurance-emploi, les services de garde ou encore le salaire minimum à 15 $ l'heure (CTC, 2019). Il s'intéresse aux enjeux liés à l'emploi et à l'économie tels que les emplois verts et les travailleurs temporaires migrants (*voir le matériel audiovisuel présenté à la page 110*), à la santé et à la sécurité (blessures et décès attribuables au travail, violence, harcèlement et toute forme d'atteinte à la santé mentale au travail), aux droits de la personne et à l'égalité (femmes, jeunes, personnes « racisées », LGBTQIA+) ainsi qu'à l'action internationale (appui humanitaire, campagnes de dénonciation de toutes sortes, travail décent).

Regroupant plus de 600 000 membres, la FTQ-CTC est l'organisation syndicale disposant des effectifs les plus importants au Québec. Les femmes en composent plus du tiers, et 3 membres sur 10 ont moins de 35 ans. Même si elle est une fédération provinciale affiliée au CTC, elle se comporte comme une véritable centrale syndicale, en raison du statut particulier dont elle bénéficie au sein du CTC. En plus de pouvoir s'afficher en faveur de l'indépendance politique du Québec, la FTQ s'est vu octroyer par le CTC, contrairement aux autres fédérations provinciales, certains pouvoirs et moyens financiers, en raison de la spécificité du territoire québécois (majorité de francophones et présence de centrales syndicales rivales).

Près de 35 syndicats nationaux et internationaux regroupant 5000 sections locales sont affiliés à la FTQ. Ces syndicats sont présents aussi bien dans le secteur privé (comme le Syndicat des Métallos) que dans le secteur public (comme le SCFP) à la grandeur du Québec.

Finalement, la FTQ a mis sur pied, en 1983, le Fonds de solidarité FTQ (2019), une société de capital de développement qui encourage l'épargne des travailleurs du Québec en vue de leur retraite. Créé lors de la crise économique des années 1980, le Fonds vise à contribuer à la croissance économique du Québec. Il investit dans diverses entreprises afin de créer et de sauvegarder les emplois. En 2018, regroupant plus de 2800 entreprises partenaires et 667 000 actionnaires partout au Québec, il gère un actif net de 14,3 milliards de dollars.

La Confédération des syndicats nationaux

La CSN provient de la transformation de la CTCC, fondée en 1921 (CTCC, 2019). La CTCC est une centrale syndicale confessionnelle qui défend la doctrine sociale de l'Église. Sa déconfessionnalisation l'amène à devenir, en 1960, la CSN (Rouillard, 2004).

Si les effectifs de la CSN augmentent au cours des années 1960, en raison notamment de la syndicalisation des employés des services publics, l'idéologie radicale adoptée par les nouveaux dirigeants à la fin de la décennie entraîne la perte de nombreux syndicats qui s'opposent à cette orientation. En 1972, 3 des 5 membres du conseil exécutif de la CSN, notamment, quittent la centrale, accompagnés de 30 000 syndiqués, pour créer la Centrale des syndicats démocratiques (CSD). Pendant la même année, 30 000 fonctionnaires du Québec et 7000 salariés de la société Alcan délaissent également la CSN. Ils optent à leur tour pour des syndicats indépendants. Quelques années plus tard, les conducteurs d'autobus et les opérateurs du métro de Montréal se retirent aussi de la CSN pour se joindre au SCFP. Des syndicats d'infirmières, quant à eux, s'éloignent de la CSN pour former une organisation indépendante, appelée aujourd'hui la FIQ (Boivin, 2010).

La crise économique des années 1980 incite la CSN à coopérer avec les employeurs dans le cadre de partenariats patronaux-syndicaux, et ce, pour sauvegarder les emplois menacés par la récession, négocier les conditions de la réorganisation du travail requise par la mondialisation et participer à la mise en place des changements de tous ordres, notamment dans les relations du travail. Cette stratégie n'offre pas les bénéfices escomptés pour les travailleurs et sera délaissée à la fin des années 1990.

En 1996, la CSN met sur pied, comme l'avait fait auparavant la FTQ, un fonds d'investissement appelé Fondaction. L'épargne des travailleurs est investie dans les petites et moyennes entreprises (PME) du Québec, en particulier celles qui privilégient une démarche de gestion participative, les coopératives ou celles qui contribuent à la protection ou à l'amélioration de l'environnement. Fondaction encourage ainsi la création d'emplois et leur sauvegarde, tout en favorisant les pratiques socialement responsables. En 2019, Fondaction réunit 156 000 actionnaires et gère un actif de 1,96 milliard de dollars.

La CSN regroupe actuellement près de 300 000 membres au Québec répartis dans 2000 syndicats locaux et 8 fédérations professionnelles (santé et services sociaux, services publics, éducation, commerce, industrie manufacturière, construction, professionnels et communications). La majorité des effectifs de la CSN travaillent dans le secteur des services et dans les secteurs publics et parapublics, même si elle a perdu plus de 20 000 membres dans le secteur de la santé lors de la période de maraudage dans le secteur public en 2017. Les conseils centraux, au nombre de 13, représentent les instances régionales de la CSN et assument un rôle de représentation politique sur le territoire couvert. Bien que, comme la FTQ, la CSN se soit prononcée en faveur de l'indépendance politique du Québec, ses priorités en 2019 sont la situation de l'emploi, les problèmes générés par la pénurie de la main-d'œuvre ainsi que la protection de l'environnement et les emplois verts.

La Centrale des syndicats démocratiques

La CSD provient de la scission de la CSN, survenue en 1972 (Centrale des syndicats démocratiques, 2019). Trois dirigeants démissionnaires de la CSN, suivis de trente mille syndiqués, fondent alors une nouvelle centrale syndicale, la CSD. Ils dénoncent le radicalisme idéologique de la CSN, ainsi que la présence de gestionnaires non élus et d'une multitude d'instances et de structures internes (fédérations professionnelles et conseils centraux), qu'ils jugent nuisibles à la démocratie (Rouillard, 2004).

À sa création, la CSD cherche à se définir en s'opposant à la CSN. D'une part, l'autonomie des syndicats locaux constitue la pierre angulaire de cette nouvelle centrale qui vise la tenue et l'observance d'une démocratie directe plus grande auprès de ses membres; la plupart d'entre eux adhèrent d'ailleurs à des syndicats à charte directe. D'autre part, la CSD allègue son indépendance à l'égard des partis politiques et, contrairement aux autres centrales syndicales, elle ne s'est jamais prononcée de manière officielle quant à l'avenir politique du Québec (Rouillard, 2004).

Actuellement, la CSD, la plus petite centrale syndicale au Québec, représente près de 71 000 travailleurs répartis dans près de 300 syndicats à charte directe et une seule fédération professionnelle (la Fédération démocratique de la métallurgie, des mines et des produits chimiques). Il existe toutefois un regroupement professionnel des syndicats à charte directe qui se déploie sur sept secteurs: agroalimentaire; bois, dérivés et matériaux; commerces et services; construction; éducation, santé et services sociaux; services gouvernementaux, paragouvernementaux et d'utilité publique; textile et vêtements. Les services d'aide liés aux communications, à la formation, à la syndicalisation, au soutien à la vie syndicale, aux négociations et à l'application des conventions collectives qui sont offerts aux secteurs relèvent directement de la CSD (services centralisés). Sept bureaux et secrétariats régionaux assument la représentation sur le plan régional des syndicats affiliés à la CSD.

La Centrale des syndicats du Québec

Les origines de la CSQ remontent à 1936, avec la fondation, par la pionnière Laure Gaudreault, de l'Association catholique des institutrices rurales (Centrale des syndicats du Québec, 2019). Deux fédérations sont ensuite créées: la Fédération catholique des instituteurs ruraux, en 1939, et la Fédération des instituteurs et institutrices des cités et des villes, en 1942. La Corporation générale des instituteurs et institutrices catholiques (CIC) de la province de Québec est issue de la fusion de ces trois organisations, en 1946.

Le processus de déconfessionnalisation conduit la CIC à devenir la Corporation des enseignants du Québec (CEQ) en 1967. En 1974, la CEQ délaisse son statut de «corporation», qui permettait à toute personne exerçant la profession d'enseignant d'y adhérer automatiquement. À compter de cette date, elle devient une centrale syndicale: la Centrale de l'enseignement du Québec. En adoptant le nom de Centrale des syndicats du Québec en 2000, cette organisation élargit ouvertement ses rangs pour représenter, en plus du secteur de l'enseignement, d'autres secteurs et catégories d'emplois, comme la santé et les services sociaux, la petite enfance, les loisirs, la culture et le secteur communautaire.

La CSQ regroupe approximativement 140 000 membres qui font partie de 240 syndicats. Elle compte 11 fédérations et une association composée de 58 000 personnes retraitées. Ces fédérations sont organisées selon le secteur d'activité et les professions exercées par leurs membres. Les femmes œuvrant dans le secteur public forment la majorité des membres de la CSQ. Quelque 30 % de ses effectifs sont des personnes âgées de moins de 35 ans.

Étant donné que la centrale représente surtout des employés des secteurs public et parapublic, elle est amenée à négocier les conditions de travail de ses membres avec le gouvernement du Québec, soit l'employeur de la plupart des affiliés de la centrale. Deux instances de la CSQ ont pour mission de coordonner l'ensemble des négociations: le conseil général des négociations, pour les syndicats des secteurs public et parapublic, et le conseil intersectoriel des négociations, pour les différents regroupements sectoriels.

En somme, en regard de telles structures, le fonctionnement de chacune des organisations syndicales présentées demeure complexe. Si elles tentent, chaque jour, d'exercer leur double fonction (défendre les intérêts de leurs membres et améliorer ou transformer la société), les organisations syndicales doivent aussi relever de nombreux défis qui les portent à s'adapter et à renouveler leurs pratiques avec encore plus d'urgence qu'autrefois.

4.3 Les défis actuels du syndicalisme

Le syndicalisme traverse actuellement l'une des pires crises de son histoire. Nous chercherons à en saisir l'ampleur et à cerner les facteurs derrière l'ébranlement de l'acteur syndical. Si le passé est garant de l'avenir, il devrait être possible, pour les organisations syndicales, de composer avec les exigences de la société contemporaine. Plusieurs expériences novatrices témoignent de la vitalité des syndicats au Québec à cet égard. Nous en passerons quelques-unes en revue.

4.3.1 Le syndicalisme est-il en crise ?

Les Trente Glorieuses (1945-1975) représentent des années non seulement de grande prospérité économique, mais aussi d'effervescence pour le mouvement syndical. Or, depuis la fin de cette époque, le syndicalisme se trouve plongé dans une crise importante. Nous examinerons brièvement cette situation préoccupante à la lumière de l'évolution du taux de syndicalisation dans les pays de l'Organisation de coopération et de développement économiques (OCDE) depuis 1960. Nous exposerons ensuite les principales raisons à l'origine de cette crise.

L'évolution du taux de syndicalisation dans plusieurs pays de l'Organisation de coopération et de développement économiques depuis 1960

Le tableau 4.6 à la page suivante présente l'évolution du taux de syndicalisation dans quelques pays de l'OCDE au cours des 50 dernières années.

Bien qu'il soit difficile de comparer les taux de syndicalisation d'un pays à l'autre, en raison de la variabilité des données qui les composent, certaines tendances méritent d'être mentionnées. Le taux de syndicalisation du Canada, évalué à 29,4 % en 2015, est assez stable au cours de la période de 1960 à 2015. Si plusieurs pays ont un taux de syndicalisation enviable (Belgique, Danemark, Finlande, Islande, Norvège et Suède), une tendance lourde se dégage quant au recul des taux de syndicalisation au cours des cinq dernières décennies, et ce, dans la plupart des pays. Pour certains (Australie, États-Unis et Nouvelle-Zélande notamment), la chute paraît dramatique: le mouvement syndical semble s'y être presque effondré.

Tableau 4.6 **L'évolution du taux de syndicalisation dans des pays de l'Organisation de coopération et de développement économiques de 1960 à 2016 (en pourcentage)**

Pays	1960	1970	1980	1990	2000	2010	2015	2016
Allemagne	34,7	32,0	34,9	31,2	24,6	18,9	17,6	17,0
Australie	50,2	44,2	49,6	45,4	24,7	18,3	..	14,6
Autriche	60,1	56,7	51,7	46,8	36,9	28,9	27,4	26,9
Belgique	41,5	42,1	54,1	53,9	56,2	53,8	54,2	..
Canada	29,2	31,0	34,0	34,0	28,2	27,2	29,4	..
Danemark	56,9	60,3	78,0	74,6	73,6	69,2	68,6	67,2
Espagne	..	..	13,3	13,3	16,5	17,2	..	..
États-Unis	30,9	27,4	22,1	15,5	12,9	11,4	10,6	10,3
Finlande	31,9	51,3	69,4	72,5	74,6	68,3	66,5	64,6
France	19,6	21,7	18,3	9,8	8,0	8,0	7,9	..
Grèce	..	..	39,0	34,1	..	..	..	..
Irlande	45,3	53,2	57,1	51,1	36,0	34,2	..	27,2
Islande	..	..	66,2	..	89,4	85,2	91,6	90,4
Italie	24,7	37,0	49,6	38,8	34,4	35,5	35,7	34,4
Japon	32,2	35,4	30,8	25,2	21,5	18,3	17,4	17,3
Mexique	..	..	..	..	16,9	13,9	13,0	12,5
Norvège	60,0	56,8	57,9	58,5	54,1	53,6	52,5	..
Nouvelle-Zélande	53,4	56,3	69,1	49,6	22,4	21,4	17,9	17,7
Pologne	80,7	90,0	..	36,7	17,6	14,6	..	..
Portugal	..	..	54,8	29,3	..	19,6	16,1	..
Royaume-Uni	40,5	44,8	52,2	39,6	29,8	26,8	24,2	23,7
Suède	64,6	67,7	78,0	81,5	80,1	69,3	66,8	..
Suisse	31,0	24,9	27,5	22,5	20,2	17,6	15,7	..

Source : Adapté de OCDE (2019). *Taux de syndicalisation*. Récupéré au www.oecd-ilibrary.org/fr/employment/data/syndicats/taux-de-syndicalisation_data-00371-fr?isPartOf=/content/datacollection/lfs-data-fr

Les facteurs derrière la crise du syndicalisme

Le contexte dans lequel le mouvement syndical s'est édifié accuse de profondes mutations. Cinq principaux types de changements (économiques, législatifs, socioculturels, organisationnels et technologiques) peuvent contribuer à expliquer la crise actuelle du syndicalisme.

Les changements économiques

Selon Lévesque et Murray (2003), la mondialisation exerce de fortes pressions sur le pouvoir syndical, qui s'en trouve affaibli. Ces auteurs définissent le processus de mondialisation comme étant l'essor de la compétition internationale, la capacité de relocalisation de la production, l'émergence de nouvelles règles de commercialisation et de circulation des capitaux à l'international et le libre marché, le tout sur fond d'idéologie néolibérale. La montée actuelle de la droite populiste dans plusieurs pays occidentaux contribue d'autant plus au déclin des organisations syndicales (Eidlin, 2018). Le discours est connu: les impératifs de performance, de flexibilité et d'adaptabilité issus de la mondialisation incitent les employeurs à rationaliser leurs coûts de production, dont la main-d'œuvre fait partie. Pour atteindre de tels objectifs, certains employeurs profitent de la mobilité du capital pour relocaliser leurs sites de production, par la voie notamment de l'impartition et de ses dérivés (à l'exemple de la sous-traitance). Ils parviennent ainsi à obtenir des concessions importantes de la part de leurs travailleurs évoluant dans des établissements syndiqués. Des employeurs vont même jusqu'à viser la désyndicalisation (partielle ou complète) de leurs chaînes de production et d'approvisionnement, concevant les syndicats comme une menace à la productivité, à la rentabilité et à l'adaptabilité de leurs installations et comme un facteur de rigidité dans la gestion interne de leurs activités.

Outre la mondialisation, la transition d'une économie industrielle, regroupant les secteurs primaire et secondaire, à une économie de services n'est pas sans conséquence pour le syndicalisme (Le Capitaine, 2011). Depuis plusieurs années, le secteur tertiaire, particulièrement celui des services privés, occupe une part croissante dans la répartition des effectifs de la main-d'œuvre, au Québec notamment. Nous assistons à un déplacement des emplois depuis les secteurs primaire et secondaire, fortement syndiqués, vers le tertiaire privé, là où les syndicats se révèlent encore, à ce jour, plutôt absents (Jackson, 2005). En 2016, le taux de présence syndicale au Québec, dans le secteur tertiaire privé, se restreignait à 18,5 %, par rapport à 84,0 % dans le tertiaire public et à 39,3 % dans le secteur secondaire (construction et fabrication). Pourtant, le secteur tertiaire privé, particulièrement marqué par la pénurie de la main-d'œuvre, du moins au Québec, représentait plus de la moitié de la part de l'emploi (55,8 %) en 2016, tandis que les secteurs tertiaire public et secondaire se situaient respectivement à 25,0 % et à 18,4 % (Labrosse, 2018).

Les changements législatifs

L'État-providence combiné à un contexte légal favorable aux mouvements syndicaux semblent bien lointains. Les changements législatifs intervenus au cours des dernières décennies mettent l'accent davantage sur la protection de l'individu que sur l'encadrement des rapports collectifs du travail. En apparence, un nombre important de travailleurs s'estiment protégés par des dispositions légales privilégiant avant tout l'individu, à l'instar de la *Loi sur les normes du travail* (qui a connu une importante réforme en juin 2018, notamment au regard des obligations prévues pour les employeurs en matière de prévention du harcèlement), de la *Charte canadienne des droits et libertés* (Canada) et de la *Charte des droits et libertés de la personne* (Québec). Dans un tel contexte, recourir aux syndicats pour faire valoir ses droits et améliorer les conditions de travail d'une collectivité ne semble plus aussi nécessaire qu'autrefois aux yeux d'un certain nombre de travailleurs, notamment les plus qualifiés (Legault, 2005), en dépit des difficultés ressenties par tous sur le plan de la santé mentale au travail.

Dans un contexte global de déréglementation et de judiciarisation des relations du travail sur fond de néolibéralisme, on constate des changements profonds de l'État dans son mode d'intervention en matière de régulation du travail. Lorsque l'État intervient, il le fait sous le couvert de lois spéciales pour contourner le droit des travailleurs à la grève, ordonner un retour forcé au travail et déterminer de manière discrétionnaire les conditions de travail des employés en grève (La Presse canadienne, 2018a).

Le cadre légal, caractérisant le syndicalisme industriel qui remonte à l'après-guerre, doit être repensé. Le *Code du travail*, datant de 1964, est adapté à des réalités du travail et à un mode de production de masse qui prévalaient à une époque de stabilité et de prospérité économiques, désormais révolue. À l'heure actuelle, les employeurs prétendent qu'ils ne sont plus en mesure d'offrir une sécurité d'emploi et des avantages sociaux (des régimes de retraite, par exemple) qui autrefois accompagnaient toute prestation associée à l'emploi typique et constituaient le compromis fordiste. Aujourd'hui, au Québec, près de 4 travailleurs sur 10 (à l'instar des travailleurs indépendants, des travailleurs d'agences, etc.) sont exclus de la possibilité de se syndiquer (Bernier, 2011) ou éprouvent des difficultés particulières à accéder à la syndicalisation.

En bref, les particularités du contexte légal ont eu pour effet d'affaiblir le droit collectif, qui n'est plus en mesure de comprendre les nouvelles réalités des milieux de travail (Bernstein *et al.*, 2009).

Les changements socioculturels

La diversité accrue de la main-d'œuvre (à l'exemple des femmes, des jeunes, des immigrants, des professionnels, etc.) constitue une autre source importante de la crise du syndicalisme (Le Capitaine, 2011). Historiquement, les effectifs syndicaux étaient plutôt homogènes en termes socioculturels: l'image du syndiqué traditionnel était celle d'un homme de type caucasien (blanc), occupant un emploi à temps plein et permanent pour le compte d'un seul et même employeur. Cet emploi lui permettait d'assurer la subsistance de sa famille. C'est en fonction de ce modèle que s'était développée la lutte contre l'exclusion sociale d'une classe ouvrière industrielle, aujourd'hui marginalisée (Rosanvallon, 1988). À l'heure actuelle, les syndicats représentant majoritairement ce type de travailleur éprouvent des difficultés à répondre aux besoins d'une main-d'œuvre de plus en plus diversifiée (Brunelle, 2002), ne correspondant plus à cet archétype. Jusqu'à récemment, l'idéologie syndicale qui dominait était celle où l'individu se définissait par rapport à une classe ouvrière de type industriel. Ce faisant, il renonçait à ses propres aspirations en vue de l'atteinte d'un bien commun bénéficiant à l'ensemble des travailleurs dont il faisait partie. Cette situation est en porte-à-faux avec la valorisation de l'individu, de la liberté individuelle et de l'autonomie personnelle qui priment dans la société d'aujourd'hui. Dans un tel contexte, le syndicalisme traditionnel peut être tenté d'exercer son monopole de représentation en fonction des intérêts de la majorité, sans considérer ceux des groupes minoritaires, d'autant plus qu'il est difficile de concilier des intérêts différents (Brunelle, 2002; Laroche et Dufour-Poirier, 2013, 2017; Dufour-Poirier et Laroche, 2015; Yates, 2010).

Les problèmes que le syndicalisme doit affronter actuellement renvoient donc à un fait social total et central (Rosanvallon, 1988), à savoir l'impossibilité de percevoir la transformation du monde salarial comme un ensemble homogène. Le mouvement syndical doit composer avec des demandes, parfois contradictoires, provenant de multiples groupes identitaires (Le Capitaine, 2011). La pluralité des enjeux liés à l'égalité, à l'équité, à la qualité de vie au travail et hors du travail, à l'accès aux promotions, à la formation, à la mobilité et à l'accès à la retraite augmente la complexité de la représentation collective (Legault, 2005). Cette multiplicité d'intérêts et de valeurs crée des enjeux désormais tout aussi importants que les seuls intérêts économiques, plus traditionnels, basés sur les salaires, les avantages sociaux et la sécurité d'emploi des membres (Jackson, 2005; Le Capitaine, 2011).

De ce point de vue, si les travailleurs considèrent que les organisations syndicales ne tiennent pas compte de leurs préoccupations et de leurs revendications, ils risquent de s'adresser à un autre regroupement, plus sensible à celles-là, pour défendre leurs droits (Murray et Verge, 1999). Divers mouvements sociaux (à l'instar des écologistes, des féministes, des altermondialistes, des défenseurs des droits humains, etc.) concurrencent le mouvement syndical sur la scène de la protestation sociale et de la revendication sociétale, ici comme à l'étranger (Thede et Dufour-Poirier, 2014). La recrudescence des mouvements sociaux s'explique en partie par leur capacité à miser sur les intérêts communs d'une étonnante diversité d'individus. Si, pour certains, ces initiatives s'avèrent un espace d'action complémentaire au syndicalisme (Boudreau et Sarrasin, 2018), pour d'autres, elles contribuent à affaiblir les syndicats en rassemblant leurs bastions d'exclusion (Eisenscher, 2002), en particulier les jeunes (Dufour-Poirier et Laroche, 2015; Laroche et Dufour-Poirier, 2013, 2015, 2017; Noiseux, 2012), les femmes (Yates, 2010) et les immigrants (Reiss, 2005), pour en arriver à constituer des voies de contournement sur le plan institutionnel (Laroche et Dufour-Poirier, 2015).

De nos jours, les messages véhiculés par les syndicats rejoignent de plus en plus difficilement certaines franges de travailleurs, marginalisés et dont l'emploi est précaire, par exemple les femmes à bas salaires et «racisées» (Yerochewski, 2014, 2018).

Toutefois, les organisations syndicales ne sont pas les uniques responsables de ce phénomène. Les orientations actuelles de l'État et les stratégies antisyndicales de plusieurs employeurs contribuent à exacerber cette tendance (Laroche et Bernier, 2016). Par exemple, certains employeurs incitent leurs employés à négocier une entente collective de travail en privilégiant une représentation non syndicale, en marge du *Code du travail*, et ce, dans une perspective d'évitement syndical (Gagnon et Le Capitaine, 2014). De plus, les médias mènent un travail de fond à ce propos, pour ne pas dire de désinformation, renforçant auprès de la population la conviction de l'inutilité de se syndiquer (Rouillard, 2009). Les conflits et certains cas de corruption sont diffusés *ad nauseam* par l'ensemble des tribunes publiques. À l'inverse, les bons coups du mouvement syndical et sa contribution à l'amélioration de la société demeurent souvent méconnus du grand public.

Les changements organisationnels

Selon Bélanger *et al.* (2004), on instaure des changements fondamentaux dans les milieux de travail aux prises avec les exigences de la mondialisation, et ce, depuis les dernières décennies. Se distinguant de l'ère fordiste où les tâches étaient bien définies, parcellisées et routinières, l'organisation du travail actuelle est centrée sur la flexibilité de l'employeur, l'autonomie des travailleurs et leur participation aux décisions, la qualification et les compétences relationnelles de la main-d'œuvre, ainsi que sur la mise en place d'incitatifs financiers axés sur la performance et le mérite au travail (Mercure et Vultur, 2010). Les changements organisationnels se présentent sous de multiples formes : les équipes de travail semi-autonomes, les cercles de qualité, les comités de résolution de problèmes, de même que la rotation, la polyvalence ou l'enrichissement des tâches. L'éventail de ces pratiques diffère d'une entreprise à une autre, mais toutes convergent vers un seul objectif : la quête et le renforcement de l'engagement du salarié dans son milieu de travail.

Si les formes actuelles d'organisation du travail favorisent, à des degrés divers, l'autonomie et l'implication des travailleurs, il n'en demeure pas moins qu'elles s'accompagnent bien souvent d'une dichotomisation de la main-d'œuvre et d'une dégradation des conditions de travail (Le Capitaine *et al.*, 2013). Premièrement, les nouvelles formes d'organisation du travail permettent à certains d'atteindre l'excellence et de se sentir valorisés (notamment les professionnels). Elles conduisent toutefois à la disqualification sociale d'autres catégories de travailleurs (principalement les personnes peu qualifiées, la main-d'œuvre immigrante et les femmes) (Paugam, 2000). Cette situation crée des inégalités importantes[6] (Yerochewski, 2014).

Deuxièmement, la quête de flexibilité des entreprises, ainsi que les attentes de plus en plus grandes à l'égard de la charge (ou de la surcharge) de travail, de la qualité d'exécution et de la performance engendrent du stress, de l'épuisement et de la souffrance psychologique chez les travailleurs (Dufour-Poirier et Le Capitaine, 2015, 2016). Une logique de responsabilisation prévaut sur le marché du travail, rendant l'individu responsable de son pouvoir d'attraction et de son employabilité, lui laissant le fardeau de la gestion de sa carrière, notamment en matière de formation continue.

L'Organisation mondiale de la santé a estimé qu'en 2020, la dépression serait la principale cause d'incapacité au travail (OCDE, 2012). Selon la Commission de la santé mentale du Canada, près du quart des salariés vivent des problèmes de santé mentale au travail : de surcroît, plus de 30 % des demandes de remboursement pour incapacité (à court et moyen termes) transmises aux compagnies d'assurances sont liées à des maladies d'ordre mental (Gouvernement du Québec, 2018). Au Québec, le tiers de la population ayant un emploi présente un niveau de détresse psychologique au travail modéré ou élevé (ISQ, 2010). Cette souffrance déstabilise les syndicats, car la prévention de la santé mentale au travail ne fait pas toujours partie de leur expertise (Delmas, 2012).

Troisièmement, ces bouleversements organisationnels rendent difficile l'expression collective des salariés. Les stratégies de mobilisation et de gestion des ressources humaines visent parfois, de la part des employeurs, à freiner, voire à éviter la syndicalisation de leurs travailleurs (Gagnon et Le Capitaine, 2014 ; Laroche et Bernier, 2016 ; Osterman *et al.*, 2001). En mettant l'accent sur l'engagement individuel, les employeurs sont plus à même de convaincre les travailleurs qu'ils n'ont pas besoin de syndicats pour représenter leurs intérêts. L'individualisation de la relation d'emploi peut aussi contribuer à réduire le pouvoir du syndicat sur des enjeux traditionnels de négociation, tels que les salaires ou le principe d'ancienneté.

On en vient dès lors à considérer que les procédures et les règles de travail consignées dans les conventions collectives entravent la flexibilité et l'adaptabilité convoitées par les employeurs. De même, la valorisation des compétences et la rémunération en fonction de la production contreviennent au maintien de l'uniformité des règles contractuelles défendues et promues par les organisations syndicales.

Les changements technologiques

L'avènement de l'ère numérique, avec les médias sociaux (Facebook, Twitter, etc.), la diffusion en continu (*streaming*), les plateformes collaboratives (*crowdsourcing*, *social gaming*) ou les technologies infonuagiques (*cloud*), pour ne nommer que ces quelques exemples, ébranlent fortement les modes de fonctionnement traditionnels des organisations (Barlatier, 2016). Si de nombreuses entreprises se sont mises à transformer leurs façons de faire, notamment dans le cadre de l'industrie 4.0, en y intégrant l'automatisation intelligente et en modifiant radicalement leurs modèles d'affaires et leurs modes de gestion des ressources humaines, les organisations syndicales tardent encore à se familiariser avec ces outils technologiques. En plus de la bureaucratie qui demeure bien ancrée, plusieurs syndicats voient dans l'usage du numérique plus de risques que de possibilités. L'absence de règles explicites, énoncées par exemple sur un forum de discussion ou sur une page Facebook, les propos haineux, le harcèlement, ainsi que les problèmes de confidentialité ou de surveillance des données freinent le passage des organisations syndicales à l'ère numérique (de Grosbois, 2018).

Malgré ces obstacles, l'intégration du numérique fait de plus en plus partie intégrante des débats actuels sur le renouveau syndical (Kerr et Waddington, 2014). Plusieurs événements sociopolitiques (par exemple, le Printemps arabe, le mouvement des Indignés) qui ont démontré tout

---

6. Voir le film documentaire *La fin de l'immigration ?* (*Référence complète à la page 110.*)

le potentiel des médias sociaux à titre de nouvel espace d'engagement et de mobilisation (Flesher Fominaya, 2014) incitent à leur tour certaines organisations syndicales à revoir leurs pratiques (Geelan et Hodder, 2017). En outre, selon certaines études (Diamond et Freeman, 2002; Whittall *et al.*, 2009), l'usage du numérique serait essentiel, entre autres, pour réduire les coûts de fonctionnement, atténuer la lourdeur bureaucratique, favoriser la communication entre les leaders syndicaux et leurs membres, mobiliser de nouveaux groupes de travailleurs et promouvoir les revendications syndicales à plus grande échelle (par exemple, LabourStart). En bref, si les acteurs syndicaux ont plusieurs appréhensions à l'égard des changements technologiques, ils sont aussi conscients qu'ils devront tôt ou tard les intégrer à leurs pratiques s'ils veulent survivre à la révolution numérique en cours.

4.3.2 Le renouvellement de l'action collective des travailleurs

Bien que le mouvement syndical souffre d'un déclin indéniable, ce peut être aussi une occasion de renouvellement. Souvenons-nous que ce n'est pas la première fois que le mouvement syndical est appelé à revoir ses pratiques. Les mutations du monde du travail et les contraintes contextuelles que nous venons d'exposer sont bien réelles. Il revient cependant à l'acteur syndical d'agir, par des choix stratégiques, pour assurer sa légitimité et sa pérennité (Dufour et Hege, 2010; Murray, 2017). Dans cette dernière partie, nous abordons en ce sens plusieurs expériences novatrices, instituées par les organisations syndicales au Québec.

La syndicalisation de nouveaux milieux et types de travailleurs

Les organisations syndicales parviennent, peu à peu, à s'implanter dans des milieux de travail jusqu'alors réfractaires à la syndicalisation, comme en témoignent les récentes percées dans le secteur des services privés. Le cas le plus médiatisé est celui de la syndicalisation des salariés de six dépanneurs Couche-Tard au Québec, une première en Amérique du Nord (Messier, 2013). En dépit des nombreuses difficultés rencontrées (commerce de détail faiblement syndiqué, emplois atypiques occupés par des jeunes et des immigrants, stratégies d'évitement syndical de la part de la direction, etc.), la CSN est parvenue à négocier une convention collective qui améliore les conditions de travail des salariés concernés. Le taux de roulement élevé du personnel et l'extension des conditions négociées aux établissements non syndiqués ont conduit à une vague de désyndicalisation en 2016. Un seul des six certificats d'accréditation a survécu à la demande de révocation soumise par l'employeur au Tribunal administratif du travail (TAT). Cependant, plusieurs employés de dépanneurs, syndiqués et non syndiqués, disposent désormais d'une meilleure protection de la santé et de la sécurité au travail (notamment au regard de la santé psychologique suivant un vol à main armée) et voient leur salaire et leurs avantages sociaux bonifiés, leurs congés et leurs horaires de travail, améliorés. De plus, à partir d'un nouveau modèle regroupé (à l'instar des négociations coordonnées du secteur de l'hôtellerie), la CSN vise aussi à syndiquer les travailleurs de l'industrie de la restauration (CSN, 2019). Malgré les embûches rencontrées, les organisations syndicales souhaitent améliorer les conditions de travail de multiples milieux précaires.

Une autre avancée syndicale importante, réalisée cette fois par le syndicat des Travailleurs et travailleuses unis de l'alimentation et du commerce Canada (TUAC), a trait au secteur agricole. En 2010, un jugement de la Commission des relations du travail du Québec invalide une disposition du *Code du travail* en reconnaissant l'accréditation syndicale des travailleurs agricoles migrants de la ferme maraîchère L'Écuyer & Locas (Arès et Noiseux, 2014). S'ensuit une importante bataille juridique jusqu'en 2014, alors que la liberté d'association est finalement accordée à l'ensemble des travailleurs agricoles, qu'ils soient permanents ou saisonniers. Cependant, le projet de loi n° 8 intitulé *Loi modifiant le Code du travail à l'égard de certains salariés d'exploitations agricoles* prévoit que les salariés d'une exploitation agricole qui ne sont pas, selon l'article 111.27 du *Code du travail*, « ordinairement et continuellement employés au nombre minimal de trois » sont exclus de la plupart des dispositions protectrices du *Code du travail*. Dans leur cas, « [l]'employeur doit donner à une association de salariés de l'exploitation agricole une occasion raisonnable de présenter des observations au sujet des conditions d'emploi de ses membres » (art. 111.28 du projet de loi n° 8). De plus, l'employeur n'est pas tenu de négocier et ces travailleurs se trouvent privés du droit de recourir à la grève. Malgré cette issue décevante, ce cas démontre bien que les syndicats cherchent à défendre de nouvelles catégories de travailleurs vulnérables, à savoir une main-d'œuvre bien souvent saisonnière et migrante, trop souvent victime d'abus et de discrimination.

D'autres cas témoignent de l'émergence, grâce aux syndicats, de nouvelles formes de représentation collective au Québec, dont le but est de protéger des travailleurs qui ne sont pas considérés comme des salariés au sens du *Code du travail*. La création de régimes spécifiques de rapports du travail, en marge du *Code du travail*, permet à ceux qui ne sont pas des salariés, tels les travailleurs indépendants, de bénéficier d'une représentation collective. C'est le cas des artistes (de nombreux travailleurs indépendants aux prises bien souvent avec le sous-emploi), des responsables de services de garde en milieu familial et des ressources familiales et intermédiaires dans le réseau de la santé et des services sociaux (pour la plupart des femmes qui effectuent leur travail à domicile). Au-delà du droit d'association et de négociation des conditions de travail, l'existence de ces régimes spécifiques, structurés selon les professions, permet de tenir compte des besoins particuliers de certains groupes de travailleurs et des caractéristiques propres aux emplois se rapportant à ces ententes collectives (Tanguay-Lavallée *et al.*, 2012).

Le renouvellement du leadership syndical

Si plusieurs organisations syndicales parviennent à renouveler leur base (les membres), certaines s'interrogent sur l'exercice de leur leadership. Les syndicats sont de plus en plus conscients de l'importance de renforcer les relations entre les représentants (de tous les niveaux) et les représentés afin de susciter et de maximiser l'engagement de ces derniers (Bergeron-Fortin *et al.*, 2013). Selon Lévesque et Murray (2010), la qualité de ces relations repose, notamment, sur les aptitudes stratégiques du leader syndical. En outre, les compétences et les savoir-faire sociaux permettent aux représentants syndicaux d'être mieux outillés pour arbitrer les demandes contradictoires des membres, collaborer avec les réseaux, définir des stratégies proactives et tirer une leçon du passé pour innover.

Les organisations syndicales sont ainsi nombreuses à offrir des cours de leadership ou des ateliers de formation en leadership pour aider leurs représentants et leurs militants. Les exemples d'activités éducatives sur le sujet foisonnent: le « programme de perfectionnement en leadership » proposé par le Syndicat des Métallos ; le « programme de développement syndical » offert aux militants de l'Alliance de la fonction publique du Canada ; les séances de formation offertes par la CSQ sur « l'animation de groupes », « les habiletés politiques », « la prise de parole en public dans nos syndicats », ce qu'il faut faire pour être « porte-parole auprès des médias » et celle sur « les médias sociaux 101 », etc. ; les cours de la CSN sur le rôle et le fonctionnement d'un syndicat, « Exécutif syndical 1 » et celui sur l'exercice du leadership face aux membres et aux employeurs, « Exécutif syndical 2 ».

Si les organisations syndicales soutiennent leurs leaders pour qu'ils développent leur pouvoir et leurs habiletés, il leur reste du chemin à parcourir pour assurer une meilleure représentativité de leurs membres qui, nous l'avons vu, sont plus diversifiés (femmes, jeunes, immigrants) qu'auparavant. Par exemple, même si les femmes sont désormais plus syndiquées que les hommes au Canada, elles demeurent sous-représentées au sein des exécutifs syndicaux (Yates, 2010). Le dirigeant syndical type demeure un homme d'âge moyen, appartenant à une majorité, et la culture masculine est profondément ancrée dans les structures, la communication, les traditions (à l'instar des élections et des réunions de tous ordres) (Ledwith et Hansen, 2012).

Pour remédier à la sous-représentation des femmes dans les instances syndicales, plusieurs organisations (par exemple, la CSQ et le Syndicat de professionnelles et professionnels du gouvernement du Québec [SPGQ]) ont adopté un programme syndical d'accès à l'égalité afin de s'assurer que les femmes sont représentées de façon proportionnelle. Selon Ledwith (2012), l'inclusion des femmes au sein des instances décisionnelles syndicales est nécessaire pour assurer la démocratisation des structures et mieux tenir compte des enjeux liés à la diversité et à l'égalité. À cet égard, une étude comparative selon le genre, menée auprès de 1105 délégués syndicaux du secteur de l'éducation au Québec, soutient que les activités de formation offertes par les syndicats, bien que jugées importantes aussi bien pour les femmes que pour les hommes, transmettent une meilleure perception du pouvoir chez les femmes (Le Capitaine *et al.*, 2013). Ces résultats font valoir que les femmes comptent davantage sur l'appui de leur syndicat pour accroître leurs connaissances et leurs compétences. Il lui revient donc d'organiser des activités de formation pour favoriser, entre autres, l'influence des femmes au sein de ses propres instances.

C'est pourquoi il existe des formations syndicales offertes exclusivement aux femmes (par exemple, « Femmes et travail », proposée aux militantes de l'Alliance de la fonction publique du Canada). Ce cours s'adresse à toutes les femmes du Québec qui souhaitent créer un réseau de militantes dans leurs milieux de travail, les syndicats ou les organismes communautaires. On y transmet des connaissances sur la situation particulière des femmes sur le marché du travail, en termes d'inégalités, ce qui leur permettra de développer des compétences liées à la promotion de la condition féminine, dans les instances syndicales notamment.

L'élargissement de l'action syndicale au niveau local et l'entraide syndicale

L'action syndicale basée sur l'amélioration des salaires et la protection de la sécurité d'emploi est de plus en plus jugée insuffisante pour les militantes et les militants syndicaux. Les mutations du monde du travail, l'intensification des rythmes de production, la flexibilisation et la diversification de la main-d'œuvre, ainsi que la précarisation des statuts d'emploi ont multiplié les enjeux de négociation, par exemple les mesures de conciliation travail-famille, le perfectionnement, les régimes de retraite, mais aussi la santé mentale au travail. De plus, de nouvelles interventions syndicales sont mises en place pour contrer la dégradation croissante des conditions de travail (Yerochewski, 2014). À cet égard, la souffrance au travail replace les enjeux de santé mentale et l'importance de la qualité de vie au travail au cœur de l'action syndicale (Dufour-Poirier et Le Capitaine, 2018, 2016, 2015), bien que les initiatives déployées à ce sujet s'avèrent néanmoins encore peu documentées à ce jour (Deslauriers, 2016). Au Canada, on estime les coûts de la santé mentale à 50 milliards de dollars par année (ACCP, 2018). Au Québec, le coût de l'absentéisme et du présentéisme se chiffrerait à 6,6 milliards de dollars par année (Sabourin, 2013). Dans ce sillage, l'Organisation internationale du travail (OIT) publiait en 2016 le rapport intitulé *Stress au travail : un défi collectif*, rappelant l'importance de prévenir et de gérer les dangers et les risques psychosociaux chez les travailleurs.

Les syndicats du Québec ne sont pas restés inactifs sur ce point. Au cours des trois dernières décennies, les deux principales centrales syndicales québécoises, la FTQ et la CSN, ont créé respectivement le réseau des délégués sociaux et des déléguées sociales (regroupant plus de 3 000 intervenants actifs dans toute la province) et les réseaux d'entraide (parfois nommés réseaux d'entraidants et d'entraidantes). Ces réseaux visent à prévenir les risques psychosociaux et à accompagner les syndiqués aux prises avec des dysfonctionnements au travail, en raison de problèmes de dépendance, d'épuisement professionnel, de détresse psychologique, d'absentéisme et de présentéisme, entre autres. L'importance de ces initiatives est croissante dans la plupart des syndicats affiliés à ces deux organisations. D'une part, ces innovations illustrent le leadership des syndicats dans la prévention et la gestion des risques psychosociaux dans les milieux de travail. D'autre part, elles élargissent le cadre traditionnel de l'action syndicale (Jalette *et al.*, 2008) pour montrer que le syndicalisme ne repose pas uniquement sur la négociation de la convention collective, son application et le respect de ses clauses (Dufour-Poirier et Le Capitaine 2015, 2016) et qu'il lui faut aller au-delà de ce périmètre pour continuer à être efficace et représentatif de la société.

Plus précisément, l'intervention des militants syndicaux de la FTQ et de la CSN (des membres qui ne sont pas nécessairement des délégués syndicaux) comporte trois objectifs principaux (Harrisson, 2012) : 1) briser le sentiment d'isolement vécu en milieu de travail ; 2) pallier le manque d'informations concernant la souffrance au travail et les risques psychosociaux qui y sont liés ; et 3) aider un collègue à se prendre en main. Cette intervention de première ligne, volontaire et confidentielle, correspond à un modèle particulier de relation d'aide par les pairs, d'ordre non professionnel, dont la mission consiste à faciliter l'accès aux services spécialisés et à prévenir des situations de crise dans les milieux de travail, voire des méfaits plus graves (épuisement, dépression ou suicide) (Rhéaume *et al.*, 2008). Par l'écoute active, les délégués sociaux et les entraidants agissent comme de véritables sentinelles auprès de leurs collègues. Ils cherchent à briser la souffrance[7].

Dans le cas précis de la FTQ, le réseau des délégués sociaux et des déléguées sociales constitue l'une des pierres angulaires de l'action de la fédération auprès de ses membres (FTQ, 2012). En définitive, ce type d'intervention, axée sur le bien-être de l'humain, quelle que soit l'organisation syndicale concernée, contribue à susciter chez certains travailleurs un nouvel intérêt pour le syndicalisme, à assurer la relève et à maximiser la passation des connaissances et des valeurs syndicales.

L'élargissement de l'action syndicale sur le plan international

Si la mondialisation des entreprises n'est pas un phénomène récent, l'internationalisation de leurs activités s'accentue depuis les Trente Glorieuses, malmenant au passage les assises de l'action syndicale traditionnelle (Bélanger *et al.*, 2004). Bien que le syndicalisme ait toujours cherché, depuis sa fondation, le dépassement des frontières locales (Haiven, 2006) et nationales (Windmuller, 2000), le contexte néolibéral oblige les syndicats à développer de nouvelles pratiques sur le plan international. En effet, les comparaisons coercitives (*benchmarking*) dont font usage les entreprises multinationales exacerbent les différences entre les pays en termes de productivité, de rendement et de performance, et parfois même de santé et de sécurité. Cette situation, sur laquelle les États ont souvent peu de prise (en particulier dans les pays émergents), entretient chez les travailleurs la crainte de

---

7. Précisons à ce propos que l'OIT reconnaît la pertinence de l'action exercée par le réseau des délégués sociaux et des déléguées sociales de la FTQ grâce à un programme éducatif et interactif centré sur la santé au travail, ayant pour nom SOLVE, qui est destiné à former des intervenants capables de prévenir les problèmes psychosociaux en milieu de travail et d'agir, le cas échéant (OIT, 2015).

perdre leur emploi à cause des délocalisations vers des pays où la main-d'œuvre coûte moins cher et où les lois du travail sont plus souples. Le transfert en juillet 2014 des activités de production d'Electrolux, de L'Assomption (Québec) vers une toute nouvelle usine de l'entreprise à Memphis (Tennessee), constitue un exemple patent de cette dynamique défavorable aux organisations de travailleurs (Bovet, 2011). Plus récemment, dans l'industrie automobile cette fois, l'annonce d'une réduction massive des effectifs de General Motors, entraînant la fermeture de son usine d'assemblage à Oshawa (Ontario) à compter de 2020, émane aussi d'une opération de restructuration de la production mondiale et des pressions concurrentielles auxquelles les entreprises font face (La Presse canadienne, 2018b).

L'enjeu principal du syndicalisme international consiste dès lors à mieux se positionner face aux entreprises multinationales. De ce fait, les initiatives syndicales vont dans le sens d'un investissement de l'espace économique et social sur le plan transnational (Dufour-Poirier et Hennebert, 2015). On vise ainsi, d'une part, à augmenter la résistance des organisations de travailleurs devant l'adoption de politiques gouvernementales sévères et la mise en place de stratégies patronales hostiles à la syndicalisation, et, d'autre part, à créer un contrepoids syndical (Dufour-Poirier, 2011). Ces initiatives sont multiples ; explorons quelques-unes d'entre elles (Dufour-Poirier et Hennebert, 2009).

Tout d'abord, les organisations syndicales canadiennes et québécoises se sont investies, au cours des dernières années, dans la création d'alliances syndicales internationales (ASI). Définies comme des regroupements de syndicats de différents pays représentant les travailleurs d'une même entreprise multinationale, les ASI constituent des lieux plutôt informels, plus ou moins structurés, d'échanges, de mobilisation et de coordination de divers paliers de l'action, du militantisme et du leadership syndical à l'échelle internationale (Dufour-Poirier, 2014).

Dans certains cas, ces alliances finissent par se structurer au point de déboucher sur la constitution de conseils mondiaux d'entreprises (CME). Les CME sont des structures formelles bipartites (syndicats et patronat) dont le but ultime vise à réguler les activités des entreprises multinationales et à assurer plus d'égalité, de prospérité et de stabilité pour leurs travailleurs. Ces conseils cherchent à faciliter les échanges d'informations et à ouvrir des espaces de dialogues au sein des entreprises multinationales pour mobiliser les membres, notamment autour de la promotion du respect de leurs droits fondamentaux, de la négociation des impacts des changements annoncés (restructurations, délocalisations, par exemple) et des conséquences pour eux. Le réseautage, la collecte et la dissémination d'informations, ainsi que la coordination d'actions multiniveaux (local, régional et national) constituent les pièces maîtresses de l'action syndicale internationale.

Un des principaux moyens à la portée des CME réside dans la ratification d'accords-cadres internationaux (ACI), désormais aussi appelés accords mondiaux d'entreprises (AME) ou encore accords-cadres mondiaux (ACM). Ce sont en quelque sorte des conventions collectives ratifiées par les directions d'entreprises multinationales et celles des Fédérations syndicales internationales (FSI)[8]. Ces accords formalisent un certain nombre d'engagements sociaux pris par les entreprises en s'appuyant sur les normes internationales minimales de travail et, plus récemment, sur leurs modalités et leurs politiques de fonctionnement interne. Cela leur permet de réguler leurs activités dans toutes leurs chaînes de production et d'approvisionnement (Breitenfellner, 2014 ; Lévesque et al., 2018). Ces accords deviennent alors des instruments de régulation pratiquement « sur mesure », « de haute couture » en quelque sorte, car parfaitement adaptés à la structure et à la stratégie de l'entreprise transnationale concernée, mettant en avant la diversité de plus en plus grandissante des accords, tant sur le plan du contenu que de la forme (UNI Global Compact, 2018). En 2015-2016, les FSI concluaient près de 317 accords (contre 80 en 2011) (Salamero, 2017) qui s'appliquaient sur une durée déterminée dans les secteurs de la métallurgie, de la construction, de l'alimentation et de l'agriculture, des assurances et de l'énergie. Un bémol cependant : seuls 115 d'entre eux étaient considérés comme véritablement « actifs » en 2017.

---

8. À l'image de leurs ancêtres, les Secrétariats professionnels internationaux (SPI), les FSI sont structurées sur la base de leur secteur d'activité. Voici la liste des 10 FSI existantes en 2019 : l'Internationale des travailleurs du bâtiment et du bois, l'IE, IndustriALL (qui rallie les anciennes Fédération internationale des syndicats des travailleurs de la chimie, de l'énergie et des mines, Fédération internationale des organisations de travailleurs de la métallurgie et Fédération internationale des travailleurs du textile, de l'habillement et du cuir), la Fédération internationale des journalistes, la Fédération internationale des ouvriers du transport, la Fédération internationale des travailleurs domestiques, l'Union internationale des travailleurs de l'alimentation et de l'agriculture, l'ISP, UNI Global Union et l'International Arts and Entertainment Alliance. Au-delà des FSI existe la CSI. Créée en 2006, la CSI réunissait quelque 207 millions de membres en 2019. Information récupérée au www.ituc-csi.org

Ces accords peuvent constituer un outil particulièrement important pour responsabiliser les entreprises et assurer le respect des droits des travailleurs dans leurs chaînes de production et d'approvisionnement. Cet enjeu n'est pas négligeable, puisque l'OIT estime que près d'un cinquième des employés dans le monde, soit environ 453 millions de personnes, travailleraient aujourd'hui pour des entreprises agissant comme sous-traitants de sociétés multinationales, ce qui représente une augmentation de 53 % de 1995 à 2013 (Salamero, 2017). Cela témoigne de la précarisation et de la flexibilisation grandissantes des statuts d'emploi partout dans le monde.

Dans plusieurs cas de figure, ces actions de solidarité internationale sont financées par des fonds de solidarité ou de coopération internationale mis en place dans certaines organisations syndicales, à l'instar de l'Alliance de la fonction publique du Canada, du Syndicat des Métallos[9] et d'Unifor. La plupart de ces fonds se constituent sur la base d'une cotisation volontaire prélevée sur la paie des travailleurs affiliés à ces syndicats à hauteur d'un cent par heure travaillée.

Ces initiatives peuvent être davantage inclusives, au point de rassembler différents acteurs et mouvements sociaux de la société civile : elles prendront alors la forme de campagnes mettant en avant l'entreprise citoyenne. Le but de ces campagnes consiste à inviter les directions des sociétés multinationales ciblées à assumer une véritable prise en charge de leurs responsabilités sociales sur toute leur chaîne de production, à l'échelle internationale. La campagne « Notre Walmart »[10] mise sur pied par le syndicat des TUAC, au Canada et aux États-Unis, en est un exemple. Au niveau international, la mobilisation pour mettre fin aux violations des droits humains et à l'impunité des entreprises, mise en place lors de la 26e session du Comité des droits de l'homme de l'ONU, en juin 2014, ralliait une pléiade d'acteurs et de mouvements sociaux réclamant l'accès à la justice pour les victimes des violations des droits humains et des crimes (écologiques, notamment) perpétrés par les sociétés multinationales.

Dans l'ensemble, ces initiatives représentent, pour les syndicats, des transferts de pratiques et de connaissances qui leur sont souvent étrangères, ainsi que la naissance de manières novatrices de faire de l'action syndicale, en collaboration avec des militants d'horizons divers, provenant des sphères politique et sociale. Quelles qu'elles soient, celles-ci ont autant pour but d'accroître la capacité d'intervention des syndicats en milieu de travail par la défense des intérêts des membres que de rehausser leur légitimité dans la société par l'exercice d'un rôle de transformation sociale. Le renouveau syndical se trouve ainsi à la jonction d'actions conjuguant les deux fonctions (économique et sociale) essentielles du syndicalisme, sur les plans local, national et international.

Conclusion

Nous avons mis en évidence la place légitime de l'acteur syndical, de ses origines à aujourd'hui. Celui-ci contribue, depuis plus de deux siècles, à défendre et à améliorer les conditions de travail des employés de tous types, mais aussi à lutter pour une société plus juste et équitable pour toutes et tous.

Grâce à leur structure, à leurs instances et à leur fonctionnement, le CTC, la FTQ, la CSN, la CSD, la CSQ ainsi que les syndicats indépendants parviennent à représenter des millions de travailleurs au Canada et au Québec. Le mouvement syndical au Québec se distingue d'ailleurs de celui des autres provinces par son pluralisme, étant donné que les centrales syndicales mentionnées précédemment, à l'exception du CTC, couvrent uniquement le territoire québécois, qui est aussi le plus syndiqué en Amérique du Nord.

Malgré la présence de structures syndicales bien établies et de nombreux gains pour les travailleurs, le mouvement syndical est actuellement ébranlé par les nouvelles exigences de la société contemporaine. Les taux de syndicalisation et de présence syndicale témoignent de cet affaiblissement dans les pays de l'OCDE et, dans

---

9. Voir le site Internet du Fonds humanitaire des Métallos : www.usw.ca/fr/impliquez-vous/activisme/fonds-humanitaire
10. Cette campagne est mieux connue sous son nom anglais, *Our Walmart :* http://changewalmart.org/

une moindre mesure, au Canada. Les obstacles auxquels les organisations syndicales se butent sont multiples. Ils proviennent autant de l'évolution du contexte économique que de changements législatifs, socioculturels, organisationnels et technologiques.

Si le bien-fondé du syndicalisme n'est pas nécessairement remis en cause, on l'accuse souvent d'être déphasé par rapport au contexte d'aujourd'hui. Les mutations du monde du travail et les contraintes contextuelles procurent en ce sens des possibilités de renouvellement pour le mouvement syndical, forcé d'agir pour assurer sa propre légitimité et sa pérennité. À cet égard, nous avons relevé plusieurs expériences novatrices au Québec (pratiques, initiatives et stratégies, aussi variées les unes que les autres) qui témoignent de cette forte volonté de changement et qui demeurent en constante évolution. Elles concernent la syndicalisation de nouveaux milieux de travail et de nouveaux groupes de travailleurs, le renouvellement du leadership syndical, la création de réseaux d'entraide devant la montée de la souffrance mentale au travail ou encore l'implication accrue des syndicats sur le plan international. Si ces initiatives sont loin d'être suffisantes, elles font néanmoins sortir les organisations syndicales de leur zone de confort et de leurs traditions. Ce vent de changement, parfois audacieux, semble porteur d'un avenir fécond pour les organisations syndicales.

QUESTIONS DE RÉVISION

1. Nommez deux raisons fondamentales expliquant le désir des travailleurs de se syndiquer.

2. Comment explique-t-on le bien-fondé des syndicats dans toute société ?

3. Pourquoi parle-t-on d'un régime de relations du travail décentralisé ou réduit au niveau de l'établissement en Amérique du Nord, en l'occurrence au Québec ?

4. Quelle est la double fonction du syndicalisme ? Quelle est la principale fonction des syndicats locaux ? des fédérations professionnelles ? des centrales syndicales ?

5. Quelle est la différence entre les taux de syndicalisation et de présence syndicale ?

6. Pourquoi parle-t-on de pluralisme syndical au Québec ?

7. Quelles sont les principales centrales syndicales au Québec ? Quels sont les types de services qu'elles offrent à leurs affiliés ?

8. Quelles sont les quatre grandes phases d'évolution du syndicalisme, depuis ses débuts jusqu'à aujourd'hui, au Canada et au Québec ? En quoi diffèrent-elles ?

9. Quels sont les cinq types de changements ayant provoqué la crise du syndicalisme qui limite aujourd'hui la progression et la portée des syndicats dans les milieux de travail et dans la société en général ? Donnez des exemples concrets de ce que vous affirmez pour chacun des types de changements.

10. Nommez au moins deux stratégies de renouveau qui sont à la portée des organisations syndicales à l'heure actuelle. Expliquez en quoi chacune consiste en donnant des exemples concrets.

POUR ALLER PLUS LOIN

Au bas de l'échelle (2019). *Au bas de l'échelle*. Récupéré au www.aubasdelechelle.ca

Au bas de l'échelle (2019). *Vos droits au travail*. Montréal, Publications ABE. Récupéré au www.aubasdelechelle.ca/vos-droits-au-travail.html

Centre international de solidarité ouvrière (CISO) (2019). *CISO*. Récupéré au www.ciso.qc.ca/

Coalition québécoise contre les ateliers de misère (CQCAM) (2019). *CQCAM*. Récupéré au www.ciso.qc.ca/la-cqcam/

Confédération des syndicats nationaux (CSN) (2019). Site sur l'entraide syndicale de la CSN. Récupéré au www.csn.qc.ca/entraide/

Crevier, P., H. Forcier et S. Trépanier (dir.) (2015). *Renouveler le syndicalisme : pour changer le Québec*. Montréal, Écosociété.

Daveau, F., F. Larivée et M. Ladouceur (2010). *Une histoire orale du syndicalisme québécois*. Récupéré au www.archiv.umontreal.ca/exposition/expo_roback/une_histoire_orale_du_syndicalisme_quebecois.html

Descolonges, M. (2011). *Des travailleurs à protéger : l'action collective au sein de la sous-traitance*. Paris, Hermann.

Dufour, C., G. Murray, D. Peetz et C. Yates (dir.) (2010). « Repenser la représentation collective », numéro spécial, *Revue de l'IRES*, n° 65.

Fairbrother, P., C. Lévesque et M.-A. Hennebert (dir.) (2013). *Transnational Trade Unionism : New Capabilities and Prospects*. Londres, Routledge.

Gall, G., A. Wilkinson et R. Hurd (dir.) (2011). *The International Handbook of Labour Unions : Responses to Neo-Liberalism*. Northampton (Mass.), Edward Elgar Publishing Limited.

Kumar, P. et C. Schenk (dir.) (2006). *Paths to Union Renewal : Canadian Experiences*. Toronto, University of Toronto Press.

Silva, E. (dir.) (2013). *Transnational Activism and National Movements in Latin America : Bridging in Latin America*. New York et Londres, Routledge.

Thwaites, J. D. (dir.) (2014). *Travail et syndicalisme. Origines, évolution et défis d'une action sociale*, 4e édition, Québec, Presses de l'Université Laval.

Union for Youth (2019). *YOUnion*. Récupéré au www.adapt.it/younion

Yerochewski, C. (2014). *Quand travailler enferme dans la pauvreté et la précarité. Travailleuses et travailleurs pauvres au Québec et dans le monde*. Québec, Presses de l'Université du Québec.

Matériel audiovisuel

Balmès, T. (2006). *Une entreprise comme il faut*. Paris, France, doc net films.

Boti, M. et M. Guy (2012). *La fin de l'immigration ?* Canada, Productions Multi-Monde.

Fédération des travailleurs et travailleuses du Québec (FTQ) (2019). Capsules vidéo sur l'entraide syndicale. Récupéré au www.ftq.qc.ca/videos-entraide-syndicale

Hinkster, D. (2009). *24 jours à Brooks*. Canada, Bonnie Thompson, Barna-Alper Production et l'Office national du film du Canada.

Martel, C. (2001). *Le dernier appel*. Canada, Office national du film du Canada.

Télé-Québec (2008). *Les syndicats sont-ils poussiéreux ?* Montréal, Québec, KM Zéro.

RÉFÉRENCES

Arès, M. et Y. Noiseux (2014). « La syndicalisation des travailleurs agricoles migrants au Québec : du débat en cour au débat de société », *Interventions économiques*, n° 49. Récupéré au http://interventionseconomiques.revues.org/2001

Association canadienne de counseling et de psychothérapie (ACCP) (2018). *Impacts de la santé mentale au Canada*. Récupéré au www.ccpa-accp.ca/wp-content/uploads/2018/04/CCPA_Infographic_FR.pdf

Barlatier, P.-J. (2016). « Management de l'innovation et nouvelle ère numérique – Enjeux et perspectives », *Revue française de gestion*, n° 254, p. 55-63.

Bélanger, J., A. Giles et G. Murray (2004). « Vers un nouveau modèle de production : possibilités, tensions et contradictions », dans Murray, G., J. Bélanger, A. Giles et P.-A. Lapointe (dir.), *L'organisation de la production et du travail : vers un nouveau modèle ?* Québec, Presses de l'Université Laval, p. 13-62.

Bergeron-Fortin, C., O. Doucet et M.-A. Hennebert (2013). « Le leadership transformationnel comme source d'engagement syndical : le rôle modérateur de la justice », *Relations industrielles/Industrial Relations*, vol. 68, n° 3, p. 409-430.

Bernier, J. (2011). « Diversité et croissance des modèles atypiques d'organisation du travail », *À bâbord !*, n° 37.

Bernstein, S., U. Coiquaud, M.-J. Dupuis, L. Fontaine, L. Morissette, E. Paquet et G. Vallée (2009). « Les transformations des relations d'emploi : une sécurité compromise ? », *Regards sur le travail*, vol. 6, n° 1, p. 19-26.

Bois, H. (2014). « Les structures syndicales au Québec », dans Thwaites, J. D. (dir.), *Travail et syndicalisme. Origines, évolution et défis d'une action sociale*, 4ᵉ édition, Québec, Presses de l'Université Laval, p. 829-846.

Boivin, J. (2010). « La place et le rôle des syndicats dans un système de relations industrielles », dans Boivin, J. (dir.), *Introduction aux relations industrielles*, 2ᵉ éd., Montréal, Gaëtan Morin et Chenelière Éducation, p. 49-82.

Boudreau, P. et R. Sarrasin (2018). « Les initiatives parasyndicales : pour ou contre le syndicalisme ? », *Nouveaux cahiers du socialisme*, n° 19, p. 153-166.

Bovet, S. (2 mars 2011). *Aucun espoir pour l'usine d'Electrolux*. Récupéré au http://ici.radio-canada.ca/nouvelles/economie/2011/03/02/009-pas-espoir-electrolux.shtml

Breitenfellner, A. (2014). « Le syndicalisme mondial : un partenaire potentiel », dans Thwaites, J. D. (dir.), *La mondialisation : origines, développement et effets*. Québec, Presses de l'Université Laval, p. 107-136.

Brody, D. (1991). « Labor's Crisis in Historical Perspective », dans Strauss, G., D. G. Gallagher et J. Fiorito (dir.), *The State of the Unions*. Madison, Industrial Relations Research Association, p. 277-311.

Brunelle, C. (2002). « L'émergence des associations parallèles dans les rapports collectifs de travail », *Relations industrielles/Industrial Relations*, vol. 57, n° 2, p. 282-308.

Centrale des syndicats démocratiques (CSD) (2019). *Centrale des syndicats démocratiques*. Récupéré au www.csd.qc.ca

Centrale des syndicats du Québec (CSQ) (2019). *Centrale des syndicats du Québec*. Récupéré au www.lacsq.org

Coiquaud, U., M.-A. Hennebert et L. Morissette (2016). *Relations de travail*. Montréal, Chenelière Éducation.

Confédération des syndicats nationaux (CSN) (2019). *Confédération des syndicats nationaux*. Récupéré au www.csn.qc.ca

Congrès du travail du Canada (CTC) (2019). *Congrès du travail du Canada*. Récupéré au www.congresdutravail.ca

Crain, M. et K. Matheny (2001). « Labor's Identity Crisis », *California Law Review*, vol. 89, p. 1767-1846.

Delmas, C. (2012). « Mobilisation syndicale et expertise en matière de risques psychosociaux », *Revue de l'IRES*, n° 74, p. 153-176.

Deslauriers, J.-S. (2016). *Action en santé mentale au travail et syndicalisme québécois : l'expérience de représentants syndicaux*. Thèse de doctorat en sciences de l'orientation, Québec, Université Laval.

Diamond, W. J. et R. B. Freeman (2002). « Will Unionism Prosper in Cyberspace ? The Promise of the Internet for Employee Organization », *British Journal of Industrial Relations*, vol. 40, n° 3, p. 569-596.

Dufour, C. et A. Hege (2010). « Légitimité des acteurs collectifs et renouveau syndical », *Revue de l'IRES*, vol. 65, p. 67-85.

Dufour-Poirier, M. (2014). « Enjeux et tensions de la solidarité syndicale : étude d'une coalition Nord-Sud », dans Thede, N. et M. Dufour-Poirier (dir.), *L'Amérique latine : laboratoire du politique autrement*. Québec, Presses de l'Université du Québec, p. 163-183.

Dufour-Poirier, M. (2011). *Construction d'une coalition syndicale internationale : analyse d'une perspective Nord-Sud*. Thèse de doctorat, HEC Montréal.

Dufour-Poirier, M. et M. Laroche (2015). « Revitalizing Union Representation among Young Workers : A Comparative Analysis of Two Trade Union Organisations in Quebec », *Industrial Relations Journal* (UK), vol. 46, n° 5-6, p. 418-433.

Dufour-Poirier, M. et C. Le Capitaine (2018). « Regard sur les innovations syndicales menées par la FTQ au Québec face à la recrudescence des enjeux psychosociaux au travail », dans Mias, A. et C. Wolmark, *Agir sur la santé au travail : acteurs, dispositifs, outils et expertise autour des enjeux psychosociaux*. Toulouse, Octarès, p. 47-60.

Dufour-Poirier, M. et C. Le Capitaine (2016). « Syndicalisme et souffrance au travail : l'expérience des délégués sociaux au Québec », *Les Cahiers des RPS*, vol. 28, p. 37-40.

Dufour-Poirier, M. et C. Le Capitaine (2015). « Les délégués sociaux au Québec : l'émergence d'une nouvelle profession syndicale transformant le travail ? », *La Revue des conditions de travail*, n° 3, p. 101-109.

Dufour-Poirier, M. et M.-A. Hennebert (2015). « The Transnationalization of Trade Union Action within Multinational Corporations : A Comparative Perspective », *Economic and Industrial Democracy*, vol. 36, n° 1, p. 73-98.

Dufour-Poirier, M. et M.-A. Hennebert (2009). « Les syndicats : des acteurs actifs de la mondialisation », *Effectif*, vol. 12, p. 30-32.

Eidlin, B. (2018). « Crise de légitimité du syndicalisme à l'ère de Trump », *Nouveaux cahiers du socialisme*, n° 19, p. 98-107.

Eisenscher, M. (2002). « Is the Secret to Labor's Future in Its Past ? », *Working USA*, vol. 5, n° 4, p. 95-122.

Emploi et Développement social Canada (2016). *Organisations du travail au Canada – 2015*. Ottawa, gouvernement du Canada.

Fédération des travailleurs et travailleuses du Québec (FTQ) (2019). *FTQ – National*. Récupéré au www.ftq.qc.ca

Fédération des travailleurs et travailleuses du Québec (FTQ) (2012). *Conférence nationale des délégués sociaux et des déléguées sociales : 30 ans et toujours de son temps, la petite histoire d'un grand réseau*. Montréal, Bibliothèque et Archives nationales du Québec.

Flesher Fominaya, C. M. (2014). « International Solidarity in Social Movements », *Interface : A Journal for and About Social Movements*, vol. 6, n° 2, p. 16-25.

Fondaction (2019). *Fondaction*. Récupéré au www.fondaction.com

Fonds de solidarité FTQ (2019). *Fonds de solidarité FTQ*. Récupéré au www.fondsftq.com

Gagnon, M.-J. (1998). « La modernisation du syndicalisme québécois ou la mise à l'épreuve d'une logique représentative », *Sociologie et sociétés*, vol. 30, n° 2, p. 213-230.

Gagnon, M. et C. Le Capitaine (2014). « La négociation d'une entente collective en marge du *Code du travail* : le cas d'un collège privé », *Relations industrielles/Industrial Relations*, vol. 69, n° 2, p. 266-289.

Geelan, T. et A. Hodder (2017). « Enhancing Transnational Labour Solidarity : The Unfulfilled Promise of the Internet and Social Media », *Industrial Relations Journal*, vol. 48, n° 4, p. 345-364.

Godard, J. (2006). « The US and Canadian Labour Movements : Markets vs. States and Societies », dans Harcourt, M. et G. Wood (dir.), *Trade Unions and Democracy : Strategies and Perspectives*. Nouveau-Brunswick et Londres, Transaction Publishers, p. 159-190.

Gouvernement du Québec (2018). *Le travail et la santé mentale*. Récupéré au www.quebec.ca/sante/conseils-et-prevention/sante-mentale/le-travail-et-la-sante-mentale

Grosbois, P. de (2018). « Le numérique et ses appropriations syndicales », *Nouveaux cahiers du socialisme*, n° 19, p. 176-185.

Haiven, L. (2006). « Expanding the Union Zone : Union Renewal through Alternative Forms of Worker Organization », *Labor Studies Journal*, vol. 31, n° 3, p. 85-116.

Harrisson, D. (2012). *Les réseaux d'entraide à la FTQ et à la CSN*. Rapport de recherche, Centre de recherche sur les innovations sociales (CRISES). Montréal, ESG-UQAM.

Healy, G. (1999). « The Trade Union Role in Career Development : A Membership Perspective », *Industrial Relations Journal*, vol. 30, n° 3, p. 212-228.

Heckscher, C. (1988). *The New Unionism : Employee Involvement in the Changing Corporation*. New York, Basic Books.

Institut de la statistique du Québec (ISQ) (2010). *Santé et bien-être*. Québec, Gouvernement du Québec.

Jackson, A. (2005). « Rowing Against the Tide : The Struggle to Raise Union Density in a Hostile Environment », dans Kumar, P. et C. Schenk (dir.), *Paths to Union Renewal : Canadian Experiences*. Canada, Broadview Press, p. 61-78.

Jalette P., R. Bourque et M. Laroche (2008). « Les relations de travail au Québec : évolution récente et perspectives », *Effectif*, vol. 11, n° 2, p. 11-17.

Kerr, A. et J. Waddington (2014). « E-Communications : An Aspect of Union Renewal or Merely Doing Things Electronically », *British Journal of Industrial Relations*, vol. 52, n° 4, p. 658-681.

Kochan, T. A., H. C. Katz et R. B. McKersie (1994). *The Transformation of Industrial Relations*, Ithaca, ILR Press.

Kumar, P. et G. Murray (2007). « Les innovations syndicales au Canada : patterns, causes, conséquences », dans *Transformations du travail et vécu syndical : perspectives de renouvellement syndical*, rapport de recherche soumis par G. Murray, C. Lévesque et C. Le Capitaine au Fonds de recherche du Québec – Société et culture, p. 36-62.

Labrosse, A. (2018). *La présence syndicale au Québec en 2016*. Québec, ministère du Travail.

La Presse canadienne (2018a). *Postes Canada : la loi spéciale entre en vigueur*. Récupéré au www.lapresse.ca/affaires/economie/201811/26/01-5205622-postes-canada-la-loi-speciale-entre-en-vigueur.php

La Presse canadienne (2018b). *GM Canada fermerait son usine d'Oshawa*. Récupéré au www.lapresse.ca/affaires/entreprises/201811/25/01-5205556-gm-canada-fermerait-son-usine-doshawa.php

Laroche, M. et M.-E. Bernier (2016). « Employeurs et anti-syndicalisme au Canada : une étude juridique des stratégies mobilisées », *Travail et emploi*, vol. 2, n° 146, p. 51-74.

Laroche, M. et M. Dufour-Poirier (2017). « Revitalizing Union Representation through Labor Education Initiatives : A Close Examination of Two Trade Unions in Quebec », *Labor Studies Journal* (USA), vol. 42, n° 2, p. 99-123.

Laroche, M. et M. Dufour-Poirier (2015). « Jeunes et syndicalisme : quelles solutions privilégier pour en découdre avec un divorce annoncé ? », dans Crevier, P., H. Forcier et S. Trépanier (dir.), *Renouveler le syndicalisme : pour changer le Québec*, Éco-Société, p. 85-100.

Laroche, M. et M. Dufour-Poirier (2013). « Revitalizing Union Action : The Impact of Youth Committees in a Public Sector Labour Federation in Quebec », *Just Labour*, vol. 20, p. 1-13.

Le Capitaine, C. (2011). « Nouvelles identités professionnelles des femmes et syndicalisme : une possible compatibilité ? », *Relations industrielles/Industrial Relations*, vol. 66, n° 1, p. 98-121.

Le Capitaine, C., G. Murray et C. Lévesque (2013). « Empowerment and Union Workplace Delegates : A Gendered Analysis », *Industrial Relations Journal*, vol. 44, n° 4, p. 389-408.

Ledwith, S. (2012). « Gender Politics in Trade Unions. The Representation of Women between Exclusion and Inclusion », *Transfer*, vol. 18, p. 185-199.

Ledwith, S. et L. L. Hansen (2012). « A Diverse Trade Union Leadership : Complexity, Contradictions, Continuity and Change », dans Ledwith, S. et L. L. Hansen (dir.), *Gendering and Diversifying Trade Union Leadership*. Routledge Research in Employment Relations, p. 1-26.

Legault, M.-J. (2005). « Droits de la personne, relations du travail et défis pour les syndicats contemporains », *Relations industrielles/Industrial Relations*, vol. 60, n° 4, p. 683-708.

Lévesque, C., M.-A. Hennebert et R. Bourque (2018). « Corporate Social Responsibility and Worker Rights : Institutionalizing Social Dialogue through International Framework Agreements », *Journal of Business Ethics*, vol. 153, n° 1, p. 215-230.

Lévesque, C. et G. Murray (2010). « Comprendre le pouvoir syndical : ressources et aptitudes stratégiques pour renouveler l'action syndicale », *Revue de l'IRES*, vol. 65, n° 2. Récupéré au www.ires.fr/index.php/publications-de-l-ires/item/2528-comprendre-le-pouvoir-syndical-ressources-et-aptitudes-strategiques-pour-renouveler-l-action-syndicale

Lévesque, C. et G. Murray (2003). « Le pouvoir syndical dans l'économie mondiale : clés de lecture pour un renouveau », *Revue de l'IRES*, vol. 41, n° 1. Récupéré au www.ires.fr/index.php/publications-de-l-ires/item/2738-le-pouvoir-syndical-dans-l-economie-mondiale-cles-de-lecture-pour-un-renouveau

Lévesque, C., G. Murray et S. Le Queux (2005). « Union Disaffection and Social Identity : Democracy as a Source of Union Revitalization », *Work and Occupations*, vol. 32, n° 4, p. 400-422.

Mercure, D. et M. Vultur (2010). *La signification du travail. Nouveau modèle productif et ethos du travail au Québec*. Québec, Presses de l'Université Laval.

Messier, M. (novembre 2013). « Entente historique : première convention aux dépanneurs Couche-Tard », *L'Aut'Journal*, n° 324. Récupéré au http://archives.lautjournal.info/autjourarchives.asp?article=4574&noj=324

Murray, G. (2017). « Union Renewal : What Can We Learn from Three Decades of Research? », *Transfer : European Review of Labour & Research*, vol. 23, n° 1, p. 9-29.

Murray, G. (2002). « Unions in Canada : Strategic Renewal, Strategic Conundrums », dans Fairbrother, P. et G. Griffin (dir.), *Changing Prospects for Trade Unionism : Comparisons between Six Countries*. Londres et New York, Continuum, p. 93-136.

Murray, G. (1998). « Steeling for Change : Organization and Organizing in Two USWA Districts in Canada », dans Bronfenbrenner, K., S. Friedman, R. W. Hurd, R. A. Oswald et R. L. Seeber (dir.), *Organizing to Win*. Ithaca, New York, ILR Press, p. 339-354.

Murray, G. et P. Verge (1999). *La représentation syndicale : visage juridique actuel et futur*. Québec, Presses de l'Université Laval.

Noiseux, Y. (2012). « Le travail atypique au Québec : les jeunes au cœur de la dynamique de précarisation par la centrifugation de l'emploi », *Revue multidisciplinaire sur l'emploi, le syndicalisme et le travail*, vol. 7, n° 1, p. 36-46.

Organisation de coopération et de développement économiques (OCDE) (2019). *Taux de syndicalisation*. Récupéré au www.oecd-ilibrary.org/fr/employment/data/syndicats/taux-de-syndicalisation_data-00371-fr

Organisation de coopération et de développement économiques (OCDE) (2012). *Mal-être au travail ? Mythes et réalités sur la santé mentale et l'emploi*. Récupéré au www.oecd.org/fr/els/mal-etre-au-travail-mythes-et-realites-sur-la-sante-mentale-et-l-emploi-9789264124561-fr.htm

Organisation internationale du travail (OIT) (2015). *Promotion de la santé et bien-être au travail*. Récupéré au www.ilo.org/safework/areasofwork/workplace-health-promotion-and-well-being/lang--fr/index.htm

Osterman, P., T. A. Kochan, R. A. Locke et M. J. Piore (2001). *Working in America : A Blueprint for the New Labor Market*. Cambridge, MIT Press.

Paugam, S. (2000). *Le salarié de la précarité : les nouvelles formes de l'intégration professionnelle*. Paris, Presses universitaires de France.

Piore, M. J. (1991). « The Future of Unions », dans Strauss, G., D. G. Gallagher et J. Fiorito (dir.), *The State of the Unions*. Madison, Industrial Relations Research Association, p. 387-410.

Reiss, J. (2005). « Social Movement Unionism and Progressive Public Policy in NYC », *Just Labour*, vol. 5, p. 36-48.

Rhéaume, J., M.-F. Maranda, J.-S. Deslauriers, L. St-Arnaud et L. Trudel (2008). « Action syndicale, démocratie et santé mentale au travail », *Nouvelles Pratiques Sociales*, vol. 20, n° 2, p. 82-110.

Rosanvallon, P. (1988). *La question syndicale : histoire et avenir d'une forme syndicale*. Paris, Calmann-Lévy.

Rouillard, J. (2014). « Les déboires du syndicalisme nord-américain (1960-2003) : pourquoi le mouvement syndical canadien se tire-t-il mieux d'affaires que celui des États-Unis ? », dans Thwaites, J. D. (dir.), *Travail et syndicalisme. Origines, évolution et défis d'une action sociale*, 4e édition, Québec, Presses de l'Université Laval, p. 490-510.

Rouillard, J. (2009). *L'expérience syndicale au Québec : ses rapports avec l'État, la nation et l'opinion publique*. Montréal, VLB.

Rouillard, J. (2004). *Le syndicalisme québécois : deux siècles d'histoire*. Montréal, Boréal.

Sabourin, G. (2013). « Le présentéisme au travail : corps présent, rendement absent », *Prévention au travail*. Récupéré au www.preventionautravail.com/reportages/67-le-presenteisme-au-travail-corps-present-rendement-absent.html

Salamero, E. (2017). « La majorité des accords-cadres internationaux se réfèrent aux normes de l'OIT », *Force ouvrière*. Récupéré au www.force-ouvriere.fr/la-majorite-des-accords-cadres-internationaux-se-referent-aux

Stone, K. V. W. (2004). *From Widgets to Digits : Employment Regulation for the Changing Workplace*. Cambridge, Cambridge University Press.

Tanguay-Lavallée, B., A. Houde, J. Marotte, C. Nadeau et M. Poulin (2012). « Les différents régimes de représentation collective au Québec », *Regards sur le travail*, vol. 9, numéro spécial – Forum 2012.

Thede, N. et M. Dufour-Poirier (dir.) (2014). *L'Amérique latine : laboratoire du politique autrement*. Montréal, Presses de l'Université du Québec.

Thwaites, J. D. (2016). *Le syndicalisme au Canada*. Québec, Presses de l'Université Laval.

Thwaites, J. D. (2014). « Le syndicalisme canadien : caractéristiques et défis », dans Thwaites, J. D. (dir.), *Travail et syndicalisme. Origines, évolution et défis d'une action sociale*, 4e édition, Québec, Presses de l'Université Laval, p. 11-33.

Turner, L. (2005). « From Transformation to Revitalization : A New Research Agenda for a Contested Global Economy », *Work and Occupations*, vol. 32, n° 4, p. 383-399.

UNI Global Compact (2018). *Accords mondiaux d'entreprise et droits humains*. Récupéré au www.globalcompact-france.org/actualites/les-accords-cadres-mondiaux-cle-de-voute-du-plan-de-vigilance-105

Yates, C. (2010). « Comprendre le travail de soins, syndiquer les femmes : comment le cadrage d'un problème modèle une stratégie syndicale », *Revue de l'IRES*, vol. 65, n° 2, p. 133-152.

Yerochewski, C. (2014). *Quand travailler enferme dans la pauvreté et la précarité. Travailleuses et travailleurs pauvres au Québec et dans le monde*. Québec, Presses de l'Université du Québec.

Yerochewski, C. (2018). « Prendre en compte les femmes à bas salaires et racisées », *Nouveaux cahiers du socialisme*, n° 19, p. 41-52.

Whittall, M., H. Knudsen et F. Huijgen (2009). « European Works Councils : Identity and the Role of Information and Communication Technology ». *European Journal of Industrial Relations*, vol. 15, n° 2, p. 167-185.

Windmuller, J. P. (2000). « The International Trade Secretariats », dans Gordon, M. E. et L. Turner (dir.), *Transnational Cooperation among Labor Unions*. Cornell, ILR Press, p. 102-119.

Chapitre 5

Martine D'Amours et Pier-Luc Bilodeau

L'État et la régulation des relations industrielles

Plan du chapitre

5.1 ▶ L'État moderne

5.2 ▶ L'intervention de l'État dans le champ des relations industrielles : un long parcours

5.3 ▶ Les premières interventions de l'État : l'État résiduel

5.4 ▶ De 1940 à la fin des années 1980 : l'État keynésien-providence

5.5 ▶ De la fin des années 1980 à aujourd'hui : l'État néolibéral

Objectifs d'apprentissage

○ Connaître les éléments principaux de l'intervention de l'État en matière de lois protectrices, de sécurité sociale et d'encadrement des rapports collectifs du travail.

○ Comprendre l'évolution historique du rôle de l'État en relations industrielles, de l'État résiduel à l'État keynésien-providence, puis à l'État néolibéral, ainsi que les grandes caractéristiques de chacune de ces périodes.

○ Être en mesure de situer les principales interventions de l'État dans la bonne dimension et la bonne période.

Introduction

Troisième acteur collectif majeur des relations industrielles, l'État joue, depuis environ un siècle, les rôles de régulateur et d'arbitre dans les rapports entre employeurs et travailleurs, au sein des démocraties libérales. À ce titre, il produit des politiques publiques en matière de protection des personnes au travail, de sécurité sociale et d'encadrement des rapports collectifs du travail, dont il assure la mise en œuvre par le truchement d'instances administratives et judiciaires.

Dans la section 5.1, nous passons en revue les différentes fonctions assumées par l'État moderne; nous illustrons également comment l'action de l'État est influencée par celle des autres acteurs des relations industrielles, qu'elle influence à son tour. Pourtant, comme nous le verrons dans la section 5.2, l'État n'a pas toujours joué tous ces rôles. À l'ère industrielle, son intervention dans la sphère du travail s'est manifestée tardivement, selon trois dimensions : les lois protectrices de la personne au travail, la sécurité sociale et les rapports collectifs du travail. Pour chacune de ces dimensions, l'action de l'État passera de la forme résiduelle *(voir la section 5.3)*, à la forme keynésienne-providentialiste *(voir la section 5.4)*, puis à la forme néolibérale *(voir la section 5.5)*.

Notre but, dans ce chapitre, n'est pas de retracer de manière exhaustive toutes les lois du travail ni tous les programmes de sécurité sociale, mais de fournir, à partir d'exemples probants, une vue synthétique de l'action de l'État dans le champ des relations industrielles, et surtout de lui donner un sens. Compte tenu du fait que, au Canada, l'essentiel du droit du travail relève de la juridiction des provinces, nous mettrons l'accent sur le Québec en ce qui a trait aux lois protectrices et aux régimes de rapports collectifs du travail. En revanche, en ce qui concerne la sécurité sociale, il est impossible de faire abstraction de l'État fédéral, non seulement en raison de certains programmes fédéraux incontournables, comme l'assurance-emploi, mais aussi parce que les programmes sociaux des provinces sont en partie financés par des transferts du gouvernement fédéral.

5.1 L'État moderne

Étudier le rôle de l'État dans les relations industrielles suppose au préalable d'avoir une idée générale de la nature de l'État et de son rôle dans les sociétés modernes. Nous reprenons à cet effet la définition suivante, de Philippe Braud : « Il existe un État lorsque, sur un territoire où réside une population, s'exerce un pouvoir juridiquement organisé qui tend à monopoliser la contrainte légitime. » (Braud, 2011, p. 187)

Comme l'explique cet auteur (p. 212-223), l'État « extrait » ou mobilise des ressources, à la fois humaines, matérielles et financières, et distribue – au sens le plus large du terme – des biens et services, en déployant une activité triple :

- activité régulatrice, qui vise l'établissement des règles du jeu ;
- activité distributive, comprenant les prestations aux individus, les subventions aux entreprises, le financement des services publics ;
- activité responsive, dont l'objectif est d'anticiper et de traiter les conflits, de servir en quelque sorte d'arbitre entre des groupes aux intérêts contradictoires.

Reprenant cette typologie de Braud pour comprendre l'action de l'État dans le champ de l'économie et du travail, nous proposons d'établir des distinctions entre les fonctions de régulation, les fonctions de distribution et l'activité responsive.

5.1.1 Les fonctions de régulation

L'État joue un rôle clé dans :

- la structuration de l'économie (par la mise en place des politiques monétaire et fiscale, par les investissements dans les infrastructures, d'abord matérielles – routes, ponts, ports, etc. –, puis sociales – santé, services sociaux, éducation, culture, etc.) ;
- la régulation du marché du travail (par l'établissement du salaire minimum et des autres normes du travail, par la mise en œuvre des politiques relatives à l'indemnisation du chômage ou à la formation professionnelle).

5.1.2 Les fonctions de distribution

L'État prélève des ressources (impôt sur le revenu des particuliers et des entreprises, taxes à la consommation)

et les utilise pour répondre à des besoins sociaux, notamment par le truchement :
- des services collectifs (santé et éducation, services de garde, etc.) ;
- des programmes sociaux (prestations d'assurance-emploi et de sécurité du revenu, de maternité, de vieillesse), qui évitent aux travailleurs de tomber dans la misère lors des épisodes sans travail.

Comme l'avait déjà fait valoir O'Connor (1998), les programmes sociaux jouent un rôle plus déterminant que l'impôt pour réduire les inégalités créées par le revenu de marché, qu'on définit comme le revenu d'emploi, de placements et de retraite. Le niveau des inégalités dans une société est souvent mesuré par le coefficient de Gini : plus ce coefficient est faible, plus les citoyens d'un pays se rapprochent d'une situation d'égalité ; plus le coefficient est élevé, plus les inégalités sont importantes. La figure 5.1 illustre le rôle respectif joué, au Canada, par les transferts (programmes sociaux) et par l'impôt sur le revenu dans la réduction des inégalités du revenu de marché, mesuré par la variation du coefficient de Gini. Au pays, une modalité importante de redistribution concerne les transferts du gouvernement fédéral aux provinces, pour l'accomplissement de diverses missions, comme la santé, l'éducation ou l'assistance sociale. La redistribution se fait aussi par le mécanisme fiscal de la péréquation, qui vise à acheminer des ressources des provinces les plus riches vers les provinces les plus pauvres, dans le but de faire en sorte que tous les Canadiens, peu importe leur province de résidence, aient accès à des services publics et sociaux comparables.

5.1.3 L'activité responsive

Cette fonction concerne la manière dont l'État réagit aux antagonismes d'intérêts (économiques, sociaux, politiques) qui sont susceptibles de se traduire par

Figure 5.1 Le rôle de l'impôt et des transferts gouvernementaux dans la réduction des inégalités de revenus – données sur le Canada

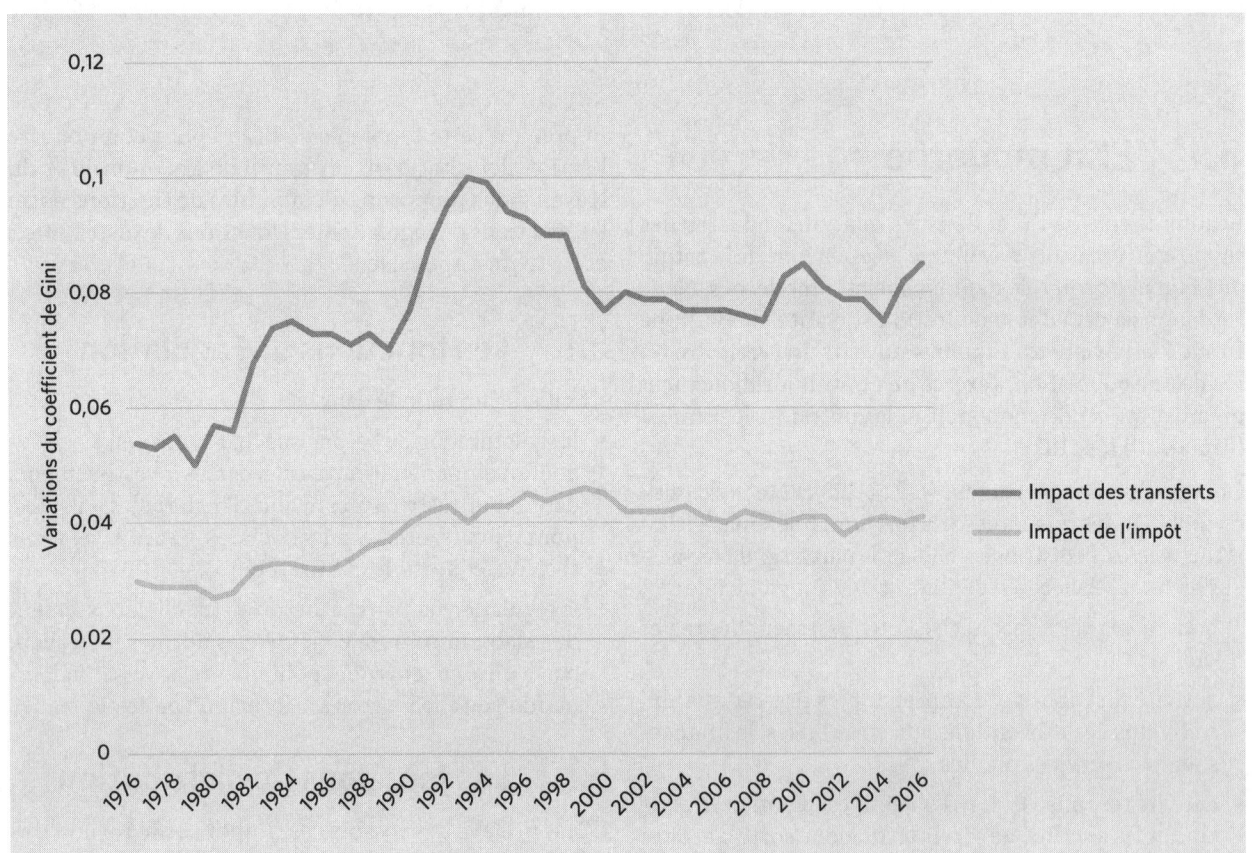

des conflits. Cela consiste donc à anticiper et à traiter les conflits (Braud, 2011, p. 219-220). Nous inspirant de la typologie de Braud pour l'adapter aux relations industrielles, nous incluons dans cette fonction l'encadrement des rapports collectifs du travail et les autres modalités de coordination entre les acteurs du marché du travail.

Plus spécifiquement, en ce qui concerne les relations industrielles, l'intervention de l'État peut se manifester dans trois dimensions:

- celle des lois protectrices de la personne au travail (par exemple, les normes minimales du travail ou la prévention en matière de santé et de sécurité du travail);
- celle de la sécurité sociale, qui englobe les mécanismes de remplacement du revenu au cours des périodes où le travailleur est, de manière provisoire ou définitive, empêché de travailler (par exemple, l'indemnisation des accidentés du travail ou le remplacement du revenu à la retraite);
- celle de l'encadrement des rapports collectifs du travail, notamment la reconnaissance des associations représentatives des travailleurs et les modalités encadrant l'exercice de la négociation collective des conditions de travail entre employeurs et syndicats;
- un quatrième domaine d'intervention de l'État concerne les politiques publiques de l'emploi, qui font l'objet du chapitre 6.

Étant donné son rôle, les autres acteurs (employeurs, organisations syndicales, organisations de retraités, de chômeurs, de non-syndiqués) font pression sur l'État, afin qu'il adopte des politiques et des lois allant dans le sens de leurs intérêts. En fait, on peut dire que toute loi, toute politique publique, est le résultat d'un compromis issu des luttes des acteurs sociaux, compromis médiatisé et institutionnalisé par l'État, qui, à son tour, a un effet structurant sur le monde du travail et ses acteurs (André, 2002). Les encadrés 5.1 et 5.2 fournissent des exemples concrets de cette influence réciproque de l'État et des acteurs des relations industrielles.

Encadré 5.1 — Le processus menant à la réforme de la *Loi sur les normes du travail* en 2002

« Au bas de l'échelle » (ABE) est un groupe populaire de défense des droits des travailleuses et travailleurs non syndiqués. Il orchestre des pressions politiques pour améliorer les droits de ces travailleurs, mais leur offre aussi des services, notamment un service d'information téléphonique et des séances collectives d'information sur les lois du travail. Né en 1975, ABE est considéré dans le milieu communautaire et syndical comme le groupe spécialiste de la *Loi sur les normes du travail* (LNT, RLRQ, c. N-1.1). Il a joué un rôle clé dans le processus ayant conduit à une importante réforme de cette loi en 2002.

En 2000, ABE publie un document intitulé *Une réforme en profondeur, c'est l'heure!* réclamant une réforme majeure de la LNT et ciblant six revendications jugées prioritaires: l'égalité de traitement pour tous les statuts d'emploi; la restriction du faux travail indépendant (appelé « autonome » dans le document); la possibilité de se prévaloir du recours à l'encontre d'un congédiement sans cause juste et suffisante, après un an de service continu (au lieu de trois ans, à l'époque); différentes mesures concernant la durée du travail et les congés; l'instauration d'un recours contre le harcèlement psychologique au travail; l'inclusion complète des gardiennes et des travailleuses domestiques dans la *Loi*.

Dès sa publication en 2000, le document est diffusé auprès des groupes communautaires et syndicaux, des élus et des médias. La ministre du Travail s'étant montrée ouverte à l'idée d'une réforme, ABE décide de lancer une campagne publique d'envergure. La campagne, qui débute en février 2002, est structurée autour de deux volets: le premier consiste à établir dans les mouvements sociaux et la société québécoise le consensus le plus large possible en appui aux six revendications prioritaires, et le second, à interagir avec le politique afin d'influencer le contenu de la réforme dans le sens de ces revendications.

L'établissement d'un consensus commence avec le processus de production du document d'analyse et d'élaboration des revendications. Il s'agit d'un consensus à l'intérieur de l'organisme, mais aussi avec ses principaux partenaires, réalisé en dialogue avec des universitaires spécialistes du droit du travail et avec l'assemblée générale des membres. Ensuite, le document est expédié à plus de 1000 groupes populaires; des rencontres sont prévues avec les organisations syndicales, les regroupements d'organismes communautaires et différents organismes paragouvernementaux (Conseil permanent de la jeunesse, Conseil du statut de la femme, Office des personnes handicapées du Québec).

Enfin, on passe à la campagne elle-même. ABE libère alors l'une de ses organisatrices et embauche une porte-parole connue des médias et du grand public, Françoise David, initiatrice de la Marche des femmes contre la pauvreté, en 1995, et de la Marche mondiale des femmes de l'an 2000. Les deux femmes entreprennent une tournée des régions du Québec. Dans chacune des régions, des « poteaux » ont organisé une assemblée publique, une conférence de presse et des interventions dans les médias. On demande aux citoyens d'envoyer une lettre au ministre reprenant les revendications prioritaires, d'écrire au journal local, de communiquer avec le député. De nombreuses actions publiques sont organisées en coordination avec le Front de défense des non-syndiquéEs.

La première réponse politique officielle arrive en mai 2002, avec le document de consultation intitulé *Revoir les normes du travail au Québec,* qui rend compte de la réflexion entreprise par le ministère du Travail, en collaboration avec la Commission des normes du travail. Lors des consultations publiques tenues en mai 2002, ABE et le Front de défense des non-syndiquéEs font une analyse très critique du document gouvernemental. Ils déplorent son silence sur plusieurs enjeux prioritaires, notamment la précarisation du travail et la situation des domestiques et des gardiennes. Les propositions sur la durée du travail sont jugées incomplètes et insuffisantes ; bref, seules les propositions relatives aux congés de maladie, aux congés parentaux et aux absences pour raisons familiales, de même qu'à l'inclusion des travailleurs agricoles, reçoivent l'appui de ces organismes, qui demandent en outre de bonifier certaines d'entre elles. Leur argumentaire est repris par d'autres groupes communautaires, syndicaux et paragouvernementaux.

Les organisations patronales ont aussi participé aux consultations, essentiellement pour s'opposer aux propositions de réforme, jugées trop généreuses et dangereuses pour la compétitivité des entreprises.

La deuxième réponse du politique survient en novembre, avec le dépôt du projet de loi n° 143 (projet de loi modifiant la *Loi sur les normes du travail*)*, qui intègre plusieurs éléments proposés par ABE, dont la clause sur le harcèlement psychologique, l'inclusion des domestiques, des gardiennes et des travailleurs agricoles, la bonification des mesures de conciliation travail-famille, l'accès aux congés fériés et l'allongement de la durée des absences pour maladie. Dans son mémoire présenté en décembre, ABE salue « le courage politique de cette réforme », tout en continuant de déplorer le manque de dispositions concernant le travail atypique et en réitérant ses autres revendications prioritaires.

Tout au long du processus, ABE maintient le dialogue avec le ministre du Travail et l'appareil politique, de même qu'avec les chefs des partis de l'opposition. De plus, l'organisme contribue à maintenir la pression nécessaire pour que le ministre puisse convaincre ses collègues de procéder à la réforme avant le congé des Fêtes et avant les élections attendues pour le printemps 2003. Devant l'éventualité d'un report de la réforme, ou même de son annulation par un éventuel nouveau gouvernement, ABE organise en décembre une campagne d'envoi de télécopies au bureau du premier ministre. Il assiste aussi à l'adoption du projet de loi article par article et réalise sur place un certain nombre de gains supplémentaires, en discutant en coulisses avec un certain nombre de députés du parti au pouvoir et des partis de l'opposition.

Le projet de loi modifiant la LNT est adopté *in extremis* le 19 décembre 2002. Une analyse des principaux changements inscrits dans le nouveau projet de loi révèle que le consensus établi par ABE parmi différents acteurs de la société civile a indéniablement influencé le contenu de la réforme puisque cinq des six revendications prioritaires sont au moins en partie satisfaites, la grande déception demeurant le peu de gains concernant les travailleurs atypiques.

Source : Adapté de D'Amours, M. (2007). « Leyes del trabajo y trabajadores atípicos : el proceso de reforma de la Ley quebequense sobre las normas del trabajo », dans Vuotto, M. (dir.), *La co-construcción de políticas públicas en el campo de la economía social.* Prometeo Libros, p. 95-110.

* *Loi modifiant la Loi sur les normes du travail et d'autres dispositions législatives*, projet de loi n° 143 (sanctionné le 19 décembre 2002), 36ᵉ législature, 2ᵉ session (Québec).

Encadré 5.2 — Le processus menant à l'abolition du placement syndical dans l'industrie de la construction

Le 2 décembre 2011, l'Assemblée nationale adopte le projet de loi n° 33 intitulé *Loi éliminant le placement syndical et visant l'amélioration du fonctionnement de l'industrie de la construction**. Ce texte législatif compte 94 articles, qui abrogent ou modifient le texte de la *Loi sur les relations du travail, la formation professionnelle et la gestion de la main-d'œuvre dans l'industrie de la construction* [RLRQ, c. R-20] ou y ajoutent des éléments, sur des thèmes touchant à tous les aspects du régime particulier de relations du travail en vigueur dans l'industrie québécoise de la construction.

Le projet de loi déposé fait suite au rapport d'un comité d'experts (Flynn *et al.*, 2011) mandaté pour mener une consultation – auprès des groupes représentant les salariés, les employeurs et les clients (ou « donneurs d'ouvrage ») de l'industrie de la construction – sur sept thèmes : placement de la main-d'œuvre, négociation collective, scrutin d'allégeance syndicale, gouvernance de la Commission de la construction du Québec (CCQ), états financiers des associations patronales et syndicales, qualification professionnelle et champ de compétence des métiers. Le mandat de ce comité d'experts s'inscrit dans un contexte très particulier. En effet, depuis l'automne 2009, l'industrie de la construction se trouve sous les projecteurs en raison de multiples scandales qui lui sont associés, sans être nécessairement liés : la corruption dans l'attribution de grands contrats de construction par le gouvernement provincial et certaines municipalités, les liens unissant des représentants syndicaux participant à l'administration d'un important fonds d'investissements associé au mouvement syndical et un grand entrepreneur en construction, ainsi que le recours à l'intimidation et à des pratiques discriminatoires dans l'embauche sur certains chantiers. C'est donc dans ce contexte de crise de confiance du public à l'égard d'une industrie où les fonds publics occupent une place importante que le gouvernement s'engage dans cette réforme des relations du travail.

Compte tenu du grand nombre de règles que vise ce projet de loi, les lignes de fracture entre les groupes intéressés sont nombreuses et vont bien au-delà de la division traditionnelle entre patrons et syndicats.

À titre d'exemple, l'abolition du placement syndical de la main-d'œuvre oppose les deux associations regroupant des syndicats de métier – le Conseil provincial du Québec des métiers de la construction (International) (CPQMCI) et la FTQ-Construction – aux trois autres organisations syndicales (CSD Construction, CSN-Construction et Syndicat québécois de la construction), alors que, du côté patronal, les associations d'employeurs sont généralement favorables à l'abolition, sous réserve de conditions d'efficacité du mécanisme de référence. Les donneurs d'ouvrage – représentés par des associations telles que le Conseil du patronat du Québec (CPQ) et la Fédération canadienne de l'entreprise indépendante (FCEI) – sont, quant à eux, unanimement favorables à l'interdiction de cette pratique syndicale. L'administration des fonds de formation prévus dans les conventions collectives par la CCQ reçoit, quant à elle, l'appui de la CSD Construction et de la CSN-Construction, alors que s'y opposent les autres associations syndicales ainsi que des associations patronales, et que les associations de donneurs d'ouvrage y sont indifférentes.

Ces appuis et oppositions se manifesteront en privé lors des consultations menées par le groupe d'experts, puis en public, quelques mois plus tard, lors des travaux de la Commission de l'économie et du travail de l'Assemblée nationale, qui procédera à une seconde consultation. Des salariés affiliés à des syndicats du CPQMCI et de la FTQ-Construction recourent alors à des moyens de pression qui entraînent des altercations dans les rues et sur les chantiers avec les membres et les représentants de certaines autres associations syndicales, et sont décriés par les représentants du gouvernement, auprès des médias et même dans le cadre des travaux parlementaires.

Au terme de quatre jours de commission parlementaire, le 1er décembre 2011, l'Assemblée nationale est saisie d'une version amendée du projet de loi auquel les députés accordent leur appui unanime (99 votes pour, 0 contre, 0 abstention) le lendemain, malgré les dénonciations de certaines associations syndicales qui ont entrepris, depuis, des recours judiciaires dont la conclusion n'est toujours pas connue.

---
* LQ 2011, c. 30.

5.2 L'intervention de l'État dans le champ des relations industrielles : un long parcours

L'État n'a pas toujours assumé toutes et chacune de ses fonctions ; en fait, la majorité d'entre elles datent de moins d'un siècle. Tout au long du XIXᵉ siècle, l'intervention de l'État se limite à peu près exclusivement aux fonctions régaliennes, c'est-à-dire relatives à l'exercice de la souveraineté, comme la défense du territoire, ainsi que la protection de la sécurité physique des citoyens et de la propriété privée. Outre ses fonctions régaliennes, l'État intervient aussi en finançant la construction d'infrastructures (installations portuaires et chemins de fer, notamment) et en prenant des mesures visant à protéger l'économie nationale contre la concurrence étrangère (droits de douane), qui ont fortement contribué à la structuration d'un marché et d'une économie nationale (Linteau *et al.*, 1989).

Si, à cette époque, l'État ne joue aucun rôle protecteur à l'égard des travailleurs, sinon par la mise en œuvre de contrats civils inégaux qu'ils peuvent difficilement faire interpréter en leur faveur, il agit toutefois pour réprimer certains comportements et types d'action. En témoigne le règlement concernant les maîtres et apprentis – englobant aussi les compagnons et les ouvriers en général. Adopté en mai 1865 par la Ville de Montréal, ce règlement prévoit que la mauvaise conduite, la paresse ou l'abandon de travail peut donner lieu à une pénalité et à une peine d'emprisonnement (Harvey, 1978, p. 161-163). Il s'inscrit dans la poursuite de l'adoption d'une série de lois, durant la première moitié du XIXᵉ siècle, visant à discipliner les ouvriers et à rendre illégale leur organisation en syndicats, qui sont vus comme des conspirations destinées à entraver la liberté de commerce (Tremblay, 1981-1982).

Conformément aux principes et aux règles du libéralisme économique, il n'existe donc pas, à l'époque, de loi visant la protection de la personne au travail, ni d'intervention étatique pour redistribuer la richesse, soutenir les accidentés ou les chômeurs, ou fournir des services collectifs tels que ceux relatifs à la santé ou à l'éducation. Les individus sont censés se soutenir eux-mêmes, en premier lieu par leur travail, et se protéger contre la pauvreté en épargnant pour les jours difficiles (Guest, 1995), ce qui apparaît utopique, compte tenu du niveau des salaires dans les débuts de l'industrialisation. Les seuls recours du travailleur malade, accidenté, en chômage ou trop vieux pour travailler sont la famille, l'aide d'urgence fournie dans la sphère privée par les organismes de charité, les paroisses et les municipalités et, dans certains cas, les sociétés d'entraide et les associations mutualistes, créées par les premiers syndicats pour soutenir leurs membres dans le besoin (Petitclerc, 2007).

Comme nous l'avons vu au chapitre 1, le marché laissé à lui-même engendre une très grande pauvreté chez les salariés. En réponse à ce problème, le rôle de l'État dans le champ des relations industrielles va se manifester timidement, à partir de la fin du XIXᵉ siècle, par certaines lois réglementant la salubrité des milieux de travail et la durée du travail des femmes et des enfants. Cet État faiblement interventionniste est désigné ici comme résiduel. L'État keynésien-providence, nettement plus interventionniste et redistributeur, prend forme à partir des années 1940 (surtout à partir des années 1960, dans le cas du Québec), avant d'amorcer un virage dans les années 1980, que nous désignerons comme la période néolibérale[1]. Dans la suite du chapitre, nous allons voir comment se développe l'intervention de l'État, dans chacun des grands domaines que sont les lois protectrices, la sécurité sociale et l'encadrement des rapports collectifs du travail.

5.3 Les premières interventions de l'État : l'État résiduel

La période allant de la fin du XIXᵉ siècle jusqu'en 1940 approximativement se caractérise par les premières

---

1. Cette typologie est directement inspirée de Beauchemin *et al.* (1995, p. 16-17), qui distinguent trois formes de régulation politique dans l'histoire de l'État moderne, qu'ils nomment État libéral (nous parlerons plutôt d'État résiduel), État-providence et État néolibéral, dont nous reprenons les grandes caractéristiques. Il nous est apparu intéressant d'appliquer cette typologie, à l'origine conçue pour l'analyse historique de la régulation sociale, à toutes les dimensions d'intervention de l'État dans le champ des relations industrielles, en tentant de saisir, au-delà des particularités, une logique générale d'intervention de l'État dans une période donnée. Ainsi, l'État résiduel est faiblement interventionniste dans toutes les dimensions étudiées ici, alors que l'État keynésien-providence repose sur, d'une part, la négociation collective des conditions de travail et, d'autre part, le développement de services collectifs et de dispositifs de protection sociale. L'État néolibéral se distingue par le recul de la logique des droits sociaux, le rôle de l'État étant de soutenir la prise en charge des individus et des communautés, notamment en favorisant leur participation au marché du travail. Il se distingue également par l'importance accordée aux droits individuels plutôt qu'aux droits collectifs. On lira avec profit le texte de Pierre Avignon (2008) intitulé « L'évolution de l'article 45 du *Code du travail* du Québec », qui s'inscrit dans cette même perspective.

incursions de l'État, très timides, pour réguler le travail. L'une de ses premières interventions date de 1885, avec l'*Acte des manufactures de Québec*[2], qui établit les premières balises relatives à la salubrité dans les manufactures et à l'âge minimal pour le travail des enfants. En matière de sécurité sociale, le qualificatif « résiduel » signifie que l'État n'intervient qu'en dernier ressort, une fois que l'individu a fait tous les efforts pour assurer sa subsistance par son travail et après que toutes les autres ressources (notamment la famille et la charité privée) ont été épuisées. En outre, il n'intervient que pour certaines catégories de personnes, dans le cadre de programmes qui ne leur procurent qu'un revenu minimal. Finalement, après avoir cessé de considérer les syndicats comme des coalitions illégales faisant obstacle au libre commerce, l'État adopte un certain nombre de lois visant à limiter l'incidence des conflits de travail et à rendre possible la négociation collective, mais de manière volontaire seulement.

5.3.1 Les lois protectrices de la personne au travail[3]

L'État hésite d'abord à édicter des normes pour protéger la personne du travailleur en invoquant un motif bien connu, celui de la concurrence avec les provinces ou les autres territoires qui n'auraient pas adopté de telles lois. Le gouvernement québécois interviendra dans l'établissement des premières normes du travail pour occuper un nouveau champ de compétence et pour imiter le gouvernement ontarien, qui l'avait fait en 1884. À l'époque, on se préoccupe également des répercussions du travail des femmes et des enfants sur l'état de santé de la main-d'œuvre, ce qui explique que la solution promue ait été de limiter leur temps de travail.

L'*Acte pour protéger la vie et la santé des personnes employées dans les manufactures* ou, selon son titre abrégé, l'*Acte des manufactures de Québec*[4] (1885) est la première intervention de l'État en matière de normes du travail. L'*Acte* attribue aux entreprises des responsabilités en matière de salubrité et de sécurité, interdisant « de tenir une manufacture de manière que la vie de qui que ce soit qui y est employé soit en danger [...] d'être permanemment compromise » (art. 3). Ainsi, il édicte des normes concernant notamment la propreté, l'aération, les cabinets d'aisances, les appareils protecteurs des machines, les moyens d'éteindre un incendie, les sorties et issues de secours, etc. Pour Desîlets et Ledoux, « il est manifeste que l'article 3 est à l'origine de l'article 9 de la *Loi sur la santé et la sécurité du travail,* qui affirme que "le travailleur a droit à des conditions de travail qui respectent sa santé, sa sécurité et son intégrité physique" » (Desîlets et Ledoux, 2006, p. 28, note 30).

Cette loi établit également les premières normes relatives à l'âge minimal d'embauche, fixé à 12 ans pour les garçons et à 14 ans pour les filles. Elle énonce certaines limites à la durée du travail des femmes, des jeunes filles et des garçons : 10 heures par jour, jusqu'à un maximum de 60 heures par semaine. Aucune limite n'est prévue pour les hommes, qui travaillent régulièrement jusqu'à 72 heures par semaine.

L'une des failles importantes de cette loi réside dans le fait qu'elle ne s'applique qu'aux manufactures, définies comme tout établissement industriel, à l'exception des petites entreprises familiales comptant au plus 20 employés. Elle n'est donc d'aucun secours pour les employés des petits établissements (1018 des 1604 établissements industriels ont moins de 10 employés en 1890, selon de Bonville, cité dans Desîlets et Ledoux, 2006, p. 30) ni pour les travailleuses à domicile, aux prises avec les conditions pénibles associées au *sweating system.* En outre, si cette loi prévoit la nomination d'inspecteurs dotés de grands pouvoirs, dont celui d'enquêter et d'intenter des poursuites, ceux-ci n'en ont guère les moyens : ils ne sont que trois pour couvrir l'ensemble du Québec en 1888 et, comme en témoigne l'inspecteur Louis Guyon, le montant des amendes est si faible qu'il ne couvre pas celui des procédures *(ibid.,* p. 34).

Abrogé en 1894, l'*Acte des manufactures de Québec* est remplacé la même année par la *Loi relative aux établissements industriels*[5], dont l'objectif prioritaire est également d'édicter des normes visant la sécurité des travailleurs et la salubrité des établissements. Cette loi cible tous les établissements industriels (à l'exception des mines, qui font l'objet d'une loi particulière, et des ateliers qui n'emploient que des membres de la famille), mais il y a toujours très peu d'inspecteurs pour la faire respecter, de telle sorte qu'un nombre minime de poursuites sont intentées entre 1888 et 1918. Dans la foulée, diverses lois promulguées entre 1894

---

2. SQ 1885 48 Vict., c. 32.
3. Les informations contenues dans cette section sont tirées de Desîlets et Ledoux, 2006.
4. SQ 1885 48 Vict., c. 32.
5. SQ 1894 57 Vict., c. 30.

et 1939 établissent des normes d'hygiène, de salubrité et de sécurité distinctes pour certains secteurs particuliers, comme les bâtiments industriels et commerciaux, de même que les mines et carrières.

Notons qu'aucune des lois précédentes ne vise la réglementation des salaires. Il faudra attendre 1919 pour que le Québec, suivant la Grande-Bretagne, le Manitoba et la Colombie-Britannique, instaure une loi sur le salaire minimum, pour les femmes seulement. Toutefois, la *Loi du salaire minimum des femmes*[6] ne vise que les femmes dans les établissements industriels[7]; à peine 15 % des travailleuses sont couvertes. Les *minima* prescrits sont souvent inférieurs au budget type de 12,20 $ par semaine, établi par la Commission du salaire minimum des femmes en 1925, probablement selon l'idée qu'on se faisait du salaire féminin comme étant seulement un salaire d'appoint. En outre, ils varient selon les secteurs industriels, les zones géographiques, l'âge et la présence d'un handicap. En cas d'infraction, les amendes prévues sont faibles et la *Loi* ne prévoit pas de mécanisme pour protéger les plaignantes contre de possibles représailles de leur employeur.

La *Loi des salaires raisonnables*[8] (1937) applique aux hommes et aux femmes le principe d'un salaire minimum, selon le principe de « travail égal, salaire minimum égal ». Elle vise tous les salariés qui ne sont pas couverts par un décret, y compris les salariés travaillant à domicile, et prescrit un plus grand nombre de conditions de travail, comme la rémunération du temps d'attente et des heures supplémentaires ainsi que la fréquence et les modalités du versement du salaire. Toutefois, elle se traduit par quelques centaines de salaires minimums différents, selon les zones, les catégories et les classes d'emploi, et contient plusieurs exclusions et dérogations. En 1939-1940, elle demeure relativement peu appliquée.

5.3.2 La sécurité sociale[9]

Une des premières interventions de l'État en matière de sécurité sociale vise les accidentés du travail. Comme on le verra au chapitre 9, les risques d'accidents sont omniprésents à l'époque et, jusqu'à ce que la théorie du risque professionnel soit reconnue (en 1909), ce sont des risques que le travailleur assume le plus souvent seul, parfois avec le soutien des sociétés de secours mutuel, créées par les premiers syndicats. Pour obtenir une indemnité, le travailleur accidenté doit poursuivre son employeur devant les tribunaux, lesquels penchent le plus souvent du côté des droits des propriétaires, qui considèrent que l'ouvrier a été victime de sa propre négligence. « Par conséquent, si la preuve était faite que l'accident était attribuable à une erreur de la victime ou à celle d'un autre employé, ou encore qu'il résultait du risque normal ou présumé inhérent à un travail en particulier, l'employé, ou ses héritiers, ne pouvait obtenir d'indemnités (ou du moins le montant en était considérablement réduit). » (Guest, 1995, p. 66)

Adoptée en 1909, la *Loi concernant la responsabilité des accidents dont les ouvriers sont victimes dans leur travail et la réparation des dommages qui en résultent*[10] constitue un virage important parce qu'elle remplace la notion de faute par celle de risque professionnel. Elle établit donc que le risque inhérent au travail incombe à l'employeur (sans égard à la faute) et instaure l'indemnisation obligatoire des accidents du travail. « Le patron, même s'il ne commet aucune faute, expose ses ouvriers au risque d'accident et tire profit d'outillage dangereux ; il est donc juste qu'il en supporte les risques en indemnisant les victimes. De leur côté, les travailleurs ont droit à l'indemnisation sans avoir à prouver la faute de l'employeur. » (Desîlets et Ledoux, 2006, p. 41)

Cette loi, qui, selon Guest, rompt déjà avec la conception résiduelle en ce qu'elle établit le droit à l'indemnisation (au lieu de l'assistance qui a un caractère aléatoire et discrétionnaire), comporte toutefois de nombreuses limites : elle fixe l'indemnité maximale à 50 % du salaire, concerne seulement les accidents du travail, à l'exclusion des maladies professionnelles, et établit que la responsabilité d'indemniser revient à l'employeur considéré individuellement. En l'absence de mutualisation du risque, les employeurs contractent souvent une assurance privée et tentent d'en répercuter les coûts sur les salariés, ce qu'une autre loi interdira en 1915.

Il faudra attendre 1931 pour qu'une modification de la *Loi sur les accidents du travail*[11] instaure le principe de

---

6. SQ 1919 9 Geo. V, c. 11.
7. À partir de 1932, l'application de cette loi sera étendue aux établissements commerciaux et aux travaux saisonniers.
8. SQ 1937 1 Geo. VI, c. 50.
9. Pour cette section, nous nous sommes inspirés principalement de Guest (1995) et de Desîlets et Ledoux (2006).
10. SQ 1909 9 Ed. VII, c. 66.
11. SQ 1931 21 Geo. V, c. 100.

la responsabilité collective des employeurs d'indemniser les victimes d'accidents ou de maladies professionnelles (régime d'indemnisation dit « sans égard à la faute »). Le risque inhérent à l'emploi est dès lors socialement assumé au-delà des aléas propres à chaque employeur, selon le principe de l'assurance collective, qui est à la base du développement de l'État-providence[12]. La Commission des accidents du travail (ancêtre de la Commission de la santé et de la sécurité du travail, ou CSST, aujourd'hui fusionnée avec deux autres organismes pour former la Commission des normes, de l'équité, de la santé et de la sécurité du travail, ou CNESST) reçoit le mandat de gérer l'indemnisation des travailleurs en prélevant des cotisations auprès des employeurs. En outre, la notion de maladie industrielle est reconnue dans la *Loi*.

Sur un autre registre, le gouvernement fédéral crée en 1927 le premier régime de pensions de vieillesse (en vertu de la *Loi des pensions de vieillesse*[13]); le Québec y adhère en 1936. Loin d'être universel, ce programme ne vise que les personnes de 70 ans et plus, sujets britanniques et habitants du Canada (à l'exclusion des Autochtones), faisant la preuve que leur revenu annuel de toutes sources, incluant la pension, ne dépasse pas 365 $. Comme le programme est à frais partagés, ses conditions varient selon les provinces canadiennes. Ainsi, dans certaines provinces, les enfants majeurs sont responsables de leurs parents âgés, avant même toute intervention de l'État (Guest, 1995, p. 114). Ce programme est typique d'un État résiduel : il ne vise que les personnes âgées très pauvres, l'aide offerte par l'État est faible et compense seulement en partie l'absence de soutien familial suffisant.

De manière générale donc, la sécurité sociale antérieure aux années 1930 vise prioritairement certaines catégories particulières de personnes, surtout considérées inaptes au travail (mères nécessiteuses, aveugles, invalides, personnes âgées), à la condition que leurs autres revenus soient très bas, et leur fournit une aide dont le montant est également faible. Pour les pauvres n'entrant pas dans ces catégories, notamment les chômeurs aptes au travail, l'assistance est vue comme un devoir de charité chrétienne, mais non comme une obligation légale et morale de la société à l'égard de ses membres dans le besoin. La maladie demeure un autre risque important : lorsqu'elle survient, elle entraîne non seulement la perte du revenu du travail, mais aussi l'obligation de débourser de l'argent pour les soins médicaux.

Or la crise des années 1930 met en évidence les nouvelles formes de pauvreté créées par l'industrialisation et le chômage de masse, tout en révélant les limites de la prévoyance et de la charité privée. « Le nombre de sans-emploi salariés passe de 107 000 en 1929 à 341 000 en 1930, pour atteindre le chiffre record de 646 000 en 1933. [...] Le chômage et la misère sont généralisés et rejoignent de nouvelles classes de la population. Ainsi, même des gens "prévoyants" seront finalement contraints d'aller quémander après avoir épuisé leurs économies. » (Campeau, 2001, p. 79) Pour la première fois, l'État instaure des mesures temporaires pour les chômeurs aptes au travail : secours directs, programmes de travaux publics, camps de travail et politiques de colonisation.

5.3.3 L'encadrement des rapports collectifs du travail[14]

Le tournant du xxe siècle marque aussi l'apparition des premières lois encadrant spécifiquement – bien qu'assez timidement – les rapports collectifs du travail. Au fédéral, on assiste à la décriminalisation du syndicalisme et à l'encadrement des conflits de travail, alors qu'au Québec semble émerger, dès 1924, une approche distincte, inspirée de l'expérience française.

Fortement attaché à la doctrine du « laisser-faire », ce n'est qu'en 1872 que l'État canadien décriminalise l'action collective des travailleurs, jusqu'alors considérée comme une « conspiration criminelle de restriction du commerce » passible d'amende et d'emprisonnement. Avec, pour toile de fond, une grève des typographes de Toronto pour obtenir une journée de travail de neuf heures et surtout l'approche d'élections fédérales que le gouvernement conservateur de John A. Macdonald appréhende, la Chambre des communes adopte, le 15 juin, l'*Acte des associations ouvrières (Trade Unions)*[15] et l'*Acte pour amender la loi criminelle relative à la violence, aux*

---

12. En contrepartie de ce droit collectif d'être indemnisés, les salariés accidentés ou victimes d'une maladie professionnelle renoncent toutefois à leur droit de poursuivre leur employeur devant les tribunaux de droit commun.
13. SRC 1927, c. 156.
14. Les sous-sections 5.3.3 et 5.4.3 doivent beaucoup aux exposés historiques contenus dans les ouvrages de Gagnon *et al.* (1991), de Verge *et al.* (2006) ainsi que de Morin *et al.* (2010).
15. SC 1872, c. 30. Aujourd'hui : *Loi sur les syndicats ouvriers*, LRC (1985), c. T-14.

menaces et à la molestation[16]. Inspirées de lois britanniques entrées en vigueur l'année précédente, ces modifications au droit criminel ont trois effets. Elles décriminalisent la formation d'un syndicat et l'appartenance à celui-ci; elles posent les bases du « syndicalisme responsable » en accordant certaines protections aux syndicats enregistrés auprès de l'État; et elles limitent sévèrement le recours au piquetage ainsi qu'à d'autres formes de moyens de pression (Morton, 2007, p. 25-27). Le piquetage pacifique ne sera permis que quatre ans plus tard.

C'est en 1900 que l'État fédéral adopte une première loi encadrant spécifiquement les rapports collectifs du travail. L'*Acte de conciliation*[17] crée le ministère fédéral du Travail et octroie à son ministre le pouvoir d'intervenir auprès des parties dans un conflit industriel, de nommer un conciliateur ou une commission de conciliation à la demande de l'une ou l'autre des parties, et de nommer un ou des arbitres suivant une demande conjointe de ces dernières. Adopté en 1903, l'*Acte d'arbitrage des chemins de fer*[18] va un peu plus loin en accordant au ministre la possibilité de prendre l'initiative advenant un conflit dans le secteur du transport ferroviaire, en nommant un « comité de conciliation, de médiation et d'enquête » puis, en cas d'échec de ce dernier, un « bureau d'arbitres » dont la sentence est publique, mais non exécutoire. Ces deux lois seront refondues dans la *Loi de la conciliation et du travail* de 1906[19].

Ces premières interventions positives du Parlement fédéral en matière de rapports collectifs du travail traduisent la philosophie du « volontarisme industriel »[20] préconisée par le sous-ministre du Travail, William L. Mackenzie King (Fudge et Tucker, 2000, p. 258). Cette approche de l'État traduit une conception minimaliste de l'action syndicale, désormais légale. Elle laisse la détermination des conditions de travail aux acteurs économiques et aux aléas des marchés, tout en assurant l'ordre public, particulièrement dans des secteurs névralgiques de l'économie canadienne. La même approche prévaut au Québec, où l'Assemblée législative met en place, en 1901, un dispositif similaire à l'*Acte de conciliation* grâce à la *Loi des différends ouvriers de Québec*[21].

En 1907, la *Loi des enquêtes en matière de différends industriels*[22] (dite *loi Lemieux*) approfondit la logique d'intervention des lois fédérales de 1903 et de 1906 en interdisant le recours à la grève ou au lock-out dans les entreprises minières, de transport et de communication, ainsi que dans tout service public, à moins d'un moratoire. Les parties à un différend dans ces secteurs doivent aussi se soumettre à une procédure de conciliation et d'enquête. La *Loi* prévoit également un assujettissement volontaire dans tous les autres secteurs d'activité. En 1925, le Conseil privé de Londres frappe d'inconstitutionnalité la *loi Lemieux* (déclarée *ultra vires*) et affirme la compétence législative des provinces en matière de travail[23]. Au cours des années qui suivent, les parlements provinciaux adoptent des lois rétablissant l'application de la loi fédérale sur leur territoire[24], mais l'importance du législateur fédéral en matière de rapports collectifs du travail diminue considérablement.

À partir de 1924, le Québec se démarque des autres provinces canadiennes en promulguant une législation ouvrière inspirée de la France et d'autres pays d'Europe continentale. Cette trajectoire distincte est indissociable de l'action des syndicats catholiques (Cardin, 1957) regroupés, depuis 1921, au sein de la Confédération des travailleurs catholiques du Canada (CTCC).

La *Loi des syndicats professionnels*[25] vise particulièrement l'organisation syndicale, et non seulement ses rapports avec les employeurs. Inspirée de deux lois françaises, celle du 21 mars 1884 sur la reconnaissance des syndicats professionnels (dite *loi Waldeck-Rousseau*) et celle du 25 mars 1919 sur les conventions collectives, elle prévoit l'incorporation des syndicats professionnels, laquelle

---

16. SC 1872, c. 31.

17. SC 1900, c. 25.

18. SC 1903, c. 55.

19. SRC 1906, c. 96.

20. Le volontarisme industriel est une posture idéologique selon laquelle les relations du travail devraient faire l'objet d'accords volontaires entre syndicats et employeurs, présumés égaux en droits. La responsabilité de l'État en la matière se limite à la protection de la propriété et de l'ordre public (Fudge et Tucker, 2000, p. 256).

21. LQ 1901, c. 31.

22. SC 1907, c. 20.

23. *Toronto Electric Commissioners* c. *Snider*, [1925] AC 396.

24. C'est le cas de la *Loi* (québécoise) *concernant les enquêtes en matière de différends industriels* (LQ 1932, c. 46) de 1932.

25. LQ 1923-1924, c. 112. Aujourd'hui: *Loi sur les syndicats professionnels*, RLRQ, c. S-40.

permet à ces derniers de conclure des contrats civils collectifs au bénéfice de leurs membres sans avoir à obtenir leur consentement au préalable. Ce faisant, le législateur accorde, pour la première fois, un statut juridique à la convention collective de travail. En raison de son caractère facultatif, cette loi n'a toutefois qu'un impact limité sur les rapports collectifs du travail et même les syndicats catholiques, qui en sont les instigateurs, sont peu nombreux à se prévaloir des droits qu'elle prévoit (Cardin, 1957, p. 26-27).

En 1934, la crise économique fait des ravages au Québec comme ailleurs. La concurrence féroce que se livrent les entreprises affecte durement les travailleurs, qui perdent leur emploi ou voient leurs conditions de travail se dégrader, souvent en deçà de ce qui est alors considéré comme un minimum vital. Les syndicats font aussi les frais des conditions économiques difficiles, alors que même des employeurs catholiques, sensibles à la doctrine sociale de l'Église, s'opposent fermement à la syndicalisation de leurs employés, par crainte d'une augmentation des coûts de main-d'œuvre qui menacerait la survie de leur entreprise (Rouillard, 2011). C'est dans ce contexte, sous la pression de la CTCC et l'impulsion du sous-ministre du Travail, Gérard Tremblay, que le législateur québécois adopte la *Loi relative à l'extension juridique des conventions collectives de travail*[26], un texte inspiré de réflexions ayant cours en France et dans d'autres pays européens, où des dispositifs comparables sont mis en place à la même période.

Cette loi permet au gouvernement, à la demande des parties signataires, d'étendre par décret certaines conditions de travail contenues dans une convention collective à tous les milieux de travail d'un secteur ou d'un territoire donné et d'en confier l'application à un comité paritaire, formé de représentants de ces mêmes parties signataires. Le régime des décrets offre ainsi aux employeurs dont les employés sont syndiqués de sortir les conditions de travail de la concurrence *(voir le chapitre 13)*. Cette loi est donc à mi-chemin entre les rapports collectifs du travail et la protection de la personne au travail, puisqu'elle fixe la portée de la négociation collective et favorise la syndicalisation en permettant la fixation de normes minimales territoriales ou sectorielles.

Il est évident qu'un tel programme législatif rompt avec le volontarisme industriel préconisé au Canada depuis près d'un quart de siècle, car au-delà d'une décriminalisation du syndicalisme et d'un encadrement des impacts de ses moyens sur l'ordre social, il pose les premiers jalons d'un droit à la représentation collective des travailleurs. Cela dit, en favorisant le corporatisme et le syndicalisme catholique *(voir le chapitre 4)* au détriment des syndicats internationaux et de la négociation collective soutenue par la grève, il ne révèle pas seulement un souci de justice sociale de la part de l'Assemblée législative du Québec, mais aussi, et peut-être surtout, la forte emprise du clergé sur la société québécoise ainsi qu'une volonté du gouvernement provincial de freiner la montée du socialisme[27] dans la classe ouvrière francophone.

5.4 De 1940 à la fin des années 1980 : l'État keynésien-providence

La pauvreté de masse révélée par la dépression des années 1930[28] et le contexte particulier de la Deuxième Guerre mondiale, caractérisé par la participation des femmes à la main-d'œuvre, le rôle accru du gouvernement fédéral et la mobilisation des citoyens pour participer de diverses manières à l'effort de guerre, marqueront un tournant important dans la nature et les modalités d'intervention de l'État. L'appellation « État keynésien », renvoyant à la pensée de l'économiste John Maynard Keynes, désigne l'intervention de l'État dans l'économie, et notamment le recours aux dépenses étatiques comme moyen de stabilisation. De son côté, l'appellation « État-providence » désigne l'intervention de l'État pour redistribuer la richesse et soutenir le pouvoir d'achat des travailleurs lors des épisodes sans travail.

La mise en œuvre de cette forme de l'État apparaît plus tardivement au Québec que dans la majorité des autres provinces canadiennes, soit de 1960 à 1966, au début de la Révolution tranquille. Les transformations mises en œuvre pendant cette période présentent deux dimensions

---

26. (1934) 24 Geo. V, c. 56. Aujourd'hui : *Loi sur les décrets de convention collective*, RLRQ, c. D-2.
27. Pour une partie du clergé québécois du début du XXe siècle, la neutralité religieuse des unions internationales, ainsi que leur mode de fonctionnement et leurs revendications les rendent suspectes de socialisme, voire de franc-maçonnerie (Rouillard, 2004, p. 50).
28. « Ses effets furent à ce point dévastateurs que la majorité des Canadiens en vinrent à prendre conscience de l'interdépendance des citoyens dans une société industrialisée. Le chômage fut dès lors perçu moins comme le résultat d'une déficience personnelle que comme une menace visant les moyens d'existence de la plupart des citoyens et contre laquelle il était possible de s'assurer. » (Guest, 1995, p. 134)

complémentaires : une dimension nationaliste et une dimension sociale. La dimension nationaliste se traduit par la création d'outils économiques collectifs, notamment dans le secteur des ressources naturelles (Hydro-Québec, Société de récupération, d'exploitation et de développement forestiers [REXFOR], Société québécoise d'exploration minière [SOQUEM], Société québécoise d'initiatives pétrolières [SOQUIP]) et dans le secteur financier (Caisse de dépôt et placement, Société générale de financement [SGF], Société de développement industriel [SDI]). La dimension sociale s'exprime par la mise en place de services collectifs (santé, éducation, transports, culture) et la création de programmes sociaux, dont plusieurs sont financés conjointement avec le gouvernement fédéral.

Bien que les lois protectrices de la personne au travail soient consolidées pendant la période 1940-1980, c'est avant tout sur la négociation de conventions collectives, en vertu du nouveau régime de rapports collectifs du travail créé en 1944, que viendra parachever le *Code du travail* en 1964, que l'on compte pour assurer la protection des travailleurs. La période qui s'étend des années 1940 à la fin des années 1980 marque aussi l'apogée du développement des programmes sociaux, qui sont vus comme un moyen non seulement de favoriser le bien-être des individus et de poursuivre l'objectif d'une plus grande justice sociale, mais aussi de soutenir la demande pour des biens et des services, dans le cadre d'une économie nationale.

5.4.1 Les lois protectrices de la personne au travail

Les lois protectrices de la personne au travail reprennent et font évoluer considérablement les lois adoptées pendant la période précédente, en leur donnant un caractère quasi universel, c'est-à-dire en protégeant la vaste majorité des salariés.

La *Loi du salaire minimum*[29], adoptée en 1940, remplace la *Loi des salaires raisonnables* de 1937 ; elle s'applique à tous les salariés, qu'ils travaillent chez l'employeur ou à domicile, et donne lieu à plusieurs ordonnances prévoyant des conditions de salaire et de durée du travail ainsi que d'autres normes applicables à divers groupes de travailleurs. C'est ainsi que seront instaurés le paiement de vacances annuelles et le paiement majoré des heures supplémentaires (1946), le droit à une période de repas (1954) et les jours fériés payés (1973). Son remplacement par la *Loi sur les normes du travail*[30] (adoptée en 1979 et entrée en vigueur en 1980) vient consolider les normes édictées antérieurement et en ajouter de nouvelles. Cette loi fait l'objet du chapitre 7.

Les années 1940 sont aussi marquées par la prise de conscience de problèmes aigus relatifs à la santé et à la sécurité ou, comme le proclame un slogan de l'époque, le fait « qu'on peut perdre sa vie à la gagner ». Les cas très médiatisés d'amiantose et de silicose, ainsi que certaines grèves dont ces maladies sont l'enjeu (comme la grève d'Asbestos en 1949), appellent une action plus significative en matière de prévention des accidents du travail et des maladies professionnelles. Les contextes national et international sont également favorables. À la suite des États-Unis, en 1970, de la Grande-Bretagne, en 1974, du gouvernement fédéral et de six autres provinces canadiennes, entre 1972 et 1978 (Pérusse, 2010, p. 190), le gouvernement du Québec adopte, en 1979, la *Loi sur la santé et la sécurité du travail*[31]. Le contenu de cette loi est analysé en détail au chapitre 9.

5.4.2 La sécurité sociale[32]

La période 1940-1980 est également marquée par un essor important des programmes de sécurité sociale, soutenu par la transformation des manières de concevoir les risques que doivent affronter les travailleurs (et plus largement les citoyens) et par les solutions à mettre en œuvre pour indemniser ceux qui en sont victimes.

La philosophie et les caractéristiques de l'État-providence le distinguent clairement de l'État résiduel, sous au moins quatre aspects.

- L'aide est vue comme un droit social au lieu d'une mesure conditionnelle d'assistance ; elle est l'expression de la responsabilité collective et de la solidarité entre les membres de la société à l'égard des risques que cette société fait courir. « L'assurance sociale vise alors à venir en aide aux "malchanceux qui sont victimes d'un malheur social" […] Cette représentation de l'infortune dégage l'individu de la responsabilité de situations qui ne résultent pas de sa volonté ni de son action propres, mais des effets incontrôlables du fonctionnement de

---

29. SQ 1940 21 Geo. VI, c. 39.
30. LRQ, c. N-1.1.
31. LQ 1979, c. 63. Aujourd'hui : RLRQ, c. S-2.1.
32. Pour cette section, nous avons puisé principalement aux travaux de Beauchemin *et al.* (1995), Guest (1995), Campeau (2001), Bernier (2003) et Théret (2002).

la société » (Beauchemin *et al.*, 1995, p. 26). En conséquence, l'État sera appelé à jouer un rôle important dans la mise en œuvre de cette solidarité.

- Les politiques sociales tendent à être universelles. Alors que les politiques de l'État résiduel s'adressaient à certains groupes particuliers, celles de l'État-providence tendent à couvrir la vaste majorité, sinon la totalité, des personnes qui sont exposées à un risque donné. Ainsi, l'assurance maladie universelle couvre l'ensemble des citoyens canadiens, alors que les allocations familiales sont versées pour la totalité des enfants (en 1946, 92 % des jeunes de moins de 16 ans sont couverts par le programme d'allocations familiales universelles mis en place en 1945) ; l'assurance-chômage couvre la quasi-totalité des cotisants lorsque ceux-ci se trouvent involontairement privés d'emploi et les prestations de retraite publiques sont versées à la totalité des personnes âgées.

- Les politiques sociales assurent une fonction de redistribution entre les classes sociales et entre les régions du Canada (Beauchemin *et al.*, 1995 ; Bernier, 2003 ; Thérêt, 2002). Ainsi, non seulement l'assurance-chômage amène les individus à faible risque de chômage à cotiser pour payer des prestations qui bénéficieront d'abord et avant tout à des individus à fort risque de chômage, mais cette même dynamique prévaut entre les provinces, au bénéfice de celles dont la structure industrielle comporte une forte composante saisonnière (pêche, tourisme, par exemple).

- Les programmes sociaux, surtout ceux de type assurantiel, procurent des taux de remplacement du revenu plus importants que durant la période de l'État résiduel, puisque plusieurs de ces programmes visent à maintenir le revenu antérieur plutôt qu'à simplement soulager de la pauvreté (Morel, 1999).

L'un des éléments fondateurs de l'État-providence au Canada a été le *Rapport sur la sécurité sociale au Canada* (aussi appelé le rapport Marsh) publié en 1943, en partie inspiré du rapport Beveridge paru en Angleterre un an plus tôt, qui propose un système complet de sécurité sociale pour affronter les principaux risques de perte ou d'insuffisance de revenu provoqués par le chômage, la maladie, l'invalidité, la vieillesse et la naissance d'enfants (Guest, 1995, p. 158-164). C'est dans la foulée de ce rapport que sera créé le programme d'allocations familiales (1945), que l'accès à la pension de vieillesse deviendra universel pour tous les Canadiens âgés de 70 ans (1952), mais aussi qu'on mettra en place les régimes d'assurance hospitalisation à partir de 1957[33], et d'assurance soins médicaux à partir de 1966[34].

Voyons maintenant plus en détail deux exemples : l'indemnisation du chômage et le système de retraite.

Le programme instauré en 1940 par la *Loi sur l'assurance-chômage*[35] est financé par les cotisations des travailleurs et des employeurs, ainsi que par une contribution de l'État, à hauteur de 20 % des précédentes. Il est typique d'une assurance de type social (et non de type commercial ou actuariel) parce que les cotisations sont établies non pas selon le niveau de risque, mais en proportion du salaire antérieur. Quelque 42 % de la main-d'œuvre canadienne est assujettie au programme ; les travailleurs saisonniers et précaires en demeurent souvent exclus ou, alors, ils sont pénalisés à cause du long délai d'attente et de la courte durée des prestations. Les prestations versées sont peu élevées et, selon le rapport Marsh, elles s'avèrent insuffisantes pour assurer la subsistance. En dépit de ces limites, ce programme se démarque des programmes antérieurs d'assistance aux chômeurs, puisque les prestations sont perçues comme un droit pour les travailleurs ayant cotisé au régime.

Le régime sera bonifié au cours des années 1950 et 1960, permettant d'assurer d'autres types de travailleurs, pour inclure progressivement les travailleurs saisonniers, et assouplissant les conditions d'admissibilité pour les chômeurs cycliques. La nouvelle loi de 1971 représente, selon Campeau (2001), le summum d'une conception sociale de l'assurance-chômage. Le régime devient alors quasi universel, couvrant 96 % de la population active. Le taux de remplacement du revenu antérieur augmente et le montant maximal des prestations passe de 53 $ à 100 $. Pour toucher des prestations, il faut avoir cumulé 8 semaines d'emploi assurables au cours de la dernière année[36], mais seuls les travailleurs ayant cumulé 20 semaines peuvent recevoir des prestations de maladie et de maternité. Ce régime joue un rôle important dans la redistribution sociale (des travailleurs en emploi vers les chômeurs), mais aussi régionale (des régions économiquement fortes vers celles économiquement faibles), puisque le calcul des prestations tient compte du taux de chômage régional.

---

33. Le Québec y adhère en 1961.

34. La politique relative à l'assurance maladie entre en vigueur en 1968, et le Québec y adhère en 1969.

35. SC 1940, c. 44.

36. Plutôt que 180 jours au cours des 2 années précédant la demande, comme le prévoyait la loi de 1940.

Les prestations de retraite connaîtront également une évolution, allant dans le sens d'une universalité accrue. D'abord, la pension de 1927 est remplacée, en 1952, par une pension universelle de 40 $ par mois pour les personnes de 70 ans et plus[37] résidant au Canada depuis au moins 20 ans (y compris les Autochtones, cette fois), assortie d'une prestation additionnelle pour les personnes pauvres âgées de 65 à 70 ans. Une prestation pour les conjoints à faibles revenus de 60 à 64 ans s'ajoute en 1975, bénéficiant avant tout aux femmes n'ayant pas eu de présence importante sur le marché du travail. Deux régimes contributifs (Régime de pensions du Canada et Régime de rentes du Québec), alimentés par les cotisations des employeurs et des travailleurs, entrent en vigueur en 1966, fournissant un revenu à la retraite, des prestations en cas d'invalidité et une rente au conjoint survivant. Ces régimes ont pour avantages d'être transférables (ils ne sont pas touchés par le changement d'employeur) et de couvrir largement la main-d'œuvre. Par contre, ils offrent un faible taux de remplacement du revenu, de l'ordre de 25 %, soit bien en deçà de ce que fournissent leurs équivalents européens. Les régimes de retraite québécois et canadien acquièrent donc, au cours de cette période, une composante universelle et une composante contributive (typique de l'assurance sociale), auxquelles s'ajoute une composante résiduelle (prestations additionnelles pour les personnes âgées pauvres).

Il convient enfin de mentionner la création, en 1966, du Régime d'assistance publique du Canada, par lequel le gouvernement fédéral assume la moitié du coût de programmes d'assistance sociale (et de certains services sociaux) administrés par les provinces, au bénéfice de personnes dans le besoin, et ce, quelle que soit la cause de ce besoin. C'est dans ce même esprit qu'a été adoptée la *Loi sur l'aide sociale*[38] de 1969, qui établit, comme un attribut de la citoyenneté, le droit pour une personne nécessiteuse de recevoir de l'aide de l'État, quelle que soit la cause de son indigence, et cela, dans le respect de son autonomie et de sa dignité.

5.4.3 L'encadrement des rapports collectifs du travail

En 1935, dans la foulée de la politique du *New Deal*, l'État fédéral américain adopte le *National Labor Relations Act*[39]. Cette loi, communément appelée *Wagner Act* d'après son instigateur, le sénateur démocrate Robert Wagner, met en place un régime de rapports collectifs du travail reposant sur trois caractéristiques essentielles (Verge *et al.*, 2006, p. 39-41):

- la protection de la liberté d'association des travailleurs salariés à l'encontre de pratiques déloyales de leur employeur;
- l'octroi du monopole de représentation au syndicat majoritaire au sein d'un groupe de salariés et accrédité par l'instance administrative compétente (le *National Labor Relations Board*);
- l'obligation pour l'employeur de négocier de bonne foi avec le syndicat accrédité représentant des salariés à son emploi.

Près d'une décennie plus tard, en 1944, le Parlement québécois et le gouvernement fédéral ratifient des textes inspirés de cette loi, jetant ainsi les bases d'un encadrement juridique des rapports collectifs du travail, dont les coordonnées essentielles sont toujours en vigueur. Le volontarisme industriel cède alors sa place au « pluralisme industriel », et l'État fédéral comme les provinces reconnaissent désormais aux travailleurs une citoyenneté industrielle (Fudge et Tucker, 2000, p. 276-277)[40]. Cela signifie que, contrairement aux principales lois adoptées précédemment pour encadrer les rapports collectifs du travail, les lois entrées en vigueur au cours de cette seconde période ne se contentent pas de permettre l'action syndicale tout en limitant ses effets perturbateurs sur l'économie. Elles affirment et protègent le droit à la représentation et à la négociation collective, en créant des devoirs correspondants pour les employeurs et l'État.

---

37. À compter de 1970, 65 ans et plus.

38. LQ 1969, c. 63.

39. 49 Stat. 449 (1935), 29 U.S.C. §§ 151-169 (2000).

40. Tout comme le volontarisme industriel, le pluralisme industriel est une posture idéologique sous-jacente à l'encadrement des relations du travail. Les tenants de celle-ci prônent l'établissement d'un équilibre dans les rapports entre les travailleurs et leurs employeurs grâce à une intervention de l'État imposant à ces derniers l'obligation de reconnaître le syndicat représentant les premiers. Grâce à un tel soutien de la puissance publique, les relations du travail deviennent un forum démocratique où les parties assument le rôle de législateurs privés en négociation collective et conviennent d'un dispositif pour trancher les conflits de droits pouvant les opposer dans l'application des règles négociées (Stone, 1992). Cette perspective politique partage évidemment plusieurs points communs avec le « pluralisme » en tant que paradigme, ou vision du monde, en relations industrielles (*voir le chapitre 2*).

Au fédéral, c'est grâce aux pouvoirs découlant de l'engagement du Canada dans la Deuxième Guerre mondiale que le gouvernement de William L. Mackenzie King adopte en 1944 le *Règlement de relations ouvrières en temps de guerre* (arrêté en conseil 1003), intégrant les principales caractéristiques du *Wagner Act* et de la *loi Lemieux*. La reconnaissance obligatoire du syndicat majoritaire et la négociation collective sont ainsi établies pour les entreprises relevant de la compétence législative du Parlement fédéral, tout comme l'intervention de l'État dans le règlement des différends ainsi que la prohibition de la grève et du lock-out dans les services publics et dans certaines industries d'intérêt national. En 1948, la guerre étant terminée, les dispositions de l'arrêté en conseil 1003 sont reprises dans la *Loi sur les relations industrielles et sur les enquêtes visant les différends du travail*[41], aujourd'hui contenue dans le *Code canadien du travail* (CCT)[42].

Au Québec, c'est dans un contexte de rivalités intersyndicales que l'Assemblée législative implante le modèle « wagnérien » avec la *Loi des relations ouvrières*[43]. L'absence de règles encadrant la représentativité syndicale, conjuguée aux conditions extraordinaires de la situation de guerre, entraîne alors des conflits entre les syndicats catholiques et les syndicats internationaux à partir de 1939. Dans le secteur de la pulpe et du papier, un tel conflit aux usines de Price Brothers & Co. Ltd. dégénère et mène à la création, en 1943, d'une commission d'enquête (la commission Prévost) dont le rapport joue un rôle déterminant dans l'adoption de la *Loi* (Cardin, 1957, p. 50-55).

Tout comme l'arrêté en conseil 1003, la *Loi des relations ouvrières* de 1944 reprend les principales dispositions du *Wagner Act*. Elle prévoit ainsi la reconnaissance obligatoire d'un syndicat majoritaire[44] aux fins de la négociation collective des conditions de travail, appuyée par le recours à la grève et au lock-out[45]. La *Loi* rend également la conciliation et l'arbitrage non exécutoire préalables à tout recours aux moyens de pression. Elle interdit aussi un certain nombre de pratiques déloyales dans les relations patronales-syndicales.

La même année, le Parlement québécois adopte la *Loi sur les différends entre les services publics et leurs salariés*[46] pour prohiber la grève dans les services publics et y substituer une procédure obligatoire d'arbitrage des différends inspirée de la loi québécoise de 1901 (la *Loi des différends ouvriers de Québec*). À partir de 1944, on abandonne donc la voie distincte empruntée par le Québec depuis 1924, au profit du nouveau modèle nord-américain de régulation des rapports collectifs du travail.

En 1961, le législateur modifie la *Loi des relations ouvrières*[47] en y interdisant la grève et le lock-out en cours de convention collective. Les conflits d'application et d'interprétation de celle-ci doivent désormais être soumis à l'arbitrage exécutoire des griefs. Cette modification est la dernière, puisqu'en 1964, la *Loi des relations ouvrières* est remplacée par le *Code du travail*[48], qui intègre également les contenus de la loi de 1944 sur les services publics, ainsi que ceux d'autres lois portant sur les rapports collectifs du travail.

Bien qu'il conserve les caractéristiques principales du régime de rapports collectifs du travail de 1944 (modifié) en ce qui a trait au syndicalisme majoritaire, à la négociation collective et au règlement des griefs, le nouveau *Code du travail* établit de nouvelles règles (Hébert, 1965). En pleine Révolution tranquille, alors que l'appareil d'État québécois se développe, et en contexte de forte croissance du syndicalisme dans les services publics, le législateur accorde le droit de grève à ces salariés, à l'exception des fonctionnaires provinciaux et des agents de la Sûreté du Québec, sous réserve d'une procédure d'enquête et d'injonction relevant du Conseil des ministres. Il conserve toutefois l'interdiction visant les policiers et pompiers municipaux. Le *Code* confère enfin un statut juridique original à la convention collective, distinct des contrats civils, et limite, un an plus tard[49], sa durée à un minimum d'un an et à un maximum de trois ans (Morin, 1965).

---

41. SRC 1952, c. 152.
42. LRC 1985, c. L-2, partie I.
43. SRQ 1941, c. 162A.
44. Il s'agit là de la règle générale, puisque le second alinéa de l'article 4 de la *Loi* accorde des privilèges similaires à une coalition syndicale représentant une majorité de salariés.
45. On parle alors de « contre-grève » (*Loi des relations ouvrières*, art. 2 g).
46. SRQ 1941, c. 163.
47. *Loi modifiant la Loi des relations ouvrières*, 9-10 Eliz. II (1961) c. 73.
48. SRQ 1964, c. 141. Aujourd'hui : RLRQ, c. C-27.
49. *Loi modifiant le Code du travail*, 13-14 Eliz. II (1965) c. 50.

En 1965, on adopte la *Loi sur la fonction publique*[50] comme « texte dérogatoire au *Code du travail* » (Cardin, 1966, p. 254). Elle fixe certaines conditions particulières pour la syndicalisation, la négociation et l'application des conditions de travail du personnel des ministères et des organismes du gouvernement du Québec dont le statut correspond à la définition de « salarié » du *Code*. La *Loi* impose à ces travailleurs des contraintes quant à leur regroupement dans un but d'accréditation, à l'affiliation de leurs organisations syndicales, aux conditions de travail négociables et à l'exercice du droit de grève, auquel ils ne peuvent recourir qu'après une entente avec l'État-employeur ou une décision de la Commission des relations du travail sur le maintien des services essentiels. La *Loi sur la fonction publique* prévoit, par ailleurs, des règles particulières pour les agents de la paix, dont les organisations ne peuvent être affiliées à une autre organisation syndicale et pour qui la fixation des conditions de travail se déroule dans le cadre particulier d'un comité paritaire faisant des recommandations au gouvernement. Le recours à la grève est prohibé dans ce processus et remplacé par un mode de règlement des différends convenu entre les parties[51].

En 1967, les conditions applicables aux enseignants sont modifiées par la *Loi assurant le droit de l'enfant à l'éducation et instituant un nouveau régime de convention collective dans le secteur scolaire*[52], qui prévoit, en plus de la suspension du droit de grève, une centralisation de la négociation collective à l'échelle provinciale (Cardin, 1967).

En 1968, les rapports collectifs entre les agents de la Sûreté du Québec et le gouvernement sont encadrés par la *Loi sur le régime syndical applicable à la Sûreté du Québec*[53], un régime d'exception dont les principales coordonnées sont similaires aux règles visant les agents de la paix.

La même année, un autre groupe est exclu du champ d'application du *Code du travail* : les salariés de la construction. Avec l'adoption de la *Loi sur les relations du travail dans l'industrie de la construction*[54], le législateur souhaite rétablir la paix industrielle dans ce secteur névralgique en s'attaquant aux conflits intersyndicaux, interprofessionnels et territoriaux découlant, notamment, de l'application concurrente du *Code* et du régime des décrets de convention collective. Il crée donc un régime sectoriel sur mesure, fondé sur la négociation d'une convention collective visant tous les métiers par l'ensemble des associations patronales et syndicales reconnues. Ce régime se fonde également sur l'extension juridique de la convention collective sur un territoire donné, ainsi que sur sa mise en œuvre par une organisation paritaire, la Commission de l'industrie de la construction. Au cours des années qui suivent, cette loi fait l'objet de nombreuses réformes, notamment à la suite de la Commission d'enquête sur l'exercice de la liberté syndicale dans l'industrie de la construction (la commission Cliche).

En 1977, deux modifications importantes apportées au *Code du travail* traduisent également un souci de paix industrielle de la part du législateur[55]. D'une part, avec l'introduction de dispositions dites « antibriseurs de grève » limitant le remplacement des salariés pendant une grève ou un lock-out, le législateur cherche à éliminer des affrontements violents sur les lignes de piquetage. D'autre part, il cherche à faire disparaître une forme particulièrement acrimonieuse de conflit de travail, la grève de reconnaissance syndicale, en permettant à une partie de demander, sans l'accord de l'autre, l'arbitrage des différends lors de la négociation d'une première convention collective. En plus de ces deux modifications, le précompte syndical généralisé et obligatoire – le prélèvement par l'employeur des cotisations syndicales sur la paie de tous les salariés représentés par un syndicat – est inscrit dans le *Code du travail*. En contrepartie, on impose aux syndicats des obligations additionnelles en matière de représentation juste et loyale de l'ensemble des salariés couverts par le monopole de représentation syndicale, ainsi que de divulgation de leurs états financiers à leurs membres. Le scrutin secret devient également obligatoire pour tout vote de grève.

Ainsi prend fin la période d'évolution du droit des rapports collectifs du travail au Québec. Suivant la doctrine du pluralisme industriel, l'État a fixé des règles du jeu tout en accordant aux parties patronales et syndicales l'autonomie nécessaire à la détermination et à la mise en œuvre des conditions de travail. La cassure qui s'amorce au tournant des années 1980 n'est pas complète, mais les interventions de l'État en matière de rapports collectifs seront désormais marquées par la stagnation et la fragmentation.

---

50. SQ 1965, c. 50.

51. Il en va toujours ainsi aujourd'hui (*voir le chapitre 10*).

52. SQ 1967, c. 63.

53. 17 Eliz. II (1968) c. 19.

54. LQ 1968, c. 45.

55. *Loi modifiant le Code du travail et la Loi du ministère du Travail et de la Main-d'œuvre*, LQ 1977, c. 41.

5.5 De la fin des années 1980 à aujourd'hui : l'État néolibéral

Cette nouvelle période est marquée par l'ouverture des frontières et la signature d'accords commerciaux – l'Accord de libre-échange canado-américain entre en vigueur en 1989, et l'Accord de libre-échange nord-américain, en 1994 –, inscrivant le Canada dans une logique de concurrence économique qui aura des effets importants dans la sphère politique. Des signes avant-coureurs se manifestent dès le milieu des années 1970, avec le premier choc pétrolier et l'importante crise économique du début des années 1980[56].

L'appellation « néolibéral » ne signifie pas que l'État n'intervient plus dans l'économie, loin de là ; c'est plutôt son mode d'intervention qui change. Il se déleste de certains types d'activités (privatisation), il fait faire plutôt que de faire lui-même (sous-traitance) et il délègue certaines responsabilités aux paliers inférieurs de gouvernement ou aux organisations de la société civile (dévolution, décentralisation), sans nécessairement les doter des ressources nécessaires à leur mission.

Ainsi, au nom de la lutte contre le déficit, le gouvernement canadien diminue radicalement la taille de la fonction publique et privatise certaines sociétés d'État (Air Canada, Canadien National, Petro-Canada). Il réduit également les transferts aux provinces, à qui revient la charge du soutien aux plus démunis. Le gouvernement du Québec restreindra également la taille de la fonction publique (notamment avec une vague de préretraites, en 1997, et le non-remplacement partiel des départs à la retraite, par la suite) et transférera à son tour des responsabilités vers les municipalités et certaines instances auxquelles participent des représentants de divers groupes de la société québécoise. Il pratiquera aussi la nouvelle gestion publique, en appliquant au secteur public les méthodes de gestion du secteur privé, en favorisant la concurrence entre les divers fournisseurs de services et les partenariats public-privé (Boivin, 2010, p. 92-98).

En matière de lois protectrices de la personne au travail, la période qui débute dans les années 1980 est marquée, dans certains cas, par une bonification des conditions minimales de travail et par certaines innovations visant à réparer les effets de la discrimination systémique à l'égard de divers groupes de la main-d'œuvre, mais dans d'autres, par la stagnation. Les améliorations apportées le sont davantage par l'affirmation des droits individuels (chartes) que par la bonification du régime de rapports collectifs du travail, le *Code du travail* n'ayant pour ainsi dire pas été adapté aux nouvelles réalités de l'emploi. En ce qui concerne la sécurité sociale, l'État cherche moins à soutenir le revenu des victimes de risques sociaux et professionnels qu'à leur offrir les moyens d'intégrer ou de réintégrer le marché du travail. Par ailleurs, la responsabilité de la protection est de plus en plus transférée de l'État vers les individus, les familles et les communautés.

5.5.1 Les lois protectrices de la personne au travail

La *Loi sur les normes du travail* a connu quelques réformes importantes depuis 1990. Puisque le chapitre 7 aborde ces questions en profondeur, contentons-nous de mentionner l'interdiction de disparité salariale pour les travailleurs à temps partiel (1990) et l'interdiction de la disparité de traitement en fonction de la date d'embauche (1999). La réforme intervenue en 2002 *(voir l'encadré 5.1)* a très certainement apporté plusieurs bonifications importantes, parmi lesquelles certaines restrictions sur la durée du travail, l'ajout de congés de maladie et pour

---

56. Si plusieurs auteurs considèrent la période actuelle comme néolibérale, ils ne s'entendent pas sur le début de cette période : Bernier (2003) situe le début du désengagement de l'État-providence au milieu des années 1970 ; Beauchemin *et al.* (1995) considèrent que l'amorce du virage néolibéral remonte à 1985, avec la publication des recommandations de la commission Macdonald ; Théret (2002) croit pour sa part que l'État-providence canadien a fait preuve de résilience face à la vague néolibérale, qu'il aurait embrassée à partir de 1995 seulement, après une stagnation dans les années 1980. Ces différences s'expliquent en partie par les éléments que les auteurs étudient : le discours, qui annonce les changements de philosophie, le contenu des politiques ou encore leurs effets concrets sur des clientèles particulières. Pour notre part, compte tenu du fait que cette vague néolibérale est intimement liée à l'adoption d'accords commerciaux (à partir de l'Accord de libre-échange canado-américain ratifié en 1988), nous la situons à la fin des années 1980, tout en reconnaissant qu'elle a été préparée dans les années antérieures et a pris un virage décisif au milieu des années 1990, avec la réforme du régime d'assurance-chômage. Les différents auteurs mentionnés ci-dessus, ainsi que Lippel (1987), ont constitué nos références principales pour cette section. Par ailleurs, en ce qui concerne le cas du Québec, des auteurs (Lévesque, 2002, 2004 ; Bouchard *et al.*, 2005) divisent cette période en deux sous-périodes. La première (de la fin 1980 à 2003) est dite néocorporatiste parce que l'État y met sur pied de nombreuses instances auxquelles participent les représentants des employeurs, des travailleurs et d'autres groupes de la société civile. C'est le cas notamment en ce qui concerne l'insertion en emploi, la formation de la main-d'œuvre et le développement régional. La deuxième sous-période, durant laquelle on abolit la majorité de ces instances ou on réoriente leur action, est dite néolibérale. Les auteurs du chapitre 6 ont opté pour cette division en deux sous-périodes.

obligations familiales, de même que l'introduction d'une clause contre le harcèlement psychologique. La réforme de 2018 a, quant à elle, introduit, entre autres, l'ajout de congés facilitant la conciliation travail-famille, l'interdiction des disparités salariales selon le statut d'emploi, une certaine régulation des agences de placement temporaires ainsi que l'élargissement de la notion de harcèlement psychologique pour inclure le harcèlement sexuel.

Comme on l'explique au chapitre 9, la *Loi sur la santé et la sécurité du travail* n'a pour ainsi dire pas été améliorée depuis son adoption, en 1979. Notamment, l'obligation de mettre en place des comités de santé et de sécurité au travail ou de désigner des représentants à la prévention n'a pas été étendue au-delà de certains groupes prioritaires, si bien qu'une minorité de travailleurs québécois sont aujourd'hui couverts par ces mécanismes de prévention.

En matière de protection de la personne au travail, l'essentiel des innovations mises en place au cours de cette période sera lié aux droits individuels, reconnus dans les chartes, et à certaines lois proactives visant à supprimer les discriminations passées. Mentionnons à ce titre la *Loi sur l'équité salariale*[57] (1996), qui vise la correction des écarts salariaux provenant d'une discrimination systémique fondée sur le sexe, et la *Loi sur l'accès à l'égalité en emploi dans des organismes publics*[58] (2001), qui vise à fournir une représentation équitable des membres des groupes ayant, dans l'histoire, souffert de discrimination dans l'accès à l'emploi (femmes, minorités ethnoculturelles et minorités visibles, Autochtones et personnes handicapées) et à supprimer la discrimination dans le système d'emploi.

5.5.2 La sécurité sociale

Pendant la période néolibérale, la sécurité sociale se déploie non plus selon une logique de remplacement du revenu et de soutien de la demande, mais selon une perspective de soutien au développement de l'offre de main-d'œuvre, notamment par la formation et diverses autres mesures visant l'insertion ou la réinsertion sur le marché du travail.

À partir des travaux de Beauchemin *et al.* (1995) et de McKeen et Porter (2003), on peut concevoir le passage d'un État keynésien-providence à un État néolibéral comme une transition aux multiples dimensions.

- Il s'agit d'abord d'un changement dans la philosophie : le soutien de l'État intervient moins comme une expression de la responsabilité sociale à l'égard de ses membres que comme un soutien à la responsabilité qui revient maintenant à l'individu d'assurer sa subsistance par sa participation au marché du travail et de se protéger contre les risques, par exemple en se formant.

- Cette philosophie s'est traduite par l'incitation à demeurer ou à entrer sur le marché du travail, illustrée par l'importance accordée aux mesures dites « actives », au détriment des programmes de soutien « passifs » du revenu (*voir le chapitre* 6). Dans certaines provinces et à certaines périodes, la participation à une mesure active a été exigée en contrepartie du soutien financier de l'État, notamment pour les bénéficiaires de l'aide sociale. Un autre exemple de cette tendance est la *Loi sur les accidents du travail et les maladies professionnelles*[59], adoptée en 1985 en remplacement de la *Loi sur les accidents du travail,* qui accorde aux victimes un droit de retour au travail, mais au prix de la perte d'une partie de leur droit à l'indemnisation et à celui d'un contrôle accru sur le comportement des bénéficiaires[60] (Lippel, 1987).

- D'universelles qu'elles étaient durant l'ère keynésienne, les politiques sociales tendent à être de plus en plus sélectives, c'est-à-dire circonscrites à certaines catégories de populations. C'est ainsi qu'à partir des années 1990, les personnes et ménages à hauts revenus ont dû rembourser, en partie ou en totalité, la pension de vieillesse et les allocations familiales. Certaines autres politiques ont été redessinées d'une manière qui a eu pour effet d'exclure une portion importante des personnes à risque, comme dans le cas de l'assurance-emploi.

---

57. RLRQ, c. E-12.001.

58. RLRQ, c. A-2.01.

59. RLRQ, c. A-3.001.

60. Cela amène Lippel à conclure ainsi : « Comme on a vu, certains travailleurs, hauts salariés, profiteront sans doute des modifications apportées aux prestations, mais les travailleurs à faibles revenus y seront perdants. Le droit de retour au travail constitue un gain réel, mais la perte de la rente viagère constitue un recul important. Par contre, c'est dans sa philosophie même que la nouvelle loi atteint le plus durement les acquis des accidentés. La nouvelle législation [sic] crée un régime de sécurité du revenu plutôt qu'un régime d'indemnisation, et a pour effet de placer l'accidenté dans la position d'un bénéficiaire d'un programme social, plutôt que dans celle d'un créancier d'un régime d'assurance. Les prestations payables pourront être révisées indéfiniment, et le comportement de l'accidenté sera scruté aussi longtemps qu'il demeurera "bénéficiaire" de prestations. » (Lippel, 1987, p. 313)

- Les objectifs d'égalité et de justice sociale, ainsi que la fonction redistributive des politiques sociales, sont beaucoup moins présents que durant la période précédente. Ainsi, le fait que le niveau des prestations d'assurance-emploi varie selon la fréquence du recours au régime traduit cette tendance à donner moins à ceux qui en auraient le plus besoin.

- L'État continue de jouer un rôle important en matière de sécurité sociale et, en ce sens, on ne peut pas parler d'un retour à la période de l'État résiduel, mais on note une tendance à faire retomber une part accrue de la responsabilité de la protection sociale sur les épaules de la famille, du marché et de la communauté (McKeen et Porter, 2003, p. 116-117; Beauchemin *et al.*, 1995). Le développement du travail atypique, associé à une faible couverture par les régimes publics, a eu pour effet de grossir les rangs des travailleurs – et en particulier des travailleuses – qui ne peuvent compter que sur eux-mêmes ou leur famille pour affronter les risques associés au travail, ainsi que les risques universels.

La réforme du régime d'assurance-chômage en 1996 constitue une illustration éloquente de la plupart de ces caractéristiques. Le virage s'amorce plusieurs années avant la réforme elle-même mais, comme le précise Campeau (2001), un tournant important est pris en 1990, alors que le gouvernement fédéral se retire du financement du régime et utilise les fonds de la Caisse d'assurance chômage pour financer des mesures actives, comme la formation, l'aide au travail indépendant, l'aide à la création d'emplois, non seulement des chômeurs, mais aussi d'autres catégories de travailleurs. La période de cotisation requise pour recevoir des prestations est allongée, alors que le taux de remplacement du revenu antérieur baisse de 60 à 57 %. On durcit également les sanctions en cas de chômage « volontaire », jusqu'à exclure du droit aux prestations, en 1993, les individus quittant volontairement leur emploi sans motif et ceux congédiés pour inconduite.

L'« assurance-chômage » devient l'« assurance-emploi » en 1996, et bien plus que d'un changement de nom, c'est d'un changement d'orientation qu'il s'agit. L'admissibilité des salariés est désormais fondée sur le nombre d'heures travaillées durant la période de référence, qui varie de 420 à 700 heures selon le taux de chômage régional. Le taux de remplacement s'élève dans la plupart des cas à 55 % de la rémunération annuelle, jusqu'à un maximum[61]. La durée des prestations (entre 14 et 45 semaines) varie selon le taux de chômage régional et le nombre d'heures assurables travaillées durant la période de référence. Les salariés atypiques versent des cotisations dès la première heure travaillée, mais ils ont peu de chances de se qualifier pour recevoir des prestations. De manière générale, ce régime est beaucoup moins protecteur qu'auparavant: au tournant des années 1990, 85 % des chômeurs touchaient des prestations; en 2011-2012, c'était 41 %, alors que, selon les données d'Emploi et Développement social Canada, pour la période d'avril 2012 à mars 2013, la proportion chômeurs-prestataires était réduite à 38,8 %.

En résumé, le régime d'assurance-emploi de la période de l'État néolibéral présente les caractéristiques inverses de celles observées pendant la période de l'État keynésien-providence: la proportion de la main-d'œuvre couverte, le taux de remplacement du revenu antérieur et le niveau des prestations diminuent, alors que la période de cotisation requise pour se qualifier au régime est plus longue.

Enfin, le fait qu'une part grandissante de chômeurs[62] ne remplissent pas les conditions requises pour recevoir des prestations d'assurance-emploi a pour effet d'amener ces exclus à demander l'aide sociale des provinces[63], au moment même où les transferts fédéraux aux provinces subissent une diminution importante. En effet, en 1995, le Régime d'assistance publique du Canada, par lequel le gouvernement fédéral finançait la moitié des programmes d'assistance sociale mis sur pied par les provinces, est remplacé par le Transfert canadien en matière de santé et de programmes sociaux (TCSPS), qui alloue aux provinces un montant déterminé, et plus faible, pour la santé, l'assistance sociale et l'éducation postsecondaire. Cette tendance au plafonnement des transferts fédéraux s'est accentuée, ces dernières années, et constitue un obstacle additionnel à la mise en œuvre de programmes sociaux adaptés aux réalités contemporaines du travail et de l'emploi.

Pour composer avec certaines de ces réalités, comme la nécessité de concilier le travail et la vie familiale et tenir compte de l'enjeu de la formation permanente, le Québec s'est distingué des autres provinces canadiennes

---

61. Au 1er janvier 2019, le maximum de la rémunération annuelle assurable est de 53 100 $, ce qui se traduit par une prestation maximale de 562 $ par semaine. Récupéré au www.canada.ca/fr/services/prestations/ae/assurance-emploi-reguliere/montant-prestation.html

62. Les chômeurs sont des personnes sans emploi, disponibles à l'emploi et à la recherche active d'un emploi (*voir le chapitre 1*).

63. Depuis les années 1980, la loi québécoise relative à l'aide sociale (actuellement nommée *Loi sur l'aide aux personnes et aux familles*, chapitre A-13.1.1) a suivi la même trajectoire d'activation que la *Loi de l'assurance-chômage*.

(Bernard et Saint-Arnaud, 2004) par la création d'un réseau de services de garde à prix abordable (1997) et d'un régime de congés parentaux indemnisés (2006), ainsi que par la multiplication d'instances faisant appel à la participation des acteurs sociaux, notamment les associations patronales et syndicales. Ce que d'aucuns ont désigné comme « le modèle québécois » tend toutefois à perdre, au fil des ans, son caractère distinctif. Concernant la protection sociale en vue de la retraite, nous avons déjà mentionné que la pension de la Sécurité de la vieillesse est, depuis 1990, récupérée progressivement par l'impôt, à partir d'un certain seuil de revenus. Mais l'élément le plus marquant est peut-être le fait qu'on assiste à une plus grande privatisation de la protection en vue de la retraite : alors que les régimes publics stagnent et que plusieurs régimes de retraite d'employeurs sont actuellement menacés, l'épargne privée est fortement encouragée au moyen des déductions fiscales accordées, par exemple, aux détenteurs de REER et de CELI. Au total, les futurs retraités sont incités à compter de moins en moins sur les régimes publics de retraite et de plus en plus sur leur épargne, voire sur leur participation au marché du travail, au-delà de l'âge habituel d'accès aux régimes de retraite.

5.5.3 L'encadrement des rapports collectifs du travail

Depuis le début des années 1980, les interventions de l'État québécois dans les rapports collectifs du travail sont marquées par la relative stagnation du régime général, l'apparition de nombreux régimes particuliers, et une place de plus en plus importante accordée aux chartes canadienne et québécoise des droits et libertés, d'une part pour affirmer les droits des individus face aux collectifs et, d'autre part, pour protéger certains droits collectifs face à des interventions restrictives de l'État *(voir le tableau 5.1).*

Au cours des trois dernières décennies, le régime général prévu dans le *Code du travail* a fait l'objet de modifications qui, lorsque comparées à celles apportées au cours de la période 1940-1980, apparaissent plus ou moins marginales. Par ailleurs, outre certains réaménagements, tels que l'établissement, en 2001, de la Commission des relations du travail (CRT)[64], il semble que les changements les plus significatifs (et les plus récents) répondent à des préoccupations patronales des secteurs privé et public. En voici quelques exemples. En 1994[65], la durée des conventions collectives renouvelées, autrefois limitée à trois ans, est déplafonnée pour répondre à un souci de stabilité exprimé par le milieu des affaires. En 2003, les dispositions relatives à la sous-traitance sont modifiées de façon à réduire la protection de l'accréditation syndicale et de la convention collective, en cas de restructuration d'entreprise[66]. Au même moment, deux lois sont adoptées pour exclure rétroactivement des groupes de travailleurs du champ d'application du *Code* : les responsables de service de garde en milieu familial ainsi que les ressources intermédiaires ou familiales qui prennent soin à leur domicile de personnes vulnérables[67].

Dans les services publics, la prestation des services essentiels en cas de conflit de travail – notion apparue en 1965 dans la *Loi sur la fonction publique* – a déjà fait l'objet de précisions et de renforcement lorsque le législateur crée, en 1982, le Conseil des services essentiels[68], auquel il attribue un pouvoir de redressement, deux ans plus tard[69] (Fontaine, 2008, p. 726). Au fil des ans, la définition de « service essentiel » s'est élargie, réduisant d'autant la liberté d'action des parties aux rapports collectifs dans les secteurs concernés (Fontaine, 2014). Dans le cas plus spécifique du secteur municipal, une loi adoptée en 2014[70] – qui fait toujours l'objet de contestations juridiques multiples – prévoit la restructuration des régimes de retraite des employés municipaux tout en établissant une procédure de négociation distincte et l'arbitrage exécutoire, en cas d'impasse. Une autre loi,

---

64. La CRT a été intégrée, en 2016, au Tribunal administratif du travail (TAT). *Loi instituant le Tribunal administratif du travail*, RLRQ, c. T-15.1.

65. *Loi modifiant le Code du travail*, LQ 1994, c. 6.

66. *Loi modifiant le Code du travail*, LRQ 2003, c. 26.

67. *Loi modifiant la Loi sur les centres de la petite enfance et autres services de garde à l'enfance*, LQ 2003, c. 13 ; *Loi modifiant la Loi sur les services de santé et les services sociaux*, LQ 2003, c. 12.

68. *Loi modifiant le Code du travail*, LQ 1982, c. 37.

69. *Loi modifiant le Code du travail*, LQ 1984, c. 45.

70. *Loi favorisant la santé financière et la pérennité des régimes de retraite à prestations déterminées du secteur municipal* (RLRQ, c. S-2.1.1).

Tableau 5.1 L'intervention de l'État dans le domaine des relations industrielles

Type d'intervention	Fin du XIXᵉ siècle-1940	1940-fin des années 1980	Fin des années 1980-aujourd'hui
Protection de la personne du travailleur	Premières interventions timides : • normes du travail, par exemple *Loi sur le salaire minimum pour les femmes* (1919) • santé au travail, par exemple *Acte des manufactures de Québec* (1885)	Diverses versions améliorées de ces lois : • *Loi sur les normes du travail* (1979) • *Loi sur la santé et la sécurité du travail* (1979)	• Réformes successives de la *Loi sur les normes du travail* (1999, 2002, 2018) • *Loi sur l'équité salariale* (1996)
Sécurité sociale	Intervention de l'État en dernier recours, pour ceux qui ne peuvent pas travailler : • premier programme de pensions de vieillesse • *Loi concernant la responsabilité des accidents dont les ouvriers sont victimes dans leur travail et la réparation des dommages qui en résultent* (1909)	Apogée du développement des programmes sociaux, vus comme bénéfiques aux individus et à la croissance économique : • assurance-chômage (1940) • allocations familiales (1945) • sécurité de la vieillesse (1951) • Régime de rentes du Québec (1966)	• Rôle plus réduit de l'État • Activation des politiques de l'emploi (par exemple, *Loi sur l'assurance-emploi* (1996), *Loi sur les accidents du travail et les maladies professionnelles*, 1985) • Couverture moins universelle, tendance au ciblage des populations pauvres
Rapports collectifs du travail	• Reconnaissance du syndicalisme (décriminalisation) • Diverses lois visant à réduire l'incidence des conflits de travail (*Loi des différends ouvriers de Québec* (1901); *Loi concernant les enquêtes en matière de différends industriels* (1932) • Deux lois d'inspiration européenne : *Loi des syndicats professionnels* (1923-1924) et *Loi relative à l'extension juridique des conventions collectives de travail* (1934)	Régime de rapports collectifs du travail : • *Loi des relations ouvrières* (1944) • *Loi sur les différends entre les services publics et leurs salariés* (1944) • *Code du travail* (1964) • Modifications importantes du *Code du travail* en 1977	• Peu d'adaptation du régime de rapports collectifs du travail aux nouvelles réalités du marché du travail • Régimes particuliers de rapports collectifs pour certains groupes de travailleurs atypiques • Protection des droits individuels dans l'encadrement du collectif syndical

adoptée en 2016[71], modifie la formule de règlement des différends chez les policiers et pompiers municipaux, prévoit la possibilité de nommer un mandataire spécial pour aider les autres groupes d'employés municipaux à conclure une convention collective avec la municipalité qui les emploie, impose des critères (santé financière de la municipalité, règlements salariaux dans les secteurs public et parapublic, etc.) pour la détermination de toute sentence arbitrale de différends dans le secteur municipal, fixe la durée minimale de toute convention collective municipale à cinq ans, et remet au ministre des Affaires municipales la responsabilité de ces nouvelles dispositions légales en matière de rapports collectifs du travail dans ce secteur. Une telle intervention de l'État dans les contenus négociés et dans la manière de résoudre les différends répond à des revendications des municipalités, et rompt avec l'autonomie relative dont disposaient antérieurement les parties patronales et syndicales dans ce secteur.

Outre ces règles, le législateur intervient à plus d'une quinzaine de reprises, par des lois spéciales, pour mettre fin à des conflits de travail perturbant la prestation de services dans les secteurs public et parapublic, dans le secteur municipal et dans certaines sociétés d'État (Delorme et Nadeau, 2002 ; Boivin et Grenier, 2017). Cette pratique répétée, en marge des lois ordinaires encadrant les rapports collectifs du travail dans ces secteurs, est

---

71. *Loi concernant le régime de négociation des conventions collectives et de règlement des différends dans le secteur municipal* (RLRQ, c. R-8.3).

qualifiée par certains observateurs d'« exceptionnalisme permanent » (Panitch et Swartz, 2003)[72]. Un tel recours à des lois spéciales de retour au travail, de même que le durcissement des règles relatives aux services essentiels, vont toutefois à contresens d'une autre tendance lourde, émanant de la Cour suprême du Canada. Dans une série d'arrêts rendus à partir de 2007, la Cour a en effet renversé sa propre jurisprudence antérieure en ce qui a trait à l'alinéa 2 d) de la *Charte canadienne des droits et libertés*[73], affirmant que la protection constitutionnelle accordée à la liberté d'association s'étend au droit des salariés de prendre part à un processus véritable de négociation collective[74], lequel inclut le droit de faire la grève[75]. Ces droits ne devraient donc faire l'objet d'une entrave substantielle que dans les limites prévues par la *Charte* et, dans le cas de la grève, que si un autre mécanisme de règlement des différends est mis à la disposition des parties.

Sauf pour certains travailleurs agricoles[76], dont l'intégration au statut de salarié prévu au *Code du travail* – mais sans véritable droit à la négociation collective – suit une décision rendue en 2013 par la Cour supérieure du Québec[77], les groupes de travailleurs qui accèdent à une reconnaissance de l'État pour les rapports collectifs du travail le font par le truchement de régimes d'exception.

Les artistes-interprètes constituent le premier groupe de travailleurs indépendants à obtenir un régime particulier de rapports collectifs du travail. Depuis 1987, la *Loi sur le statut professionnel et les conditions d'engagement des artistes de la scène, du disque et du cinéma*[78] prévoit la reconnaissance d'associations d'artistes et de producteurs à des fins de représentation collective. Elle établit, pour ces associations, un mécanisme de négociation collective comparable à celui du régime général et permettant la fixation de conditions minimales de travail contenues dans des ententes collectives sectorielles. La *Loi* prévoit également un mode de gestion et de sanction de ces ententes collectives, lesquelles sont dotées d'un statut juridique distinct du contrat civil (D'Amours, 2013, p. 111-112). Il en va bien autrement pour les camionneurs propriétaires. Dans ce cas, le législateur ne reconnaît pas une situation de travail, mais plutôt une situation d'affaires (Gagnon, 2008). Les associations de routiers reconnues depuis l'adoption, en 2000, de la *Loi modifiant la Loi sur les transports*[79], ne sont donc habilitées qu'à prendre part à un forum sur les pratiques commerciales, et le contrat type élaboré dans le cadre de ce forum n'a aucun caractère contraignant pour les donneurs d'ouvrage. Enfin, les régimes visant les responsables d'un service de garde et les ressources intermédiaires ou familiales[80] ressemblent, à certains égards, à celui des artistes-interprètes. En effet, ces lois fixent les modalités pour la reconnaissance d'associations représentatives, ainsi que pour la négociation, la gestion et la sanction d'ententes collectives portant sur certaines conditions de travail. Toutefois, à la différence du régime des artistes-interprètes, le gouvernement (par l'intermédiaire du ministre de la Famille ou du ministre de la Santé et des Services sociaux) participe directement à la négociation des ententes collectives, et le champ du négociable est très étroitement balisé (D'Amours, 2014).

Si les interventions législatives en matière de rapports collectifs sont plutôt modestes au cours de cette période, le législateur et les tribunaux montrent une sensibilité grandissante à l'endroit des droits individuels des travailleurs en milieu syndiqué. Cette sensibilité, que l'on trouve déjà en 1977 dans l'ajout au *Code du travail* d'un droit

---

72. Au cours de la même période, les Parlements québécois et canadien s'immiscent de la même façon dans certaines négociations entre des salariés et des employeurs du secteur privé. Au Québec, trois lois spéciales de retour au travail visent l'industrie de la construction entre 1980 et 2015, alors qu'au fédéral, deux lois spéciales visent des installations portuaires, quatre visent le transport ferroviaire, et une, le transport aérien.

73. *Charte canadienne des droits et libertés*, partie I de la *Loi constitutionnelle de 1982*, [annexe B de la *Loi de 1982 sur le Canada*, 1982, c. 11 (R.-U.)].

74. *Health Services and Support – Facilities Subsector Bargaining Assn.* c. *Colombie-Britannique*, 2007 CSC 27 ; *Association de la police montée de l'Ontario* c. *Canada (Procureur général)*, 2015 CSC 1.

75. *Saskatchewan Federation of Labour* c. *Saskatchewan*, 2015 CSC 4.

76. *Loi modifiant le Code du travail à l'égard de certains salariés d'exploitations agricoles*, LQ 2014, c. 9.

77. *L'Écuyer* c. *Côté*, 2013 QCCS 973. En invalidant l'alinéa 5 de l'article 21 du *Code du travail*, cette décision accordait aux salariés de petites exploitations agricoles le droit à la syndicalisation.

78. RLRQ, c. S-32.1.

79. LQ 2000, c. 35.

80. *Loi sur la représentation de certaines personnes responsables d'un service de garde en milieu familial et sur le régime de négociation d'une entente collective les concernant*, RLRQ, c. R-24.0.1 ; *Loi sur la représentation des ressources de type familial et de certaines ressources intermédiaires et sur le régime de négociation d'une entente collective les concernant*, RLRQ, c. R-24.0.2.

à une représentation syndicale juste et loyale, se traduit par des interventions s'inscrivant dans un mouvement d'affirmation des droits et libertés de la personne, marqué par l'adoption des chartes canadienne et québécoise[81]. Ces interventions visent, par exemple, à interdire la négociation de conditions de travail différentes selon la date d'embauche ou le sexe, serait-ce pour des impératifs organisationnels (Nadeau, 2012). Elles visent également à interdire aux syndicats et aux employeurs de fixer à l'avance, et sans égard aux situations particulières de certains salariés, des règles uniformes concernant le retour au travail à la suite d'une maladie ou d'un accident autres qu'une lésion professionnelle[82].

Bien que l'État n'ait pas cessé d'intervenir dans les rapports collectifs du travail, au cours de cette période qualifiée de néolibérale, la relative stagnation du droit en cette matière est rendue manifeste par un contexte qui n'a peut-être jamais évolué aussi rapidement. L'augmentation de la concurrence internationale, la financiarisation de l'économie et de l'entreprise, la diversification de la main-d'œuvre et le déplacement de l'emploi vers les industries de services et sous des formes atypiques ébranlent les colonnes d'un temple juridique érigé sur la réalité d'industries manufacturières nationales assurant des emplois permanents aux hommes d'une population ouvrière encore relativement homogène. Certains de ces changements ont, par ailleurs, alimenté l'attention grandissante accordée par les décideurs aux droits individuels des travailleurs, de même qu'à ceux des usagers et des consommateurs. L'éventualité d'un accroissement de ce décalage entre le droit et la réalité des rapports collectifs du travail est pour le moins préoccupante.

Conclusion

En exposant le rôle de l'État dans les relations industrielles, nous avons mis en évidence les principaux éléments du cadre institutionnel québécois en matière de protection de la personne au travail, de sécurité sociale et de rapports collectifs du travail.

Bich (1993) présente le droit du travail québécois comme un exemple distinct de coexistence entre différentes traditions juridiques. Jusqu'à la Deuxième Guerre mondiale, les lois encadrant les rapports individuels, plus particulièrement le *Code civil du Bas-Canada*, et les lois protectrices de la personne au travail sont ainsi calquées sur le modèle français. Il en va de même de certaines lois sur les rapports collectifs du travail. Ces développements législatifs connaissent toutefois une stagnation dans les années 1940, alors que l'adoption d'un régime général de rapports collectifs du travail inspiré de la loi américaine *Wagner Act* est perçue comme la voie privilégiée de défense des travailleurs. Après la période duplessiste, le Québec explore dans les années 1970 des avenues législatives que l'auteure Marie-France Bich qualifie d'originales, citant en exemples la *Loi sur les normes du travail* (1979) et la *Loi sur les accidents du travail et les maladies professionnelles* (1985).

Au total, les premières normes du travail sont édictées avant les années 1940. De 1940 aux années 1980, on compte surtout sur la négociation collective pour améliorer la condition des travailleurs. Depuis 1980, le plafonnement de la densité syndicale et les limites de la négociation collective amènent le législateur à intervenir à nouveau dans la régulation du travail, notamment en bonifiant le régime de normes minimales de travail. En matière de sécurité sociale, le Québec se caractérise très longtemps par son résidualisme, mais, pendant les années 1960, il s'inscrit résolument dans la mouvance keynésienne-providentialiste qui a émergé au Canada depuis les années 1940. L'intervention de l'État, d'abord très timide, s'est accrue au fil du XXe siècle. Toutefois, elle tend à reculer depuis les années 1980, s'en

---

81. *Loi de 1982 sur le Canada*, 1982, c. 11 (R.-U.), ann. B, partie I, dans LRC (1985), app. II, n° 44 (*Charte canadienne des droits et libertés*) ; *Charte des droits et libertés de la personne*, RLRQ, c. C-12.

82. *Centre universitaire de santé McGill (Hôpital général de Montréal)* c. *Syndicat des employés de l'Hôpital général de Montréal*, 2007 CSC 4, [2007] 1 RCS 161 ; *Hydro-Québec* c. *Syndicat des employé-e-s de techniques professionnelles et de bureau d'Hydro-Québec, section locale 2000 (SCFP-FTQ)*, 2008 CSC 43, [2008] 2 RCS 561.

remettant aux autres instances (famille, communauté) et à l'individu lui-même, pour ce qui concerne la sécurité sociale, et au consensus des acteurs sociaux, pour ce qui concerne les lois du travail et l'encadrement des rapports collectifs du travail. En outre, il n'y a que peu d'adaptation pour tenir compte des nouvelles réalités du travail et de l'emploi, notamment de l'expansion des emplois atypiques.

Dans la typologie des régimes providentiels d'Esping-Andersen (1990), le Canada appartient au régime libéral, qui englobe la Grande-Bretagne, les États-Unis et l'Australie, tout en se distinguant de ces pays par certaines mesures universelles de sécurité sociale, des dépenses publiques plus importantes en éducation, un régime fiscal plus progressif, la taille plus imposante du secteur public et un accès plus facile à la syndicalisation. De la même manière, le Québec se distingue du reste du Canada par des normes minimales plus généreuses, un encadrement des rapports collectifs plus élaboré (notamment en ce qui a trait aux briseurs de grève) et un soutien plus effectif à la conciliation travail-famille (congés parentaux, services de garde subventionnés). Ces éléments de régulation étatique rapprochent le Québec des régimes sociaux-démocrates européens, bien que de façon limitée (Bernard et Saint-Arnaud, 2004). En effet, le taux de syndicalisation (et de couverture syndicale), bien que supérieur aux autres provinces canadiennes, y demeure plus bas que dans ces régimes. De même, certaines protections sociales offertes aux travailleurs québécois sont moins avantageuses que celles offertes ailleurs. Il en va ainsi de la protection de l'emploi en cas de licenciement individuel ou collectif, pour laquelle le Québec se classe sous la moyenne canadienne, et loin derrière des pays comme l'Allemagne, la Belgique ou la Suède (Poulin et Prud'homme, 2010).

QUESTIONS DE RÉVISION

1. Expliquez ce qu'est un État moderne et exposez sommairement ses rôles dans la société.

2. Expliquez comment les autres acteurs des relations industrielles influencent l'action de l'État et réciproquement.

3. Qu'est-ce qui caractérise l'intervention de l'État résiduel en matière de protection de la personne au travail ? Donnez un exemple d'une politique défendue par un tel État.

4. Qu'est-ce qui caractérise l'intervention de l'État résiduel en matière de sécurité sociale ? Donnez un exemple d'une politique défendue par un tel État.

5. Qu'est-ce qui caractérise l'intervention de l'État résiduel en matière de rapports collectifs du travail ? Donnez un exemple d'une politique défendue par un tel État.

6. Qu'est-ce qui caractérise l'intervention de l'État keynésien-providence en matière de protection de la personne au travail ? Donnez un exemple d'une politique défendue par un tel État.

7. Qu'est-ce qui caractérise l'intervention de l'État keynésien-providence en matière de sécurité sociale ? Donnez un exemple d'une politique défendue par un tel État.

8. Qu'est-ce qui caractérise l'intervention de l'État keynésien-providence en matière de rapports collectifs du travail ? Donnez un exemple d'une politique défendue par un tel État.

9. Qu'est-ce qui caractérise l'intervention de l'État néolibéral en matière de protection de la personne au travail ? Donnez un exemple d'une politique défendue par un tel État.

10. Qu'est-ce qui caractérise l'intervention de l'État néolibéral en matière de sécurité sociale ? Donnez un exemple d'une politique défendue par un tel État.

11. Qu'est-ce qui caractérise l'intervention de l'État néolibéral en matière de rapports collectifs du travail ? Donnez un exemple d'une politique défendue par un tel État.

POUR ALLER PLUS LOIN

Desîlets, C. et D. Ledoux (2006). *Histoire des normes du travail au Québec de 1885 à 2005. De l'Acte des manufactures à la Loi sur les normes du travail.* Québec, Les Publications du Québec.

Fudge, J. et E. Tucker (2000). « Pluralism or Fragmentation ? The Twentieth-Century Employment Law Regime in Canada », *Labour/Le Travail,* n° 46, p. 251-306.

Guest, D. (1995). *Histoire de la sécurité sociale au Canada.* Montréal, Boréal.

Morel, S. (1999). « De l'assurance chômage à l'assistance chômage : la dégradation des statuts », *Revue de l'IRES,* n° 30, p. 1-23.

Poulin, M. et D. Prud'homme (2010). « Les protections sociales des travailleurs dans le cas des licenciements collectifs au Québec », *REMEST,* vol. 5, n° 2, p. 4-20.

RÉFÉRENCES

André, C. (2002). « État providence et compromis institutionnalisés. Des origines à la crise contemporaine », dans Boyer, R. et Y. Saillard (dir.), *Théorie de la régulation. L'état des savoirs.* Paris, La Découverte, p. 144-152.

Avignon, P. (2008). « L'évolution de l'article 45 du Code du travail du Québec », *L'Action nationale,* vol. XCVIII, n° 1.

Beauchemin, J., G. Bourque et J. Duchastel (1995). « Du providentialisme au néolibéralisme : de Marsh à Axworthy. Un nouveau discours de légitimation de la régulation sociale », *Cahiers de recherche sociologique,* n° 24, p. 15-47.

Bernard, P. et S. Saint-Arnaud (2004). « Du pareil au même ? La position des quatre principales provinces canadiennes dans l'univers des régimes providentiels », *Canadian Journal of Sociology/Cahiers canadiens de sociologie,* vol. 29, n° 2, p. 209-239.

Bernier, N. F. (2003). *Le désengagement de l'État providence.* Montréal, Les Presses de l'Université de Montréal.

Bich, M.-F. (1993). « Droit du travail québécois : genèse et génération », dans Glenn, H. P. (dir.), *Droit québécois et droit français : communauté, autonomie, concordance.* Cowansville, Éditions Yvon Blais, p. 515-565.

Boivin, J. (dir.) (2010). *Introduction aux relations industrielles,* 2ᵉ éd., Montréal, Gaëtan Morin et Chenelière Éducation.

Boivin, J. et J.-N. Grenier (2017). « Négociation collective dans le secteur public au Québec », dans Bergeron, J.-G. et R. Paquet (dir.), *La négociation collective,* 3ᵉ éd., Montréal, Chenelière Éducation, p. 153-186.

Bouchard, M. J., B. Lévesque et J. St-Pierre (2005). « Modèle québécois de développement et gouvernance : entre le partenariat et le néolibéralisme ? », dans Enjolras, B. (coord.), *Régimes de gouvernance et services d'intérêt général,* Groupe de travail transversal du CIRIEC international, Paris.

Braud, P. (2011). *Sociologie politique,* 10ᵉ éd., Paris, Lextenso éditions.

Campeau, G. (2001). *De l'assurance-chômage à l'assurance-emploi.* Montréal, Boréal.

Cardin, J.-R. (1967). « Le Bill 25 », *Relations industrielles/Industrial Relations,* vol. 22, n° 2, p. 273-277.

Cardin, J.-R. (1966). « La nouvelle loi de la fonction publique du Québec », *Relations industrielles/Industrial Relations,* vol. 21, n° 2, p. 251-257.

Cardin, J.-R. (1957). *L'influence du syndicalisme national catholique sur le droit du travail québécois.* Montréal, Institut social populaire.

D'Amours, M. (2014). « Les régimes particuliers de rapports collectifs du travail. Quel rapport de forces pour les exclus du Code du travail ? », dans Bilodeau, P.-L. (dir.), *L'équilibre du rapport de forces : plus qu'une illusion ?* Actes du 68ᵉ Congrès des relations industrielles de l'Université Laval, Québec, Presses de l'Université Laval, p. 21-29.

D'Amours, M. (2013). « Les innovations en matière de représentation collective en contexte de diversification des statuts d'emploi », dans Klein, J.-L. et M. Roy (dir.), *Pour une nouvelle mondialisation : le défi d'innover.* Québec, Les Presses de l'Université du Québec, p. 102-120.

Delorme, F. et G. Nadeau (2002). « Un aperçu des lois de retour au travail adoptées au Québec entre 1964 et 2001 », *Relations industrielles/Industrial Relations,* vol. 57, n° 4, p. 743-788.

Desîlets, C. et D. Ledoux (2006). *Histoire des normes du travail au Québec de 1885 à 2005. De l'Acte des manufactures à la Loi sur les normes du travail.* Québec, Les Publications du Québec.

Emploi et Développement social Canada (2013). *Rapport de contrôle et d'évaluation de l'assurance-emploi 2012-2013.* Ottawa, Gouvernement du Canada.

Esping-Andersen, G. (1990). *The Three Worlds of Welfare Capitalism.* Princeton, Princeton University Press.

Flynn, M., M. Gauthier, J. Lamarre, M. Lefebvre et F. Matteau (2011). *Rapport du groupe de travail sur le fonctionnement de l'industrie de la construction.* Montréal, ministère du Travail.

Fontaine, L. L. (2014). « Les services essentiels : un facteur d'équilibre ou de déséquilibre dans le rapport de force opposant l'employeur à ses salariés ? », dans Bilodeau, P.-L. (dir.), *L'équilibre du rapport de forces dans la relation d'emploi : plus qu'une illusion ?* Actes du 68ᵉ Congrès des relations industrielles de l'Université Laval, Québec, Presses de l'Université Laval, p. 31-56.

Fontaine, L. L. (2008). « Des services publics toujours essentiels au Québec ? », *Relations industrielles/Industrial Relations,* vol. 63, n° 4, p. 719-741.

Fudge, J. et E. Tucker (2000). « Pluralism or Fragmentation? The Twentieth-Century Employment Law Regime in Canada », *Labour/Le Travail,* n° 46, p. 251-306.

Gagnon, M. (2008). *Les régimes d'exception au Code du travail : cadre analytique examinant les raisons de leur implantation et étude de leur qualification à titre de véritables régimes de rapports collectifs du travail. Le cas des camionneurs-propriétaires,* Thèse de doctorat, Québec, Université Laval.

Gagnon, R. P., L. Lebel et P. Verge (1991). *Droit du travail,* 2ᵉ éd., Québec, Presses de l'Université Laval.

Guest, D. (1995). *Histoire de la sécurité sociale au Canada.* Montréal, Boréal.

Harvey, F. (1978). *Révolution industrielle et travailleurs. Une enquête sur les rapports entre le capital et le travail au Québec à la fin du 19ᵉ siècle.* Montréal, Boréal Express.

Hébert, G. (1965). « La genèse du présent Code du travail », dans Hébert, G. *et al.* (dir.), *Le Code du travail du Québec.* Actes du xxᵉ Congrès des relations industrielles de l'Université Laval, Québec, Presses de l'Université Laval, p. 13-34.

Lévesque, B. (2004). « Le modèle québécois et le développement régional et local : vers le néolibéralisme et la fin du modèle québécois ? » Récupéré au https://core.ac.uk/display/46921988

Lévesque, B. (2002). « Le modèle québécois : un horizon théorique pour la recherche, une porte d'entrée pour un projet de société ? », *Interventions économiques,* n° 29. Récupéré au http://journals.openedition.org/interventionseconomiques/1012

Linteau, P.-A., R. Durocher et J.-C. Robert (1989). *Histoire du Québec contemporain. De la Confédération à la crise.* Montréal, Boréal Express.

Lippel, K. (1987). « L'insécurité du revenu des accidentés du travail : les nouveautés dans l'indemnisation des lésions professionnelles », dans Bureau, R. D. et P. Mackay (dir.), *Le droit dans tous ses états. La question du droit au Québec 1970-1987.* Montréal, Wilson & Lafleur.

McKeen, W. et A. Porter (2003). « Politics and Transformation: Welfare State Restructuring in Canada », dans Clement, W. et L. F. Vosko (dir.), *Changing Canada. Political Economy as Transformation.* Montréal et Kingston, McGill-Queen's University Press, p. 109-134.

Morel, S. (1999). « De l'assurance chômage à l'assistance chômage : la dégradation des statuts », *Revue de l'IRES,* n° 30, p. 1-23.

Morin, F. (1965). « Le nouveau Code du travail et la convention collective », dans Hébert, G. *et al.* (dir.), *Le Code du travail du Québec.* Actes du xxᵉ Congrès des relations industrielles de l'Université Laval, Québec, Presses de l'Université Laval, p. 115-134.

Morin, F., J.-Y. Brière, D. Roux et J.-P. Villaggi (2010). *Le droit de l'emploi au Québec,* 4ᵉ éd., Montréal, Wilson & Lafleur.

Morton, D. (2007). *Working People. An Illustrated History of the Canadian Labour Movement.* Montréal, McGill-Queen's University Press.

Nadeau, D. (2012). « Monopole de représentation syndicale et droits individuels des salariés : l'incontournable défi de la diversité ! », *Les Cahiers de droit,* vol. 53, n° 1, p. 139-159.

O'Connor, J. (1998). « Social Justice, Social Citizenship, and the Welfare State, 1965-1995 : Canada in Comparative Context », dans Helmes-Hayes, R. et J. Curtis (dir.), *The Vertical Mosaic Revisited.* Toronto, University of Toronto Press, p. 180-227.

Panitch, L. et D. Swartz (2003). *From Consent to Coercion : The Assault on Trade Union Freedoms,* 3e éd., Aurora, Garamond Press.

Pérusse, M. (2010). « La santé et la sécurité au travail », dans Boivin, J. (dir.), *Introduction aux relations industrielles.* Montréal, Gaëtan Morin et Chenelière Éducation, p. 189-212.

Petitclerc, M. (2007). *Nous protégeons l'infortune. Les origines populaires de l'économie sociale au Québec.* Montréal, VLB éditeur.

Poulin, M. et D. Prud'homme (2010). « Les protections sociales des travailleurs dans le cas des licenciements collectifs au Québec », *REMEST,* vol. 5, n° 2, p. 4-20.

Rouillard, J. (2011). « Genèse et mutation de la Loi sur les décrets de convention collective au Québec (1934-2010) », *Labour/Le Travail,* n° 68, p. 9-34.

Rouillard, J. (2004). *Le syndicalisme québécois : deux siècles d'histoire.* Montréal, Boréal.

Stone, K. (1992). « The Legacy of Industrial Pluralism : The Tension Between Individual Employment Rights and the New Deal Collective Bargaining System », *University of Chicago Law Review,* vol. 59, n° 2, p. 575-644.

Thérêt, B. (2002). *Protection sociale et fédéralisme. L'Europe dans le miroir de l'Amérique du Nord.* Bruxelles et Montréal, P.I.E. Peter Lang et Les Presses de l'Université de Montréal.

Tremblay, R. (1981-1982). « Un aspect de la consolidation du pouvoir d'État de la bourgeoisie coloniale : la législation anti-ouvrière dans le Bas-Canada, 1800-1850 », *Labour/Le Travailleur,* nos 8 et 9, p. 243-252.

Verge, P., G. Trudeau et G. Vallée (2006). *Le droit du travail par ses sources.* Montréal, Thémis.

Partie 3

L'encadrement institutionnel des rapports individuels et collectifs du travail

Chapitre 6 ○ Les politiques publiques de l'emploi

Chapitre 7 ○ Les normes minimales du travail : bilan et éléments de prospective

Chapitre 8 ○ L'interdiction de discrimination en milieu de travail et les lois proactives du Québec

Chapitre 9 ○ Le régime québécois de santé et de sécurité du travail et sa mise en œuvre

Chapitre 10 ○ L'encadrement juridique général des rapports collectifs du travail : le *Code du travail*

On peut décrire sommairement les institutions du travail et de l'emploi comme étant les règles du jeu que les divers acteurs doivent respecter. Parmi les divers types de règles, certaines sont formelles (par exemple, les lois et règlements ou les règles disciplinaires relatives au comportement en entreprise), d'autres sont informelles (par exemple, les traditions propres à un métier ou à une profession) ; certaines sont négociées par les parties elles-mêmes et s'appliquent le plus souvent au niveau local (c'est le cas par exemple d'une convention collective), alors que d'autres sont édictées par l'État et ont une portée nationale (c'est le cas des lois du travail et des politiques publiques de l'emploi).

Cette section du manuel se limite aux institutions qui émanent de l'État et présente cinq ensembles de lois ou de politiques qui régissent la relation d'emploi. On le verra, elles se sont constituées progressivement, au fur et à mesure que nos sociétés ont reconnu que le travail n'était pas une marchandise et que sa prestation devait être encadrée de manière à protéger les personnes qui l'accomplissent. Même s'il existe souvent un écart entre les lois et leur application, il n'en demeure pas moins que les lois du travail reflètent ce qui est jugé raisonnable et désirable, dans une société donnée, à un moment donné. Même si, comme le fait valoir Fernand Morin[1], le droit de l'emploi s'est édifié dans le but de protéger le salarié, certains de ses éléments sont, sous divers aspects, aussi favorables à l'employeur, lui conférant « sûreté, sécurité, ordre et prévisibilité ». Ainsi, les normes édictées par les diverses institutions du travail et de l'emploi servent de base commune à tous les employeurs et font en sorte que leur concurrence ne peut pas se construire sur des conditions inférieures à ces *minima*.

Les politiques publiques de l'emploi (PPE), que sont par exemple le salaire minimum, l'indemnisation du chômage, les politiques de retraite ou de formation professionnelle, jouent un rôle clé pour l'intégration en emploi ainsi que la dynamique des formes d'emploi et du comportement des entreprises. Au chapitre 6, Frédéric Hanin et Kamel Béji présentent un cadre d'analyse des politiques publiques de l'emploi, passent en revue les principales politiques québécoises et les organismes responsables de leur mise en œuvre, et abordent les principaux défis contemporains en la matière.

---

1. Morin, F. (2007). *Fragments sur l'essentiel du droit de l'emploi*. Montréal, Wilson & Lafleur, M.1 à M.5.

Les normes minimales du travail, qui régissent notamment la durée du travail, les types de congés et la cessation du travail, sont les plus anciennes interventions de l'État quant au travail et à l'emploi encore en vigueur. Au chapitre 7, Gilles Trudeau et Renée-Claude Drouin abordent successivement le fondement des normes du travail et les principales étapes y ayant mené, la teneur des principales normes prévues à la *Loi sur les normes du travail* et les modalités de leur application. Ils traitent également du rôle que les normes minimales doivent jouer aujourd'hui et de certaines difficultés relatives à leur application.

Le chapitre 8, signé par Éric Charest, Marie-Thérèse Chicha et Valérie Tanguay, est consacré aux lois qui concernent les libertés fondamentales et la discrimination systémique qui frappe certains groupes de main-d'œuvre. Parmi ces lois, il faut compter au premier chef la *Charte canadienne des droits et libertés* et, au Québec, la *Charte des droits et libertés de la personne*, mais aussi des lois proactives qui amènent les employeurs à faire la preuve que leur milieu de travail est exempt de discrimination, comme la *Loi sur l'équité salariale* et la *Loi sur l'accès à l'égalité en emploi dans des organismes publics*. Les auteurs se concentrent sur ces approches proactives, visant un changement structurel, que sont l'équité salariale et l'accès à l'égalité.

Dans le chapitre 9, Geneviève Baril-Gingras aborde le régime juridique s'appliquant à la gestion de la santé et de la sécurité au travail. Elle présente les deux pièces maîtresses du régime québécois de santé et de sécurité du travail, leurs origines, leurs fondements et leurs acteurs, puis expose les grands enjeux d'une éventuelle réforme. La *Loi sur la santé et la sécurité du travail* vise l'élimination à la source des dangers pour la santé, la sécurité et l'intégrité physique des travailleurs, avec la participation de toutes les parties concernées, alors que la *Loi sur les accidents du travail et les maladies professionnelles* gère la réparation des lésions professionnelles et l'indemnisation des victimes.

Le chapitre 10 constitue la mise à jour d'un texte du regretté collègue Rodrigue Blouin portant sur le régime général de rapports collectifs prévu dans le *Code du travail*. Cette pièce législative encadre l'accès à la syndicalisation, la négociation collective des conditions de travail et l'application des conditions négociées pour la majorité des salariés québécois. Joëlle Rivet-Sabourin expose tour à tour les mécanismes permettant d'identifier les associations syndicales représentatives des salariés, la manière dont le *Code du travail* encadre le processus de négociation et de règlement des conflits, ainsi que les voies de résolution des litiges au sujet des conditions de travail qu'il codifie.

● ● ●

Chapitre 6

Frédéric Hanin et Kamel Béji

Les politiques publiques de l'emploi

Plan du chapitre

6.1 ▸ Les fondements des politiques publiques de l'emploi

6.2 ▸ Un panorama des politiques publiques de l'emploi

6.3 ▸ L'élaboration et la gestion des politiques publiques de l'emploi

6.4 ▸ Les défis des politiques publiques de l'emploi

Objectifs d'apprentissage

○ Comprendre les raisons d'être des politiques publiques de l'emploi.

○ Déterminer les modèles et les enjeux socioéconomiques qui les sous-tendent.

○ Connaître les principaux champs des politiques publiques de l'emploi au Québec.

○ Saisir l'architecture institutionnelle responsable de leur élaboration et de leur gestion au Québec.

○ Pouvoir analyser les défis majeurs qu'elles engendrent, au Québec et au Canada.

Introduction

Comme souvent en sciences sociales, il n'existe pas de définition simple et unanimement acceptée des politiques publiques de l'emploi (PPE). La définition peut se limiter aux politiques ciblées sur des groupes particuliers ou, au contraire, inclure des politiques plus générales; elle peut comprendre des lois du travail ou, au contraire, s'en tenir strictement aux politiques de l'emploi; elle peut concerner des organismes non gouvernementaux qui offrent des services pour l'emploi ou se limiter aux fonctions assurées par l'administration publique. Il n'existe pas non plus de définition très nette des frontières qui s'élèvent entre les politiques de l'emploi et d'autres domaines des politiques publiques (comme les politiques familiale, fiscale, éducative ou industrielle), car l'emploi est toujours, dans les sociétés actuelles, le principal moteur de l'intégration (sociale, économique et même souvent politique). De plus, les PPE doivent simultanément tenir compte de plusieurs indicateurs qui servent à évaluer leur efficacité: le taux d'activité, le taux de chômage ou la productivité du travail, par exemple.

Dans ce chapitre, nous définissons les PPE comme étant toutes les mesures coordonnées par les pouvoirs publics – par le biais de la législation et de l'action gouvernementale sous la forme de programmes et de règlements, ou par des partenariats avec des organismes publics – qui visent à intervenir directement sur les conditions de travail et d'emploi. Nous n'aborderons pas les politiques qui ont un impact indirect sur l'emploi, comme la politique monétaire des banques centrales[1] ou les politiques fiscales. La mise en œuvre des PPE pose quatre questions fondamentales aux responsables gouvernementaux et aux spécialistes du domaine: Quelle est l'origine des PPE? Comment déterminer le champ d'intervention des PPE? Comment sont-elles gérées et administrées par les autorités gouvernementales? Peut-on améliorer les PPE au Québec?

Au-delà de la difficulté à définir les PPE, il faut bien saisir leur importance dans le monde du travail en général et dans le domaine des relations industrielles en particulier.

Si l'on veut résumer rapidement l'argument, on pourrait dire que les politiques publiques définissent l'emploi et non l'inverse. Donc, pas d'emploi sans politiques publiques (Salais *et al.*, 1999). Elles ne s'adaptent pas simplement à l'évolution de la société. Elles structurent les comportements des individus et des organisations en déterminant largement:

- l'intégration professionnelle en emploi (par la politique d'immigration, la politique de formation, les aides à la création d'emplois);
- la dynamique des formes d'emploi et le comportement des entreprises (par le niveau de protection de l'emploi, la protection sociale, la définition des normes minimales du travail);
- la capacité des acteurs sociaux (représentants des employeurs et des employés) à négocier, à l'intérieur et à l'extérieur des établissements, des accords qui permettent d'éviter des situations d'emploi inadéquat et d'améliorer la qualité des emplois (Cloutier, 2008).

Les PPE ont toujours été au cœur des relations industrielles; elles sont donc une composante indispensable de la «vie» économique et du développement social, car elles concernent (potentiellement) toutes les personnes dont les revenus découlent d'une relation à l'emploi passée (les retraités), présente (les personnes en congé, par exemple) ou future (les personnes en formation professionnelle). Les parlements et les gouvernements les modifient souvent, d'ailleurs, à la suite de décisions politiques ou de l'intervention des acteurs sociaux[2] dans l'espace public.

Ce chapitre est divisé en quatre sections. Nous nous consacrons d'abord aux fondements des PPE, pour ensuite proposer un panorama des principales législations et par le truchement des principaux programmes publics de l'emploi au Québec. Puis, nous présentons l'élaboration et la gestion des PPE au Québec, pour finalement aborder certains défis contemporains qui permettent de comprendre leur évolution dans la province.

---

1. Le comité sur la création monétaire de la Réserve fédérale des États-Unis a ainsi pour mandat de «promouvoir dans les faits le niveau maximum d'emploi, la stabilité des prix et un niveau modéré du taux d'intérêt à long terme» (*The Federal Reserve System Purposes & Functions*, p. 21, traduction libre).

2. On parle ici des associations patronales, syndicales, de défense des usagers, des chômeurs, des non-syndiqués, ainsi que des organisations professionnelles dans les secteurs public et privé.

6.1 Les fondements des politiques publiques de l'emploi

Dans cette section, nous examinerons ce qui peut expliquer l'existence concrète des PPE et la manière dont les spécialistes du domaine établissent des liens entre les PPE et la société dans son ensemble.

6.1.1 Un outil politique au service des droits des personnes

Les premières PPE sont apparues à la fin du XIXe siècle dans le but de répondre aux enjeux sociaux et politiques de la concentration des entreprises sous forme de groupes industriels, du développement de l'organisation « rationnelle » de l'emploi par des services spécialisés dans la gestion du personnel, et de l'ambition de démocratiser la vie économique sur le modèle politique de la démocratie libérale (Dobbin, 1998). Les PPE sont donc nées de la nécessité d'encadrer les relations sociales rattachées au travail et à l'emploi (Méda et Vendramin, 2013; Godard, 2002).

Le 16 septembre 1966, le Canada a ratifié la *Convention (n° 122) sur la politique de l'emploi, 1964* de l'Organisation internationale du travail (OIT)[3]. L'article 1 de la *Convention* établit que l'objectif essentiel de la politique de l'emploi doit être la promotion active du « plein emploi, productif et librement choisi ». L'emploi dans la société salariale demeure le principal moyen d'accéder à la fois à un revenu et à la protection sociale. Il devenait primordial de définir la politique de l'emploi comme un droit des personnes et une obligation des gouvernements de permettre d'accéder « au travail, au libre choix de son travail, à des conditions équitables et satisfaisantes de travail et à la protection contre le chômage », comme mentionné dans la *Déclaration universelle des droits de l'homme* (Rouvillois, 2009).

À l'article 3 de la *Convention (n° 122) sur la politique de l'emploi, 1964,* il est également indiqué que l'application des politiques de l'emploi doit tenir compte de « l'expérience » et de « l'opinion » des « représentants des employeurs et des travailleurs », qui doivent aider « à recueillir des appuis en faveur de ces dernières ». La politique de l'emploi est donc un outil au service de la démocratie, car les représentants du monde du travail sont considérés comme des acteurs politiques.

Dans l'article 6 de la *Charte canadienne des droits et libertés* (gouvernement du Canada, 2019), on peut lire que la liberté de circulation et la liberté d'établissement ne sont pas suffisantes pour remettre en cause les programmes « destinés à améliorer, dans une province, la situation d'individus défavorisés socialement ou économiquement, si le taux d'emploi dans la province est inférieur à la moyenne nationale ». Les articles 10 à 20 de la *Charte des droits et libertés de la personne* du Québec (gouvernement du Québec, 2019) prévoient le rejet de la discrimination dans le placement et l'embauche de main-d'œuvre, et l'article 46 stipule que « [t]oute personne qui travaille a droit, conformément à la loi, à des conditions de travail justes et raisonnables et qui respectent sa santé, sa sécurité et son intégrité physique ». La politique de l'emploi doit donc au minimum assurer des conditions de travail décentes et favoriser la sécurité économique des personnes en emploi en réduisant notamment les sources d'insécurité comme le chômage, le travail dans la pauvreté, l'absence d'assurances collectives ou encore les emplois de faible qualité (OIT, 2008).

Les PPE sont donc essentielles à la vie démocratique des sociétés dans lesquelles l'occupation d'un emploi est la forme dominante, voire unique pour une grande partie de la population, d'accès à la richesse et à la promotion sociale.

6.1.2 Un outil juridique au service de la protection de l'emploi

Pour comprendre le rôle des PPE, il faut passer par une analyse du degré de protection de l'emploi qu'elles permettent, quantitativement (dépenses publiques pour l'emploi) et qualitativement (types de protection).

Le tableau 6.1 présente un cadre d'analyse de la protection de l'emploi[4] à partir des données de l'Organisation de coopération et de développement économiques (OCDE)[5].

---

3. Le texte de la *Convention* est disponible à l'adresse suivante : www.ilo.org/dyn/normlex/fr/f?p=NORMLEXPUB:12100:0::NO::P12100_ILO_CODE:C122

4. Dans les pays où, par exemple, les programmes gouvernementaux sont minimaux et la négociation collective est décentralisée (sans méthode de coordination entre les différentes négociations), il est relativement complexe de mesurer le niveau exact de protection de l'emploi.

5. Les données de l'OCDE présentent l'avantage d'être validées par un seul organisme qui les centralise et les traite, mais cela peut réduire leur diversité en fonction des objectifs et des contraintes qui sont propres à l'organisme.

Tableau 6.1 Le niveau de protection de l'emploi dans les données de l'Organisation de coopération et de développement économiques

Niveau de protection de l'emploi	Indicateurs	Catégories	Données			
			États-Unis	Canada	France	Suède
Droit de l'emploi (2013)	Indice de protection de l'emploi (échelle de 0 à 6)	Protection des travailleurs permanents contre les licenciements individuels et collectifs	0,26	0,92	2,38	2,98
		Réglementations additionnelles applicables aux licenciements collectifs	2,88	2,97	3,38	2,50
		Réglementation des contrats temporaires	0,25	0,25	3,63	0,81
	Protection contre le chômage (2013)	Dépenses en pourcentage du produit intérieur brut (PIB)	0,16	0,65	1,96	0,49
Programmes gouvernementaux	Salaire minimum (2017)	Rapport du salaire minimum au salaire médian	0,34	0,46	0,62	n.d.
	Dépenses publiques pour l'emploi (2016)	Service public de l'emploi en % du PIB	0,27 (actives* : 0,11 ; passives : 0,16)	0,9 (actives : 0,25 ; passives : 0,65)	2,98 (actives : 1,0 ; passives : 1,98)	1,73 (actives : 1,17 ; passives : 0,55)
Négociation collective (2016)	Accès à la négociation collective	Taux d'accès à la négociation collective en %	12	30,3	98,5	90

Source : Compilé à partir des données de l'OCDE (2019). *Base de données sur l'emploi*. Récupéré au www.oecd.org/fr/emploi/emp/basededonneesdelocdesurlemploi.htm

* Voir la sous-section 6.1.3 au sujet de la distinction entre les politiques publiques pour l'emploi actives et passives.

Deux constats découlent de ce tableau. D'abord, il existe un paradoxe entre la protection de l'emploi, les dépenses publiques pour l'emploi et l'accès à la négociation collective. On pourrait penser que plus la législation sur la protection de l'emploi est rigoureuse, moins l'intervention gouvernementale et la négociation collective sont nécessaires. Or il existe des traditions nationales fortes dans les politiques de l'emploi. Les pays dont la législation est la plus (ou la moins) rigoureuse sont aussi ceux qui consacrent le plus (ou le moins) de ressources publiques aux politiques de l'emploi.

Ensuite, dans les pays où la politique de l'emploi est la plus forte, le taux de syndicalisation est élevé, notamment parce que l'État délègue aux représentants des travailleurs et des employeurs des responsabilités plus grandes dans la gestion des politiques de l'emploi, les prestations d'assurance-emploi, par exemple. Les acteurs collectifs sont donc également des acteurs « sociaux » du fait de leur participation aux PPE. Cette participation peut prendre la forme d'une gestion paritaire ou tripartite des programmes gouvernementaux, ou encore d'un droit à la négociation collective de mesures complémentaires (ou dérogatoires) aux programmes publics.

Les PPE s'inscrivent donc dans un cadre juridique et législatif propre à chaque pays, qui dépend en grande partie de la culture nationale de la relation à l'emploi (qui définit le sens de l'emploi) et du degré de solidarité qui devrait exister dans la population en fonction des situations individuelles. C'est pour cela qu'il faut étudier les PPE en les mettant en rapport avec les modes de financement de la dépense publique et avec les effets sur la redistribution des revenus.

6.1.3 Un outil économique au service de la solidarité

Le développement des PPE s'est inscrit dans un mouvement plus large vers la socialisation des revenus et la solidarité sociale dans un contexte politique associé au socialisme libéral (Audier, 2014).

La croissance de la part des dépenses et des recettes de l'État est une tendance de fond au XXe siècle, depuis que l'on peut compter sur des statistiques fiables. Ce phénomène est souvent appelé «loi de Wagner» (Lamartina et Zaghini, 2011), en référence à l'économiste allemand Adolph Wagner (1835-1917), qui avait prédit l'élargissement du rôle de l'État pour accompagner le développement économique et les demandes sociales qui en découlent (éducation, infrastructures urbaines, culture-loisirs, protection de l'environnement, etc.). Ainsi, plus les économies connaissent un niveau de développement élevé, plus le rôle des politiques publiques est important. L'évolution socioéconomique des sociétés actuelles nécessite des programmes de formation de la main-d'œuvre de plus en plus ambitieux. L'innovation technologique conduit à la naissance de nouveaux emplois, alors que d'autres sont appelés à disparaître ou à changer de nature, et le niveau de vie moyen nécessite un taux de remplacement du revenu plus important en cas de perte d'emploi. Ces situations concrètes permettent d'illustrer l'«intuition» fondamentale qui se trouve derrière la croissance du rôle de l'État.

Depuis le début du XXe siècle, le développement des PPE s'inscrit dans un mouvement d'économie politique qui tient compte du rôle de l'État dans la société, qu'on appelle aussi «État social» (Ramaux, 2012), et repose sur quatre piliers : la protection sociale, la régulation des rapports de travail, les services publics et les politiques économiques. On peut donc définir les PPE à partir de ces quatre piliers :

1. Les PPE visent à favoriser la protection de l'emploi et plus largement la protection sociale des personnes qui occupent un emploi.

2. Les PPE sont liés aux rapports de travail et à la négociation collective dès lors que les partenaires du monde du travail s'impliquent dans l'élaboration et la gestion de la politique de l'emploi, et qu'il est possible d'inclure des «assurances collectives» dans les conventions collectives négociées.

3. Les PPE sont conçues en totalité ou en partie comme des services publics, qui peuvent être universels ou non et qui peuvent être en totalité ou en partie fournis par des organismes sociaux, privés (consultants, entreprises) ou faisant partie de l'économie sociale.

4. Les PPE appartiennent également à la sphère des politiques économiques, en particulier parce qu'elles concernent une grande partie de la population et qu'elles représentent une proportion importante du budget de l'État. Les PPE participent à la sécurité sociale par la socialisation des revenus, c'est-à-dire des prélèvements obligatoires (impôt, cotisations sociales) et le versement de prestations (assurance-emploi, formation, retraite, etc.) prévues dans les divers programmes publics.

Le développement des PPE est donc indéniablement une forme importante de solidarité sociale dans des sociétés marquées par la relation à l'emploi des individus et des organisations privées et publiques, dont les responsabilités sont grandes, tant sur le plan du financement de la solidarité que sur le plan de l'accès aux prestations.

Depuis le début des années 1990, on a cependant assisté à un mouvement de réformes qu'on appelle souvent «activation» des PPE (OCDE, 1990-2013). L'activation est une orientation des PPE vers un objectif d'augmentation de l'emploi par l'amélioration de l'employabilité des personnes et des groupes sociaux selon des règles définies en fonction du comportement des entreprises. Elle se traduit généralement par la mise en place de conditions plus restrictives pour l'accès aux prestations des programmes publics et aux services publics de l'emploi (Barbier et Gautié, 1998).

Initialement, l'activation découle d'une définition des PPE qui distingue les politiques d'emploi actives et passives. Les politiques d'emploi actives concernent toutes les mesures qui visent la hausse du niveau de l'emploi et donc la demande de travail. Par exemple, la création directe d'emplois dans les administrations publiques, les subventions accordées à des entreprises pour recruter une catégorie précise de main-d'œuvre, les crédits d'impôt dont bénéficient les jeunes entrepreneurs et la formation professionnelle des adultes sont des mesures qui peuvent contribuer à améliorer le niveau général de l'emploi.

En revanche, les politiques d'emploi passives, qualifiées de « statiques », regroupent les mesures qui ont pour objectif de faire diminuer l'offre de travail ou de garantir une sécurité du revenu pour les personnes sans emploi, par exemple l'indemnisation du chômage (régime d'assurance-emploi) ou la garantie d'un revenu minimum pour les personnes ayant des contraintes physiques ou mentales qui les empêchent d'exercer une activité salariée (aide de dernier recours).

La distinction entre les PPE actives et les PPE passives est ambiguë pour au moins deux raisons. Premièrement, elle réduit l'objectif des PPE à sa seule mesure quantitative en ciblant soit une augmentation de la demande de travail, soit une baisse de l'offre, afin d'atteindre le plein emploi sur le marché du travail. Deuxièmement, plusieurs mesures attribuables aux PPE peuvent être considérées comme relevant à la fois des PPE actives et passives. Tel est le cas de la formation professionnelle des adultes, qui améliore l'employabilité et augmente les chances d'occuper un emploi, mais, en même temps, qui maintient cet individu en dehors du marché du travail. L'indemnisation du chômage peut elle aussi être appréhendée comme une politique passive, dans la mesure où elle sécurise le revenu de l'individu tout en « finançant » sa recherche active d'emploi. Cette dernière ambiguïté dans la distinction entre PPE actives et passives s'explique précisément par la notion d'activation. En effet, l'activation des politiques publiques marque une triple rupture avec l'esprit des conventions de l'OIT sur l'emploi et les politiques publiques. Tout d'abord, l'amélioration de l'employabilité des personnes a pour conséquence de réduire l'objectif d'universalité des PPE en ciblant des groupes déterminés (chômeurs fréquents, jeunes, travailleurs de 55 ans et plus, personnes handicapées, bénéficiaires de l'aide sociale) et en réduisant l'accès aux programmes publics (et le niveau des prestations) pour l'ensemble de la population. Ensuite, l'amélioration de l'employabilité aura pour conséquence d'augmenter la part des fonds publics à destination des employeurs (sous forme de subventions ou de crédits d'impôt), au détriment des personnes qui reçoivent des prestations directement. Enfin, l'activation des PPE s'est accompagnée, au Canada, du retrait de l'État du financement de certains programmes comme le programme d'assurance-emploi (aujourd'hui financé entièrement par les employeurs et les salariés) et de l'utilisation des fonds accumulés pour réduire la dette publique du gouvernement, un montant estimé à 57 milliards de dollars[6]. L'activation s'est donc traduite par une nouvelle orientation politique dans la gestion des programmes, tout en réduisant au minimum le financement des PPE. Elle a ainsi accru la dépendance économique des personnes envers l'emploi (et le niveau des prestations) sans amélioration significative de la solidarité, à un point tel que l'on parle souvent de *workfare* (absence de protection sociale sans recherche active d'emploi) ou de précarité sociale (Paugam, 2000) pour désigner la situation des travailleurs occupant des emplois de faible qualité qui ne permettent pas d'améliorer leur situation sociale et professionnelle.

Le rôle des PPE dans le développement de la solidarité dans la relation à l'emploi entre des personnes et des groupes qui vivent différentes situations – intégration des immigrants, handicaps, recherche d'emploi, licenciements collectifs, formation professionnelle, aménagement de l'emploi pour favoriser la conciliation entre travail et vie privée, retraites anticipées – est au cœur de la capacité des sociétés postindustrielles à garantir à la fois la liberté individuelle par le développement des capacités professionnelles et la performance économique par le développement de capacités d'innovation et de réseaux (Cohen, 2006).

6.1.4 Les objectifs économiques des politiques publiques de l'emploi

L'analyse des liens entre les PPE et la création de richesse économique est très complexe, et l'évaluation de chaque politique ou programme public est difficile à réaliser empiriquement, car il faut alors tenir compte d'un grand nombre de variables simultanément, ce qui rend le modèle d'évaluation difficile à interpréter (Bozio et Grenet, 2010). Dans les faits, les objectifs économiques des PPE sont analysés à partir de décompositions statistiques qui permettent de mesurer un nombre plus restreint de variables liées à l'emploi et à la richesse économique.

On mesure souvent la richesse économique créée au cours d'une année donnée dans un pays donné au moyen du produit intérieur brut (PIB). Si l'on veut tenir compte de la taille de la population pour mesurer cette richesse, on divise le PIB par la population, ce qui permet d'obtenir une approximation de la richesse créée par habitant. Le PIB par habitant était de 49 996 $ au Québec en 2017 (*voir le tableau 6.2 à la page suivante*). C'est une mesure de la richesse très contestable, notamment parce que toute

---

6. *Confédération des syndicats nationaux* c. *Canada (Procureur général)*, 2008 CSC 68, [2008] 3 RCS 511.

Tableau 6.2 — La décomposition du produit intérieur brut par habitant au Québec en 2017

Données	PIB par habitant ($)	Facteur démographique*	Taux d'emploi	Durée moyenne du travail (heures)	Productivité horaire du travail ($)
Chiffres	49 996	0,835	0,609	1615,2	60,87

Source: Compilé à partir des données de l'Institut de la statistique du Québec (2018). *État du marché du travail au Québec. Bilan de l'année 2017.* Récupéré au www.stat.gouv.qc.ca/statistiques/travail-remuneration/bulletins/etat-marche-travail-2017.pdf

* Le facteur démographique est la proportion de la population en âge de travailler par rapport à la population totale.

la population ne crée pas directement de la richesse et parce que chaque individu ne crée pas le même niveau de richesse (Gadrey et Jany-Catrice, 2005). Il ne faut donc pas interpréter les chiffres sur le plan individuel, car c'est une mesure « macroéconomique » pour la population dans son ensemble. Par ailleurs, la décomposition du PIB par habitant est une identité statistique qui est toujours vérifiée lorsque les données statistiques proviennent de la même source.

Le tableau 6.2 présente les données du Québec pour l'année 2017 et montre bien que les politiques d'emploi visent simultanément plusieurs objectifs économiques :

1. modifier le facteur démographique par la politique de l'emploi en direction des immigrants ou des familles pour mieux concilier le travail avec la maternité, l'adoption et les congés parentaux ;
2. améliorer le taux d'emploi par des programmes qui visent l'insertion et le maintien en emploi pour la population en âge de travailler ;
3. augmenter la durée moyenne du travail dans la population en emploi ;
4. développer des politiques qui visent à accroître la productivité horaire du travail.

Tous ces objectifs ne peuvent cependant être atteints en même temps, car le budget consacré aux PPE est déterminé par la politique budgétaire du gouvernement, et aussi parce que tous les objectifs ne sont pas compatibles entre eux[7]. Il faut donc privilégier certains objectifs dans le contexte des PPE.

En 2010, une commission nationale sur la participation au marché du travail des individus de 55 ans et plus a été mandatée pour étudier la situation de cette catégorie de travailleurs et de travailleuses et répondre à des enjeux de vieillissement de la population au Québec. Différents scénarios sur la décomposition de la croissance du PIB réel entre 2010 et 2031 ont été élaborés. Le tableau 6.3 présente trois scénarios de l'évolution de la richesse par habitant au Québec basée sur l'analyse comptable.

Tableau 6.3 — Des scénarios de l'évolution du produit intérieur brut réel par habitant pour le Québec

Variables (taux de croissance)	Moyenne 1981-2008	Scénario 2010-2031 : rien ne change	Scénario 2010-2031 : hausse du taux d'emploi	Scénario 2010-2031 : hausse de l'immigration
Facteur démographique	0,61	-0,16	-0,16	0,11
Taux d'emploi	0,49	0,05	0,52	0,05
Productivité	1,00	1,00	1,00	1,00
PIB réel	2,10	0,89	1,36	1,16

Source : Commission nationale sur la participation au marché du travail des travailleuses et travailleurs expérimentés de 55 ans et plus (2011). *Le vieillissement de la main-d'œuvre et l'avenir de la retraite : des enjeux pour tous, un effort de chacun. Rapport synthèse.* Récupéré au www.mess.gouv.qc.ca/publications/pdf/GD_rapport_synthese_commission_nationale.pdf

---

7. On pourrait, par exemple, considérer que l'augmentation de la durée du travail n'est pas bénéfique pour la productivité horaire. Cependant, il faut être prudent, car ces indicateurs sont macroéconomiques et non individuels. Il est tout à fait possible que la réduction des emplois à temps partiel et l'augmentation des emplois à temps plein aient des effets positifs sur la productivité horaire du travail.

Historiquement, la croissance de la richesse au Québec a surtout été liée à l'augmentation de la productivité (47,6 %), à la démographie (29 %) et au taux d'emploi (23,3 %).

Le premier scénario sur les effets du vieillissement de la population se fonde sur l'absence d'intervention gouvernementale dans les PPE et sur le maintien de la productivité au même niveau que la moyenne historique observée. Dans ce scénario, la croissance de la richesse au Québec fléchit de 42,3 % pendant les 20 prochaines années, et 65 % de cette baisse s'explique par le facteur démographique (35 % par la réduction du taux d'emploi). Le second scénario consiste à intervenir uniquement sur le taux d'emploi par des PPE qui visent à augmenter (multiplication par près de 10 du taux de croissance annuel moyen) l'intégration en emploi dans la population québécoise, par exemple, par une intégration en emploi plus grande chez les jeunes, les chômeurs et les personnes de plus de 55 ans. Dans ce cas, la croissance de la richesse est 1,5 fois plus importante que dans le premier scénario. Le troisième scénario priorise le facteur démographique par le recours à l'immigration, sans impact sur le taux d'emploi et la productivité du travail. Dans ce cas, la croissance de la richesse est 1,3 fois plus importante que dans le premier scénario.

La compréhension des enjeux des PPE à partir de scénarios comme ceux-là est évidemment limitée par le nombre d'interrelations entre les variables. Cependant, c'est encore le cadre d'analyse habituel pour établir les enjeux économiques des PPE et, à ce titre, il doit être utilisé avec précaution, aussi bien dans sa globalité pour dégager les tendances générales que dans ses applications en tant qu'outil de prévision et de modification.

6.2 Un panorama des politiques publiques de l'emploi

Au Canada, le développement des PPE s'inspire de deux grands modèles de protection sociale, le modèle béveridgien et le modèle bismarckien (Elbaum, 2011 ; Palier et Bonoli, 1995).

Le modèle béveridgien repose sur des politiques publiques gouvernementales sous conditions de ressources, qui sont financées par le gouvernement et administrées par la fonction publique sans participation active des acteurs sociaux. L'État est l'acteur dominant, car il permet à la fois de financer les programmes par l'impôt sur le revenu (du travail et du capital) et de garantir l'équité d'accès aux programmes publics et à leurs prestations en évitant les inégalités emploi-chômage ou les effets du statut d'emploi comme dans le modèle bismarckien. Cependant, l'État peut réduire le nombre de programmes ou même abolir des programmes pour faire des économies, étant donné que, dans le modèle béveridgien, le financement par l'impôt n'est pas associé directement aux politiques publiques.

Le modèle bismarckien est un modèle de l'État social basé sur les assurances collectives obligatoires qui vise à améliorer la sécurité économique et sociale – uniquement pour certains travailleurs en emploi – en instaurant des programmes de protection sociale (assurance maladie, accidents du travail, assurance vieillesse-invalidité) financés par les cotisations des travailleurs et des employeurs. L'État s'implique surtout pour faire voter la législation, mais participe très peu au financement et à la gestion des politiques publiques, qui sont confiés à des organismes paritaires syndicats-employeurs, professionnels ou locaux. Le modèle reste dans son esprit inégalitaire, car il repose sur le développement de programmes en fonction des demandes sociales de groupes de travailleurs particuliers. Il s'établit ainsi une hiérarchie des emplois en fonction de l'accès aux politiques publiques. Traditionnellement, les groupes les plus militants ou les plus organisés, soit les ouvriers, bénéficient des meilleures assurances collectives. L'État trouve néanmoins dans ce modèle un double avantage : il permet de limiter les coûts des services publics liés à l'emploi offerts à l'ensemble de la population et d'éviter d'avoir à généraliser les gains obtenus par des groupes particuliers (ou encore, il permet d'imposer des mécanismes de redistribution entre les régions, les emplois et les professions les plus riches et les plus pauvres). Ce modèle est cependant très fragile face aux récessions et aux crises économiques, qui touchent une grande partie de la population, notamment les personnes qui occupent les emplois les plus précaires, qui sont souvent les plus touchées par les problèmes sociaux (chômage, pauvreté, maladie), mais qui ne bénéficient pas des mêmes politiques publiques que les groupes mieux protégés.

Aucune typologie n'est unanimement reconnue pour décrire le contenu des politiques publiques de l'emploi, étant donné que les « cultures » nationales demeurent très importantes (DARES, 2003). Nous avons donc choisi une typologie en quatre domaines dans lesquels nous avons regroupé les programmes et les mesures gouvernementales qui existent au Québec. La figure 6.1 à la page suivante propose une représentation des PPE à partir de deux axes. L'axe vertical concerne l'entrée en

Figure 6.1 Les dimensions des politiques publiques de l'emploi

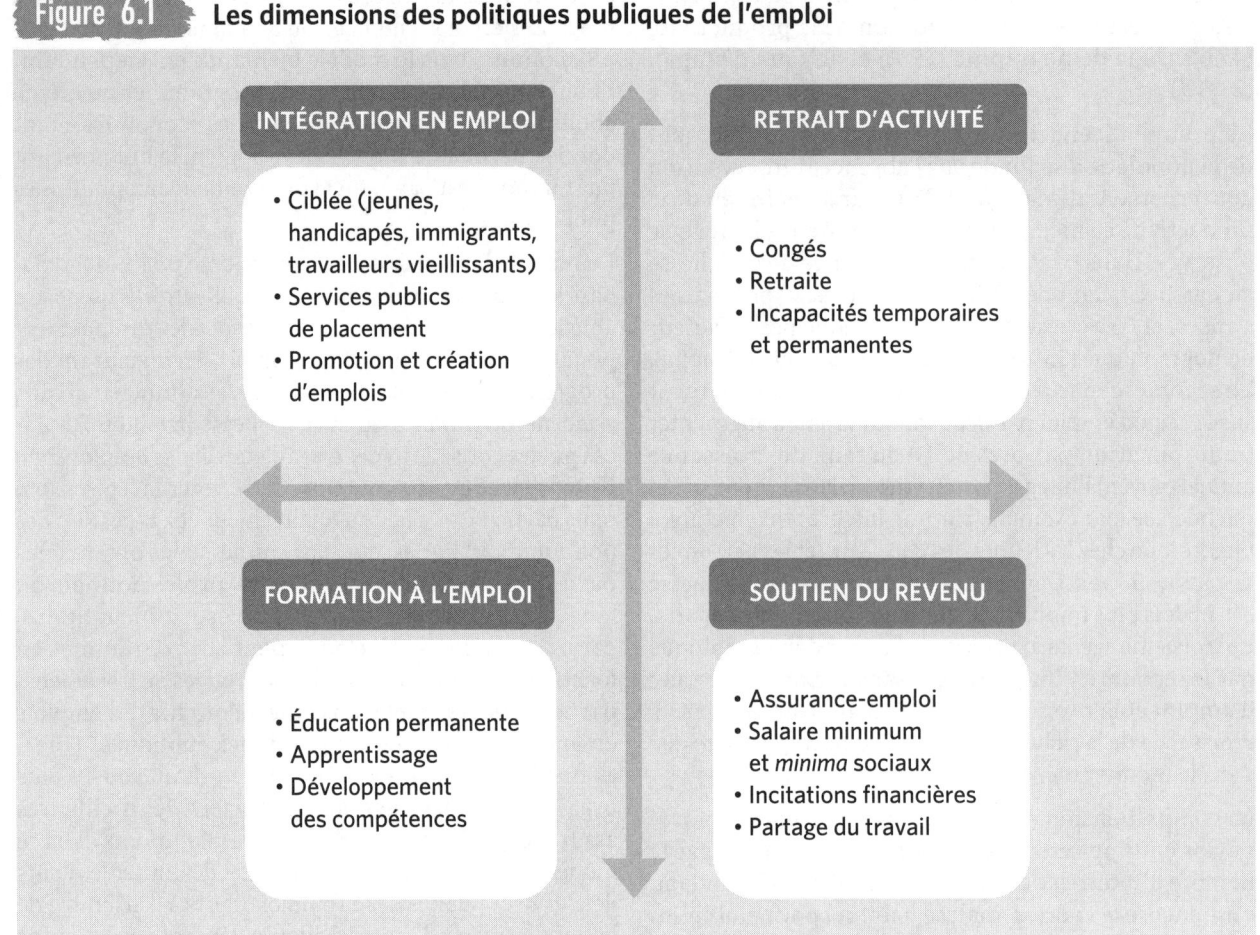

emploi (en haut) ou la sortie de l'emploi (bas), que celle-ci soit temporaire ou permanente. L'axe horizontal porte sur le revenu d'emploi. À gauche sont regroupées les PPE qui permettent d'accroître la capacité des individus à améliorer leurs revenus par la formation. À droite, on trouve les PPE qui visent avant tout à remplacer le revenu ou à garantir un niveau de revenu.

Avant de présenter le contenu des PPE, il nous apparaît nécessaire d'en présenter l'ampleur économique, en distinguant les modes de financement et les prestations offertes aux personnes et aux organisations.

Le tableau 6.4 présente un ordre de grandeur des principales PPE au Québec et permet de mesurer l'écart entre les PPE calculé à partir des données de la typologie que nous utilisons ici. Ce tableau permet de saisir l'importance des PPE pour les gouvernements et les acteurs du monde de l'emploi, même s'il n'existe pas de normes comptables spécifiques. Le poids économique des PPE passe du simple au double, selon que l'on retient la définition utilisée par l'OCDE ou une définition plus large. L'État centralise et administre les fonds dans la plupart des programmes, mais le financement des politiques et des programmes provient de plusieurs sources: impôt, cotisations des employeurs, cotisations des individus. On ne peut donc pas affirmer que toute PPE est exclusivement gouvernementale. Le monde de l'emploi a toujours bénéficié d'une certaine autonomie dans le financement et la mise en œuvre des PPE, même si, au Canada et au Québec, l'État a eu tendance à centraliser la gestion des fonds à partir de la fin des années 1970.

6.2.1 La formation à l'emploi

La politique de formation est constituée de tous les programmes publics dont l'objectif est d'améliorer le niveau de formation des personnes, de développer les

Tableau Le poids économique des politiques publiques de l'emploi au Québec

Administration fédérale		
Assurance-emploi (2015)	Cotisations des employeurs et des salariés 4 306,9	5 428
Paiements de la Caisse de la sécurité de la vieillesse (2015)	Budget général du gouvernement fédéral	12 180
Allocations familiales et prestations fiscales pour enfant (2015)	Cotisations aux régimes de l'assurance sociale n. d.	2 412
Prestation universelle pour la garde d'enfant (2015)		1 753
Administration provinciale		
Formation en entreprise (2014)	Dépenses des employeurs	1 227
Indemnisation des accidentés du travail (2015)	Cotisations des employeurs n. d.	1 770
Prestations d'assurance parentale (2016)	Cotisations aux régimes de l'assurance sociale n. d.	1 950
Aide sociale – maintien du revenu (2016)		2 380
Régime de rentes du Québec (2016)	13 749	13 428
Total		42 528

Sources : Compilé à partir des données de l'Organisation de coopération et de développement économiques, StatExtracts (base de données) ; Statistique Canada (2014). *Tableau 36-10-0224-01 – Secteur des ménages, comptes courants – provinciaux et territoriaux, annuel*. Récupéré au www150.statcan.gc.ca/t1/tbl1/fr/tv.action ?pid=3610022401; Institut de la statistique du Québec (2013). *Comptes économiques des revenus et dépenses du Québec. Édition 2013*. Récupéré au www.stat.gouv.qc.ca/statistiques/economie/comptes-economiques/comptes-revenus-depenses/comptes-revenus-depenses-2013.pdf

connaissances, de reconnaître les acquis et les compétences ou encore de perfectionner les pratiques des acteurs du domaine de la formation. La formation est vue comme un moyen d'augmenter le revenu des personnes en emploi, de leur permettre d'accéder à des emplois comportant davantage de responsabilités ou encore d'assurer une meilleure mobilité (départs volontaires ou involontaires). Du point de vue des employeurs, la formation permet de hausser le niveau de compétence et de productivité des travailleurs.

La question de la formation a toujours été capitale pour les PPE. Dans certains pays, l'Allemagne ou la Suisse par exemple, le système de formation professionnelle a été reconnu comme une composante essentielle de performance économique (Thelen, 2004). Au Québec, pour les acteurs des relations industrielles, ce système implique à la fois des enjeux financiers (dépenses de formation), des enjeux de gestion du personnel (définition des emplois) et des enjeux d'identité professionnelle et de reconnaissance sociale (pour les personnes en emploi). Le tableau 6.5 à la page suivante en présente le cadre législatif.

Historiquement, la formation à l'emploi a été développée par les acteurs du monde de l'emploi, à l'initiative d'associations patronales ou syndicales. Au Québec, le gouvernement a commencé à intégrer la formation à l'emploi dans le secteur public à partir de la fin des années 1960, dans le prolongement de la réforme du système d'éducation associée à la Révolution tranquille. Ce processus d'intégration a permis de développer de nouveaux moyens financiers et organisationnels pour encourager la formation, avec notamment l'adoption en 1995 de la *Loi favorisant le développement et la reconnaissance des compétences de la main-d'œuvre* (dite loi du 1 %). Ces dernières années, on a orienté la politique de formation vers le développement volontaire des compétences en emploi au détriment des qualifications obligatoires (Dubar, 1996), ce qui favorise une plus grande prise en compte du contexte économique (chômage, pénurie de la main-d'œuvre), l'établissement de critères de reconnaissance des compétences davantage inspirés des pratiques du secteur privé, et une plus grande mobilité entre les métiers et les professions pour faciliter la gestion du personnel et la flexibilité de la main-d'œuvre.

Tableau 6.5 **La politique de formation à l'emploi au Québec**

Date de création	Nom	Principales dispositions
1995*	*Loi favorisant le développement et la reconnaissance des compétences de la main-d'œuvre* (loi du 1%)	Cette loi vise « à favoriser l'emploi de même que l'adaptation, l'insertion en emploi et la mobilité de la main-d'œuvre ». Sous certaines conditions, les employeurs doivent consacrer au moins 1% de leur masse salariale à des dépenses de formation. La formation peut être offerte par un établissement d'enseignement, un organisme reconnu par le ministère du Travail, de l'Emploi et de la Solidarité sociale (MTESS), un ordre professionnel, dans le cadre d'un plan de formation (négocié ou provenant d'un comité) ou par une mutuelle de formation.
1969	*Loi sur la formation et la qualification professionnelles de la main-d'œuvre*	Il s'agit de programmes de formation et de qualification professionnelles à l'égard d'un métier ou d'une profession dont l'exercice n'est pas réglementé.
1966-1967 et 1993	*Loi sur les collèges d'enseignement général et professionnel* et *Règlement sur le régime des études collégiales*	On y définit la gouvernance des collèges et présente les programmes d'études conduisant à : 1) un diplôme de spécialisation d'études techniques ; 2) une attestation d'études collégiales ; 3) des programmes d'études collégiales dont l'objectif principal est de préparer au marché du travail.
1968	*Loi sur les relations de travail, la formation professionnelle et la gestion de la main-d'œuvre dans l'industrie de la construction*	« Art. 85.1 : La formation professionnelle a pour objet d'assurer une main-d'œuvre compétente et polyvalente en tenant compte notamment des besoins qualitatifs et quantitatifs des employeurs et des salariés de l'industrie de la construction. Elle a aussi pour objet de favoriser l'emploi de même que l'adaptation, le réemploi et la mobilité de la main-d'œuvre. »
1973	*Code des professions*	Le conseil d'administration d'un ordre professionnel détermine les obligations en matière de stages de formation professionnelle.

Source : Compilé à partir des textes de différentes lois.
* La *Loi* est mise en application par des règlements qui peuvent être proposés par la Commission des partenaires du marché du travail (CPMT).

6.2.2 L'intégration en emploi

L'intégration en emploi concerne les politiques et les programmes publics qui favorisent l'intégration de groupes cibles (jeunes, handicapés, immigrants, travailleurs vieillissants) par des mesures spécifiques, les services publics de placement et la promotion ou la création directe d'emplois. Cette dimension des PPE est à la fois l'une des plus anciennes (comme le placement de main-d'œuvre) et celle qui a connu les développements les plus considérables dans le contexte de l'activation des politiques publiques. Le tableau 6.6 présente le cadre institutionnel de l'intégration en emploi au Québec.

Les programmes d'intégration en emploi offerts par le MTESS s'adressent aussi bien aux individus qu'aux entreprises. L'aide publique concerne la gestion des ressources humaines, la dotation du personnel, les subventions aux entreprises et les crédits d'impôt pour la création d'emplois. L'introduction du thème « employabilité » a donné lieu à la création d'un forum Emploi-Québec/Ressources externes et d'un protocole de reconnaissance et de partenariat entre Emploi-Québec et les organismes communautaires œuvrant en employabilité. L'évaluation par le MTESS du « rendement social » des mesures actives est très positive, sauf en ce qui concerne les services d'aide à l'emploi.

Selon les données de l'OCDE, le Canada n'est pas un pays qui consacre beaucoup de ressources publiques à la promotion et à la création directe d'emplois. Cela peut notamment s'expliquer par le fait que les gouvernements passent des contrats publics et des contrats sur les ressources naturelles et énergétiques pour encourager la création d'emplois dans le secteur manufacturier (Bernard et Thivierge, 1988). Cependant, avec l'expansion du secteur des services, l'aide publique à l'emploi a

Tableau 6.6 — La politique publique d'intégration en emploi au Québec

Date de création	Nom et objectifs	Principales dispositions
1997	• Entente Canada-Québec sur le marché du travail • Entente de mise en œuvre Canada-Québec relative au marché du travail • *Loi sur le ministère de l'Emploi et de la Solidarité sociale et sur la Commission des partenaires du marché du travail*	Articles de l'Entente de mise en œuvre Canada-Québec relative au marché du travail : 4.1.3 Le comité conjoint de suivi de l'entente relative au marché du travail sera le lieu d'échanges d'information et de discussions sur ce sujet. 4.1.4 En association avec les partenaires du marché du travail, le ministre de l'Emploi et de la Solidarité [sociale] a la responsabilité de définir les orientations stratégiques et les politiques gouvernementales en matière de main-d'œuvre et d'emploi. Il élabore et met en œuvre la Politique active du marché du travail. 4.1.5 Les services d'emploi seront sous la responsabilité du ministre de l'Emploi et de la Solidarité [sociale]. Emploi-Québec est chargé de la mise en œuvre et de la gestion des mesures, des programmes et de la prestation des services d'emploi.
	Programmes de placement	• Placement en ligne • Centre d'assistance au placement • Stages pour les personnes de moins de 25 ans éloignées du marché du travail
	Programmes d'intégration en emploi	• Alternative jeunesse • Embauche et maintien d'une personne handicapée dans un milieu de travail standard • Insertion des personnes sans emploi • Aide à l'intégration en emploi des immigrants et des minorités visibles • Supplément de retour au travail • Subvention salariale pour les personnes à risque de chômage prolongé • Prime au travail, prime au travail adapté, supplément à la prime au travail (crédits d'impôt remboursables)
	Programmes de promotion et de création d'emplois	• Crédits d'impôt à la création d'emplois (Revenu Québec) • Soutien au travail indépendant • Jeunes volontaires

Source : Compilé à partir des textes de différentes lois.

davantage pris la forme de subventions aux établissements situés sur des « sites » déterminés ou de crédits d'impôt pour le personnel de recherche et d'innovation, par exemple dans le secteur des technologies de l'information et du jeu vidéo.

Le principal objectif des politiques publiques d'intégration en emploi est donc d'améliorer à la fois le taux d'emploi, en réduisant au maximum les effets du chômage sur la trajectoire professionnelle, et le taux d'activité, en développant des programmes d'encadrement pour le retour en emploi. Or cette approche est limitée par le fait que les entreprises sont souvent intéressées à obtenir du financement public, mais avec le minimum de contraintes administratives. En outre, le niveau de l'emploi est davantage influencé par la politique industrielle au niveau sectoriel et par les PPE plus générales d'entrée en emploi et de sortie de l'emploi que par des mesures ciblées.

6.2.3 Le retrait d'activité et le reclassement professionnel

Les politiques publiques qui portent sur le retrait d'activité visent à améliorer les conditions économiques et sociales des personnes qui vivent des transitions professionnelles liées à des situations particulières : reconversion professionnelle, maternité et parentalité, accidents du travail et maladies professionnelles, préretraite. Ces situations d'emploi sont à la frontière de l'activité et de l'inactivité (au sens statistique du terme), car la personne conserve un lien avec l'emploi tout en étant partiellement ou entièrement « retirée » du milieu de travail.

Le tableau 6.7 à la page suivante présente le cadre institutionnel du retrait d'activité au Québec.

La plupart des politiques de retrait d'activité sont des politiques universelles dont l'impact sur le taux d'emploi

Tableau 6.7 — Le cadre institutionnel des politiques de retrait d'activité au Québec

Date de création	Nom et objectifs	Principales dispositions
2001	*Loi sur l'assurance parentale*	« Le régime a pour objet d'accorder les prestations suivantes : 1° des prestations de maternité ; 2° des prestations de paternité et des prestations parentales à l'occasion de la naissance d'un enfant ; 3° des prestations d'adoption d'un enfant. » (art. 1)
1985	*Loi sur les accidents du travail et les maladies professionnelles*	« Le processus de réparation des lésions professionnelles comprend la fourniture des soins nécessaires à la consolidation d'une lésion, la réadaptation physique, sociale et professionnelle du travailleur victime d'une lésion, le paiement d'indemnités de remplacement du revenu, d'indemnités pour préjudice corporel et, le cas échéant, d'indemnités de décès. » (art. 1)
1969* 2003**	Licenciements collectifs et fluctuations économiques	• Programme de soutien pour les travailleurs licenciés collectivement • Comité d'aide au reclassement (CAR) • Programme de soutien pour les travailleurs âgés (PSTA) • Programme de travail partagé (gouvernement fédéral) • Mesures de concertation pour l'emploi • Accompagnement des entreprises pour la relance de l'emploi (AERE)
1965 et 1989	*Loi sur le régime des rentes du Québec* (RRQ) *Loi sur les régimes complémentaires de retraite* (RCR)	• Retraite anticipée (RCR, art. 67.2) • Retraite progressive (RRQ, art. 195.1 ; RCR, art. 67.2)
	Aménagement et réduction du temps de travail	• Programme de soutien financier aux milieux de travail en matière de conciliation entre travail et vie privée • Aménagement et réduction du temps de travail (programme Concertation pour l'emploi)

* *Loi sur la formation et la qualification professionnelles de la main-d'œuvre.*
** *Loi sur les normes du travail.*

et le taux d'activité est généralement assez fort. C'est donc un domaine essentiel pour les PPE dès lors que les autorités font face à des déséquilibres macroéconomiques comme le chômage ou les pénuries d'emploi anticipées. Les années 1990 ont été marquées par des politiques de retraite anticipée (notamment dans la fonction publique du Québec) en réaction à la montée du chômage qui a suivi la crise économique du début de cette décennie, alors que les années 2000 ont été ponctuées par la mise en place de mesures de retraite progressive pour limiter l'impact des départs à la retraite des *baby-boomers*. Cela montre à quel point ces politiques peuvent à elles seules modifier la relation à l'emploi (Bellemare *et al.*, 1995).

Le retrait d'activité est souvent perçu comme une source d'inefficacité dans les pays dits libéraux ou les pays anglo-saxons, qui considèrent que l'emploi est la principale source de reconnaissance sociale. Au contraire, les politiques de retrait d'activité sont davantage considérées comme une source de réduction des inégalités et de protection sociale dans les pays dont la culture est davantage sociale-démocrate, notamment les pays du nord de l'Europe. Pourtant, dans les deux cas, l'efficacité de ces politiques est reconnue, tant par les individus et les organisations que par les gouvernements. Depuis les années 2000, la relation à l'emploi est plus fragmentée. On constate des périodes de retrait de l'activité de plus en plus fréquentes, accompagnées d'une augmentation de la durée de vie en emploi soit par l'augmentation du cumul études-emploi, soit par celle du cumul emploi-retraite.

Les PPE de retrait d'activité présentent néanmoins certaines limites lorsqu'elles sont perçues comme des mesures de gestion décidées par les entreprises ou les gouvernements, sans négociation sur la qualité des emplois et le niveau de remplacement du revenu nécessaire pour éviter des situations de pauvreté ou de grande précarité.

6.2.4 Le soutien et le remplacement du revenu

Le soutien et le remplacement du revenu relèvent de politiques et de programmes qui accordent aux individus le droit à un revenu en l'absence de revenu d'emploi ou comme complément à celui-ci. C'est une définition volontairement très large pour permettre de mesurer l'importance du revenu d'emploi, à la fois comme forme de rémunération du travail, comme mode d'acquisition de droits sociaux sur la richesse globale créée, et comme forme de reconnaissance de la société envers les individus.

Le tableau 6.8 présente la structure institutionnelle du soutien et du remplacement du revenu au Québec.

Tableau 6.8 Le soutien et le remplacement du revenu au Québec

Date de création	Nom et objectifs	Principales dispositions
1996	*Loi sur l'assurance-emploi*	• Emploi assurable et maximum de la rémunération annuelle assurable • Prestations d'assurance-emploi • Prestations d'emploi • Cotisations et autres questions financières • Projets pilotes • Dispositions administratives et remboursement des prestations • Prestations pour travailleurs indépendants
1989	*Loi sur les régimes complémentaires de retraite* (RCR)	« Un régime de retraite est un contrat en vertu duquel le participant bénéficie d'une prestation de retraite dans des conditions et à compter d'un âge donnés, dont le financement est assuré par des cotisations à la charge soit de l'employeur seul, soit de l'employeur et du participant. » (art. 6)
1985	*Loi sur les accidents du travail et les maladies professionnelles*	« Le travailleur victime d'une lésion professionnelle a droit à une indemnité de remplacement du revenu s'il devient incapable d'exercer son emploi en raison de cette lésion. » (art. 44) « L'indemnité de remplacement du revenu est égale à 90 % du revenu net retenu que le travailleur tire annuellement de son emploi. » (art. 45)
1979	*Loi sur les normes du travail*	« Aucun avantage ayant une valeur pécuniaire ne doit entrer dans le calcul du salaire minimum. » (art. 41) « Un employeur ne peut accorder à un salarié un taux de salaire inférieur à celui consenti à ses autres salariés qui effectuent les mêmes tâches dans le même établissement, uniquement en raison de son statut d'emploi, notamment parce qu'il travaille habituellement moins d'heures par semaine. » (art 41.1) « Le gouvernement fixe par règlement le salaire minimum payable à un salarié. Un salarié a droit de recevoir un salaire au moins équivalent à ce salaire minimum. » (art. 40)
	Loi sur l'aide aux personnes et aux familles	« Le Programme d'aide sociale vise à accorder une aide financière de dernier recours aux personnes qui ne présentent pas de contraintes sévères à l'emploi. Il vise aussi à les encourager à exercer des activités favorisant leur intégration en emploi ou leur participation sociale et communautaire. » (art. 44) « Le Programme de solidarité sociale vise à accorder une aide financière de dernier recours aux personnes qui présentent des contraintes sévères à l'emploi. Ce programme vise également à favoriser l'inclusion et la participation sociale de ces personnes de même que leur contribution active à la société, avec le soutien et l'accompagnement qu'elles requièrent. » (art. 67)
1965	*Loi sur le régime des rentes du Québec* (RRQ)	• Rente de retraite (art. 120) • Rente d'invalidité (art. 123) • Prestation de décès (art. 128) • Rente de conjoint survivant (art. 132) • Rente d'orphelin et rente d'enfant de cotisant invalide (art. 138)

Dans la terminologie de l'OCDE, ces politiques sont définies comme des politiques « passives », c'est-à-dire qu'elles sont axées sur la sécurité du revenu et ne créent pas directement d'emplois[8].

Les politiques et les programmes qui visent le soutien et le remplacement du revenu sont de loin les plus importantes PPE économiques, car elles sont universelles et basées sur l'ensemble des revenus d'emploi (ou une partie, selon les niveaux des gains admissibles). Nous avons inclus dans le tableau des politiques publiques qui ne sont pas fréquemment associées aux PPE, comme le salaire minimum et les indemnités liées aux accidents du travail et aux maladies professionnelles, pour montrer la logique d'ensemble du soutien et du remplacement du revenu. Toutes ces politiques sont fondées sur la relation à l'emploi, soit directement en ce qui a trait aux calculs financiers, soit indirectement pour ce qui est de l'accès à certains programmes en cas de contraintes.

La mesure de soutien et de remplacement du revenu est née dans la plupart des pays de l'OCDE au début du XXe siècle, mais les politiques publiques ne sont devenues véritablement universelles et efficaces qu'à partir du début des années 1950. On peut voir ces PPE comme la réunion des courants intellectuel et politique. Le premier courant est associé à l'analyse de la liberté et de la solidarité dans la société salariale (Aglietta et Brender, 1984). Comment voir la solidarité pour l'ensemble de la population lorsque la dépendance économique à l'emploi comme source de revenu se généralise ? L'accès au plein emploi et à un revenu décent devient alors une nécessité pour garantir la démocratie et les libertés individuelles. Le second courant est davantage porté sur l'analyse du rôle économique que joueront ces nouvelles PPE. C'est à partir de diverses études, notamment celle de l'économiste John Maynard Keynes sur l'effet multiplicateur de la dépense publique, que le rôle économique fondamental de celle-ci en tant que « stabilisateur » des fluctuations économiques a été démontré. En période de croissance économique, ces PPE permettent de limiter l'augmentation des inégalités de revenu, et, en période de crise économique, elles assurent un niveau minimum de revenu aux ménages (et donc de dépenses) et évitent que l'économie tout entière ne soit entraînée dans une récession à long terme, avec les problèmes sociaux qui l'accompagnent (violence, ségrégation urbaine, pauvreté, travail précaire, etc.).

La généralisation des PPE de soutien et de remplacement du revenu ne signifie pas que les enjeux politiques sont les mêmes dans tous les pays, comme l'a bien montré la remise en cause des politiques « passives » dans les années 1990 (Barbier, 2002). Dans les pays dont le modèle de politique de l'emploi est dit libéral, le soutien et le remplacement du revenu doivent demeurer limités et exceptionnels, car c'est la relation entre le travail (l'effort) et la rémunération qui doit être la norme. Dans les pays dont le modèle est social-démocrate, le soutien et le remplacement du revenu sont liés à un statut social et donc à des droits sociaux en cas de chômage, de précarité, de maladie professionnelle ou de retraite. L'enjeu concerne alors davantage l'évaluation de l'impact socioéconomique de ces politiques pour l'ensemble de la population (mobilité professionnelle, conciliation entre travail et vie privée, santé publique). Depuis les années 1990, le Canada est passé d'un modèle social-démocrate à un modèle libéral dans le domaine des PPE de soutien et de remplacement du revenu, comme le montre la réforme de l'assurance-emploi (Campeau, 2001).

Plusieurs facteurs peuvent limiter l'efficacité socioéconomique des politiques de soutien et de remplacement du revenu. Le premier est le taux d'accessibilité aux différents programmes publics. Lorsque le taux de réelle accessibilité est trop faible, la dimension universelle de ces programmes est fragilisée, et ils deviennent une politique ciblée de plus. Le deuxième facteur de fragilisation est la baisse du niveau de remplacement du revenu ou la baisse du maximum des revenus admissibles. Lorsque ces dimensions sont fixées à un niveau trop faible, la politique publique risque d'être marginalisée, soit parce que le niveau de revenu disponible est en dessous des seuils de pauvreté, soit parce que les programmes publics ne couvrent dans les faits que les personnes à faible revenu, alors que les plus riches ont recours à des programmes privés plus chers, mais adaptés à leurs besoins. Le troisième facteur est financier. Comme les PPE sont sensibles à la conjoncture économique, il faut absolument que la structure de gestion inclue la capacité d'accumuler des réserves et de faire des déficits afin de garantir l'effet de « stabilisation » économique des politiques keynésiennes.

6.3 L'élaboration et la gestion des politiques publiques de l'emploi

La gestion des PPE s'articule autour des organismes, des ministères et des partenaires du monde du travail et de

---

8. En 2011, au Canada, les dépenses des PPE « passives » représentaient 0,65 % du PIB, contre 0,26 % pour les dépenses « actives ».

l'emploi qui contribuent à la réalisation des missions et des objectifs rattachés à la régulation de l'emploi. Au Québec, l'évolution des modèles de gestion des PPE a été fortement influencée par les relations entre les paliers gouvernementaux d'une part et par le modèle socioéconomique qui prévaut d'autre part.

6.3.1 La relation Québec-Canada

La relation Québec-Canada a été transformée par les deux référendums sur la souveraineté de 1980 et de 1995. En effet, une lecture historique rapide de l'évolution des mesures de PPE au Québec montre que celle-ci a souvent été teintée par les relations politiques entre le Québec et le Canada. Avant les années 1960, le gouvernement québécois jouait un rôle plutôt passif sur le plan de l'élaboration des PPE, au nom d'une centralisation fédérale des orientations politiques. Les dossiers relatifs à la formation professionnelle, à l'indemnisation des chômeurs, au placement de la main-d'œuvre, à la planification et au financement de la retraite et à la politique d'immigration, pour ne citer que ces exemples, étaient pilotés directement ou indirectement par le palier fédéral. La période 1960-1975, qui correspond à la Révolution tranquille (*voir le chapitre 5*), a connu l'apogée de la tension politique entre les deux paliers gouvernementaux. Cela s'est traduit par des demandes du gouvernement du Québec de disposer de son propre système de retraite (entrée en vigueur du Régime de rentes du Québec [RRQ] en 1966) pour gérer le placement des chômeurs et planifier de façon autonome la formation professionnelle. La tension a atteint son paroxysme quand des professionnels de l'Administration québécoise ont refusé de collaborer avec leurs homologues fédéraux en leur interdisant l'accès aux bureaux de placement. À la suite du premier référendum, le gouvernement fédéral a pris l'initiative de donner plus d'autonomie aux services provinciaux de gestion des politiques publiques. En témoigne, par exemple, l'Accord Canada-Québec relatif à l'immigration et à l'admission temporaire des aubains, entré en vigueur en 1991, aussi appelé l'accord Gagnon-Tremblay-McDougall (gouvernement du Québec, 1991), qui autorise le Québec à sélectionner et à intégrer les immigrants qu'il accueille, et notamment des immigrants économiques. Mais c'est davantage après le second référendum que le gouvernement fédéral propose au gouvernement du Québec de choisir sa formule de gestion des PPE, les possibilités étant une cogestion fédéral-provincial ou une gestion autonome provinciale. C'est ainsi que, depuis 1995, l'entente Québec-Canada permet au Québec d'être autonome quant à la gestion de ses propres PPE. Ce n'est alors pas par hasard que, à la suite de cet accord, le Québec a adopté en 1995 la *Loi favorisant le développement de la formation de la main-d'œuvre*, renommée depuis 2007 *Loi favorisant le développement et la reconnaissance des compétences de la main-d'œuvre*.

Si la relation politique entre le Québec et le Canada semble depuis le début des années 2000 moins conflictuelle, les négociations sur la gestion de certains portefeuilles associés aux PPE ne se sont néanmoins pas arrêtées. Le cas le plus significatif est celui du régime de l'assurance-emploi. La réforme du régime mise en place par le Parti conservateur du Canada en 2013 a conduit à la création, au Québec, de la Commission nationale d'examen sur l'assurance-emploi. Le Parti québécois, qui dirigeait le Québec à ce moment-là, a même évoqué la possibilité de rapatrier le régime de l'assurance-emploi au Québec.

Outre la relation Québec-Canada, la gestion des PPE dépend par ailleurs du modèle sociopolitique qui sous-tend les orientations sociales, économiques et politiques du gouvernement. Arrêtons-nous brièvement sur le lien étroit qui unit le modèle socioéconomique adopté et la mise en œuvre des mesures associées aux PPE.

6.3.2 Les modèles de gestion des politiques publiques de l'emploi et le rôle de l'État

L'histoire de la gestion des PPE au Canada et au Québec permet de dégager quatre modèles types de gestion des politiques publiques. Le premier, le modèle libéral, adopté au Canada au début du XXe siècle, notamment en matière de réglementation du travail, consiste à encadrer juridiquement les pratiques existantes dans le secteur privé sans créer d'unités administratives publiques régulant les normes du travail et les politiques de l'emploi. Le deuxième, le modèle keynésien, répandu au Canada notamment durant les Trente Glorieuses (1945-1975), est en partie une réponse aux défauts du modèle de gestion libéral des problèmes sociaux. C'est durant cette période que l'État-providence, et l'administration publique en général, a connu une expansion sans précédent afin de rendre effectives, entre autres, les PPE. Selon le troisième modèle, dit néocorporatiste, qui est apparu au Canada et notamment au Québec dans les années 1980, on vise autant à développer des politiques en fonction de l'intérêt général qu'à répondre à des demandes sociales exprimées par des groupes particuliers qui ont acquis une expertise particulière dans un domaine et qui pourront s'impliquer dans la gestion des politiques publiques. Au Québec, ce modèle de gestion a été encouragé par les ambitions d'indépendance (linguistique, culturelle, économique, politique) en raison desquelles les politiques publiques ne pouvaient être gérées uniquement par l'administration publique, mais plutôt sous une forme partenariale. On observe la culture du partenariat dans la place que prennent certains organismes communautaires, syndicats ou autres ordres professionnels et le rôle qu'ils jouent dans la gestion des PPE. Le quatrième modèle, dit néolibéral, s'est mis en place au Canada et au Québec dans les années 1990-2000. Il s'agit d'un modèle hybride englobant plusieurs balises des trois autres modèles, mais avec l'ambition que la gestion des PPE serve avant tout à répondre aux besoins des entreprises (hausse de la productivité, disponibilité de la main-d'œuvre, amélioration des compétences, réduction du coût réel du travail). En effet, ce modèle combine une perspective libérale d'encadrement minimum de la réglementation, une perspective keynésienne centralisatrice des décisions de la part des gouvernements et des lois « intégrées » qui visent à modifier la régulation d'ensemble de l'emploi, et une perspective néocorporatiste de partenariat avec des acteurs du secteur privé, mais sous la forme d'une délégation de la gestion et de contrats de sous-traitance au détriment de l'expertise de l'administration publique. Le tableau 6.9 synthétise l'implication des États et des partenaires dans les différents modèles et le type de gestion dominant des PPE.

L'analyse des modèles socioéconomiques montre un lien évident entre la nature de l'État et l'action publique dans le domaine du travail et de l'emploi. Toutefois, il en ressort que, quel que soit le modèle adopté, il s'y établit ou non un partage des responsabilités dans la gestion des PPE. Comprendre le rôle que joue chaque acteur dans l'élaboration et la gestion des politiques publiques de l'emploi nécessite alors de comprendre les relations entre les divers organismes et entre les acteurs du monde de l'emploi. L'architecture institutionnelle de la mise en œuvre des PPE est aussi importante que les objectifs mêmes des PPE. Qui fait quoi en matière d'élaboration et de gestion des PPE ? C'est une question qui peut sembler technique, mais qui, dans les faits, s'avère très politique.

6.3.3 L'architecture institutionnelle de l'élaboration et de la gestion des politiques publiques de l'emploi

Le système de gestion actuel des PPE au Québec s'est construit à la fin des années 1990 et repose sur l'entente de principe Canada-Québec de 1997 (qui a permis le rapatriement au Québec de la plupart des portefeuilles associés aux PPE). C'est le cas notamment des programmes d'assurance-emploi correspondant aux mesures actives, mais avec l'obligation de reddition de comptes auprès du gouvernement fédéral, qui encadre l'utilisation des fonds (Larose et al., 2005). Cette entente permet ainsi au Québec d'institutionnaliser des organismes voués aux politiques de l'emploi. La figure 6.2 synthétise l'architecture institutionnelle des différents acteurs

Tableau 6.9 Les modèles de l'État et la gestion des politiques publiques de l'emploi

Acteurs	Modèle			
	Libéral	Keynésien	Néocorporatiste	Néolibéral
État	Minimal	Providence	Partenaire	Hybride
Partenaires	Quasi absents	Présents mais passifs	Présents et actifs	Présents
Type de gestion des PPE	Réglementation juridique et gestion de type « secteur privé »	Gestion centralisée	Gestion partenariale pour répondre aux diverses attentes sociales	Gestion partenariale priorisant les objectifs de l'entreprise
Faiblesse du modèle	Très faible prise en compte des attentes sociales et risques plus grands de pauvreté et d'exclusion sociale	Orientations de type « macro » tenant faiblement compte des besoins spécifiques	Priorisation des objectifs financiers en cas de crise	Distanciation par rapport aux besoins sociaux

Figure 6.2 L'architecture institutionnelle de la gestion des politiques publiques de l'emploi au Québec

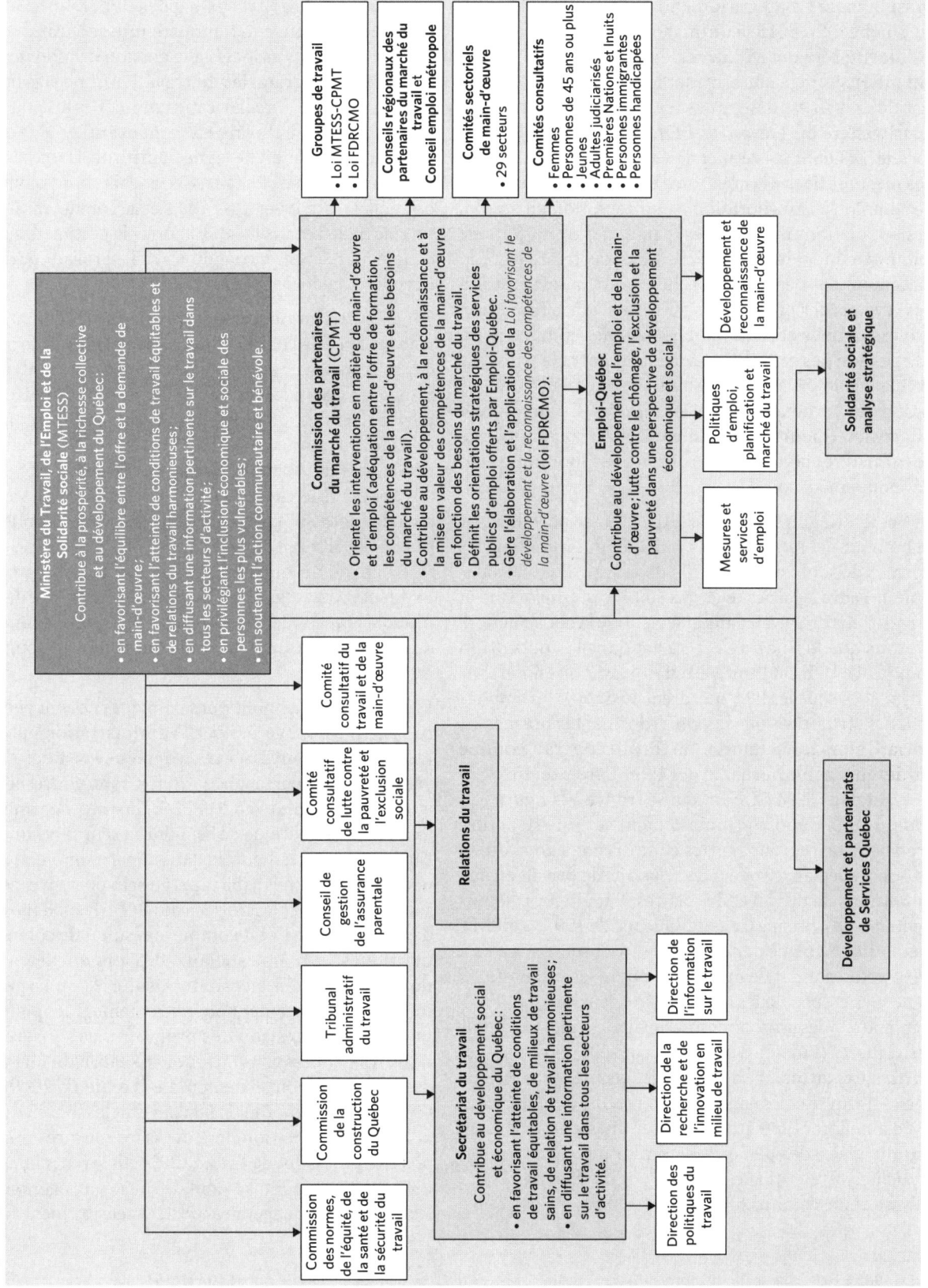

aussi bien de l'élaboration que de la gestion des PPE au Québec. En 2015, le ministère de l'Emploi et de la Solidarité sociale (MESS) et le ministère du Travail[9] ont été fusionnés pour former le MTESS. Le Secrétariat du travail est désormais intégré dans la structure du ministère du Travail, de l'Emploi et de la Solidarité sociale (MTESS). Ce dernier demeure le principal artisan des mesures liées à la création d'emplois et au maintien de l'emploi, à l'amélioration de l'intégration en emploi des populations défavorisées (personnes immigrantes, femmes monoparentales, décrocheurs scolaires, etc.), au placement des personnes au chômage, à la sécurisation des revenus des populations vulnérables, à la formation professionnelle et au développement des compétences, à la gestion des retraites et à la lutte contre la pauvreté et l'exclusion. Le MTESS vise aussi clairement l'amélioration de la productivité des entreprises. Cette seconde dimension traduit explicitement le mandat annoncé de ce ministère : concilier la prospérité économique et le développement social.

Le Secrétariat du travail se charge pour sa part du volet « conditions et relations de travail », ce qui comprend les normes de santé et de sécurité du travail, l'équité salariale, le cadre légal des relations employés-employeurs et les relations de travail dans le secteur de la construction. Notons que le rôle du Secrétariat dans la conception même des PPE est limité. Toutefois, si nous émettons l'hypothèse que les PPE encadrent aussi bien les emplois et leurs structures que les conditions et les normes de travail, alors le Secrétariat du travail apparaît comme un acteur incontournable des PPE. L'architecture qui prévaut dans le MTESS, et qui se trouve à la figure 6.2, indique qu'il repose principalement sur une structure transversale regroupant des commissions ainsi qu'un tribunal spécialisé voués aux relations de travail ou aux conditions de travail et de salaires. Par ailleurs, depuis l'entente de principe Canada-Québec de 1997, la CPMT a été mise en place pour servir de « poumon » aux PPE avec pour mandat de mettre en œuvre les orientations générales et spécifiques du ministère. Pour cela, la CPMT s'appuie sur des structures intermédiaires plus ou moins spécialisées (Emploi-Québec, les conseils régionaux des partenaires du marché du travail, les comités sectoriels de main-d'œuvre et les comités consultatifs) dont l'objectif est d'améliorer l'intégration des femmes, des personnes handicapées, des personnes immigrantes, des adultes judiciarisés, etc. (Favreau, 2000; Saint-Martin, 2001; Ulysse et Lesemann, 2004; Lúcio, 2001).

La structure de gouvernance des PPE, telle qu'elle est exposée à la figure 6.2, montre une séparation nette des portefeuilles associés à la gestion des PPE entre la CPMT et le Secrétariat du travail. Même si plusieurs champs des PPE (le salaire minimum, l'équité salariale, les conditions de travail, etc.) ont avantage à ce qu'une étroite collaboration lie les deux institutions, ce n'est pas toujours le cas dans les faits. Cette séparation volontaire a pour effet d'attribuer à la CPMT et au cabinet ministériel un rôle majeur dans l'élaboration et la gestion des PPE et de reléguer le Secrétariat du travail au rôle de garant de l'application des lois du travail.

Par ailleurs, l'architecture institutionnelle structurant la gouvernance des PPE au Québec démontre que la gestion des mesures liées au travail et à l'emploi fait intervenir plusieurs partenaires, officiels ou non. En effet, des partenaires des différents organismes publics et ministères forment un « collectif d'acteurs ». On voit ainsi se développer de véritables « réseaux sociaux d'intégration en emploi » (Mercklé, 2011) au moyen desquels les acteurs sociaux peuvent participer à la gestion des politiques publiques. Il serait alors faux de croire que la gestion des PPE dépend uniquement de l'action des ministères de l'Emploi et du Travail, vus comme des centres de décision monolithiques. Cette perception masque la complexité de la gestion des politiques publiques pour au moins deux raisons.

D'abord, certaines politiques publiques ne sont peut-être pas entièrement gérées par l'administration publique, leur gestion pouvant être « déléguée », à des degrés variables, à des partenaires extérieurs au gouvernement, et même extérieurs au MTESS. Ensuite, comme nous l'avons vu, la politique de l'emploi au sens large implique l'action gouvernementale dans son ensemble. Il y aura nécessairement des arbitrages au sein du gouvernement sur les objectifs et les moyens des PPE. Il faut donc considérer l'action de l'État comme le résultat de compromis politiques, et même sociaux, dès lors que les acteurs non gouvernementaux sont consultés et qu'ils peuvent influencer directement ou indirectement les politiques publiques. La gestion des programmes s'insère ainsi dans un processus politique plus large de formation de la décision gouvernementale (Lemieux, 2009), d'où l'importance d'aborder le lien qui unit le Conseil exécutif et l'Assemblée nationale. Toutes les mesures mises en place depuis la fin de l'année 2014 illustrent clairement ces propos. En effet, au nom de l'austérité économique, les restrictions budgétaires portent sensiblement atteinte

---

9. De 1968 à 1982, une seule structure ministérielle, le ministère du Travail, prenait les décisions associées à l'emploi et au travail.

aux PPE: les ressources humaines et matérielles attribuées aux différents acteurs diminuent, les programmes sociaux d'aide à l'intégration en emploi sont amputés ou abolis, les mesures de garantie d'un revenu minimum font l'objet d'exigences plus rigides, les congés parentaux sont remis en cause, etc. Véritable symptôme d'une décision parachutée par les instances les plus hautes du gouvernement, l'annonce de ces compressions des dépenses a souvent été faite par le cabinet du premier ministre ou du Conseil du trésor, et non par les ministres respectifs du Travail, de l'Emploi et de la Solidarité sociale. Cette «centralisation» de l'élaboration et de la gestion des PPE nous incite à questionner le rôle effectif des partenaires sociaux et des acteurs collectifs (employeurs, syndicats, ordres professionnels, comités sectoriels et régionaux, associations, organismes communautaires et autres, etc.). En apparence, et comme le montre clairement la figure 6.2, les partenaires sont présents dans la structure de gouvernance des PPE, soit à la CPMT, soit dans les commissions relevant du Secrétariat du travail, soit au Comité consultatif du travail et de la main-d'œuvre (CCTM), créé en 1968 et intégré en 2011 dans le ministère du Travail. Cependant, cette présence n'est pas toujours efficace, car les moyens ne sont pas suffisants pour assurer la gestion des PPE. Deux raisons peuvent expliquer cette situation. Premièrement, les acteurs collectifs n'ont pas beaucoup de liens institutionnels avec les services gouvernementaux en dehors de la CPMT, qui se trouve dans une situation paradoxale vis-à-vis des PPE. Officiellement, elle devrait intervenir dans le cadre limité de son mandat et de ses responsabilités définies sur le plan législatif. Mais, dans les faits, elle est amenée à intervenir dans toutes les initiatives de «dialogue social» entre les autorités gouvernementales et les acteurs du monde de l'emploi. Il faut cependant souligner le manque d'institutionnalisation de ces pratiques et, par là même, le manque de ressources humaines et financières pour assumer l'ensemble de ces responsabilités. À plusieurs reprises ces dernières années, sur la question des retraites, de la réforme de l'assurance-emploi, de la protection sociale et de celle des agences de personnel, pour ne citer que quelques exemples, la CPMT n'est pas intervenue efficacement en tant qu'espace privilégié du dialogue social. Deuxièmement, outre sa gestion très administrative d'Emploi-Québec, la CPMT gère prioritairement l'application de la *Loi favorisant le développement et la reconnaissance des compétences de la main-d'œuvre,* au détriment d'une participation active dans l'élaboration des PPE.

Par conséquent, il est de plus en plus difficile de circonscrire les «demandes sociales» des acteurs liées aux PPE. La structure de gouvernance des PPE au Québec est donc particulière. Bien qu'elle permette de reconnaître les spécificités culturelles, régionales, sectorielles, etc., elle reste largement centralisée au niveau gouvernemental et recourt à l'externalisation de la gestion des services spécialisés. Le fonctionnement concret de cette architecture institutionnelle laissant peu de place à une véritable élaboration-gestion paritaire des PPE, celles-ci sont alors davantage dictées par le politique[10].

6.4 Les défis des politiques publiques de l'emploi

La politique de l'emploi est un champ bien structuré des relations industrielles et comprend de nombreuses dimensions liées à la relation d'emploi. Elle s'inscrit cependant dans des relations sociales et économiques plus larges dont nous allons aborder trois aspects: la «territorialisation», car elle constitue un défi transversal pour les PPE (DARES, 2003); le dialogue social et le rôle des partenaires dans l'élaboration des PPE; et les raretés conjoncturelles et structurelles de la main-d'œuvre au Québec.

6.4.1 La territorialisation des politiques publiques de l'emploi

La territorialisation de l'emploi concerne la dimension territoriale en relations industrielles, c'est-à-dire la formation par les acteurs de structures d'action collective et de gestion des PPE. Depuis le début des années 2000, la dimension territoriale prend de plus en plus d'importance, mais le développement de l'emploi sur une base territoriale ne peut être viable à long terme sans le soutien de politiques publiques. À défaut de ce soutien, pour caricaturer la situation, on pourrait craindre que tous les emplois se retrouvent à Montréal.

---

10. Elles ne sont pas le résultat des attentes sociales des différents partenaires. Dès lors, le rôle que jouent les partenaires sociaux au sein des commissions et des comités est affaibli en raison des «décalages potentiels» entre les motifs politiques dictant l'élaboration des PPE et les attentes sociales émanant des acteurs collectifs et des partenaires sociaux.

La territorialisation des PPE s'inscrit dans le contexte de leur activation et du mouvement plus général de réforme de l'action de l'État pour favoriser l'investissement dans des programmes plutôt que le versement de subventions aux organismes et aux agences de l'État. Ce dernier adopte les pratiques comptables et financières basées sur la contractualisation des relations économiques avec les acteurs sociaux. On assiste ainsi à une déconcentration de l'administration des PPE et à une augmentation du « contexte régional » dans la mise en œuvre de ces politiques.

La crise financière de 2007-2008 a eu des impacts contrastés sur les régions du Québec et le revenu des ménages. Sur le plan de l'emploi, il existe un écart de presque 9 % entre la région qui a connu la croissance la plus forte, Lanaudière, et celle qui a été la plus touchée par la crise, l'Abitibi-Témiscamingue. La croissance moyenne de l'emploi au Québec est donc assez peu représentative de la situation de ces régions. De la même façon, le taux de croissance annuel moyen de l'emploi entre 2007 et 2011 varie de 10,8 % en Gaspésie à -6,2 % dans le Centre-du-Québec, ce qui montre bien l'hétérogénéité du développement régional de l'emploi. On peut établir le même constat pour l'évolution du PIB par habitant et l'effet des politiques publiques sur le revenu des ménages. Les ménages des régions de l'Abitibi, de la Côte-Nord et de la Gaspésie connaissent une réduction du revenu par habitant à la suite de la redistribution des revenus par les politiques publiques. La question de la solidarité entre les régions du Québec est donc de plus en plus cruciale.

Le tableau 6.10 présente les paramètres généraux du calcul des prestations d'assurance-emploi dans quatre régions du Québec. On y voit les très grandes variations du nombre requis d'heures assurables pour avoir droit aux prestations régulières en fonction du taux de chômage ainsi que les nombres minimum et maximum de semaines de prestations régulières payables. La structure de la politique d'indemnisation du chômage provoque ainsi de fortes inégalités entre les chômeurs des différentes régions du Québec.

On peut également examiner la dimension territoriale des politiques publiques dans le tableau 6.11, avec l'exemple de la région de la Capitale-Nationale, c'est-à-dire de Québec. Le niveau de l'indice de dépendance économique montre que cette région est moins dépendante que la moyenne des régions au Québec. La variation des transferts gouvernementaux liés au programme de l'assurance-emploi est la plus élevée, mais ce sont les transferts liés à la retraite et au vieillissement qui sont de loin les plus importants pour le revenu disponible des ménages.

La territorialisation des PPE a également été renforcée par la création de politiques de développement (sectorielles et régionales) dans une perspective de création d'emplois, par exemple la démarche ACCORD (Action concertée de coopération régionale de développement). Au niveau local, les projets qui contribuent au développement

Tableau 6.10 Les paramètres des prestations d'assurance-emploi dans quatre régions du Québec en 2019

Nom de la région économique	Taux de chômage	Nombre requis d'heures assurables pour avoir droit aux prestations régulières	Nombre minimum de semaines de prestations régulières payables	Nombre maximum de semaines de prestations régulières payables	Nombre de meilleures semaines requises pour le calcul du taux de prestations
Québec	4,0	700	14	36	22
Montréal	6,1	665	15	38	21
Trois-Rivières	5,4	700	14	36	22
Gaspésie–Îles-de-la-Madeleine	13,9	420	26	45	14

Source : Gouvernement du Canada (2019). *Particularités du régime de l'assurance-emploi (a.-e.) pour la période du 06 janvier 2019 au 09 février 2019*. Récupéré au http://srv129.services.gc.ca/eiregions/fra/taux_act.aspx?wbdisable=true

Tableau 6.11 Le rapport de dépendance économique, Capitale-Nationale, 2006-2016

	2006	2007	2008	2009	2010	2015	2016
	\$ par 100 \$ de revenu d'emploi						
Total des transferts gouvernementaux	19,32	19,10	18,90	19,70	19,90	22,1	22,6
Assurance-emploi	2,41	2,40	2,40	2,80	2,80	2,6	2,5
Sécurité de la vieillesse	5,70	5,70	5,70	5,90	5,90	6,6	6,8
RRQ et Régime de pension du Canada	5,81	5,80	5,80	6,10	6,20	7,1	7,2
Indemnités des accidents du travail	0,83	0,80	0,90	0,80	0,80	0,7	0,7
Indice de dépendance économique*	92,5	91,9	91,1	89,5	90,0	93,0	93,0

Source: Institut de la statistique du Québec (2019). *Rapport de dépendance économique et indice de dépendance économique provincial, selon le sexe, Capitale-Nationale et ensemble du Québec, 2012-2016*. Récupéré au www.stat.gouv.qc.ca/statistiques/profils/profil03/societe/fam_men_niv_vie/rev_dep/rde_hf03.htm

* L'indice de dépendance économique provincial correspond au rapport de dépendance économique (RDE) d'une région exprimé en pourcentage du RDE de la province. Un indice supérieur à 100 signifie que le RDE de la région est supérieur à celui de l'ensemble du Québec. Le RDE représente les paiements de transferts gouvernementaux par tranche de 100 \$ du revenu d'emploi total de la région (Institut de la statistique du Québec [ISQ], 2019).

de créneaux et de pôles d'excellence bénéficient d'un financement public.

Les créneaux d'excellence présentent plusieurs points forts (source conjointe de croissance de l'emploi, de la productivité et des heures moyennes travaillées), mais également des risques d'atteindre un faible niveau de création d'emplois en l'absence de tissu industriel local, ou de création d'emplois en majorité qualifiés, ce qui peut favoriser une augmentation de l'inégalité des revenus.

La territorialisation des PPE est devenue un enjeu majeur pour les acteurs du monde de l'emploi dans le contexte de la mondialisation des entreprises, des réformes de l'État vers la nouvelle gestion publique et de l'augmentation du pouvoir des instances politiques locales. Les politiques publiques, tels l'assurance-emploi et les régimes publics de retraite, demeurent cependant fondamentales pour réduire les inégalités entre les régions riches et les régions pauvres. En même temps, les différences de prestations liées à la territorialisation des PPE amènent certaines régions[11] à souhaiter davantage d'autonomie pour définir les règles de gestion au niveau régional, ou encore à augmenter leurs sources de revenus en dehors des politiques publiques existantes. Par ailleurs, la Stratégie nationale sur la main-d'œuvre (2018-2023) confirme clairement la « centralité » de la région en orientant les ressources financières et humaines vers les régions du Québec afin de répondre notamment aux besoins du marché du travail.

6.4.2 L'institutionnalisation du dialogue social

S'il est vrai que les partenaires sociaux sont présents dans la structure de gouvernance assurant la gestion des PPE, leur rôle est néanmoins réduit dans l'élaboration de ces PPE. Nous l'avons précisé, la prédominance de priorités politiques dans la définition des champs des PPE et de leur gestion finit par éloigner l'administration publique des demandes sociales des partenaires.

---

11. Il s'agit aussi bien de régions « riches », qui ont le sentiment de soutenir les autres régions, que de régions « pauvres », qui ont le sentiment que les réformes des PPE se font à leur détriment à cause d'une réduction de l'accès aux prestations.

À partir du moment où les PPE concernent l'art de concilier les objectifs d'efficacité économique et ceux d'équité sociale, elles ne peuvent pas exclure les attentes sociales émanant des acteurs collectifs. L'architecture institutionnelle de la gestion des PPE, avec la CPMT en son centre, a tendance à faire de la présence des partenaires dans les comités une démarche administrative de consultation plutôt qu'en faire une réelle instance de dialogue social. En témoigne l'absence de processus de rétroinduction institutionnel (*backward induction process*) permettant que les décisions ou propositions de ces comités remontent vers le cabinet du ministre du Travail, de l'Emploi et de la Solidarité sociale, un processus qui permettrait de renforcer la pertinence sociale des PPE. En l'absence d'institutionnalisation, la mise en place des PPE semble privilégier un contexte budgétaire et financier, avec le risque de ne pas tenir compte des besoins particuliers de secteurs, régions et localités ou de certaines catégories défavorisées de main-d'œuvre.

Le débat sur la participation des partenaires sociaux dans l'élaboration et la gestion des PPE renvoie ainsi à la notion de dialogue social. Cette notion peut avoir des dimensions protéiformes, selon la place, mais surtout le sens, que les pouvoirs publics décident de lui donner. Au sens large, le dialogue social englobe les relations entre les pouvoirs publics chargés des PPE et les acteurs classiques du système d'emploi. Établi dans les institutions du Québec depuis deux décennies, notamment au sein de la CPMT, il constitue un cadre important dans la mesure où il contribue à instaurer un climat de confiance, de transparence et de durabilité. Il permet aussi d'assurer une certaine traçabilité des discussions au sujet des questions spécifiques à l'emploi et au travail, et de contrôler l'application et l'effectivité des décisions prises en son sein. Toutefois, bien que cette structure soit nécessaire, elle ne suffit pas. En effet, le défi des PPE au Québec concerne le contenu du dialogue social et le rôle effectif que jouent les partenaires sociaux en termes d'impact sur l'élaboration et la gestion des PPE.

Le dialogue social doit reposer sur quatre objectifs, clairement définis dans l'étude de Fashoyin (2004) : l'échange d'informations, la consultation, la négociation et la décision conjointe. Chacun de ces objectifs contribue à diversifier et à équilibrer les décisions en matière de gestion et d'élaboration des PPE. Le contenu du dialogue social permet de faire émerger les attentes sociales des partenaires, de les traduire au niveau institutionnel et de les exprimer par des mesures associées aux PPE.

Les objectifs du dialogue social ne peuvent cependant pas être atteints si, au départ, les différents partenaires aux tables de concertation sont juridiquement inégaux, ou si les décisions politiques sont prioritaires et laissent peu de place à la négociation et à la décision conjointe. Particulièrement en période de crise économique ou de restrictions budgétaires, le dialogue social prend tout son sens pour assurer la paix sociale (Auer, 2002). L'institutionnalisation du dialogue social[12] permet, à cet égard, de concilier les objectifs de la politique de développement économique et les besoins sociaux des partenaires, évitant ainsi les menaces de *statu quo* et de « bras de fer » stériles entre les instances gouvernementales et les acteurs réels du système d'emploi.

6.4.3 La rareté de la main-d'œuvre

Selon le MTESS (2018), environ 90 000 emplois étaient à pourvoir au Québec en 2018 et leur nombre devrait dépasser 1,3 million au cours des 10 années suivantes. Comme on peut le voir au tableau 6.12, des ressources financières d'une valeur de 1,3 milliard de dollars ont été mobilisées sur une période de 5 ans afin de mettre en place une stratégie dont les objectifs principaux concernent l'adaptation des milieux de travail, l'analyse des besoins futurs du marché du travail, l'adaptation de l'offre de formation et des stages aux réalités régionales, et l'amélioration de l'attraction, de l'intégration et de la rétention des personnes en emploi.

La ventilation des ressources financières consacrées aux différents objectifs de la Stratégie nationale sur la main-d'œuvre (SNMO) est clairement marquée par la volonté de répondre à la rareté de main-d'œuvre et, accessoirement, par celle d'améliorer la qualité de vie au travail. Par ailleurs, deux orientations ressortent clairement de la SNMO.

Premièrement, comme nous l'avons mentionné, des mesures associées aux objectifs de la SNMO concernent

---

12. Le dialogue social ne doit pas forcément être institutionnalisé pour être efficace. Toutefois, en période de crise économique ou de restrictions budgétaires, le gouvernement n'a pas cette obligation juridique de passer par les tables de concertation et peut alors prendre des décisions unilatéralement.

Tableau 6.12 Les ressources allouées aux objectifs de la Stratégie nationale sur la main-d'œuvre 2018-2023

Objectifs	Sommes allouées (en millions de dollars)
Attraction, intégration et rétention de la main-d'œuvre	802,0 M$
Mettre en place un système de déclaration d'intérêt pour les immigrants. Faciliter l'accès des employeurs au recrutement international. Favoriser l'intégration en emploi des personnes handicapées, des membres des Premières Nations, des personnes judiciarisées, etc. Retenir les travailleurs et les étudiants internationaux dans les régions.	
Adaptation de l'offre de formation et des stages aux réalités régionales	347,7 M$
Développer l'offre d'alternance travail-études. Bonifier les crédits d'impôt pour les stages en milieu de travail. Accroître la fluidité des parcours de formation collégiale. Améliorer la reconnaissance des acquis et des compétences.	
Analyse des besoins futurs du marché du travail	77,9 M$
Créer un carrefour de l'emploi et de la formation. Valoriser les métiers et les professions. Développer des projets en faveur de l'emploi dans les régions.	
Adaptation des milieux de travail	63,1 M$
Améliorer la qualité de vie au travail.	

Source : Compilé à partir des données du MTESS (2018). *Stratégie nationale sur la main-d'œuvre 2018-2023 : le Québec à l'ère du plein emploi*. Récupéré au www.mtess.gouv.qc.ca/publications/pdf/Strat-nationale_mo.PDF

l'amélioration de l'attraction de la main-d'œuvre dans les régions, particulièrement les plus éloignées, l'orientation des personnes immigrantes vers les régions, l'amélioration de la mobilité régionale et le développement d'initiatives répondant aux besoins du marché du travail régional. Deuxièmement, la SNMO fait ressortir l'immigration comme principal levier de l'emploi au Québec. En effet, la plupart des mesures associées à l'intégration en emploi sont, directement ou indirectement, liées à la politique d'immigration et d'intégration. À cet égard, il semble que l'immigration soit de plus en plus un élément incontournable des PPE[13]. Le débat autour de l'immigration concerne presque systématiquement l'immigration économique et, en particulier, la question de l'attraction des personnes immigrantes pour répondre à la rareté de main-d'œuvre. Cela sous-entend des questionnements relatifs aux fondements mêmes des PPE et au rôle respectif des acteurs, par exemple : l'augmentation des immigrants temporaires dont le statut est souvent précaire risque-t-elle de nuire à la protection de l'emploi et des droits de la personne ? Qui du MTESS et du MIFI est responsable de la réduction des barrières à l'intégration des personnes immigrantes (barrières linguistiques, de reconnaissance des acquis, de discrimination, de développement de réseaux sociaux, etc.) ?

---

13. C'est d'ailleurs pour cette raison que des liens institutionnels et une gouvernance particulière existent entre le MTESS et le ministère de l'Immigration, de la Francisation et de l'Intégration (MIFI).

Conclusion

Dans ce chapitre, nous avons considéré les PPE comme l'ensemble des mesures coordonnées par les pouvoirs publics afin d'améliorer les conditions de travail et d'emploi. Cette définition émane d'un positionnement clair ayant plusieurs dimensions, théoriques et pratiques.

D'abord, cette définition sous-entend la baisse du taux de chômage, un objectif quantitatif. Les PPE ont également un objectif qualitatif, soit améliorer la qualité de l'emploi et les conditions de travail, ce qui influe sur plusieurs champs : l'intégration en emploi, la formation en emploi, le soutien du revenu et le retrait d'activité. À cet égard, l'architecture institutionnelle de la gestion des PPE, et particulièrement celle du MTESS, est fort significative. Sur les plans théorique et pratique, la gestion des PPE est différente lorsqu'il s'agit de mettre en place des mesures qui concernent la création d'emplois, l'intégration en emploi ou l'amélioration des compétences, pour ne citer que ces exemples, ou bien de garantir de meilleures conditions de travail en matière de salaires, de santé et de sécurité du travail ou de relations professionnelles.

Ensuite, par ricochet, la définition que nous proposons fait des PPE un vecteur à trois dimensions : un outil politique au service des droits de la personne, un outil juridique au service de la protection de l'emploi et un outil économique au service de la solidarité. Enfin, définir les PPE en évoquant une coordination des mesures par les pouvoirs publics revient à mettre en évidence le rôle et la place incontournables des partenaires sociaux dans l'élaboration et la gestion des PPE.

En conclusion, notre définition et notre analyse des fondements des PPE invitent à considérer quelques priorités nécessaires pour l'avenir : la prise en compte des spécificités régionales et sectorielles dans la mise en place des mesures associées aux PPE (ce qui passe par la territorialisation) et le dialogue social.

L'architecture institutionnelle de l'élaboration et de la gestion des PPE doit en effet assurer que la présence des partenaires sociaux soit effective aux tables de concertation. Cela permettrait de transmettre les demandes sociales aux instances politiques afin qu'elles soient prises en considération lors de l'élaboration des PPE, de créer un climat de confiance entre les partenaires sociaux et d'entretenir la paix sociale. Ainsi, on atteindrait plus facilement le but global des PPE, soit concilier les objectifs d'efficacité économique et les objectifs d'équité sociale.

QUESTIONS DE RÉVISION

1. Expliquez les dimensions politique, juridique et économique des PPE.

2. Analysez la phrase suivante : ce sont les PPE qui font l'emploi et non le contraire.

3. Quels sont les quatre principaux champs définissant le contenu des PPE au Québec ? Donnez des exemples pour chacun.

4. Quels sont les indicateurs qui montrent le lien entre l'emploi et la croissance économique ?

5. Que signifie « l'activation des PPE ? ». Posez un regard critique sur ce concept en le liant à la définition des PPE.

6. Montrez comment les relations politiques entre le gouvernement du Canada et celui du Québec ont historiquement influencé les PPE au Québec.

7. Nommez deux instances gouvernementales du MTESS dans lesquelles figurent des partenaires sociaux pour l'administration des PPE.

8. Quels sont les quatre modèles d'intervention de l'État ? Montrez comment ils peuvent influencer la gestion des PPE.

9. Quelles sont les principales caractéristiques de l'architecture institutionnelle de l'élaboration et de la gestion des PPE au Québec ?

10. Expliquez trois défis majeurs que les PPE doivent relever.

POUR ALLER PLUS LOIN

Amine, S. (dir.) (2014). *Les politiques du marché du travail face à la crise économique. Vers une convergence internationale.* Québec, Presses de l'Université Laval.

Bellemare, D. (2013). *Créer et partager la prospérité. Sortir l'économie canadienne de l'impasse.* Montréal, Presses de l'Université du Québec.

Bourque, G. L. (2000). *Le modèle québécois de développement : de l'émergence au renouvellement.* Sainte-Foy, Presses de l'Université du Québec.

Erhel, C. (2014). *Les politiques de l'emploi,* 2e éd. mise à jour, Paris, Presses universitaires de France, coll. « Que sais-je ? ».

Laurent, É. (2014). *Le bel avenir de l'État Providence.* Paris, Éditions Les liens qui libèrent.

Polanyi, K. (1983). *La Grande Transformation. Aux origines politiques et économiques de notre temps.* Paris, Gallimard (édition originale en 1944 sous le titre *The Great Transformation*).

Supiot, A. (2010). *L'esprit de Philadelphie. La justice sociale face au marché total.* Paris, Éditions du Seuil.

RÉFÉRENCES

Aglietta, M. et A. Brender (1984). *Les métamorphoses de la société salariale.* Paris, Calman-Lévy, coll. « Perspectives de l'économique ».

Audier, S. (2014). *Le socialisme libéral.* Paris, La Découverte, coll. « Repères ».

Auer, P. (2002). *La reprise de l'emploi en Europe : l'exemple de l'Autriche, du Danemark, de l'Irlande et des Pays-Bas.* Genève, BIT.

Barbier, J.-C. (2002). « Peut-on parler d'activation de la protection sociale en Europe ? », *Revue française de sociologie,* vol. 43, n° 2, p. 307-332.

Barbier, J.-C. et J. Gautié (1998). *Les politiques de l'emploi en Europe et aux États-Unis.* Paris, Presses universitaires de France.

Bellemare, D., L. Poulin-Simon et D.-G. Tremblay (1995). « Vieillissement, emploi, préretraite : les facteurs socioéconomiques influant sur la gestion de la main-d'œuvre vieillissante », *Relations industrielles/Industrial Relations,* vol. 50, n° 3, p. 483-515.

Bernard, J.-T. et S. Thivierge (1988). « Les politiques fiscales et financières des services d'électricité : Le cas d'Hydro-Québec », *Canadian Public Policy/Analyse de Politiques,* p. 239-244.

Bozio, A. et J. Grenet (2010). *Économie des politiques publiques.* Paris, La Découverte.

Campeau, G. (2001). *De l'assurance-chômage à l'assurance-emploi.* Montréal, Boréal.

Cloutier, L. (2008). *La qualité de l'emploi au Québec. Développements conceptuels et création d'une typologie.* Québec, Institut de la statistique du Québec.

Cohen, D. (2006). *Trois leçons sur la société post-industrielle.* Paris, Seuil.

Direction de l'animation de la recherche, des études et des statistiques (DARES) (2003). *Les politiques de l'emploi et du marché du travail.* Paris, La Découverte.

Dobbin, F. (1998). « The Strength of a Weak State : The Rights Revolution and the Rise of Human Resources Management Divisions », *American Journal of Sociology,* vol. 104, n° 2, p. 441-476.

Dubar, C. (1996). « La sociologie du travail face à la qualification et à la compétence », *Sociologie du travail,* vol. 2, p. 179-193.

Elbaum, M. (2011). *Économie politique de la protection sociale,* 2e éd., Paris, Presses universitaires de France.

Fashoyin, T. (2004). « Coopération tripartite, dialogue social et développement national », *Revue internationale du travail,* vol. 143, n° 4, p. 371-403.

Favreau, L. (2000). *Décentralisation du service public de l'emploi et initiatives locales : l'expérience québécoise.* Centre de recherche sur les innovations sociales (CRISES), Hull, Chaire de recherche en développement communautaire.

Gadrey, J. et F. Jany-Catrice (2005). *Les nouveaux indicateurs de richesse.* Paris, La Découverte.

Godard, J. (2002). « Institutional Environments, Employer Practices, and States in Liberal Market Economies », *Industrial Relations : A Journal of Economy and Society,* vol. 41, n° 2, p. 249-286.

Gouvernement du Canada (2019). *Charte canadienne des droits et libertés,* partie I de la *Loi constitutionnelle de 1982.* Récupéré au http://laws-lois.justice.gc.ca/fra/const/page-15.html

Gouvernement du Québec (2019). *Charte des droits et libertés de la personne.* Récupéré au http://legisquebec.gouv.qc.ca/fr/showdoc/cs/C-12

Gouvernement du Québec (1991). *Accord Canada-Québec relatif à l'immigration et à l'admission temporaire des aubains (accord Gagnon-Tremblay-McDougall).* Récupéré au https://cdn-contenu.quebec.ca/cdn-contenu/adm/min/immigration/publications-adm/accord/AC_canada_quebec_immigration_MIDI.pdf

Institut de la statistique du Québec (ISQ) (2019). *Rapport de dépendance économique et indice de dépendance économique provincial, selon le sexe, Capitale-Nationale et ensemble du Québec, 2012-2016.* Récupéré au www.stat.gouv.qc.ca/statistiques/profils/profil03/societe/fam_men_niv_vie/rev_dep/rde_hf03.htm

Lamartina, S. et A. Zaghini (2011). « Increasing Public Expenditure : Wagner's Law in OECD Countries », *German Economic Review,* vol. 12, n° 2, p. 149-164.

Larose, G., Y. Vaillancourt, G. Shields et M. Kearney (2005). « Contributions of the Social Economy to the Renewal of Policies and Practices in the Area of Welfare to Work in Quebec During the Years 1983-2003 », *Canadian Journal of Career Development/Revue canadienne de développement de carrière,* vol. 4, n° 1, p. 11-28.

Lemieux, V. (2009). *L'étude des politiques publiques. Les acteurs et leur pouvoir,* 3e éd., Québec, Presses de l'Université Laval.

Lúcio, O. (2001). *L'implantation des Centres locaux de développement au Québec [microforme] : l'expérience mitigée de la création d'un potentiel de synergie dans la mobilisation locale relative au développement.* Thèse de doctorat, Montréal, Université de Montréal.

Méda, D. et P. Vendramin (2013). *Réinventer le travail.* Paris, Presses universitaires de France.

Mercklé, P. (2011). *La sociologie des réseaux sociaux.* Paris, La Découverte.

Ministère du Travail, de l'Emploi et de la Solidarité sociale (MTESS) (2018). *Stratégie nationale sur la main-d'œuvre 2018-2023 : le Québec à l'ère du plein emploi.* Récupéré au www.mtess.gouv.qc.ca/publications/pdf/Strat-nationale_mo.PDF

Organisation de coopération et de développement économiques (OCDE) (1990-2013). *Perspectives de l'emploi.* Paris, OCDE.

Organisation internationale du travail (OIT) (2008). *Le travail décent : défis stratégiques à venir. Rapport du directeur général.* Genève, Bureau international du travail.

Palier, B. et G. Bonoli (1995). « Entre Bismarck et Beveridge. "Crises" de la sécurité sociale et politique(s) », *Revue française de science politique,* vol. 45, n° 4, p. 668-699.

Paugam, S. (2000). *Le salarié de la précarité : les nouvelles formes de l'intégration professionnelle.* Paris, Presses universitaires de France.

Ramaux, C. (2012). *L'État social : pour sortir du chaos néolibéral.* Paris, Mille et une nuits.

Rouvillois, F. (2009). *Les déclarations des droits de l'homme.* Paris, Le Monde-Flammarion, coll. « Les livres qui ont changé le monde ».

Saint-Martin, D. (2001). « Guichet unique et reconfiguration des réseaux de politiques publiques : le cas d'Emploi-Québec », *Politique et sociétés,* vol. 20, nos 2-3, p. 117-139.

Salais, R., N. Baverez et B. Reynaud (1999). *L'invention du chômage.* Paris, Presses universitaires de France, coll. « Quadrige ».

Thelen, K. (2004). *How Institutions Evolve : The Political Economy of Skills in Germany, Britain, the United States and Japan.* New York, Cambridge University Press.

Ulysse, P. J. et F. Lesemann (2004). *Citoyenneté et pauvreté : politiques, pratiques et stratégies d'insertion en emploi et de lutte contre la pauvreté.* Sainte-Foy, Presses de l'Université du Québec.

Gilles Trudeau et Renée-Claude Drouin

Les normes minimales du travail : bilan et éléments de prospective

Plan du chapitre

7.1 ▸ L'historique et les fondements des normes minimales du travail

7.2 ▸ Un aperçu du régime actuel des normes minimales du travail au Québec

7.3 ▸ Des éléments de prospective

Objectifs d'apprentissage

○ Comprendre le rôle des normes minimales du travail dans l'ensemble des politiques de l'État concernant le marché du travail.

○ Connaître la teneur des normes minimales du travail en vigueur au Québec.

○ Saisir l'effet juridique des normes minimales du travail et se familiariser avec leurs mécanismes d'application.

○ Prendre conscience des enjeux liés aux normes minimales du travail en tant que politique gouvernementale.

Introduction

L'industrialisation de l'économie au XIXᵉ siècle et la croissance fulgurante du travail salarié qu'elle a provoquée ont rapidement amené l'État à intervenir directement dans la définition des conditions de travail. Cette intervention étatique s'est concrétisée d'abord par l'imposition de conditions de travail minimales. Les normes minimales que nous connaissons aujourd'hui constituent ainsi une des plus anciennes politiques publiques en matière de travail et d'emploi qui soient encore en vigueur.

Ce qui, il y a 100 ans, constituait une intrusion bien timide de l'État dans le champ d'action du libéralisme économique s'impose aujourd'hui comme une composante importante – voire prépondérante – de l'intervention étatique dans le domaine du travail salarié. Les normes minimales sont importantes d'abord par l'étendue de leur application. Elles forment une limite inférieure, en matière de conditions de travail, que les parties à tout contrat de travail ne peuvent légalement transgresser. Leur importance tient également à l'ampleur des conditions de travail qu'elles embrassent. Au Québec, des normes minimales régissent notamment les salaires, les heures de travail, les congés annuels, les jours fériés, les congés parentaux et la cessation du travail.

Dans ce chapitre, nous proposons de dresser un court bilan de cette importante politique publique en trois étapes. Nous rappelons tout d'abord les fondements de ce type d'intervention étatique, les objectifs poursuivis et les principales étapes ayant conduit à la définition des normes minimales actuelles au Québec. Nous portons attention non seulement à leur teneur, mais aussi à l'étendue et aux modalités de leur application. Dans la dernière section, nous faisons le point sur ces normes à la lumière de leurs objectifs, du rôle qu'elles doivent jouer aujourd'hui, de leur véritable nature et de quelques questions que soulève leur application.

7.1 L'historique et les fondements des normes minimales du travail

Pour comprendre et évaluer le régime étatique des normes minimales du travail en vigueur au Québec, il faut d'abord en expliquer les origines et les fondements[1]. Contrairement à ce qu'on pourrait croire, l'intervention de l'État dans la réglementation du travail humain n'est pas un phénomène récent, loin de là. Ce sont la philosophie et la teneur de la réglementation qui ont changé avec les époques et les modes d'organisation du travail propres à chaque société. Par exemple, tout au long du Moyen Âge, l'État, ou ce qui en tenait lieu, a surtout insisté sur l'obligation de travailler et la prohibition du vagabondage, sans trop se préoccuper des conditions de travail (Castel, 1995).

Plus près de nous, en Nouvelle-France comme dans le Québec postérieur à la Conquête, alors que le salariat était principalement constitué de serviteurs, de garçons de ferme et de journaliers, les autorités publiques sont fréquemment intervenues dans le domaine de l'emploi, au moyen d'ordonnances et de règlements de toutes sortes. Il s'agissait essentiellement d'assurer l'autorité absolue du maître sur son employé et de réprimer certains de ses comportements jugés fautifs. Par exemple, pouvait être emprisonné le domestique ou le compagnon qui avait commis une faute dans son service ou qui l'avait déserté avant terme (Gorrie, 1848 ; Bich, 1993a).

7.1.1 Les premières lois

L'avènement du libéralisme économique dans les pays européens et l'industrialisation qui l'accompagne imposent, aux XVIIIᵉ et XIXᵉ siècles, un changement radical dans la réglementation du travail humain. Celle-ci, jusqu'alors publique et étatique, cède le pas à un mode de détermination des conditions d'exécution du travail privé et contractuel.

Les principes du libéralisme rencontrent une terre fertile, au XIXᵉ siècle, tant aux États-Unis qu'au Canada et au

---

1. Voir Desîlets, C. et D. Ledoux (2006). *Histoire des normes du travail au Québec de 1885 à 2005. De l'Acte des manufactures à la Loi sur les normes du travail.* Québec, Les Publications du Québec.

Québec. Le *Code civil du Bas-Canada,* adopté en 1866, en consacre les principales règles. Ainsi, l'égalité présumée des personnes, leur capacité juridique de principe, la liberté contractuelle et la primauté du contrat constituent dorénavant la base même du droit commun.

En matière de travail, le *Code civil du Bas-Canada* est très laconique. Il reconnaît la possibilité du travail salarié en définissant un contrat de louage de services personnels. Peu de règles particulières s'appliquent à ce contrat, qui – et c'est là le plus important – demeure soumis aux règles générales communes à tous les contrats (Cairns, 1987 ; Bich, 1993a). Chaque partie au contrat est juridiquement égale à l'autre, et la lésion n'est pas une cause reconnue d'annulation d'un contrat conclu entre personnes majeures. Dans les faits, c'est un véritable contrat d'adhésion que l'employeur impose au travailleur. La liberté contractuelle ainsi reconnue par le *Code civil* permet les conditions de travail inhumaines décrites au chapitre 1, qui représentent le fondement du problème ouvrier.

Vers la fin du XIXe siècle, ces conditions inhumaines sont de plus en plus dénoncées. Comme on l'a expliqué au chapitre 4, les travailleurs de certains secteurs industriels réussissent tant bien que mal à former des syndicats ouvriers, qui réclament du gouvernement une législation du travail adéquate. En 1882, une commission d'enquête remet au gouvernement fédéral un rapport troublant sur cette question (Côté, 1985). Afin de remédier aux problèmes les plus aigus, le législateur québécois adopte, en 1885, l'*Acte des manufactures de Québec*[2].

Cette loi, d'inspiration britannique et ontarienne, traite aussi bien de l'aménagement physique des manufactures que de l'exploitation du travail des femmes et des enfants. Dans cette dernière perspective, on prohibe le travail des jeunes garçons de moins de 12 ans et des jeunes filles de moins de 14 ans dans les manufactures. Les heures de travail y sont limitées, en principe, à 10 heures par jour et à 60 heures par semaine pour les enfants, les jeunes filles et les femmes.

L'*Acte des manufactures de Québec* est remplacé en 1894 par la *Loi relative aux établissements industriels*[3], qui reprend sensiblement les dispositions de la loi précédente en ce qui a trait tant à la santé et à la sécurité au travail qu'aux conditions de travail[4]. Elle en élargit toutefois l'application à tous les établissements industriels, sauf ceux dans les mines et les carrières.

Ces lois de nature protectrice constituent une première intervention législative dans le domaine des conditions de travail proprement dites, domaine jusqu'alors complètement abandonné, nous l'avons vu, aux aléas de la liberté contractuelle. Elles se révèlent cependant difficiles d'application et relativement inoffensives pour les employeurs (Linteau *et al.*, 1979 ; Morton et Copp, 1984). D'ailleurs, le gouvernement québécois refuse d'appliquer l'*Acte des manufactures de Québec* après son adoption, en 1885, et ce n'est qu'en 1888, après la publication du *Rapport de la Commission royale sur les relations du travail avec le capital au Canada,* qu'on nomme un inspecteur gouvernemental (Hamelin et Roby, 1971).

7.1.2 Les lois de l'entre-deux-guerres

Au début du XXe siècle, le législateur s'intéresse surtout à la question des conflits ouvriers, que l'émergence du syndicalisme rend de plus en plus pressante. L'indemnisation des ouvriers victimes d'un accident du travail retient aussi l'attention de plusieurs assemblées législatives provinciales au Canada. Quant aux normes minimales du travail, c'est dans les années 1920 que se dessine une nouvelle évolution. En 1919, la création, par le traité de Versailles, de l'Organisation internationale du travail (OIT) – dont le Canada devient membre – favorise l'adoption de lois imposant des conditions de travail minimales (Morton et Copp, 1984). L'OIT a d'ailleurs comme principal mandat la promotion de la justice sociale et l'établissement d'un système de normes internationales du travail. Ces normes sont consignées dans des conventions internationales que les pays membres de l'OIT s'engagent à incorporer dans leur législation nationale lorsqu'elles sont ratifiées (Trudeau, 1998 ; Duplessis, 2010).

À la fin des années 1920, la plupart des provinces canadiennes ont établi par voie législative un salaire minimum pour les enfants et les femmes (Morton et Copp, 1984). Le Québec ne fait pas exception et adopte la *Loi du salaire*

---

2. Le titre exact de la loi était *Acte pour protéger la vie et la santé des personnes employées dans les manufactures,* SQ 1885 48 Vict., c. 32.
3. SQ 1894 57 Vict., c. 30.
4. En 1890, l'*Acte des manufactures de Québec* avait été modifié, notamment pour que soit haussé à 16 ans pour les jeunes hommes et à 18 ans pour les jeunes filles l'âge minimal d'embauche dans les manufactures jugées insalubres. Voir SQ 1890 54 Vict., c. 26.

minimum pour les femmes[5] en 1919. On justifie l'existence d'une telle loi par la nécessité de compenser le faible pouvoir de négociation des femmes dans leur ensemble et par le fait qu'elles n'ont en général pas de personnes à charge. En conséquence, le salaire minimum correspond au coût de la vie pour une personne (Chartier, 1962).

Le krach boursier de 1929 et les années difficiles qui s'ensuivent montrent avec éloquence les limites du capitalisme et du laisser-faire. Le libéralisme économique subit l'assaut des réformistes, dont John Maynard Keynes[6]. C'est alors que le gouvernement fédéral américain propose le *New Deal*, un programme basé sur une intervention massive de l'État dans l'économie, afin de redresser une situation économique et sociale désastreuse. On doit situer dans cette perspective l'adoption, en 1938, du *Fair Labor Standards Act*[7]. Cette loi fédérale américaine établit un salaire minimum socialement acceptable et une semaine de travail de 40 heures. Aux États-Unis, c'est la première loi d'importance en matière de normes minimales du travail.

Cette nouvelle philosophie se propage aussi chez nous. En 1934, le législateur québécois étend l'application du salaire minimum aux travailleurs masculins[8]. C'est aussi cette même année qu'est adoptée la *Loi relative à l'extension juridique des conventions collectives de travail*[9]. En 1935, l'Ontario vote l'*Industrial Standards Act*[10], en plusieurs points semblables à la loi québécoise sur les décrets de convention collective. Ces deux lois ont pour objet d'empêcher que la concurrence entre employeurs ne détériore les conditions de travail (Morton et Copp, 1984).

7.1.3 L'évolution récente

Au Québec, c'est la *Loi des salaires raisonnables*[11], adoptée en 1937, qui établit un mécanisme servant à la détermination d'un plancher applicable à tous les salariés, hommes et femmes. L'Office des salaires raisonnables créé par cette loi est chargé de mettre ce mécanisme en œuvre et a aussi pour mandat de définir d'autres conditions de travail. Ainsi, en 1938, il adopte l'Ordonnance n° 4, qui fixe un taux de salaire minimum et une limitation des heures de travail variant selon quatre régions et selon les industries concernées (Castonguay *et al.*, 1975). En 1940, cette loi est abrogée et devient la *Loi du salaire minimum*[12]. La Commission du salaire minimum remplace l'Office des salaires raisonnables; elle est chargée de collaborer avec les employeurs et les salariés pour l'établissement de minimums salariaux, d'arbitrer les différends entre employeurs et salariés et, enfin, de surveiller et de contrôler les conditions de travail en général[13].

La Commission du salaire minimum peut, au moyen d'ordonnances soumises à l'approbation du lieutenant-gouverneur en conseil, déterminer le taux du salaire minimum selon les périodes de temps, les territoires et les catégories de salariés qu'elle désigne, de même que les termes de la rémunération, la durée du travail, les conditions de l'apprentissage, les congés rémunérés, la majoration du taux de salaire pour les heures supplémentaires, etc. La *Loi du salaire minimum* embrasse donc, dans les faits, un large éventail de conditions de travail.

Les ordonnances de la Commission du salaire minimum évoluent beaucoup au fil du temps. En 1943, elle a promulgué 23 ordonnances particulières. À partir de 1947, plusieurs d'entre elles sont abolies et remplacées par une ordonnance générale. En 1965, le nombre de régions fixé par l'ordonnance générale passe de quatre à deux. Seules six ordonnances demeurent en vigueur en 1975[14].

---

5. SQ 1919 9 Geo. V, c. 11.

6. Pour un résumé des différents courants de pensée économique qui s'affrontent, voir Couillard et Dostaler, 1986, p. 6-7.

7. 29 U.S.C. § 201.

8. *Loi modifiant la Loi du salaire minimum des femmes*, SQ 1934 24 Geo. V, c. 30.

9. SQ 1934 24 Geo. V, c. 56. Cette loi existe toujours, mais sous un titre légèrement modifié: *Loi sur les décrets de convention collective*, RLRQ, c. D-2.

10. SQ 1935 25 Geo. V, c. 28.

11. SQ 1937 1 Geo. VI, c. 50.

12. SQ 1940 4 Geo. VI, c. 39.

13. *Ibid.*, art. 3.

14. Il s'agit des ordonnances suivantes: Ordonnance n° 3, Vacances; Ordonnance n° 4, Générale; Ordonnance n° 9, Exploitations forestières; Ordonnance n° 10, Scieries; Ordonnance n° 13, Travaux publics; Ordonnance n° 14, Commerce de détail de l'alimentation.

L'adoption, en 1979, de la *Loi sur les normes du travail*[15], qui remplace la *Loi du salaire minimum,* amorce une nouvelle phase de l'évolution des conditions de travail minimales déterminées par le législateur québécois. Cette loi constitue avant tout une codification des normes qui existaient antérieurement sous forme d'ordonnances (Bernier, 1980). Quelques nouvelles normes relatives aux conditions de travail, et surtout de nouveaux recours permettant de contester certains motifs de congédiement, confèrent malgré tout un caractère distinct à la législation québécoise sur les normes minimales du travail par rapport à celles qui prévalent ailleurs au Canada et aux États-Unis.

Si la *Loi* de 1979 apparaît aujourd'hui tellement importante, c'est surtout à cause du relief que lui ont donné près de 40 ans d'application et des modifications que le législateur y a apportées. On peut affirmer, par exemple, que les débats suscités par la mise en place d'un véritable recours contre un congédiement injuste, dès ses premières années d'application, ont révélé l'importance que cette mesure revêtait à l'époque (Hébert et Trudeau, 1987). Quant aux modifications adoptées depuis l'entrée en vigueur de la *Loi,* surtout en 1990, en 2002 et en 2018, elles ont consolidé les aspects les plus novateurs de la réforme de 1979 en élargissant les domaines touchés par les normes et en assouplissant considérablement l'accès aux recours en cas de cessation d'emploi. Ainsi, plusieurs nouvelles normes ont été ajoutées à la *Loi,* notamment en ce qui a trait aux heures de travail, à la conciliation travail-famille, au harcèlement psychologique et sexuel et aux licenciements collectifs. Par ailleurs, les recours en cas de cessation d'emploi se caractérisent maintenant par une application beaucoup plus universelle ainsi qu'un fonctionnement plus simple et plus efficace. Nous y reviendrons.

Le *Code civil du Bas-Canada* a été aboli en 1994 et remplacé par le *Code civil du Québec.* Novateur à plusieurs égards, celui-ci n'a cependant pas modifié sensiblement les règles du droit commun en matière d'emploi (Bich, 1993b). Les conditions de travail relèvent toujours d'une liberté contractuelle complète, et le contrat de travail, s'il est mieux défini, demeure essentiellement consensuel. À quelques rares exceptions près, notamment au sujet du préavis de cessation d'emploi, le législateur n'a pas défini de conditions de travail obligatoires dans le *Code civil du Québec,* laissant intact le rôle essentiel de la *Loi sur les normes du travail.*

Pour conclure, rappelons que l'intervention de l'État dans la détermination des conditions de travail minimales s'est graduellement élargie à partir de la fin du XIXe siècle. Cette intervention a d'abord été requise pour corriger les pires abus que le libéralisme économique engendrait. Elle s'est lentement affirmée au cours du XXe siècle, se limitant cependant longtemps à imposer quelques conditions de travail minimales particulièrement importantes. C'est sur la syndicalisation et la négociation collective que l'État a surtout misé pour améliorer le sort des travailleurs salariés. Les mutations profondes qu'a connues le marché du travail, au cours des dernières décennies, ont toutefois mis en lumière les limites de la négociation collective en tant que principale politique publique en matière de travail. Pour y suppléer, l'État a été amené à intervenir de plus en plus largement dans la détermination directe des conditions de travail. La *Loi sur les normes du travail* doit être considérée comme le fer de lance de cet important rôle qu'assument aujourd'hui les pouvoirs publics.

7.2 Un aperçu du régime actuel des normes minimales du travail au Québec

Le régime actuel des normes minimales du travail en vigueur au Québec relève exclusivement de la *Loi sur les normes du travail* (ci-après désignée *LNT* ou « la Loi ») adoptée en 1979 et modifiée depuis[16].

Nous nous limiterons ici à présenter les principales caractéristiques de cette loi et les normes les plus importantes qu'elle établit[17]. Pour ce faire, nous traiterons tour à tour de son champ d'application, de ses effets juridiques, de ses principales normes ainsi que des mécanismes d'application et des recours qu'elle prévoit.

---

15. LQ 1979, c. 45.

16. RLRQ, c. N-1.1 (nous laissons de côté la partie III du *Code canadien du travail* (LRC 1985, c. L-2), qui établit les normes minimales du travail applicables aux entreprises relevant de la compétence fédérale).

17. Pour une étude détaillée du régime, voir Morin *et al.,* 2010 ; Gagnon et Langlois Kronström Desjardins, S.E.N.C.R.L., 2013 ; Béliveau, 2011.

7.2.1 Le champ d'application

L'objectif fondamental d'une loi établissant des normes minimales du travail exige un champ d'application large qui couvre l'ensemble de la main-d'œuvre salariée. C'est le cas de la *LNT* : elle s'applique pratiquement à tous les salariés qui travaillent au Québec, à quelques exceptions près[18] (*LNT*, art. 2). La notion de « salarié » englobe toute personne qui travaille moyennant salaire pour un employeur (*LNT*, paragr. 1[10]), y compris les fonctionnaires de l'État (*LNT*, art. 2 *in fine*). Notons que cette définition contient les trois éléments essentiels à l'existence d'un contrat individuel de travail malgré une certaine controverse au sujet du dernier : la prestation d'un travail, la rémunération du travailleur et l'état de subordination juridique de celui-ci à l'égard de l'employeur.

Cette définition s'applique au travailleur salarié, quelle que soit la forme que revêt la rémunération versée[19]. Elle vise aussi le salarié occupant un poste de direction chez l'employeur (sauf le cadre supérieur[20], pour la majorité des normes) et celui qui est protégé par une convention collective. Il en est de même du salarié temporaire, du salarié à temps partiel et de celui qui travaille à domicile ou qui se déplace constamment. Le paragraphe 1(10) spécifie que la *Loi* s'applique aux personnes qui travaillent dans un cadre et selon les méthodes définis par l'employeur même si elles fournissent l'équipement ou le matériel nécessaires à leur travail et que la rémunération versée par leur employeur comprend les frais d'équipement en plus de leur salaire. Cette mention expresse a pour objet d'écarter tout risque que la jurisprudence assimile ces travailleurs à des entrepreneurs indépendants non assujettis à cette loi.

Par contre, les personnes qui gardent ou soignent à la maison un enfant, un malade, une personne âgée ou une personne handicapée sont exclues totalement du champ de la *Loi*, lorsque cette fonction est ponctuelle ou s'inscrit dans le cadre d'une relation d'entraide familiale ou communautaire (*LNT*, art. 3). Les cadres supérieurs et les travailleurs de l'industrie de la construction sont aussi exclus de la portée d'ensemble de cette loi, sauf en ce qui concerne les normes et les recours en matière d'absence pour cause de maladie, d'accident ou d'acte criminel, et en matière de congés et d'absences liés aux obligations familiales et parentales, de harcèlement psychologique, de retraite et de dénonciation d'un acte de corruption (*LNT*, art. 3 et 3.1). De plus, la *Loi* ou la réglementation excluent des salariés spécifiquement désignés, tels que les cadres, les travailleurs agricoles et autres, du champ d'application de certaines normes minimales. Nous y reviendrons plus loin, en examinant chaque norme.

Quant à l'employeur, la *Loi* le définit comme « quiconque fait effectuer un travail par un salarié » (*LNT*, paragr. 1[7]). Toute entité juridique, personne physique ou société, sera donc assujettie à la *Loi* dès qu'elle fait effectuer un travail par une personne, elle-même « salariée » au sens de la *Loi*.

La simplicité de cette définition n'empêche pas que l'identification du véritable employeur s'avère parfois difficile, particulièrement dans la situation où deux entités se partagent les attributs de l'employeur à l'égard d'un même salarié. C'est notamment le cas lorsqu'un salarié effectue sa prestation de travail dans l'entreprise cliente de l'agence de placement de personnel qui l'embauche. Bien que la jurisprudence établisse que, dans une telle relation tripartite, le véritable employeur ne pourra être déterminé que par une étude de l'ensemble des facteurs propres à chaque cas, la Cour d'appel du Québec a reconnu qu'il appartenait à l'agence de placement de personnel, plutôt qu'à sa cliente, de payer les cotisations que la *LNT* oblige tout employeur à verser à la Commission des normes, de l'équité, de la santé et de la sécurité du travail (CNESST)[21]. Une part de ces difficultés sera toutefois résolue par l'application des modifications à la *Loi*, adoptées en 2018, qui précisent que l'agence et l'entreprise cliente sont solidairement responsables des obligations pécuniaires fixées par la *Loi* ou par règlement (*LNT*, art. 95).

Ces mêmes modifications ont de plus assujetti l'exploitation d'une agence de placement de personnel à l'obtention d'un permis émis par la CNESST, et précisent qu'une entreprise cliente ne pourra retenir les services d'une agence non titulaire d'un tel permis (*LNT*, art. 92.5 à 92.8). Les conditions d'obtention du permis et les obligations qui y sont rattachées doivent être déterminées par un

---

18. La *Loi* ne s'applique évidemment pas aux salariés travaillant pour une entreprise relevant de la compétence fédérale.

19. Voir la définition très large de « salaire » au paragraphe 1(9) de la *LNT*.

20. La *Loi* ne définit pas le cadre supérieur. Cette expression désigne « le salarié représentant l'employeur au premier chef et disposant à cette fin d'un pouvoir décisionnel important et d'un degré suffisant d'autonomie, alors qu'il relèverait directement des premières instances de l'organisation (le conseil d'administration et le PDG). Ainsi, la participation à la gestion de l'entreprise et le pouvoir décisionnel sont les critères prépondérants qui permettent de conclure que la personne concernée est ou non un cadre supérieur. » (Morin *et al.*, 2010, p. 580-581)

21. Voir *Agence Océanica inc.* c. *Agence du revenu du Québec*, 2014 QCCA 1385.

règlement du gouvernement. Ce règlement devra aussi préciser les obligations qui incombent à l'agence et celles qui incombent à l'entreprise cliente. Il en va de même de toute agence de recrutement de travailleurs étrangers temporaires. L'agence qui se verra refuser l'obtention d'un permis ou son renouvellement pourra contester la décision de la CNESST devant le Tribunal administratif du travail.

Par ailleurs, les changements qu'apporte l'employeur au mode d'exploitation de son entreprise ne peuvent avoir pour effet de modifier le statut du salarié au sens de la *Loi*, à moins que le salarié concerné ne devienne un véritable entrepreneur indépendant (*LNT*, art. 86.1). De plus, le salarié touché par ces modifications peut contester leurs effets sur son statut de salarié et déposer une plainte à cet égard auprès de la CNESST. Si la plainte ne se règle pas par l'intervention de cette commission, elle peut être déférée au Tribunal administratif du travail[22] afin qu'il rende une décision.

7.2.2 Les effets juridiques des normes minimales

Nous avons défini les normes minimales comme des conditions de travail en deçà desquelles aucun travail salarié ne saurait être toléré. Une telle définition est corroborée par les articles 93 et 94 de la *LNT*. Les normes du travail sont d'ordre public, et les parties à la négociation collective ou au contrat individuel de travail ne peuvent librement établir que des conditions de travail s'avérant plus avantageuses. La jurisprudence a reconnu que le recours contre un congédiement sans cause juste et suffisante, prévu par les dispositions des articles 124 à 135, est aussi assujetti à l'article 93 et qu'il est donc d'ordre public[23].

La *LNT* écarte, dans certains cas, le principe de la relativité des contrats pour obliger l'employeur subséquent à respecter des obligations légales que l'employeur antérieur aurait enfreintes. C'est l'article 96 de la *Loi* qui établit que le transfert de la propriété d'une entreprise par aliénation ou par concession totale ou partielle n'invalide aucune réclamation civile s'appuyant sur la *Loi* ou la réglementation. À cause du lien étroit entre les deux dispositions, les précisions qu'a apportées la Cour suprême du Canada concernant les conditions d'application de l'article 45 du *Code du travail*[24] dans l'affaire de la Commission scolaire régionale de l'Outaouais ainsi que la jurisprudence subséquente[25] visent tout autant l'article 96 de la *LNT*.

L'article 97 de la *LNT* établit que le transfert de l'entreprise par aliénation ou concession, ou encore la modification de sa structure juridique, n'a pas d'incidence sur l'application des normes minimales du travail. Le nouvel employeur doit, à cet égard, tenir compte des états de service du salarié auprès de l'employeur précédent. Cette disposition s'applique aussi au recours fondé sur les articles 124 et suivants[26]. Soulignons, à ce sujet, que l'article 2097 du *Code civil du Québec* précise que la vente de l'entreprise ne met pas fin au contrat de travail (Desmarais, 2014). Cela signifie que les conditions de travail des salariés sont maintenues.

Enfin, l'article 95 de la *Loi* mentionne que, lorsqu'un employeur fait effectuer une partie du travail par un sous-entrepreneur ou un sous-traitant, le premier assume solidairement avec le second le respect des obligations financières qui découlent de la *Loi* et de la réglementation, y compris le paiement des cotisations à la CNESST. Comme nous l'avons vu, les modifications apportées à la *Loi* en 2018 établissent une mesure semblable quant à l'agence de placement de personnel et à l'entreprise cliente qui a recours à ses services.

7.2.3 Les normes minimales du travail

La réforme de 1979 a repris et bonifié les normes minimales qui avaient été établies au cours des décennies antérieures. Elle en a aussi édicté de nouvelles, auxquelles d'autres se sont ajoutées depuis. Examinons-les succinctement.

---

22. Un mécanisme semblable existe aussi depuis 2001 dans le *Code du travail*, à l'article 20.0.1.
23. *Syndicat de la fonction publique du Québec* c. *Québec (Procureur général)*, 2010 CSC 28. La même conclusion doit s'appliquer au recours à l'encontre d'une mesure illégale prévu par les dispositions des articles 123 et 123.1 de la *LNT*.
24. RLRQ, c. C-27.
25. *Syndicat national des employés de la Commission scolaire régionale de l'Outaouais (CSN)* c. *Union des employés de service, local 298 (FTQ), Bibeault et al.*, [1988] 2 RCS 1048 ; *Ivanhoe inc.* c. *TUAC, section locale 500*, [2001] 2 RCS 565 ; *Sept-Îles (Ville de)* c. *Syndicat canadien de la fonction publique, section locale 2589 et al.*, [2001] 2 RCS 670.
26. Telle est la décision de la Cour d'appel du Québec dans l'affaire *Produits Petro-Canada Inc.* c. *Moalli et al.* (1987) RJQ 261.

Le salaire

L'imposition d'un taux de salaire minimum est au cœur même de tout régime de normes minimales du travail. En vertu de l'article 40 de la *LNT*, il appartient au gouvernement québécois de fixer par règlement le taux du salaire minimum. Le taux général était de 12,50 $ l'heure en mai 2019. Un taux moindre, soit 10,05 $ l'heure en 2019, est prévu pour les salariés à pourboire[27]. Depuis plusieurs années, le salaire minimum est augmenté à un rythme quasi annuel, même s'il n'existe aucune formule d'augmentation automatique. La décision de hausser le salaire minimum, de même que le taux prévu d'augmentation, même si elle prend en compte plusieurs considérations économiques, relève essentiellement de la sphère politique[28].

Le salaire minimum s'applique en principe à tous les salariés, tels que les définit la *Loi*. La réglementation a toutefois instauré quelques exceptions qui privent certains travailleurs de cette protection minimale. Il s'agit notamment des étudiants travaillant dans certains organismes à but non lucratif et à vocation sociale, comme une colonie de vacances ou un organisme de loisir, des stagiaires dans le cadre de certains programmes de formation ou d'intégration professionnelle, de même que des représentants de commerce qui sont rémunérés uniquement à la commission et dont les heures de travail sont incontrôlables[29]. Le taux de salaire minimum des « domestiques »[30] a également longtemps fait l'objet d'une exception, mais celle-ci a été abolie[31], et les salariés de cette catégorie doivent maintenant être payés au moins au taux du salaire minimum. Tel est aussi le cas des exceptions qui visaient plusieurs salariés affectés à la récolte des fruits et des légumes. Ces exceptions ont successivement été abolies, et seule perdure celle applicable aux salariés affectés à la cueillette des fraises et des framboises. Dans ce cas, la réglementation établit un montant minimum par kilogramme de fruits cueillis, avec toutefois la garantie d'obtenir le salaire minimum établi sur une base horaire si des motifs hors du contrôle du salarié ou l'état des champs l'amène à gagner moins que celui-ci[32].

Outre les dispositions fixant le salaire minimum, la *Loi* établit, dans la section consacrée au salaire, des normes connexes encadrant la fréquence et les modalités de la rémunération, les pourboires, les retenues qui peuvent être faites sur le salaire de même que les frais de chambre et pension du travailleur logeant chez son employeur (*LNT*, art. 40 à 51.1). D'autres normes, énoncées ailleurs dans la *Loi*, visent aussi à assurer au salarié, surtout à celui qui reçoit le salaire minimum, le versement du plein salaire auquel il a droit. Ainsi, l'employeur qui rend obligatoire le port d'un vêtement particulier ou l'usage de matériel, d'équipement, de matières premières ou de marchandises spécifiques doit les fournir gratuitement à tout travailleur rémunéré au salaire minimum (*LNT*, art. 85 et 85.1). L'employeur ne peut non plus exiger d'un salarié qu'il acquitte les frais d'achat ou d'entretien d'un vêtement ou article, si ces frais abaissent la rémunération sous le salaire minimum prévu pour ce salarié. De plus, s'il s'agit d'un vêtement qui associe le salarié à l'établissement pour lequel il travaille, l'employeur doit le fournir gratuitement, quelle que soit la rémunération du salarié (*LNT*, art. 85 et 85.1). De la même façon, les frais raisonnables engagés par le salarié pour ses déplacements ou sa formation à la demande de l'employeur doivent lui être remboursés par ce dernier (*LNT*, art. 85.2).

La *LNT* oblige par ailleurs l'employeur à rémunérer le salarié dans certaines situations où il n'exécute pas son travail habituel. C'est le cas lorsque le salarié est à la disposition de l'employeur sur les lieux du travail et attend qu'on lui donne du travail, lorsqu'il prend une pause accordée par l'employeur, durant un déplacement exigé par l'employeur ou encore lors d'une période d'essai

---

27. *Règlement sur les normes du travail*, RLRQ, c. N-1.1, r. 3, art. 4.

28. En octobre 2000, le gouvernement avait formé un comité interministériel chargé de se pencher sur la question. Voir le *Rapport du Comité interministériel sur la révision des critères de détermination du salaire minimum*, gouvernement du Québec, 12 mars 2002, ainsi que les *Recommandations du Comité interministériel sur la révision triennale des impacts de l'évolution du salaire minimum (juin 2005)*, gouvernement du Québec, novembre 2005, accessibles sur le site du Secrétariat du travail : www.travail.gouv.qc.ca. Voir aussi Maschino, 2010.

29. *Règlement sur les normes du travail*, RLRQ, c. N-1.1, r. 3, art. 2.

30. Le paragraphe 1(6) de la *LNT* définit le domestique de la façon suivante : « un salarié employé par une personne physique et dont la fonction principale est d'effectuer des travaux ménagers dans le logement de cette personne, y compris le salarié dont la fonction principale est d'assumer la garde ou de prendre soin d'un enfant, d'un malade, d'une personne handicapée ou d'une personne âgée et d'effectuer dans le logement des travaux ménagers qui ne sont pas directement reliés aux besoins immédiats de la personne gardée ».

31. *Règlement modifiant le Règlement sur les normes du travail et abrogeant le Règlement sur l'avis de licenciement collectif*, décret 638-2003, 4 juin 2003.

32. *Règlement sur les normes du travail*, RLRQ, c. N-1.1, r. 3, art. 4.1.

ou de formation requise par l'employeur (*LNT*, art. 57). De plus, l'article 58 assure un minimum de trois heures de rémunération au salarié qui est rappelé au travail.

Au cours des dernières décennies, le législateur a été amené à se préoccuper des écarts dans les salaires et certaines conditions de travail applicables aux différentes catégories de salariés effectuant le même travail dans un même établissement. Ainsi, la *LNT* interdit à l'employeur d'accorder à un salarié un taux de salaire inférieur à celui des autres salariés affectés aux mêmes tâches pour la seule raison que son statut d'emploi est différent, en particulier lorsqu'il effectue moins d'heures de travail hebdomadairement (art. 41.1). De même, l'employeur ne peut se fonder sur le statut d'emploi d'un salarié pour réduire la durée de son congé annuel et le mode de calcul de l'indemnité qui s'y rattache, toujours en comparaison avec les autres salariés effectuant les mêmes fonctions (art. 74.1).

Il en va de même du taux de salaire consenti au salarié d'une agence de placement de personnel relativement à celui accordé au salarié de l'entreprise cliente qui exécute le même travail dans le même établissement (*LNT*, art. 41.2). Il est aussi formellement défendu d'inclure une clause de disparité de traitement (communément appelée « clause orpheline ») dans une convention collective, lorsqu'une telle clause prévoit des conditions de travail, un régime de retraite ou des avantages sociaux moins avantageux uniquement en fonction de la date d'embauche, entre salariés qui exécutent les mêmes tâches dans le même établissement (*LNT*, art. 87.1 à 87.3). Ces mesures sont particulièrement importantes, car elles ont pour effet, au nom de l'intérêt public, de retirer toute disposition contenant ces caractéristiques du champ de la libre négociation, qu'elle soit individuelle ou collective.

La durée du travail

La *LNT* n'établit pas un nombre d'heures quotidien ou hebdomadaire maximal au-delà duquel un salarié ne pourrait légalement travailler. La semaine de travail normale est par ailleurs fixée à 40 heures. Pour toute heure supplémentaire, l'employeur doit rémunérer le salarié au taux horaire habituel majoré de 50 % (*LNT*, art. 52 et 55).

La durée de la semaine normale ne s'applique pas à certains salariés, notamment aux cadres à tous les niveaux hiérarchiques, aux salariés qui travaillent à l'extérieur de l'établissement et dont les heures de travail sont incontrôlables, aux travailleurs agricoles et aux travailleurs affectés au traitement des produits de la récolte pendant la durée de celle-ci (*LNT*, art. 54). De plus, la réglementation fixe une semaine de travail normale plus longue pour certains salariés : 47 heures pour le salarié d'une exploitation forestière ou d'une scierie, 55 heures pour le salarié travaillant dans un endroit isolé ou la région d'Eeyou Istchee Baie-James, 44 heures pour le gardien assurant la surveillance d'une propriété pour le compte d'une entreprise de gardiennage et 60 heures pour tout autre gardien[33]. La *Loi* contient aussi une disposition permettant, à certaines conditions, l'étalement des heures de travail de façon autre qu'hebdomadaire (*LNT*, art. 53).

La *Loi* restreint aussi le pouvoir de l'employeur d'exiger qu'un salarié travaille au-delà des heures normales prévues. Ainsi, un salarié peut refuser de travailler plus de deux heures au-delà de ses heures quotidiennes habituelles ou plus de 14 heures à l'intérieur d'une période de 24 heures, selon la période la plus courte (*LNT*, paragr. 59.0.1[1]). À l'extérieur de ces dernières limites, et sauf certaines exceptions, le salarié peut aussi refuser de travailler lorsqu'il n'en a pas été informé au moins cinq jours à l'avance (*LNT*, paragr. 59.0.1[3]). Enfin, il peut refuser de travailler au-delà de 50 heures durant une même semaine (*LNT*, paragr. 59.0.1[2]). Outre ces restrictions explicites, la *Loi* empêche également tout employeur de punir un salarié qui a refusé de travailler au-delà de ses heures de travail habituelles pour des raisons exceptionnelles liées à ses obligations familiales ou de proche aidant (*LNT*, paragr. 122[6]).

Rien dans la *Loi* n'oblige l'employeur à accorder une pause café à ses salariés. Comme nous l'avons mentionné, le paragraphe 57(2) établit simplement que les salariés en pause café sont au travail : ils doivent donc être payés en conséquence. Par ailleurs, après une période de travail de cinq heures consécutives, une période de 30 minutes non rémunérée doit être accordée pour prendre un repas (*LNT*, art. 79). En outre, le salarié a droit à un repos hebdomadaire d'une durée minimale de 32 heures consécutives (*LNT*, art. 78).

Les jours fériés

La *LNT* stipule que sept jours fériés dans l'année doivent être chômés et payés[34]. À ces congés s'ajoute celui de la Saint-Jean-Baptiste, établi par la *Loi sur la fête nationale*[35].

---

33. *Règlement sur les normes du travail*, RLRQ, c. N-1.1, r. 3, art. 9 à 13.
34. *LNT*, art. 60. Ces journées sont le 1er janvier, le Vendredi saint (ou le lundi de Pâques, au choix de l'employeur), le lundi qui précède le 25 mai, le 1er juillet (ou le 2 juillet si le 1er est un dimanche), le premier lundi de septembre, le deuxième lundi d'octobre et le 25 décembre.
35. RLRQ, c. F-1.1.

Tout salarié au sens de la *Loi* a droit à ces congés, à la condition de ne pas avoir été absent du travail, sans raison valable ou sans l'autorisation de son employeur, le jour ouvrable précédant ou suivant ce congé (*LNT*, art. 65). Il faut remarquer que le droit au congé n'est pas assujetti à la notion de jour ouvrable ; par conséquent, si le jour férié tombe une journée qui n'est jamais à l'horaire de travail du salarié, ce dernier a alors droit, au choix de l'employeur, à l'indemnité de congé ou à un congé compensatoire d'une journée à une date fixée par accord entre l'employeur et lui (*LNT*, art. 64). L'indemnité de congé équivaut à un vingtième du salaire gagné au cours des quatre semaines complètes de paie ayant précédé la semaine du congé, sans égard aux heures de travail supplémentaires effectuées (*LNT*, art. 62).

Le congé annuel

Une des normes minimales les plus importantes est celle qui permet au salarié de bénéficier d'un congé annuel payé. En vertu de la *Loi* québécoise, la durée de ce congé varie en fonction des années de service continu du salarié auprès d'un même employeur[36]. Ainsi, le salarié a droit à un minimum de deux semaines de congé après un an de service continu (*LNT*, art. 68) et à trois semaines après trois ans (*LNT*, art. 69). L'année de référence pendant laquelle s'acquiert le droit au congé annuel court du 1er mai au 30 avril. Si le salarié a moins d'un an de service au 30 avril, il bénéficie d'un congé dont la durée équivaut à un jour ouvrable par mois de service continu (*LNT*, art. 66 et 67).

Le congé doit être pris dans les 12 mois qui suivent l'année de référence, à moins que le salarié ne décide, avec le consentement de son employeur, de le devancer au cours de l'année de référence. Le salarié peut aussi, toujours avec le consentement de son employeur, reporter son congé annuel si, au terme de cette période de 12 mois suivant l'année de référence, il est absent notamment pour cause de maladie ou d'accident ou en congé pour des raisons familiales. À défaut de report, le salarié reçoit l'indemnité afférente au congé annuel à laquelle il a droit (*LNT*, art. 70). Le congé annuel peut être fractionné en deux périodes à la demande du salarié, mais l'employeur peut refuser cette demande s'il ferme son établissement pendant une période égale ou supérieure au congé du salarié. Le congé peut aussi être fractionné en plus de deux périodes à la demande du salarié, moyennant le consentement de l'employeur. Par contre, un congé d'une semaine ou moins ne peut être fractionné (*LNT*, art. 71). La *Loi* établit aussi les modalités relatives à l'indemnité de congé et à son paiement. Le congé annuel ne peut être remplacé par une indemnité compensatoire, sauf la troisième semaine dans quelques cas seulement (*LNT*, art. 73).

Enfin, certains salariés sont privés du droit au congé annuel. Ce sont les courtiers immobiliers, les représentants des courtiers et conseillers en valeurs mobilières et les représentants de services ou de produits financiers lorsqu'ils sont entièrement rémunérés à la commission. C'est également le cas des étudiants employés dans une colonie de vacances ou par un organisme à but non lucratif et à vocation sociale ou communautaire, ainsi que des stagiaires inscrits à un programme de formation professionnelle reconnu par une loi (*LNT*, art. 77).

Les absences et les congés pour raisons familiales ou parentales

Depuis 1990, la *LNT* établit directement le droit au congé de maternité et à l'ensemble des congés liés aux responsabilités familiales. Auparavant, les dispositions en la matière figuraient simplement dans le *Règlement sur les normes du travail*[37] et pouvaient ainsi être modifiées à tout moment par le gouvernement. Un tel changement montre l'importance que le législateur accorde aujourd'hui aux questions touchant la conciliation travail-famille, ce que confirment d'autres modifications apportées plus récemment à la *Loi*.

Le congé de maternité est d'une durée maximale de 18 semaines, sauf si l'employeur consent à une période plus longue ou qu'un accouchement tardif en rend la prolongation nécessaire (*LNT*, art. 81.4 et 81.4.1). Des raisons médicales peuvent aussi justifier l'obtention d'un congé de maternité spécial (*LNT*, art. 81.5.1).

De même, la salariée a droit au congé de maternité de 18 semaines dans le cas de toute interruption de grossesse survenant à compter de la vingtième semaine de grossesse. Si l'interruption se produit plus tôt, le congé est d'un maximum de trois semaines, à moins que des

---

36. La notion de service continu est définie au paragraphe 1(12) de la *LNT* comme étant « la durée ininterrompue pendant laquelle le salarié est lié à l'employeur par un contrat de travail, même si l'exécution du travail a été interrompue sans qu'il y ait résiliation du contrat, et la période pendant laquelle se succèdent des contrats à durée déterminée sans une interruption qui, dans les circonstances, permette de conclure à un non-renouvellement de contrat ».

37. *Règlement sur les normes du travail*, RLRQ, c. N-1.1, r. 3, art. 15 à 35.

raisons médicales ne requièrent un congé plus long (*LNT*, art. 81.5.2). Le congé commence au plus tôt la seizième semaine précédant la date d'accouchement prévue. La salariée peut cependant décider de travailler beaucoup plus longtemps, et même jusqu'à son accouchement si son état le lui permet. La date réelle de l'accouchement départage le nombre de semaines de congé disponibles avant et après l'accouchement. Le congé se termine au plus tard 18 semaines après celle de l'accouchement (*LNT*, art. 81.5), mais la salariée peut aussi revenir au travail avant la fin de son congé de maternité (*LNT*, art. 81.9).

Le père d'un nouveau-né a également droit à un congé de paternité ne dépassant pas cinq semaines qui peut être pris, au plus tôt, la semaine de la naissance de l'enfant et qui doit se terminer, au plus tard, 52 semaines après celle de la naissance (*LNT*, art. 81.2).

La *Loi* prévoit aussi un congé parental sans salaire d'une durée maximale de 52 semaines continues, que peuvent prendre indifféremment le père et la mère d'un nouveau-né ainsi que la personne qui adopte un enfant (*LNT*, art. 81.10). Le congé parental peut commencer, au plus tôt, la semaine de la naissance du nouveau-né ou la semaine où l'enfant adopté est confié au salarié ; il se termine au plus tard 70 semaines après la naissance ou la prise en charge de l'enfant adopté par le salarié (*LNT*, art. 81.11). Le congé parental s'ajoute au congé de maternité ou de paternité. Le salarié peut demander que le congé de maternité, de paternité ou parental soit fractionné ou encore suspendu lorsque l'enfant est hospitalisé (*LNT*, art. 81.14.1 et 81.14.2).

En principe, le salarié ne perd aucun des avantages liés à son emploi parce qu'il a pris un congé de maternité ou de paternité ou un congé parental. La participation aux régimes d'assurance collective et de retraite n'est pas suspendue pendant la durée du congé, dans la mesure où le salarié continue de verser ses cotisations habituelles. De son côté, l'employeur doit aussi continuer d'acquitter sa part des cotisations. Le gouvernement peut déterminer par règlement les autres avantages dont le salarié pourrait continuer de bénéficier durant son congé (*LNT*, art. 81.15). À la fin du congé, le salarié doit récupérer, sans perte d'avantages, son poste habituel, dans la mesure où il n'a pas été aboli, et recevoir le salaire auquel il aurait eu droit s'il était resté au travail. Si son poste habituel a été supprimé, le salarié bénéficie alors des droits qu'il aurait eus s'il était demeuré au travail (*LNT*, art. 81.15.1).

Aucune rémunération n'est spécifiquement prévue dans la *LNT* pour ces différents congés parentaux. C'est plutôt le Régime québécois d'assurance parentale qui procure un soutien financier aux parents par le versement de prestations durant un congé de maternité, un congé de paternité, un congé parental ou d'adoption[38]. Ce régime, mis en place en 2006, a remplacé les prestations auparavant versées en vertu du régime fédéral d'assurance-emploi[39] et est accessible à la fois aux travailleurs salariés et indépendants. D'autres régimes peuvent également procurer certains avantages financiers, qu'il s'agisse des régimes établis par certaines conventions collectives ou par la *Loi sur la santé et la sécurité du travail*, dans le cas du retrait préventif (RLRQ, c. S-2.1, art. 40 à 48).

Aujourd'hui, la *LNT* donne droit à plusieurs autres congés, dont certains sont assez longs, lesquels relèvent aussi dans leur ensemble de la politique gouvernementale en matière de conciliation travail-famille. Ainsi, un salarié peut s'absenter, jusqu'à concurrence de 10 jours par année, pour des obligations liées à la garde, à la santé ou à l'éducation de son enfant ou de l'enfant de son conjoint, ou en raison de l'état de santé d'un parent ou d'une personne pour laquelle il est un proche aidant (*LNT*, art. 79.7). Voulant refléter la réalité familiale et sociale contemporaine, le législateur a considérablement élargi la notion de « parent » dans les modifications apportées à la *Loi* en 2018 : il s'agit non seulement du conjoint du salarié, de son père, de sa mère, d'un frère, d'une sœur ou d'un grand-parent, ou de ceux de son conjoint, mais aussi de plusieurs autres personnes, dont le conjoint de toutes les personnes énumérées, leurs enfants, les conjoints de leurs enfants, l'enfant pour lequel le salarié ou son conjoint agit comme famille d'accueil ou la personne envers laquelle le salarié est désigné comme tuteur, curateur ou proche aidant (*LNT*, art. 79.6.1). Depuis les modifications de 2018, les deux premières journées de ce congé pour obligations familiales prises annuellement sont rémunérées dès que le salarié justifie de trois mois de service continu auprès de son employeur. Des congés de courte durée (de 1 à 5 jours), dont certains sont en partie rémunérés, sont également prévus à l'occasion d'événements familiaux tels que le mariage ou le décès d'un proche, la naissance ou l'adoption d'un enfant, ou l'interruption d'une grossesse de 20 semaines ou plus (*LNT*, art. 80 à 81.2).

---

38. *Loi sur l'assurance parentale*, RLRQ, c. A-29.011.
39. *Loi concernant l'assurance-emploi au Canada* (L.C. 1996, c. 23, paragr. 12[3]).

Un salarié peut s'absenter pendant au plus 16 semaines au cours d'une période de 12 mois lorsque l'état de santé d'un parent ou d'une personne pour laquelle il agit comme proche aidant le requiert. Cette absence est d'au plus 36 semaines sur une période de 12 mois s'il s'agit d'un enfant mineur et peut même être prolongée jusqu'à 104 semaines si l'enfant est atteint d'une maladie potentiellement mortelle (*LNT*, art. 79.8) ou est incapable d'exercer ses activités normales, en raison d'un préjudice corporel grave résultant d'un acte criminel (*LNT*, art. 79.9).

Si le « parent » du salarié ou son enfant majeur est atteint d'une maladie très grave qu'un certificat médical atteste comme étant potentiellement mortelle et que l'état de santé du malade requiert la présence du salarié, celui-ci peut s'absenter du travail pendant au plus 27 semaines au cours d'une période de 12 mois (*LNT*, art. 79.8.1).

Un salarié peut s'absenter du travail pendant 104 semaines (*LNT*, art. 79.10 et 79.10.1) en cas de disparition ou de décès de son enfant mineur, quelles qu'en soient les circonstances. Il en est de même lorsque son conjoint, son enfant majeur, son père ou sa mère meurt par suicide (*LNT*, art. 79.11). Dans le cas où le décès de son conjoint ou de son enfant majeur résulte d'un acte criminel, le salarié peut aussi, sauf exception, bénéficier d'un congé de 104 semaines (*LNT*, art. 79.12 et 79.13).

Outre les deux premières journées du congé pour obligations familiales et une partie des congés de courte durée pour événements familiaux, ces différents congés demeurent tous non rémunérés. Le salarié peut toutefois être admissible aux prestations de soutien du revenu que le régime fédéral d'assurance-emploi offre dans ces circonstances. Les avantages maintenus pendant la durée de ces congés, de même que le droit de reprendre le poste habituel au terme des congés, sont identiques à ceux qui s'appliquent au congé de maternité. Par ailleurs, un employeur ne peut congédier un salarié, lui imposer une mesure disciplinaire ou autrement le défavoriser parce qu'il s'est prévalu de l'un ou l'autre de ces congés. S'il le fait quand même, la sanction peut être contestée par le recours particulier, décrit plus loin, à l'encontre d'une mesure illégale (*LNT*, art. 79.16 et 79.2 à 79.6).

Les absences pour cause de maladie, d'accident, d'acte criminel et autres motifs

La *Loi* établit que le congé accordé en raison d'une maladie ou d'un accident est d'une durée maximale de 26 semaines, à l'intérieur d'une période de 12 mois (*LNT*, art. 79.1). Le salarié qui subit un préjudice corporel grave à l'occasion d'un acte criminel peut également s'absenter pour une période d'au plus 104 semaines s'il est incapable d'occuper son poste habituel et s'il a subi le préjudice dans certaines circonstances prévues par la *Loi* (*LNT*, art. 79.1 et 79.1.2)[40]. La *Loi* prévoit aussi, dans des termes relativement similaires, un droit d'absence de longue durée pour certains autres motifs particuliers. Il s'agit de l'absence pour cause de don d'organes ou de tissus à des fins de greffe et de l'absence pour cause de violence conjugale ou de violence à caractère sexuel (*LNT*, art. 79.1 à 79.6). Sous réserve des prestations d'assurance-emploi disponibles en vertu du régime fédéral, le congé pour cause de maladie, d'accident, de don d'organes ou de tissus, de violence conjugale, de violence à caractère sexuel ou d'acte criminel est sans salaire, sauf pour les deux premiers jours du congé au cours d'une même année lorsque le salarié justifie d'au moins trois mois de service continu auprès de son employeur (*LNT*, art. 79.16). Ici encore, le salarié a le droit de reprendre son poste au terme de son congé et conserve ses avantages (*LNT*, art. 79.1 à 79.6). Bien que l'employeur ne puisse sanctionner un salarié parce que celui-ci a exercé son droit à un congé pour les motifs précédemment énumérés[41], le salarié n'est pas à l'abri d'un congédiement « si les conséquences, selon le cas, de l'un des événements visés à l'article 79.1 ou le caractère répétitif des absences constituent, dans les circonstances, une cause juste et suffisante » (*LNT*, art. 79.4).

Enfin, le salarié qui est réserviste des Forces canadiennes peut, pour participer à ce titre à l'une de leurs opérations, s'absenter du travail aux mêmes conditions que celles applicables aux droits d'absence décrits précédemment (*LNT*, art. 81.17.1 à 81.17.6).

Le harcèlement psychologique

Depuis les modifications apportées à la *LNT* en 2002, tout salarié a droit à un milieu de travail exempt de

---

40. En vertu de l'article 79.1.2 de la *LNT*, le préjudice doit avoir été subi dans les circonstances suivantes : « 1° en procédant ou en tentant de procéder, de façon légale, à l'arrestation d'un contrevenant ou d'un présumé contrevenant ou en prêtant assistance à un agent de la paix procédant à une arrestation ; 2° en prévenant ou en tentant de prévenir, de façon légale, la perpétration d'une infraction ou de ce que cette personne croit être une infraction, ou en prêtant assistance à un agent de la paix qui prévient ou tente de prévenir la perpétration d'une infraction ou de ce qu'il croit être une infraction ».

41. Une telle sanction serait contraire aux dispositions du paragraphe 122(1) de la *LNT*.

harcèlement psychologique (Bourgault, 2006 ; Cliche *et al.*, 2012). La conduite prohibée est définie à l'article 81.18 comme étant « une conduite vexatoire se manifestant soit par des comportements, des paroles, des actes ou des gestes répétés, qui sont hostiles ou non désirés, laquelle porte atteinte à la dignité ou à l'intégrité psychologique ou physique du salarié et qui entraîne, pour celui-ci, un milieu de travail néfaste ». En 2018, alors qu'une campagne internationale de dénonciation des abus sexuels dont les femmes sont victimes, notamment au travail, bouleversait l'opinion publique, le législateur a ajouté la phrase suivante à cette définition : « Pour plus de précision, le harcèlement psychologique comprend une telle conduite lorsqu'elle se manifeste par de telles paroles, de tels actes ou de tels gestes à caractère sexuel. » L'article 81.18 précise de plus qu'« une seule conduite grave peut aussi constituer du harcèlement psychologique si elle porte une telle atteinte et produit un effet nocif continu pour le salarié ».

Il incombe à l'employeur de prendre des moyens raisonnables pour prévenir le harcèlement psychologique et sexuel et, lorsqu'une telle situation est portée à sa connaissance, de la faire cesser. Il doit, à cet égard, adopter une politique de prévention du harcèlement psychologique et de traitement des plaintes, et la rendre disponible à ses salariés. Cette politique doit contenir un volet concernant les conduites à caractère sexuel (*LNT*, art. 81.19).

Tant la définition du harcèlement psychologique que les droits du salarié et les obligations de l'employeur à cet égard rappellent les règles établies par la *Charte des droits et libertés de la personne* du Québec pour lutter contre le harcèlement sexuel en milieu de travail[42]. Ce sont donc d'autres instances qui ont compétence pour en assurer le respect, recevoir les plaintes et trancher les litiges. En matière de harcèlement sexuel, les instances compétentes sont avant tout la Commission des droits de la personne et des droits de la jeunesse et le Tribunal des droits de la personne. Le législateur a d'ailleurs reconnu la connexité en matière de harcèlement sexuel entre la *LNT* et la *Charte des droits et libertés de la personne* en spécifiant que, avec le consentement du salarié, la CNESST transmet toute plainte qui vise une conduite à caractère discriminatoire à la Commission des droits de la personne et des droits de la jeunesse. La transmission de la plainte s'effectue aux termes d'une entente entre les deux organismes qui établit les modalités de leur collaboration (*LNT*, art. 123.6). Toutefois, dans les milieux syndiqués, c'est généralement à l'arbitre de griefs qu'incombe le contrôle de la mise en œuvre des droits et obligations découlant de la *Charte des droits et libertés de la personne*, dont l'interdiction de harcèlement sexuel[43].

L'article 81.20 de la *LNT* stipule expressément que les dispositions de la *Loi* relatives au harcèlement psychologique font partie de toute convention collective. Le salarié assujetti à une convention qui entend déposer une plainte pour harcèlement psychologique auprès de son employeur doit le faire selon la procédure de grief que cette convention définit. C'est un arbitre de griefs qui devra ultimement trancher le litige ; il jouit alors de tous les pouvoirs que lui confère le *Code du travail*[44] et de ceux que l'article 123.15 de la *LNT* énonce expressément pour les cas de harcèlement psychologique.

La plainte pour harcèlement psychologique que formule tout salarié non assujetti à une convention collective doit être acheminée à la CNESST, conformément à l'article 123.6 de la *LNT*. La CNESST effectue alors une enquête et, avec l'accord des parties, peut demander au ministre du Travail de nommer un médiateur. À défaut d'entente entre les parties, elle peut déférer la plainte du salarié au Tribunal administratif du travail, qui tranche alors le litige en exerçant lui aussi les vastes pouvoirs qu'il détient en vertu de sa loi constituante[45] et de l'article 123.15 de la *LNT*.

La cessation d'emploi

La *Loi* de 1979 innovait en intervenant au sujet de la cessation d'emploi, un domaine que la *Loi sur le salaire minimum* avait toujours laissé de côté. En vertu de l'article 82 de la *LNT*, le salarié qui est licencié ou mis à pied pour au moins six mois doit recevoir un préavis écrit d'une, de deux, de quatre ou de huit semaines, selon la durée de son

---

42. Le harcèlement sexuel est prohibé dans les milieux de travail par les articles 10.1 et 16 de la *Charte des droits et libertés de la personne*, RLRQ, c. C-12.
43. *Syndicat de la fonction publique du Québec* c. *Québec (Procureur général)*, 2010 CSC 28. L'exclusivité de la compétence arbitrale en ce domaine n'est toutefois pas complète, et certains litiges pourraient aussi relever de la compétence du Tribunal des droits de la personne (Vallée, 2018, 2/207).
44. RLRQ, c. C-27.
45. *Loi instituant le Tribunal administratif du travail*, RLRQ, c. T-15.1, art. 9.

service continu chez son employeur, l'avertissant de son licenciement prochain. Le préavis correspond au délai entre cet avertissement et la date où il prend effet. À la place du préavis, l'employeur peut donner au salarié un montant équivalant au salaire que celui-ci aurait touché pendant ce délai (*LNT,* art. 83).

Pour avoir droit au préavis prévu à l'article 82, il faut avoir au moins trois mois de service continu chez un même employeur. Par ailleurs, le préavis n'est pas requis dans le cas d'un contrat de travail à durée déterminée, d'un congédiement pour faute grave ou encore d'une perte d'emploi causée par un cas fortuit.

Au dernier alinéa de l'article 82, il est précisé que ce préavis doit être considéré comme un minimum qui ne prive aucunement le salarié d'un avantage découlant d'une autre loi. C'est particulièrement le cas de l'article 2091 du *Code civil du Québec,* qui impose à la partie qui entend résilier unilatéralement un contrat de travail à durée indéterminée l'obligation de transmettre à l'autre partie un préavis d'une durée raisonnable. Cette durée, variable selon les circonstances propres à chaque salarié et à sa situation d'emploi, est généralement supérieure à celle que l'article 82 établit (Audet *et al.,* 2018, chap. 5).

La *LNT* permet aussi au salarié d'exiger que, à son départ, son employeur lui remette un certificat de travail contenant certaines informations précises sur la nature et la durée de l'emploi (*LNT,* art. 84). Ce document n'est pas une lettre de recommandation et ne peut faire état de la qualité du travail du salarié ou de sa conduite.

La *Loi* oblige également l'employeur à transmettre un avis au ministre de l'Emploi et de la Solidarité sociale, avec copie au syndicat accrédité, le cas échéant, lorsqu'il procède à un licenciement collectif (*LNT,* art. 84.0.1 à 84.0.15). Un licenciement collectif, au sens de la *Loi,* est une cessation de travail, y compris une mise à pied d'une durée de 6 mois ou plus, qui résulte de motifs d'ordre économique ou technologique et qui touche au moins 10 salariés d'un même établissement, au cours d'une période de 2 mois consécutifs (*LNT,* art. 84.0.1 et 84.0.4). Le délai minimal pour la transmission de l'avis varie de 8 à 16 semaines, selon le nombre de salariés touchés par le licenciement (*LNT,* art. 84.0.4). Le but de l'avis est essentiellement de permettre au ministre de constituer un comité d'aide au reclassement, dont la mission est de réduire le plus possible les incidences du licenciement et de favoriser le maintien et la réinsertion en emploi des salariés touchés. Des représentants de l'employeur et du syndicat accrédité – ou des salariés – siègent en nombre égal à ce comité. L'employeur peut également être tenu d'apporter une contribution financière au fonctionnement de celui-ci[46]. Notons qu'en aucun cas la transmission d'un avis de licenciement collectif ne libère l'employeur de son obligation de donner, à chaque salarié touché, l'avis de cessation d'emploi défini à l'article 82 de la *Loi* (*LNT,* art. 84.0.4). Par ailleurs, en cas d'omission de transmettre l'avis de licenciement collectif au ministre, ou en cas d'un délai d'avis insuffisant, l'employeur doit verser à chaque salarié licencié une indemnité financière correspondant au salaire habituel de ce dernier pour la période équivalant au délai si l'avis n'a pas été transmis, ou à la durée résiduaire du délai si l'avis a été transmis trop tard (*LNT,* art. 84.0.13).

Enfin, l'article 84.1 de la *LNT* précise qu'un employeur ne peut forcer un salarié à prendre sa retraite simplement parce que celui-ci a atteint l'âge ou le nombre d'années de service donnant droit à la retraite, en vertu du régime en vigueur chez cet employeur.

Cette protection minimale qu'offre la *LNT* à l'égard de la cessation d'emploi demeurerait somme toute bien modeste si elle n'était assortie de deux recours fort novateurs au moment de leur adoption, qui permettent de contester une grande variété de congédiements: le recours contre une mesure illégale et le recours contre un congédiement sans cause juste et suffisante (*voir la section 7.2.4*).

Le travail des enfants

Le travail des enfants n'est pas prohibé au Québec, mais la législation y porte une attention particulière. Ainsi, l'article 156 du *Code civil du Québec* établit que toute personne de 14 ans ou plus est réputée majeure aux fins de son emploi. De plus, quelques dispositions de la *LNT* touchent le travail des enfants (*LNT,* art. 84.2 à 84.7). Ainsi, il est interdit à un employeur de confier à un enfant un travail trop exigeant pour ses capacités ou susceptible de nuire à son éducation, à sa santé ou à son développement physique ou moral. Il est aussi

---

46. L'article 84.0.11 de la *LNT* prévoit: « La contribution financière de l'employeur aux coûts de fonctionnement du comité d'aide au reclassement et aux activités de reclassement est convenue entre l'employeur et le ministre. À défaut d'entente, la contribution financière de l'employeur est fixée, par salarié visé par le licenciement collectif, à un montant déterminé par règlement du gouvernement. En cas de défaut de l'employeur d'assumer sa contribution financière, celle-ci peut être réclamée par le ministre devant le tribunal compétent. »

interdit de faire travailler un enfant de moins de 14 ans sans avoir obtenu le consentement écrit du titulaire de l'autorité parentale. S'il s'agit d'un enfant assujetti à la fréquentation scolaire, ses heures de travail ne doivent aucunement l'empêcher d'être à l'école durant les heures de classe. Cet enfant ne peut non plus travailler de nuit, soit entre 23 h et 6 h.

Les travailleurs étrangers temporaires

Les travailleurs étrangers temporaires, dont le nombre a largement augmenté au cours des dernières décennies, particulièrement dans les domaines du travail agricole et du travail domestique, ont récemment attiré l'attention du législateur. Même s'ils sont assujettis à la *LNT*, plusieurs abus commis à leur endroit quant à leurs conditions de travail et d'hébergement ont été dénoncés. Quatre dispositions les concernant spécifiquement ont été insérées dans la *Loi* en 2018. Ainsi, tout employeur qui embauche un travailleur étranger temporaire doit dorénavant informer la CNESST de la date de son arrivée, de la durée de son contrat ainsi que, s'il quitte prématurément, de la date et des raisons de son départ. Ces informations doivent aussi être consignées au registre que l'employeur tient en vertu de l'article 29, concernant chacun de ses employés (*LNT*, art. 92.9). La CNESST peut de plus exercer tout recours pour le compte d'un travailleur étranger temporaire, même sans plainte de sa part, lorsque, après enquête, elle croit que celui-ci a été victime d'une atteinte à un droit que la *Loi* lui confère (*LNT*, art. 92.10). L'employeur ne peut exiger d'un tel travailleur qu'il lui confie la garde de documents personnels, par exemple son passeport, ou de biens lui appartenant (*LNT*, art. 92.11). Enfin, l'employeur ne peut faire payer au travailleur étranger temporaire des frais de recrutement autres que ceux autorisés en vertu d'un programme gouvernemental canadien (*LNT*, art. 92.12).

7.2.4 L'administration de la *Loi* et les recours

Cette section aborde tour à tour l'administration de la *Loi*, les recours généraux et les recours particuliers permettant à un salarié de contester, dans certains cas, la perte de son emploi ou d'autres mesures patronales ayant une incidence sur lui.

L'administration de la *Loi sur les normes du travail*

L'administration de la *LNT* était, depuis son adoption en 1979, confiée à la Commission des normes du travail, un organisme dont les membres du conseil d'administration étaient nommés par le gouvernement, après consultation des milieux les plus représentatifs des salariés et des employeurs. Depuis 2015, c'est la Commission des normes, de l'équité, de la santé et de la sécurité du travail (CNESST), un organisme né de la fusion de trois organismes administratifs[47], qui exerce les mêmes fonctions quant à l'application des normes du travail (Vallée, 2018, 2/126-2/136). Son conseil d'administration est paritaire, à l'image de celui de l'ancienne Commission de la santé et de la sécurité du travail : le gouvernement choisit sept de ses membres à partir des listes fournies par les associations syndicales les plus représentatives et en sélectionne sept autres à partir de celles fournies par les associations d'employeurs les plus représentatives. Le quinzième membre, soit la personne assumant la présidence, est nommé par le gouvernement après consultation des mêmes associations syndicales et patronales[48]. Une instance consultative, le Comité consultatif sur les normes du travail, a aussi été créée en 2015, afin de donner son avis sur toute question que lui soumet le ministre ou la CNESST relativement à l'application de la *LNT* (*LNT*, art. 39.0.0.4 à 39.0.0.7). Ce comité, à l'instar du conseil d'administration de l'ancienne Commission des normes du travail, est composé de membres dont le nombre est fixé par le ministre et parmi lesquels doit figurer au moins un représentant de chacun des groupes suivants : les salariés non syndiqués, les salariés syndiqués, les employeurs du milieu de la grande entreprise, les employeurs du milieu de la petite et de la moyenne entreprise, les employeurs du milieu coopératif, les femmes, les jeunes, les familles et les communautés culturelles. Les avis du Comité sont purement consultatifs et ne sont pas liés à la CNESST.

La CNESST a pour mandat de faire connaître la *Loi*, d'en surveiller l'application et de traiter les plaintes des salariés. À cette fin, elle dispose d'un personnel important, dont font partie plusieurs inspecteurs répartis dans les diverses régions du Québec. Puisqu'elle n'a pas de pouvoirs juridictionnels quant à l'application des normes établies par la *LNT*, elle ne rend aucune

---

47. Il s'agit de la Commission des normes du travail, de la Commission de l'équité salariale et de la Commission de la santé et de la sécurité du travail.
48. *Loi sur la santé et la sécurité du travail*, RLRQ, c. S-2.1, art. 137 à 141.

décision exécutoire. Elle doit s'adresser aux tribunaux judiciaires compétents ou, dans certains cas particuliers, au Tribunal administratif du travail, afin d'obtenir une indemnisation pour les salariés lésés. Elle dispose de pouvoirs réglementaires relatifs aux seules questions touchant son administration, son financement et la tenue par les employeurs du registre d'information concernant les salariés (*LNT*, art. 29).

Le financement de la CNESST en ce qui concerne les normes du travail et leur application provient des cotisations que tous les employeurs assujettis à la *Loi* doivent verser à cet égard au ministère du Revenu du Québec (*LNT*, art. 39.0.2). Le taux de cotisation est établi par un règlement de la CNESST ; en 2018, il équivalait à 0,07 % des salaires payés aux employés couverts par la *Loi*[49].

Les recours civils ou généraux

La *LNT* fixe des conditions de travail que les parties liées à un contrat de travail doivent respecter. C'est avant tout au salarié qu'il appartient de dénoncer toute violation de la *Loi*, puisqu'il en est généralement la victime. Pour ce faire, il peut agir seul et réclamer auprès des tribunaux judiciaires compétents l'indemnité à laquelle il prétend avoir droit. Il peut aussi choisir de porter plainte à la CNESST (*LNT*, art. 102).

La CNESST peut réclamer, pour le compte du salarié, tout avantage financier qui découle de la *Loi* et dont il a été privé (*LNT*, art. 98 et 99 ; Vallée, 2018, 2/132-2/133). Cet avantage s'établit à partir du salaire horaire habituel. Il en est de même dans le cas d'un salaire impayé : la CNESST n'est pas limitée à exiger le taux de salaire minimum et peut réclamer la totalité du salaire dû. Par ailleurs, le salarié assujetti à une convention collective doit, pour que la CNESST agisse, lui démontrer qu'il a épuisé les recours découlant de cette convention.

À la réception de la plainte, la CNESST fait enquête. Si cette plainte lui semble frivole ou faite de mauvaise foi, elle peut cesser son enquête. Dans ce cas ou lorsque, après enquête, la plainte se révèle non fondée, la CNESST rejette la plainte, en avise le salarié par écrit et lui communique les motifs de sa décision. Le salarié peut contester cette décision en demandant à la CNESST de la réviser (*LNT*, art. 107.1). La CNESST tente aussi de rapprocher les parties en leur offrant de participer à un processus de médiation (*LNT*, paragr. 5[5]).

Lorsque la plainte n'est pas réglée à l'amiable et que la CNESST la juge fondée, elle met l'employeur en demeure de payer la réclamation exigée dans un délai de 20 jours. À partir de ce moment, l'employeur ne peut acquitter la réclamation en bonne et due forme qu'auprès de la CNESST.

Si l'employeur n'obtempère pas, la CNESST peut le poursuivre devant un tribunal de droit commun. En plus de la somme réclamée et des intérêts afférents, la CNESST peut demander un montant supplémentaire égal à 20 % de cette somme, montant qui lui appartiendra en entier si elle gagne la cause. Au terme de ses démarches, elle remet au salarié la somme obtenue.

On peut non seulement recourir au droit civil général, mais également dénoncer une infraction à la *Loi* auprès du procureur général ou de son représentant. Celui-ci ou une personne autorisée par un juge sont les seuls habilités à intenter une poursuite pénale en vertu du *Code de procédure pénale*[50] afin de faire déclarer le contrevenant coupable et de le faire condamner, le cas échéant, à verser l'amende établie par la *Loi* (*LNT*, art. 139 à 147).

Les recours particuliers

Outre les recours civils et la poursuite pénale, la *LNT* établit un certain nombre de recours particuliers qui relèvent tous d'un même tribunal spécialisé, le Tribunal administratif du travail[51] (Vallée, 2018, 2/134-2/135). Nous avons déjà fait état brièvement du recours en cas de harcèlement psychologique (*LNT*, art. 123.6 à 123.16) et de celui relatif au maintien du statut de salarié (*LNT*, art. 86.1). Plus récemment s'est ajouté celui à l'encontre de certaines disparités de traitement (*LNT*, art. 121.1 à 121.8). Tous ces recours s'exercent par le dépôt d'une plainte formulée par un ou plusieurs salariés auprès de la CNESST. Celle-ci jouit des mêmes pouvoirs d'enquête que ceux qu'elle détient relativement aux plaintes en matière pécuniaire et peut de la même façon décider de rejeter les plaintes qu'elle juge frivoles ou faites de mauvaise foi. Le salarié dont la plainte est ainsi rejetée par la CNESST peut toutefois lui demander par écrit de déférer sa plainte au Tribunal administratif du travail. Si, à la suite de son enquête, la CNESST décide de donner suite à la plainte, elle la défère elle-même à ce tribunal. Dans tous les cas, la CNESST peut tenter d'amener les parties à s'entendre et à régler le litige à l'amiable (*LNT*, paragr. 5[5]).

---

49. *Règlement sur les taux de cotisation*, RLRQ, c. N-1.1, r. 5, art. 1.
50. RLRQ, c. C-25.1.
51. Voir la *Loi instituant le Tribunal administratif du travail*, RLRQ, c. T-15.1.

Contrairement au recours exercé en matière pécuniaire, la CNESST n'est pas partie au litige et n'agit pas elle-même devant le Tribunal administratif du travail : ce sont le salarié et l'employeur qui sont les parties. Toutefois, lorsqu'il s'agit d'une plainte en matière de harcèlement psychologique ou de disparité de traitement, la CNESST peut représenter le salarié devant le Tribunal administratif du travail en lui fournissant les services d'un procureur. Le juge administratif saisi du dossier au Tribunal entend les parties et rend une décision définitive et sans appel. La *Loi* attribue à ce tribunal de très larges pouvoirs afin de régler le litige de la meilleure façon possible, en prenant en compte les circonstances propres à chaque affaire.

Parmi les recours particuliers figurent aussi ceux à l'encontre d'une pratique interdite et à l'encontre d'un congédiement fait sans une cause juste et suffisante. Leur importance requiert qu'ils soient traités de façon distincte.

Le recours à l'encontre d'une pratique interdite

La *LNT* interdit à l'employeur de congédier, de suspendre ou de déplacer un salarié, ou encore de lui imposer toute mesure discriminatoire ou toutes représailles, si cette décision est fondée sur l'un des motifs énumérés à l'article 122, notamment :

- l'exercice par le salarié d'un droit résultant d'une loi ou d'un règlement ;
- la communication par le salarié de renseignements à la CNESST ;
- une saisie-arrêt pratiquée sur le salaire du salarié ;
- l'assujettissement du salarié au mécanisme de perception mis en place par la *Loi facilitant le paiement des pensions alimentaires* ;
- le fait que la salariée soit enceinte ;
- le fait que la mesure imposée au salarié vise à éluder la *Loi* ;
- le refus du salarié de travailler au-delà de ses heures de travail habituelles pour des raisons exceptionnelles liées à ses obligations familiales ou de proche aidant ;
- la dénonciation par le salarié d'un acte répréhensible au sens de la *Loi concernant la lutte contre la corruption* (RLRQ, c. L-6.1).

Mettre un salarié à la retraite, lui imposer une mesure discriminatoire ou des représailles parce qu'il a atteint l'âge de la retraite suivant, notamment, le régime de retraite, la convention collective ou la pratique en usage chez son employeur, constituent aussi une pratique illégale (*LNT*, art. 122.1).

Le salarié qui croit avoir été victime d'une mesure interdite de ce type peut la contester en déposant une plainte auprès de la CNESST (*LNT*, art. 122 à 123.5). Celle-ci ne jouit alors d'aucun pouvoir d'enquête mais, avec l'accord des parties, elle peut soumettre le litige à la médiation afin d'en arriver à une entente à l'amiable. Si aucun règlement ne survient, la CNESST doit déférer la plainte au Tribunal administratif du travail. La plainte est alors traitée comme si elle avait été déposée en vertu des articles 15 et suivants du *Code du travail*. Il est important de noter que la CNESST peut, dans ce cas aussi, représenter devant le Tribunal administratif du travail un salarié non assujetti à une convention collective.

La *Loi* accorde au salarié le bénéfice d'une présomption pour l'aider à établir le caractère illégal de la mesure patronale devant ce tribunal. Par conséquent, si le salarié prouve l'existence d'un motif interdit par la *LNT*, il est présumé que la mesure patronale a été prise contre lui en raison de ce motif, et c'est l'employeur qui assume le fardeau de prouver qu'il a imposé la mesure pour une autre cause juste et suffisante. Si le Tribunal administratif du travail conclut effectivement à l'illégalité de ladite mesure, il annule la sanction imposée et ordonne à l'employeur de verser à l'employé le salaire perdu et, le cas échéant, de le réintégrer dans ses fonctions. Comme dans tous les cas, la décision du tribunal est définitive et sans appel.

Le recours à l'encontre d'un congédiement fait sans une cause juste et suffisante

La *Loi* de 1979 a introduit un recours relativement novateur[52] visant à accorder une protection contre le congédiement sans cause juste et suffisante aux salariés ayant plus de cinq années de service continu chez le même employeur. Cette protection est semblable à celle dont bénéficient les travailleurs assujettis à une convention collective. Depuis l'adoption de cette loi, le législateur a

---

52. Un recours du même type n'existe que dans la loi fédérale (*Code canadien du travail*, LRC 1985, c. L-2, partie III, art. 240) et dans celle de la Nouvelle-Écosse (*Labour Standards Code*, RSNS 1989, c. 246, art. 71). Dans le cas de la loi fédérale, le recours est ouvert à tous les salariés qui ont au moins une année de service chez leur employeur et qui n'occupent pas un poste de directeur. Le recours basé sur la loi fédérale a d'ailleurs fait l'objet d'une contestation infructueuse devant la Cour suprême du Canada (*Wilson* c. *Énergie Atomique du Canada Ltée,* 2016 CSC 29). En Nouvelle-Écosse, le recours est limité aux salariés qui ont 10 années ou plus de service chez le même employeur.

sensiblement élargi l'accessibilité à ce recours en abaissant successivement à trois, en 1990, puis à deux, en 2002, le nombre minimal d'années de service requis continu.

En vertu de l'article 124, le salarié admissible peut contester le congédiement dont il a été l'objet par le dépôt, dans les 45 jours, d'une plainte écrite auprès de la CNESST. Celle-ci ne fait pas enquête après la réception de la plainte, mais elle offre aux parties de soumettre leur litige à un processus de médiation. Si l'intervention du médiateur, qui en tout temps est volontaire, ne permet pas de régler le litige, la CNESST doit déférer la plainte au Tribunal administratif du travail. Le juge administratif saisi du dossier convoque les parties à une audience. Comme dans la plupart des autres recours particuliers, la CNESST est autorisée à représenter le salarié plaignant devant le Tribunal.

Il incombe au salarié d'établir devant ce tribunal qu'il peut se prévaloir d'un tel recours. Il doit d'abord satisfaire aux conditions concernant les états de service et le dépôt de la plainte. Ensuite, il doit prouver son statut de salarié au sens de la *Loi*, la réalité de son congédiement[53] et l'absence d'un autre recours conventionnel ou légal qui lui permettrait de le contester. Enfin, ce sera à l'employeur de prouver l'existence d'une cause de congédiement juste et suffisante.

Pour ce faire, l'employeur doit démontrer que le salarié a commis une faute ou un manquement. Ce manquement peut être volontaire, telle l'insubordination, ou involontaire, telle l'incapacité d'accomplir le travail exigé. Il doit aussi établir que cette faute est tellement grave qu'elle justifie le congédiement, soit la mesure disciplinaire la plus sévère. En l'absence d'une définition de la « cause juste et suffisante » correspondant au recours prévu par l'article 124, on a appliqué, en les adaptant, les principaux paramètres de la notion de cause juste et suffisante, tels que les a établis la jurisprudence arbitrale découlant des conventions collectives (Audet *et al.*, 2018, chap. 14-21).

Si le juge administratif conclut au caractère injuste du congédiement, il dispose de larges pouvoirs de réparation. Contrairement aux tribunaux de droit commun, il peut notamment ordonner la réintégration du salarié dans son emploi, avec ou sans compensation salariale. Il peut aussi substituer au congédiement une sanction plus légère qui, à ses yeux, correspondrait davantage à la gravité du geste reproché au salarié. Enfin, il peut ordonner le versement d'une indemnité sans retour au travail (*LNT*, art. 128).

Dans ce cas-ci également, la décision du Tribunal administratif du travail est définitive.

7.3 Des éléments de prospective

Depuis une quarantaine d'années, le monde du travail connaît une évolution rapide et profonde. L'avènement de nouvelles technologies de communication, la mondialisation de l'économie, la libéralisation du commerce, la montée de l'idéologie néolibérale, pour ne nommer que ces facteurs, ont modifié sensiblement les moyens de production et l'organisation du travail dans notre société. Ces modifications ont aussi bouleversé les institutions du travail et les modes de régulation du travail traditionnels. Le rôle de l'État et son mode d'intervention dans l'économie en général, et dans le fonctionnement du marché du travail en particulier, sont profondément remis en cause (Arthurs, 1999 ; Arthurs, 2007). Quel rôle les normes minimales du travail imposées par l'État doivent-elles jouer dans cette tourmente ?

7.3.1 La nécessité des normes minimales du travail

Contrairement à ce que certains soutiennent, les normes minimales du travail imposées par l'État demeurent encore nécessaires aujourd'hui. En fait, la conjoncture incite plutôt à favoriser une consolidation et un certain élargissement de ces normes. C'est d'ailleurs dans cette perspective que, en 1990, en 2002 et en 2018, le législateur québécois a modifié la *LNT* qu'il avait adoptée en 1979.

Traditionnellement, tant aux États-Unis qu'au Canada, l'État s'est généralement limité à fixer des normes minimales pour laisser à l'action syndicale et à la libre négociation collective le soin d'améliorer les conditions de travail des travailleurs salariés. C'est à cette politique que correspond le modèle de relations industrielles et de régulation sociale qui s'est développé en Amérique du Nord au milieu du XXe siècle, à l'époque de l'âge d'or du fordisme (Woods, 1973). Ce modèle est encore largement répandu au Canada et aux États-Unis. La réalité sociale et économique à laquelle il s'applique a toutefois considérablement changé, ce qui soulève de graves questions quant à sa pertinence et à son efficacité.

---

53. Il s'agit de distinguer son congédiement d'une autre forme de cessation d'emploi, comme la démission, l'échéance d'un contrat à durée déterminée ou le licenciement pour motifs économiques.

Même à l'époque du fordisme, la négociation collective ne s'est pas implantée aussi largement que ses promoteurs l'avaient espéré ; en fait, elle n'a jamais atteint la majorité des travailleurs. Aux États-Unis, son étendue a plafonné dès le milieu des années 1950, alors que le taux de présence syndicale a atteint près de 40 % (Weiler, 1993[54]). Au Canada, l'étendue de la négociation collective a progressé jusqu'au milieu des années 1980, le taux général de syndicalisation ayant atteint son maximum en 1984 (Kumar, 1993, p. 12-13). Or, au cours des dernières décennies, le taux de syndicalisation a diminué dans les deux pays, quoique de façon plus marquée aux États-Unis (OCDE, 2015). Aujourd'hui, la présence syndicale n'atteint plus que 12 %, et à peine 7 % des travailleurs du secteur privé sont syndiqués. Au Canada, en 2016, la présence syndicale avait glissé à 29,2 % et n'était plus que de 14 % dans le secteur privé. Même si la présence syndicale y est plus forte qu'ailleurs, le Québec n'échappe pas à cette tendance (*voir le chapitre 4*). De 2007 à 2016, la présence syndicale y est passée de 40,1 % à 38,9 % et, dans le secteur privé, de 26,6 % à 23,7 % (Labrosse, 2018). Une telle évolution de la syndicalisation montre bien que, même si la négociation collective conservera une influence encore considérable au cours des prochaines décennies, elle sera néanmoins plus limitée. La majeure partie de la main-d'œuvre salariée, constituée de très nombreux travailleurs parmi les plus démunis, y échappe complètement.

Cette perte d'influence marquée de la négociation collective signifie que les conditions de travail d'une majorité toujours croissante de salariés dépendent de leur pouvoir de négociation individuel auprès de leur employeur et de la réglementation de l'État. Il est difficile de croire que, de façon générale, le marché du travail actuel assure à chaque travailleur un pouvoir de négociation adéquat face à son employeur. Les objectifs de rentabilité et de productivité qu'une concurrence toujours plus pressante impose aux entreprises, la recherche incessante de flexibilité dans la gestion de la production et de la main-d'œuvre, la prolifération des emplois dans les petites entreprises et le secteur des services, tout cela est souvent incompatible avec l'instauration de conditions de travail raisonnables pour tous. Le rapport qu'un groupe d'experts avait rédigé il y a une quinzaine d'années montrait à quel point les conditions de travail s'étaient précarisées au cours des décennies précédentes, principalement en raison de la croissance de l'emploi atypique (Bernier *et al.*, 2003). Ce rapport conserve toute sa pertinence aujourd'hui.

Dans ces circonstances, l'intervention de l'État paraît plus nécessaire que jamais, notamment pour imposer des conditions de travail minimales en deçà desquelles aucun travail salarié ne peut être accompli[55]. Aucun autre mécanisme ne saurait le faire (Trudeau, 2017).

Le législateur québécois est intervenu à de nombreuses reprises pour encadrer les conditions de travail et assurer un minimum de protection aux travailleurs depuis maintenant 40 ans. Il faut voir dans cette activité législative une reconnaissance implicite des limites inhérentes à la négociation collective que nous avons mentionnées. Ainsi, ce n'est plus par la négociation collective mais plutôt par une législation d'application générale et obligatoire, que l'État québécois entend promouvoir ses grandes politiques en matière d'emploi, comme la lutte contre la discrimination injustifiée dans les conditions de travail, l'égalité d'accès au travail, l'équité salariale, la conciliation travail-famille, la santé et la sécurité du travail, la formation de la main-d'œuvre et la promotion de la langue française au travail. La *LNT* est au cœur de cette orientation, puisque non seulement ses dispositions définissent des normes minimales au sens traditionnel du terme – protection de base en matière de salaire, de temps de travail, de jours fériés et de congés annuels –, mais elles reflètent aussi les préoccupations du législateur relativement à la protection de l'emploi, au harcèlement psychologique et sexuel au travail et à l'équilibre entre le travail et la vie familiale. Ce nouveau rôle confié à la *LNT*, tout intéressant et justifié qu'il soit, engendre cependant de nouvelles difficultés. Nous y reviendrons.

Certaines dispositions récemment introduites dans la *LNT* révèlent aussi un autre changement d'attitude du législateur à l'égard de la négociation collective : une intervention de plus en plus marquée dans le champ des matières soumises à la libre négociation des parties et, jusqu'à un certain point, un doute quant à la capacité des parties de négocier des conditions de travail jugées justes ou acceptables. L'interdiction d'imposer un traitement salarial et un congé annuel moindres en raison du statut d'emploi (*LNT,* art. 41.1 et 74.1), l'interdiction

---

54. Vu les caractéristiques de la représentation syndicale et de la négociation collective aux États-Unis et au Canada, le taux de syndicalisation et la présence syndicale constituent des indicateurs très fiables du taux de pénétration de la négociation collective parmi les travailleurs salariés. Alexis Labrosse (2018) distingue le taux de syndicalisation, qui mesure la portion des salariés qui sont membres en règle d'un syndicat, de la présence syndicale, qui correspond au pourcentage de personnes visées par une convention collective.

55. Une commission chargée de réviser les normes du travail fédérales a rappelé ce rôle essentiel de l'État dans son rapport (Arthurs, 2006).

frappant les clauses de disparité de traitement selon la date d'embauche (*LNT*, art. 87.1 à 87.3), de même que celle qui touche la mise à la retraite obligatoire en vertu d'un régime de retraite négocié (*LNT*, art. 84.1) en constituent des exemples probants. Le législateur invalide de la sorte des clauses que les parties avaient incluses dans leur convention collective ou qu'elles auraient pu vouloir y inclure autrement. Par ailleurs, il précise que les dispositions contenues dans la *LNT* en matière de harcèlement psychologique font maintenant partie intégrante de toute convention collective en vigueur au Québec (en vertu de la législation québécoise). La même stratégie avait déjà été utilisée en 1977, puisque la *Charte de la langue française*[56] indiquait alors que ses dispositions relatives à la langue de travail devaient faire partie de toute convention collective. Une telle incursion du législateur dans le contenu des conventions collectives marque l'apparition d'une certaine distance par rapport à la politique traditionnelle de libre négociation collective, qui est encore largement pratiquée au Canada et aux États-Unis. De plus, il s'agit là d'une forme de privatisation de la justice étant donné que le règlement des litiges découlant de l'application de la plupart de ces dispositions est confié aux arbitres de griefs.

L'inclusion, dans la *LNT*, de normes du travail propres à l'industrie du vêtement (*LNT*, art. 92.1 et 92.3) participe de cette même tendance à limiter le champ des matières négociables. Jusqu'en 2000, la définition de ces normes relevait davantage de la négociation collective, celles-ci étant établies en vertu de la *Loi sur les décrets de convention collective*[57].

Les limites, aujourd'hui évidentes, de la négociation collective expliquent certainement que l'établissement de normes minimales du travail soit devenu une politique de l'État encore plus centrale dans le monde du travail. Par contre, la précarisation du travail et l'attitude de moins en moins typique des travailleurs par rapport à leurs emplois forcent l'État à revoir en profondeur ses politiques de protection sociale. Le nombre de travailleurs occupant un emploi typique, à temps plein, à durée indéterminée et associé à des perspectives de carrière à long terme, décroît constamment. Les périodes de travail salarié sont de plus en plus souvent entrecoupées de périodes d'arrêt, prolongées pour des motifs personnels, familiaux ou professionnels, ou de périodes de travail effectué à son propre compte (Lowe, 2002). Dans ces conditions, miser uniquement sur l'emploi pour accéder aux avantages qu'offrent les politiques de l'État en matière de protection sociale, comme le font la *LNT* et plusieurs autres lois, mène à l'appauvrissement et à la marginalisation d'une partie grandissante de la population. C'est pourquoi il faut utiliser d'autres véhicules que l'emploi afin que ces politiques étatiques de protection sociale puissent atteindre ceux et celles qui sont exclus du marché du travail sous sa forme « traditionnelle » (Langille, 2002 ; Lowe, 2002 ; Supiot, 2016).

7.3.2 La teneur et la portée des normes

Si la nécessité des normes minimales est évidente, la portée que l'État doit leur donner suscite une plus grande controverse. Il en est de même de l'objet de ces normes. On doit considérer plusieurs facteurs, dont l'incidence de la portée et de l'étendue des normes minimales sur l'économie, l'investissement, la capacité concurrentielle des entreprises à l'échelle internationale et la croissance de la syndicalisation.

Il est impossible ici d'analyser ces questions en profondeur. Nous nous limiterons à en aborder quelques éléments.

Avant tout, rappelons l'objectif propre aux normes minimales imposées par l'État. Il s'agit d'assurer à tout travailleur salarié des conditions de travail décentes, ce que, historiquement, le libre marché du travail s'est révélé incapable de faire. Les normes minimales doivent refléter l'existence d'un seuil en deçà duquel la société ne peut tolérer que soit effectué un travail salarié (Arthurs, 2006). C'est essentiellement cet objectif qui doit présider à leur élaboration. Le respect de normes minimales permet aussi d'améliorer les conditions de travail de l'ensemble des salariés. Ces normes constituent de plus un outil dont dispose l'État pour favoriser une répartition équitable de la richesse.

Les motifs d'ordre économique sont les premiers qu'on invoque dans toute discussion sur l'augmentation de la portée des normes minimales du travail. Il est surprenant qu'encore aujourd'hui le débat soit toujours aussi enflammé entre les tenants d'un laisser-faire complet

---

56. RLRQ, c. C-11, art. 50.

57. RLRQ, c. D-2. Les décrets dans le secteur du vêtement ont été abolis par la *Loi concernant les conditions de travail dans certains secteurs de l'industrie du vêtement et modifiant la Loi sur les normes du travail*, LQ 1999, c. 57.

et ceux qui plaident pour une intervention soutenue de l'État dans la réglementation du marché du travail. C'est généralement le salaire minimum qui fait l'objet des plus vives discussions. Pour les partisans du laisser-faire, toute intervention de l'État dans les conditions de travail, particulièrement dans les conditions salariales, fait artificiellement augmenter le coût de la main-d'œuvre et engendre immanquablement du chômage (Masse, 1999 ; Bartlett, 2002). Pour les interventionnistes, le salaire minimum constitue un outil essentiel de lutte contre la pauvreté, qui profite particulièrement aux familles à bas revenus et qui empêche le marché d'imposer des salaires complètement inéquitables (Goldberg et Green, 1999). Les États-Unis ont fait les frais de ce débat lorsque le président Barack Obama a échoué dans son intention d'augmenter le niveau du salaire minimum fédéral au cours de son dernier mandat.

Les études nord-américaines sur la question sont partagées quant à savoir si le relèvement du salaire minimum produit un certain effet négatif sur l'emploi. Ce serait toutefois le cas chez les plus jeunes travailleurs (Fortin, 2010). Par contre, il est indéniable que la politique du salaire minimum constitue un instrument de redistribution de la richesse et contribue à assurer un minimum de bien-être aux travailleurs et aux familles les plus démunis (Fortin, 2010). Tout en invitant à la prudence, ces études suggèrent que les avertissements alarmistes de ceux qui prétendent que les normes minimales du travail contribuent à faire crouler l'efficacité économique sous le poids de la réglementation doivent être relativisés. Il n'en demeure pas moins que la question suscite encore de fortes tensions politiques.

Il est tout aussi difficile de déterminer dans quelle mesure les normes minimales influent sur l'ampleur des investissements au Québec et sur la capacité concurrentielle des entreprises québécoises à l'échelle internationale[58]. Il est pratiquement impossible d'isoler l'influence spécifique de ces facteurs par rapport à celle qu'exercent tous les autres facteurs décisifs. Par ailleurs, la présence de normes minimales plus étendues au Québec qu'ailleurs en Amérique du Nord pourrait être préjudiciable à la perception qu'ont du Québec certains employeurs et investisseurs (Bélanger et Trudeau, 2007). Dans cette perspective, la comparaison avec les normes minimales en vigueur chez nos voisins est intéressante.

Ainsi, aux États-Unis, le *Fair Labor Standards Act* n'établit que deux normes minimales : le salaire minimum et la durée du travail. Cette loi s'applique à la grande majorité des employés non-cadres qui travaillent dans le secteur privé américain. Depuis juillet 2009, le salaire minimum fixé par la législation fédérale américaine est de 7,25 $ US l'heure[59] et la semaine de travail est de 40 heures. Après 40 heures, l'employeur doit payer le salarié à son taux horaire majoré de 50 %. De plus, la loi prohibe le travail des enfants. Notons que chaque État peut également fixer son propre taux de salaire minimum, et celui-ci s'appliquera s'il est supérieur au taux fédéral. En janvier 2018, c'était le cas de 29 États américains (The Economic Policy Institute, 2018). Depuis de nombreuses années, d'aucuns invoquent les politiques canadiennes en matière d'emploi, nettement plus interventionnistes que les politiques américaines, pour expliquer une partie de l'écart entre les taux de chômage canadien et américain, écart défavorable au Canada (Block *et al.*, 2003). Encore une fois, aucune étude n'isole les conséquences spécifiques de ce facteur ou ne propose une explication probante de l'impact qu'il pourrait avoir sur la différence entre les taux de chômage.

En 2019, le salaire minimum en vigueur dans les autres provinces et les territoires canadiens se comparait à celui du Québec[60]. Quant aux autres normes du travail, le Québec se situe souvent à l'avant-garde des autres provinces canadiennes. Il se distingue particulièrement par la variété de ses normes minimales et par les recours possibles en cas de congédiement injuste.

Ces considérations illustrent bien à quel point la détermination de l'objet et de la portée des normes minimales du travail n'obéit pas à des principes objectifs fermement établis, mais relève avant tout de l'idéologie et des valeurs

---

58. Voir par analogie la discussion à cet égard dans Arthurs (2006), p. 33 à 37.

59. En 1996, le salaire minimum avait été fixé à 5,15 $ US l'heure, et cette norme est demeurée inchangée jusqu'en 2007, date à laquelle le Congrès a adopté le *Fair Minimum Wage Act* (pub. L. 110-28, title VIII), qui modifiait le *Fair Labor Standards Act*. La loi de 2007 a augmenté graduellement le salaire minimum fédéral pour le porter à 7,25 $ US l'heure en juillet 2009.

60. Au 1er janvier 2019, les taux étaient les suivants : le Nunavut, 13,00 $; le Territoire du Yukon, 11,51 $; le Manitoba, 11,35 $; la Nouvelle-Écosse, 11,00 $; le Québec, 12,00 $; la Colombie-Britannique, 12,65 $; l'Ontario, 14,00 $; l'Île-du-Prince-Édouard, 11,55 $; Terre-Neuve-et-Labrador, 11,15 $; la Saskatchewan, 11,06 $; le Nouveau-Brunswick, 11,25 $; les Territoires du Nord-Ouest, 13,46 $; l'Alberta, 15,00 $. Selon la législation fédérale, le salarié travaillant pour une entreprise relevant de la compétence fédérale a droit à un salaire minimum correspondant au taux général minimum de la province ou du territoire où il exerce habituellement ses fonctions.

propres à chaque société et à son gouvernement. En fait, derrière la portée et la teneur des normes minimales du travail apparaît le rôle que chaque société confère à l'État dans la réglementation de l'économie.

Dans un autre ordre d'idées, on pourrait penser que, à partir d'un certain point, les normes minimales du travail concurrencent la négociation collective. En effet, si les normes minimales se rapprochent des conditions de travail déterminées dans les conventions collectives, de nombreux travailleurs pourraient être amenés à délaisser la syndicalisation, relativement coûteuse, pour bénéficier simplement du régime public général. Nous croyons toutefois que la portée et l'étendue des normes du travail n'ont pas atteint ce point critique au Québec, ni ailleurs au Canada. Les conditions de travail négociées demeurent nettement meilleures, et cela, même si certains qualifient la *LNT* de convention collective des non-syndiqués. Une telle qualification renvoie davantage au rôle que joue la *Loi* auprès de ces travailleurs qu'à une comparaison entre les conditions de travail que chacun des deux régimes procure aux salariés. De plus, même avec des conditions de travail relativement semblables, les difficultés d'application des normes minimales inciteraient beaucoup de travailleurs à demeurer ou à devenir membres d'un syndicat.

Concrètement, les normes minimales en vigueur au Québec doivent-elles être améliorées ? De façon générale, nous croyons que leur objectif principal est atteint. En effet, dans leur état actuel, elles établissent un ensemble de conditions de travail décentes. De plus, compte tenu de la diversité des normes qui résultent des réformes de 1990, de 2002 et de 2018, et compte tenu de la portée des normes québécoises par rapport à celle des normes en vigueur dans les autres États nord-américains, il semble que le temps soit plus propice à la consolidation des normes minimales existantes qu'à un nouvel élargissement significatif. De ce point de vue, on peut avancer que c'est plutôt sur l'application et le respect des normes minimales que l'attention devrait se porter au cours des prochaines années.

Il faut toutefois relever une limite importante qui caractérise le système actuel des normes minimales du travail en vigueur au Québec. Jusqu'à maintenant, ce système s'est révélé incapable d'empêcher la précarisation du travail salarié. En effet, si la *LNT* comporte des dispositions visant à atténuer certains inconvénients liés aux emplois précaires (comme le versement d'un salaire inférieur ou l'octroi d'un congé annuel de moindre durée aux salariés à temps partiel, ou le versement d'une indemnité compensant un jour férié lorsque celui-ci ne tombe pas un jour ouvrable), elle s'avère incapable de s'attaquer aux véritables facteurs de précarisation comme le recours au contrat de travail à durée déterminée ou encore au travail sur appel. Il faut cependant souligner les modifications apportées à la *Loi* en 2018 par lesquelles le législateur entend réglementer les agences de placement de personnel et les agences de recrutement de travailleurs étrangers temporaires. Le rapport du comité Bernier avait déjà démontré, dès 2003, qu'il s'agissait là d'un sujet fort préoccupant que le gouvernement ne devait plus négliger (Bernier *et al.*, 2003).

7.3.3 L'application et l'efficacité

Les normes minimales du travail ne peuvent atteindre leur objectif que si elles sont appliquées. Or, par définition, leur application pose problème. En effet, ces normes ont pour objet de procurer à certains travailleurs des conditions de travail que les mécanismes du marché du travail ne leur assurent pas. Sans la *Loi*, un employeur n'aurait pas à respecter toutes les conditions de travail minimales pour obtenir les services de ces travailleurs. En conséquence, on peut soutenir que certains employeurs auront une propension à passer outre aux normes minimales, puisqu'elles s'écartent des conditions que le marché fixerait lui-même. C'est pourquoi leur effectivité tient essentiellement aux mécanismes d'application que la *Loi* établit.

D'un côté, les normes les plus anciennes visent des conditions de travail centrales et ont une incidence financière immédiate. Il s'agit principalement des normes relatives au salaire minimum, aux heures de travail, au congé annuel et aux jours fériés. Compte tenu de leur nature minimale, elles touchent plus directement des catégories de travailleurs facilement reconnaissables, souvent peu qualifiés. De plus, le respect ou la violation de ces normes par un employeur donné se décèlent assez facilement. À cet égard, le registre que doit tenir tout employeur en ce qui concerne l'application des normes minimales constitue un outil précieux pour la CNESST chargée d'en assurer le respect[61].

Les mécanismes d'application de ces normes minimales sont traditionnels et bien connus. L'effort doit porter autant sur la sensibilisation et l'information des parties que sur le déploiement d'un service d'inspection efficace, qui est essentiel. Outre recevoir les plaintes et les traiter

---

61. Voir le *Règlement sur la tenue d'un système d'enregistrement ou d'un registre*, RLRQ, c. N-1.1, r. 6.

efficacement, un tel processus doit aussi s'appuyer sur des inspections de conformité régulières et bien choisies (Arthurs, 2006).

D'un autre côté, et à la différence des normes minimales au sens strict du terme, certaines normes adoptées plus récemment répondent davantage à la mise en œuvre de politiques gouvernementales d'application universelle, ce qui pose problème. C'est le cas notamment des conditions de travail relatives à la conciliation travail-famille, à la protection de l'emploi ou à l'élimination du harcèlement psychologique ou sexuel. Ainsi, aucune catégorie de salariés n'est à l'abri du harcèlement psychologique ou sexuel, d'un congédiement injustifié ou de difficultés découlant de responsabilités familiales. Ensuite, la teneur de ces normes est souvent difficile à dégager avec précision. Par exemple, à quel moment une conduite donnée constitue-t-elle du harcèlement psychologique ou sexuel, ou encore une cause de congédiement juste et suffisante? L'application efficace de ces normes repose avant tout sur un bon processus de traitement des plaintes et des recours, car c'est essentiellement par ce moyen qu'un salarié réussira à faire valoir ses droits. Par contre, les inspections de conformité et les dénonciations anonymes ne peuvent ici jouer un rôle identique à celui qu'elles jouent quant à la première catégorie de normes. Plus fondamentalement, il faut arriver à modifier les mentalités qui règnent dans les milieux de travail. Ainsi, la conciliation travail-famille ou un milieu de travail exempt de harcèlement psychologique ou sexuel doivent véritablement préoccuper les employeurs, et les politiques touchant les ressources humaines en entreprise doivent traduire cette préoccupation. Cela signifie avant tout que des efforts de sensibilisation réels et soutenus doivent être faits par rapport aux dispositions de la *Loi*.

L'administration du système est confiée à la CNESST, qui s'emploie activement à faire connaître les dispositions de la *Loi* dans les milieux de travail. Le processus de recours établi par la *Loi* semble adéquat, du moins pour les plaintes se rapportant aux normes minimales du travail comme telles. En effet, dans la mesure où la CNESST estime que la réclamation d'un salarié est fondée, elle la prend totalement en charge. Une question demeure toutefois: un salarié, seul, alors qu'il est toujours en emploi, osera-t-il revendiquer les droits que lui accorde la *Loi*? On peut penser que la crainte de représailles, même si celles-ci sont illégales, constitue un frein puissant à l'effectivité des normes minimales du travail.

Il faut souligner l'adoption, en 1990 et en 2002, de mesures visant à rendre beaucoup plus efficaces les recours prévus par les articles 123 et 124 de la *Loi*. Ainsi, dans les deux cas, la CNESST peut dorénavant représenter les salariés plaignants auprès du Tribunal administratif du travail, ce qui améliore sensiblement l'efficacité de ces recours (les coûts liés à une représentation adéquate auprès de ces instances étaient autrement susceptibles d'en décourager plusieurs). Cette possibilité s'applique à la plupart des autres recours particuliers depuis. De plus, l'absence de toute possibilité d'appel autre qu'un recours restreint dans le cadre d'une procédure de révision interne – les décisions du Tribunal sont définitives – est de nature à alléger les procédures et à en diminuer les coûts.

De la même façon, quelques-unes des caractéristiques du recours contre un congédiement sans cause juste et suffisante, énoncées dans les articles 124 et suivants de la *Loi*, ont été revues pour en améliorer l'efficacité. Ainsi, selon la *Loi* adoptée en 1979, un salarié devait avoir cinq ans de service continu auprès du même employeur pour avoir le droit d'exercer un recours, alors que la *Loi* en vigueur aujourd'hui n'en exige plus que deux. Le régime québécois se rapproche dorénavant du régime fédéral, qui exige un an de service continu pour que ce même recours puisse être exercé[62].

Par ailleurs, la compétence pour trancher un litige issu d'une plainte formulée en vertu de l'article 124 de la *Loi* appartient au Tribunal administratif du travail plutôt qu'aux arbitres de griefs, comme c'était le cas jusqu'aux modifications apportées à la *Loi* en 1990. Ce transfert de compétence a éliminé les frais d'arbitrage. Il s'agit là d'une amélioration notable qui a démocratisé l'accès au recours et qui est plus compatible avec le système de justice public québécois.

Bien que les remèdes que ce recours offre aux salariés congédiés sans cause juste et suffisante soient adéquats dans leur ensemble, ils continueront toujours d'engendrer des problèmes concrets. Ainsi, comment, dans les faits, se déroule le retour au travail d'un salarié s'il doit affronter seul son employeur, lorsque ce retour a été ordonné par un tribunal? Cette difficulté n'est pas propre à l'ordonnance de réintégration. Elle est inhérente à toutes les normes du travail que l'État impose aux employeurs. Le caractère effectif de ces normes ne saura jamais se comparer à celui des normes que les parties négocient librement et incluent dans une convention collective dont l'application est contrôlée par un syndicat accrédité.

---

62. *Code canadien du travail*, LRC 1985, c. L-2, partie III, art. 240.

Conclusion

Au terme de ce chapitre, nous pouvons conclure que les normes minimales du travail imposées par l'État sont plus nécessaires que jamais. D'une part, les causes économiques qui ont conduit à leur élaboration existent toujours : le marché du travail demeure incapable d'assurer à tous des conditions de travail décentes. D'autre part, l'apparition de nouveaux moyens de production a consacré l'existence d'une certaine main-d'œuvre dont le travail se caractérise par la précarité et l'instabilité. La syndicalisation et la négociation collective, sur lesquelles l'État a misé pour améliorer le sort des travailleurs en emploi, ne semblent pas pouvoir atteindre cette main-d'œuvre. Dans cette perspective, les normes minimales sont appelées à jouer un rôle accru dans notre société.

La portée des normes minimales a été généralement accrue grâce aux réformes successives de la *Loi*, notamment celles de 2002 et de 2018. De nouvelles normes sont apparues, et les recours ont été sensiblement améliorés. Pour l'instant, le temps est davantage à la consolidation des normes existantes qu'à la mise au point de nouvelles normes. Il appartient à la CNESST de déployer toutes ses ressources pour assurer l'application la plus étendue possible de ces nouvelles normes, sans toutefois délaisser son action relative aux normes minimales de base.

La modernisation récente de la *LNT* ne doit pas faire perdre de vue la nécessité tant de définir de nouvelles politiques pour assurer un partage équitable de la richesse dans notre société que d'améliorer les autres politiques du travail visant l'établissement de conditions de travail justes et respectées. Ainsi, les politiques de protection sociale doivent être repensées pour tenir compte du nombre croissant de travailleurs exclus des formes typiques d'emplois salariés. Par ailleurs, aucune mesure ne saura remplacer l'accès à la syndicalisation et à la négociation collective pour procurer des conditions de travail adéquates aux salariés en emploi. C'est pourquoi les politiques orientées en ce sens devront toujours être privilégiées.

QUESTIONS DE RÉVISION

1. À quel moment du développement économique du Québec le législateur a-t-il adopté les premières normes minimales du travail ?

2. Pourquoi l'adoption de normes minimales du travail par le législateur était-elle nécessaire ?

3. Quels ont été les principaux changements que la *Loi sur les normes du travail* de 1979 a apportés au régime québécois des normes minimales du travail ?

4. Comment explique-t-on la diversité des normes minimales du travail au Québec ?

5. À qui la *Loi sur les normes du travail* s'applique-t-elle ?

6. Quel est l'effet des normes minimales du travail sur la liberté contractuelle reconnue par le *Code civil du Québec* en matière de négociation individuelle des conditions de travail ?

7. Comment et selon quelles considérations le taux du salaire minimum est-il établi ?

8. Selon la *Loi sur les normes du travail*, à partir de quel moment doit-on considérer qu'un salarié effectue des heures supplémentaires, et quelles en sont les conséquences pour le calcul de sa rémunération ?

9. Quelle protection la *Loi sur les normes du travail* accorde-t-elle contre la perte d'emploi ?

10. Quelles mesures la *Loi sur les normes du travail* établit-elle pour faciliter l'application et le respect des normes minimales du travail ?

POUR ALLER PLUS LOIN

Béliveau, N.-A., avec la collaboration de M. Ouellet (2011). *Les normes du travail*, 2ᵉ éd., Cowansville, Éditions Yvon Blais.

Comité interministériel sur la révision des critères de détermination du salaire minimum (12 mars 2002). *Rapport du Comité interministériel sur la révision des critères de détermination du salaire minimum*. Gouvernement du Québec, ministère du Travail.

Comité interministériel sur la révision triennale des impacts de l'évolution du salaire minimum (novembre 2005). *Recommandations du Comité interministériel sur la révision triennale des impacts de l'évolution du salaire minimum (juin 2005)*. Gouvernement du Québec, ministère du Travail, Direction de la recherche et de l'évaluation.

Desîlets, C. et D. Ledoux (2006). *Histoire des normes du travail au Québec de 1885 à 2005. De l'Acte des manufactures à la Loi sur les normes du travail*. Québec, Les Publications du Québec.

Gagnon, R. P. et Langlois Kronström Desjardins, S.E.N.C.R.L. (2013). *Le droit du travail du Québec*, 7ᵉ éd., Cowansville, Éditions Yvon Blais.

Morin, F., J.-Y. Brière, D. Roux et J.-P. Villaggi (2010). *Le droit de l'emploi au Québec*, 4ᵉ éd., Montréal, Wilson & Lafleur.

Verge, P., G. Trudeau et G. Vallée (2006). *Le droit du travail par ses sources*. Montréal, Thémis.

RÉFÉRENCES

Arthurs, H. W. (2007). « Reconciling Differences Differently : Reflections on Labour Law and Worker Voice after Collective Bargaining », *Comparative Labor Law & Policy Journal*, vol. 28, n° 2, p. 155-166.

Arthurs, H. W. (2006). *Équité au travail : des normes du travail fédérales pour le XXIᵉ siècle*. Ressources humaines et Développement des compétences Canada. Récupéré au www.crimt.org/PDF/fin-rpt-f.pdf

Arthurs, H. W. (1999). « The New Economy and the New Legality : Industrial Citizenship and the Future of Labour Arbitration », *Canadian Labour & Employment Law Journal*, vol. 7, p. 45-63.

Audet, G., R. Bonhomme, C. Gascon, M. Le François (2018). *Le congédiement en droit québécois en matière de contrat individuel de travail*, 3ᵉ éd., édition à feuilles mobiles (mise à jour 27 :1), Cowansville, Éditions Yvon Blais.

Bartlett, B. (2002). « The Employment Effects of Living Wage Laws », Opinion Editorial, March 20, Washington D. C. National Center for Policy Analysis.

Bélanger, J. et G. Trudeau (2007). « Le cadre réglementaire en matière d'emploi : l'industrie manufacturière québécoise en contexte d'intégration économique », *Relations industrielles/Industrial Relations*, vol. 62, n° 3, p. 433-465.

Béliveau, N.-A., avec la collaboration de M. Ouellet (2011). *Les normes du travail*, 2ᵉ éd., Cowansville, Éditions Yvon Blais.

Bernier J. (1980). « La Loi sur les normes du travail : continuité, modernisation ou rupture ? », dans Bélanger, L. et al., *La détermination des conditions minimales de travail par l'État – une loi : son économie et sa portée*. Actes du 35ᵉ Congrès des relations industrielles de l'Université Laval, Québec, Presses de l'Université Laval, p. 17-32.

Bernier, J., G. Vallée et C. Jobin (2003). *Les besoins de protection sociale des personnes en situation de travail non traditionnelle*. Gouvernement du Québec, ministère du Travail.

Bich, M.-F. (1993a). « Droit du travail québécois : genèse et génération », dans Glenn, H. P. (dir.), *Droit québécois et droit français : communauté, autonomie, concordance*. Cowansville, Éditions Yvon Blais, p. 515-565.

Bich, M.-F. (1993b). « Le contrat de travail », dans Barreau du Québec et Chambre des notaires, *La réforme du Code civil – Obligations et contrats nommés*. Québec, Presses de l'Université Laval, p. 741-796.

Block, R. N., K. Roberts et R. O. Clarke (2003). *Labor Standards in the United States and Canada*. W.E. Upjohn Institute for Employment Research, p. 1-12.

Bourgault, J. (2006). *Le harcèlement psychologique au travail : les nouvelles dispositions de la Loi sur les normes et leur intégration dans le régime légal préexistant.* Montréal, Wilson & Lafleur.

Cairns, J. W. (1987). « Employment in the Civil Code of Lower Canada : Tradition and Political Economy in Legal Classification and Reform », *McGill Law Journal,* vol. 32, p. 673-709.

Castel, R. (1995). *Les métamorphoses de la question sociale. Une chronique du salariat.* Paris, Fayard.

Castonguay, C., J. Baril, D. Jean-Laberge et L.-J. Lemieux (1975). « Rapport du groupe de travail sur la politique de salaire et des conditions minima de travail », *Travail Québec* (numéro spécial), vol. 11, n° 3.

Chartier, R. (1962). « Les Lois du salaire minimum des femmes, des grèves et contre-grèves municipales, du département du travail et des syndicats professionnels (1919-1924) », *Relations industrielles/Industrial Relations,* vol. 17, n° 4, p. 444-464.

Cliche, B., É. Latulippe, F. Bouchard, P. Veilleux et I. Richer (2012). *Le harcèlement et les lésions psychologiques,* 2ᵉ éd., Cowansville, Éditions Yvon Blais.

Côté, A. C. (1985). « *L'acte des manufactures de Québec,* 1885. Un centenaire », *Relations industrielles/Industrial Relations,* vol. 40, n° 3, p. 623-628.

Couillard, R. et G. Dostaler (1986). *Les normes du travail.* Québec, Les Publications du Québec.

Desmarais, F. (2014). *Le contrat de travail : art. 2085 à 2097 C.c.Q. : extraits de La référence.* Montréal, Éditions Yvon Blais.

Duplessis, I. (2010). « Un abrégé de l'histoire des normes de l'OIT et de leur application », dans Verge, P. (dir.), *Droit international du travail : Perspectives canadiennes,* Cowansville, Éditions Yvon Blais, p. 59-142.

Fortin, P. (2010). « Salaire minimum, pauvreté et emploi : à la recherche du "compromis social" », *Regards sur le travail,* vol. 7, n° 1. Récupéré au www.travail.gouv.qc.ca/publications/regards_sur_le_travail/2010/volume_7_numero_1/salaire_minimum_pauvrete_et_emploi_a_la_recherche_du_compromis_ideal.html

Gagnon, R. P. et Langlois Kronström Desjardins, S.E.N.C.R.L. (2013). *Le droit du travail du Québec,* 7ᵉ éd., Cowansville, Éditions Yvon Blais.

Goldberg, M. et D. Green (septembre 1999). *Raising the Floor : The Social and Economic Benefits of Minimum Wages in Canada.* Canadian Centre for Policy Alternatives, BC Office.

Gorrie, A. (1848). *A Synopsis of the Laws of Letting and Hiring or the Contract of Lease in Lower Canada.* Montréal, Lovell and Gibson.

Hamelin, J. et Y. Roby (1971). *Histoire économique du Québec 1851-1896.* Montréal, Fides.

Hébert, G. et G. Trudeau (1987). *Les normes minimales du travail au Canada et au Québec,* Cowansville, Éditions Yvon Blais.

Kumar, P. (1993). *From Uniformity to Divergence : Industrial Relations in Canada and the United States,* Kingston, IRC Press.

Labrosse A. (2018). *La présence syndicale au Québec en 2016.* Gouvernement du Québec, ministère du Travail, p. 4. Récupéré au www.travail.gouv.qc.ca/fileadmin/fichiers/Documents/presence_syndicale/2016.pdf

Langille, B. A. (2002). « Labour Policy in Canada – New Platform, New Paradigm », *Canadian Public Policy/Analyse de Politiques,* vol. 28, n° 1, p. 133-142.

Linteau, P.-A., R. Durocher et J.-C. Robert (1979). *Histoire du Québec contemporain : vol. I : De la Confédération à la crise.* Montréal, Boréal Express.

Lowe, G. S. (2002). « Employment Relationships as the Centrepiece of a New Labour Policy Paradigm », *Canadian Public Policy/Analyse de politiques,* vol. 28, n° 1, p. 93-104.

Maschino, D. (2010). « La fixation du salaire minimum au Québec », *Regards sur le travail,* vol. 7, n° 1. Récupéré au www.travail.gouv.qc.ca/publications/regards_sur_le_travail/2010/volume_7_numero_1/la_fixation_du_salaire_minimum_au_quebec.html

Masse, M. (20 nov.-3 déc. 1999). « Il faut abolir le salaire minimum », éditorial, *Le Québécois Libre,* n° 50, Montréal. Récupéré au www.quebecoislibre.org/991120-2.htm

Morin, F., J.-Y. Brière, D. Roux et J.-P. Villaggi (2010). *Le droit de l'emploi au Québec,* 4ᵉ éd., Montréal, Wilson & Lafleur.

Morton, D. et T. Copp (1984). *Working People : An Illustrated History of the Canadian Labour Movement.* Ottawa, Deneau.

Organisation de coopération et de développement économiques (OCDE) (2015). *Taux de syndicalisation*. Récupéré au www.oecd-ilibrary.org › data › taux-de-syndicalisation_data-00371-fr

Supiot, A. (dir.) (2016). *Au-delà de l'emploi.* Nouvelle édition 2016, Paris, Flammarion.

The Economic Policy Institute (2018). *Minimum Wage Tracker*. Récupéré au www.epi.org/minimum-wage-tracker

Trudeau, G. (2017). « Defining Labour Standards : Harry Arthurs's *Beau Risque* », dans Archer, S., D. Drache et P. Zumbansen (dir.), *The Daunting Enterprise of the Law. Essays in Honour of Harry W. Arthurs.* Montréal et Kingston, McGill-Queen's University Press, p. 93-108.

Trudeau, G. (1998). « Les modes de régulation internationale du travail et de l'emploi. Perspective internationale », dans Blouin, R. et A. Giles (dir.), *L'intégration économique en Amérique du Nord et les relations industrielles.* Québec, Presses de l'Université Laval, p. 201-228.

Vallée, G. (2018). « Lois du travail (objet, effet, mécanismes d'application) et droit commun », *Rapports individuels et collectifs du travail,* fascicule 2, JurisClasseur Québec, édition à feuilles mobiles (mise à jour 17), Montréal, LexisNexis, p. 2/1-2/248.

Weiler, P. C. (1993). « Governing the Workplace : Employee Representation in the Eyes of the Law », dans Kaufman, B. E. et M. M. Kleiner (dir.), *Employee Representation : Alternatives and Future Directions.* Madison, Industrial Relations Research Association, p. 81-104.

Woods, H. D. (1973). *Labour Policy in Canada,* 2e éd., Toronto, Macmillan of Canada.

Chapitre 8

Éric Charest, Marie-Thérèse Chicha et Valérie Tanguay

L'interdiction de discrimination en milieu de travail et les lois proactives du Québec

Plan du chapitre

- 8.1 ▶ L'équité salariale
- 8.2 ▶ Le cadre général de la *Loi sur l'équité salariale*
- 8.3 ▶ L'objet et le champ d'application
- 8.4 ▶ La réalisation de l'équité salariale dans une entreprise
- 8.5 ▶ Les délais de mise en œuvre pour les entreprises
- 8.6 ▶ Le maintien de l'équité salariale
- 8.7 ▶ Le bilan de la *Loi sur l'équité salariale*
- 8.8 ▶ Les programmes d'accès à l'égalité
- 8.9 ▶ L'influence américaine des *Affirmative Action Programs*
- 8.10 ▶ Les programmes d'accès à l'égalité au Québec
- 8.11 ▶ Les types de programmes d'accès à l'égalité en vigueur au Québec
- 8.12 ▶ Le rôle de la Commission des droits de la personne et des droits de la jeunesse
- 8.13 ▶ La notion d'accommodement raisonnable

Objectifs d'apprentissage

- ○ Initier les étudiants à la compréhension actuelle du phénomène de la discrimination en milieu de travail et de ses différentes manifestations.
- ○ Discerner les concepts de discrimination directe, indirecte et systémique.
- ○ Comprendre les distinctions entre les approches réactives et proactives pour lutter contre les discriminations en milieu de travail.
- ○ Familiariser les étudiants avec les mécanismes de mise en œuvre de l'équité salariale et de l'accès à l'égalité.

Introduction

En 1948, les 58 États membres de l'Organisation des Nations unies (ONU) ratifient la Déclaration universelle des droits de l'homme, qui marque le début d'une volonté politique internationale de reconnaître l'importance des droits fondamentaux des êtres humains. Le cadre juridique interdisant les discriminations sur le marché du travail repose sur un principe d'égalité dont la conception a grandement évolué, passant de formelle, universaliste et abstraite à substantive. Selon cette conception substantive, ce sont les contextes et déterminants sociohistoriques concrets qui permettent de comprendre le développement et la perpétuation des inégalités dans une société (Garon et Bosset, 2003). Dans le même ordre d'idées, Sheppard (2010) souligne l'importance d'adopter une approche globale et contextualisée afin de repérer les inégalités institutionnalisées qui reflètent les structures de relations de pouvoir et d'y remédier. Ce constat oblige donc, pour lutter contre les discriminations, à s'intéresser tout particulièrement aux approches proactives qui permettraient plus aisément d'instaurer les changements structuraux nécessaires à l'avènement d'une société plus égalitaire. C'est la raison pour laquelle nous discuterons, dans ce chapitre, de l'approche traditionnelle par plainte (appelée aussi « approche réactive »). Ensuite, nous concentrerons notre attention sur ces approches proactives que sont l'équité salariale et l'accès à l'égalité. En dernier lieu, nous aborderons la notion d'accommodement raisonnable.

Au Québec, la discrimination en emploi est formellement interdite depuis l'adoption, en 1975, de la *Charte des droits et libertés de la personne* du Québec[1], qui doit être considérée comme une loi de nature quasi constitutionnelle (Morel, 1987). L'article 10 de la *Charte* précise que tous ont droit :

> [...] à la reconnaissance et à l'exercice, en pleine égalité, des droits et libertés de la personne, sans distinction, exclusion ou préférence fondée sur la race, la couleur, le sexe, l'identité ou l'expression de genre, la grossesse, l'orientation sexuelle, l'état civil, l'âge sauf dans la mesure prévue par la loi, la religion, les convictions politiques, la langue, l'origine ethnique ou nationale, la condition sociale, le handicap ou l'utilisation d'un moyen pour pallier ce handicap.

L'article 16, qui traite de la question de la discrimination en emploi, fournit la précision suivante :

> Nul ne peut exercer de discrimination dans l'embauche, l'apprentissage, la durée de la période de probation, la formation professionnelle, la promotion, la mutation, le déplacement, la mise à pied, la suspension, le renvoi ou les conditions de travail d'une personne ainsi que dans l'établissement de catégories ou de classifications d'emploi.

Pour déterminer s'il y a effectivement discrimination, trois conditions nécessaires et suffisantes doivent être établies (Gagnon *et al.*, 2013) : 1) il y a eu de fait distinction, exclusion ou préférence ; 2) cette distinction, exclusion ou préférence est fondée sur l'un des motifs illicites de discrimination ; et 3) l'effet de cette distinction, exclusion ou préférence a détruit ou compromis un droit ou une liberté, a imposé à un individu ou à un groupe des fardeaux, des obligations ou des désavantages non imposés à d'autres ou a empêché ou encore restreint l'accès aux possibilités, aux bénéfices ou aux avantages offerts à d'autres membres de la société.

L'interdiction de discrimination en milieu de travail vise de multiples situations et contextes : un bureau de placement ne peut exercer de discrimination (art. 18) ; on ne peut obtenir des renseignements sur les motifs visés dans un formulaire ou lors d'un entretien d'embauche (art. 18.1) ; ces mêmes interdictions sont également valables lors des demandes de recommandations. En plus des motifs illicites mentionnés à l'article 10, l'article 18.2 précise qu'on :

> [...] ne peut congédier, refuser d'embaucher ou autrement pénaliser dans le cadre de son emploi une personne du seul fait qu'elle a été déclarée coupable d'une infraction pénale ou criminelle, si cette infraction n'a aucun lien avec l'emploi ou si cette personne en a obtenu le pardon.

Il existe cependant certaines exceptions reconnues au principe général de non-discrimination. Notamment, le caractère charitable, philanthropique, religieux, politique ou éducatif d'une institution sans but lucratif pourrait permettre de distinguer, d'exclure ou de préférer certains candidats au détriment d'autres (art. 20). Également, un employeur pourrait distinguer, exclure ou préférer un candidat en fonction d'un motif illicite de discrimination lorsque

---

1. LRQ, c. C-12.

les qualités ou les aptitudes requises par l'emploi l'exigent (art. 20); il s'agira alors d'une exigence professionnelle justifiée (EPJ). Trois conditions devront cependant être établies: 1) il existe un lien rationnel entre la nature des fonctions ou les conditions d'exercice et l'EPJ; 2) l'EPJ est imposée de bonne foi; et 3) compte tenu de son devoir d'accommodement, l'employeur doit pouvoir faire la démonstration qu'il n'a pas d'autres options permettant d'embaucher les personnes exclues sans subir une contrainte excessive.

Ce cadre juridique constitue le régime général de lutte contre les discriminations en introduisant des recours pour les personnes qui sont victimes d'une discrimination fondée sur l'un des motifs illicites. Il s'agit d'une approche à visée réparatrice, fondée sur le traitement et le règlement des plaintes considérées recevables par l'organisme mandaté, dans le cas présent, la Commission des droits de la personne et des droits de la jeunesse (CDPDJ). Cependant, la mise en œuvre de ce modèle est coûteuse et entraîne des délais considérables; chaque plainte est évaluée individuellement afin de déterminer s'il y a effectivement eu discrimination. Cette approche impose aussi le fardeau de la preuve au plaignant (Chicha, 2011). Des auteurs tels que Bosset (2005) soulignent l'inefficacité de ce modèle à endiguer la discrimination, car de nombreux dossiers seront fermés en raison d'une preuve insuffisante. De plus, il semble douteux que ce modèle permette à lui seul d'entraîner les changements sociétaux nécessaires pour éliminer la discrimination au travail. Les formes de discrimination sont présentées à l'encadré 8.1.

La compréhension contemporaine de la discrimination, qui met l'accent sur une perspective systémique (Chicha-Pontbriand, 1989), devrait nous amener à réaliser les limites inhérentes aux approches réactives. Ces dernières se fondent surtout sur une discrimination « privée » de type discriminant-discriminé. De leur côté, les approches proactives ont une visée plus sociale et misent sur les changements structuraux pour instaurer une plus grande égalité entre les individus. Ces approches proactives se déclinent au Québec en deux grandes politiques publiques, que nous aborderons dans les prochaines pages. Nous traiterons du droit fondamental qu'est l'égalité de rémunération entre les femmes et les hommes, consacré par l'article 19 de la *Charte*, depuis 1975, et par la *Loi sur l'équité salariale*[2] (*LES*), depuis 1996. Nous présenterons ensuite les programmes d'accès à l'égalité (PAE), consacrés depuis 1982 par la partie III de la *Charte*. Nous terminerons avec l'obligation d'accommodement.

Encadré 8.1 — Les formes de discrimination et les outils réactif et proactif

Discrimination directe: une personne reçoit un traitement différent en raison d'une caractéristique personnelle ou de groupe reposant sur un motif de discrimination prohibé par la *Charte*. Il y a bien souvent une intention de discriminer un individu ou un groupe d'individus en raison de ces caractéristiques, réelles ou présumées (CDPDJ, 2018).

Discrimination indirecte: « découle […] de l'application uniforme d'une norme, d'une politique, d'une règle ou d'une pratique, neutre à première vue, ayant néanmoins un effet discriminatoire auprès d'un individu ou d'une catégorie d'individus en leur imposant des obligations, des peines ou des conditions restrictives non imposées à autrui. Des normes ou pratiques peuvent donc avoir un effet discriminatoire, "même si cet effet n'a pas été voulu ni prévu" » (*ibid.*).

Discrimination systémique: situation d'inégalité cumulative et dynamique résultant de l'interaction, sur le marché du travail, de pratiques, de décisions ou de comportements, individuels ou institutionnels, ayant des effets préjudiciables, voulus ou non, sur les membres [d'un groupe spécifique] (Chicha-Pontbriand, 1989, p. 85).

La Cour suprême du Canada, dans l'arrêt Meiorin*, a indiqué que discriminations directe et indirecte sont étroitement liées dans la réalité.

Approches pour lutter contre les formes de discrimination

Approche réactive: l'employeur répond uniquement à son obligation légale, notamment lorsqu'une plainte est déposée.

Approche proactive: l'employeur est responsable d'éliminer tout élément discriminatoire de ses pratiques de gestion des ressources humaines, même en l'absence de plaintes de discrimination.

---

* *Colombie-Britannique (Public Service Employee Relations Commission)* c. *BCGSEU*, [1999] 3 RCS 3.

---

2. *Loi sur l'équité salariale*, LRQ, c. E-12.001.

8.1 L'équité salariale

Le principe de l'égalité de rémunération entre hommes et femmes est reconnu comme un droit fondamental depuis l'adoption par l'Organisation internationale du travail (OIT) de la *Convention (n° 100) sur l'égalité de rémunération* en 1951. À l'exception de 14 pays, dont les États-Unis, tous les pays membres de l'OIT l'ont ratifiée. Par la suite, plusieurs textes internationaux sont venus appuyer ce principe et le préciser. Ainsi, depuis plus de 65 ans, plusieurs déclarations, conventions et pactes internationaux ont réitéré le principe du salaire égal pour un travail de valeur égale, ce qui témoigne non seulement de l'importance de l'objectif poursuivi, mais aussi de la persistance des obstacles à sa réalisation.

Plusieurs études (Gunderson, 2006) qui se sont penchées sur les causes de l'inégalité salariale entre les hommes et les femmes indiquent qu'une partie importante de l'écart salarial est attribuable à des caractéristiques sociodémographiques et professionnelles (par exemple, niveau de scolarité, expérience, choix de filière professionnelle ou niveau hiérarchique actuel). Cependant, un écart résiduel inexpliqué pourrait être dû à deux types de discrimination salariale. Le premier type résulte d'une inégalité salariale entre les hommes et les femmes effectuant un même travail; cette inégalité contreviendrait au principe du salaire égal pour un travail égal et il s'agit d'une discrimination directe. Le deuxième type se manifeste entre emplois différents, mais de valeur égale; cette forme de discrimination, qui contreviendrait au principe du salaire égal pour un travail de valeur égale, représente la majeure partie de l'écart salarial résiduel. La *LES* permet de s'attaquer à ce deuxième type de discrimination, car cette loi est axée sur l'évaluation et la comparaison des emplois, et non des personnes qui les occupent.

8.2 Le cadre général de la *Loi sur l'équité salariale*

La *LES* repose sur trois principes essentiels pour l'atteinte de l'équité salariale (Chicha, 2011). Le premier est celui de l'universalité: l'ensemble des entreprises et des salariés qui relèvent de la compétence provinciale sont couverts par la *Loi*, à l'exclusion des entreprises comptant moins de 10 salariés. Le deuxième principe est celui de la participation structurée des salariés. Il se concrétise par des comités d'équité salariale, obligatoires dans toutes les entreprises de 100 salariés ou plus. Enfin, le dernier principe essentiel est celui de la flexibilité, qui permet de tenir compte de la configuration particulière de certains milieux de travail.

Cependant, cette flexibilité ne doit pas contrevenir à l'exigence d'une démarche dépourvue de discrimination fondée sur le sexe. Ainsi, la *LES* a pour objectif de s'attaquer à la discrimination systémique qui a causé les écarts salariaux ou qui explique leur persistance.

8.3 L'objet et le champ d'application

L'objet de la *LES* est défini à l'article 1:

> La présente loi a pour objet de corriger les écarts salariaux dus à la discrimination systémique fondée sur le sexe à l'égard des personnes qui occupent des emplois dans les catégories d'emplois à prédominance féminine.
>
> Ces écarts s'apprécient au sein d'une même entreprise, sauf s'il n'y existe aucune catégorie d'emplois à prédominance masculine.

L'article 1 précise que la *Loi* ne s'applique qu'à la discrimination qui désavantage les personnes qui occupent des emplois dans les catégories d'emplois à prédominance féminine; elle spécifie ensuite que les comparaisons peuvent se faire, le cas échéant, à l'extérieur de l'entreprise, ce qui constitue un élargissement significatif et justifié de l'application du principe de l'équité salariale (Chicha, 2011, p. 71). Cette règle de droit permet de corriger les discriminations salariales dans les secteurs ou les entreprises très féminisés au sein desquels la discrimination et la dévaluation systématique des emplois féminins peuvent aussi avoir cours.

8.3.1 La notion de salarié

La notion de salarié, définie à l'article 8 de la *Loi,* n'est pas restrictive et couvre toute personne qui est subordonnée à un employeur (y compris le salarié à temps plein, à temps partiel, occasionnel ou temporaire) et qui reçoit une rémunération en échange de sa prestation de travail.

Malgré certaines exclusions concernant les salariés, qui limitent sa portée, la *LES* a un champ d'application étendu correspondant à son objet, lequel est énoncé à l'article 1. Ce champ couvre l'ensemble des secteurs économiques et des salariés, ce qui permet de dépasser, si nécessaire, le seul cadre de l'entreprise pour comparer des emplois.

8.3.2 La notion d'employeur et d'entreprise

La notion d'employeur est définie au troisième alinéa de l'article 4 : « Est un employeur quiconque fait exécuter un travail par un salarié. » La *Loi* se veut universelle et s'applique tant aux employeurs des secteurs public et privé qu'à ceux des organismes à but non lucratif (OBNL).

Le premier alinéa de l'article 4 stipule que tout employeur dont l'entreprise compte 10 salariés ou plus est assujetti à la *Loi*. Quant aux entreprises de moins de 10 salariés, elles sont couvertes par l'article 19 de la *Charte*, qui prévoit qu'un « employeur doit, sans discrimination, accorder un [...] salaire égal aux membres de son personnel qui accomplissent un travail équivalent au même endroit. » Les travailleuses de ces entreprises peuvent quand même porter plainte auprès de la Commission des normes, de l'équité, de la santé et de la sécurité du travail (CNESST) si elles estiment qu'il existe, dans l'entreprise qui les emploie, une iniquité salariale entre des catégories d'emplois à prédominance féminine et des catégories d'emplois à prédominance masculine de valeur égale.

8.4 La réalisation de l'équité salariale dans une entreprise

Dans cette section, nous expliquons la marche à suivre pour réaliser l'équité salariale dans une entreprise. Pour ce faire, nous aborderons les deux axes majeurs de la *LES*, soit le programme d'équité salariale, obligatoire pour les entreprises de 50 salariés ou plus, et la participation des salariés, obligatoire pour les entreprises de 100 salariés ou plus et gérée par le comité d'équité salariale.

Peu importe la taille de l'entreprise, celle-ci a l'obligation de procéder aux ajustements salariaux nécessaires (Chicha, 2011, p. 81). Nous présentons au tableau 8.1 un résumé des obligations de l'employeur selon la taille de l'entreprise.

8.4.1 Les programmes d'équité salariale

Le programme d'équité salariale permet de déterminer les ajustements salariaux requis pour éliminer la discrimination salariale à l'égard des catégories d'emplois à prédominance féminine dans une entreprise. Selon la

Tableau 8.1 Les obligations selon la taille de l'entreprise

Obligations en vertu de la *LES*	De 10 à 49 salariés	De 50 à 99 salariés	100 salariés ou plus
Effectuer une démarche pour déterminer les ajustements salariaux	✓		
Former un comité d'équité salariale	Facultatif	Facultatif	✓
Mettre en place un programme d'équité salariale	Facultatif	✓	✓
Procéder à l'affichage dans l'entreprise	✓	✓	✓
Évaluer le maintien de l'équité salariale tous les cinq ans	✓	✓	✓
Afficher les résultats de l'évaluation du maintien	✓	✓	✓
Conserver pendant cinq ans le contenu de l'affichage et les données ayant servi à l'exercice d'équité salariale et à l'évaluation du maintien de l'équité salariale	✓	✓	✓

Source : Adapté de Commission de l'équité salariale (CES) (2014). *Guide détaillé pour réaliser l'équité salariale et en évaluer le maintien*, 5e éd., Québec.

taille de celle-ci, le programme sera établi soit par un comité d'équité salariale, soit à l'issue d'une démarche effectuée conjointement par l'employeur et une association accréditée ou par l'employeur seulement.

Si la taille de l'entreprise n'exige pas de mettre en place un programme d'équité salariale pour déterminer les ajustements salariaux, la démarche d'équité salariale doit quand même reposer sur la comparaison de la rémunération des catégories d'emplois à prédominance féminine avec celle des catégories d'emplois à prédominance masculine de valeur égale. Par conséquent, quatre éléments doivent être présents dans l'affichage des résultats d'équité salariale :

- les catégories d'emplois à prédominance sexuelle ;
- l'évaluation de ces catégories d'emplois ;
- la comparaison de leur rémunération respective ;
- les modalités de versement des ajustements salariaux.

Tout employeur soumis à la LES doit déterminer ces éléments et les afficher, quelle que soit la taille de son entreprise.

8.4.2 La participation des salariés

La participation structurée de représentants des salariés au sein de comités d'équité salariale, dans les entreprises de 100 salariés ou plus, constitue une innovation. Selon la LES, toute entreprise de 100 salariés ou plus a l'obligation d'établir un comité d'équité salariale responsable du programme d'équité salariale. Dans les entreprises employant de 50 à 99 salariés, le programme d'équité salariale peut être établi conjointement par l'employeur et le syndicat si ce dernier en fait la demande. Dans les entreprises ayant de 10 à 49 salariés, il n'y a pas d'obligation de démarche conjointe, et l'employeur peut donc agir seul.

Cependant, puisque la représentativité des salariés et la formation permettent d'assurer une démarche exempte de discrimination fondée sur le sexe, les employeurs souhaitant avoir une bonne gouvernance d'entreprise devraient suivre les principes régissant les comités d'équité salariale. Un tel choix inspirerait une plus grande confiance à l'ensemble des salariés de l'entreprise en ce qui a trait à la rigueur et à l'impartialité de la démarche.

La LES est silencieuse quant à la possibilité d'une démarche effectuée conjointement par des salariés qui ne seraient pas représentés par une association accréditée et leur employeur. Il s'agit là d'une limite à la participation et à la représentativité de l'ensemble des salariés, essentielles à la réalisation de l'équité salariale. Cette limite est préjudiciable, puisque les travailleuses non syndiquées risquent d'être complètement exclues de l'exercice d'équité salariale. Or il s'agit d'une situation qui risque d'être fréquente en raison du plus faible taux de syndicalisation dans les petites entreprises. Le législateur a voulu éviter d'imposer une structure de participation peu courante dans les entreprises de cette taille, principalement en raison de leur très faible taux de syndicalisation et de leur faible institutionnalisation des pratiques de gestion des ressources humaines, notamment en matière de rémunération. L'affichage, aux différentes étapes de la mise en oeuvre du programme d'équité salariale, constitue pour ainsi dire le seul moyen qu'ont les salariés de « participer » à cet exercice.

La participation des salariés, qu'elle soit obligatoire (entreprises de 100 salariés ou plus) ou non, entraîne un certain nombre de bénéfices, dont les suivants, selon Chicha (2006) :

- une meilleure identification des aspects discriminatoires de l'évaluation et des résultats plus fiables (en cela, la participation de femmes salariées aide beaucoup) ;
- une légitimité plus forte du processus et des résultats obtenus, aux yeux de l'ensemble de la main-d'œuvre de l'entreprise ;
- une amélioration du climat et des relations de travail.

Pour ces raisons, la représentation des principales catégories à prédominance féminine doit être favorisée. En effet, toute la démarche d'équité salariale repose sur une comparaison entre emplois féminins et masculins, particulièrement en ce qui concerne le contenu des tâches et les exigences de l'emploi. La participation et la représentativité des salariées permettent de diminuer le risque de renseignements incomplets ou inexacts au sujet des emplois de l'entreprise, source de sexisme (Weiner et Gunderson, 1990).

Les responsabilités de l'employeur ou du comité d'équité salariale

Le comité d'équité salariale, ou à défaut l'employeur, est le maître d'œuvre de l'établissement du programme d'équité salariale.

Les responsabilités du comité d'équité salariale sont diverses et nombreuses :

- déterminer les catégories d'emplois à prédominance sexuelle ;
- choisir la méthode, l'outil et la démarche d'évaluation des catégories d'emplois ;
- évaluer chaque catégorie d'emplois ;

- comparer les catégories à prédominance féminine avec les catégories à prédominance masculine ;
- effectuer le calcul des écarts et des ajustements salariaux ;
- établir avec l'employeur les modalités de versement des ajustements salariaux ;
- procéder à l'affichage.

La formation

Afin que la participation des salariés au comité d'équité salariale soit efficace, l'employeur a l'obligation de leur fournir la formation nécessaire (art. 26).

L'expérience des juridictions qui ont adopté une loi proactive sur l'équité salariale a démontré l'importance que la formation comporte deux volets (Chicha, 2006). D'abord, il faut que les participants à l'élaboration du programme comprennent les causes et la dynamique de la discrimination salariale, les biais sexistes possibles à chacune des étapes de la mise en place d'un programme d'équité salariale, ainsi que les moyens de les reconnaître et de les éviter. Le but de ce volet de la formation est de faire réaliser aux participants que l'équité salariale n'est pas un simple changement technique. Elle exige une transformation profonde de la vision du travail féminin.

Une formation suivie conjointement par les parties syndicale et patronale favorise la coopération entre les deux et assure un cadre de référence identique (*ibid.*).

Le deuxième volet de la formation est de nature technique. Il devrait couvrir le contenu d'un programme et les procédures pour le mettre en œuvre. Les participants devraient bien saisir les exigences, les définitions et les critères retenus dans la *LES*, ainsi que les procédures qu'elle impose.

8.4.3 Les étapes de la réalisation de l'équité salariale

Comme nous l'avons mentionné à la section 8.4.1 (*voir à la page 204*), l'équité salariale se réalise en plusieurs étapes.

La détermination des catégories d'emplois et des prédominances

La catégorie d'emplois est l'unité de base sur laquelle l'équité salariale s'appuie. On détermine la prédominance des catégories d'emplois, on les évalue et on compare les rémunérations. Puisque l'évaluation de catégories d'emplois et leur prédominance sont la pierre d'assise de l'équité salariale, il est essentiel de porter une attention particulière à cette étape. Afin d'identifier adéquatement les catégories d'emplois, on doit s'appuyer sur les trois dimensions énoncées au premier alinéa de l'article 54 :

1. des fonctions ou des responsabilités semblables ;
2. des qualifications semblables ;
3. la même rémunération (taux ou échelle).

Ensuite, on procède à la détermination des prédominances de chacune de ces catégories d'emplois. L'analyse de la prédominance permet de classer celles-ci en trois groupes selon leur composition :

- à prédominance féminine (ces catégories sont susceptibles de recevoir des ajustements salariaux) ;
- à prédominance masculine (ces catégories servent de comparateurs) ;
- neutres (ces catégories sont exclues du programme d'équité salariale).

Si aucune catégorie à prédominance masculine n'est présente dans l'entreprise, la *LES* prévoit qu'on doit établir des catégories d'emplois types à partir des catégories d'emplois identifiées dans des entreprises où des ajustements salariaux ont été déterminés, tout en tenant compte des caractéristiques propres aux entreprises dont les catégories d'emplois sont ainsi comparées.

Ainsi, la notion de prédominance est essentielle à la mise en œuvre de l'équité salariale, puisqu'elle permet de cerner les emplois qui peuvent faire l'objet de ségrégation professionnelle (Chicha, 2011). En effet, la *LES* vise à réparer la discrimination salariale historique liée aux emplois occupés traditionnellement par des femmes tels que les soins infirmiers, l'enseignement primaire, le secrétariat et les autres emplois de bureau. Voici ce qu'en dit l'article 55 de la *LES* :

> Une catégorie d'emplois peut être considérée à prédominance féminine ou masculine dans l'un ou l'autre des cas suivants :
>
> 1° elle est couramment associée aux femmes ou aux hommes en raison de stéréotypes occupationnels ;
>
> 2° au moins 60 % des salariés qui occupent les emplois en cause sont du même sexe ;
>
> 3° l'écart entre le taux de représentation des femmes ou des hommes dans cette catégorie d'emplois et leur taux de représentation dans l'effectif total de l'employeur est jugé significatif ;

4° l'évolution historique du taux de représentation des femmes ou des hommes dans cette catégorie d'emplois, au sein de l'entreprise, révèle qu'il s'agit d'une catégorie d'emplois à prédominance féminine ou masculine.

L'évaluation des catégories d'emplois

L'évaluation des catégories d'emplois peut se définir comme un processus systématique de comparaison des catégories d'emplois servant à établir leur valeur relative dans une organisation. Cette évaluation doit être faite sur la base des exigences de la catégorie d'emploi et non des caractéristiques de son titulaire. Pour ce faire, on doit obligatoirement utiliser les quatre facteurs prévus à l'article 57 :

1. les qualifications requises ;
2. les responsabilités assumées ;
3. les efforts requis ;
4. les conditions dans lesquelles le travail est effectué.

Chacun de ces facteurs se décompose en sous-facteurs, ce qui permet de tenir compte de la diversité des exigences des catégories d'emplois de l'entreprise. En conséquence, le nombre de sous-facteurs peut varier d'une organisation à l'autre.

Pour déterminer la valeur de chacun des emplois, il est nécessaire d'élaborer une grille de pondération indiquant l'importance relative de chaque facteur et sous-facteur. Il est essentiel d'utiliser la même grille de pondération pour tous les emplois couverts par le programme d'équité salariale. Pour établir une grille de pondération, il est indiqué de commencer par classer les facteurs, puis de leur attribuer un poids relatif exprimé en pourcentage. La somme du pourcentage de chacun des sous-facteurs doit correspondre au poids relatif du facteur ; celui-ci varie généralement à l'intérieur des fourchettes suivantes (CES, 2014) :

- qualifications requises (de 20 % à 35 %) ;
- responsabilités assumées (de 25 % à 30 %) ;
- efforts requis (de 20 % à 40 %) ;
- conditions de travail (de 5 % à 15 %).

Une fois la grille établie, il faut répartir le total des points de chaque sous-facteur entre différents niveaux.

Après avoir mis au point l'outil d'évaluation des emplois et la grille de pondération, le comité d'équité salariale, ou à défaut l'employeur, doit effectuer un affichage mentionnant que les deux premières étapes du programme sont complétées, donc que les catégories d'emplois et leur prédominance ont été identifiées, et que l'outil d'évaluation a été élaboré. L'affichage doit être visible et facilement accessible pendant 60 jours. Au cours de cette période, les salariés en prennent connaissance et peuvent demander des renseignements supplémentaires par écrit. Le comité, ou à défaut l'employeur, a 30 jours pour leur répondre. Au terme de cette période, un nouvel affichage doit avoir lieu pour indiquer s'il y a eu ou non des modifications. Ce nouvel affichage doit durer 60 jours.

L'estimation des écarts salariaux et le calcul des ajustements salariaux

L'évaluation ayant permis de donner une valeur à chacune des catégories d'emplois, on doit maintenant effectuer l'estimation des écarts salariaux. Cette étape consiste à comparer les catégories d'emplois à prédominance féminine aux catégories d'emplois à prédominance masculine de même valeur afin d'égaliser la rémunération entre emplois de même valeur. Il faut d'abord établir ce qui constitue la rémunération, soit le salaire de base, la rémunération flexible et les avantages sociaux. Lorsqu'il existe une échelle, il faut utiliser le taux de salaire maximum pour la comparaison des emplois, puisque celui-ci reflète la contribution d'une personne salariée lorsque sa formation est complète et qu'elle satisfait pleinement aux exigences normales de son emploi. La comparaison des salaires exige une normalisation de l'unité de mesure des salaires.

Une fois la rémunération globale déterminée, on doit estimer les écarts salariaux entre emplois de valeur équivalente.

Les modalités de versement des ajustements salariaux

À la suite de l'estimation des écarts salariaux effectuée selon la méthode jugée appropriée, la dernière étape de la mise en place d'un programme d'équité salariale est la détermination des modalités de versement des ajustements salariaux. Si un employeur termine en retard son exercice d'équité salariale, il doit payer rétroactivement les ajustements salariaux, y compris les intérêts au taux légal à compter de la date où l'exercice devait être fini, à toutes les personnes qui occupent ou ont occupé pendant cette période une catégorie d'emplois pour laquelle des ajustements ont été déterminés, et ce, même si ces personnes ont quitté l'entreprise (CES, 2014).

Les ajustements salariaux des catégories d'emplois à prédominance féminine ainsi que leurs modalités de versement font partie intégrante de la convention collective ou des conditions de travail applicables, et ils doivent être versés en totalité (*ibid.*).

L'affichage des résultats

Le comité d'équité salariale, ou à défaut l'employeur, doit afficher les résultats des deux dernières étapes et y inclure les résultats affichés lors des deux premières étapes. Ce deuxième affichage doit être visible et facilement accessible pendant 60 jours. Au cours de cette période, les salariés en prennent connaissance et peuvent demander des renseignements supplémentaires par écrit. Le comité, ou à défaut l'employeur, a 30 jours pour leur répondre.

Au terme de cette période, un nouvel affichage doit indiquer s'il y a eu des modifications. La durée de ce nouvel affichage est de 60 jours. L'affichage des résultats constitue l'aboutissement de l'exercice d'équité salariale.

8.5 Les délais de mise en œuvre pour les entreprises

À son entrée en vigueur, en 1996, la *LES* prévoyait des délais d'application uniformes sur deux périodes maximales de quatre ans : l'employeur disposait de quatre ans au maximum, après l'entrée en vigueur de la *Loi* (ou à la date à laquelle il y devenait assujetti), pour réaliser l'exercice d'équité salariale et déterminer les écarts salariaux, et de quatre autres années au maximum pour étaler les versements dus aux salariés des catégories d'emplois à prédominance féminine. Ces dispositions sont toujours en vigueur pour les entreprises nouvellement créées.

En 2006, un rapport du ministre du Travail (CES, 2006) indiquait que, 10 ans après l'adoption de la *Loi*, le taux de conformité des entreprises était nettement insuffisant. Pour pallier cette carence, le projet de loi 25, ou la *Loi modifiant la Loi sur l'équité salariale*, a été adopté en mai 2009. Il comprenait des mesures transitoires accordant aux entreprises retardataires un délai de grâce pour terminer cet exercice. L'échéance était fixée au 31 décembre 2010, avec un effet rétroactif à la date à laquelle l'exercice aurait dû être réalisé pour l'ensemble des entreprises assujetties. Ces modifications à la *Loi* visaient à élargir son champ d'application et à inciter les entreprises retardataires à se conformer à leurs obligations en leur accordant un délai de grâce pour la réalisation de l'équité salariale. Une autre modification importante résidait dans l'obligation, pour les employeurs, d'effectuer l'évaluation du maintien de l'équité salariale tous les cinq ans.

8.6 Le maintien de l'équité salariale

La *LES* exige que l'employeur évalue si l'équité salariale est maintenue, une fois atteinte. Plus précisément, il s'agit d'évaluer si les catégories d'emplois à prédominance féminine continuent à recevoir une rémunération égale aux catégories d'emplois à prédominance masculine de même valeur. Si ce n'est pas le cas, il est alors de la responsabilité de l'employeur de prendre les mesures nécessaires pour rétablir l'équité. Les dispositions relatives au maintien de l'équité salariale ont d'abord été refondues en mai 2009, puis révisées en avril 2019 avec l'adoption de la *Loi modifiant la Loi sur l'équité salariale afin principalement d'améliorer l'évaluation du maintien de l'équité salariale*. Celle-ci constituait une réponse à la décision de la Cour suprême du Canada de considérer comme invalides, inapplicables, inopérants et sans effet les articles 76.3 et 76.5 ainsi que le deuxième alinéa de l'article 103.1 de la *LES*, et à la demande au législateur de corriger la loi[3]. Nous présentons ici les principales dispositions de cette nouvelle loi.

8.6.1 Les obligations de l'employeur

L'évaluation du maintien implique une démarche ayant un objectif particulier et pouvant aboutir à de nouveaux ajustements salariaux ou au contraire au *statu quo* (Chicha, 2011). Comme spécifié à l'article 76.1 de la *LES*, cette évaluation du maintien effectuée tous les cinq ans, avec effet rétroactif à la date où les changements sont survenus, est une obligation relevant de l'employeur.

8.6.2 La participation des salariés

Lors de l'exercice initial d'équité salariale, la participation des salariés passe par un comité d'équité salariale et varie selon la taille de l'entreprise. Il n'en est pas de même pour l'évaluation du maintien, que l'employeur décide d'effectuer seul, ou avec un comité de maintien de l'équité salariale ou l'association accréditée. Même si

---

3. *Québec (Procureure générale du)* c. *Alliance du personnel professionnel et technique de la santé et des services sociaux, et al.*, 2018 CSC 17.

l'employeur décide d'effectuer seul les travaux d'évaluation du maintien de l'équité salariale, il doit entreprendre un processus de participation, notamment en mettant en place des mesures de consultation sur ces travaux afin de permettre aux salariés de poser des questions ou de présenter leurs observations.

Si l'employeur décide de former un comité d'évaluation du maintien, les règles applicables sont les mêmes que celles du comité d'équité salariale, surtout en ce qui concerne la participation des salariés et la proportion de femmes. Il n'y a aucune obligation de veiller à ce que les membres du comité de maintien soient les mêmes que ceux du comité d'équité salariale, bien que l'évaluation du maintien puisse en être facilitée.

8.6.3 La mise en œuvre de l'évaluation du maintien

L'évaluation du maintien de l'équité salariale devrait en principe se faire selon les mêmes méthodes et avec les mêmes outils que pour l'exercice d'équité salariale. Des dérogations à ce principe pourraient raisonnablement être permises si les changements observés dans l'entreprise les justifiaient. Ainsi, il est possible pour un employeur de changer de méthode au moment d'effectuer l'évaluation du maintien. Toutefois, la démarche retenue pour réaliser l'évaluation du maintien doit être exempte de discrimination fondée sur le sexe et être conforme aux bonnes pratiques en matière d'équité salariale.

8.6.4 Les affichages

Selon le premier alinéa de l'article 76.3 de la *LES*, dès que l'évaluation du maintien est terminée, l'employeur ou le comité de maintien de l'équité salariale en affiche les résultats. L'affichage doit comprendre les éléments suivants :

- un sommaire de la démarche retenue pour l'évaluation du maintien de l'équité salariale ;
- un sommaire des questions posées et des observations présentées dans le cadre des mesures de consultation du processus de participation, le cas échéant, ainsi qu'un sommaire de la manière dont elles ont été considérées ;
- la liste des événements ayant entraîné des ajustements ainsi que, pour chacun de ces événements, sa date de début et, le cas échéant, de fin, ou, à défaut, un avis indiquant qu'aucun ajustement n'est requis ;
- la liste des catégories d'emplois à prédominance féminine qui ont droit à des ajustements ;
- le pourcentage ou le montant des ajustements à verser, ainsi que les modalités de versement ;
- la date de l'affichage ainsi que les renseignements sur les recours des salariés et les délais pour les exercer.

Cet affichage, qui peut aussi être fait par voie électronique, doit durer 60 jours, ce délai permettant aux salariés de faire des commentaires ou de demander des explications, par écrit. Au terme des 60 jours, l'employeur dispose de 30 jours pour répondre aux salariés au moyen d'un deuxième affichage, par lequel il les informe des modifications effectuées ou du fait qu'aucune modification n'a été nécessaire. Dans le cas où l'évaluation du maintien est faite par l'employeur seul, ce nouvel affichage, d'une durée obligatoire de 60 jours, doit être accompagné des renseignements sur les recours prévus ainsi que sur les délais pour les exercer. De plus, tous les renseignements utilisés pour l'évaluation du maintien de l'équité salariale ainsi que le contenu de tout affichage doivent être conservés durant six ans (art. 76.8).

8.6.5 Les ajustements salariaux à la suite de l'évaluation du maintien

Le versement des ajustements salariaux à l'issue de l'étape de l'évaluation du maintien doit être fait en date de l'événement qui a nécessité ces ajustements. Tout retard entraîne des intérêts sur les sommes dues, calculés au taux légal, soit 5 %.

8.7 Le bilan de la *Loi sur l'équité salariale*

Dans cette section, nous présentons les actions entreprises par la CNESST pour atteindre un taux élevé de conformité à la *LES*, et nous brossons le portrait actuel de la situation de l'équité salariale.

8.7.1 Le rôle de la Commission des normes, de l'équité, de la santé et de la sécurité du travail

Depuis sa création en 1996 par la *LES*, *la Commission de l'équité salariale*, désormais le volet « équité salariale » de la CNESST, est tenue de fournir de l'information et de veiller à l'application de la *Loi*. Son mandat est vaste et comprend un rôle de soutien et un rôle décisionnel. Dans son rôle de soutien, la CNESST s'emploie principalement à communiquer de l'information ainsi qu'à offrir de l'assistance, du soutien et de la formation à la population. Son objectif est non seulement de mettre au point des outils pour faire connaître la *LES*, mais aussi de prêter assistance aux employeurs qui doivent l'appliquer ainsi qu'aux personnes salariées. Sur le plan décisionnel, la CNESST surveille la réalisation des exercices d'équité salariale et le maintien de celle-ci, notamment en menant des enquêtes à la suite des plaintes ou de sa propre initiative et des demandes de règlement de différends qui lui sont soumises par les parties en cause.

De plus, la CNESST a créé un service de conciliation, dont le but est de favoriser le règlement des mésententes. Ce service est offert gratuitement lorsqu'une demande de règlement d'un différend au sein d'un comité d'équité salariale ou qu'une plainte en milieu syndiqué sont déposées auprès de la Commission. Le conciliateur nommé demande aux parties d'exposer leur position et de trouver des pistes de solution. L'objectif n'est pas que les parties s'affrontent, mais plutôt qu'elles parviennent à une entente.

La CNESST reçoit aussi des plaintes de salariés visant leur employeur et rend des décisions à ce sujet. Les plaintes et les différends constituent des « recours déposés » dans les statistiques annuelles de la CNESST. En 2017, elle a traité 309 recours déposés ; de ce nombre, 253 se sont réglés à la satisfaction des parties après enquête ou par une entente après conciliation et 56 décisions ont été rendues. Au cours de l'année 2017, 206 nouvelles plaintes ont été reçues (CNESST, 2018, p. 182).

8.7.2 Le bilan de la *Loi sur l'équité salariale*

Alors qu'en avril 2014, près de 70 % des employeurs seulement avaient déclaré avoir terminé l'exercice d'équité salariale (dont l'échéance était le 1er janvier précédent) dans leur entreprise (CES, 2014, p. 10), le portrait était tout autre en 2017 avec un taux de conformité de 92,1 % pour l'exercice initial d'équité salariale. En ce qui concerne l'évaluation du maintien de l'équité salariale, le taux de conformité des entreprises se situe à 69,2 % (CNESST, 2018, p. 179). On peut donc conclure que les mesures mises en place par la CNESST ont porté fruit jusqu'à ce jour, mais que des efforts demeurent nécessaires afin que davantage d'entreprises déclarent avoir effectué l'évaluation du maintien de l'équité salariale. Les modifications récentes à la *LES* exigeront une surveillance accrue et un accompagnement des employeurs de la part de la CNESST concernant le maintien de l'équité salariale.

8.8 Les programmes d'accès à l'égalité

Partant d'un constat de discrimination systémique sur le marché du travail à l'endroit des membres de certains groupes, à savoir les femmes, les minorités visibles, les Autochtones et les personnes handicapées, le gouvernement québécois modifiait en 1982 la *Charte des droits et libertés de la personne* du Québec pour y ajouter une partie entièrement consacrée aux PAE. En effet, une importante ségrégation professionnelle affecte les membres de ces groupes. Elle se traduit concrètement par une surreprésentation de ceux-ci dans des emplois de moins bonne qualité offrant de faibles niveaux de rémunération. Les gouvernements qui se sont succédé ayant progressivement étendu le champ d'application des PAE, force est de constater que ces différentes initiatives, en multipliant les types de programmes sans nécessairement toujours se préoccuper de leur cohérence, ont contribué à complexifier les PAE, probablement à outrance.

Les inégalités que vivent les membres des groupes cibles s'expliquent principalement par les discriminations, souvent pernicieuses, qui subsistent sur le marché du travail. Les préjugés qui teintent les comportements et les décisions de nombreux acteurs du marché du travail, notamment les employeurs, les organismes publics et les ordres professionnels, contribuent à produire des inégalités et à les perpétuer. Ces actions combinées se renforcent et créent un « mur » d'obstacles parfois difficiles à surmonter pour les membres des groupes cibles. Il s'agit alors d'une situation de discrimination systémique, telle que définie en début de chapitre.

Dans la sphère du travail, l'acteur principal demeure l'employeur, car il détermine l'ensemble des règles qui régiront les pratiques, formalisées ou non, de dotation, de promotion et d'organisation du travail, ainsi que le régime global de rémunération et les autres conditions de travail. Plusieurs études ont mis en lumière les facteurs de similarité et d'attraction pour expliquer la reproduction des inégalités (Roberson et Block, 2001 ; Phillips et O'Reilly, 1998). Ainsi, en fonction de ce principe, les individus responsables du recrutement ou de l'évaluation du rendement auraient tendance à privilégier des personnes qui « leur ressemblent », avec lesquelles ils auraient l'impression de partager davantage d'affinités, donc principalement des personnes du même groupe qu'eux. Entre deux candidats également compétents, ils vont choisir celui qui leur ressemble. Les membres d'un groupe homogène tendront, consciemment ou non, à prendre des décisions en faveur de ce groupe, ce qui, pour les groupes avantagés dans la distribution actuelle du pouvoir, aura pour conséquence de maintenir leur hégémonie économique ou sociale (Tomaskovic-Devey et Stainback, 2007). Cette perspective mène, entre autres, à réfléchir aux biais ethnocentriques susceptibles d'influencer les décisions.

De plus, la gestion actuelle des ressources humaines, dans certains milieux de travail, correspond, encore souvent, à l'institutionnalisation de pratiques conçues, à l'origine, pour répondre aux caractéristiques physiques et sociales du groupe dominant sur le marché du travail, donc les hommes blancs, non immigrés et sans handicap. Ceux-ci deviennent *de facto* la « norme » en fonction de laquelle seront évalués tous les candidats ; celles et ceux qui sont « différents » seront ainsi d'emblée plus ou moins désavantagés (Chicha et Charest, 2013). Non seulement les pratiques en elles-mêmes peuvent être problématiques jusqu'à un certain point, mais les décisions et les comportements des professionnels en ressources humaines ainsi que des gestionnaires qui devront appliquer ces pratiques seront influencés, souvent inconsciemment, par des préjugés et des stéréotypes plus ou moins importants.

Les préjugés sont façonnés par l'expérience et les connaissances acquises. Ils comportent une composante cognitive (l'ensemble des connaissances, fondées ou non, que nous possédons par rapport aux différents groupes), affective (l'ensemble des affects associés à un groupe en particulier) et comportementale (une propension à agir ou à réagir lorsque nous sommes en présence d'un membre de ce groupe) (Gergen *et al.*, 1992). Quant aux stéréotypes, ils simplifient la réalité : il s'agit de la création d'associations, souvent simplistes, entre l'appartenance à un groupe et différentes caractéristiques. Bien que les stéréotypes soient souvent négatifs, dans plusieurs cas, ils sembleront positifs a priori (par exemple, « les femmes sont plus sensibles et expriment plus facilement leurs émotions ») (Hamilton, 2008). Cependant, positifs ou négatifs, les stéréotypes, en participant à définir de manière peu subtile les individus qui nous entourent, ont pour effet de restreindre leurs possibilités sur le marché du travail (par exemple, comme les gestionnaires doivent souvent prendre des décisions difficiles, ils ne peuvent pas se permettre d'être trop sensibles ; ainsi, nous devrions écarter les femmes dans le processus d'embauche d'un gestionnaire) (Chicha et Charest, 2013).

8.9 L'influence américaine des *Affirmative Action Programs*

Le législateur québécois s'est largement inspiré de l'approche des Américains qui, à partir du milieu des années 1960, ont mis en œuvre des programmes d'action positive (*Affirmative Action*[4] *Programs*) dans la foulée des mouvements civiques qui avaient mis en lumière les inégalités marquées dont souffraient les membres des communautés noires, en particulier dans les États du sud. Ainsi, l'Administration fédérale américaine a sanctionné en 1965 un décret-loi nommé *Executive Order 11246* afin d'obliger toutes les entreprises entretenant une relation contractuelle avec lui à développer et à implanter un programme d'action positive permettant d'améliorer la représentation des personnes noires dans leurs effectifs. En 1967, le champ d'application de ce décret-loi s'est ouvert au groupe des femmes. C'est à la même époque qu'a été créé l'*Office of Federal Contract Compliance Programs*, un organe du ministère du Travail des États-Unis dont le mandat est de veiller à l'application adéquate du décret-loi.

Plus tard, l'action positive s'est appliquée aux facultés fortement contingentées, comme celles de médecine et de droit, où l'on voulait augmenter la représentation des étudiants noirs, puis aux petites entreprises dont les propriétaires étaient noirs, ce qui a amené les ministères et agences gouvernementales à leur allouer un certain nombre de contrats.

Les recherches sur ces programmes d'action positive indiquent qu'ils auraient accru la représentation et le niveau de rémunération des personnes noires et des femmes dans les entreprises (BIT, 2007 ; Holzer et Neumark, 2006 ; Holzer et Neumark, 1999 ; Leonard, 1984 ; Heckman et Wolpin, 1976). De plus, l'adoption des programmes d'action positive aurait diminué de façon significative la proportion d'entreprises qui

---

4. La traduction que nous utiliserons est « action positive ».

n'ont aucun employé membre des minorités visibles (Tomaskovic-Devey et Stainback, 2007). L'action positive aurait également augmenté les revenus et la qualité du travail des minorités visibles ainsi que la probabilité qu'elles obtiennent une promotion (Holzer et Neumark, 1999; Holzer et Neumark, 2006; Neumark et Stock, 2006). Enfin, le processus de formalisation des pratiques de gestion des ressources humaines, à la suite de l'adoption d'un programme d'action positive dans une entreprise, participerait à réduire la fréquence et la gravité des comportements discriminatoires (Riordan, 2000).

8.10 Les programmes d'accès à l'égalité au Québec

Les PAE s'adressent aux membres de quatre groupes cibles, c'est-à-dire les femmes, les minorités visibles et ethniques, les personnes handicapées et les Autochtones, en raison de la démonstration statistique de leur situation désavantageuse sur le marché du travail (Legault, 2006). Les PAE ont été établis pour combattre la discrimination systémique dans les milieux de travail et poursuivent à la fois un objectif d'égalité des chances et un objectif d'égalité des résultats.

Tous les PAE comportent deux volets: un volet diagnostic et un volet correctif, qui ont chacun une dimension quantitative et qualitative (*voir l'encadré 8.2*).

Le volet diagnostic indique à une organisation d'embaucher des membres des groupes cibles dans la même proportion que celle que l'on trouve sur le marché de l'emploi, lui-même teinté par la ségrégation professionnelle. Ainsi, les objectifs de représentation des groupes cibles dans les PAE sont souvent sous-estimés et déterminés par des facteurs discriminatoires. En effet, les principales sources à partir desquelles est calculée la disponibilité sont les données du recensement de la population canadienne et celles de l'Enquête sur les ménages de Statistique Canada. Cela signifie que les personnes considérées comme potentiellement

---

Encadré 8.2 — Les étapes de la mise en place d'un programme d'accès à l'égalité

I- Volet diagnostic

Dimension quantitative:

L'**analyse de l'effectif** permet de déterminer le taux de représentation de chaque groupe cible dans chacun des emplois de l'entreprise.

L'**analyse de disponibilité** consiste à établir le taux de représentation de chaque groupe cible dans la population de référence, qui a les compétences requises pour occuper chacun des emplois de l'entreprise.

La **sous-représentation** correspond à la différence entre le taux établi lors de l'analyse de disponibilité et celui obtenu par l'analyse de l'effectif. Elle est calculée pour chaque groupe cible et chaque emploi.

Dimension qualitative:

L'**analyse du système d'emploi** vise à dresser un portrait fidèle de l'ensemble des politiques et pratiques d'emploi afin de repérer celles qui ont pu contribuer à la sous-représentation.

II- Volet correctif

Dimension quantitative:

Les **objectifs de représentation** pour chacun des groupes cibles dans les différents emplois sont établis en fonction des taux de disponibilité. Ils s'inscrivent dans un échéancier qui prend en considération les prévisions d'embauche, la croissance anticipée, le taux de roulement, etc.

Dimension qualitative:

Le **redressement** permet d'augmenter rapidement la représentation des groupes cibles dans les emplois où ils sont sous-représentés, par exemple en mettant en place un taux d'embauche préférentielle.

L'**égalité des chances** est un principe ayant pour objectif de corriger les pratiques et politiques aux aspects discriminatoires, directs ou indirects.

Le **soutien** vise à faciliter l'atteinte des objectifs en rendant le milieu de travail plus accueillant, par exemple grâce à l'adoption d'une politique de conciliation travail-famille.

Source: Chicha, M.-T. et É. Charest (2013). *Le Québec et les programmes d'accès à l'égalité: un rendez-vous manqué? Analyse critique de l'évolution des programmes d'accès à l'égalité depuis 1985*. Rapport de recherche, Montréal, Centre d'études ethniques des universités montréalaises (CEETUM), p. 49.

disponibles pour occuper un emploi dans une entreprise sont celles qui travaillent ou qui ont déjà occupé un tel emploi. Or des barrières discriminatoires bloquant l'accès à certains métiers et à certaines professions aux membres des groupes cibles, ces derniers en sont absents malgré les compétences qu'ils possèdent. Par conséquent, les sources statistiques utilisées reflètent cette exclusion (Chicha et Charest, 2013). En somme, le calcul des taux de disponibilité occulte le fait que les membres des groupes cibles occupent souvent des emplois en dessous de leurs qualifications, en raison notamment de la discrimination systémique.

Il convient à ce stade de spécifier que, contrairement à certaines idées qui circulent dans la société, les PAE n'obligent jamais un employeur à embaucher des personnes appartenant à l'un des groupes cibles si elles s'avèrent moins compétentes que d'autres. En effet, les objectifs de représentation sont établis en fonction de la représentation des membres des groupes cibles dans le bassin de recrutement qui possèdent les compétences recherchées, ou encore, qui sont aptes à les acquérir dans un délai jugé raisonnable. La *Loi sur l'accès à l'égalité en emploi dans des organismes publics* a précisé, à l'article 14, qu'un PAE ne peut pas obliger un organisme :

1° à engager des personnes qui ne sont pas compétentes ou à leur donner une promotion ;

2° à engager des personnes ou à leur donner une promotion sans égard au mérite dans le cas où une convention collective ou les pratiques établies exigent que la sélection soit faite au mérite ;

3° à porter atteinte d'une manière indue aux intérêts de l'organisme ou des personnes qui n'appartiennent pas à un groupe visé ;

4° à créer de nouveaux postes ;

5° à exclure l'ancienneté comme critère d'embauche, de promotion, de licenciement, de mise à pied, de rappel au travail ou de redéploiement des effectifs.

8.11 Les types de programmes d'accès à l'égalité en vigueur au Québec

Six différents types de PAE ont successivement été adoptés au fil des ans par les gouvernements pour répondre aux diverses situations d'inégalité. Nous les présentons en détail ci-après.

8.11.1 Les programmes d'accès à l'égalité recommandés par la Commission des droits de la personne et des droits de la jeunesse ou imposés par un tribunal

L'expérience américaine de lutte contre les discriminations montre que les tribunaux, en sanctionnant les entreprises coupables de discrimination et en leur imposant des programmes d'action positive, ont un effet dissuasif important sur les entreprises tentées de maintenir des pratiques discriminatoires et les incitent à revoir leurs manières de faire. En vertu de la *Charte des droits et libertés de la personne*, la CDPDJ peut recommander qu'un PAE soit mis en place dans une organisation après avoir constaté qu'il s'y produit une situation de discrimination systémique. Dans l'éventualité où l'employeur refuserait de respecter les recommandations de la CDPDJ, celle-ci pourrait s'adresser au Tribunal des droits de la personne du Québec (TDPQ), qui a le pouvoir d'imposer un PAE (*Charte*, art. 88). Cependant, la CDPDJ a usé de sa prérogative très peu souvent jusqu'à présent, puisqu'elle n'a recommandé que trois PAE en tout. Les deux premiers concernaient des organisations du secteur parapublic ; ils sont donc passés sous le régime de la *Loi sur l'accès à l'égalité en emploi dans des organismes publics* lors de son entrée en vigueur. Le troisième cas, plus récent, opposait la CDPDJ à une entreprise privée : Gaz Métro. Ce cas fortement médiatisé a débuté par une plainte déposée par sept femmes qui prétendaient avoir été victimes de discrimination systémique lors d'un processus de dotation de postes de préposé à l'entretien des réseaux. Historiquement, dans l'entreprise, les titulaires de cet emploi de col bleu avaient pratiquement toujours été des hommes. Dans son jugement, le TDPQ a conclu à une discrimination systémique. En effet, la preuve a entre autres démontré que les comportements des personnes responsables de l'embauche dans cette entreprise étaient empreints de forts préjugés de genre, que ces personnes utilisaient des tests peu valides et inadaptés, et qu'elles faisaient aussi preuve d'un manque de rigueur notable dans leurs pratiques de dotation. Cette situation était d'autant plus surprenante que l'entreprise s'était volontairement engagée à augmenter la représentation des travailleuses dans ses emplois non traditionnels. Un bref sommaire des faits principaux est présenté dans l'encadré 8.3 à la page suivante.

En somme, malgré l'impact que pourrait avoir sur l'ensemble des organisations un PAE imposé par un tribunal,

> **Encadré 8.3** — **Les faits saillants de l'affaire Gaz Métro**
>
> - **1995**: Gaz Métro signe une lettre d'entente avec le syndicat visant à permettre aux femmes et aux personnes issues des minorités visibles d'accéder de façon préférentielle aux emplois de cols bleus et tient un concours de recrutement auquel participent les plaignantes.
> - **1996**: Une plainte collective de discrimination systémique à l'embauche est déposée au nom de sept femmes auprès de la CDPDJ.
> - **2002**: Au terme de son enquête, la CDPDJ conclut à la présence de discrimination systémique et recommande, outre le paiement de dommages-intérêts aux femmes victimes du préjudice, la mise en place d'un PAE chez Gaz Métro.
> - **2003**: Gaz Métro refuse de se plier aux recommandations de la CDPDJ, qui s'adresse au TDPQ.
> - **D'octobre 2004 à janvier 2007**: Le TDPQ procède à l'audition de la preuve, qui dure 57 jours, et il entend 38 témoins, dont 10 experts.
> - **11 septembre 2008**: Le TDPQ rend son jugement et ordonne à Gaz Métro de verser une compensation financière aux plaignantes, d'embaucher l'une des plaignantes, de réintégrer les autres dans un processus de sélection non discriminatoire et d'adopter un PAE.
> - **4 décembre 2008**: Gaz Métro ayant porté ce jugement en appel le 14 octobre, la Cour d'appel accueille la requête pour permission d'appeler de la décision rendue par le TDPQ.
> - **27 juin 2011**: Le jugement de la Cour d'appel confirme la décision rendue par le TDPQ. Selon la Cour d'appel, le jugement précédent était « bien dirigé en droit », et la conclusion de discrimination, largement démontrée en preuve. Gaz Métro a renoncé à interjeter appel de ce dernier jugement et s'est engagée à élaborer un PAE en collaboration avec la CDPDJ.
> - **25 avril 2012**: Le TDPQ approuve le PAE déposé par Gaz Métro.
>
> Source: Chicha, M.-T. et É. Charest (2013). *Le Québec et les programmes d'accès à l'égalité: un rendez-vous manqué? Analyse critique de l'évolution des programmes d'accès à l'égalité depuis 1985*. Rapport de recherche, Montréal, Centre d'études ethniques des universités montréalaises (CEETUM), p. 51.

ce type de PAE est plutôt rare et constitue une exception, ce qui limite d'autant les possibilités de dissuasion.

8.11.2 Les programmes volontaires d'accès à l'égalité

En vertu de la *Charte*, les employeurs peuvent adopter un PAE de manière volontaire. Cependant, nous avons très peu de renseignements à ce sujet, puisque les employeurs n'ont pas l'obligation de soumettre leur PAE pour approbation ou évaluation à la CDPDJ (Chicha et Charest, 2013).

En 1986, le Secrétariat à la condition féminine du Québec a élaboré un projet pilote, le *Plan d'action visant le démarrage de programmes volontaires d'accès à l'égalité pour les femmes*, qui visait à accroître l'embauche de femmes. Une subvention de 50 000 $ ainsi que différentes mesures d'accompagnement étaient alors offertes aux organisations participantes. Il est rapidement devenu évident, lorsque le projet a pris fin, que les résultats n'étaient pas ceux escomptés. En effet, la vaste majorité des entreprises privées participantes ont abandonné leur PAE, une fois la subvention dépensée (CRI, 1999). En outre, la CDPDJ (1998) a déclaré que ce projet ne semblait pas avoir eu d'impacts significatifs sur l'avancement des femmes dans les entreprises participantes. Parmi les facteurs mentionnés pour expliquer cet échec, notons que les subventions accordées ont principalement été utilisées pour embaucher des consultants sans qu'il y ait eu un réel souci de transférer l'expertise vers l'organisation et de faire évoluer la culture organisationnelle. Également, la plupart des employeurs participants ont montré de la résistance à s'engager dans le projet pilote, mais surtout à fixer des objectifs de représentation et à adopter des mesures plus contraignantes (Conseil du statut de la femme, 1993).

Les données les plus récentes de la CDPDJ nous indiquent que seulement 10 entreprises auraient établi un PAE volontaire, ce qui montre bien les limites du volontarisme en la matière. Celles-ci avaient d'ailleurs été mentionnées dans un rapport du Bureau international du travail (BIT, 2007). Ainsi, ce type de PAE serait rare et aurait probablement des effets insignifiants sur les phénomènes de discrimination (Chicha et Charest, 2013).

8.11.3 Les programmes d'accès à l'égalité mis en place en vertu de la politique d'obligation contractuelle

La politique d'obligation contractuelle a été instaurée en 1987 par une décision du Conseil exécutif. Cette politique, inspirée directement des programmes d'action positive américains liés à l'octroi de contrats publics fédéraux, prévoit que les entreprises qui sollicitent une subvention ou un contrat gouvernemental de 100 000 $ ou plus et ayant un minimum de 100 salariés doivent s'engager à mettre en œuvre un PAE si elles obtiennent le contrat ou la subvention en question. Notons au passage que ces critères relatifs à la taille de l'entreprise et au montant du contrat restreignent le champ d'application de la politique, puisqu'ils excluent arbitrairement de nombreuses entreprises.

Soulignons également que cette politique ne s'applique pas au grand nombre de contrats octroyés annuellement par les municipalités et les organismes publics ou parapublics, notamment ceux des réseaux de l'éducation et de la santé. Pourtant, s'ils étaient tous soumis à l'application de la politique, qui est la principale à imposer des obligations d'accès à l'égalité, et ce, même aux entreprises privées, elle aurait une plus grande portée (*ibid.*). La gestion de cette politique est complexifiée par le fait que plusieurs administrations interviennent à différents niveaux (*ibid.*) :

- les ministères et organismes qui octroient les contrats et les subventions doivent déterminer les entreprises à assujettir à la politique ;
- le Secrétariat du Conseil du trésor (SCT) met en place le cadre réglementaire et, sur la recommandation de la CDPDJ, sanctionne les entreprises qui ne s'y conforment pas ;
- la CDPDJ offre un soutien-conseil aux entreprises, mais évalue également si elles atteignent leurs objectifs.

Toutes les entreprises sont assujetties à l'obligation de soumettre annuellement un rapport à la CDPDJ sur les progrès réalisés sur le plan de l'accès à l'égalité. Cependant, l'article 93 de la *Charte* rend confidentiel le contenu de ce rapport, aussi est-il difficile d'en faire une évaluation indépendante (Chicha, 1998 ; Chicha et Charest, 2009).

Au 30 mars 2014, 138 entreprises étaient assujetties à la politique d'obligation contractuelle (CDPDJ, 2014), alors qu'en 2000 il s'agissait de 170 entreprises (Chicha et Charest, 2013). En tout, 14 entreprises auraient été sanctionnées depuis l'entrée en vigueur de cette politique.

En résumé, les PAE mis en place en vertu de la politique d'obligation contractuelle semblent nécessaires, car, autrement, peu d'entreprises feraient vraiment des efforts pour améliorer la représentation des groupes cibles au sein de leurs effectifs. Leur nombre est cependant insuffisant. Il faudrait étendre la portée de ce type de PAE pour qu'il ait un impact véritable. La CDPDJ et le Conseil du trésor doivent faire preuve d'une plus grande vigilance et ne pas hésiter à imposer des sanctions aux entreprises délinquantes, ce qui a été négligé jusqu'à présent (*ibid.*).

8.11.4 Les programmes d'accès à l'égalité dans la fonction publique

L'article 92 de la *Charte* précise que :

> Le gouvernement doit exiger de ses ministères et organismes dont le personnel est nommé suivant la *Loi sur la fonction publique* (chapitre F-3.1.1) l'implantation de programmes d'accès à l'égalité dans le délai qu'il fixe.

Ainsi, l'État doit exiger de ses ministères et organismes l'implantation de PAE, mais, à la différence des autres employeurs, il fixe ses propres délais et ne peut faire l'objet d'une enquête de la CDPDJ. Le rôle de celle-ci n'est que consultatif pour ce type de PAE (Chicha et Charest, 2013), une situation qui est d'ailleurs dénoncée (CDPDJ, 2011, p. 17) :

> [...] la Commission estime qu'un des facteurs qui expliquent la sous-représentation des minorités dans l'appareil gouvernemental est "l'absence de mécanismes de suivi, d'évaluation et de contrôle à toutes les étapes du processus d'implantation des PAE dans la fonction publique, soit de la fixation des objectifs jusqu'à la mise en œuvre de mesures correctrices".

Pourtant, l'État est un employeur majeur au Québec avec 58 272 postes équivalents temps complet occupés par plus de 77 000 personnes (SCT, 2013) ; les PAE qu'il met en place pourraient avoir une influence importante sur le marché du travail.

Un objectif global d'embauche de 25 % pour les membres des groupes cibles (les communautés culturelles, les anglophones et les Autochtones – les personnes handicapées ont été ajoutées plus tard) a été fixé en 1999 pour améliorer leur représentation au sein des ministères et organismes. Des données récentes montrent que les progrès sont inégaux. Entre 1993 et 2012, la représentation des membres des communautés culturelles est passée de 2,12 % à 6,5 % de l'effectif « régulier » de la fonction publique (SCT, 2012), alors que ces membres représentent près de 20 % de la population active (CDPDJ, 2009). En 2000, le Sous-secrétariat au personnel de la fonction publique du Conseil du trésor (SSPFPCT, 2000) reconnaissait certaines difficultés à atteindre cet objectif, notamment un manque de planification et l'absence de volonté politique, mais surtout, d'imputabilité pour les hauts dirigeants.

Les résultats de ce PAE envoient un message fort aux organisations publiques et privées sur l'importance des PAE (Chicha et Charest, 2013).

8.11.5 Les programmes d'accès à l'égalité dans les organismes publics

Depuis le 1er avril 2001, les organismes publics qui comptent 100 salariés ou plus, comme les municipalités, les réseaux de l'éducation et de la santé, les sociétés d'État, de même que les corps policiers, ont l'obligation de mettre en place un PAE en vertu de la *Loi sur l'accès à l'égalité en emploi dans des organismes publics*. Cependant, les rapports de la CDPDJ portent à croire que les résultats sont très inégaux et, dans tous les cas, lents à se matérialiser.

Parmi les facteurs qui peuvent expliquer ce constat, notons l'administration lourde et complexe adoptée par la CDPDJ, qui, compte tenu de son effectif réduit, ne parvient pas à répondre à la demande. De plus, l'absence, encore une fois, de sanctions n'encouragerait pas les organisations à mettre en œuvre ces PAE de manière efficace.

Dans le rapport triennal complet de la CDPDJ qui porte sur la période 2007-2010 (2012), on constate que, dans l'ensemble, les organismes publics ne parviennent pas à combler la sous-représentation des groupes cibles, certains semblant avoir beaucoup plus de difficultés que d'autres.

8.11.6 Les programmes d'accès à l'égalité dans l'industrie de la construction

En 1995, compte tenu des obstacles importants que rencontraient les femmes qui souhaitaient travailler dans le secteur de la construction, le gouvernement du Québec a décidé d'adopter le projet de loi 46, soit la *Loi modifiant la Loi sur les relations du travail, la formation professionnelle et la gestion de la main-d'œuvre dans l'industrie de la construction et modifiant d'autres dispositions législatives*.

Le slogan « 2000 femmes pour l'an 2000 » a servi d'assise à l'implantation du premier PAE dans l'industrie de la construction. En 1997, on ne comptait que 243 femmes dans ce secteur, soit 0,3 % de l'ensemble des effectifs (Chicha et Charest, 2013). Le bilan réalisé par la Commission de la construction du Québec (CCQ, 2012) montre bien les difficultés de ce premier PAE et les obstacles que rencontraient toujours les femmes au cours des cinq premières années (1997-2012) de sa mise en place. En 2013, les femmes ne représentaient que 2,1 % des effectifs des métiers et professions de ce secteur (CCQ, 2014). Leur présence était concentrée dans quelques métiers seulement, comme carreleur, peintre, plâtrier et poseur de revêtements souples, ce qui indiquait un phénomène de ségrégation professionnelle. De plus, d'après les données, il existait toujours un écart salarial préjudiciable aux femmes, dont l'ampleur variait selon le métier (CCQ, 2012).

Par ailleurs, les employeurs ne semblaient pas enclins à embaucher des femmes, notamment dans les petites entreprises. Seulement 5 % des 20 420 entreprises de 5 salariés ou moins embauchaient des femmes, alors que ce taux était de 66 % en moyenne dans les 225 entreprises de plus de 50 salariés (*ibid.*). Selon des données plus récentes de la Commission de la construction du Québec (2014), le Québec accuse un retard en comparaison des autres provinces canadiennes en ce qui concerne la présence des femmes sur les chantiers (au Canada, les femmes occupent 3,1 % des métiers et professions de la construction).

Ces résultats obligent à admettre que, devant une situation de discrimination systémique fortement ancrée dans le milieu, il est nécessaire d'intervenir de manière structurée et vigoureuse. Gouvernement, employeurs, organisations syndicales et institutions d'enseignement doivent tous agir en partenariat si l'on souhaite améliorer réellement la situation (Chicha et Charest, 2013), d'autant plus que le PAE dans l'industrie de la construction ne donne pas lieu à des sanctions en cas de non-conformité[5].

Ce survol des différents types de PAE en vigueur au Québec permet de constater que la situation se caractérise par

---

5. Notons qu'en mars 2015, la Commission de la construction du Québec a mis en œuvre un nouveau PAE pour les femmes. Ce nouveau programme couvre la période de 2015 à 2024 (CCQ, 2015).

un amalgame de programmes, peu surveillés et rarement sanctionnés, ayant chacun un encadrement administratif distinct et des critères d'application variables, comme l'illustre le tableau 8.2 (Chicha et Charest, 2013).

L'absence de cadre intégré et de sanctions dissuasives ainsi que les possibilités limitées de surveillance sont autant de lacunes fondamentales de l'approche québécoise en matière d'accès à l'égalité. De plus, le manque

Tableau 8.2 **Le cadre administratif selon la catégorie de programme d'accès à l'égalité**

Catégorie de PAE	Cadre juridique	Employeurs visés	Groupes cibles	Responsabilité administrative	Sanctions
Recommandé par la CDPDJ ou imposé par un tribunal	Partie III de la *Charte*, notamment les articles 86, 88, 89 et 90	Employeur mis en cause dans la plainte	Groupe cible auquel appartiennent les plaignants	Surveillance et assistance par la CDPDJ	Dépend de la décision du tribunal (p. ex., Gaz Métro)
Volontaire	Partie III de la *Charte*, notamment les articles 86, 87 et 89	Tout employeur volontaire	Variable	Surveillance et assistance par la CDPDJ	Pas de sanction prévue
Mis en place en vertu de la politique d'obligation contractuelle	Décision ministérielle (1989)	Entreprise de 100 salariés ou plus recevant du gouvernement une subvention ou ayant conclu avec lui un contrat de 100 000 $ ou plus	Femmes, minorités visibles, Autochtones, personnes handicapées (2009)	Partage des responsabilités entre la CDPDJ, le SCT et les ministères octroyant les contrats	Retrait de la liste des fournisseurs de l'État
Dans la fonction publique	Partie III de la *Charte*, notamment les articles 86 et 92	Ministères et organismes (*Loi sur la fonction publique*)	Femmes, communautés culturelles, personnes handicapées, Autochtones	Pas de surveillance de la CDPDJ; le gouvernement doit simplement la consulter	Pas de sanction prévue
Dans les organismes publics	*Loi sur l'accès à l'égalité en emploi dans des organismes publics* et partie III de la *Charte*	Organisme public de 100 salariés ou plus	Femmes, minorités visibles, minorités ethniques, Autochtones, personnes handicapées (2005)	Surveillance et assistance par la CDPDJ	Obligation de réaliser le PAE selon la décision du tribunal (aucune jusqu'à présent)
Dans l'industrie de la construction	*Loi sur les relations du travail, la formation professionnelle et la gestion de la main-d'œuvre dans l'industrie de la construction*	Entreprise dans l'industrie de la construction	Femmes	Commission de la construction du Québec	Pas de sanction prévue

Source: Chicha, M.-T. et É. Charest (2013). *Le Québec et les programmes d'accès à l'égalité: un rendez-vous manqué? Analyse critique de l'évolution des programmes d'accès à l'égalité depuis 1985*. Rapport de recherche, Montréal, Centre d'études ethniques des universités montréalaises (CEETUM), p. 69.

de bilans détaillés, complets et réguliers de la part de l'organisme mandaté et les difficultés à réaliser des évaluations indépendantes rendent ces programmes opaques pour le grand public, ce qui peut contribuer à les discréditer (*ibid.*).

8.12 Le rôle de la Commission des droits de la personne et des droits de la jeunesse

La CDPDJ a des responsabilités importantes en matière d'évaluation de la conformité, de promotion et de mise en œuvre des PAE, mais, au regard de ses nombreux mandats, dispose de ressources limitées (Chicha et Charest, 2013). Différents problèmes organisationnels viennent s'ajouter à ce manque de ressources. D'abord, les employeurs subissent la lourdeur administrative (Charest, 2012) qui ressort des multiples guides volumineux et complexes préparés par la CDPDJ à leur intention. Lors d'une enquête effectuée en 2005-2006 (Chicha et Charest, 2009), les commentaires recueillis auprès d'un important échantillon d'entreprises illustraient bien ce problème. La plupart mentionnaient que la CDPDJ était plus préoccupée par les aspects administratifs des PAE, notamment en matière de rédaction de rapports, que par l'atteinte des objectifs de représentation, et qu'elle avait toujours tendance à vouloir imposer une démarche uniforme à l'ensemble des entreprises. Parallèlement, les employeurs étaient préoccupés par le délai de traitement de leur rapport, ce qui les amenait fréquemment à remettre en question la rétroaction des membres de la CDPDJ, puisque, souvent, la situation décrite dans le rapport pouvait avoir considérablement changé depuis sa rédaction (Chicha et Charest, 2013). En fait, l'exhaustivité de la démarche exigée par la CDPDJ ralentit les travaux et fait oublier l'objectif du législateur, à savoir un changement sociétal inspiré des principes de justice et d'équité. Ainsi, ces exigences administratives voilent les exigences d'égalité (*ibid.*).

Un autre écueil a trait à la rareté des bilans effectués par la CDPDJ: on ne peut pas déceler les lacunes d'une politique et la réviser si elle n'est pas régulièrement évaluée (*ibid.*). En effet, en plus de 25 ans d'existence des PAE mis en place en vertu de la politique d'obligation contractuelle, une seule évaluation a été terminée. En ce qui concerne les PAE dans les organismes publics, la CDPDJ publie mensuellement des tableaux faisant état de la situation, en y indiquant uniquement le pourcentage des organismes ayant accompli l'une ou l'autre étape de la mise en œuvre d'un PAE et en omettant de donner des précisions sur l'étape elle-même ou le degré d'atteinte des objectifs d'égalité, alors que ce devrait être le véritable objectif de l'exercice (*ibid.*).

8.13 La notion d'accommodement raisonnable

L'expression « accommodement raisonnable » est devenue courante dans les années 2000, bien que souvent mal comprise, ce qui explique les polémiques qu'elle suscite dans le débat public. Notons que, avant l'adoption du projet de loi 62, cette expression, qui désigne un concept dont l'origine est américaine, ne se trouvait pas dans les lois du Québec. Pour cette raison, ce concept a été défini progressivement par une série de jugements rendus par des tribunaux de diverses instances appelés à se prononcer sur les enjeux que soulève la recherche d'une plus grande égalité entre les citoyens (Tremblay Potvin, 2018). Cette obligation d'accommoder serait ainsi une conséquence naturelle de cette recherche de l'égalité. Dans une perspective de relations du travail, l'obligation d'accommoder les salariés sans « contrainte excessive » n'est pas banale, puisque le *Code du travail*, tout comme les conventions collectives négociées à l'intérieur du cadre juridique, « sont subordonnés à la norme québécoise d'égalité et au droit d'accommodement [...] ». On impose donc aux acteurs du marché du travail de nouvelles obligations auxquelles ils ne peuvent pas se soustraire « même par le jeu de la négociation » (Gauthier, 2008, p. 55 et 68).

Le concept d'accommodement raisonnable est lié à celui d'égalité réelle (égalité substantive): la « matérialisation » de l'égalité, c'est-à-dire « faire vivre » l'égalité dans les milieux de travail, obligerait à considérer formellement les caractéristiques des membres de certains groupes (par exemple, les limitations fonctionnelles d'une personne handicapée) ou les circonstances dans lesquelles les personnes se trouvent (par exemple, l'horaire du service de garde qui module la disponibilité d'une mère monoparentale pour le travail). Ainsi, comme le précise Bosset (2007), il sera justifié, dans de nombreux cas, de procéder à un traitement différentiel des individus afin de parvenir à une égalité réelle entre eux. La prise en considération de ces caractéristiques et circonstances pourrait amener l'employeur ou son représentant à modifier ou à adapter les règles de nature universaliste en place dans l'organisation afin d'en combattre les impacts négatifs lorsqu'elles s'appliquent aux membres de certains groupes. Ce faisant, on créerait une situation un peu plus égalitaire où ces caractéristiques et circonstances défavorables ne joueraient plus en défaveur des individus.

Comme l'a établi le jugement de la *Commission ontarienne des droits de la personne (O'Malley)* c. *Simpsons-Sears*[6], l'accommodement raisonnable consiste « à prendre des mesures raisonnables pour s'entendre avec le plaignant, à moins que cela ne cause une contrainte excessive : en d'autres mots, il s'agit de prendre les mesures qui peuvent être raisonnables pour s'entendre sans que cela n'entrave indûment l'exploitation de l'entreprise de l'employeur et ne lui impose des frais excessifs ».

Plus récemment, Bosset (2007) a défini l'accommodement raisonnable comme « une obligation juridique, applicable dans une situation de discrimination, et consistant à aménager une norme ou une pratique de portée universelle dans les limites du raisonnable, en accordant un traitement différentiel à une personne qui, autrement, serait pénalisée par l'application d'une telle norme ». Dans les deux définitions ci-dessus, il est spécifié que l'accommodement doit être encadré : l'employeur ne sera jamais tenu d'accommoder un employé dont la demande représente une « contrainte excessive ».

On détermine si la demande d'accommodement constitue une contrainte excessive pour un employeur en fonction de cinq facteurs : le coût financier de la mesure, l'impact organisationnel, l'atteinte aux droits, les risques pour la sécurité et la mission de l'organisation. Le tableau 8.3 présente les principaux aspects à considérer en fonction de ces facteurs (Bosset, 2007 ; Brunelle, 2001). Notons qu'il n'existe pas de réponse universelle à la question de savoir si une demande d'accommodement particulière représente une contrainte excessive. En effet, une dépense de X dollars associée à une demande d'accommodement pourrait sembler faramineuse pour un OBNL, mais insignifiante par rapport au budget global d'une multinationale, en raison de leur capacité financière respective.

Afin de se faire une idée plus claire de l'importance et de la nature des demandes d'accommodement raisonnable, Tremblay Potvin (2018) a réalisé une étude exploratoire des décisions arbitrales et de celles rendues

Tableau 8.3 Les principaux aspects à considérer pour déterminer si une demande d'accommodement constitue une contrainte excessive

Facteurs	Aspects à considérer
Coût financier	• Coût de la mesure • Ressources financières et matérielles de l'organisation • Budget total de l'organisation • Santé financière de l'organisation • Conjoncture économique • Taille de l'organisation
Impact organisationnel	• Nature de l'organisation • Possibilité réelle d'adapter le milieu et les équipements de travail • Incompatibilité de la demande avec le déroulement des opérations • Disponibilité des locaux • Effet sur la productivité • Durée et étendue de l'accommodement
Atteinte aux droits	• Effet préjudiciable sur les droits des autres travailleurs • Impact sur les dispositions de la convention collective • Effet sur la charge de travail des autres travailleurs • Nombre de travailleurs touchés
Risques pour la sécurité	• Risques réels pour la santé et la sécurité du demandeur • Risques réels pour la santé et la sécurité des autres travailleurs • Atteinte grave aux normes d'hygiène et de sécurité • Caractéristiques de ceux qui supportent les risques • Ampleur des risques
Mission de l'organisation	• Remise en question de la mission fondamentale de l'organisation • Entraves réelles à l'exploitation de l'organisation

par les tribunaux au Québec entre 1999 et 2014 ; en tout, 443 décisions ont été étudiées. Il en ressort que 86 % des décisions rendues avaient trait au motif « handicap » et que, contrairement à ce que pourrait laisser croire la

---

[6]. *Commission ontarienne des droits de la personne (O'Malley)* c. *Simpsons-Sears*, [1985] 2 RCS 536.

presse populaire, seulement 2 % reposaient sur un motif dit culturel, ce qui inclut la dimension religieuse[7].

Comme le mentionne Nadeau (2012, p. 141), le droit à l'égalité et les obligations d'accommodement raisonnable qui en découlent risquent de soulever des enjeux de taille dans les prochaines années, puisqu'il s'agit de parvenir à concilier « les vœux de la majorité d'un groupe de syndiqués avec les exigences, parfois divergentes, de salariés individuels ne se reconnaissant plus dans les orientations collectives prises par leur syndicat ». Selon Gauthier (2008), les syndicats jouent un rôle de premier plan en la matière. En effet, ceux-ci se doivent d'appuyer et de défendre les demandes d'accommodement des salariés, mais ils doivent également participer à la recherche de solutions et de compromis. Il importe donc pour les syndicats de se familiariser avec le corpus de connaissances sur les droits de la personne, mais aussi, et peut-être surtout dans certains cas, de s'ouvrir pleinement à la pluralité et de cesser de négocier uniquement en fonction des intérêts d'un segment étroit du salariat (Nadeau, 2012).

Conclusion

Nous avons présenté la politique québécoise d'accès à l'égalité en vigueur depuis 1985 afin d'en examiner les effets et de les expliquer. Bien que les programmes du même type aux États-Unis aient prouvé leur efficacité et que des résultats positifs ont été observés dans certaines organisations québécoises, dans l'ensemble, les résultats de la politique d'accès à l'égalité au Québec demeurent décevants et s'expliquent principalement par un manque d'engagement clair de l'État, ce qui retarde la mise en œuvre des PAE et entraîne du laxisme (Chicha et Charest, 2013). Par ailleurs, les employeurs manifestent une résistance aux changements exigés par les PAE, ce qui se traduit entre autres par une absence d'intégration des PAE dans les systèmes de gestion des ressources humaines. De plus, de nombreux mythes persistent à leur sujet. On les associe notamment à de la discrimination à rebours, à l'imposition de quotas d'embauche de personnes non compétentes, simplement parce qu'elles appartiennent à un groupe cible, ou encore, à l'abandon du principe du mérite. Ces mythes ont pour effet de discréditer les PAE auprès de la population, y compris des membres des groupes cibles, qui se sentent alors stigmatisés (*ibid.*).

Les PAE, par leur contenu et leurs objectifs, constituent le correctif le plus apte à remédier à la discrimination systémique qui persiste sur le marché de l'emploi (*ibid.*). Or l'examen des programmes américains démontre qu'une approche proactive n'est efficace que dans la mesure où elle est obligatoire et appliquée avec rigueur.

L'avenir des mesures proactives pour lutter contre les discriminations

Nous avons vu dans ce chapitre que le concept d'égalité, par la reconnaissance et l'exercice des libertés fondamentales et par l'interdiction de discrimination en milieu de travail prévus par la *Charte*, peut se présenter sous différents aspects, tels que l'égalité de rémunération exigée par la *LES* ou encore l'égalité dans l'emploi favorisée par les différents PAE.

Les limites inhérentes aux outils classiques de lutte contre les discriminations ont amené le législateur québécois à adopter ces mesures proactives, dont les impacts devraient être plus importants qu'ils ne le sont actuellement. Ces mesures devraient également permettre de réaliser les changements qui sont à la base d'une plus grande égalité sur le marché du travail. Les outils de lutte doivent s'accorder à la compréhension que nous avons du phénomène, et celle-ci, comme l'explique Sheppard (2012, p. 2) s'est considérablement élargie : « [...] la notion couvre désormais l'éventail des inégalités structurelles du monde du travail, inégalités qui touchent des groupes bien déterminés et découlent des contraintes inhérentes au marché, à la famille et à la vie collective ».

---

7. Il s'agit d'un total de 7 décisions rendues sur une période de 15 ans ; notons que, parmi celles-ci, 4 demandes concernaient la religion chrétienne.

La nécessité d'une intervention systémique, prévoyant des mesures proactives de même nature que celles que nous avons présentées, mais également de multiples autres interventions en amont de l'État – notamment les investissements en matière d'éducation, en particulier dans les communautés appauvries, mais aussi auprès des groupes minorisés laissés pour compte, ainsi que les mesures d'intégration des immigrés récents –, devient dès lors évidente.

Une réflexion de l'État sur les origines structurelles et systémiques des désavantages apparaît de mise ; celle-ci doit avoir pour point de départ l'acceptation, par une majorité, de la persistance des désavantages sur le marché du travail pour les membres des groupes marginalisés dans la balance actuelle du pouvoir. Plus que jamais, il faut continuer à mettre en lumière les inégalités et leurs impacts sur nos concitoyens, mais aussi sur nos communautés.

Bien que les outils plus classiques de lutte contre les discriminations demeurent nécessaires, nous croyons aux mesures proactives qui ont le potentiel de mettre en branle le changement. Encore faut-il leur en donner les moyens.

QUESTIONS DE RÉVISION

1. Pour quelles raisons des mesures dites proactives en matière d'égalité sont-elles mises en place sur le marché du travail ?

2. Quel sont les objectifs de la *LES* ?

3. Qu'est-ce que cette loi impose aux entreprises québécoises selon leur taille ?

4. À quoi sert le maintien de l'équité salariale ? Pourquoi la Cour suprême du Canada a-t-elle exigé des modifications à la LES à ce sujet ?

5. Pourquoi la participation des salariés est-elle importante dans la mise en place d'un programme d'équité salariale ?

6. Quel organisme est chargé de l'application de la *LES* ? Quels sont ses rôles et ses responsabilités ?

7. Quels sont les objectifs des PAE au Québec ?

8. Quelles sont les catégories de main-d'œuvre à qui s'adressent les PAE ?

9. Quelles sont les critiques que l'on peut formuler à l'endroit des différents types de PAE ?

10. Quels sont les facteurs à prendre en considération pour déterminer si une demande d'accommodement constitue une contrainte excessive ?

POUR ALLER PLUS LOIN

Charest, É. (2015). *Mise en œuvre des obligations d'accès à l'égalité : un processus de managérialisation du cadre juridique pour combattre la discrimination en milieu de travail*, dans Arcand, S. et A. Germain (dir.), *Travailler et cohabiter : l'immigration au-delà de l'intégration*, Québec, Presses de l'Université Laval.

Chicha, M.-T. (2011). *L'équité salariale : mise en œuvre et enjeux*, 3e éd., Cowansville, Éditions Yvon Blais.

Chicha, M.-T. et É. Charest (2013). *Le Québec et les programmes d'accès à l'égalité : un rendez-vous manqué ? Analyse critique de l'évolution des programmes d'accès à l'égalité depuis 1985*. Rapport de recherche, Montréal, Centre d'études ethniques des universités montréalaises (CEETUM).

Chicha, M.-T. et É. Charest (2009). « Accès à l'égalité et gestion de la diversité : une jonction indispensable », Montréal, *Gestion : revue internationale de gestion*, vol. 34, n° 3, p. 66-73.

RÉFÉRENCES

Bosset, P. (2007). « Les fondements juridiques et l'évolution de l'obligation d'accommodement raisonnable », dans Jézéquel, M. (dir.), *Les accommodements raisonnables : quoi, comment, jusqu'où ? Des outils pour tous*. Cowansville, Éditions Yvon Blais, p. 3-28.

Bosset, P. (2005). « Les mesures législatives de lutte contre la discrimination raciale au Québec : un bilan institutionnel », *Nouvelles pratiques sociales,* vol. 17, n° 2, p. 15-30.

Brunelle, C. (2001). *Discrimination et obligation d'accommodement en milieu de travail syndiqué*. Cowansville, Éditions Yvon Blais.

Bureau international du travail (BIT) (2007). *L'égalité au travail : relever les défis*. Rapport global en vertu du suivi de la Déclaration de l'OIT relative aux principes et droits fondamentaux au travail. Conférence internationale du travail, 96ᵉ session, Genève.

Charest, É. (2012). *Programme d'accès à l'égalité : réactions managériales au cadre légal québécois pour combattre la discrimination*. Thèse de doctorat, Montréal, École de relations industrielles, Université de Montréal.

Chicha, M.-T. (2011). *L'équité salariale : mise en œuvre et enjeux,* 3ᵉ éd., Cowansville, Éditions Yvon Blais.

Chicha, M.-T. (2006). *Analyse comparative de la mise en œuvre du droit à l'égalité de rémunération : modèles et impacts*. Genève, Organisation internationale du travail.

Chicha, M.-T. (1998). *Portrait et analyse des programmes d'accès à l'égalité soumis à l'obligation contractuelle du Québec*. Rapport remis au ministère des Relations avec les citoyens et de l'Immigration (MRCI), Montréal.

Chicha, M.-T. et É. Charest (2013). *Le Québec et les programmes d'accès à l'égalité : un rendez-vous manqué ? Analyse critique de l'évolution des programmes d'accès à l'égalité depuis 1985*. Rapport de recherche, Montréal, Centre d'études ethniques des universités montréalaises (CEETUM).

Chicha, M.-T. et É. Charest (2009). « Accès à l'égalité et gestion de la diversité : une jonction indispensable », Montréal, *Gestion : revue internationale de gestion,* vol. 34, n° 3, p. 66-73.

Chicha-Pontbriand, M.-T. (1989). *Discrimination systémique : fondements et méthodologie des programmes d'accès à l'égalité en emploi*. Cowansville, Éditions Yvon Blais.

Commission de la construction du Québec (CCQ) (2015). *Agir pour une mixité réelle en chantier : une responsabilité partagée – Programme d'accès à l'égalité des femmes dans l'industrie de la construction 2015-2024*. Montréal.

Commission de la construction du Québec (CCQ) (2014). *Les femmes dans la construction : portrait statistique 2013*. Montréal.

Commission de la construction du Québec (CCQ) (2012). *Programme d'accès à l'égalité des femmes dans l'industrie de la construction : bilan des mesures 1997-2012*. Montréal.

Commission de l'équité salariale (CES) (2014). *Rapport annuel de gestion 2013-2014*. Québec.

Commission de l'équité salariale (CES) (2006). *La Loi sur l'équité salariale : un acquis à maintenir*. Rapport du ministre du Travail sur la mise en œuvre de la *Loi sur l'équité salariale,* Québec.

Commission des droits de la personne et des droits de la jeunesse (CDPDJ) (2018). *Les formes de discrimination*. Récupéré au www.cdpdj.qc.ca/fr/formation/accommodement/Pages/html/formes-discrimination.html

Commission des droits de la personne et des droits de la jeunesse (CDPDJ) (2014). *Rapport d'activités et de gestion 2013-2014*. Montréal, Gouvernement du Québec.

Commission des droits de la personne et des droits de la jeunesse (CDPDJ) (2012). *L'accès à l'égalité en emploi. Rapport triennal 2007-2010*. Montréal, Gouvernement du Québec.

Commission des droits de la personne et des droits de la jeunesse (CDPDJ) (2011). *Profilage racial et discrimination systémique des jeunes racisés. Rapport de la consultation sur le profilage racial et ses conséquences*. Montréal, Gouvernement du Québec.

Commission des droits de la personne et des droits de la jeunesse (CDPDJ) (1998). *Les programmes d'accès à l'égalité au Québec – Bilan et perspectives : maintenir les acquis, élargir le champ d'action.* Montréal, Gouvernement du Québec.

Conseil des relations interculturelles (CRI) (1999). *L'équité en emploi : de l'égalité de droit à l'égalité de fait. Avis présenté au ministre des Relations avec les citoyens et de l'Immigration.* Montréal.

Conseil du statut de la femme (1993). *L'équité en emploi pour les femmes.* Québec.

Gagnon, R. P., Langlois Kronström Desjardins, S.E.N.C.R.L., Y. Bernard, B. Cliche, A. Sasseville et J.-G. Villeneuve (2013). *Le droit du travail du Québec*, 7ᵉ éd., Cowansville, Éditions Yvon Blais.

Garon, M. et P. Bosset (2003). *Le droit à l'égalité : des progrès remarquables, des inégalités persistantes. Après 25 ans, la Charte québécoise des droits et libertés.* Étude n° 2, Québec, Commission des droits de la personne et des droits de la jeunesse (CDPDJ).

Gauthier, J. (2008). « Le défi de concilier les droits individuels et les droits collectifs : regards sur une tendance montante en milieu de travail », *Regards sur le travail*, vol. 4, n° 3, p. 53-76.

Gergen, K.J., M.M. Gergen et S. Jutras (1992). *Psychologie sociale.* 2ᵉ éd., Laval, Éditions Études Vivantes.

Gunderson, M. (2006). « Viewpoint : Male-Female Wage Differentials : How Can That Be ? », *Canadian Journal of Economics*, vol. 39, n° 1, p. 1-21.

Hamilton, L. K. (2008). *Subtle Biases and Covert Prejudice in the Workplace.* London, Richard Ivey School of Business, University of Western Ontario.

Heckman, J. J., et K. I. Wolpin (1976). « Does the Contract Compliance Program Work ? An Analysis of Chicago Data », *Industrial and Labor Relations Review*, vol. 29, n° 4, p. 544-564.

Holzer, H. J. et D. Neumark (2006). « Affirmative Action : What Do We Know ? », *Journal of Policy Analysis and Management*, vol. 25, n° 2, p. 463-490.

Holzer, H. J. et D. Neumark (1999). « Are Affirmative Action Hire Less Qualified ? Evidences from Employer-Employee Data on New Hires », *Journal of Labor Economics*, vol. 17, n° 3, p. 534-569.

Legault, M.-J. (2006). « Qui donc parlait de "contradiction secondaire" déjà ? Femmes, programmes d'accès à l'égalité et syndicats », *Recherches féministes*, vol. 19, n° 1, p. 97-128.

Leonard, J. S. (1984). « Antidiscrimination or Reverse Discrimination : The Impact of Changing Demographics, Title VII, and Affirmative Action on Productivity », *The Journal of Human Resources*, vol. 19, n° 2, p. 145-174.

Morel, A. (1987). « La Charte québécoise des droits et libertés : un document unique dans l'histoire législative canadienne », *Revue juridique Thémis de l'Université de Montréal*, vol. 21, p. 1-23.

Nadeau, D. (2012). « Monopole de représentation syndicale et droits individuels des salariés : l'incontournable défi de la diversité ! », *Les Cahiers de droit*, vol. 53, n° 1, p. 139-159.

Neumark, D. et W. A. Stock (2006). « The Labor Market Effects of Sex and Race Discrimination Laws », *Economic Inquiry*, vol. 44, n° 3, p. 385-419.

Phillips, K. W. et C. A. O'Reilly (1998). « Demography and Diversity in Organizations : A Review of 40 Years of Research », *Research in Organizational Behavior*, vol. 20, p. 77-140.

Riordan, C. M. (2000). « Relational Demography Within Groups : Past Developments Contradictions, and New Directions », *Research in Personnel and Human Resources Management*, vol. 19, p. 131-173.

Roberson, L. et C. J. Block (2001). « Racioethnicity and Job Performance : A Review and Critique of Theoretical Perspectives on the Causes of Group Differences », *Research in Organizational Behavior*, vol. 23, p. 247-325.

Secrétariat du Conseil du trésor (SCT) (2013). *L'effectif de la fonction publique du Québec 2011-2012 : analyse comparative des cinq dernières années.* Québec, Gouvernement du Québec.

Secrétariat du Conseil du trésor (SCT) (2012). *Statistiques en matière d'accès à l'égalité en emploi.* Récupéré au www.tresor.gouv.qc.ca/ressources-humaines/acces-a-legalite-en-emploi/statistiques-en-matiere-dacces-a-legalite-en-emploi

Sheppard, C. (2012). « Visualiser l'évolution de la législation contre les discriminations et les inégalités et élargir la notion d'inégalité dans le droit international du travail », *Revue internationale du Travail*, vol. 151, n° 1-2, p. 1-23.

Sheppard, C. (2010). *Inclusive Equality : The Relational Dimensions of Systemic Discrimination in Canada.* Montréal, McGill-Queen's University Press.

Sous-secrétariat au personnel de la fonction publique du Conseil du trésor (SSPFPCT) (2000). *Vers une meilleure représentation de la diversité québécoise dans l'administration publique : rapport sur l'accès à l'égalité en emploi dans la fonction publique québécoise depuis 1980.* Québec, Gouvernement du Québec.

Tomaskovic-Devey, D. et K. Stainback (2007). « Discrimination and Desegregation : Equal Opportunity Progress in U.S. Private Sector Workplaces since the Civil Rights Act », *The Annals of the American Academy of Political and Social Science,* vol. 609, n° 1, p. 49-84.

Tremblay Potvin, C. (2018). « Une étude empirique exploratoire sur le traitement juridictionnel des demandes d'accommodement raisonnable en milieu de travail ». *Les Cahiers de droit,* vol. 59, n° 3, p. 727-776.

Weiner, N. et M. Gunderson (1990). *Pay Equity : Issues, Options and Experiences.* Toronto, Butterworths.

Chapitre 9

Geneviève Baril-Gingras

Le régime québécois de santé et de sécurité du travail et sa mise en œuvre

Plan du chapitre

9.1 ▸ Le contexte historique et les orientations retenues par le régime québécois en matière de santé et de sécurité du travail

9.2 ▸ Le régime de prévention et sa mise en œuvre

9.3 ▸ Le régime d'indemnisation des lésions professionnelles et sa mise en œuvre

9.4 ▸ Le financement du régime

Objectifs d'apprentissage

- Se familiariser avec les origines et les fondements du régime québécois de santé et de sécurité du travail.
- Discerner les principales composantes du régime de prévention mis en place par la *Loi sur la santé et la sécurité du travail* et situer si elles relèvent du contrôle externe, du contrôle interne (autorégulation, prise en charge par le milieu) ou de la participation et de la représentation des travailleurs.
- Comprendre l'écart entre le régime de prévention prévu lors de l'adoption de la *Loi sur la santé et la sécurité du travail* et celui qui s'applique *de facto* aujourd'hui, et saisir les enjeux des débats sur la réforme éventuelle de ce régime.
- Connaître les principales composantes du régime d'indemnisation mis en place par la *Loi sur les accidents du travail et les maladies professionnelles* ainsi que la portée et les limites du régime.
- Cerner la portée et les limites des deux volets du régime de santé et de sécurité du travail dans le contexte des changements des formes d'emploi, de la nature du travail et de l'organisation du travail.

Introduction[1]

Dans ce chapitre, nous présentons les grands éléments du régime québécois de santé et de sécurité du travail (SST) quant à la prévention et à l'indemnisation de ce qu'il est convenu d'appeler les « lésions professionnelles ». Nous mettons ce régime en contexte en décrivant la relation entre l'emploi, le travail et la santé aujourd'hui, et en le positionnant par rapport aux grandes stratégies existantes, pour l'État, en matière de prévention et d'indemnisation, dans les pays capitalistes développés. Nous posons ainsi un regard critique sur ce régime, dans une perspective de « relations industrielles », et nous situons les grands enjeux liés à son éventuelle réforme.

Au chapitre 12, nous verrons que la relation entre le travail et l'emploi d'une part, et la santé et la sécurité d'autre part, présente des enjeux importants pour les travailleurs individuellement et collectivement, de même que pour les employeurs, les syndicats et l'État. Nous y traiterons également de l'interrelation entre la santé et la sécurité du travail et les relations industrielles, à l'échelle des lieux de travail.

Les questions de SST occupent une place importante dans les premières lois du travail, les *Factory Acts* du Royaume-Uni au début du XIXe siècle, et sont à l'origine des premières formes d'État-providence en Allemagne à la fin de ce même siècle (Ewald, 1986). Elles ont tenu une place centrale dans le développement des législations du travail et du système de relations du travail, comme le montre l'engagement de l'économiste américain J. R. Commons dans la mise sur pied d'un système d'indemnisation et de réglementation minimale en prévention, des années 1910 aux années 1930 au Wisconsin (Kaufman, 2003).

Si l'on a l'habitude de considérer les lois et règlements portant spécifiquement sur la SST comme les seuls véhicules de l'action de l'État en ce domaine, on ne doit pas oublier l'influence sur la santé de tout un ensemble de politiques publiques reliées au travail et à l'emploi (Commission des déterminants sociaux de la santé, 2009, p. 5). Aussi limitées soient-elles, les dispositions de la *Loi sur les normes du travail* (ci-après désignée *LNT*) sont susceptibles d'affecter la santé, qu'elles concernent le salaire minimum, les horaires de travail, les heures supplémentaires, les vacances, les congés et les absences, les mises à pied, les licenciements et les congédiements, ou encore, le harcèlement psychologique, incluant le harcèlement sexuel. L'accès à la syndicalisation, soit la possibilité de faire entendre sa voix sur ses conditions de travail, la protection, même minimale, de son emploi et l'accès à un revenu en cas de perte d'emploi ou d'incapacité (assurance-emploi, régime de rentes) sont des dispositions qui participent, directement ou indirectement, à la « démarchandisation » du travail. Bien que de manière imparfaite, ces politiques publiques protègent les travailleurs contre les insécurités du marché du travail (Muntaner *et al.*, 2010, p. 219), allégeant la pression de vendre leur force de travail dans des conditions qui ne seraient pas favorables à la santé et leur permettant, là aussi très imparfaitement, de maintenir un niveau de vie considéré comme normal et socialement acceptable, même lorsqu'ils ne se trouvent pas ou plus à gagner un salaire sur le marché du travail (Bambra, 2011, p. 28-29, citant Esping-Andersen, 1987, p. 86). À contrario, l'affaiblissement des droits collectifs des travailleurs rend ceux-ci plus vulnérables sur le plan de la santé et de la sécurité. Ainsi, les lois mal nommées « Right-to-work » adoptées dans certains États américains, qui ont entraîné une diminution de la syndicalisation, ont été par ailleurs associées à une augmentation de 14,2 % des décès liés au travail (Zoorob, 2018).

Les politiques publiques, en prévention comme en indemnisation, devraient également participer à exclure le travail humain du sort des marchandises dont on peut disposer à sa guise. On constate cependant que l'orientation néolibérale des gouvernements affaiblit le filet créé par l'État-providence (*voir le chapitre 5*), réduisant son rôle protecteur pour la santé, que ce soit par la remise en cause des politiques sociales et du travail de manière générale ou, plus directement, par l'absence d'actualisation du régime de prévention en SST et par la réduction (en termes relatifs) des ressources des institutions chargées d'assurer l'application des lois et règlements dans ce domaine.

---

1. Certaines parties de ce chapitre sont inspirées de la thèse de doctorat de l'auteure (Baril-Gingras, 2003).

Dans ce chapitre, nous présenterons tout d'abord le contexte historique du développement des politiques publiques en matière de SST et les orientations du régime québécois en les situant par rapport aux grandes stratégies étatiques des pays industrialisés. Nous étudierons ensuite les caractéristiques du régime de prévention, en commençant par présenter les institutions qui en émanent, puis les droits et obligations des travailleurs et des employeurs. Nous traiterons également de la mise en œuvre concrète du régime, de sa portée et de ses limites. Nous reprendrons cette même structure pour le volet « indemnisation » du régime. Dans la dernière section, nous traiterons du financement de celui-ci.

9.1 Le contexte historique et les orientations retenues par le régime québécois en matière de santé et de sécurité du travail

Pour bien comprendre le régime actuel, il importe d'examiner brièvement son émergence, puis les différentes orientations qui se sont dessinées dans les pays industrialisés.

9.1.1 Le contexte historique

Les premières législations concernant la prévention et l'indemnisation des conséquences négatives du travail sur la santé sont nées en Europe. L'*Acte des manufactures de Québec* de 1885, inspiré des *Factory Acts* du Royaume-Uni, comprenait des dispositions sur le travail des enfants, les heures de travail des femmes et des enfants, la protection contre les risques des machines, etc. (*voir le chapitre 5*). Cette loi répondait aux pressions venant d'organisations ouvrières et philanthropiques (Lamothe, 2002, p. 9). Ses effets furent cependant limités (Pontaut, 1985, p. 16-17), son contenu étant insuffisamment exigeant et les ressources de l'inspectorat, très faibles. Un règlement sur les établissements industriels et commerciaux fut adopté en 1934, et il y eut peu de développements en matière de prévention jusqu'aux années 1960 (ministère d'État au Développement social [MEDS], 1978), l'attention étant portée essentiellement sur l'indemnisation.

En fait, la première loi québécoise[2] portant sur l'indemnisation des accidents du travail, la *Loi concernant les responsabilités des accidents dont les ouvriers sont victimes dans leur travail, et la réparation des dommages qui en résultent*, adoptée en 1909, introduisait le principe d'indemnisation sans égard à la faute ; auparavant, les travailleurs devaient intenter une poursuite civile contre leur employeur et démontrer sa faute. En 1931, elle est remplacée par la *Loi sur les accidents du travail*, qui crée un régime public d'assurance sans égard à la faute, les employeurs devant obligatoirement y cotiser. Bernier et Cloutier (2019) indiquent à propos de ce régime que « [s]es règles et principes devaient aussi constituer la base de toutes les autres législations sociales en vigueur au Québec aujourd'hui », puisqu'il s'agissait du premier véritable régime d'assurance sociale de l'histoire du Québec.

Cependant, un régime d'assurance sans égard à la faute ne résout pas le problème de fond, qui est celui de l'inadaptation des conditions de travail et d'emploi, puisqu'il n'empêche pas les travailleurs de se blesser ni d'être malades à cause de leur travail. Certains jugent même que si l'incertitude financière de l'employeur est moindre, cela peut réduire les préoccupations quant aux conséquences du travail sur la santé et la sécurité des travailleurs, puisque les coûts peuvent être prévus. Plus généralement, on a parlé d'une « normalisation » des accidents du travail associée à la création d'un régime d'indemnisation (Mattéi, 1976, cité par Lippel, 1988).

De fait, dans les pays occidentaux, la question des effets négatifs du travail sur la santé est revenue à l'avant-scène dans les années 1970. Certains, comme Boucher et Thériault (1998), y ont vu la conséquence des limites du compromis fordiste par lequel un certain revenu et une certaine sécurité d'emploi étaient échangés contre le contrôle de l'employeur sur tous les aspects du travail (*voir le chapitre 14 au sujet des « droits de direction »*). À l'instar de certaines autres dimensions du travail,

---

2. La *Loi concernant les responsabilités des accidents dont les ouvriers sont victimes dans leur travail, et la réparation des dommages qui en résultent*, SQ 1909 9 Ed. VII, c. 66 (Lippel, 1988).

les conséquences négatives du travail sur la santé ont alors fait l'objet de conflits sociaux majeurs dans les pays industrialisés. Au Québec, la seconde grève de l'amiante, en 1975, est un événement marquant qui a contribué à l'élaboration d'une réforme dont les grandes lignes ont été esquissées par la publication d'un livre blanc en 1978, puis à l'adoption de la *Loi sur la santé et la sécurité du travail* (ci-après désignée *LSST*) en 1979. De fait, on assistait alors, dans les pays capitalistes avancés, à une vague de réformes des régimes de prévention, inspirées par des modèles différents cependant. Examinons ces modèles.

9.1.2 Les stratégies étatiques en matière de prévention

En matière de SST, au moins six grandes stratégies étatiques sont présentes dans les pays industriellement avancés. Elles peuvent être combinées et leur intensité peut varier. Comme c'est le cas avec la typologie proposée par Sullivan et Frank (2000), les trois premières sont les plus généralement décrites dans les études sur le sujet :

- l'approche normative, où l'État définit des règles et contrôle leur application (on parle alors de « contrôle externe ») ; cela inclut les poursuites pénales ;
- l'approche visant le « contrôle interne » (ou l'« autorégulation partielle mandatée », plus couramment désignée au Québec comme la « prise en charge par le milieu »), où l'État définit des objectifs et prescrit un processus général que l'employeur doit mettre en place (Simard, 1994) ;
- l'approche centrée sur la « participation et la représentation des travailleurs », qui est présente dans les pays où les taux de décès liés au travail sont les plus bas, comme en Suède, en Norvège et au Danemark (il s'agit d'un élément plus ou moins important des régimes fondés sur le contrôle interne ; en fait, c'est le degré de l'étendue et de la force de la représentation collective des travailleurs qui distingue un régime d'un autre) ;
- l'approche des « incitatifs financiers » liés à la cotisation au régime d'indemnisation, ce qu'on peut qualifier de régulation par le marché ou par la concurrence : au Québec, on a recours à la tarification en fonction de l'expérience ;
- les « poursuites civiles » de travailleurs contre leur employeur, une autre approche cherchant à utiliser le marché, qui est cependant interdite au Québec et ailleurs au Canada (*voir la sous-section 9.1.3*) ;
- les « poursuites au criminel » (*voir la sous-section 9.1.4*).

Nous décrirons brièvement ici les principes sur lesquels le régime québécois est fondé, puis les stratégies correspondantes. Cet exercice nous permettra de proposer un examen critique de ce régime et d'évaluer la portée et les limites de chacune des stratégies quant à la prévention des effets négatifs du travail et de l'emploi sur la santé et la sécurité.

Le régime québécois : une combinaison

Le régime québécois est basé sur le concept de la « prise en charge par le milieu » (par des mesures comme le programme de prévention [PP]), y associant des dispositions quant à la représentation des travailleurs (le comité de SST et le représentant à la prévention [RP]). Le régime a maintenu la notion de contrôle externe (par les pouvoirs dévolus à la Commission des normes, de l'équité, de la santé et de la sécurité du travail [CNESST] en matière d'inspection et la réglementation sur les risques et les mesures préventives), bien que les amendes possibles soient encore largement inférieures à celles qui s'appliquent ailleurs au Canada (Lippel, 2013, p. 374-375), et cela, malgré l'indexation rétroactive, en 2010, qui les a fait tripler et leur ajustement continu les années suivantes en fonction de l'indice des prix à la consommation. Enfin, le régime québécois utilise, avec la réforme du mode de tarification mise en œuvre dans les années 1990 et les mutuelles de prévention (*voir la sous-section 9.4.2*), les incitatifs financiers supposés encourager la prévention.

Une fois ces principes établis, il faut cependant noter que pour comprendre les effets de la *LSST* et son bilan, on ne doit pas seulement en examiner les grands principes à la lumière du texte de la *Loi* elle-même. En effet, l'ensemble de ses dispositions, supposées former un tout articulé, ne s'appliquent en fait qu'à une minorité d'établissements. C'est pourquoi on constate un écart important entre le modèle initial et le modèle présent *de facto* (Baril-Gingras, 2014).

9.1.3 Les stratégies étatiques en matière d'indemnisation

L'enjeu de fond des régimes de protection des travailleurs victimes d'accidents du travail ou de maladies professionnelles est la mesure dans laquelle les employeurs sont amenés à assumer (plutôt qu'à externaliser, c'est-à-dire à laisser assumer par d'autres) les coûts et les conséquences négatives du travail sur la santé. Dans ce domaine, l'indemnisation trouve son origine en Europe. Elle s'est d'abord développée hors de l'État, au sein des corporations de métier et des sociétés de prévoyance ou de secours mutuel entre travailleurs, comme ce fut le cas au Québec dès le XVIIe siècle (Dionne, 2002). Les régimes étatiques qui se sont ensuite développés ont pris leur inspiration dans l'Allemagne de Bismarck, où le système d'assurance était vu comme le moyen de maintenir une force de travail productive (Lippel et Lötters, 2013, p. 183) et de calmer les tensions sociales.

Aujourd'hui, on doit situer les stratégies en matière d'indemnisation des victimes d'accidents du travail ou de maladies professionnelles dans le cadre plus large des systèmes d'assurance pour les personnes vivant des incapacités au travail. On y distingue deux grands modèles: les modèles qui, comme c'est le cas au Québec, reposent sur la cause de l'incapacité (le travail, la route ou un crime) et ceux qui ont un caractère plus général, indépendant de la cause, comme c'est le cas en France ou aux Pays-Bas (*ibid.*).

Par ailleurs, certains régimes sont sous la responsabilité d'un organisme public (au Québec, la CNESST, dont l'un des rôles est celui d'assureur public), alors que d'autres définissent un cadre dans lequel divers assureurs privés offrent une protection, les employeurs devant obligatoirement y adhérer et donc cotiser. Les États américains ont des régimes distincts, en fonction de l'une ou l'autre de ces formules.

Enfin, au Québec comme ailleurs au Canada, les travailleurs ont perdu la possibilité d'intenter des poursuites civiles contre leur employeur pour être indemnisés à la suite d'un accident du travail ou d'une maladie professionnelle. En effet, l'établissement du régime public d'assurance en 1931 leur a enlevé cette possibilité. En revanche, les travailleurs ont gagné l'accès à un régime d'indemnisation sans égard à la faute (ils n'ont pas à démontrer que leur employeur a commis une « faute »). C'est ce qui explique que certains qualifient ce régime de « compromis ».

Le modèle établi en 1931 est toujours à la base du régime québécois actuel (y compris le principe de l'indemnisation sans égard à la faute, aussi connu sous le terme anglais de *no-fault*). Le remplacement de la *Loi sur les accidents du travail* par la *Loi sur les accidents du travail et les maladies professionnelles* (ci-après désignée *LATMP*), en 1985, a cependant constitué une transformation majeure. Les travailleurs ont acquis des droits plus importants quant au retour au travail, mais ils ont perdu la rente viagère qui était versée en vertu de la loi précédente. Le droit à une certaine sécurité du revenu (cependant considérée comme bien incertaine par plusieurs observateurs) aurait remplacé le droit à une indemnisation comme telle (Lippel, 1987, p. 296). Globalement, la loi de 1985 aurait affaibli la protection des travailleurs (*ibid.*, p. 285). La « démarchandisation » du travail est alors réduite, de même que la pression sur les employeurs pour qu'ils assument une plus grande part des coûts réels des accidents du travail et des maladies professionnelles.

9.1.4 Les autres sources d'encadrement juridique

Il serait illusoire de séparer les conditions d'emploi et de travail qui auraient un effet sur la santé et la sécurité de celles qui n'en auraient pas. Il existe bien une loi et des règlements distincts en matière de santé et de sécurité. Cependant, la séparation du corpus législatif et réglementaire qui relève des relations du travail (*Code du travail*) et des normes minimales du travail (*LNT*) de celui relatif à la santé et à la sécurité (prévention et indemnisation) a des racines dans l'histoire, comme l'indiquent Quinlan et ses collaborateurs (2010, p. 127) dans le cas de l'Australie et des autres pays anglo-saxons. Cette séparation a probablement marqué l'importance du thème de la santé et de la sécurité du travail, mais elle a eu deux effets négatifs : d'une part, l'émergence d'une vision restreinte de la SST, centrée sur la sécurité (accidents traumatiques) ou sur certaines maladies bien délimitées et négligeant le rôle de l'organisation du travail et les effets du travail sur la santé mentale ; d'autre part, le développement d'un discours cherchant à séparer la SST des relations du travail (pour éviter qu'elle soit marchandée au profit d'autres enjeux), ce qui a pu limiter l'action syndicale en prévention.

Le *Code civil du Québec*, la *Charte des droits et libertés de la personne* et la *Loi sur les normes du travail*

Nous ne pouvons faire ici un examen exhaustif de la couverture, directe ou indirecte, de la santé et de la sécurité des personnes au travail par d'autres instruments juridiques que la *LSST* et la *LATMP*, mais il faut noter la contribution de divers éléments de la législation encadrant le travail et l'emploi sans qu'ils portent l'étiquette « SST ». C'est le cas, par exemple, du *Code civil du Québec*, dont l'article 2087 stipule que « [l]'employeur […] doit prendre les mesures appropriées à la nature du travail, en vue de protéger la santé, la sécurité et la dignité du salarié », et de la *Charte des droits et libertés de la personne* du Québec, dont l'article 46 précise que « [t]oute personne qui travaille a droit, conformément à la loi, à des conditions de travail justes et raisonnables et qui respectent sa santé, sa sécurité et son intégrité physique ». Outre les dispositions indiquant que tout salarié a droit à un milieu de travail exempt de harcèlement psychologique, diverses conditions d'emploi et de travail, encadrées par la *LNT* (*voir le chapitre 7*), ont des effets bien documentés sur la santé.

Nous nous contenterons de souligner les modifications apportées en 2004 aux dispositions du *Code criminel*, qui devaient faciliter les poursuites en matière de SST.

Le *Code criminel* et la santé et la sécurité du travail

Nous avons déjà mentionné que la *LATMP* définit un régime d'indemnisation sans égard à la faute. Les travailleurs victimes de lésions professionnelles ne peuvent donc pas intenter de poursuite civile contre leur employeur, mais plutôt contre un tiers. La *LSST* prévoit, par contre, la possibilité de poursuites pénales, intentées par la CNESST contre un employeur, menant par la suite à des amendes.

Au-delà de ces dispositions, la mise en danger d'un travailleur par son employeur à cause des conditions de travail dans lesquelles celui-ci le place, par action ou par omission, peut-elle être considérée comme un crime au Canada ? Au fil du temps, on a fini par croire qu'on pouvait distinguer ce qui se passe hors du travail de ce qui se passe au travail, en normalisant ou en « naturalisant » ainsi les conséquences négatives du travail sur la santé et la sécurité, même les plus tragiques (Carson, 1979 ; Volkoff, 2008, citant Dejours, 2000 ; Messing, 2000). Le libellé des dispositions du *Code criminel* canadien applicables avant 2004 encourageait une telle conception parce qu'il rendait difficiles et donc improbables les poursuites au criminel contre une entreprise à la suite d'un accident du travail.

À la suite de la mort de 26 mineurs dans l'explosion survenue en 1992 à la mine Westray, en Nouvelle-Écosse – sans qu'aucune poursuite aboutisse contre ses dirigeants –, des syndicalistes et des membres du Nouveau Parti démocratique, secondés par divers acteurs sociaux et politiques, ont voulu mettre fin à cette impunité.

Les modifications au *Code criminel*, entrées en vigueur le 31 mars 2004 après l'adoption du projet de loi C-45, devaient permettre d'intenter plus facilement des poursuites criminelles contre un employeur (la personne morale et les gestionnaires) en matière de SST. Ces modifications comprennent des obligations précises envers la personne supervisant un travail. L'article 217.1 prévoit en particulier qu'« [i]l incombe à quiconque dirige l'accomplissement d'un travail ou l'exécution d'une tâche ou est habilité à le faire de prendre les mesures voulues pour éviter qu'il n'en résulte de blessure corporelle pour autrui ».

Cet article engage donc la responsabilité personnelle d'administrateurs, de cadres et d'employés, ainsi que celle des « organisations » (le nouveau terme utilisé) ou personnes morales. Face aux risques de poursuites pénales (infraction à la LSST ou aux règlements) ou de poursuites au criminel, des directions d'entreprises mettent en place des moyens afin de pouvoir faire la preuve d'une « diligence raisonnable », qui doivent satisfaire aux trois exigences suivantes :

> Le devoir de prévoyance se traduit par le fait de prévoir les risques au sein de l'entreprise, en tenant compte de l'erreur humaine susceptible d'être commise. Le devoir d'efficacité implique, quant à lui, de mettre en œuvre les mesures de sécurité pour pallier les risques et former adéquatement les travailleurs sur les façons sécuritaires d'effectuer les travaux. Finalement, le devoir d'autorité suppose le contrôle du respect des règles de sécurité en manifestant avec autorité l'intolérance aux cas de manquement. (Santos de Aguilar, 2019, point 76, se référant à Bourque et Beauregard, 2005)

Cette préoccupation pour la diligence raisonnable, qui résulte des changements au *Code criminel*, soulève de nombreux enjeux ; outre les effets potentiellement positifs en matière d'organisation de la prévention, vise-t-on véritablement à protéger les travailleurs, ou essentiellement à disposer d'un moyen de défense en cas de poursuites et, en particulier, à éviter que ces poursuites remontent jusqu'à la tête de l'entreprise ? Les mesures disciplinaires à l'endroit des travailleurs sont-elles utilisées alors que l'employeur aurait dû éliminer ou contrôler les risques ?

En fait, les changements au *Code criminel* ont d'abord généré beaucoup d'espoir en matière de prévention, mais une déception grandissante en a résulté : le nombre de poursuites intentées a été très faible malgré de nombreux accidents tragiques. L'avenir dira si cette stratégie est efficace.

9.2 Le régime de prévention et sa mise en œuvre

Dans cette partie, nous présentons brièvement les acteurs créés par le régime de prévention en SST et le rôle qui leur est attribué, puis les principales composantes de la *LSST*.

9.2.1 La Commission des normes, de l'équité et de la santé et de la sécurité du travail

La Commission de la santé et de la sécurité du travail (CSST) a été créée en 1980, en remplacement de la Commission des accidents du travail. Elle a été rebaptisée Commission des normes, de l'équité et de la santé et de la sécurité du travail (CNESST) à la faveur d'un regroupement administratif qui n'a cependant pas unifié le cadre législatif. La CNESST agit entre autres comme assureur public, s'occupant de l'indemnisation des victimes de lésions professionnelles et de leur réadaptation ainsi que du financement du régime de SST, et est également responsable de la prévention et de l'inspection en milieu de travail. Elle applique donc, entre autres, la *LATMP* (et les situations encore couvertes par la précédente *Loi sur les accidents du travail*), la *LSST* et la *Loi sur l'indemnisation des victimes d'actes criminels*. En plus de cumuler les fonctions d'inspection et d'indemnisation, souvent séparées ailleurs (l'inspection relevant le plus souvent du ministère du Travail dans les autres provinces et territoires canadiens et pays industrialisés), la CSST a regroupé les services d'inspection auparavant fournis par différents ministères et organismes.

Le conseil d'administration (CA) de la CNESST est dit paritaire : y siègent sept représentants d'associations d'employeurs, sept représentants d'associations syndicales, ainsi qu'une personne agissant à titre de président et chef de la direction, nommée par le gouvernement et disposant d'un vote prépondérant, cependant très peu utilisé. Le CA définit, entre autres, les priorités de la CNESST.

La CNESST publie de nombreux documents en matière de prévention, accessibles en ligne gratuitement, dont la revue *Prévention au travail* et un répertoire toxicologique[3] tenu à jour, source très utile pour la prévention des risques associés aux produits dangereux. Son centre de documentation[4] est une mine d'or pour les étudiants comme pour les préventionnistes employeurs ou syndicaux.

Le financement des activités de la CNESST en matière de SST est assuré par les cotisations des employeurs. La portion la plus importante des coûts concerne les indemnités de remplacement du revenu (IRR) des travailleurs victimes de lésions professionnelles. Pour 2020, le taux moyen de cotisation des employeurs a été établi à 1,85 $ par tranche de 100 $ de masse salariale assurable. Les services d'inspection devaient initialement être financés par le gouvernement du Québec, comme c'est le cas lorsque ces services relèvent du ministère du Travail. Or un long contentieux a opposé la CSST au gouvernement à cet effet et s'est terminé par l'intégration des coûts de l'inspectorat à la facture couverte par les cotisations des employeurs. Nous donnons ici quelques informations sur ce service de prévention-inspection de la CNESST.

Les inspecteurs de la CNESST ont des formations initiales diversifiées (par exemple, certains sont ingénieurs, d'autres sont bacheliers en relations industrielles). Ils interviennent entre autres pour donner de l'assistance, pour enquêter sur des accidents, pour faire respecter les lois et règlements et pour donner suite à des plaintes, ainsi que pour faire la promotion de la prévention.

La *LSST* leur confie des pouvoirs importants, dont celui d'enquêter. De fait, ils peuvent pénétrer dans un lieu de travail « à toute heure raisonnable du jour ou de la nuit », avoir accès aux livres, registres et dossiers de l'employeur, d'un maître d'œuvre ou d'un fournisseur (*LSST,* art. 179), prélever des échantillons et installer des appareils de mesure, prendre des photos, faire des enregistrements ou des essais (*LSST,* art. 180). L'inspecteur peut « émettre un avis de correction enjoignant une personne de se conformer à la [*LSST*] ou aux règlements et fixer un délai pour [qu'elle y parvienne] » (*LSST,* art. 182) et même « ordonner la suspension des travaux ou la fermeture, en tout ou en partie, d'un lieu de travail et, s'il y a lieu, apposer les scellés lorsqu'il juge qu'il y a danger pour la santé, la sécurité ou l'intégrité physique des travailleurs » (*LSST,* art. 186). Ses pouvoirs concernent également les fournisseurs ; il « peut, lorsqu'une personne enfreint [la *LSST*] ou les règlements, ordonner qu'elle cesse de fabriquer, fournir, vendre, louer, distribuer ou installer le produit, le procédé, l'équipement, le matériel, le contaminant ou la matière dangereuse concerné[s] » (*LSST,* art. 190). Les décisions au sujet de poursuites pénales éventuelles sont cependant prises par le directeur régional de la prévention-inspection. Les amendes sont définies par les articles 236 (contrevenir aux lois et aux règlements) et 237 (compromettre directement et sérieusement la santé, la sécurité ou l'intégrité physique d'un travailleur) de la *LSST*. Leur montant n'avait jamais été indexé depuis 1979, puis a été actualisé en 2010, ce qui les a fait tripler, comme nous l'avons mentionné plus haut. Il est maintenant indexé annuellement et se chiffre (en dollars de 2009), pour les personnes morales, à un montant entre 1500 $ et 3000 $ pour une première

---

3. On peut consulter le répertoire au www.csst.qc.ca/prevention/reptox/pages/repertoire-toxicologique.aspx
4. On peut consulter le catalogue au www.centredoc.cnesst.gouv.qc.ca

infraction à l'article 236 et à un montant entre 15 000 $ et 60 000 $ pour une première infraction à l'article 237. Les amendes augmentent en cas de récidive. Ces montants demeurent inférieurs à ceux qui sont en vigueur dans de nombreux autres territoires et provinces au Canada et on questionne, de ce fait, leur pouvoir dissuasif (Lippel, 2013).

On compte environ 300 inspecteurs, dont environ 80 se consacrent au secteur de la construction, où les travailleurs sont surreprésentés dans les statistiques de décès à cause d'un accident du travail ou d'une maladie professionnelle. Le nombre total d'inspecteurs étant semblable à celui de 1982, nous pouvons affirmer que cette couverture a été réduite si l'on tient compte de l'augmentation du nombre de travailleurs (+62 %) et d'établissements (+56 %) au Québec, selon les rapports annuels d'activité de la CSST en 1982 et en 2008 (années pour lesquelles nous connaissons le nombre d'inspecteurs). Ces chiffres revêtent une importance certaine, puisque le taux d'inspection par secteur d'activité économique est associé à une réduction de la fréquence des accidents (Lanoie et Stréliski, 1996).

L'approche de l'inspectorat est illustrée par la formule « convaincre, soutenir, contraindre ». La contrainte, qui se traduit par le recours à des avis de correction, et éventuellement par des poursuites pénales et par des amendes, est fortement encadrée. Or le type d'approche utilisé est déterminant quant à l'efficacité préventive de l'action des inspecteurs. L'approche dite intégrée (combinant contrôle et soutien) est associée à une réduction des accidents (Simard *et al.*, 1992). L'augmentation des amendes en 2010 a suscité de vives réactions chez les associations d'employeurs, ce qui a entraîné la publication de documents faisant état du cadre dans lequel agissent les inspecteurs[5].

9.2.2 Les autres acteurs institutionnels créés par le régime québécois

La *LSST* impose des obligations aux employeurs, mais elle leur confère aussi, en vertu de l'article 50, le droit à des services de formation, d'information et de conseil en matière de SST. À cet effet, la *LSST* a créé plusieurs acteurs institutionnels en plus de la CNESST : le réseau de santé publique en santé au travail (RSPSAT) – la *Loi* faisant référence au « médecin responsable » rattaché à une agence régionale de santé et de services sociaux et éventuellement à un CIUSS ou un CISSS, à l'issue de la réforme du réseau public de santé initiée en 2014 –, l'Institut de recherche Robert-Sauvé en santé et en sécurité du travail (IRSST) et les associations sectorielles paritaires (ASP) en santé et en sécurité du travail.

Les équipes du réseau de santé publique en santé au travail

Pour assurer un regard indépendant sur les risques pour la santé ainsi que l'accès à des services préventifs aux petites entreprises, la *LSST* a mis en place un acteur institutionnel important : le RSPSAT. On y trouve, d'une part, des équipes locales, composées de médecins, d'infirmières et de techniciens en hygiène du travail, et, d'autre part, des équipes régionales qui les soutiennent, dotées d'un coordonnateur, d'hygiénistes, d'ergonomes, etc. Ces ressources relèvent d'un Centre intégré de santé et de services sociaux (CISSS) ou d'un Centre intégré universitaire de santé et de services sociaux (CIUSSS). La *Loi* fait référence au RSPSAT en traitant des fonctions du « médecin responsable des services de santé de l'établissement », de qui relève l'élaboration du programme de santé spécifique à l'établissement (PSSE), dont nous parlerons plus loin. Mentionnons simplement que les risques à inclure dans un PSSE sont ceux qui peuvent nuire à la santé (plutôt qu'à la sécurité, tels un accident ou un traumatisme).

Outre l'élaboration et le soutien à la mise en œuvre du PSSE[6], ces équipes aident à l'organisation des premiers secours et des premiers soins, et elles interviennent dans l'application du programme *Pour une maternité sans danger* (PMSD) pour évaluer les risques présents en milieu de travail.

La présence de ces équipes de santé au travail répond à la recommandation n° 161 que l'Organisation internationale du travail (OIT) a formulée en 1985, entre autres quant au fait que le rôle des services de santé au

---

5. Trois documents donnent des indications à cet effet.
Le cadre d'intervention en prévention-inspection : guide d'application : www.cnesst.gouv.qc.ca/publications/200/Pages/dc_200_1557.aspx
Cadre d'émission des constats d'infraction : www.cnesst.gouv.qc.ca/Publications/200/Pages/dc_200_1053.aspx
Intervention en prévention-inspection : information à l'intention de l'employeur, du maître d'œuvre et du travailleur : www.cnesst.gouv.qc.ca/publications/200/Pages/dc_200_1052.aspx

6. Le PSSE s'applique dans les établissements des groupes de secteurs d'activité économique I, II et III (sur six groupes), comme on le verra au tableau 9.1, page 236.

travail doit être essentiellement préventif, ses membres ne devant pas être impliqués dans la vérification du « bien-fondé » des absences du travail (Vézina, 1989). On doit se rappeler les difficultés rencontrées par les travailleurs de l'amiante pour faire reconnaître la relation entre leur exposition professionnelle à ces fibres et leurs problèmes respiratoires : l'indépendance du RSPSAT par rapport aux acteurs du milieu de travail et l'existence même de cette composante du régime québécois sont un autre héritage de la grève de l'amiante de 1975. Un tel acteur institutionnel n'est pas présent dans les autres provinces et territoires canadiens, mais se trouve, sous diverses formes, dans de nombreux pays européens. Le caractère public de cet acteur et la couverture élargie qui était visée reflètent l'idée que la protection de la santé au travail est une question de santé publique plutôt qu'un produit soumis au marché (Westerholm et Walters, 2007, p. 182).

L'Institut de recherche Robert-Sauvé en santé et en sécurité du travail

L'Institut de recherche Robert-Sauvé en santé et en sécurité du travail (IRSST), nommé ainsi en l'honneur du premier président de la CSST, a été créé par la *LSST*. La composition du CA de cet organisme est la même que celle de la CNESST. Son conseil scientifique est composé de représentants d'associations d'employeurs et d'associations syndicales, ainsi que de représentants du milieu scientifique, ce qui transparaît également dans l'organisation des projets de recherche menés par les chercheurs de l'Institut ou subventionnés par celui-ci. Voici la mission de l'IRSST :

- Contribuer, par la recherche, à la prévention des accidents du travail et des maladies professionnelles ainsi qu'à la réadaptation des travailleurs qui en sont victimes.
- Assurer la diffusion des connaissances et jouer un rôle de référence scientifique et d'expertise.
- Offrir les services de laboratoires et l'expertise nécessaires à l'action du réseau public de prévention en santé et en sécurité du travail. (IRSST, 2017)

Le financement de l'IRSST, dont le budget était en 2017 de près de 28 millions de dollars, provient essentiellement de la CNESST. Les rapports de recherche, publiés sur son site web, sont une source très riche d'information pour les étudiants et les préventionnistes.

Les associations sectorielles paritaires de santé et de sécurité du travail

Une autre particularité du régime québécois est la présence d'associations sectorielles paritaires (ASP) de SST. Ce sont des organismes à but non lucratif qui offrent à leur secteur d'activité économique, conformément au mandat qui leur est donné par la *LSST*, des services de formation, d'information, de recherche et de conseil, généralement gratuitement, sinon à faible coût.

À l'exception de l'Association paritaire pour la santé et la sécurité du travail du secteur de la construction dont la création était une exigence de la *LSST*, les autres ASP ont été mises en place sur une base volontaire. Il s'agit d'organismes paritaires dont le CA est formé à parts égales de représentants des associations d'employeurs et des associations syndicales du ou des secteurs d'activité concernés. En 2020, il existait 10 ASP (25 étaient prévues initialement pour couvrir l'ensemble des secteurs), certaines desservant plusieurs secteurs d'activité. Quelques-unes offrent, moyennant des frais, des services hors secteur. Elles sont financées par des cotisations obligatoires des employeurs, prélevées par la CNESST.

Les ASP sont des ressources de soutien dynamiques et adaptées aux risques et aux besoins de leurs secteurs respectifs. Leur apport est substantiel, en particulier pour les petits établissements, mais il l'est aussi quand il s'agit de soutenir les établissements de taille moyenne et même les plus grands, sur la base d'une expertise tant dans l'organisation de la prévention qu'en matière de risques bien précis. Leurs sites web sont, eux aussi, des mines de renseignements pour les étudiants et les préventionnistes[7].

9.2.3 La *Loi sur la santé et la sécurité du travail*

La *LSST* est le principal instrument juridique sur lequel s'appuie la prévention des risques du travail pour la santé et la sécurité du travail.

Le champ d'application

La *LSST* est d'ordre public, ce qui veut dire que les parties ne pourraient y déroger par entente entre elles. Toutefois, une convention peut prévoir des dispositions plus avantageuses pour la santé, la sécurité ou l'intégrité physique du travailleur (*LSST*, art. 4 ; Bernier et Cloutier, 2019).

---

7. Pour plus de détails, consulter le site www.csst.qc.ca/nous_joindre/adresses/Pages/associations-sectorielles-paritaires.aspx

La *LSST* s'applique à tout employeur de compétence provinciale ayant au moins un travailleur au Québec, bien que certaines de ses dispositions (PP, PSSE, comité de SST, RP) s'appliquent encore seulement dans certains secteurs d'activité économique (*voir le tableau 9.1, à la page 236*). Cela dépend de l'unité de classification dans laquelle la CNESST a classé les activités d'un établissement donné de l'employeur.

La *Loi* concerne la protection du « travailleur », qui est défini comme étant :

> une personne qui exécute, en vertu d'un contrat de travail ou d'un contrat d'apprentissage, même sans rémunération, un travail pour un employeur, y compris un étudiant dans les cas déterminés par règlement, à l'exception :
>
> 1° d'une personne qui est employée à titre de gérant, surintendant, contremaître ou représentant de l'employeur dans ses relations avec les travailleurs ;
>
> 2° d'un administrateur ou dirigeant d'une personne morale, sauf si une personne agit à ce titre à l'égard de son employeur après avoir été désignée par les travailleurs ou une association accréditée. (*LSST*, art. 1)

Les personnes représentant l'employeur disposent de certains des droits dévolus aux travailleurs, pour protéger leur propre santé et sécurité, mais ne peuvent exercer un droit de refus.

Quant aux travailleurs autonomes, leur traitement suggère que le législateur n'avait probablement pas prévu la multiplication des statuts d'emploi atypiques et la nécessité de leur assurer une protection adéquate (Lippel, 2004). En effet, le recours à la sous-traitance (à des travailleurs autonomes, par exemple) est associé à des risques plus élevés découlant des pressions économiques, de la désorganisation du travail et des difficultés accrues pour veiller à l'application de la *Loi* et des règlements (Quinlan et Bohle, 2004). En vertu de la *LSST*, les travailleurs autonomes ont essentiellement des obligations qui visent à protéger les autres travailleurs (les salariés de l'entreprise) des dangers qu'ils pourraient introduire dans les lieux de travail par leur activité (par exemple, s'ils viennent effectuer des travaux d'entretien, de réparation, etc.) : ils doivent respecter les obligations imposées à un travailleur et doivent aussi se conformer à celles imposées à un employeur en ce qui concerne les produits, procédés, équipements, matériels, contaminants ou matières dangereuses. Les travailleuses autonomes qui sont enceintes ou qui allaitent peuvent se prévaloir d'un retrait préventif seulement si elles ont enregistré leur entreprise comme « personne morale ». Quant aux travailleurs d'agences de location de personnel, la relation triangulaire dans laquelle ils se trouvent complique l'exercice de leurs droits et l'application des obligations imposées à l'employeur (Bernier et Laflamme, 2013). En effet, la CNESST a établi que le risque de lésion dans les petites et moyennes entreprises du secteur de la location de personnel suppléant se situe à un niveau juste entre « élevé » et « extrême ». Cette situation a amené le directeur de santé publique de Montréal à consacrer son rapport de 2016 à ces « travailleurs invisibles » à suggérer que le cadre légal soit modifié et à demander que les obligations de protéger les travailleurs et de décourager l'externalisation des risques soient clarifiées. Bien qu'insuffisants, les changements apportés en 2018 à la *LNT* constituent un premier pas en ce sens : les agences de location de personnel doivent désormais obtenir un permis pour exercer leurs activités, et les travailleurs d'agences ne peuvent recevoir un salaire inférieur, en raison uniquement de leur statut d'emploi, à celui des travailleurs de l'entreprise cliente qui effectuent les mêmes tâches. On peut espérer que cette exigence réduira l'incitation à externaliser les tâches à risques. Des mesures innovantes allant dans le même sens sont entrées en vigueur ailleurs dans le monde. En Australie, par exemple, la législation fédérale à laquelle celle des États doit s'harmoniser n'est plus basée sur la définition de la relation d'emploi, mais protège plutôt toutes les personnes impliquées dans un travail pour une entreprise de même que toutes les autres personnes dont la santé et la sécurité peuvent être compromises par ce travail (Johnstone et Tooma, 2012, p. 3 ; Laflamme, 2015).

Les grands principes

L'objet de la *LSST* et l'approche qu'elle privilégie sont bien définis à l'article 2 :

> La présente loi a pour objet l'élimination à la source même des dangers pour la santé, la sécurité et l'intégrité physique des travailleurs. Elle établit les mécanismes de participation des travailleurs et de leurs associations, ainsi que des employeurs et de leurs associations à la réalisation de cet objet.

La *LSST* définit donc de grands moyens, ou processus, par lesquels l'employeur doit s'acquitter de son devoir général de prévention, défini à l'article 51, à savoir qu'il « doit prendre les mesures nécessaires pour protéger la santé et assurer la sécurité et l'intégrité physique du travailleur ». C'est pourquoi on peut associer la *LSST* au principe d'autorégulation partielle mandatée ou de contrôle interne, auquel nous donnons, au Québec, le nom de « prise en charge par le milieu ». Les mécanismes auxquels l'article 2 fait référence sont de deux ordres : 1) le PP, sous la responsabilité de l'employeur, auquel se greffe le programme de santé (le PSSE), élaboré par une équipe de santé au travail du réseau de santé publique, donc indépendante de l'employeur ; et 2) des moyens pour concrétiser la participation et la représentation des travailleuses et travailleurs, soit le comité de SST et le RP. Chacun de ces mécanismes, que nous examinerons plus loin, fait l'objet de précisions dans la *Loi* elle-même et dans un règlement correspondant. L'article 51 énumère un certain nombre d'actions préventives à mettre en place et à maintenir dans le temps, comme « utiliser les méthodes et techniques visant à identifier, contrôler et éliminer les risques pouvant affecter la santé et la sécurité du travailleur ». Par ailleurs, la *Loi* confère des droits aux travailleurs qui peuvent être rattachés aux trois grands droits que sont le droit de savoir (connaître les risques auxquels on est exposé et comment s'en protéger), le droit de refuser (ne pas accepter d'effectuer une tâche si cela met sa santé ou sa sécurité en danger, ou celle de quelqu'un d'autre) et le droit de participer (à l'identification des dangers, entre autres).

Les divers types de risques et les mesures spécifiques permettant de les éliminer ou de les contrôler ne sont pas traités dans la *LSST* mais font plutôt l'objet de règlements, le plus substantiel étant le *Règlement sur la santé et la sécurité du travail* (*RSST*)[8]. Par ailleurs, la jurisprudence précise que « l'absence de réglementation ne peut pas justifier que des mesures de prévention ne soient pas prises ou appliquées » (Guimond, 1999 p. 28). Cela a été établi par l'arrêt Domtar[9]. On constate cependant que l'existence d'une disposition spécifique dans la réglementation facilite l'action préventive. Étant donné son caractère social, la *LSST* (comme la *LATMP*) est supposée recevoir une interprétation large et libérale afin de favoriser la reconnaissance des droits (Bernier et Cloutier, 2019).

Il importe de préciser que les tribunaux ont établi que la *LSST* couvre non seulement la santé physique, mais également la santé psychologique (Lippel *et al.*, 2011). Par ailleurs, c'est dans la *LSST* que se trouve le droit de retrait préventif de la travailleuse enceinte ou qui allaite, puisque ce droit vise bien la prévention et que le retrait a lieu lorsque l'employeur n'a pas éliminé ni sinon contrôlé adéquatement les dangers, ni réaffecté la travailleuse de manière appropriée.

Avant de présenter les grands mécanismes de la *LSST* plus en détail, il importe de rappeler que, bien que cette réforme ait été entreprise il y a maintenant près de 40 ans, elle est toujours largement inachevée : les règlements concernant ses quatre principaux mécanismes, soit le PP, le PSSE, le comité de SST et le RP, n'ont été adoptés que pour une minorité de secteurs d'activité économique du Québec. C'est ce qu'illustre le tableau 9.1 à la page suivante. Nous reviendrons sur les facteurs qui expliquent cette paralysie du régime[10] et sur ses conséquences. Une précision importante doit être faite quant au secteur de la construction (bâtiment et travaux publics) : les règlements concernant les quatre mécanismes y sont en vigueur pour les « établissements » de ce secteur (les chantiers n'étant pas des établissements). Par ailleurs, le maître d'œuvre d'un chantier doit élaborer un PP lorsque le chantier regroupe au moins 10 travailleurs (*LSST*, art. 198) ; cependant, même si des dispositions existent dans la *Loi* quant à la présence d'un comité de chantier et d'un RP, elles n'ont jamais été promulguées.

Des obligations de l'employeur quant à l'organisation de la prévention

Nous avons vu que la *LSST* impose une obligation générale à l'employeur, définie à l'article 51, laquelle se décline en 15 mesures générales. Elles sont énumérées sans ordre particulier, mais elles dressent un portrait assez complet de ce que l'employeur doit faire. Ces mesures portent, d'une part, sur l'organisation de la prévention (désignation d'une personne responsable, identification, élimination et contrôle des risques, définition de méthodes et de techniques sécuritaires, information sur les risques, formation, assistance et supervision, etc.) et, d'autre part, sur les dimensions de la situation de travail qui doivent faire l'objet d'une action préventive (équipements et aménagements, organisation du travail, méthodes et techniques de travail,

---

8. Outre le *Règlement sur la santé et la sécurité du travail*, divers règlements portant sur les risques et mesures préventives sont rattachés à la *LSST*, dont le *Règlement sur les établissements industriels et commerciaux*, le *Règlement sur la qualité du milieu de travail* et le *Règlement sur l'information concernant les produits dangereux*. D'autres règlements portent sur des activités spécifiques, comme le *Règlement sur les normes minimales de premiers secours et de premiers soins*, ou sur des secteurs spécifiques, comme les mines ou l'aménagement forestier.
9. *Domtar inc.* c. *CALP*, [1990] CALP 989 (CA). Divers instruments juridiques ne découlant pas de la *LSST* sont aussi directement liés à la prévention des risques du travail, par exemple le *Code de sécurité pour les travaux de construction* et le *Code de la sécurité routière*.
10. Cette paralysie a également touché la réglementation en matière de prévention, ce qu'a souligné le Vérificateur général du Québec dans son rapport daté de 2015 : on y soulignait les retards dans la révision des normes sur l'exposition chronique au bruit et de celles quant aux valeurs limites d'exposition aux contaminants dans l'air (VGQ, 2015).

Tableau 9.1 L'application des mécanismes de la *Loi sur la santé et la sécurité du travail* selon les groupes et leurs secteurs d'activité économique et la date d'entrée en vigueur des règlements adoptés

Les groupes et leurs secteurs d'activité économique	Règlements adoptés et date d'entrée en vigueur			
	Programme de prévention	Services de santé au travail (programme de santé spécifique à l'établissement)	Comités de santé et de sécurité du travail	Représentant à la prévention
Groupe I : priorisé				
- Bâtiment et travaux publics - Industrie chimique - Forêt et scieries - Mines, carrières et puits de pétrole - Fabrication de produits en métal	1982-07-23	1982-07-23	1983-10-22	1984-09-08
Groupe II : priorisé				
- Industrie du bois (sans scierie) - Industrie du caoutchouc et des produits en matière plastique - Fabrication d'équipement de transport - Première transformation des métaux - Fabrication des produits minéraux non métalliques	1983-05-14	1983-05-14	1983-10-22	1984-09-08
Groupe III : priorisé partiellement				
- Administration publique - Industrie des aliments et boissons - Industrie du meuble et des articles d'ameublement - Industrie du papier et activités diverses - Transport et entreposage	1985-03-23	1985-03-23	Non en vigueur	Non en vigueur
Groupe IV : non priorisé				
- Commerce - Industrie du cuir - Fabrication de machines (sauf électriques) - Industrie du tabac - Industrie textile	Non en vigueur	Non en vigueur	Non en vigueur	Non en vigueur

Tableau 9.1 L'application des mécanismes de la *Loi sur la santé et la sécurité du travail* selon les groupes et leurs secteurs d'activité économique et la date d'entrée en vigueur des règlements adoptés (*suite*)

Les groupes et leurs secteurs d'activité économique	Règlements adoptés et date d'entrée en vigueur			
	Programme de prévention	Services de santé au travail (programme de santé spécifique à l'établissement)	Comités de santé et de sécurité du travail	Représentant à la prévention
Groupe V : non priorisé				
- Autres services commerciaux et personnels - Communications, transport d'énergie et autres services publics - Imprimerie, édition et activités connexes - Fabrication de produits du pétrole et du charbon - Fabrication de produits électriques	Non en vigueur	Non en vigueur	Non en vigueur	Non en vigueur
Groupe VI : non priorisé				
- Agriculture - Bonneterie et habillement - Enseignement et services connexes - Finances, assurances et affaires immobilières - Services médicaux et sociaux - Chasse et pêche - Industries manufacturières diverses	Non en vigueur	Non en vigueur	Non en vigueur	Non en vigueur

Source : Adapté d'un tableau de la Commission de la santé et de la sécurité du travail (septembre 2011). *La modernisation du régime de santé et sécurité du travail*.

entretien, installations sanitaires, chauffage, éclairage et ventilation, prévention des incendies, fourniture et entretien des équipements, contrôle des contaminants et des matières dangereuses, etc.).

Pour concrétiser ces mesures, le législateur exige le recours à deux instruments inspirés d'une approche de santé publique et de planification dans le domaine de la santé : le PP et le programme de santé, le second s'intégrant au premier.

Le programme de prévention

Le PP est l'embryon de ce qu'on appelle aujourd'hui un « système de gestion de la santé et de la sécurité du travail ». Dans un ordre parfois difficile à saisir, les articles qui le concernent dans la *Loi* visent l'établissement et le maintien d'activités d'identification systématique des risques, l'élimination, sinon le contrôle, de ces risques et la surveillance de l'efficacité de ces mesures.

Cependant, à la différence des « systèmes de gestion de la SST », on n'y trouve pas de disposition explicite visant la définition des rôles et des responsabilités de chacun des niveaux hiérarchiques et de chaque fonction, département et service d'une entreprise ou organisation. Outre le fait que le PP n'est pas obligatoire dans la majorité des lieux de travail au Québec, la quasi-absence dans la *LSST* de cet aspect organisationnel et stratégique pourrait expliquer pourquoi la CNESST (et auparavant la CSST) recourt parfois depuis quelques années à l'expression « plan d'action » plutôt qu'à « programme de prévention », en particulier, bien sûr, quand elle s'adresse à des établissements hors des secteurs prioritaires.

En effet, l'élaboration et l'application d'un PP est obligatoire dans les établissements des groupes I, II, III (*voir le tableau 9.1 à la page 236*) et dans les établissements membres de mutuelles de prévention. Un examen récent des études scientifiques indique que sur le « plan international, les études sur des systèmes similaires au PP (obligatoires) montrent des résultats positifs ; c'est aussi le cas au Québec lorsque les études prennent en compte l'implantation effective et le contenu des programmes » (Baril-Gingras, Vézina et Lippel, 2013, p. 689). La même étude révèle par ailleurs qu'un programme écrit de SST est exigé dans la majorité des provinces et territoires canadiens et qu'une disposition semblable existe dans la législation de tous les pays de l'Union européenne et dans certains États américains (*ibid.*, p. 686).

Le programme de santé spécifique à l'établissement

Le PSSE (*LSST*, art. 112 et 113) complète le PP. Il est élaboré par une équipe de santé au travail du réseau de santé publique (médecin, infirmière, technicien en hygiène du travail, avec l'aide possible d'un ergonome et d'un hygiéniste), sous la responsabilité d'un « médecin responsable » tel que défini dans la *Loi*. Par « spécifique à l'établissement », on indique que le programme repose sur une évaluation des risques, réalisée dans le milieu de travail, et qui implique les acteurs de ce milieu. Ainsi, dans les groupes I et II, le PSSE est soumis pour approbation au comité de SST. Un PSSE est aussi exigé dans le groupe III (*voir le tableau 9.1 à la page 236*).

Centré sur les risques physiques (bruit, chaleur, froid, radiations, etc.), chimiques (gaz, vapeur, poussières, etc.), biologiques (bactéries, virus, moisissures, etc.) et ergonomiques (postures de travail, mouvements répétitifs, transport de charges, etc.)[11], le PSSE inclut maintenant dans certains cas les risques pour la santé mentale, liés entre autres à l'organisation du travail et à l'environnement psychosocial du travail.

Pour mener à bien l'implantation des mesures et des activités retenues, les équipes de santé au travail peuvent, par exemple, offrir des séances d'information et de formation. Les changements à apporter aux équipements, à l'aménagement des lieux ou du matériel, à l'organisation du travail, à la fourniture des équipements de protection individuelle, etc., sont de la responsabilité de l'employeur.

Si les équipes de santé au travail n'ont pas de pouvoir de contrainte ou de sanction, le médecin responsable a l'obligation, quant à lui, en vertu de l'article 123 de la *LSST*, de signaler à la CNESST et au directeur de santé publique, en plus des acteurs du milieu de travail, « toute déficience dans les conditions de santé, de sécurité ou de salubrité susceptible de nécessiter une mesure de prévention », soit les situations désignées dans le milieu comme étant « hors normes ».

À l'origine, le PP correspondait à une volonté du législateur d'instituer une démarche structurée et systématique d'identification et d'élimination, sinon de contrôle, des risques ; le PSSE répondait à divers enjeux se situant au cœur des conflits sociaux qui ont précédé l'adoption de la *LSST*, en particulier dans le cas de l'amiante. Ce programme vise une prise en charge des risques pour la santé et non seulement la protection de la sécurité ; la création du PSSE permettait de protéger de l'indépendance professionnelle des médecins chargés d'identifier les risques et les problèmes de santé liés au travail. En outre, il s'agissait d'assurer des services aux petites et moyennes entreprises, moins aptes à recourir à des ressources spécialisées.

Une revue récente des études scientifiques indique ceci : « Au Québec, les études recensées ont démontré que le programme de santé élaboré par les équipes de santé au travail du réseau public a des effets positifs sur l'implantation de mesures préventives » (Baril-Gingras, Vézina et Lippel, 2013, p. 691). Par ailleurs, les services de santé au travail prévus par la *LSST* répondent à des principes reconnus internationalement (la *Convention n° 161 de l'OIT sur les services de santé au travail* et les *Basic Occupational Health Services*, cités par Rantanen, 2005) ; enfin, l'exigence de mettre en place un programme de santé a des équivalents dans divers pays européens (*ibid.*, p. 689).

Le comité de santé et de sécurité du travail

Dans son chapitre IV, la *LSST* prévoit qu'« [u]n comité de santé et de sécurité peut être formé au sein d'un établissement groupant plus de 20 travailleurs et appartenant à une catégorie identifiée à cette fin par règlement », à la demande du syndicat (ou d'un certain nombre ou pourcentage de travailleurs, en l'absence d'un syndicat), ou encore à l'initiative de l'employeur. Cette mesure s'applique dans les secteurs désignés par règlement (*voir le tableau 9.1, à la page 236*). À la différence de la majorité des autres provinces et territoires au Canada où la création d'un comité de SST (aussi appelé CSS ci-après) est obligatoire (Baril-Gingras, Vézina et Lippel, 2013, p. 693), il s'agit donc ici d'une mesure volontaire, ce qui limite son application dans les milieux non syndiqués. Des comités sont aussi créés dans des

---

11. Pour plus de détails, consulter le site www.santeautravail.qc.ca

secteurs non couverts par le *Règlement sur les comités de santé et de sécurité du travail*, donc hors des groupes I et II ; dans ce cas, ils n'ont pas d'emblée les fonctions et les pouvoirs dévolus par la *LSST* aux comités créés en vertu du règlement correspondant. Dans les secteurs des groupes I et II, le CSS a un pouvoir décisionnel sur deux éléments du PP, soit « l'identification des moyens et équipements de protection individuels qui, tout en étant conformes aux règlements, sont les mieux adaptés pour répondre aux besoins des travailleurs de l'établissement », et l'établissement du contenu « [des] programmes de formation et d'information en matière de santé et de sécurité du travail » (art. 59 et 78). Le CSS choisit également « le médecin responsable des services de santé dans l'établissement » (art. 78), l'objectif implicite étant d'assurer l'indépendance de ce médecin par rapport à l'employeur.

Il est bien démontré que les résultats en matière de SST sont meilleurs lorsqu'il y a participation représentative des travailleurs (Walters et Nichols, 2007, p. 29). Une revue systématique des études sur les CSS indique qu'ils sont généralement reconnus comme des mesures nécessaires, mais que différentes conditions sont requises pour assurer leur efficacité : l'engagement de la haute direction et un mandat clair et élargi, une composition appropriée, de l'information et de la formation, par exemple.

Le représentant à la prévention
La *LSST* ne prévoit pas que l'employeur doive désigner une ou des personnes disposant d'un certain niveau de formation en prévention ni que du temps soit réservé à ses fonctions, contrairement à d'autres régimes (par exemple, la Directive 89/391/CEE du Conseil des communautés européennes, citée par Baril-Gingras, Vézina et Lippel, 2013, p. 689). Outre les ressources externes de soutien (équipes de santé au travail du réseau public et ASP), la *Loi* prévoit cependant, dans son chapitre V, la désignation d'un représentant des travailleurs à la prévention (RP), désigné par les travailleurs membres du CSS, eux-mêmes désignés par un certain nombre ou pourcentage de travailleurs, selon des modalités prévues par règlement.

Les fonctions du RP ont trait à l'identification des risques, de manière proactive (par une inspection, par exemple) ou à la suite d'un événement (un accident ou un incident, par exemple), à la recommandation de solutions et à l'accompagnement des travailleurs dans l'exercice de leurs droits (dont le droit de refus). Le RP a le droit d'être informé par l'employeur, d'accompagner l'inspecteur, de recevoir de la formation (par exemple, de la part de son syndicat) et de bénéficier d'heures de libération dont le nombre minimal est fixé par le *Règlement sur le représentant à la prévention dans un établissement*. Cette mesure s'applique seulement dans les groupes I et II, là où un CSS a été créé. Dans les autres groupes, des syndicats ont parfois négocié la présence d'un représentant aux fonctions équivalentes.

Les études recensées par Walters et ses collaborateurs (2005), comme celle de Simard (1986), menée au Québec, montrent que les représentants des travailleurs en SST stimulent l'action en prévention. Dans divers pays, notamment la Suède, comme dans tous les secteurs de sept provinces ou territoires au Canada, ces représentants constituent une réponse aux difficultés d'organisation de la prévention dans les petits établissements. Or, au Québec, cette disposition ne couvre pas les établissements de 20 travailleurs ou moins ; pourtant, on sait que les risques y sont plus élevés (Champoux et Brun, 1999).

Des droits pour les travailleurs

Outre les obligations de l'employeur en matière d'organisation de la prévention et les dispositions qui visent la participation représentative des travailleurs en ce domaine, la *LSST* définit d'autres droits et obligations visant à protéger les travailleurs dans des situations particulières.

Le droit de refus
La *LSST* stipule qu'« [u]n travailleur a le droit de refuser d'exécuter un travail s'il a des motifs raisonnables de croire que l'exécution de ce travail l'expose à un danger pour sa santé, sa sécurité ou son intégrité physique ou peut avoir l'effet d'exposer une autre personne à un semblable danger [...] », sauf « si le refus d'exécuter ce travail met en péril immédiat la vie, la santé, la sécurité ou l'intégrité physique d'une autre personne ou si les conditions d'exécution de ce travail sont normales dans le genre de travail qu'il exerce » (art. 12 et 13). Il est maintenant établi que le terme « santé » comprend la santé mentale et que le droit de refus peut être exercé lorsque celle-ci est mise en danger[12].

La *Loi* prévoit la procédure à suivre, qui peut mener à l'intervention de l'inspecteur de la CNESST, lequel se prononcera sur la présence d'un danger. Dans le cas où l'inspecteur affirme qu'il n'y a pas de danger, le travailleur ne doit pas subir de sanction s'il a exercé son droit de refus alors qu'il avait des motifs raisonnables de refuser d'effectuer le travail : c'est ce qu'il doit démontrer, plutôt que la présence d'un danger (Giguère et Gagnon, 2014a, p. 1). La notion de danger fait l'objet d'une jurisprudence

---

12. *Forget Chagnon* c. *Marché Bel-Air inc.*, [2000] CLP 388.

abondante : parmi les enjeux débattus, on trouve la question de la « normalité » des conditions de travail, « en particulier dans les milieux où le travail revêt en lui-même un caractère dangereux » (*ibid.*).

Le droit de refus est une disposition essentielle, mais il est difficile de savoir dans quelle mesure il est utilisé, car on ne dispose que du nombre de cas où un inspecteur est intervenu. En 2017, on a dénombré 31 cas seulement, ce qui est peu ; en 2016, il y en a eu 49 (CNESST, 2018a). De fait, selon l'étude de Renaud et Saint-Jacques (1986), on ferait essentiellement valoir ce droit en milieu syndiqué.

Le programme *Pour une maternité sans danger*

En toute logique, le PMSD devrait constituer un volet comme un autre des activités de prévention dans l'établissement et y être véritablement intégré (Malenfant *et al.*, 2009) : il s'agirait, lors de l'identification des risques, de repérer ceux qui pourraient affecter la santé de la travailleuse enceinte ou qui allaite, ou de l'enfant à naître. Or, pour toutes sortes de raisons, ces risques ont le plus souvent été traités à la pièce, de manière réactive, et la réponse est encore le plus souvent le retrait préventif de la travailleuse plutôt que sa réaffectation ou, mieux encore, l'élimination ou le contrôle de ces risques. La *LSST* prévoit en effet qu'« [u]ne travailleuse enceinte qui fournit à l'employeur un certificat attestant que les conditions de son travail comportent des dangers physiques pour l'enfant à naître ou, à cause de son état de grossesse, pour elle-même, peut demander d'être affectée à des tâches ne comportant pas de tels dangers et qu'elle est raisonnablement en mesure d'accomplir […] » et que « [s]i l'affectation demandée n'est pas effectuée immédiatement, la travailleuse peut cesser de travailler jusqu'à ce que l'affectation soit faite ou jusqu'à la date de son accouchement […] » (*LSST*, art. 40 et 41). Elle recevra alors une indemnité de remplacement du revenu (IRR).

Ce processus implique nécessairement l'intervention du médecin de la travailleuse et du médecin responsable des services de santé de l'établissement (rattaché au RSPSAT). Il faudra aussi remplir et soumettre le formulaire de la CNESST « Certificat visant le retrait préventif et l'affectation de la travailleuse enceinte ou qui allaite ». La décision peut s'appuyer sur des documents de référence élaborés par le Groupe de référence grossesse-travail de l'Institut national de santé publique du Québec (INSPQ), faisant état de consensus de professionnels de la santé publique, appuyés sur l'état des connaissances scientifiques.

Bien que cette mesure puisse aboutir au versement d'IRR, le fait qu'elle soit intégrée à la *LSST*, et non pas à la *LATMP*, n'est pas anodin : le PMSD cible les risques présents dans le milieu de travail. La grossesse est en effet un état possible et normal pour les femmes, qui constituent une part de plus en plus considérable de la population en emploi.

C'est ce qui explique pourquoi les indemnités sont assumées par les employeurs.

Cette mesure a été très contestée par de grandes associations d'employeurs, qui la voient plutôt comme une mesure sociale et soulignent l'importance des coûts d'indemnisation. Le recours au retrait du travail a en effet été plus important qu'anticipé. Il faut souligner que, contrairement aux lésions professionnelles, qui ont un impact financier sur la cotisation de l'employeur chez qui elles se sont produites (à l'exception des petites entreprises, dont le taux de cotisation dit « de l'unité », qui ne subit pas de telles variations individuelles), les coûts de l'indemnisation associée au retrait préventif de la travailleuse enceinte ou qui allaite sont répartis entre tous les employeurs, qu'ils embauchent des femmes ou non. Les promoteurs de cette mesure préventive ont souligné que les coûts s'expliquaient plutôt par la faiblesse de l'action sur les risques eux-mêmes. Or l'importance de l'action préventive est attestée par les résultats d'une étude épidémiologique sur ce programme, qui peuvent être résumés ainsi :

> Les résultats d'une étude épidémiologique réalisée auprès de 6895 travailleuses québécoises sélectionnées parmi 43 898 femmes ayant accouché d'un enfant vivant entre 1997 et 1999 supportent l'hypothèse que le retrait préventif et l'affectation (aussi nommée réaffectation) de la travailleuse enceinte sont des mesures de prévention efficaces. On a observé des diminutions d'accouchements avant terme (AAT) (avant 37 semaines), d'AAT précoces (avant 34 semaines) et d'insuffisance de poids pour l'âge gestationnel (IPAG) chez les travailleuses qui n'étaient plus exposées à des conditions de travail jugées dangereuses. (INSPQ, 2019)

Il y a donc encore beaucoup à faire pour que les milieux de travail soient sains et sécuritaires durant la grossesse et l'allaitement. La prévention des risques pour la travailleuse enceinte ou qui allaite est pourtant une occasion de prévention pour l'ensemble des travailleurs.

Le retrait préventif du travailleur exposé à un contaminant

La mesure de protection que constitue le « retrait préventif » s'applique aussi aux travailleurs et travailleuses exposés à un contaminant. Voici l'énoncé de l'article 32 de la *LSST* :

> Un travailleur qui fournit à l'employeur un certificat attestant que son exposition à un contaminant

comporte pour lui des dangers, eu égard au fait que sa santé présente des signes d'altération, peut demander d'être affecté à des tâches ne comportant pas une telle exposition et qu'il est raisonnablement en mesure d'accomplir, jusqu'à ce que son état de santé lui permette de réintégrer ses fonctions antérieures et que les conditions de son travail soient conformes aux normes établies par règlement pour ce contaminant.

On peut penser à l'exposition au plomb dans les fonderies et aux activités de soudage ou de décapage. La jurisprudence indique que la condition personnelle du travailleur doit être prise en compte, comme dans le cas où l'asthme serait exacerbé par l'exposition à un contaminant (Giguère et Gagnon, 2014b).

La protection contre les sanctions découlant de l'exercice de droits en SST

Pour conclure ce bref exposé des droits des travailleurs en vertu de la *LSST*, il faut souligner la protection accordée contre les sanctions exercées par l'employeur à l'endroit d'un travailleur utilisant son droit de refus (à moins que ce ne soit de manière abusive) et par un membre du CSS ou par un RP du fait de l'exercice de leurs fonctions. De plus : « L'arbitre de grief peut être appelé à trancher un litige déposé par un travailleur syndiqué à l'encontre d'une mesure de l'employeur dont le travailleur estime être victime en raison de l'exercice d'un droit en vertu [...] de la *Loi sur la santé et la sécurité du travail* » (Bernier et Cloutier, 2019). De même, la *LATMP* protège le travailleur contre les sanctions que lui imposerait son employeur parce qu'il a été victime d'une lésion professionnelle ou parce qu'il a exercé un droit conféré par cette loi.

Des obligations pour les travailleurs

En contrepartie de ces droits, la *LSST* impose certaines obligations aux travailleurs, dont celles de « prendre les mesures nécessaires pour protéger sa santé, sa sécurité ou son intégrité physique » et de « veiller à ne pas mettre en danger la santé, la sécurité ou l'intégrité physique des autres personnes qui se trouvent sur les lieux de travail ou à proximité des lieux de travail » (art. 49).

Une application incomplète

Nous l'avons vu au tableau 9.1, page 236, les mécanismes fondamentaux de la *LSST* que sont le PP, le programme de santé, le comité de SST et le RP n'ont pas été appliqués, tel qu'il était pourtant prévu, à l'ensemble des secteurs d'activité économique au Québec.

En fait, selon les données publiées par le Vérificateur général du Québec (VGQ, 2019, p. 76), en 2016, seulement 11,6 % des travailleuses et travailleurs œuvraient dans des secteurs assujettis aux quatre mécanismes (soit les secteurs compris dans les groupes I et II) et, au total, seulement 26,3 % se trouvaient dans un secteur assujetti à au moins 2 de ces mécanismes (lorsqu'on ajoute le groupe III). Sont donc exclus de la couverture de ce qui devait être le cœur de la réforme la grande majorité des travailleurs, et encore plus des travailleuses : en 1997, Messing et Boutin évaluaient que 60 % des hommes et 85 % des femmes se trouvaient dans les groupes IV à VI.

Comment expliquer cette situation ? Peut-elle se justifier par des risques nettement moins importants dans les groupes IV à VI ? Ces mécanismes sont-ils inefficaces, ce qui justifierait de les mettre de côté ? Ont-ils été rejetés par les autres provinces ou territoires ?

En fait, la *LSST* a été adoptée à la fin d'une période de gains pour les travailleurs et les syndicats. Dans les années qui ont suivi, le rapport de force s'est nettement inversé et le soutien politique à la réforme a rapidement flanché, du côté même du gouvernement qui l'avait adopté. Il faut dire que certains secteurs du patronat s'étaient très vivement opposés à plusieurs aspects de cette réforme et qu'ils ont maintenu leur opposition par la suite (Conseil du patronat du Québec [CPQ], 1986). L'extension prévue à tous les secteurs d'activité économique n'a pas résisté aux politiques de compressions appliquées à la fonction publique, qui pourraient expliquer que la réglementation sur les CSS et les RP ne se soit pas appliquée au groupe III, qui comprend l'administration provinciale[13]. Toute extension a ensuite été bloquée, quel qu'ait été le gouvernement au pouvoir. En fait, tous les gouvernements ont ensuite montré leur préférence pour une réduction du rôle de l'État et pour les incitatifs financiers, par la tarification en fonction de l'expérience, dont on verra les effets mitigés et parfois contraires à l'objectif. Depuis 1985 donc, les discussions ont chaque fois été renvoyées au CA de la CSST, comme s'il ne s'agissait pas d'un débat intéressant toute la société. Dans cette instance se trouvent inévitablement dans la balance l'extension des mesures préventives d'un côté, et la réduction des coûts de l'indemnisation de l'autre, ce qui ne peut que poser un problème éthique (Lippel, 2013). Or le président de la CNESST pourrait

---

13. Une entente incluant un nombre inférieur de membres de CSS et d'heures de libération a plutôt été conclue entre le gouvernement et les syndicats de ce secteur.

utiliser son vote prépondérant; de plus, l'article 225 de la *LSST* donne au gouvernement le pouvoir d'adopter lui-même un règlement (par exemple, pour étendre la couverture des quatre mécanismes), si la CNESST ne l'a pas fait dans un « délai raisonnable ». Le paritarisme a ainsi servi d'excuse à un certain laisser-faire, alors que la situation de la santé et de la sécurité du travail décrite en introduction montre nettement la nécessité d'intensifier les efforts de prévention. Des événements récents pourraient changer la situation, comme nous le verrons en conclusion.

Par ailleurs, la non-application de mesures fondamentales de la *LSST* (PP, PSSE, CSS et RP) aux groupes IV à VI n'est pas davantage justifiable. Selon une analyse spéciale des données de l'*Enquête québécoise sur des conditions de travail, d'emploi et de santé et de sécurité du travail* (Vézina *et al.*, 2014), les travailleuses et travailleurs des groupes IV, V et VI sont exposés à des conditions de travail reconnues comme pathogènes. Or ces contraintes physiques ou organisationnelles sont parfois plus importantes que dans les groupes I, II et III. De plus, la surreprésentation des travailleurs de la construction, tant au niveau des décès que des lésions professionnelles, rend inexplicable que les articles de la *LSST* concernant les mécanismes de prévention propres aux chantiers de construction n'aient jamais été promulgués.

Enfin, une récente revue des écrits portant sur chacun des quatre mécanismes, de même que sur ceux qui étaient prévus pour les chantiers de construction (Baril-Gingras, Vézina et Lippel, 2013), conclut que :

> […] les mesures examinées ont un rôle positif et important pour améliorer les conditions de santé et de sécurité sur les lieux de travail. Par ailleurs, dans la grande majorité des autres juridictions canadiennes, des dispositions similaires au PP, au CSS et au RP (dans les petits établissements) sont obligatoires dans tous les secteurs. Des mesures semblables sont aussi largement présentes au plan international, dans les pays industrialisés, comme en Europe. (*ibid.*, p. 696)

De plus :

> Le fait que des obligations semblables aux quatre dispositions au cœur de la *LSST* existent dans la majorité des autres juridictions canadiennes et dans les pays de l'Union européenne (de même que certaines de ces dispositions dans des États des États-Unis) montre la faisabilité de ces mesures. Les dispositions spécifiques aux chantiers de construction sont aussi largement présentes au Canada et ailleurs dans les pays industrialisés. (*ibid.*, p. 697)

Les conditions d'efficacité de ces mesures sont, elles aussi, bien documentées, ce qui peut éclairer les stratégies à mettre en œuvre par la CNESST, les employeurs et les syndicats (*ibid.*). Par ailleurs, comme nous le verrons en conclusion, les régimes de prévention comme ceux d'indemnisation doivent certainement être adaptés aux changements majeurs des formes d'emploi et de la nature du travail, qui minent actuellement leur efficacité.

9.3 Le régime d'indemnisation des lésions professionnelles et sa mise en œuvre

Dans cette section, nous présentons les principaux éléments de la *Loi sur les accidents du travail et les maladies professionnelles* et en situons brièvement les principaux enjeux pour les travailleurs et les employeurs.

9.3.1 Les grands principes

L'objet de la *LATMP* est rendu explicite par son article 1 :

> La présente loi a pour objet la réparation des lésions professionnelles et des conséquences qu'elles entraînent pour les bénéficiaires.

> Le processus de réparation des lésions professionnelles comprend la fourniture des soins nécessaires à la consolidation d'une lésion, la réadaptation physique, sociale et professionnelle du travailleur victime d'une lésion, le paiement d'indemnités de remplacement du revenu, d'indemnités pour préjudice corporel et, le cas échéant, d'indemnités de décès.

> La présente loi confère en outre, dans les limites prévues au chapitre VII, le droit au retour au travail du travailleur victime d'une lésion professionnelle.

Comme nous l'avons vu, il s'agit d'un régime d'indemnisation sans égard à la faute. La *Loi* prévoit également les modalités du financement du régime par les cotisations des employeurs. C'est aussi une loi d'ordre public (Bernier et Cloutier, 2019). Par ailleurs, il importe de tenir compte de la règle suivante relativement à son interprétation : « À l'article 41 de la *Loi d'interprétation* du Québec, le législateur invite les tribunaux à interpréter la loi de manière large et libérale, afin de promouvoir son but. […] En cas de doute, devant deux interprétations possibles, il faut favoriser l'interprétation qui donne ouverture aux bénéfices, compte tenu du caractère social de la loi » (Lippel, 2002, p. 8). Nous reviendrons sur cet enjeu important.

La couverture par la *LATMP* concerne d'abord le « travailleur », tel que défini à l'article 2, soit :

> une personne physique qui exécute un travail pour un employeur, moyennant rémunération, en vertu d'un contrat de travail ou d'apprentissage, à l'exclusion :
>
> 1° du domestique ;
>
> 2° de la personne physique engagée par un particulier pour garder un enfant, un malade, une personne handicapée ou une personne âgée, et qui ne réside pas dans le logement de ce particulier ;
>
> 3° de la personne qui pratique le sport qui constitue sa principale source de revenus ;
>
> 4° du dirigeant d'une personne morale quel que soit le travail qu'il exécute pour cette personne morale ;
>
> 5° de la personne physique lorsqu'elle agit à titre de ressource de type familial ou de ressource intermédiaire.

L'exclusion des domestiques et des personnes dont l'activité correspond aux paragraphes 2 et 5 suscite depuis des années une vive opposition. La situation des domestiques a été considérée discriminatoire par la Commission des droits de la personne et des droits de la jeunesse (CDPDJ, 2008).

L'inscription volontaire de ces personnes à la CNESST peut remédier à cette exclusion, car elles sont alors « considérées travailleurs » au sens de la *LATMP* (art. 9 à 24). Toutefois, ce scénario ne correspond plus à la protection automatique prévue par la *Loi* et il suppose le paiement des cotisations correspondantes. L'inscription volontaire est évoquée à l'article 18 :

> 18. Le travailleur autonome, le domestique, la ressource de type familial, la ressource intermédiaire, l'employeur, le dirigeant ou le membre du conseil d'administration d'une personne morale peut s'inscrire à la Commission pour bénéficier de la protection accordée par la présente loi.

Les bénévoles peuvent eux aussi être couverts, sous certaines conditions (art. 13). Certains travailleurs dits « autonomes » seront considérés comme travailleurs au sens de la *LATMP* et pourront ainsi bénéficier de sa protection sans avoir à s'inscrire eux-mêmes à la CNESST. On peut interpréter les critères définis par la CNESST (voir les politiques en matière d'indemnisation sur son site web) comme une tentative d'éviter que des personnes effectuant des activités similaires ou connexes à celles de l'entreprise, comme le ferait un travailleur subordonné à l'entreprise, ne se voient attribuer un statut qui permette à celle-ci de se décharger de ses responsabilités sur le plan de l'indemnisation.

Malgré cela, certains observateurs, dont l'Union des travailleuses et travailleurs accidentés ou malades de Montréal (UTTAM, 2013a, p. 12), constatent que la définition de « travailleur », qui donne accès à la protection de la *LATMP*, est trop restrictive, considérant en particulier l'évolution du marché de l'emploi et la multiplication des statuts d'emploi atypiques. Le rapport du comité Bernier (Bernier *et al.*, 2003) sur les besoins de protection sociale des personnes en situation de travail non traditionnelle, préparé à la demande du ministre du Travail du Québec, allait dans le même sens.

9.3.2 Le processus de réclamation et la notion de lésion professionnelle

Pour qu'un travailleur ait accès, par exemple, à une indemnité de remplacement de son revenu durant la période où il ne peut travailler à la suite d'une blessure ou d'une maladie engendrées par son travail, il faut qu'une « réclamation » soit faite à la CNESST. L'étape clé du processus qui s'enclenche alors est la décision quant à l'existence d'une « lésion professionnelle ».

Le processus de réclamation

L'indemnisation par la CNESST repose sur une demande, une réclamation faite par le travailleur. Il s'agit en fait d'un processus qui comporte plusieurs étapes, jalonnées par des décisions prises par la CNESST qui peuvent être contestées, révisées, etc.

Le processus commence par l'avis donné par le travailleur victime d'une lésion professionnelle (ou, s'il en est incapable, par son représentant) à son employeur, avant de quitter l'établissement (*LATMP*, art. 265). Un retard inexpliqué dans la communication de l'avis peut rendre plus difficile la reconnaissance de la lésion (Sansfaçon, 2015). L'employeur doit veiller à ce que le travailleur reçoive les premiers secours (selon le *Règlement sur les normes minimales de premiers secours et de premiers soins*) et qu'il soit transporté à l'hôpital, le cas échéant. Cet événement doit être consigné dans un registre des accidents, des incidents et des premiers secours.

Le médecin qui prend en charge le travailleur produit une attestation médicale en remplissant le formulaire prescrit à cet effet par la CNESST. Il y inscrit le diagnostic ainsi que la date ou la période prévisible de consolidation de la lésion. Le travailleur remet ce formulaire d'attestation à son employeur.

Le travailleur dispose de six mois pour soumettre une réclamation (*ibid.*), ce qui, dans le cas d'une maladie professionnelle, se calcule « à partir de la date où est porté à la connaissance du travailleur qu'il est atteint d'une maladie professionnelle ». Des décisions de la Commission des lésions professionnelles (CLP) – aujourd'hui remplacée par le Tribunal administratif du travail (TAT) – indiquent que le délai se calcule à partir « du moment où le travailleur a un intérêt réel et actuel à déposer une réclamation, soit à la date du début de sa période d'incapacité à travailler, soit à la date où la lésion professionnelle a entraîné un dommage pour lequel une indemnité est prévue » (*ibid.*). La CNESST peut prolonger ce délai dans certaines circonstances (*LATMP*, art. 352).

La CNESST prend une décision sur l'admissibilité de la réclamation, ce dont dépend l'accès à une IRR durant l'absence, comme à l'ensemble des autres protections de la *Loi*. L'une des notions les plus importantes de la *Loi* est donc celle de « lésion professionnelle », qui donne lieu à une jurisprudence considérable et qui reflète les enjeux non négligeables pour les travailleurs (la protection du revenu, l'accès aux traitements et à la réadaptation, le droit au retour au travail, etc.) et pour les employeurs (essentiellement des coûts d'indemnisation).

La notion de lésion professionnelle

L'article 2 de la *LATMP* définit la « lésion professionnelle » comme « une blessure ou une maladie qui survient par le fait ou à l'occasion d'un accident du travail, ou une maladie professionnelle, y compris la récidive, la rechute ou l'aggravation ». Chacun de ces éléments a son importance et a généré une pléthore de décisions de la part de la CLP (et de la commission qui l'a précédée, la Commission d'appel en matière de lésions professionnelles, ou CALP).

La notion d'accident du travail

L'événement le plus facilement reconnu est l'« accident du travail », défini comme « un événement imprévu et soudain attribuable à toute cause, survenant à une personne par le fait ou à l'occasion de son travail et qui entraîne pour elle une lésion professionnelle » (*LATMP*, art. 2). Chaque élément de cette définition importe dans le processus de décision.

De l'analyse de la jurisprudence réalisée par Dautel (2019), on peut dégager que cet événement imprévu et soudain peut avoir été « prévisible » et que la situation n'a pas à être exceptionnelle : la lésion peut survenir lors d'un geste normal, banal et habituel, ou d'un « faux mouvement ». Par ailleurs, l'« accident » peut ne pas être un événement unique, mais une suite de microtraumatismes, une série de « gestes bénins qui, considérés isolément, ne sauraient constituer un événement imprévu et soudain, mais qui, en raison de leur accumulation, permettent de conclure à la survenue d'un tel événement » (*ibid.*). Cette notion de microtraumatisme est souvent présente dans la reconnaissance des lésions psychologiques (par exemple, le harcèlement psychologique) et elle est parfois utilisée et acceptée pour la reconnaissance des troubles musculosquelettiques.

Selon l'article 2 de la *LATMP*, l'« accident du travail » peut être « attribuable à toute cause ». L'exception est définie à l'article 27, selon lequel « [u]ne blessure ou une maladie qui survient uniquement à cause de la négligence grossière et volontaire du travailleur qui en est victime n'est pas une lésion professionnelle, à moins qu'elle entraîne le décès du travailleur ou qu'elle lui cause une atteinte permanente grave à son intégrité physique ou psychique ». Le terme « uniquement » est important, et cette exception est très rarement appliquée : elle le serait, par exemple, dans le cas d'un travailleur dont la blessure découlerait uniquement de son état d'ébriété.

La différence entre les événements qui surviennent « par le fait » et ceux qui surviennent « à l'occasion » du travail est elle aussi majeure : une blessure qui survient dans l'exécution des fonctions pour lesquelles le travailleur est employé est considérée survenir « par le fait du travail » (CNESST, 2018b, politique 1.02, p. 7). C'est la situation la plus simple, celle qui donne le moins lieu à contestation. Par contre, celle qui survient « à l'occasion du travail » a lieu « lors de l'accomplissement d'actes connexes qui peuvent être plus ou moins utiles à l'exécution du travail » (*ibid.*). Cette relation est évaluée par la CNESST selon différents critères, tels le lieu, le moment, la nature des activités et la présence d'un lien de subordination, et donne lieu à des controverses juridiques qui, comme celles qui entourent d'autres éléments de la *LATMP*, requièrent beaucoup de temps et d'énergie qui ne sont alors pas consacrés à la prévention.

Le caractère social de la *Loi* se manifeste cependant par l'existence de deux présomptions, l'une concernant la reconnaissance d'une blessure, l'autre, d'une maladie. De ce fait, le travailleur n'a pas automatiquement à démontrer tous les éléments de la définition d'accident du travail pour qu'une blessure soit reconnue comme lésion professionnelle : « Une blessure qui arrive sur les lieux du travail alors que le travailleur est à son travail est présumée une lésion professionnelle » (*LATMP*, art. 28). L'absence de définition du terme « blessure » mène cependant à une autre série de controverses et à une jurisprudence également abondante, la définition utilisée étant parfois restreinte, parfois plus large. Les termes utilisés par le médecin pour décrire la blessure (ou la maladie) ont une grande importance dans la suite du processus de réclamation. Il est ainsi plus facile de faire accepter une réclamation quand le médecin pose un diagnostic précis (par exemple, entorse plutôt que lombalgie, qui veut dire douleur dans la région lombaire). Mais le diagnostic précis n'est pas toujours nécessaire au traitement, et en chercher un peut avoir un effet pervers (Lippel, 2002, p. 156-157). En l'absence de reconnaissance d'une « blessure », le travailleur devra démontrer, par une preuve prépondérante, que l'événement répond à la définition d'accident du travail au sens de la *LATMP*. La CNESST ou l'employeur peuvent tenter de prouver l'absence d'un des éléments de la définition. Autrement, la lésion pourrait être reconnue comme maladie professionnelle, ce qui est plus difficile encore.

La notion de maladie professionnelle

Les maladies professionnelles peuvent être reconnues parce qu'elles sont couvertes par une présomption définie à l'article 29, qui allège le fardeau de preuve du travailleur, ou parce que, bien que non couvertes par cette présomption, elles répondent aux critères définis par l'article 30.

Comme dans bien d'autres pays, la loi québécoise dresse une liste de maladies qui sont dès lors plus facilement reconnues. Ainsi, l'article 29 de la *LATMP* indique que le travailleur atteint d'une maladie mentionnée à l'annexe I « est présumé atteint d'une maladie professionnelle s'il a exercé un travail correspondant à cette maladie d'après l'annexe ». C'est par exemple le cas de la silicose lorsque le travailleur a effectué « un travail impliquant une exposition à la poussière de silice » (*LATMP*, annexe I).

Cependant, plusieurs maladies professionnelles ne sont pas incluses à l'annexe I ; en fait, cette liste n'a jamais été mise à jour depuis 1985, alors que les connaissances scientifiques ont bien évolué. Le processus de réclamation se complexifie pour le travailleur si sa maladie n'y figure pas ou si le genre de travail associé à sa maladie dans la même annexe ne correspond pas à celui qu'il effectue. Dans ce cas, le travailleur doit faire la preuve, comme l'exige l'article 30, « que sa maladie est caractéristique d'un travail qu'il a exercé ou qu'elle est reliée directement aux risques particuliers de ce travail ». Dans le premier cas, il s'agit de démontrer que cette maladie est plus fréquente dans ce type de travail, en s'appuyant sur diverses preuves portant sur un nombre dit significatif de personnes, dont des données statistiques ou épidémiologiques[14]. Dans le second cas, la preuve

> doit comprendre une analyse des structures anatomiques atteintes par la maladie et une identification des facteurs biomécaniques, physiques ou organisationnels sollicitant ces structures. Il faut aussi identifier, s'il y en a, les caractéristiques personnelles, regarder l'importance de l'exposition, que ce soit en termes de durée, d'intensité ou de fréquence, et finalement vérifier la relation temporelle[15].

Le type de preuve demandé par la jurisprudence actuelle dépose un lourd fardeau sur les épaules des travailleurs. On peut se demander si le principe d'interprétation large et libérale qui devrait prévaloir est appliqué comme il se doit. On peut aussi encore une fois s'interroger sur l'énergie et les sommes dépensées pour établir les frontières de l'indemnisation. Un autre enjeu de ces controverses est le rôle de la « condition personnelle » du travailleur dans le développement de la lésion.

Le rôle de la condition personnelle

La « condition personnelle » du travailleur, c'est-à-dire son état de santé antérieur à la survenue d'une éventuelle lésion professionnelle, est l'objet de beaucoup d'intérêt chez les personnes chargées de gérer l'indemnisation pour l'employeur. Or le principe appliqué à cet égard est celui-ci : « À moins de circonstances particulières, il faut prendre la personne humaine comme elle est, avec son âge, avec ses faiblesses, avec ses vicissitudes »[16]. C'est ce qu'on a appelé la théorie du « crâne fragile ». L'aggravation de la condition personnelle doit survenir au travail, elle doit être « attribuable à un accident du travail ou à l'exposition à un risque particulier du travail » (Lavoie, 2014).

---

14. *Entreprises d'émondage LDL inc. et Rousseau*, 2005 LNQCCLP 8558, cité par Dautel 2019.
15. *Industries de moulage Polytech inc. (Les)* c. *Pouliot*, CLP, 144010-62B-0008, 20 novembre 2001, cité par Dautel, 2019.
16. *Chaput* c. *Montréal (Société de transport de la Communauté urbaine de)*, [1992] RJQ 1774 (CA), [1992] JQ, n° 1200 (CA), cité par Lavoie (2014).

Cependant, la reconnaissance d'une certaine vulnérabilité chez le travailleur permet de réduire les coûts d'indemnisation imputés au dossier de l'employeur pour les transférer à un fonds financé par l'ensemble des employeurs. Cela illustre l'enjeu fondamental de toutes les batailles entourant la reconnaissance du caractère professionnel des lésions : les coûts d'indemnisation.

9.3.3 Les indemnités de remplacement du revenu

La reconnaissance d'une lésion professionnelle permet aux travailleurs d'exercer des droits conférés par la *LATMP*, entre autres le droit à des indemnités de remplacement du revenu (IRR), à des indemnités pour préjudice corporel (en cas d'atteinte permanente à leur intégrité physique ou psychique) et, le cas échéant, à des indemnités de décès. Concentrons-nous ici sur les IRR.

Nous l'avons vu, le processus d'indemnisation commence par la production d'une attestation par le médecin qui prend en charge le travailleur, que celui-ci peut choisir. Le formulaire d'attestation indique le diagnostic ainsi que la date ou la période prévisible de consolidation de la lésion, selon le cas. Cette notion de consolidation est importante : elle est définie par la *Loi* comme étant « la guérison ou la stabilisation d'une lésion professionnelle à la suite de laquelle aucune amélioration de l'état de santé du travailleur victime de cette lésion n'est prévisible » (*LATMP*, art. 2).

L'employeur est tenu par la *LATMP* de verser au travailleur une IRR – soit 90 % de son salaire net jusqu'à concurrence du maximum annuel assurable en vigueur au moment du début de l'incapacité, pour chaque journée ou partie de journée où il aurait normalement travaillé – pendant ses 14 premiers jours d'absence. Afin que le travailleur n'ait pas à attendre cette indemnité pendant un délai déraisonnable, la CNESST rembourse cette somme à l'employeur (CNESST, 2017a), qu'elle accepte ou non la réclamation par la suite, et elle prend la relève pour continuer les versements si l'absence se poursuit. À la fin de la période de 14 jours, ou avant si le travailleur reprend le travail avant cette échéance, l'employeur a deux jours pour informer la CNESST du retour au travail et lui demander un remboursement à l'aide du formulaire « Avis de l'employeur et demande de remboursement » de la CNESST.

Le travailleur doit remplir le formulaire « Réclamation du travailleur » pour demander une indemnité à la CNESST lorsque la lésion le rend incapable d'occuper son emploi pendant plus de 14 jours[17]. Pour le calcul de l'IRR par l'employeur, puis par la CNESST, la *LATMP* et les politiques de la CNESST prévoient des règles de détermination du revenu brut selon la situation d'emploi du travailleur, par exemple pour les travailleurs sur appel, ceux qui sont à la fois à temps partiel et sur appel, ceux qui occupent plus d'un emploi, etc. (CNESST, 2017b, politique 2.02, p. 5). Selon ces règles, le travailleur peut aussi démontrer que son revenu brut est plus élevé. Cependant, l'UTTAM (2013a, p. 19) juge que :

> depuis quelques années, la CSST et les tribunaux semblent oublier le caractère compensatoire de l'indemnité afin de ne remplacer que le salaire réellement gagné par la travailleuse ou le travailleur avant l'événement, lorsque ce salaire est inférieur à la règle générale. Or ce n'est pas parce que la travailleuse ou le travailleur occupait, par exemple, un emploi à temps partiel au moment de l'événement que sa capacité de travail et de gain futur est limitée à du travail à temps partiel.

Il faut souligner que les cotisations à d'autres régimes tels que l'assurance-emploi, l'assurance parentale ou le régime de rentes ne sont pas versées pendant la période où le travailleur reçoit une IRR, même si elles sont prises en compte par la CNESST dans l'établissement du revenu net. Paradoxalement, les travailleurs victimes de lésions voient ainsi d'autres protections sociales réduites du fait de ces lésions (UTTAM, 2013a, p. 21-22).

Plus fondamentalement, il faut rappeler que, avec l'adoption de la *LATMP* en 1985, l'IRR a remplacé la rente viagère. Ce changement a eu lieu dans un contexte où le patronat faisait pression pour que les coûts de l'indemnisation soient réduits. Les moyens alors évoqués par des employeurs comprenaient la réduction du pourcentage du revenu net remplacé par les indemnités (sous les 90 %) et le partage des coûts de cotisation avec les travailleurs. Mais le revers de la médaille se présente ainsi :

> C'est oublier que les accidentés du travail ont renoncé collectivement à leur recours devant les tribunaux, à leur droit d'être indemnisés

---

17. Le même formulaire est utilisé pour une incapacité permanente, physique ou psychique, une rechute, une récidive ou une aggravation de la lésion initiale, etc.; pour le remboursement des frais de traitement médical, de déplacement et d'hébergement (la première fois), ainsi que des frais engagés pour la réparation ou le remplacement de lunettes ou d'autres orthèses ou prothèses endommagées au travail. Le formulaire sert également si la lésion a entraîné le décès.

intégralement. Les travailleurs qui auraient eu un recours ont déjà payé pour ceux qui n'auraient pas pu poursuivre. C'est oublier que la victime d'un délit ou d'un quasi-délit ne doit pas assumer le coût des assurances des responsables. (Lippel, 1987, p. 286)

Si les moyens de réduire les coûts de l'indemnisation évoqués aujourd'hui ne sont pas nécessairement les mêmes, ces enjeux sous-tendent toujours tous les débats sur le régime québécois et son avenir.

Le droit à l'indemnité de remplacement du revenu

Selon l'article 44 de la *LATMP*, « [l]e travailleur victime d'une lésion professionnelle a droit à une indemnité de remplacement du revenu s'il devient incapable d'exercer son emploi en raison de cette lésion. Le travailleur qui n'a plus d'emploi lorsque se manifeste sa lésion professionnelle a droit à cette indemnité s'il devient incapable d'exercer l'emploi qu'il occupait habituellement. » Le travailleur est présumé incapable d'occuper son emploi tant que sa lésion n'est pas consolidée (*LATMP*, art. 46). Cette présomption peut cependant être renversée (Brabant, 2019).

La durée de l'IRR

Le travailleur conserve le droit à l'IRR « tant qu'il a besoin de réadaptation pour redevenir capable d'exercer son emploi ou, si cet objectif ne peut être atteint, pour devenir capable d'exercer à plein temps un emploi convenable après la consolidation de sa lésion » (*LATMP*, art. 47).

Nous verrons plus loin que, avant la consolidation, l'employeur d'un travailleur victime d'une lésion professionnelle peut lui assigner temporairement un travail, sous certaines conditions précisées par la *LATMP* (art. 179). Une fois la lésion consolidée, le travailleur a le droit de retourner au travail (à son emploi, sinon à un « emploi équivalent », sinon à un « emploi convenable », termes qui sont définis à l'article 2 de la *LATMP*), cela dans un délai d'un an après le début de la période d'absence continue dans les établissements de 20 travailleurs ou moins ; ce délai est de deux ans dans les autres établissements.

Si le travailleur redevient capable d'exercer son emploi seulement après l'expiration du délai d'exercice de son droit au retour au travail, il pourra toucher une IRR jusqu'à ce qu'il réintègre son emploi ou qu'il occupe un emploi équivalent (ou jusqu'à ce qu'il refuse, sans raison valable, de le faire), mais pendant au plus un an à compter de la date où il redevient capable d'exercer son emploi.

La CNESST établit quel est l'emploi dit « convenable » que le travailleur pourrait occuper. Lorsqu'un travailleur incapable d'exercer son emploi en raison de sa lésion professionnelle devient capable d'exercer à plein temps cet emploi convenable, son IRR est réduite du revenu net retenu qu'il pourrait en tirer ; si cet emploi n'est pas disponible, il continue à recevoir la pleine IRR jusqu'à ce qu'il occupe cet emploi (ou jusqu'à ce qu'il le refuse sans raison valable), mais pendant au plus un an à partir du jour où il devient capable, selon la CNESST, d'exercer cet emploi dit convenable (*LATMP*, art. 48 et 49).

Le droit à l'IRR cesse donc à la première des éventualités suivantes : lorsque le travailleur redevient capable d'exercer son emploi ou se trouve dans la situation qui vient d'être décrite ; lorsqu'il décède ; lorsqu'il atteint 68 ans ou s'il est victime d'une lésion professionnelle alors qu'il est âgé d'au moins 64 ans, quatre ans après la date du début de son incapacité d'exercer son emploi (*LATMP*, art. 57).

9.3.4 L'assignation temporaire

Nous l'avons vu, en vertu de l'article 46 de la *LATMP*, un « travailleur est présumé incapable d'exercer son emploi tant que la lésion professionnelle dont il a été victime n'est pas consolidée ». Cependant, la *Loi* accorde à l'employeur le droit d'assigner temporairement un travail à ce travailleur « en attendant qu'il redevienne capable d'exercer son emploi ou devienne capable d'exercer un emploi convenable, même si sa lésion n'est pas consolidée ». Le médecin du travailleur doit alors considérer que « 1° le travailleur est raisonnablement en mesure d'accomplir ce travail ; 2° ce travail ne comporte pas de danger pour la santé, la sécurité et l'intégrité physique du travailleur compte tenu de sa lésion ; et 3° ce travail est favorable à la réadaptation du travailleur » (*LATMP*, art. 179). On comprend que cette disposition comporte un enjeu financier pour certains employeurs, soit ceux dont le taux de cotisation à la CNESST varie selon la fréquence et la durée des absences.

De fait, l'assignation temporaire est une pratique largement répandue. Les trois conditions énoncées ci-dessus soulèvent de nombreux enjeux, en particulier quant à savoir si le travail en question est en effet favorable à la réadaptation du travailleur blessé. On a déjà vu des travailleurs auxquels des tâches non productives ou ne contribuant pas directement à leur réadaptation ont été attribuées.

> L'assignation temporaire, lorsqu'elle est bien adaptée aux besoins du travailleur, lui permet

de demeurer actif et de retrouver ses capacités de travail rapidement. Par contre, si elle est mal gérée, parce que le travail qui lui est proposé est humiliant ou inadapté à ses capacités, si la nature même de la lésion qui l'affecte ne permet pas au travailleur de tirer profit d'un retour au travail précoce, ou si aucune intervention n'est faite par l'employeur pour assurer l'appui réel des collègues au processus de réintégration, alors elle peut mener à de nouvelles pathologies physiques et psychiques, et elle peut augmenter l'incapacité au travail à long terme au lieu de la diminuer. (Lippel, 2010, p. 13)

Malgré l'accord du médecin qui a la charge du travailleur et qui doit s'appuyer sur des informations détaillées, il est possible que le travailleur lui-même soit en désaccord avec l'assignation temporaire définie par l'employeur. La LSST prévoit une procédure pour régler cette situation. Finalement, rappelons que l'usage très répandu de l'assignation temporaire limite la qualité du portrait qui peut être brossé des statistiques sur les lésions indemnisées par la CNESST.

9.3.5 Le retour au travail

Comme nous l'avons vu, le droit au retour au travail est l'une des mesures qui sont considérées comme des avancées pour les travailleurs, avec l'adoption de la *LATMP*. En effet, avant 1985:

> Aucun mécanisme particulier de protection de l'emploi et de retour au travail n'était prévu. La Commission [CSST] tentait alors de minimiser cet impact par une série de mesures de réadaptation axées sur la recherche d'emploi et la formation. La Commission mettait fin à l'indemnisation quand il n'y avait plus de traitement médical à offrir ou après la mise en place de mesures temporaires, c'est-à-dire limitées dans le temps, pour aider le travailleur à réintégrer le marché du travail. (Chabot, 2001, p. 159-160)

La *LATMP* définit les conditions du droit au retour au travail applicables à l'ensemble des travailleurs couverts, à l'exception des travailleurs de la construction, pour lesquels des mesures distinctes sont prévues. Dans le cas d'un contrat à durée déterminée, le travailleur peut faire valoir ce droit jusqu'à la date prévue de fin du contrat ; s'il dispose d'un contrat à durée indéterminée, le délai d'exercice de ce droit varie selon le nombre de travailleurs dans l'établissement. Le délai est de un an pour les entreprises de 20 travailleurs ou moins et de deux ans pour celles de plus de 20 travailleurs.

Par ailleurs, la *LATMP* donne, entre autres, les indications suivantes :

> 236. Le travailleur victime d'une lésion professionnelle qui redevient capable d'exercer son emploi a droit de réintégrer prioritairement son emploi dans l'établissement où il travaillait lorsque s'est manifestée sa lésion ou de réintégrer un emploi équivalent dans cet établissement ou dans un autre établissement de son employeur.
>
> [...]
>
> 239. Le travailleur qui demeure incapable d'exercer son emploi en raison de sa lésion professionnelle et qui devient capable d'exercer un emploi convenable a droit d'occuper le premier emploi convenable qui devient disponible dans un établissement de son employeur.
>
> Le droit conféré par le premier alinéa s'exerce sous réserve des règles relatives à l'ancienneté prévues par la convention collective applicable au travailleur.

On entend par emploi équivalent « un emploi qui possède des caractéristiques semblables à celles de l'emploi qu'occupait le travailleur au moment de sa lésion professionnelle relativement aux qualifications professionnelles requises, au salaire, aux avantages sociaux, à la durée et aux conditions d'exercice » (*LATMP*, art. 2). Un emploi convenable est, quant à lui, « un emploi approprié qui permet au travailleur victime d'une lésion professionnelle d'utiliser sa capacité résiduelle et ses qualifications professionnelles, qui présente une possibilité raisonnable d'embauche et dont les conditions d'exercice ne comportent pas de danger pour la santé, la sécurité ou l'intégrité physique du travailleur compte tenu de sa lésion » (*ibid.*).

N'obligeant pas l'employeur à offrir au travailleur un emploi convenable, ce droit au retour au travail, malgré son caractère innovateur et positif, se heurte à des limites importantes. Nous verrons toutefois que cette situation pourrait changer à la suite d'une décision de la Cour suprême en 2018. Voici l'une de ces limites :

> Dans les milieux non syndiqués, le droit de retour au travail est habituellement utile pour les travailleuses et les travailleurs qui redeviennent capables d'exercer leur emploi. Pour celles et ceux qui restent incapables d'exercer leur emploi de façon permanente, ils ont un droit de retour, mais l'employeur n'a aucune obligation de leur offrir un emploi convenable. Dans les faits, la grande majorité des travailleuses et travailleurs non syndiqués perdent ainsi leur lien d'emploi. (UTTAM, 2013a, p. 24)

Le travailleur aura accès à des services de réadaptation qui ont d'abord pour but de lui faire réintégrer son emploi. On parle ici non seulement de réadaptation physique pour éliminer ou atténuer l'incapacité physique et développer la capacité résiduelle, mais également de réadaptation sociale pour permettre le retour à l'autonomie dans les activités quotidiennes et aider à surmonter les conséquences personnelles, sociales et professionnelles. Ainsi, un programme de réadaptation professionnelle peut comprendre, par exemple, le recyclage professionnel d'un travailleur, l'adaptation d'un poste de travail, le versement de subventions à un employeur pour favoriser l'embauche d'un travailleur, des services de soutien en recherche d'emploi, etc. (CNESST, 2017c, politique 4.01, p. 4).

> Pour admettre un travailleur en réadaptation, la CNESST doit avoir la certitude que :
>
> 1° le travailleur a ou aura une atteinte permanente à son intégrité physique et psychique,
>
> et
>
> 2° les conséquences physiques ou psychologiques de sa lésion, lesquelles se traduisent par la présence de besoins auxquels des mesures prévues à la *LATMP* peuvent répondre, compromettent sa réinsertion sociale ou professionnelle. Ces besoins sont généralement objectivés par la présence de limitations fonctionnelles. (CNESST, 2017c, politique 4.01, p. 1)

L'admission en réadaptation se traduit par l'élaboration d'un « plan individualisé de réadaptation ». L'article 181 de la *LATMP* donne cette précision : « Dans la mise en œuvre d'un plan individualisé de réadaptation, la Commission assume le coût de la solution appropriée la plus économique parmi celles qui permettent d'atteindre l'objectif recherché ». Or il y a une ombre au tableau :

> Le plan individualisé de réadaptation qui sera développé avec la participation du travailleur est soumis à une analyse coûts-bénéfices qui limite sévèrement les possibilités pour les travailleurs qui gagnent peu au moment de l'accident, peu importe leur potentiel et peu importe l'impact réel de la lésion sur leur capacité de gain. (Lippel, 2010, p. 7, citant Lippel, 2008)

Selon les critères en vigueur, la consolidation de la lésion « sans limitation fonctionnelle » équivaut à la capacité du travailleur d'exercer son emploi, alors que la consolidation « avec limitation fonctionnelle » amène la nécessité d'évaluer cette capacité. La CNESST évalue alors la possibilité de mettre en place des mesures de réadaptation. Ainsi, selon sa politique :

> Dans le cas où le travailleur est incapable d'exercer son emploi en raison de la lésion professionnelle, il a le droit d'occuper le premier emploi convenable disponible dans un établissement de l'employeur, sous réserve des règles relatives à l'ancienneté prévues par la convention collective applicable au travailleur.
>
> Il est possible que le travailleur ait besoin d'une mesure de réadaptation pour le rendre capable d'exercer l'emploi convenable. À cet effet, la CNESST peut mettre en œuvre un programme de réadaptation professionnelle approprié, au terme duquel le travailleur sera capable d'exercer l'emploi convenable. (CNESST, 2017d, politique 3.01, p. 3)

Nous avons vu que, dans les milieux non syndiqués, la recherche d'une solution d'emploi convenable chez l'employeur prélésionnel pose souvent problème (UTTAM, 2013a, p. 21). En dernier recours, la CNESST évaluera donc les possibilités pour le travailleur d'occuper un emploi convenable ailleurs et déterminera le salaire qu'il pourrait en tirer. Lorsque le travailleur devient capable d'exercer à plein temps un emploi convenable (tel que déterminé par la CNESST), son IRR est réduite du revenu net retenu qu'il pourrait tirer de cet emploi convenable ; si cet emploi n'est pas disponible, le travailleur continue à recevoir la pleine IRR jusqu'à ce qu'il occupe cet emploi (ou jusqu'à ce qu'il le refuse sans raison valable), mais pendant au plus un an à compter de la date où il devient capable de l'exercer. Par la suite, l'indemnité reçue est réduite du salaire net de l'emploi convenable déterminé, que le travailleur occupe cet emploi ou non[18]. Cela amène

---

18. L'article 57 de la *LATMP* précise que « [l]e droit à l'indemnité de remplacement du revenu s'éteint au premier des événements suivants : 1° lorsque le travailleur redevient capable d'exercer son emploi, sous réserve de l'article 48 ; 2° au décès du travailleur ; ou 3° au soixante-huitième anniversaire de naissance du travailleur ou, si celui-ci est victime d'une lésion professionnelle alors qu'il est âgé d'au moins 64 ans, quatre ans après la date du début de son incapacité d'exercer son emploi. » L'article 48 auquel il est fait référence énonce ceci : « Lorsqu'un travailleur victime d'une lésion professionnelle redevient capable d'exercer son emploi après l'expiration du délai pour l'exercice de son droit au retour au travail, il a droit à l'indemnité de remplacement du revenu prévue par l'article 45 jusqu'à ce qu'il réintègre son emploi ou [occupe] un emploi équivalent ou jusqu'à ce qu'il refuse, sans raison valable, de le faire, mais pendant au plus un an à compter de la date où il redevient capable d'exercer son emploi. Cependant, cette indemnité est réduite de tout montant versé au travailleur, en raison de sa cessation d'emploi, en vertu d'une loi du Québec ou d'ailleurs, autre que la présente loi. »

la critique suivante de la part d'une association de travailleurs accidentés :

> L'objectif que visait le législateur par l'introduction de ce mécanisme, soit celui de remplacer la perte de revenu lorsque la lésion oblige la travailleuse ou le travailleur à occuper un emploi moins rémunérateur, n'est absolument pas atteint. […] Parce que la loi prévoit que la CSST n'a qu'à déterminer des emplois fictifs avec un salaire fictif, cette dernière n'est aucunement incitée à mettre en place des mesures appropriées pour réadapter réellement les travailleuses et les travailleurs, puisque les coûts d'une telle réadaptation sont souvent supérieurs à ce qu'il lui en coûte en indemnités réduites. (UTTAM, 2013a, p. 21)

Malgré le caractère novateur et théoriquement très positif du droit au retour au travail, les limites posées à son application, comme à la détermination des mesures de réadaptation et de la nature de l'emploi dit convenable, ont parfois créé des situations dramatiques pour certains travailleurs.

En effet, jusqu'à récemment, l'application de la *LATMP* semblait présenter des limites, en comparaison de l'obligation d'accommodement exigée par la *Charte des droits et libertés de la personne* du Québec. Par exemple, un travailleur devenu handicapé en raison de son travail semblait bénéficier de moins de droits en matière d'accommodement de la part de son employeur qu'un collègue qui se serait blessé hors du travail (Lippel, 2010, p. 15). Or, après un long processus judiciaire, la Cour suprême du Canada a tranché en 2018 : « Le fait que le régime prévoit certains types d'accommodement n'exclut pas l'accommodement général plus vaste qu'exige la *Charte* québécoise » (*CNESST c. Caron*, 2018 CSC 3). Les employeurs ont donc désormais des obligations plus importantes, ce qui protégera mieux le maintien en emploi des travailleurs qu'un accident du travail ou une maladie professionnelle aura laissés avec des séquelles.

9.3.6 Le processus de révision et de contestation

Cette dernière sous-section est consacrée au processus de décision de la CNESST et aux possibilités de contestation offertes par la *LATMP*. Le phénomène de « judiciarisation » auquel on assiste, en particulier depuis l'adoption d'un régime de tarification plus fortement influencé par l'expérience propre à chaque employeur, fait en sorte qu'on ne peut ignorer cet aspect du régime. Or il faut rappeler que ce ne sont pas de « dossiers » ni de « réclamations » dont il est question (Lippel *et al.*, 2005), mais bien de personnes qui sont aux prises avec des problèmes de santé et éventuellement des problèmes financiers liés à une perte ou à une réduction de revenus découlant de leur incapacité à reprendre le travail.

Deux grandes procédures de contestation des décisions de la CNESST sont possibles, l'une pour les décisions de nature administrative (révision et contestation), l'autre pour les décisions dites médicales (contestation). Chacune de ces procédures a ses propres délais, formalités et exigences. Outre les indications données par la *LATMP*, la CNESST publie sur son site web les politiques qui fondent ses décisions.

Sur les questions médicales (diagnostic ; date ou période prévisible de consolidation de la lésion ; nature, nécessité, suffisance ou durée des soins ou des traitements administrés ou prescrits ; existence ou pourcentage d'une atteinte permanente à l'intégrité physique ou psychique du travailleur ; existence ou évaluation des limitations fonctionnelles du travailleur), la CNESST est dite « liée » à la décision du médecin qui a la charge du travailleur, puisqu'elle ne peut elle-même prendre une décision médicale. Une procédure particulière de contestation de ces décisions permet à la CNESST ou à l'employeur de demander l'avis d'un autre médecin. En cas de divergence, le dossier sera soumis au Bureau d'évaluation médicale (BEM)[19], un organisme qui relève du ministère du Travail, qui rendra un avis. Le cas échéant, la CNESST sera par la suite liée à l'avis du BEM.

Sur les questions dites administratives, la CNESST peut reconsidérer elle-même une décision qu'elle a prise, comme celle de reconnaître ou non une lésion comme « professionnelle ». Il peut ensuite y avoir révision administrative (sur dossier et non en audience), à la demande de l'une ou l'autre des parties, mais on observe qu'une assez faible proportion des décisions est modifiée à l'occasion d'une telle révision. Enfin, la contestation peut se rendre au TAT[20] à la demande du travailleur, de l'employeur ou du gestionnaire de la mutuelle de prévention. Le TAT tranchera cette fois lors d'une audience, à

---

19. Dans le cas d'une maladie professionnelle pulmonaire, le dossier sera soumis au Comité spécial des maladies professionnelles pulmonaires (CSMPP), qui était appelé le Comité spécial des présidents entre 1975 et 2003.
20. Le TAT remplace depuis 2016 la CLP, qui avait elle-même remplacé la CALP en 1998.

moins que le litige soit traité auparavant en conciliation. Comme le BEM, le TAT relève du Secrétariat du travail. Les commissaires du TAT sont des avocats ou des notaires et ils rendent généralement leurs décisions seuls, sinon à la majorité lorsqu'ils sont plusieurs ; ses autres membres sont issus d'associations d'employeurs et d'associations syndicales et doivent conseiller le juge administratif qu'est le commissaire. Les décisions du TAT en matière de SST sont finales et sans appel.

On parle donc depuis plusieurs années de judiciarisation du processus d'indemnisation, et cela, malgré les nombreuses tentatives de limiter ce phénomène depuis le milieu des années 1990, qui ont mené à des remaniements des structures concernées. Le problème reste entier.

Ainsi, selon les chiffres compilés par l'UTTAM (2013a, p. 26), alors que le nombre de réclamations à la CSST a diminué de 28,5 % entre 1997 et 2012 (passant de 155 348 à 111 094), le nombre de contestations a, par contre, connu une augmentation importante de 50,5 % entre 1997-1998 et 2012-2013 (toutes les formes de demandes prises en compte, soit la révision, l'appel à la CALP et à la CLP, et celles sur le plan médical, soumises au BEM).

La contestation des décisions d'ordre médical serait particulièrement problématique. En fait, même si la CNESST est dite liée à l'opinion du médecin traitant du travailleur (que celui-ci peut choisir), cette opinion peut être remise en question. On le sait, le travailleur doit se soumettre à l'examen d'un autre médecin si son employeur ou la CNESST le demande ; s'il y a divergence, c'est un autre médecin, celui du BEM, qui tranchera. En conséquence, un grand nombre de travailleurs doivent se soumettre à des examens médicaux qui n'ont pas pour but de les traiter. Ce processus a également des coûts importants pour les employeurs. Pour cette raison, des ressources ne sont pas disponibles pour la prévention. C'est pourquoi, depuis plusieurs années, de nombreux acteurs, dont des syndicats, souhaitent une déjudiciarisation du processus d'indemnisation et certains réclament même l'abolition du BEM (UTTAM, 2013b).

Aucune évaluation chiffrée de l'ensemble des coûts de la contestation des lésions professionnelles n'est disponible actuellement, mais on peut d'emblée constater que cette opération engloutit des sommes considérables, qui ne sont pas investies en prévention. De plus, on doit s'interroger sur les difficultés d'accès à la justice des travailleurs, en grande majorité non syndiqués, qui doivent faire face à des processus administratifs et judiciaires complexes. En effet, le Québec, contrairement à l'Ontario par exemple, ne dispose pas de ressources publiques consacrées au soutien des travailleurs dans les recours juridiques en matière d'indemnisation.

Le processus de conciliation à la CLP (maintenant le TAT) est aussi critiqué, non pas sur le principe même, mais à cause du fait qu'un grand nombre des dossiers traités en conciliation aboutissent à un désistement qui serait souvent accompagné d'une entente privée entre le travailleur et l'employeur. N'est-il pas préoccupant que seule une partie de ces ententes soit soumise à un commissaire pour s'assurer qu'elles respectent la loi, alors que celle-ci est d'ordre public ? (UTTAM, 2013a, p. 27)

9.4 Le financement du régime

La CNESST a entre autres mandats celui d'administrer un régime d'assurance public et obligatoire, financé par les cotisations des employeurs. L'inscription à la CNESST est ainsi obligatoire pour toute entreprise ayant un établissement au Québec et embauchant au moins un travailleur.

9.4.1 La classification

La classification des activités économiques de l'employeur est à la base d'une tarification qui tient compte de l'« expérience » associée aux risques de lésions professionnelles propres à chaque type d'activité économique. Une même entité juridique peut rassembler plusieurs « dossiers d'expérience » (pouvant regrouper plusieurs établissements), classés dans des unités de classification correspondant chacune à un type d'activité économique différent, chaque unité ayant son propre niveau de risque. La CNESST informe chaque employeur de la classification de ses activités. L'employeur peut demander la révision d'une décision de classification.

9.4.2 Le régime de tarification (ou de cotisation)

Un taux de cotisation est établi pour chaque unité de classification en fonction de l'expérience de l'ensemble des employeurs de cette unité. La cotisation de chaque employeur est établie en fonction de cette classification, puis du régime de tarification qui s'applique à cet employeur. Il existe trois régimes de tarification : 1) au taux de l'unité, 2) au taux personnalisé et 3) au régime rétrospectif.

Précisons d'abord que la CNESST estime chaque année ses besoins financiers en tenant compte des coûts actuels et futurs de l'indemnisation des lésions. Ces besoins s'établissaient à 2,75 milliards de dollars en 2019. Pour les combler, elle établit le taux de cotisation moyen en fonction d'une estimation de la masse salariale assurable à l'échelle de toute la province ; il était de 153,5 milliards de dollars en 2019. Pour la même année, ce taux moyen se chiffrait à 1,79 $ par tranche de 100 $ de masse salariale assurable. Un plafond est fixé chaque année quant au salaire maximum assurable ; il était de 76 500 $ en 2019.

Une partie de la cotisation de chaque dossier d'expérience est constituée par un taux fixe uniforme, quel que soit le mode de tarification auquel le dossier d'expérience est assujetti. En 2019, ce taux était de 0,3494 $ pour les entreprises relevant de la compétence provinciale et couvrait, entre autres, les frais d'administration du régime, le PMSD et le financement des programmes de prévention. Le PMSD et les programmes de prévention, qui sont institués par la *LSST*, une loi du Québec, ne sont pas applicables aux entreprises relevant de la compétence fédérale ; aussi leur cotisation est-elle légèrement réduite, puisqu'elle exclut les frais qui y sont associés. La CNESST publie chaque année un document intitulé *Table des taux*, qui inclut toutes les unités et, pour chacune, un taux particulier applicable aux entreprises relevant de la compétence fédérale. La cotisation servant au financement d'une ASP, s'il en existe une dans le secteur, est également prélevée par la CNESST ; elle variait entre 0,023 $ et 0,097 $ par tranche de 100 $ de masse salariale assurable en 2019.

Enfin, l'indice de risque de chaque unité de classification est fixé en la comparant avec les autres unités ; cet indice permet d'établir le taux de prime propre à chaque unité de classification. La suite dépend entre autres de la taille de la masse salariale de l'entreprise.

Le taux de l'unité

Les petites entreprises, qui sont majoritaires au Québec, sont très généralement soumises au régime de tarification au taux de l'unité : la prime d'un employeur soumis à ce mode de tarification est fonction de l'expérience commune aux entreprises appartenant à son unité de classification et ne varie donc pas directement avec la reconnaissance de lésions professionnelles chez les travailleurs de cet employeur en particulier.

Le taux personnalisé

Les entreprises d'une taille un peu plus grande (si l'on considère la masse salariale) sont soumises au deuxième régime de tarification, soit le taux personnalisé. En 2019, il s'appliquait généralement à celles dont la prime annuelle se situait entre 7500 $ et 400 000 $. Dans ce cas, l'expérience de l'employeur (plus précisément, chaque dossier d'expérience) est comparée avec l'expérience attendue si elle était semblable à la moyenne de l'expérience des employeurs exerçant les mêmes activités, ce qui définira un taux personnalisé inférieur ou supérieur au taux de l'unité. Pour calculer le taux personnalisé, on tient compte de la portion « court terme » du taux (influencée par la fréquence des lésions indemnisées), de la portion long terme du taux (influencée par la gravité des lésions indemnisées, soit la durée des absences) et du taux fixe uniforme. Cette formule est supposée inciter les employeurs à réduire la fréquence des lésions indemnisées et la durée des absences.

Le taux auquel un employeur est soumis dépend finalement du degré de personnalisation qui lui est appliqué : dans une même unité de classification, plus la masse salariale d'un employeur sera grande, plus son propre taux tiendra compte de sa propre expérience. De plus, pour une même masse salariale, l'employeur appartenant à une unité dont le taux est plus élevé aura un degré de personnalisation plus élevé que l'employeur dont le taux de l'unité est inférieur. Pour établir la cotisation à verser, le taux personnalisé applicable à l'employeur est multiplié par les salaires qu'il a déclarés (en tenant compte du salaire maximum assurable), ce à quoi est ajoutée la cotisation servant au financement de l'ASP concernée, le cas échéant.

Les mutuelles de prévention

Pour permettre à un plus grand nombre de petites entreprises d'avoir accès au taux personnalisé, la CSST a permis, dans les années 1990, la création de « mutuelles de prévention », en espérant créer ainsi un incitatif à la prévention. Il s'agit d'un regroupement d'employeurs dont le total des masses salariales permet d'atteindre le seuil d'assujettissement au taux personnalisé. L'adhésion est volontaire et les activités économiques des membres peuvent être hétérogènes. La prime que chacun doit verser est alors tributaire de la « performance » de l'ensemble des membres et peut donc varier à la hausse ou à la baisse. La CNESST assortit l'adhésion à une mutuelle d'une condition, soit l'élaboration et la mise à jour d'un PP conforme à la *LSST*. La mutuelle elle-même doit démontrer « qu'elle favorise concrètement la prévention des lésions professionnelles, la réadaptation et le retour en emploi des travailleurs accidentés » (CNESST, 2018c).

Le régime rétrospectif

Le mode de tarification rétrospectif concerne les grandes entreprises; en 2019, il s'agissait généralement de celles dont la cotisation était supérieure à 400 000 $. Cela demeure un régime d'assurance, mais il vise à faire de la cotisation d'un employeur le meilleur reflet possible du coût réel de l'indemnisation des lésions pour une année donnée. Pour déterminer ce coût, la CNESST considère les lésions professionnelles liées à une année en particulier et leur évolution sur une période de référence de quatre ans. La cotisation peut donc être établie seulement après que les lésions sont survenues et qu'elles ont évolué; c'est pourquoi elle est rajustée rétrospectivement, à la hausse ou à la baisse. Ces entreprises recourent souvent à des spécialistes (des actuaires, par exemple) pour faire les choix requis par ce régime. En résumé, cet exercice ressemble au choix d'une franchise par lésion (la franchise limitant les coûts assumés directement par l'employeur pour la lésion): plus la franchise est élevée, plus la prime d'assurance est basse (Bergeron *et al.*, 2000, p. 204).

9.4.3 Quelques limites des incitatifs financiers

Selon une recension systématique des études scientifiques (Tompa *et al.*, 2007), le niveau de preuve quant à l'influence d'une cotisation en fonction de l'expérience sur la réduction de la fréquence des lésions n'est que modéré. Autrement dit, il n'est pas certain que l'objectif soit atteint par ce moyen: ce ne sont que certains types de lésions qui peuvent voir leur fréquence diminuer, alors que leur gravité moyenne (dont l'indicateur est le nombre de jours d'absence) peut augmenter. On peut imaginer que les travailleurs ayant les lésions les moins graves auront fait l'objet d'assignations temporaires, disparaissant ainsi des statistiques d'indemnisation.

La stratégie des incitatifs financiers, telle qu'elle est appliquée actuellement, semble avoir certains effets indésirables sur la prévention et sur la protection des travailleurs, encourageant le recours à des travailleurs d'agences de location de personnel, la sous-déclaration, l'incitation au retour au travail trop hâtif, l'utilisation d'autres régimes (comme l'assurance salaire) qui protègent moins adéquatement les travailleurs, et même l'absence de couverture par un quelconque régime (voir les références citées par Baril-Gingras *et al.*, 2013).

Par ailleurs, l'utilisation d'incitatifs financiers liés à la cotisation a renforcé certains effets antithérapeutiques du processus d'indemnisation. Ainsi, selon une étude de Lippel et ses collaborateurs (2005) sur les effets du processus sur la santé des personnes victimes de lésions professionnelles, « plusieurs employeurs et mutuelles de prévention semblaient préférer à la prévention une stricte gestion des coûts des accidents fondée sur la multiplication des contestations portant sur tous les aspects du dossier et nous avons constaté l'effet néfaste de ce phénomène sur la santé des justiciables » (Lippel *et al.*, 2005, p. 57). De plus, « [l]es avocats du Québec qui ont participé aux entrevues de groupe ont fait état d'une nette augmentation des litiges au cours des dernières années, comparativement aux années 80 » (*ibid.*, p. 55). Or la contestation est coûteuse et provoque des effets indésirables sur le climat de travail, sans pour autant éliminer les risques. L'élimination des risques à la source demeure le moyen le plus efficace de réduire les effets négatifs des risques du travail sur la santé, la sécurité et l'efficacité.

Conclusion

La *LSST*, une réforme novatrice, a donné un élan à la prévention. Cependant, pour des raisons qui n'ont pas à voir avec l'efficacité des mécanismes fondamentaux de la *Loi*, cet élan n'a pas été maintenu. Dans un mémoire soumis au groupe de travail créé par le CA de la CSST pour réviser le régime québécois (le comité Camiré), un groupe de chercheurs (Baril-Gingras *et al.*, 2013, p. 400) conclut qu'il faut:

1. Organiser la prévention de manière systématique, dans tous les lieux de travail, et étendre les obligations quant aux mécanismes de prévention à tous les secteurs et en couvrant mieux les petites entreprises.

2. Redynamiser la prévention.

3. Prendre en compte les changements du travail et de l'emploi, les « anciens » et les « nouveaux » risques, pour les femmes comme pour les hommes, de même que pour les populations à risque.

En effet, des changements dans la nature du travail (l'augmentation de la part de l'emploi dans les services, l'intensification du travail), associés à l'augmentation des troubles musculosquelettiques et aux problèmes de santé mentale au travail, suggèrent que le régime doit non seulement être implanté comme prévu, mais qu'il doit être bonifié (voir Laflamme [2008] au sujet des risques psychosociaux).

De même, des transformations dans la relation d'emploi, qui se traduisent par l'augmentation de la part de l'emploi atypique et précaire, affaiblissent la couverture de nombreuses personnes au travail, ou la capacité de l'inspectorat à les joindre (Lippel, 2004; Bernier *et al.*, 2003; Lippel et Laflamme, 2011). C'est là une situation que doit tenter de redresser la réforme tant attendue du régime de prévention. Cette réforme, pour être efficace, devra accorder une importance accrue à l'approche centrée sur la participation et la représentation des travailleurs, soit la stratégie qui caractérise les pays qui ont le meilleur bilan en matière de santé au travail. La réforme devra aussi pallier des lacunes de la *Loi*. En effet, la *LSST* n'a pas prévu une obligation stricte de mettre en place un comité de SST et de permettre aux travailleurs de se choisir un RP; de plus, la disposition prévue à la *LSST* qui rendait le comité de SST « obligatoire » (dans les groupes priorisés) à la demande des syndicats, sinon des travailleurs, n'a pas été indiquée comme condition de l'adhésion à une mutuelle de prévention. L'actuel modèle qui mise sur la régulation par le marché via la tarification en fonction de l'expérience a clairement montré ses limites et il est temps de s'appuyer sur ce qui est bien démontré, soit l'application intégrale de l'ensemble des mécanismes prévus à la *LSST* à tous les secteurs d'activité économique et le renforcement des dispositions visant la participation et la représentation des travailleurs (Baril-Gingras, Vézina et Lippel, 2013). Les dispositions de la grande majorité des autres provinces et territoires canadiens sont maintenant bien plus avancées quant aux mécanismes équivalant au PP et aux comités de SST, y compris sur les chantiers de construction. Les dispositions en place en Europe et en Australie montrent que de tels changements sont tout à fait réalisables. En 2019, la pression a soudainement augmenté en faveur d'une réforme susceptible d'augmenter les efforts de prévention: le commissaire au développement durable, relevant du Vérificateur général du Québec, a déposé à l'Assemblée nationale un audit de performance qui indiquait, entre autres, que la CNESST « ne joue pas pleinement son rôle d'agent de changement quant à la modernisation du régime québécois de santé et de sécurité du travail en ce qui concerne la prévention » et que « le Québec accuse des retards importants par rapport à d'autres administrations, et des iniquités persistent entre les travailleurs en matière de prévention » (VGQ, 2019, p. 3). L'Assemblée nationale a voté à l'unanimité une motion exigeant entre autres du gouvernement « qu'il dépose dans les meilleurs délais un projet de loi visant la modernisation du régime de santé et sécurité au travail et fasse de la prévention le principal pilier de la future mouture du régime » et qu'il « étend[e] l'application des mécanismes de prévention prévus par la *Loi sur la santé et la sécurité du travail* à d'autres secteurs comportant un niveau significatif de risques, notamment aux domaines des transports, de l'entreposage, de la construction, de la santé, ainsi qu'aux employés du secteur public et des sociétés d'État » (ANQ, 2019).

La motion adoptée par l'Assemblée nationale traite aussi de l'indemnisation, et on y demande que le gouvernement révise la *LATMP* « afin notamment d'y actualiser la liste des maladies reconnues, d'y inclure certaines catégories de travailleurs actuellement exclues, d'y inclure des dispositions visant à réduire les délais de traitement des demandes d'indemnisation » (*ibid.*). Cette orientation tranche avec un discours centré sur les coûts de l'indemnisation pour les employeurs, alors que les évaluations montrent que l'essentiel des coûts réels des lésions professionnelles sont en fait assumés par les travailleurs eux-mêmes, quand on inclut les coûts humains (Lebeau *et al.*, 2013, p. 27). On tient compte du nombre grandissant de travailleurs qui ne sont pas couverts du fait des changements dans les formes d'emploi. Le rapport du Vérificateur général du Québec de mai 2019 souligne le « risque que les employeurs déploient plus d'efforts pour la contestation au détriment d'efforts pour la prévention » et que « [m]ême si des modes de tarification des employeurs ont pour but de les inciter à la prévention en matière de santé et de sécurité du travail, il existe un risque que ces derniers n'y accordent pas toute l'importance voulue en profitant tout de même de taux plus avantageux » (VGQ, 2019, p. 22 et 21). Tout projet de réforme devrait ainsi prendre en compte le nombre considérable de lésions non déclarées ou non reconnues. Il importe par ailleurs que la mise en œuvre du régime d'indemnisation ne soit pas en elle-même une source de dommages psychologiques et qu'elle préserve les travailleurs blessés ou malades de toute stigmatisation (Lippel, 2012). La prévention reste le meilleur moyen de réduire les coûts associés aux lésions professionnelles pour les employeurs, ce qui suppose de rompre avec une vision à court terme, encouragée par les pressions économiques et en particulier par la financiarisation de l'économie. Comme l'explique Sir Michael Marmot, « la santé est une aspiration humaine universelle et un besoin humain fondamental. Le développement d'une société, riche ou pauvre, peut être jugé par la qualité de la santé de sa population, par la répartition équitable de la santé sur l'ensemble de cette société et par le degré de protection contre les désavantages dus à une mauvaise santé ». (Marmot, 2007, p. 1153, traduction libre)

QUESTIONS DE RÉVISION

1. Décrivez les origines et les fondements du régime québécois de SST en matière de prévention.

2. Quelles sont les principales composantes du régime de prévention mis en place par la *LSST*? Quelles sont celles qui relèvent du contrôle externe, du contrôle interne (autorégulation, prise en charge par le milieu), ainsi que de la participation et de la représentation des travailleurs?

3. Quel est l'écart entre le régime de prévention prévu lors de l'adoption de la *LSST* et celui qui s'applique *de facto* aujourd'hui?

4. Quels sont les enjeux essentiels des débats sur la réforme éventuelle du régime de prévention? Quelles sont les critiques formulées et les améliorations suggérées, outre l'extension à tous les secteurs d'activité économique des mécanismes de prévention déjà prévus par la *LSST*?

5. Décrivez les origines et les fondements du régime québécois de SST en matière d'indemnisation.

6. Quelles sont les principales composantes du régime d'indemnisation mis en place par la *LATMP*?

7. Quelles sont la portée et les limites du régime d'indemnisation tel qu'il est appliqué quant à la réparation des conséquences négatives pour les individus et la société? Quelles sont les améliorations suggérées?

8. Quelles sont la portée et les limites des deux volets du régime de SST dans le contexte des changements des formes d'emploi, de la nature du travail et de l'organisation du travail?

POUR ALLER PLUS LOIN

Encyclopédie JurisClasseur Québec (2010, mise à jour régulièrement fascicule par fascicule). Montréal, LexisNexis Canada, édition à feuilles mobiles, coll. « Droit du travail » – Santé et sécurité du travail (aussi disponible en ligne).

Montreuil, S., P.-S. Fournier et G. Baril-Gingras (dir.) (2013). *L'intervention en santé et en sécurité du travail : pour agir en prévention dans les milieux de travail*. Québec, Presses de l'Université Laval, 459 p.

RÉFÉRENCES

Assemblée nationale du Québec (ANQ) (2019). *Journal des débats de l'Assemblée nationale,* le mercredi 15 mai 2019, vol. 45, n° 43. Récupéré au http://m.assnat.qc.ca/en/travaux-parlementaires/assemblee-nationale/42-1/journal-debats/20190515/243195.html

Bambra, C. (2011). *Work, Worklessness and the Political Economy of Health*. Oxford, Oxford University Press.

Baril-Gingras, G. (2014). « "Équilibre" ou paralysie défavorable à la santé et à la sécurité des travailleuses et des travailleurs? L'application incomplète du régime québécois, les obstacles à la prévention et des pistes pour l'avenir», dans Bilodeau, P.-L., *Actes du 68ᵉ congrès des Relations industrielles de 2013.* Québec, Presses de l'Université Laval, p. 57-81.

Baril-Gingras, G. (2003) *La production de transformations visant la prévention lors d'interventions de conseil externe en santé et sécurité du travail : un modèle fondé sur l'analyse d'interventions de conseillers d'associations sectorielles paritaires, dans le contexte du régime québécois*, Thèse de doctorat en sciences de l'administration, Université Laval, 947 p.

Baril-Gingras, G. et al. (2013). «Organiser la prévention de manière systématique, dans tous les lieux de travail, la redynamiser et prendre en compte les changements du travail et de l'emploi», dans Montreuil, S., P.-S. Fournier et G. Baril-Gingras (dir.), *L'intervention en santé et en sécurité du travail : pour agir en prévention dans les milieux de travail.* Québec, Presses de l'Université Laval.

Baril-Gingras, G., M. Vézina et K. Lippel (2013). «Bilan relatif aux dispositions de la LSST : vers une application intégrale?», *Relations industrielles/Industrial Relations,* vol. 68, n° 4, p. 682-708.

Bergeron, C. A., C. Le Corre et J.-F. Gilbert (2000). *Gestion des lésions professionnelles : tout ce que l'employeur doit savoir.* Cowansville, Éditions Yvon Blais.

Bernier, J. et A.-M. Laflamme (2013). «Les mutations dans les formes d'emploi et la protection des travailleurs», dans Montreuil, S., P.-S. Fournier et G. Baril-Gingras (dir.), *L'intervention en santé et en sécurité du travail : pour agir en prévention dans les milieux de travail.* Québec, Presses de l'Université Laval.

Bernier, J., G. Vallée et C. Jobin (2003). *Les besoins de protection sociale des personnes en situation de travail non traditionnelle.* Gouvernement du Québec, ministère du Travail.

Bernier, L., Cloutier, (2019). «Fondements du droit de la santé et de la sécurité du travail – Fascicule 1», dans Lippel, K. et G. Vallée (dir.), *JurisClasseur Québec – Droit de la santé et de la sécurité du travail.* Montréal, LexisNexis Canada.

Boucher, L. et F. Thériault (1998). *La participation de la Confédération des syndicats nationaux à la Commission de la santé et de la sécurité au travail. Vers une action syndicale mieux intégrée.* Rapport de recherche, Montréal, Laboratoire de recherche sur les pratiques et les politiques sociales (LAREPPS).

Bourque, S. et M. Beauregard (2005). «Quand l'accident de travail devient un crime : C-21, la terreur des conseils d'administration», *Développements récents en droit de la santé et sécurité au travail.* Service de la formation continue du Barreau du Québec, vol. 220, Cowansville, Éditions Yvon Blais, p. 120-126.

Brabant, P. (2019). «Santé et sécurité du travail – Fascicule 10, Indemnités de remplacement du revenu», dans Lippel, K. et G. Vallée (dir.), *JurisClasseur Québec – Droit de la santé et de la sécurité du travail,* Montréal, LexisNexis Canada.

Campbell, C. (2008). *La conformité de l'exclusion du domestique et du gardien de la protection automatique de la Loi sur les accidents du travail et les maladies professionnelles à la Charte des droits et libertés de la personne.* Commission des droits de la personne et des droits de la jeunesse, Direction de la recherche et de la planification.

Carson, W. G. (1979). «The Conventionalization of Early Factory Crime», *International Journal of the Sociology of Law,* vol. 7, p. 37-60.

Chabot, B. (2001). «L'emploi convenable : où en sommes-nous 15 ans plus tard?», *Développements récents en santé et sécurité au travail.* Service de la formation continue du Barreau du Québec, vol. 148, Cowansville, Éditions Yvon Blais.

Champoux, D. et J.-P. Brun (1999). *Prise en charge de la sécurité dans les petites entreprises des secteurs de l'habillement et de la fabrication de produits en métal.* Rapport R-226, série Études et recherches, Montréal, Institut de recherche Robert-Sauvé en santé et en sécurité du travail (IRSST).

Commission de la santé et de la sécurité du travail (CSST) (2008). *Appendice statistique au Rapport annuel de gestion 2008.*

Commission de la santé et de la sécurité du travail (CSST) (1982). *Rapport annuel 1982.*

Commission des déterminants sociaux de la santé (2009). *Combler le fossé en une génération. Instaurer l'équité en santé en agissant sur les déterminants sociaux de la santé.* Organisation mondiale de la santé. Récupéré au www.who.int/social_determinants/thecommission/finalreport/fr/

Commission des normes, de l'équité, de la santé et de la sécurité du travail (CNESST) (2019). *Cadre d'émission des constats d'infraction.*

Commission des normes, de l'équité, de la santé et de la sécurité du travail (CNESST) (2018a). *Données d'exploitation 2017, version préliminaire.*

Commission des normes, de l'équité, de la santé et de la sécurité du travail (CNESST) (2018b). *Politique 1.02. L'admissibilité de la lésion professionnelle.*

Commission des normes, de l'équité, de la santé et de la sécurité du travail (CNESST) (2018c). *Mutuelles de prévention : guide en vue de la création d'une mutuelle.* DC 200-1431-8.

Commission des normes, de l'équité, de la santé et de la sécurité du travail (CNESST) (2017a). *Guide de calcul de l'indemnité de remplacement du revenu pour les 14 premiers jours.* DC 200-6232.

Commission des normes, de l'équité, de la santé et de la sécurité du travail (CNESST) (2017b). *Politique 2.02. Le calcul de l'indemnité de remplacement du revenu.*

Commission des normes, de l'équité, de la santé et de la sécurité du travail (CNESST) (2017c). *Politique 4.01. L'admissibilité à la réadaptation et le plan individualisé de réadaptation.*

Commission des normes, de l'équité, de la santé et de la sécurité du travail (CNESST) (2017d). *Politique 3.01. Le droit au retour au travail.*

Commission de la santé et de la sécurité du travail (CSST) (2014). *Intervention en prévention-inspection : Information à l'intention de l'employeur, du maître d'œuvre et du travailleur.* DC 200-1052 1.

Commission des droits de la personne et des droits de la jeunesse (2008). *La conformité de l'exclusion du domestique et du gardien de la protection automatique de la Loi sur les accidents du travail et les maladies professionnelles à la Charte des droits et libertés de la personne*, Me Christine Campbell, (Cat. 2.120-2.68).

Croteau, A., S. Marcoux et C. Brisson (2007). « Work Activity in Pregnancy, Preventive Measures, and the Risk of Preterm Delivery », *American Journal of Epidemiology*, vol. 166, p. 951-965.

Croteau, A., S. Marcoux et C. Brisson (2006). « Work Activity in Pregnancy, Preventive Measures, and the Risk of Delivering a Small-for-Gestational-Age Infant », *American Journal of Public Health,* vol. 96, p. 846-855.

Dautel, J.-P. (2019). « Concept de lésion professionnelle – Fascicule 8 », dans Lippel, K. et G. Vallée (dir.), *JurisClasseur Québec – Droit de la santé et de la sécurité du travail.* Montréal, LexisNexis Canada.

Dejours, C. (2000). *Travail, usure mentale : de la psychopathologie à la psychodynamique du travail.* Paris, Bayard.

Dionne, J.-C. (2002). « La santé et la sécurité du travail au Québec : de l'entraide à l'indemnisation, de l'apprentissage à la prévention, des amendes aux droits spécifiques », *Pistes,* vol. 4, n° 1.

Esping-Andersen, G. (1987). « Citizenship and Socialism : Decommodification and Solidarity in the Welfare State », dans Rein, M., G. Esping-Andersen et L. Rainwater (dir.), *Stagnation and Renewal in Social Policy : The Rise and Fall of Policy Regimes.* Londres, M. E. Sharpe.

Ewald, F. (1986). *L'État-providence.* Paris, Grasset.

Giguère, C. et A. Gagnon (2014a). « Droit de refus en vertu de la *Loi sur la santé et la sécurité du travail* – Fascicule 5 », dans Lippel, K. et G. Vallée (dir.), *JurisClasseur Québec – Droit de la santé et de la sécurité du travail.* Montréal, LexisNexis Canada.

Giguère, C. et A. Gagnon (2014b). « Retrait préventif du travailleur exposé à un contaminant (art. 32 LSST) – Fascicule 5.1 », dans Lippel, K. et G. Vallée (dir.), *JurisClasseur Québec – Droit de la santé et de la sécurité du travail.* Montréal, LexisNexis Canada.

Groupe de travail chargé de faire des recommandations sur le régime québécois de santé et de sécurité du travail (comité Camiré) (décembre 2010). *Rapport du président du groupe de travail, Commission de la santé et de la sécurité du travail.*

Guimond, R. (1999). « L'efficacité préventive de la LSST : un regard après 20 ans », *Objectif Prévention,* vol. 22, n° 5, ASSTSAS, p. 20-22.

Institut de recherche Robert-Sauvé en santé et en sécurité du travail (IRSST) (2017). *Rapport d'activité 2017. La science et l'expérience.* Montréal, IRSST.

Institut national de santé publique du Québec (INSPQ) (2019). *Efficacité du programme* Pour une maternité sans danger. Récupéré au www.inspq.qc.ca/maternite-et-travail/efficacite-du-programme

Johnstone, R. et M. Tooma (2012). *Work Health & Safety Regulation in Australia : The Model Act.* Alexandria, Australie, The Federation Press.

Kaufman, B. E. (2003). « John R. Commons and the Wisconsin School on Industrial Relations Strategy and Policy », *Industrial & Labor Relations Review,* vol. 57, n° 1, p. 3-30.

Laflamme, A.-M. (2015). « Changing Work Relationships and the Protection of Workers under Quebec and Australian Occupational Health and Safety Law », *Canadian Labour and Employment Law Journal,* vol. 19, n° 1, p. 223.

Laflamme, A.-M. (2008). *Le droit à la protection de la santé mentale au travail.* Cowansville, Éditions Yvon Blais et Bruxelles, Bruylant.

Lamothe, B. (2002). « Naissance de la prévention au Québec. Visite guidée… dans le temps », *Prévention au travail,* CSST et IRSST, vol. 15, n° 1, p. 8-14.

Lanoie, P. et D. Stréliski (1996). « L'impact de la réglementation en matière de santé et sécurité au travail sur le risque d'accident au Québec : de nouveaux résultats », *Relations industrielles/Industrial Relations,* vol. 51, n° 4, p. 778-801.

Lebeau, M., P. Duguay et A. Boucher (2013). *Les coûts des lésions professionnelles au Québec, 2005-2007.* Rapport R-769, série Études et recherches, Montréal, Institut de recherche Robert-Sauvé en santé et en sécurité du travail (IRSST).

Lippel, K. (2013). « Une réforme du régime québécois de santé et de sécurité : pour qui ? pourquoi ? pour quand ? », dans Montreuil, S., P.-S. Fournier et G. Baril-Gingras (dir.), *L'intervention en santé et en sécurité du travail : pour agir en prévention dans les milieux de travail.* Québec, Presses de l'Université Laval.

Lippel, K. (2012). « Preserving Workers' Dignity in Workers' Compensation Systems : An International Perspective », *American Journal of Industrial Medicine,* vol. 55, n° 6, p. 519-536.

Lippel, K. (2010). « Le droit comme outil de maintien en emploi : rôle protecteur, rôle destructeur ? », *Perspectives interdisciplinaires sur le travail et la santé,* vol. 12, n° 1.

Lippel, K. (2008). « L'intervention précoce pour éviter la chronicité : enjeux juridiques », *Développements récents en santé et sécurité du travail.* Service de la formation continue du Barreau du Québec, vol. 284, Cowansville, Éditions Yvon Blais, p. 137-187.

Lippel, K. (2004). « La protection défaillante de la santé des travailleurs autonomes et des sous-traitants en droit québécois de la santé au travail », *Santé, Société et Solidarité,* vol. 3, n° 2, p. 101-110.

Lippel, K. (2002). *La notion de lésion professionnelle,* 4ᵉ éd., Cowansville, Éditions Yvon Blais.

Lippel, K. (1988). « Les victimes sans crimes : le traitement pénal des accidents du travail », *Criminologie,* vol. 21, n° 1, p. 35-56.

Lippel, K. (1987). « L'insécurité du revenu des accidentés du travail : les nouveautés dans l'indemnisation des lésions professionnelles », dans Bureau, R. et P. Mackay (dir.), *Le droit dans tous ses états.* Montréal, Wilson & Lafleur, p. 285-318.

Lippel, K. et A.-M. Laflamme (2011). « Les droits et responsabilités des employeurs et des travailleurs dans un contexte de sous-traitance : enjeux pour la prévention, l'indemnisation et le retour au travail », *Développements récents en droit de la santé et de la sécurité du travail.* Service de la formation continue du Barreau du Québec, vol. 334, Cowansville, Éditions Yvon Blais, p. 267-360.

Lippel, K., M.-C. Lefebvre, C. Schmidt et J. Caron (2005). *Traiter la réclamation ou traiter la personne ? Les effets du processus sur la santé des personnes victimes de lésions professionnelles.* Montréal, Service aux collectivités de l'UQAM.

Lippel, K. et F. Lötters (2013). « Public Insurance Systems : A Comparison of Cause-Based and Disability-Based Income Support Systems », *Handbook of Work Disability.* New York, Springer, p. 183-202.

Lippel, K., M. Vézina et R. Cox (2011). « Protection of Workers' Mental Health in Québec : Do General Duty Clauses Allow Labour Inspectors to Do Their Job ? », *Safety Science,* vol. 49, n° 4, p. 582-590.

Malenfant, R., A.-R. Gravel, N. Laplante, M. Jetté *et al.* (2009). *La conciliation travail/grossesse : la transition vers le maintien au travail dans la gestion du risque pour la santé.* Document de recherche, Gatineau : Université du Québec en Outaouais, Département de relations industrielles, CEREST, CRISES.

Marmot, Sir M. (2007). « Achieving Health Equity : From Root Causes to Fair Outcomes », *The Lancet,* vol. 370, n° 9593, p. 1153-1163.

Mattéi, B. (1976). « La normalisation des accidents du travail : l'invention du risque professionnel », *Les Temps Modernes,* vol. 354, p. 988-1003.

Messing, K. (2000). *La santé des travailleuses : la science est-elle aveugle ?*. Montréal, Éditions du remue-ménage.

Messing, K. et S. Boutin (1997). « Les conditions difficiles dans les emplois des femmes et les instances gouvernementales en santé et en sécurité du travail », *Relations industrielles/Industrial Relations*, vol. 52, n° 2, p. 333-362.

Ministère d'État au Développement social (MEDS) (1978). *Santé et sécurité au travail : politique québécoise de la santé et de la sécurité des travailleurs*. Québec, Éditeur officiel du Québec.

Muntaner, C. et al. (2010). « A Macro-Level Model of Employment Relations and Health Inequalities », *International Journal of Health Services : Planning, Administration, Evaluation*, vol. 40, n° 2, p. 215-221.

Pontaut, A. (1985). *Santé et sécurité : un bilan du régime québécois de santé et sécurité du travail, 1885-1985*. Montréal, Boréal Express.

Quinlan, M. et P. Bohle (2004). « Contingent Work and Occupational Safety », dans Barling, J. et M. R. Frone (dir.), *The Psychology of Workplace Safety*. Washington, D. C., American Psychological Association, p. 81-106.

Quinlan, M., P. Bohle et F. Lamm (2010). *Managing occupational health and safety : A Multidisciplinary Approach*. Victoria, Australie, Palgrave Macmillan.

Rantanen, J. (2005). *Basic Occupational Health Services : Strategy, Structures, Activities, Resources*. Draft guideline published as a response to the Joint ILO/WHO Committee of Occupational Health. Helsinki, Finlande, Finnish Institute of Occupational Health.

Renaud, M. et C. Saint-Jacques (1986). « Le droit de refus, cinq ans après : l'évolution d'un nouveau mode d'expression des risques », *Sociologie et sociétés*, vol. 18, n° 2, p. 99-112.

Sansfaçon, M. (2015). « Droit régissant la réclamation à la Commission de la santé et de la sécurité du travail – Fascicule 17 », dans Lippel, K. et G. Vallée (dir.), *JurisClasseur Québec – Droit de la santé et de la sécurité du travail*, Montréal, LexisNexis Canada.

Santos de Aguilar, T. (2019). « Infractions réglementaires en matière de santé et de sécurité du travail – Fascicule 25 », dans Lippel, K. et G. Vallée (dir.), *JurisClasseur Québec – Droit de la santé et de la sécurité du travail*, Montréal, LexisNexis Canada.

Simard, M. (1994). « Les accidents du travail et les maladies professionnelles », dans Dumont, F., S. Langlois et Y. Martin (dir.), *Traité des problèmes sociaux*. Québec, Institut québécois de recherche sur la culture, p. 147-163.

Simard, M. (1986). *Les représentants à la prévention : principaux résultats d'un sondage auprès d'établissements syndiqués*. Document de recherche, Montréal, Groupe de recherche sur les aspects sociaux de la prévention en santé et sécurité du travail, Université de Montréal.

Simard, M., A. Marchand, D. Dupéré et G. Thériault (1992). *Évaluation de l'efficacité des approches et interventions de la fonction prévention-inspection de la CSST*. Rapport final, Montréal.

Sullivan, T. et J. Frank (2000). « Restating Disability or Disabling the State : Four Challenges », dans Sullivan, T. (dir.), *Injury and the New World of Work*. Vancouver, University of British Colombia (UBC) Press.

Tompa, E., S. Trevithick et C. McLeod (2007). « Systematic Review of the Prevention Incentives of Insurance and Regulatory Mechanisms for Occupational Health and Safety », *Scandinavian Journal of Work, Environment & Health*, vol. 33, n° 2, p. 85-95.

Union des travailleuses et travailleurs accidentés ou malades de Montréal (UTTAM) (2013a). *Livre vert sur la réparation des accidents et maladies du travail : vers une pleine réparation des lésions professionnelles*. Montréal, UTTAM.

Union des travailleuses et travailleurs accidentés ou malades de Montréal (UTTAM) (2013b). *Le processus d'évaluation médicale à la CSST : la médecine au service des patrons*. Montréal, UTTAM.

Vérificateur général du Québec (VGQ) (2019). *Rapport du Vérificateur général du Québec à l'Assemblée nationale pour l'année 2019-2020, mai 2019, Chapitre 3 – Prévention en santé et en sécurité du travail : Audit de performance*.

Vérificateur général du Québec (VGQ) (2015). *Rapport du Vérificateur général du Québec à l'Assemblée nationale pour l'année 2015-2016. Vérification de l'optimisation des ressources. Printemps 2015. Chapitre 4 – Lésions professionnelles : indemnisation et réadaptation des travailleurs*.

Vézina, M. (1989). « La prévention en santé et sécurité au travail : une réforme avant-gardiste inachevée ou inachevable ? », dans *Actes du colloque sur la prévention en santé-sécurité dans les secteurs prioritaires*. Montréal, CSN, p. 21-28.

Vézina, M. *et al.* (2014). *Comparaison des contraintes organisationnelles et physiques au niveau des six groupes prioritaires au Québec en 2007-2008.* Québec, Institut national de santé publique du Québec (INSPQ).

Volkoff, S. (2008). « La recherche et l'action en santé au travail », *Revue française des affaires sociales,* vol. 2, p. 13-17.

Walters, D. *et al.* (2005). *The Role and Effectiveness of Safety Representatives in Influencing Workplace Health and Safety.* Rapport de recherche 363, Cardiff University, Health and Safety Executive, Norwich, Angleterre.

Walters, D. et T. Nichols (2007). *Worker Representation and Workplace Health and Safety.* New York, Palgrave Macmillan.

Westerholm, P. et D. Walters (dir.) (2007). *Supporting Health at Work : International Perspectives on Occupational Services.* Wigston, R.-U., Institution of Occupational Safety and Health (IOSH).

Zoorob, M. (2018). « Does "Right to Work" Imperil the Right to Health ? The Effect of Labour Unions on Workplace Fatalities », *Occupational and Environmental Medicine,* vol. 75, n° 10, p. 736-738.

Chapitre 10

Rodrigue Blouin, mise à jour du texte original par Joëlle Rivet-Sabourin*

L'encadrement juridique général des rapports collectifs du travail : le *Code du travail*

Plan du chapitre

- 10.1 ▸ Le cadre juridique
- 10.2 ▸ La représentation syndicale
- 10.3 ▸ La négociation collective
- 10.4 ▸ La gestion des conditions de travail négociées

Annexe 10.1 ▸ Les tableaux synthèses

Objectifs d'apprentissage

- Comprendre ce qu'est un régime de rapports collectifs du travail.
- Connaître les grandes lignes du mécanisme prévu dans le *Code du travail* pour l'accréditation des associations de salariés.
- Connaître les principales règles encadrant le processus de négociation collective dans les entreprises québécoises ainsi que dans les secteurs public et parapublic.
- Connaître les principales règles juridiques relatives à la forme et au fond de la convention collective de travail.
- Connaître les différentes voies prévues par le législateur pour la résolution des litiges dans le cadre des rapports collectifs du travail.

---

* La mise à jour de ce chapitre a été entreprise au 1er juin 2018. Les références juridiques sont donc à jour à cette date.

Introduction

D'un point de vue juridique, les régimes de rapports collectifs du travail ont pour objet ultime d'implanter une forme de démocratie en milieu de travail. Ils puisent leur raison d'être dans l'exploitation dont furent victimes les travailleuses et travailleurs dans le passé et ils constituent une fin de non-recevoir à tout retour à la case départ. Élément fondamental du système des relations industrielles, ils permettent aux personnes salariées de procéder véritablement à la négociation de leurs conditions de travail et d'en surveiller l'application correcte. De façon à pouvoir concrétiser efficacement cette finalité, tout régime de rapports collectifs du travail doit être axé à tout le moins sur trois données vitales : un mécanisme d'identification des associations représentatives, un processus de négociation et de règlement des conflits, et des voies de sanction des litiges au sujet des conditions de travail.

Pièce maîtresse de la législation québécoise en la matière, le *Code du travail*[1] est structuré en référence auxdits trois axes fondamentaux. Il privilégie des solutions parfois différentes de celles retenues dans les autres régimes en vigueur au Québec, mais dont ces derniers s'inspirent manifestement. Dès lors, cette pièce législative mérite une attention particulière. Par ailleurs, ce code n'a pas un caractère carrément autonome par rapport au cadre juridique global dans lequel il s'inscrit. C'est pourquoi il importe, avant de traiter de chacun des trois volets du régime général, de le resituer dans son milieu d'origine.

10.1 Le cadre juridique

Bien que le *Code du travail* constitue un tout relativement bien intégré, dont la compréhension fait appel à des concepts, à des techniques, à des modes de régulation et de sanction ainsi qu'à des institutions et des organismes qui lui sont propres, il demeure néanmoins une composante intrinsèque du droit positif québécois. C'est pourquoi il ne produit pas ses effets juridiques en vase clos ; ceux-ci obéissent plutôt à la théorie des vases communicants, d'où le caractère hétéronome du *Code* (*voir la section 10.1.1*). De plus, il importe de garder à l'esprit qu'il n'est qu'un des aménagements juridiques relativement aux relations collectives du travail, bien qu'il y fasse figure de proue (*voir la section 10.1.2*). Enfin, il faut savoir qu'en dépit de son caractère général il comporte d'importantes limitations en ce qui concerne la couverture des personnes actives sur le marché du travail (*voir la section 10.1.3*).

10.1.1 Le caractère hétéronome du droit du travail

Le *Code du travail* est une partie intégrante du droit des rapports collectifs du travail, compte tenu que ce dernier relève du droit du travail, lequel n'est qu'une branche du droit général. Conséquemment, il importe de se prémunir contre toute tentation d'isoler ce code et de lui concéder un caractère autonome qui le placerait à l'abri de toutes les préoccupations juridiques autres que celles saisies par ce droit. Par exemple, des actes délictueux commis à l'occasion d'une grève ou à l'encontre de celle-ci peuvent donner lieu à une poursuite en vertu du Code criminel[2] ou à une action en responsabilité civile sur la base du Code civil du Québec[3]. Cependant, l'hétéronomie du *Code* se constate surtout et avant tout à la lumière de l'incidence directe que les normes prééminentes d'ordre public sont susceptibles d'avoir sur son encadrement, ses processus et ses résultats. Ainsi, on ne peut feindre d'ignorer l'influence que la *Charte canadienne des droits et libertés*[4]

---

1. RLRQ, c. C-27.
2. L.R.C. (1985), ch. C-46, art. 265 (voies de fait), art. 372 (faux renseignements), etc.
3. L.Q. 1991, c. 64, art. 1457 et suiv.
4. *Loi de 1982 sur le Canada*, 1982, cn. 11 (R.U.), dans L.R.C. (1985), app. II, n° 44, art. 34.

et la *Charte des droits et libertés de la personne*[5] exercent sur le *Code du travail*, parce que ces chartes protègent l'exercice de certaines libertés fondamentales, dont, à titre illustratif, les libertés d'association, de réunion et d'expression[6], et qu'elles proclament le droit à l'égalité de tous dans la reconnaissance et l'exercice des libertés et des droits fondamentaux (discrimination prohibée[7]). En raison de ces normes prééminentes, toute disposition du *Code* ou de ses règlements et toute décision d'un organisme régulateur du travail qui seraient incompatibles avec ces normes sont invalides[8], sauf lorsque ces dispositions et décisions sont raisonnablement justifiables pour assurer la sauvegarde des valeurs démocratiques[9]. De tels principes sont applicables lorsqu'il s'agit de relations de droit privé, comme dans le contexte de la négociation d'une convention collective ou d'un protocole de retour au travail, mais seule la charte québécoise entre alors en ligne de compte[10]. Outre les chartes, les parties aux rapports collectifs du travail doivent respecter les normes d'ordre public. À titre d'exemple, signalons la *Loi sur les normes du travail*[11], la *Charte de la langue française*[12] et la *Loi sur la fête nationale*[13]. Ces textes législatifs et les dispositions réglementaires qui en découlent concernent la relation formelle qui existe entre leur contenu et celui des documents juridiques convenus par les parties.

Sous réserve du respect de ces normes transcendantes, la législation sur les rapports collectifs du travail tend à élaborer des principes, des solutions et des mécanismes exorbitants du droit général. Par exemple, l'obligation de négocier et la reconnaissance de l'usage de moyens de pression économique inscrites au *Code du travail* sont inconnues dans le Code civil du Québec. Il est ici exclusivement question des règles propres au *Code du travail*. Néanmoins, les acteurs du système de relations industrielles doivent nécessairement garder à l'esprit le fond de scène juridique sur lequel évolue le droit des rapports collectifs du travail.

10.1.2 Le *Code du travail*, pièce maîtresse des rapports collectifs du travail

Le droit du travail applicable sur le territoire québécois place l'observateur devant un ensemble fort complexe. En plus du départage constitutionnel qui est source d'une dualité législative, une foule de lois coexistent en parallèle à l'intérieur de chacune des deux juridictions en question. Ainsi, la Constitution du Canada[14] autorise dorénavant le législateur canadien à adopter des lois en matière de travail applicables aux entreprises dites de compétence fédérale, telles que celles présentes dans le domaine des télécommunications, du transport international et même interprovincial, des postes, des banques, etc. Il demeure cependant que la majorité des entreprises situées au Québec relèvent de la compétence québécoise, comme les secteurs de la production de biens et de services, du commerce, de l'éducation et de la santé, etc. Notre propos ne concerne que le *Code du travail* du Québec et évacue toutes les autres lois, y compris la pièce maîtresse du régime fédéral sur les rapports collectifs du travail, le *Code canadien du travail*[15]. Par ailleurs, il importe d'observer que le législateur québécois propose plusieurs modèles de relations collectives. Le *Code du travail* est le régime général. En référence à ce dernier, il existe deux régimes d'exception, l'un étant défini par la *Loi sur les relations du travail, la formation professionnelle et la gestion de la main-d'œuvre dans l'industrie de la construction*[16] et l'autre par la *Loi sur le régime syndical applicable à la*

---

5. RLRQ, c. C-12.

6. *Charte canadienne des droits et libertés* (CCDL), dans L.R.C. (1985), app. 11, n° 44, art. 2 ; *Charte des droits et libertés de la personne* (CDLP), RLRQ, c. C-12, art. 3.

7. CCDL, *op. cit.*, art. 15 ; CDLP, *op. cit.*, art. 10.

8. CCDL, *op. cit.*, art. 52 ; CDLP, *op. cit.*, art. 52.

9. CCDL, *op. cit.*, art. 1 ; CDLP, *op. cit.*, art. 9.1.

10. CCDL, *op. cit.*, art. 32 ; CDLP, *op. cit.*, art. 54 et 55. L'applicabilité de la Charte québécoise est également prévue dans son préambule. Cette intention du législateur apparaît aussi dans les différentes matières abordées dans cette charte.

11. RLRQ, c. N-1.1.

12. RLRQ, c. C-11.

13. RLRQ, c. F-1.1.

14. *Loi constitutionnelle* (1867), L.R.C. (1985), app. II, n° 5 (Acte de l'Amérique du Nord britannique, U.K. 1867, c. 3), art. 91 et 92.

15. L.R.C. (1985), ch. L-2, partie I (« Relations du travail »).

16. RLRQ, c. R-20.

Sûreté du Québec[17]. S'agissant du *Code du travail*, deux autres lois doivent être mises en parallèle pour en comprendre l'application à certains secteurs particuliers : il s'agit de la *Loi sur le régime de négociation des conventions collectives dans les secteurs public et parapublic*[18] ainsi que de la *Loi sur la fonction publique*, plus spécifiquement les dispositions sur le régime syndical[19]. De plus, parce que le *Code du travail* s'applique à ces secteurs particuliers de même qu'aux policiers et aux pompiers municipaux, il faut garder à l'esprit[20] certaines dispositions de la *Loi sur la police*[21] ainsi que de la *Loi sur l'administration financière*[22]. Enfin, il faut mentionner que d'autres types de rapports collectifs concernent des catégories particulières de travailleuses et de travailleurs. Nous qualifions ces autres régimes de marginaux parce qu'ils ne sont pas structurés sur la base du triptyque qui caractérise les aménagements traditionnels des rapports collectifs du travail. Il en est ainsi notamment du régime de négociation des décrets de convention collective, du régime de la gestion de la santé et de la sécurité du travail, du régime de consultation des cadres dans les réseaux de l'éducation et de la santé, du régime de la représentation en milieu artistique, du régime des ententes collectives des médecins, des dentistes et des pharmaciens, du syndicalisme agricole, du régime de représentation des camionneurs artisans, et des comités d'équité salariale, de francisation, d'intégration en emploi des personnes handicapées.

Cette panoplie d'aménagements législatifs appelle une observation. Ces lois éparses attestent davantage la réaction de l'État à l'égard de la capacité des groupes de pression d'agir sur le pouvoir politique que la volonté étatique de mettre en application un plan cohérent pour promouvoir la démocratie sur les lieux de travail. Dans cette galaxie de lois, l'importance du *Code du travail* ne saurait être majorée, mais elle ne peut non plus être minimisée. Ce code a servi de source d'inspiration à tous les régimes et est envié par les uns et les autres. En ce sens, il est la pièce maîtresse des rapports collectifs du travail.

10.1.3 Un régime général restrictif

Les parties au régime général des rapports collectifs du travail sont exclusivement l'association de salariés accréditée et l'employeur. Seules les personnes salariées au sens du *Code* peuvent constituer une association susceptible d'obtenir une accréditation. De ce fait, le *Code* n'est pas un régime universel dont bénéficient toutes les catégories de travailleuses et de travailleurs. Selon le *Code du travail*, le salarié est une personne qui exécute une prestation de travail moyennant rémunération, sous subordination d'une autre personne[23]. Cette forme de subordination est un ordre de dépendance établi entre deux personnes, en vertu duquel l'une est en droit de diriger, de contrôler et de rectifier le travail de l'autre. Pour déterminer s'il en est bel et bien ainsi dans la réalité, les organismes régulateurs du travail cherchent à établir si la personne qui se réclame du statut de salarié est intégrée ou non dans l'entreprise de l'autre personne. Ce ne sont cependant pas toutes les personnes salariées qui peuvent créer une association de salariés, puisque le *Code* exclut de son champ d'application toute personne employée à titre de gérant, de surintendant, de contremaître ou de représentant de l'employeur dans ses relations avec les salariés[24] et quelques autres personnes intimement liées à l'employeur[25]. Néanmoins, les titres importent peu, puisque les organismes régulateurs du travail déterminent si, dans les faits, les personnes concernées exercent l'autorité hiérarchique avec une mesure appréciable d'initiative, de jugement et de responsabilité. Lorsqu'il en est ainsi, ces personnes sont exclues du champ d'application de la totalité des protections et bénéfices prévus par le *Code*.

En somme, le *Code du travail* présente un certain caractère restrictif puisqu'il ne s'applique pas à tous. Il n'a pas une vocation universelle. Il ne constitue que le régime général.

---

17. RLRQ, c. R-14.
18. RLRQ, c. R-8.2.
19. RLRQ, c. F-3.1.1, art. 64 à 76.
20. RLRQ, c. R-8.3.
21. RLRQ, c. P-13.1.
22. RLRQ, c. A-6.001.
23. *Code du travail*, RLRQ, c. C-27, art. 1 (l).
24. *Ibid.*, art. 1 (l) (1°).
25. *Ibid.*, art. 1 (l) (2° à 3.1°). Les alinéas 3.2 à 7 du paragraphe 1l) excluent également certaines catégories de personnes salariées en raison des fonctions qu'elles occupent dans le cadre de leur emploi.

10.2 La représentation syndicale

L'objectif ultime poursuivi par le *Code du travail* est de permettre aux travailleurs, juridiquement qualifiables de salariés, de procéder collectivement à la détermination et à la surveillance de la gestion correcte de leurs conditions de travail. Pour atteindre un tel objectif et aussi pour favoriser des rapports sociaux démocratiques, le *Code* comporte des dispositions protégeant la liberté syndicale (*voir la section 10.2.1*). Il ne reconnaît pas toutes les formes de représentation syndicale, mais seulement celles qu'assure une association accréditée (*voir la section 10.2.2*). L'organisme compétent en ces matières est le Tribunal administratif du travail (TAT), formé de juges administratifs et d'agents de relations du travail qui se prononcent en son nom. Ces décideurs ont un lien contractuel à durée déterminée avec l'organisme et leur mandat est renouvelable.

10.2.1 La liberté syndicale

La liberté syndicale telle que l'entend le *Code du travail* vise certes à soutenir l'exercice d'activités destinées à organiser une association de salariés. Néanmoins, le sens et la portée de cette notion ont beaucoup plus d'envergure. La liberté syndicale comprend un volet individuel qui s'adresse à tout salarié et à l'employeur. Elle comporte de plus une dimension collective qui, à ce titre, se rattache aux activités des associations en tant que telles.

La liberté des salariés

La formule retenue dans le *Code* est concise et englobante : « Tout salarié a droit d'appartenir à une association de salariés de son choix et de participer à la formation de cette association, à ses activités et à son administration[26]. » Néanmoins, les mesures concrètes élaborées pour assurer le respect d'un tel énoncé de principe ne relèvent nullement d'une conception d'ensemble bien structurée. Certaines protections visent divers agissements de l'employeur, alors que d'autres sont destinées à promouvoir des rapports démocratiques entre l'association de salariés et ses membres. Les recours et les sanctions varient.

Les interdits s'adressant à l'employeur et à ses représentants

D'entrée de jeu, il faut observer que le *Code du travail* interdit à tout employeur de refuser d'embaucher une personne parce que celle-ci a exercé un droit résultant de ce code[27]. Toute contravention à une telle interdiction autorise la personne lésée à déposer une plainte à caractère pénal ; l'employeur reconnu coupable est alors passible d'une amende pour chaque jour que dure l'infraction[28].

Par ailleurs, la personne déjà salariée jouit d'une protection de nature civile. Le *Code* interdit à l'employeur et à ses représentants d'user de quelque mesure disciplinaire ou d'autres représailles dans le but de contraindre cette personne à cesser de se prévaloir de ses droits ou parce qu'elle les a exercés. La victime d'une sanction ou d'une autre forme d'intervention prohibée peut adresser une plainte personnelle au TAT[29], qui, après enquête et le cas échéant, peut confirmer, infirmer ou modifier la décision de l'employeur, ordonner la réintégration de la personne dans son emploi et enjoindre à l'employeur de lui verser, à titre d'indemnité, l'équivalent du salaire et des avantages dont elle a été privée[30].

Enfin, une personne salariée qui a fait grève ou a été lock-outée est titulaire du droit prioritaire de reprendre son emploi lors du rappel au travail[31]. Une mésentente à ce sujet doit être déférée à l'arbitrage comme s'il s'agissait d'un grief[32].

Les droits des salariés par rapport à l'association de salariés

Toute personne salariée a le droit d'appartenir à l'association de son choix ou de refuser d'adhérer à quelque association. En effet, nul, y compris une association de salariés, ne doit user d'intimidation pour forcer quiconque à adhérer à une association de salariés ou à la

---

26. *Ibid.*, art. 3.
27. *Ibid.*, art. 14.
28. *Ibid.*, art. 143.
29. *Ibid.*, art. 16.
30. *Ibid.*, art. 15 et 19.
31. *Ibid.*, art. 110 et 110.1.
32. *Ibid.*, art. 110.1 et 100.

quitter, sous peine d'encourir une condamnation pénale[33]. Par contre, une convention collective peut contenir une clause imposant comme condition d'emploi de devenir membre de l'association accréditée[34]; bien qu'une telle clause enfreigne la liberté d'association protégée par les chartes, elle est néanmoins tolérée, car elle assure la stabilité de l'association accréditée, une institution démocratique vouée à la promotion socioéconomique des salariés.

Dès qu'une association de salariés est accréditée, diverses obligations lui sont imposées en ce qui concerne certains aspects de son fonctionnement. Ces obligations visent à permettre aux salariés de contrôler les éléments vitaux du régime des rapports collectifs du travail. Ainsi, l'élection à toute fonction à l'intérieur de l'association accréditée, la déclaration de grève et l'adoption de la convention collective doivent se faire au scrutin secret[35]. De plus, l'association accréditée doit divulguer annuellement ses états financiers[36]. De telles prérogatives n'appartiennent qu'aux membres de cette association, de sorte que toute personne salariée visée par l'accréditation a intérêt à y adhérer. L'association accréditée ne peut refuser une adhésion ou exclure de ses rangs une personne salariée que si celle-ci a conspiré contre l'association avec l'aide de l'employeur[37].

Enfin, l'association accréditée est tenue, en raison du monopole qu'elle exerce, à la juste et loyale représentation de toutes les personnes salariées visées par l'accréditation, qu'elles aient adhéré ou non à ladite association[38]. Une personne peut s'adresser au TAT si elle estime que le syndicat viole son obligation juridique. Lorsque le TAT est d'avis qu'il y a eu manquement au devoir de traitement égalitaire, il peut autoriser la personne salariée à se pourvoir contre son employeur par voie d'arbitrage d'un grief[39]. Le non-respect du devoir de représentation peut aussi donner lieu à une plainte à caractère pénal[40].

La liberté de l'association de salariés

La dimension collective de la liberté syndicale se réduit à quelques énoncés de principe et à certains recours, qui témoignent néanmoins de la volonté du législateur de soutenir l'association de salariés en tant qu'acteur important et de lui assurer en conséquence une certaine quiétude. Ainsi, toute association est en droit d'exercer ses activités sans ingérence de quiconque, y compris une association rivale[41]. Des procédures particulières permettent d'ailleurs d'empêcher ou de faire annuler l'accréditation d'une association délinquante[42].

Une association de salariés peut par ailleurs s'affilier librement à une organisation syndicale, à l'exception des policiers municipaux et des agents de la paix. Les associations qui rassemblent ces derniers ne peuvent s'affilier qu'à des organisations syndicales regroupant exclusivement, selon le cas, des policiers municipaux ou des agents de la paix[43]. Cependant, une association accréditée déjà affiliée ne peut se désaffilier qu'à certains moments spécifiques[44].

La liberté de l'employeur et de l'association d'employeurs

Témoin d'une époque où une association patronale pouvait être reconnue comme représentant d'employeurs[45], le *Code du travail* énonce dorénavant en une formule lapidaire le droit de l'employeur d'appartenir à l'association d'employeurs de son choix et le droit de cette association d'agir sans ingérence de quiconque[46].

---

33. *Ibid.*, art. 13 et 143.
34. *Ibid.*, art. 63.
35. *Ibid.*, art. 20.1 à 20.4.
36. *Ibid.*, art. 47.1.
37. *Ibid.*, art. 63b).
38. *Ibid.*, art. 47.2.
39. *Ibid.*, art. 47.3, 47.5 et 47.6. *Loi instituant le Tribunal administratif du travail*, RLRQ, c. T-15.1, art. 1, 5 et 9.
40. *Code du travail*, art. 144.
41. *Ibid.*, art. 12 et 143.
42. *Ibid.*, art. 14.0.1, 29 et 31.
43. *Ibid.*, art. 4; *Loi sur la fonction publique*, RLRQ, c. F-3.1.1, art. 68.
44. *Code du travail*, RLRQ, c. C-27, art. 73, 111.4 et 144.
45. *Loi des relations ouvrières*, S.R.Q., 1944, c. 162-A, art. 6 et 10.
46. *Code du travail*, RLRQ, c. C-27, art. 1c), 10 et 12.

Les infractions peuvent donner lieu à des plaintes à caractère pénal[47].

10.2.2 L'accréditation de l'association de salariés

Au Québec, seule une association de salariés accréditée peut agir comme représentant des personnes salariées d'un employeur. L'association reconnue de facto n'a plus droit de cité depuis 1969. Pour être accréditée, une association doit respecter un certain nombre de conditions. De plus, des effets concrets importants sont rattachés à l'émission de l'accréditation.

Le droit à l'accréditation

Deux concepts fondamentaux servent d'assises aux règles juridiques concernant l'accréditation : le groupe approprié (unité distincte) et le caractère majoritaire (représentatif). Pour être accrédité, un syndicat doit avoir obtenu ou être présumé avoir obtenu l'adhésion de la majorité au sein de l'unité d'accréditation.

Le groupe approprié

Le *Code du travail* ne définit pas le groupe approprié[48]. La situation la moins complexe est celle où l'accréditation peut être obtenue par suite de l'accord conclu entre le syndicat et l'employeur. À défaut, le TAT doit en délimiter les contours à partir de critères établis au fil des années par la jurisprudence, sauf en ce qui concerne certains groupes particuliers de personnes salariées[49]. L'employeur est alors partie intéressée en ce qui concerne une telle délimitation, c'est-à-dire qu'il peut démontrer au TAT que l'unité proposée par le syndicat doit être revue et corrigée. Les premières balises pour décrire l'unité distincte sont : 1) la communauté d'intérêts des personnes salariées, dont l'analyse fait appel notamment à la nature du travail (qualifications professionnelles requises, mode d'exécution, interdépendance dans les tâches), aux conditions de travail (salaires, durée, avantages divers), à la mobilité du personnel (interchangeabilité des fonctions, voie de promotion), etc. ; 2) l'organisation de l'entreprise, dont l'examen exige la prise en considération notamment de sa structure physique, de la localisation géographique de ses établissements, de l'interdépendance de ses centres opérationnels, etc. ; et 3) la recherche de la paix industrielle, qui repose tout à la fois sur l'évaluation des résultats obtenus au fil des accréditations et des négociations dans l'entreprise et dans son secteur d'activité, sur le désir d'éviter toute situation conflictuelle pour un groupe particulier de personnes salariées qui se dissocient clairement des objectifs poursuivis par l'ensemble de leurs collègues, et sur la nécessité d'éviter que le fonctionnement de l'entreprise soit constamment perturbé par des litiges intersyndicaux ou liés aux négociations. En référence à ces critères, le groupe approprié peut être la totalité des personnes salariées d'un employeur ou seulement une partie de celles-ci. Il peut donc y avoir plusieurs accréditations chez un même employeur. Chaque situation est un cas d'espèce.

Le caractère majoritaire

Pour obtenir l'accréditation, le syndicat doit démontrer qu'il détient un caractère majoritaire au sein du groupe approprié ou qu'il est présumé le détenir. Une telle démonstration se fait par le dépouillement des cartes d'adhésion syndicale et, au besoin, par un vote au scrutin secret[50]. L'adhésion d'une personne à une association de salariés est de nature confidentielle[51], et c'est pourquoi l'employeur n'est pas concerné lorsque le TAT s'enquiert du respect ou non de cette condition. Dès lors qu'un syndicat regroupe plus de 50 % de membres parmi les personnes comprises dans l'unité d'accréditation, il est accrédité. Néanmoins, si un syndicat ne dispose pas de ce nombre d'adhérents, mais qu'il en rallie 35 % ou plus, un vote au scrutin secret peut être ordonné et le syndicat sera accrédité s'il obtient plus de 50 % des voix des personnes qui ont droit de vote. Si 2 requérants regroupent chacun plus de 35 % des membres, le TAT accrédite celui qui obtient le plus grand nombre de voix, à condition que les personnes salariées qui ont droit de vote aient exprimé majoritairement leur désir d'être représentées[52].

Dès qu'une association de personnes salariées est d'avis qu'elle est en droit d'être accréditée, elle doit présenter

---

47. *Ibid.*, art. 143 et 144.
48. *Ibid.*, art. 21.
49. Par exemple, le cas des personnes salariées de la fonction publique (*Loi sur la fonction publique*, RLRQ, c. F-3.1.1, art. 64) et le cas des personnes en lien d'emploi avec la Commission de la construction du Québec (*Loi sur les relations du travail, la formation professionnelle et la gestion de la main-d'œuvre dans l'industrie de la construction*, RLRQ, c. R-20, art. 5).
50. *Code du travail*, RLRQ, c. C-27, art. 21, 28, 32, 37 et 37.1.
51. *Ibid.*, art. 36 et 36.1.
52. *Ibid.*, art. 37.1.

une requête en accréditation rédigée conformément aux exigences du *Code du travail*[53] et dans des délais précis[54]. Le dépôt d'une telle requête empêche l'employeur de modifier unilatéralement les conditions de travail tant et aussi longtemps que le droit de grève n'est pas exercé, et même au-delà, en certaines circonstances[55]. De plus, la procédure d'accréditation n'est pas invalidée lorsque l'employeur aliène ou concède en tout ou en partie son entreprise[56]. Enfin, diverses procédures permettent de régler les problèmes que peut susciter l'accréditation après son émission : pour circonscrire son sens et sa portée[57], pour la réexaminer en certaines circonstances[58], pour en assurer le maintien lorsqu'il y a aliénation ou cession de l'entreprise de l'employeur[59] ou pour la révoquer en fin d'existence[60].

Les principaux effets de l'accréditation

L'accréditation a pour principal effet d'officialiser l'existence d'un réseau de rapports collectifs du travail dans l'entreprise. Il en résulte que l'employeur est tenu de reconnaître les représentants du syndicat de personnes salariées et d'entamer des négociations en vue de conclure une convention collective[61]. Il s'agit d'un principe exorbitant des règles observées en droit général, en vertu desquelles personne ne peut, en principe, être forcé de négocier. Le syndicat accrédité détient en ce réseau le monopole de la représentation syndicale, sans avoir à obtenir quelque autorisation en ce sens des personnes salariées[62]. Il représente tous les membres de l'unité d'accréditation, peu importe qu'ils aient adhéré ou non à ce syndicat, et il peut percevoir des cotisations syndicales des uns et des autres[63]. L'employeur ne peut entretenir de lien avec un autre syndicat, sous peine d'être taxé d'ingérence[64]. Les négociations individuelles avec les employés sont prohibées. Enfin, l'accréditation assure une stabilité au réseau de relations collectives, puisque le syndicat ne peut être délogé qu'à certains moments précis[65] et qu'il perdure malgré les changements de structure juridique de l'employeur[66].

10.3 La négociation collective

Le régime des rapports collectifs vise essentiellement à permettre aux salariés de négocier leurs conditions de travail, d'en surveiller par la suite l'application correcte et, éventuellement, de renvoyer les mésententes à leur sujet à des modes de sanction adaptés au milieu de travail. Le *Code du travail* exige que les conditions de travail négociées collectivement soient consignées dans une entente dénommée « convention collective ». Ce processus de négociation à objet spécifique doit être distingué d'autres modes de négociation, comme celui des services essentiels aménagés en cette même loi[67] ou celui qui s'impose lors de l'introduction d'un changement technologique dans une entreprise régie par le *Code canadien du travail*[68]. Il n'est question ici que du processus de négociation de la convention collective, c'est-à-dire « une entente écrite relative aux conditions de travail conclue entre une ou

---

53. *Ibid.*, art. 25 à 27.
54. *Ibid.*, art. 22, 27.1 et 111.3.
55. *Ibid.*, art. 59, 93.5 et 42, 2ᵉ al. ; *Loi sur le régime de négociation des conventions collectives dans les secteurs public et parapublic*, RLRQ, c. R-8.2, art. 51 et 59, 2ᵉ al.
56. *Code du travail*, RLRQ, c. C-27, art. 45 à 46.
57. *Ibid.*, art. 39.
58. *Ibid.*, art. 28. *Loi instituant le Tribunal administratif du travail*, RLRQ, c. T-15.1, art. 49.
59. *Ibid.*, art. 45 à 46.
60. *Ibid.*, art. 41.
61. *Ibid.*, art. 141.
62. *Ibid.*, art. 22, 67, 69 et 141.
63. *Ibid.*, art. 47.
64. *Ibid.*, art. 12 et 143.
65. *Ibid.*, art. 41.
66. *Ibid.*, art. 45 à 46.
67. *Ibid.*, art. 111.0.18 et 111.10.1 ; *Loi sur la fonction publique*, RLRQ, c. F-3.1.1, art. 69.
68. *Code canadien du travail*, LRC (1985), ch. L-2, partie I, art. 51 à 55.

plusieurs associations accréditées [de salariés] et un ou plusieurs employeurs ou associations d'employeurs[69] ».

De façon à permettre au régime de concrétiser sa finalité avec efficacité, le *Code du travail* définit un processus technique de négociation directe entre les parties (*voir la section 10.3.1*). Par ailleurs, il appuie ce processus sur divers mécanismes permettant à des tiers intervenants d'aider les parties à négocier et même, si tel est le vœu de celles-ci, de s'y substituer pour rédiger la convention collective (*voir la section 10.3.2*). Enfin, il reconnaît et encadre l'usage de moyens de pression pour forcer la conclusion d'une entente collective (*voir la section 10.3.3*).

10.3.1 La négociation directe entre les parties

Au fil des années, le régime de la négociation collective s'est sensiblement alourdi. Le *Code du travail* prévoit dorénavant un régime général applicable à toute négociation, sauf lorsqu'un des régimes particuliers y pourvoit autrement. Il existe en effet des régimes propres aux secteurs public et parapublic et un régime propre aux policiers et aux pompiers municipaux.

Le régime général

D'un point de vue strictement juridique, la négociation collective doit s'effectuer au niveau de l'accréditation, en l'occurrence entre le syndicat accrédité et l'employeur des salariés visés par l'accréditation. Cependant, des élargissements de l'aire de négociation sont possibles et découleront soit du comportement des parties[70], soit de la volonté du législateur, comme lorsqu'une association patronale intervient dans le processus de négociation[71] ou qu'il s'agit de la négociation dans les secteurs public et parapublic[72]. Mais, en général, la convention collective est gérée et sanctionnée au niveau de l'accréditation.

Pour assurer que la négociation collective soit effective, le législateur crée une obligation de négocier. Cette obligation se concrétise lorsque l'une ou l'autre des parties à l'accréditation déclenche le processus technique afférent par l'envoi d'un avis de négociation[73]. L'acquisition du droit de grève est par ailleurs liée au moment où cet avis est envoyé ou est présumé l'avoir été[74]. L'obligation de négocier perdure tant et aussi longtemps que l'accréditation subsiste et que les parties sont engagées dans le processus de négociation, y compris pendant l'usage des moyens de pression économiques.

L'obligation de négocier est formulée en des termes où l'accent est mis sur des négociations menées avec diligence et bonne foi[75]. Les parties ne sont nullement tenues de conclure le renouvellement d'une convention collective. Par contre, lors de la négociation d'une première convention collective, le syndicat accrédité ou l'employeur peuvent demander l'arbitrage obligatoire à son sujet[76]. Quoi qu'il en soit, les parties doivent essentiellement adopter un comportement favorisant une discussion positive et attestant un effort honnête et concret pour conclure une entente.

Le non-respect du devoir de négocier avec diligence et bonne foi peut amener le TAT à rendre une ordonnance pour faciliter le dialogue ou encore à imposer un vote au scrutin secret sur les dernières offres patronales[77]. En outre, la partie délinquante s'expose à des poursuites pénales[78].

La négociation collective dans les secteurs public et parapublic

La notion de secteurs public et parapublic au sens du *Code du travail* renvoie aux réseaux de l'éducation et de

---

69. *Code du travail*, RLRQ, c. C-27, art. 1d).
70. *Ibid.*
71. *Ibid.*, art. 68.
72. *Ibid.*, art. 111.6 à 111.8 ; *Loi sur le régime de négociation des conventions collectives dans les secteurs public et parapublic*, RLRQ, c. R-8.2.
73. *Code du travail*, RLRQ, c. C-27, art. 52 et 53.
74. *Ibid.*, art. 58.
75. *Ibid.*, art. 53 et 53.1.
76. *Ibid.*, art. 93.1.
77. *Ibid.*, art. 58.2.
78. *Ibid.*, art. 141.

la santé et des services sociaux, d'une part, ainsi qu'à la fonction publique et à certains organismes gouvernementaux, d'autre part[79]. L'encadrement de la négociation collective dans le premier groupe n'est pas le même que dans le second.

Les réseaux de l'éducation et de la santé et des services sociaux

Ces réseaux se caractérisent par un lourd processus de négociation. Une convention collective y est en effet susceptible de comprendre des clauses issues d'ententes de trois ordres : les ententes nationales, les ententes régionales ou locales et les arrangements locaux.

La négociation des ententes nationales La compréhension du processus exige de distinguer l'organisation des parties à la négociation et le mécanisme des pourparlers.

S'agissant de l'organisation des parties à la négociation des ententes dites nationales, il importe de considérer séparément le réseau de l'éducation et le réseau de la santé et des services sociaux. Ainsi, l'aménagement de la négociation dans le réseau de l'éducation concerne trois secteurs d'activité (enseignement collégial, enseignement primaire et secondaire francophone et enseignement primaire et secondaire anglophone) ainsi que trois catégories de personnel (personnel enseignant, personnel professionnel non enseignant, personnel de soutien). La négociation se déroule entre trois comités patronaux (un pour chaque secteur d'activité) et des agents négociateurs syndicaux agissant au nom des syndicats accrédités qui leur sont affiliés ou autrement liés, au regard de chaque catégorie de personnel à l'intérieur de chacun des secteurs d'activité[80]. Le nombre de tables nationales résulte du chassé-croisé des comités patronaux et des agents négociateurs. Le législateur a structuré autrement les équipes de négociateurs dans le secteur de la santé et des services sociaux : il n'existe qu'un comité patronal et aucune distinction n'est faite entre les catégories de personnel. La négociation s'effectue entre ce comité, qui est restructuré ponctuellement en fonction des diverses catégories d'établissements du réseau, et des agents négociateurs syndicaux agissant au nom des syndicats accrédités qui leur sont affiliés ou autrement liés[81]. Le nombre de tables nationales résulte de ce chassé-croisé. Aux tables nationales de l'un et l'autre réseau, les négociateurs abordent toutes les questions couvertes par la convention collective, sauf celles que la loi renvoie à l'échelle locale ou régionale[82].

Le processus technique de la négociation s'inscrit dans un échéancier serré qui débute le 180e jour précédant l'expiration de la convention collective. La négociation peut porter sur toutes les questions pertinentes, sous réserve d'une particularité concernant les salaires pour les deuxième et troisième années de la convention collective, lesquels doivent être négociés en principe chaque année. En réalité, une table centrale officieuse établit des paramètres salariaux pour chacune des trois années de la convention collective. Le processus technique de la négociation des clauses nationales est assorti d'étapes pour le dépôt des demandes syndicales et des contre-offres patronales. Il comprend également l'intervention du Conseil du trésor et de l'Institut de la statistique du Québec en ce qui concerne les salaires et les échelles de salaire[83]. Les normes salariales sont toutefois édictées chaque année par décret gouvernemental[84].

La négociation des ententes régionales ou locales et des arrangements locaux La loi détermine expressément qui peut négocier des ententes régionales ou locales ainsi que l'objet de ces ententes, tout en laissant aux négociateurs une certaine marge de manœuvre pour les conclure[85]. Les arrangements locaux sont des aménagements qui viennent étoffer ou adapter certaines des questions de portée nationale ; la loi identifie de façon expresse ces questions[86]. Les parties régionales ou locales ne peuvent en aucun cas déroger à une clause nationale[87].

---

79. *Ibid.*, art. 111.2.

80. *Loi sur le régime de négociation des conventions collectives dans les secteurs public et parapublic*, RLRQ, c. R-8.2, art. 26 à 29 et 30 à 35.

81. *Ibid.*, art. 26 à 28 et 36 à 43.

82. *Ibid.*, art. 44.

83. *Ibid.*, art. 111.7 et 111.8 et 52 à 56.

84. *Ibid.*, art. 55.

85. *Ibid.*, art. 57 et 58.

86. *Ibid.*, art. 45, 70 et 70.1.

87. *Ibid.*, art. 67 et 72.

La négociation pour ce genre de dispositions s'effectue entre un syndicat accrédité et l'employeur. Une entente régionale ou locale subsiste pendant la période de négociation relative au renouvellement de l'entente nationale et, le cas échéant, après cette période lorsqu'un arrangement local expire à la fin des clauses nationales[88].

La fonction publique et certains organismes gouvernementaux

À l'exception de la négociation entre l'État et les agents de la paix, le processus de négociation dans la fonction publique obéit, d'une part, aux règles du régime général, en ce sens que le gouvernement négocie directement avec chacun des syndicats accrédités, et, d'autre part, aux règles concernant les stipulations agréées à l'échelle nationale dans les secteurs public et parapublic[89].

En ce qui concerne les organismes gouvernementaux, seuls ceux qui sont mentionnés dans la loi sont touchés[90]. La négociation est soumise aux règles du régime général, sous réserve de l'obligation d'obtenir du Conseil du trésor les paramètres généraux d'une politique de rémunération et de conditions de travail[91].

Les agents de la paix

Les agents de la paix négocient au sein de comités paritaires et conjoints. Chacun de ces comités regroupe des membres d'une des cinq associations d'agents de la paix et des représentants du Conseil du trésor[92]. La négociation collective est de type continu[93]. Au renouvellement d'une convention collective, tout comité peut présenter des recommandations au gouvernement et ce dernier peut les approuver, les modifier ou les rejeter. Le gouvernement décrète par la suite les conditions de travail (décret de convention collective[94]).

Le processus de négociation chez les policiers et les pompiers municipaux

Contrairement aux membres de la Sûreté du Québec, les policiers et les pompiers municipaux ne bénéficient pas d'un régime syndical qui leur soit propre. Ils sont assujettis au régime général du *Code du travail* en ce qui concerne la négociation de leurs conditions de travail; cette négociation se fait de façon décentralisée, c'est-à-dire entre chaque municipalité ou ville et chaque syndicat accrédité.

10.3.2 Les mécanismes de soutien et de substitution aux parties dans la négociation directe

En vue d'amener les parties engagées dans une négociation collective à régler une impasse autrement que par le recours à des moyens de pression économiques, diverses avenues pacifiques leur sont offertes. La législation reconnaît deux principaux types de conflit lors d'une négociation. Il s'agit, d'une part, du différend, c'est-à-dire « une mésentente relative à la négociation ou au renouvellement de la convention collective[95] »; ce conflit peut déboucher sur une grève ou un lock-out. D'autre part, il y a le désaccord, qui concerne la négociation d'une entente locale ou régionale dans les réseaux de l'éducation et de la santé et des services sociaux; ce genre de conflit ne peut pas être réglé par le biais de moyens de pression économiques. Le différend et le désaccord sont aussi appelés « conflits économiques ou d'intérêts »; il en est ainsi parce qu'ils ont pour objet de créer ou de modifier une règle de droit. Les mécanismes mis à la disposition des parties pour régler une mésentente de négociation se répartissent en deux catégories principales, selon le rôle confié au tiers intervenant. Ainsi, certains modes d'intervention sont exclusivement destinés à aider les négociateurs à conclure eux-mêmes une convention collective; les exemples classiques sont la conciliation et la médiation. D'autres se substituent dans une certaine mesure aux parties, car c'est grâce à l'action de tiers intervenants qu'est finalisé l'accord collectif; l'arbitrage d'un différend en est l'illustration la plus répandue. Les modalités techniques de mise en œuvre de ces tierces interventions varient selon qu'il s'agit du régime général

---

88. *Ibid.*, art. 59 et 73.
89. *Ibid.*, art. 81.
90. *Ibid.*, art. 76.
91. *Ibid.*, art. 75 et 77 à 80.
92. *Loi sur la fonction publique*, RLRQ, c. F-3.1.1, art. 71 et 72.
93. *Ibid.*, art. 72.
94. *Ibid.*, art. 74 et 75.
95. *Code du travail*, RLRQ, c. C-27, art. 1e).

de règlement des conflits ou des régimes propres aux secteurs public et parapublic ou aux policiers et aux pompiers municipaux.

Le régime général de règlement des conflits

L'arsenal des moyens généraux privilégiés par le législateur comprend la conciliation, l'arbitrage d'un différend et une application particulière de ce dernier lors de la négociation d'une première convention collective. Il faut par ailleurs tenir compte des résultats du vote sur les dernières offres patronales.

La conciliation

L'intervention d'un conciliateur peut être obtenue à la suite d'une requête adressée au ministre du Travail par une des parties à la négociation[96]. Le ministre peut l'imposer d'autorité[97].

Après convocation, les négociateurs ont l'obligation d'être présents à la séance de conciliation et de faire preuve d'honnêteté et de bonne foi[98]. Le conciliateur présente un rapport au ministre à sa demande, mais il ne peut être tenu de divulguer à quiconque quelque information non contenue dans ledit rapport, qui est de nature confidentielle.

La conciliation ne fait pas obstacle à l'exercice de pressions économiques pendant qu'elle se déroule. Lorsque la conciliation est infructueuse, les parties peuvent décider de poursuivre les négociations, de soumettre le différend à l'arbitrage ou encore de déclencher ou de poursuivre la grève ou le lock-out.

L'arbitrage d'un différend

Ce mode d'intervention peut être mobilisé par les parties engagées dans la négociation d'une première convention collective ou le renouvellement d'une convention existante, après une requête conjointe adressée au ministre du Travail[99]. Le différend est alors soumis à un conseil d'arbitrage constitué d'un arbitre nommé par le ministre et de deux assesseurs désignés l'un par l'employeur et l'autre par le syndicat, mais les parties peuvent aussi s'entendre pour procéder devant un arbitre seul[100].

L'arbitrage d'un différend est un processus d'enquête au cours duquel les parties doivent convaincre l'arbitre du bien-fondé de leurs prétentions respectives. L'arbitre décide seul, car le rôle des assesseurs se limite à le conseiller lors de l'instruction et du délibéré. L'arbitre dispose des seuls points non réglés entre les parties et rend sa décision sur la base de l'équité et de la bonne conscience ; il doit tenir compte des conditions de travail applicables aux salariés de l'entreprise et aux salariés occupant le même emploi dans des entreprises similaires[101]. La décision de l'arbitre est consignée et doit être motivée. Elle prend la forme d'une sentence arbitrale, laquelle a l'effet d'une convention collective signée par les parties[102] et lie celles-ci pour une durée, fixée par l'arbitre, de une à trois années[103].

Dès que les parties obtiennent l'arbitrage, elles doivent cesser tout moyen de pression économique, et aucune autre voie de règlement ne leur est dorénavant accessible.

L'arbitrage d'une première convention collective

Une des parties à la négociation d'une première convention collective peut obtenir à sa seule initiative l'arbitrage obligatoire si la conciliation a été infructueuse[104]. La demande d'arbitrage doit être adressée au ministre du Travail et être signifiée à la partie adverse.

L'ensemble du processus est moulé dans le creuset du régime général d'arbitrage d'un différend[105], sous la réserve qui suit : avant de procéder à l'arbitrage proprement dit, l'arbitre doit se demander s'il est possible que les parties puissent conclure elles-mêmes une convention collective[106] ; il ne s'agit cependant pas, à cette étape, d'une

---

96. *Ibid.*, art. 54.

97. *Ibid.*, art. 55.

98. *Ibid.*, art. 56 et 57.

99. *Ibid.*, art. 74 et 75.

100. *Ibid.*, art. 77 et 78. Il n'est plus possible, au Québec, de procéder devant un conseil composé de trois arbitres décidant à la majorité des voix : un arbitre syndical, un arbitre patronal et un président neutre désigné conjointement par les parties.

101. *Ibid.*, art. 79.

102. *Ibid.*, art. 88 et 93.

103. *Ibid.*, art. 92.

104. *Ibid.*, art. 93.1.

105. *Ibid.*, art. 93.9.

106. *Ibid.*, art. 93.4.

forme de médiation, mais plutôt d'une enquête factuelle qui, en pratique, est le plus souvent escamotée.

En cours d'arbitrage d'une première convention collective, l'usage de tout moyen de pression économique doit cesser non pas lorsque le ministre nomme l'arbitre, mais au moment où ce dernier avise les parties qu'il détermine la teneur de l'entente[107].

Le vote sur les dernières offres patronales

De façon à dénouer un conflit qui semble s'acheminer vers une impasse, un employeur peut requérir du TAT d'ordonner à l'association accréditée de tenir un scrutin secret sur les dernières offres patronales[108]. Un tel scrutin ne peut être tenu qu'une seule fois pendant la phase des négociations.

Les aménagements dans les secteurs public et parapublic

En principe, le régime général de règlement des conflits en cours de négociation est applicable dans les secteurs public et parapublic, à l'exclusion de l'arbitrage d'une première convention collective[109]. Néanmoins, les aménagements spécifiques pour ces secteurs rendent, en pratique, inapplicables les dispositions générales, sauf pour les organismes publics. En fait, le législateur a assujetti la presque totalité de ces secteurs à un complexe aménagement offrant aux parties trois modes de règlement distincts.

La médiation d'un différend

Cette formule est réservée à l'ensemble des secteurs public et parapublic, à l'exclusion des organismes gouvernementaux. Elle s'applique dans le cadre de la négociation des stipulations agréées à l'échelle nationale, à l'exception des salaires et des échelles de salaires[110]; elle concerne de plus la négociation des conventions collectives dans la fonction publique[111], sauf pour les agents de la paix, qui sont assujettis à un régime particulier[112].

Les parties à un différend dans les secteurs visés peuvent décider soit de produire un rapport sur l'objet du différend et le rendre public[113], soit de soumettre le différend à la médiation. Dans cette dernière hypothèse, elles disposent de l'alternative suivante : demander au ministre du Travail de nommer un médiateur[114] ou convenir de recourir à un conseil de médiation ou à un groupe d'intérêt[115]. Quelle que soit la formule de règlement retenue, un rapport doit être produit et rendu public, sauf si une entente règle le différend[116]; le ministre doit alors en être avisé par écrit. Le médiateur nommé par le ministre dispose d'une période de temps limitée pour amener les parties à s'entendre ; en cas d'échec, son rapport doit contenir des recommandations. Lorsqu'il s'agit d'une procédure de médiation convenue par les parties, le délai et l'exigence de soumettre des suggestions peuvent être adaptés.

Le rapport qui doit être soumis à cette étape des négociations est d'une importance capitale. En effet, si le différend perdure, la date d'acquisition du droit de grève ou de lock-out est déterminée notamment à partir de la date à laquelle le ministre a reçu l'avis de dépôt de ce rapport[117].

La médiation-arbitrage d'un désaccord dans les réseaux de l'éducation et de la santé et des services sociaux

Ce mode de règlement n'est disponible qu'en cas de désaccord, c'est-à-dire un conflit qui porte sur les questions négociées et agréées à l'échelle locale ou régionale dans les réseaux de l'éducation et de la santé et des services sociaux. Ces questions continuent de s'appliquer malgré l'expiration des stipulations de la convention collective qui sont négociées et agréées à l'échelle nationale et elles

---

107. *Ibid.*, art. 93.5.
108. *Ibid.*, art. 58.2.
109. *Ibid.*, art. 111.1.
110. *Loi sur le régime de négociation des conventions collectives dans les secteurs public et parapublic*, RLRQ, c. R-8.2, art. 46.
111. *Ibid.*, art. 81.
112. *Loi sur la fonction publique*, RLRQ, c. F-3.1.1, art. 69, 1er al. et art. 76.
113. *Loi sur le régime de négociation des conventions collectives dans les secteurs public et parapublic*, RLRQ, c. R-8.2, art. 49.
114. *Ibid.*, art. 46 et 47.
115. *Ibid.*, art. 48.
116. *Ibid.*, art. 50.
117. *Code du travail*, RLRQ, c. C-27, art. 111.11.

perdurent tant qu'elles ne sont pas modifiées ou abrogées[118]. Le droit de grève ne peut être invoqué lorsqu'il s'agit d'un désaccord.

Une des parties à un désaccord peut demander au ministre du Travail de nommer un médiateur-arbitre en vue de le régler, mais les parties peuvent aussi opter d'un commun accord pour un autre mode de règlement du conflit[119]. En cas d'impasse devant un médiateur-arbitre, les parties peuvent l'inviter à statuer sur ce qui fait l'objet du désaccord. Le médiateur-arbitre statue sur le fond du litige lorsqu'il est d'avis que les parties ne pourront pas conclure elles-mêmes une entente[120]. S'il n'est pas invité à statuer ou s'il décide de ne pas le faire, le médiateur-arbitre transmet aux parties ses recommandations et les rend publiques[121]. Lorsque les parties optent pour un autre mode de règlement et que celui-ci conduit à une impasse, il faut présumer que l'exigence de la publication de recommandations subsiste.

Enfin, il convient d'observer qu'un conflit en cours de négociation sur un arrangement local doit absolument être réglé par les parties elles-mêmes, puisqu'il n'existe aucun mécanisme de soutien ou de substitution pour le dénouer[122]. De plus, le droit de grève est supprimé en ces cas[123].

L'arbitrage d'un différend pour les agents de la paix

Les préposés à des fonctions d'agent de la paix sont assujettis à un régime particulier de règlement d'un différend. La loi prévoit que « le comité négocie un mode de règlement des différends[124] ». Dans les faits, chacun des comités paritaires convient d'une formule calquée sur le régime général de l'arbitrage d'un différend. Cependant, la décision du conseil d'arbitrage n'est pas une sentence arbitrale ; il s'agit plutôt d'un rapport comportant des recommandations adressées au gouvernement, qui peut les modifier. En somme, lorsque subsiste un différend, la convention collective est en fin de compte décrétée par le gouvernement.

Les voies disponibles pour les policiers et les pompiers municipaux

Parce que les municipalités ainsi que les policiers et les pompiers à leur emploi sont frappés d'un interdit d'user de moyens de pression économiques, la *Loi concernant le régime de négociation des conventions collectives et de règlement dans le secteur municipal*[125] met à leur disposition deux mécanismes pour les aider à résoudre un différend.

La médiation d'un différend

D'un commun accord, les parties peuvent demander au ministre du Travail de nommer un médiateur pour les aider à régler un différend[126]. Les parties à la négociation n'ont d'autre obligation à remplir lors des séances de médiation que d'assister à toute réunion à laquelle le médiateur les convoque. Le médiateur dispose d'une période fixe pour les amener à s'entendre. À défaut d'entente, il soumet au ministre et aux parties un rapport avec ses commentaires[127].

Il importe de signaler que cette forme de médiation est sans lien nécessaire et immédiat avec une éventuelle demande d'arbitrage de différends. Cependant, si une telle médiation a eu lieu, le ministre transmettra ensuite le rapport au Conseil de règlement des différends.

Le Conseil de règlement des différends est spécifique à ce milieu et a été institué par la *Loi concernant le régime de négociation des conventions collectives et de règlement dans le secteur municipal*. Son mandat est de se prononcer sur les matières qui n'ont pas fait l'objet d'un accord en cas de différend entre un groupe de policiers ou de pompiers et la municipalité qui les emploie. Les décisions de ce conseil, formé de trois membres nommés par le gouvernement, sont rendues à la majorité des membres et lient les parties pour une durée de cinq ans à compter de l'expiration de la convention collective ou, pour la première convention collective, à compter de la date de l'accréditation. Cette décision a l'effet d'une convention

---

118. *Loi sur le régime de négociation des conventions collectives dans les secteurs public et parapublic*, RLRQ, c. R-8.2, art. 59 à 61.
119. *Ibid.*, art. 62, 63 et 66.
120. *Ibid.*, art. 64.
121. *Ibid.*, art. 65.
122. *Ibid.*, art. 70, 73 et 74.
123. *Ibid.*, art. 71.
124. *Loi sur la fonction publique*, RLRQ, c. F-3.1.1, art. 76.
125. RLRQ, c. R-8.3.
126. *Loi concernant le régime de négociation des conventions collectives et de règlement dans le secteur municipal*, RLRQ, c. R-8.3, art. 5.
127. *Ibid.*, art. 7.

collective signée par les parties conformément aux dispositions du *Code du travail*[128].

Les salariés municipaux autres que les policiers et les pompiers

La *Loi concernant le régime de négociation des conventions collectives et de règlement dans le secteur municipal* institue pour eux un mécanisme de règlement des différends en trois étapes, soit la médiation, la nomination d'un mandataire spécial et l'arbitrage, qui se succéderont en fonction des délais et des conditions prévus dans la loi[129].

10.3.3 L'usage de moyens de pression économiques

Le *Code du travail* reconnaît que des moyens de pression économiques peuvent être employés pour forcer la conclusion d'une convention collective. Il s'arrête essentiellement à la grève et, par ricochet, au lock-out. Il définit un encadrement fort lourd pour civiliser le recours à la grève. Celle-ci est définie comme étant « la cessation concertée de travail par un groupe de salariés[130] »; le lock-out s'entend comme « le refus par un employeur de fournir du travail à un groupe de salariés à son emploi en vue de les contraindre à accepter certaines conditions de travail[131] ». Le droit de grève ne s'acquiert et ne peut être exercé qu'à certaines conditions et son exercice peut requérir le maintien des services essentiels. Dès lors qu'une grève se profile à l'horizon, des effets juridiques entrent en jeu et perdurent jusqu'à la cessation de la grève. En ce qui concerne le lock-out, son encadrement juridique est analogue à celui de la grève.

Les conditions d'acquisition et d'exercice du droit de grève

La légalité de la grève n'est acquise et assurée que par la voie syndicale, c'est-à-dire seulement s'il existe une association de personnes salariées accréditée[132]. Cependant, toute grève est interdite aux policiers, aux pompiers municipaux et aux salariés d'une entreprise privée chargés de lutter contre les incendies pour le compte d'une municipalité[133]. Elle est de même interdite aux agents de la paix de la fonction publique ainsi qu'aux personnes salariées de la direction générale qui est responsable de la sécurité civile au sein du ministère de la Sécurité publique[134].

Par ailleurs, pour être légale, une grève ne peut avoir lieu que lors d'un différend, c'est-à-dire lors d'une mésentente concernant la négociation ou le renouvellement d'une convention collective; elle est en principe prohibée avant l'échéance de cette dernière[135]. En outre, l'acquisition et l'exercice du droit de grève sont sujets à des conditions techniques très précises, que l'on doit regrouper en règles générales et en règles additionnelles ou particulières à certains secteurs d'activité.

Les règles générales

Le droit de grève est acquis 90 jours après que le destinataire a reçu l'avis de négociation ou, en son absence, l'avis présumément transmis par le syndicat accrédité ou l'employeur[136]. Pour déclarer la grève, le syndicat doit y être autorisé par un vote majoritaire des membres de l'unité d'accréditation. Ceux-ci doivent être avisés au moins 48 heures à l'avance de la tenue d'un vote de grève par scrutin secret, organisé sous l'égide du syndicat[137]. Si ce dernier déclare effectivement la grève, il doit de plus en aviser le ministre du Travail dans les 48 heures qui suivent son déclenchement[138].

L'aménagement du droit de grève dans les services publics

La notion de services publics au sens du *Code du travail* est particulière. Elle renvoie essentiellement à certains types d'activités réalisées aussi bien par une entreprise privée que par un organisme ou un établissement des

---

128. *Ibid.*, art. 10, 14, 25, 30 et 33.
129. *Ibid.*, art. 37 et suivants.
130. *Ibid.*, art. 1g).
131. *Ibid.*, art. 1h).
132. *Ibid.*, art. 106.
133. *Ibid.*, art. 105.
134. *Loi sur la fonction publique*, RLRQ, c. F-3.1.1, art. 69.
135. *Code du travail*, RLRQ, c. C-27, art. 107.
136. *Ibid.*, art. 58.
137. *Ibid.*, art. 20.2 et 20.4.
138. *Ibid.*, art. 58.1.

secteurs public et parapublic. Les services publics sont énumérés dans le *Code*[139] et comprennent, entre autres, toute société de production d'électricité ou de gaz, toute entreprise d'enlèvement des ordures ménagères, toute municipalité ou régie intermunicipale, certains établissements du réseau de la santé et des services sociaux, etc.

Les conditions générales d'acquisition et d'exercice du droit de grève s'appliquent aussi lorsque le service public est fourni par une entreprise privée ou un organisme parapublic[140], mais pas s'il s'agit d'établissements de santé ou de services sociaux, car ces derniers sont régis par des conditions particulières (*voir ci-dessous*). Par ailleurs, dès lors qu'un service public fourni par une entreprise publique ou privée est visé par un décret sur le maintien des services essentiels, mais nullement avant, un syndicat ne peut déclarer ou poursuivre une grève à moins qu'une liste de ces services ne soit en vigueur (nous y revenons plus loin). De plus, la publication du décret ministériel oblige le syndicat à informer le ministre du Travail, l'employeur et le TAT du moment exact où il entend déclencher la grève ; s'il ne la déclenche pas ou s'il l'interrompt, le syndicat doit informer ces mêmes interlocuteurs de son intention en ce sens[141]. Dans le cas d'un établissement du réseau de la santé et des services sociaux, les services essentiels sont désignés dans la loi (*voir ci-après*).

L'aménagement du droit de grève dans les réseaux de l'éducation et de la santé et des services sociaux

Puisque le droit de grève ne peut être exercé que s'il existe un différend, il s'ensuit que son exercice n'est possible dans ces réseaux qu'à l'égard des questions négociées à l'échelle nationale, à l'exclusion de la question salariale pour les deux années suivant la première année de la convention collective en voie de renouvellement[142]. En outre, la grève ne peut être déclarée que si le ministre du Travail a reçu en temps utile l'avis du dépôt du rapport de médiation sur le différend[143]. Dans le cas d'un établissement du réseau de la santé et des services sociaux, il faut également que les services désignés soient maintenus (*voir plus loin*) et que l'employeur ait reçu la liste approuvée par le TAT[144]. De plus, le syndicat doit informer le ministre du Travail, le TAT et l'établissement visé de son intention de déclencher la grève à une date précise.

La grève dans la fonction publique et les organismes gouvernementaux

Les fonctionnaires ne peuvent faire grève que si les services essentiels à maintenir et la façon de le faire sont déterminés d'avance (*voir ci-après*). Par ailleurs, il est nécessaire que le différend ait fait l'objet d'une médiation préalable, car le délai pour l'obtention du droit de grève est déterminé à compter du moment où le ministre du Travail reçoit le rapport de médiation[145].

En ce qui concerne les organismes gouvernementaux, ils ne sont soumis qu'aux seules conditions générales d'usage de moyens de pression économiques.

Le maintien des services essentiels

De façon à éviter qu'un conflit de travail ne porte préjudice au public, le législateur assujettit la légalité de certaines grèves au maintien de services spécifiques. L'encadrement juridique présente des distinctions selon qu'il s'agit d'un service public, d'un établissement du réseau de la santé et des services sociaux, de la fonction publique ou encore d'un service auquel le public a droit.

En la matière, le TAT est l'organisme compétent lorsqu'un conflit surgit. Ses principales fonctions consistent à informer le public sur toute question relative aux services devant être maintenus, à aider les parties à convenir des services essentiels, à évaluer l'état de ces services et leur maintien effectif, à approuver les listes et, enfin, à rendre diverses ordonnances pour protéger le public et indemniser les utilisateurs lésés par l'absence d'un service essentiel[146].

Les services publics

Les services publics ne sont pas obligés de maintenir automatiquement les services essentiels en cas de grève.

---

139. *Ibid.*, art. 111.0.16.

140. *Ibid.*, art. 111.0.23.

141. *Ibid.*, art. 111.0.23.1.

142. *Ibid.*, art. 111.14 ; *Loi sur le régime de négociation des conventions collectives dans les secteurs public et parapublic*, RLRQ, c. R-8.2, art. 52, 60, al. 2 et 71.

143. *Code du travail*, RLRQ, c. C-27, art. 111.11.

144. *Ibid.*, art. 111.11 et 111.12.

145. *Loi sur le régime de négociation des conventions collectives dans les secteurs public et parapublic*, RLRQ, c. R-8.2, art. 81 ; *Code du travail*, RLRQ, c. C-27, art. 111.11.

146. *Code du travail*, RLRQ, c. C-27, art. 111.15.2 et 111.16 à 111.20.

Ils ne sont tenus de le faire que lorsque le gouvernement estime, après enquête, qu'une grève pourrait mettre en danger la santé ou la sécurité publiques et qu'il adopte en conséquence un décret sur le maintien des services essentiels[147]. Dès qu'un tel décret est adopté, l'employeur et le syndicat accrédité doivent négocier une entente à ce sujet, faute de quoi le syndicat transmettra à l'employeur une liste desdits services. Qu'il y ait ou non entente, il appartient au TAT d'évaluer l'ampleur des services offerts et de les approuver[148]. Le TAT peut par ailleurs ordonner au syndicat de surseoir au déclenchement de la grève s'il estime que les services proposés sont insuffisants et il soumet alors un rapport au ministre du Travail[149]. Le gouvernement peut suspendre le droit de grève en tout temps s'il est d'avis que les services essentiels sont maintenus d'une façon telle que la santé ou la sécurité publiques sont en danger[150].

Le réseau de la santé et des services sociaux

Un syndicat qui représente des personnes salariées travaillant dans les établissements de ce réseau ne peut déclencher la grève que si les services désignés sont maintenus[151]. Les parties doivent négocier le nombre de salariés à maintenir par unité de soins et catégorie de services, parmi les salariés habituellement affectés à ces unités et à ces catégories[152]. Le fonctionnement normal des unités de soins intensifs et des unités d'urgence doit être assuré. Enfin, le libre accès aux services de l'établissement visé doit être préservé. Toute entente ou liste suggérée par le syndicat doit être approuvée par le TAT, et celui-ci peut rendre toute ordonnance nécessaire pour régler les difficultés[153].

Enfin, il convient de signaler que, pour assurer le maintien des services essentiels dans le réseau de la santé et des services sociaux, le gouvernement peut décréter, entre autres, une modification des clauses d'une convention collective de manière à permettre à l'employeur d'embaucher des personnes qui fourniront les services essentiels prévus[154]. Par ailleurs, le refus de maintenir les services essentiels constitue une infraction et est à ce titre passible d'une amende[155], voire d'une peine d'emprisonnement.

D'autres sanctions sont prescrites par le *Code*, notamment la cessation de la retenue des cotisations syndicales sur le salaire et la perte d'ancienneté[156].

La fonction publique

Afin que les fonctions vitales de l'État ne soient pas paralysées, la grève est interdite à tout groupe de fonctionnaires avant que soit négociée une entente sur le maintien des services essentiels[157]. En l'absence d'entente, le TAT détermine les services essentiels qui doivent être assurés.

Un service auquel le public a droit

Lorsqu'il estime qu'une grève, un ralentissement d'activité ou toute autre forme d'action concertée est susceptible de porter préjudice à un service auquel la population a droit dans les secteurs public et parapublic et les services publics en général, le TAT est autorisé à enquêter sur l'état de la situation. Il peut alors ordonner qu'un service soit fourni selon les modalités qu'il précise[158]. La détermination des services auxquels le public a droit relève de la compétence du TAT. À titre d'exemple, il peut enjoindre à des enseignants de poursuivre certaines tâches (surveillance d'élèves, correction de devoirs, etc.) ou à des policiers d'effectuer des heures supplémentaires.

Les effets juridiques

Le déclenchement d'une grève produit divers effets juridiques qui peuvent être répartis dans quatre grandes catégories. Ainsi, l'employeur doit continuer à reconnaître le syndicat accrédité. Les grévistes sont pour leur part tenus de ne pas accomplir leur travail, mais leur lien d'emploi n'est pas pour autant rompu. L'employeur peut poursuivre

---

147. *Ibid.*, art. 111.0.17.
148. *Ibid.*, art. 111.0.18 et 111.0.19.
149. *Ibid.*, art. 111.0.20.
150. *Ibid.*, art. 111.0.24.
151. *Ibid.*, art. 111.10.
152. *Ibid.*, art. 111.10.1 et 111.10.3.
153. *Ibid.*, art. 111.10.2 à 111.10.8.
154. *Loi assurant le maintien des services essentiels dans le secteur de la santé et des services sociaux*, RLRQ, c. M-1.1, art. 9.
155. *Ibid.*, art. 10 à 13.
156. *Ibid.*, art. 18 et 23.
157. *Loi sur la fonction publique*, RLRQ, c. F-3.1.1, art. 69, 2ᵉ al.
158. *Code du travail*, RLRQ, c. C-27, art. 111.17 et 111.18.

ses activités s'il respecte les dispositions antibriseurs de grève. Enfin, le déclenchement de la grève entraîne dans son sillage des obligations de comportement pour les salariés et le syndicat, notamment lorsqu'il s'agit de la porter à l'attention du public au moyen du piquetage ou autrement.

L'obligation de reconnaître le syndicat accrédité

Le déclenchement de la grève marque officiellement la rupture du dialogue collectif. Néanmoins, l'employeur ne s'en trouve pas dégagé de son obligation de reconnaître le syndicat accrédité comme agent négociateur[159]. Conséquemment, les parties ne sont pas totalement déliées de leur obligation de négocier avec diligence et bonne foi. En effet, selon la jurisprudence, les parties doivent déployer des efforts pour reprendre les négociations et l'une est tenue d'accepter la réouverture du dialogue collectif lorsqu'une invitation en ce sens lui est adressée par l'autre. La persistance de l'obligation de négocier explique, d'un point de vue juridique, que les discussions peuvent se poursuivre alors même que les grévistes font du piquetage. Par ailleurs, le TAT pourrait rendre en certaines circonstances une ordonnance imposant la réouverture des négociations et enjoignant aux parties de faire le nécessaire pour entamer et poursuivre des négociations accélérées et positives[160]. L'obligation, pour l'employeur, de reconnaître l'association de personnes salariées accréditée ne cesse que lors de la révocation de l'accréditation du syndicat[161].

Le maintien du lien d'emploi

Le lien d'emploi des membres de l'unité d'accréditation n'est pas rompu du seul fait de la grève[162]. Lorsque celle-ci prend fin, tout gréviste jouit en principe du droit de recouvrer son emploi en priorité, et toute mésentente en ce qui concerne les personnes à rappeler au travail doit être soumise à l'arbitrage d'un grief[163]. Ce droit s'apprécie normalement à la lumière des dispositions pertinentes de la convention collective et du protocole de retour au travail. Par contre, l'employeur n'est pas tenu de rappeler un salarié s'il peut appuyer sa décision sur une cause juste et suffisante, par exemple si ce salarié a commis de graves actes de vandalisme.

En ce qui concerne les non-grévistes, en l'occurrence les personnes qui ne font pas partie de l'unité d'accréditation, l'employeur est tenu de leur fournir le travail habituel et de prendre les moyens nécessaires et raisonnables pour leur assurer l'accès au lieu de travail.

Les dispositions antibriseurs de grève

Le *Code du travail* n'interdit nullement à l'employeur de poursuivre ses activités. Il ne l'autorise cependant pas à faire appel à des personnes salariées ou, en certaines circonstances, à des personnes le représentant pour faire le travail des salariés. Les dispositions du *Code* en la matière sont communément désignées sous le nom de législation antibriseurs de grève[164].

Les interdictions imposées à l'employeur peuvent être regroupées selon qu'elles concernent l'utilisation des services de salariés, de cadres hiérarchiques ou d'entrepreneurs[165]. S'agissant du premier groupe, l'employeur ne peut pas embaucher ou recruter des personnes salariées pour qu'elles effectuent les tâches normalement accomplies par les grévistes. Par ailleurs, il ne peut faire appel aux grévistes en aucun de ses établissements, sauf pour maintenir les services essentiels dans l'unité d'accréditation en grève. En ce qui concerne le recours à ses représentants, l'employeur ne peut pas déplacer les cadres d'un établissement non en grève à l'unité d'accréditation des grévistes dans le seul but que ces cadres accomplissent les tâches des personnes en grève. Il ne peut pas non plus mobiliser dans ce même but les cadres embauchés entre le début des négociations et la fin de la grève. Finalement, pour ce qui est du recours à des entrepreneurs, l'employeur ne peut ni faire appel à des sous-traitants ni recourir aux services de travailleurs autonomes sur les lieux mêmes où sont exécutées les tâches des grévistes.

Compte tenu de ces interdictions, l'employeur peut poursuivre ses activités avec l'aide des administrateurs et des cadres déjà à son emploi au début des négociations. Il peut de même compter sur l'aide de bénévoles. Surtout, il peut octroyer des contrats d'affaires à des parties extérieures à l'établissement en grève. Par ailleurs, il peut prendre des moyens de conservation, mais non

---

159. *Ibid.*, art. 141.
160. *Ibid.*, art. 111.33.
161. *Ibid.*, art. 41.
162. *Ibid.*, art. 110.
163. *Ibid.*, art. 110.1.
164. En réalité, le *Code du travail* n'utilise ni l'expression « antibriseurs de grève » ni « antiscab », mais « interdiction à l'employeur ».
165. *Ibid.*, art. 109.1.

de production, pour empêcher la destruction ou la détérioration de ses biens[166].

Exceptionnellement, l'employeur est libéré de son obligation de respecter les dispositions antibriseurs de grève en cas de non-maintien des services essentiels[167].

De façon à s'assurer que la loi est respectée, le syndicat peut demander au ministre du Travail de nommer un enquêteur chargé de faire un rapport sur l'état de la situation[168]. Ce rapport facilite l'obtention d'une ordonnance pour faire cesser le recours à des briseurs de grève ou permet de faire condamner l'employeur et ses complices à une amende[169].

Pour finir, notons que, tout comme l'employeur peut poursuivre ses activités, le salarié peut tenter de se trouver un emploi temporaire ailleurs durant la grève.

Le piquetage et l'appel au boycottage

En règle générale, l'association de personnes salariées en grève a intérêt à informer la clientèle de l'employeur et le public en général au sujet de la grève en cours. Faute de publicisation, le moyen de pression pourrait passer inaperçu. Les principaux moyens employés par les syndicats pour atteindre un tel objectif sont le piquetage, l'appel au boycottage et, depuis quelques années, la publication de messages sur les réseaux sociaux. Ils relèvent à certains égards de la liberté d'expression protégée par les chartes des droits. Le piquetage consiste en une action de protestation par les grévistes aux abords de leur lieu de travail, action qui doit se limiter à la diffusion de l'information sur la grève tout en requérant le respect de la ligne de piquetage. L'appel au boycottage est une invitation lancée plus particulièrement au public pour qu'il cesse de faire affaire avec l'entreprise en grève durant la période conflictuelle. Ces moyens d'action ne sont pas régis par le *Code du travail*, mais plutôt par le droit civil et le droit pénal.

La cessation de la grève

Toute cessation d'une grève n'est pas nécessairement définitive et peut simplement prendre la forme d'une suspension. Par ailleurs, les modalités de la fin d'une grève ne se limitent pas à la seule signature d'une convention collective. Mais lorsque c'est le cas, un protocole de retour au travail s'applique généralement.

La suspension

La grève peut être interrompue temporairement, puis reprendre, sauf si le différend est soumis à l'arbitrage[170]. Dans les services publics régis par un décret et dans les établissements du réseau de la santé et des services sociaux, un syndicat ne peut interrompre la grève sans en aviser au préalable le ministre du Travail, le TAT et l'employeur dans un délai précis, et ce dernier dispose d'un laps de temps déterminé pour préparer le retour au travail[171]. Si le syndicat entend ouvrir de nouveau les hostilités, il doit d'abord en aviser ces mêmes intervenants[172]. Par ailleurs, le gouvernement peut décréter la suspension de la grève s'il estime que les services essentiels ne sont pas maintenus adéquatement, et cette suspension perdure jusqu'à ce qu'un décret autorise la reprise de la grève[173].

La cessation définitive

Le retour au travail signifie généralement la fin de la grève, mais rien ne permet de conclure toujours à une cessation définitive, car il peut s'agir d'une simple suspension.

Par contre, la signature d'une convention collective est certes la manifestation la plus évidente de l'arrêt définitif de la grève. En effet, toute grève est interdite tant que la convention collective est en vigueur, sauf lorsque celle-ci comporte une clause de réouverture[174].

Enfin, rappelons que le renvoi du différend à l'arbitrage oblige le syndicat à cesser la grève sans qu'ait lieu un vote en ce sens.

Le protocole de retour au travail a pour objet de régler les conditions immédiates du retour au travail. Il peut aussi préciser certains droits des personnes salariées pendant la période de grève (ancienneté, bénéfices sociaux, etc.), si ce n'est déjà prévu dans la convention collective. Ce texte sert de plus à disposer des plaintes et recours

---

166. *Ibid.*, art. 109.2 et 109.3.
167. *Ibid.*, art. 109.2.
168. *Ibid.*, art. 109.4.
169. *Ibid.*, art. 142.1 et 145.
170. *Ibid.*, art. 58 et 93.5.
171. *Ibid.*, art. 111.0.23.1.
172. *Ibid.*, art. 111.0.23.
173. *Ibid.*, art. 111.0.24.
174. *Ibid.*, art. 107.

civils qui ont été engagés en raison du recours à des moyens de pression. Le plus souvent, le syndicat et l'employeur prévoient le rattachement matériel du protocole de retour au travail à la convention collective et ils doivent alors le déposer au TAT. Les mésententes issues du protocole relèvent de l'arbitre de griefs. À défaut d'un tel lien, les parties précisent dans cet instrument juridique les modalités pour traiter les mésententes susceptibles de découler de son application.

Le lock-out

Le lock-out est défini, ainsi que nous l'avons mentionné précédemment, par le *Code du travail* comme « le refus par un employeur de fournir du travail à un groupe de salariés à son emploi en vue de les contraindre à accepter certaines conditions de travail ou de contraindre pareillement des salariés d'un autre employeur[175] ». Le lock-out est interdit, sauf lorsqu'une association de personnes salariées a acquis le droit de grève[176]. Bien que le recours à ce moyen de pression économique soit assujetti aux mêmes règles que dans le cas de la grève, deux mises en garde s'imposent. D'abord, deux catégories d'employeurs particulières se voient interdire le recours au lock-out : les établissements du réseau de la santé et des services sociaux[177] ainsi que les entreprises et les organismes dispensant un service public visé par un décret relatif aux services essentiels[178]. Par ailleurs, les prescriptions signalées au sujet de la grève s'appliquent *mutatis mutandis*, et il y a lieu de préciser à ce propos que les dispositions antibriseurs de grève s'appliquent à l'employeur même dans le contexte d'un lock-out.

10.4 La gestion des conditions de travail négociées

L'objectif fondamental du régime des rapports collectifs du travail est la conclusion d'une entente fixant les conditions de travail dorénavant applicables. Le *Code du travail* qualifie cette entente de convention collective (*voir la sous-section 10.4.1*). Par ailleurs, tout litige concernant le sens et la portée de cette convention doit obligatoirement être soumis à une instance de justice spécifique, l'arbitrage d'un grief (*voir la sous-section 10.4.2*).

10.4.1 La convention collective de travail

Selon le *Code du travail*, la convention collective est « une entente écrite relative aux conditions de travail conclue entre une ou plusieurs associations accréditées [de salariés] et un ou plusieurs employeurs ou associations d'employeurs[179] ». Pour être valide en tant que convention collective, une entente doit respecter certaines conditions. Elle définit essentiellement des conditions de travail et produit des effets juridiques à l'égard des parties, en l'occurrence l'employeur et le syndicat accrédité, ainsi que des salariés. Enfin, les caractéristiques particulières de la convention collective imposent aux négociateurs de bien en connaître les règles de rédaction.

Les conditions d'existence et la durée

Pour être valide en tant que convention collective et produire ses effets juridiques inhérents, une entente doit être écrite et dûment signée par l'employeur et le syndicat accrédité. Ce dernier ne peut cependant apposer sa signature qu'après avoir obtenu l'accord des membres de l'unité d'accréditation[180]. Cet accord doit résulter d'un vote majoritaire en ce sens lors d'un scrutin secret. La version officielle de la convention collective doit être rédigée en français[181].

La convention collective ne produit ses effets juridiques que si elle est déposée auprès du Ministre[182]. Dès lors, elle entre rétroactivement en vigueur à la date de sa signature ou à toute autre date qui y est stipulée. Elle ne produit cependant un effet rétroactif qu'à l'égard des questions expressément mentionnées. Par contre, elle engendre ses effets de façon automatique et impérative pour l'avenir.

---

175. *Ibid.*, art. 1h).
176. *Ibid.*, art. 109.
177. *Ibid.*, art. 111.13.
178. *Ibid.*, art. 111.0.26.
179. *Ibid.*, art. 1d).
180. *Ibid.*, art. 20.3 et 20.4.
181. *Charte de la langue française*, RLRQ, c. C-11, art. 43.
182. *Code du travail*, RLRQ, c. C-27, art. 72.

Les parties à la convention collective conservent une marge de manœuvre pour y attribuer une durée, qui doit être de une à trois années dans le cas d'une première convention collective et d'au moins un an s'il s'agit d'un renouvellement[183]. En l'absence d'un terme fixe ou déterminable, la convention est présumée être en vigueur pendant un an[184]. En cas de litige au sujet de la durée, il appartient au TAT d'en déterminer la date d'expiration[185].

À l'expiration de la convention, les conditions de travail qui y sont définies doivent être maintenues tant que le droit de grève n'est pas exercé ; toutefois, les parties peuvent expressément convenir que lesdites conditions s'appliqueront jusqu'à la signature d'une nouvelle convention collective[186]. Le maintien des conditions de travail ne signifie cependant pas que la convention collective subsiste et donc que la grève devient prohibée. Tout litige sur le maintien des conditions de travail relève de la compétence de l'arbitre de griefs.

Le contenu

Le *Code du travail* circonscrit laconiquement la teneur de la convention collective : celle-ci « peut contenir toute disposition relative aux conditions de travail qui n'est pas contraire à l'ordre public ni prohibée par la loi[187] ». L'arbitre de griefs a compétence pour s'assurer que les dispositions conventionnelles respectent les normes prééminentes et l'ordre public[188]. La nullité d'une ou de plusieurs dispositions n'entraîne pas l'invalidité de la convention collective dans son ensemble[189].

La convention collective contient en général deux grands types de clauses : 1) celles qui constituent des conditions de travail pour les salariés et celles qui traitent des relations entre le syndicat accrédité et l'employeur ; 2) celles qui concernent les voies de résolution des mésententes sur le sens et la portée des diverses dispositions (*le chapitre 14 fournit plus de détails à ce sujet*).

Ainsi, les personnes salariées faisant partie de l'unité d'accréditation et, par voie de conséquence, couvertes par la convention collective voient la presque totalité de leur vie professionnelle être régie par les normes conventionnelles, de l'embauche jusqu'à la retraite. Les salaires, la durée du travail, les avantages sociaux, y compris les régimes de retraite, ne sont que quelques-uns des éléments de la convention.

Les clauses concernant le syndicat accrédité ont pour objet de lui faciliter l'exercice de sa fonction représentative au bénéfice de toute la collectivité : sécurité syndicale, modalités de la cotisation, local du syndicat, tableau d'affichage, avis, etc. Rappelons que, en vertu du *Code du travail*, l'employeur est tenu de prélever à la source les cotisations de tous les membres de l'unité d'accréditation, même s'ils ne sont pas obligés d'adhérer au syndicat[190]. Par ailleurs, est spécifiquement interdite toute clause qui exige que l'employeur mette fin à l'emploi d'une personne salariée parce qu'elle n'est pas membre du syndicat ou qu'elle ne l'est plus, sauf si celle-ci a été embauchée en violation d'une clause d'adhésion syndicale obligatoire ou si elle s'est prêtée à de l'ingérence au profit de l'employeur[191].

Les clauses relatives aux conditions de travail qui s'adressent à l'employeur ont surtout pour objet de lui permettre de bénéficier de certaines garanties : interdiction de tout moyen de pression, remboursement des salaires versés aux personnes ayant obtenu une libération syndicale, respect de la finalité du tableau d'affichage ou du local syndical, etc.

Enfin, les dispositions relatives aux modalités de régulation et de sanction des mésententes sur l'interprétation et l'application de la convention collective ont été assimilées à des conditions de travail. Il s'agit, d'une part, des clauses établissant la procédure interne de plainte et, d'autre part, de celles portant sur la procédure d'arbitrage des griefs et sur les pouvoirs de l'arbitre.

---

183. *Ibid.*, art. 65.
184. *Ibid.*, art. 66.
185. *Ibid.*, art. 52.2, 3ᵉ al.
186. *Ibid.*, art. 59, 2ᵉ et 3ᵉ al.
187. *Ibid.*, art. 62.
188. *Ibid.*, art. 100.12a).
189. *Ibid.*, art. 64.
190. *Ibid.*, art. 47.
191. *Ibid.*, art. 63.

Les effets juridiques

La convention collective lie non seulement les parties signataires mais aussi tous les salariés actuels et futurs[192]. Elle produit des effets réglementaires sur le lieu de travail visé et doit être la seule qui s'y applique.

Une fois la convention collective conclue, toutes les personnes salariées en deviennent automatiquement les bénéficiaires. Elles ne peuvent remettre en cause de quelque façon que ce soit les normes conventionnelles, sauf si la convention collective prévoit expressément la possibilité de conclure une entente particulière sur certains points. Le contrat individuel ne produit plus d'effets juridiques. Si une personne négocie une norme particulière sans y être autorisée ou qu'elle ne réclame pas un bénéfice conventionnel, le syndicat peut toujours exiger le respect de la convention collective sans avoir à justifier de quelque cession de créance[193]. La convention collective ne s'applique normalement pas aux personnes salariées qui ont quitté leur emploi avant sa signature, et les droits de celles qui redeviennent salariées sont régis uniquement par la convention en vigueur lors du retour au travail et aucunement par celle qui s'appliquait au moment de leur départ.

L'employeur et le syndicat accrédité sont également liés impérativement par la convention. Il leur est cependant possible de la modifier, mais aucune modification n'est opposable à moins d'être déposée auprès du Ministre[194]. L'employeur successeur est lié[195] et le syndicat successeur peut l'être s'il ne dénonce pas la convention collective[196].

Les règles de rédaction

Une convention collective est un texte juridique. Il est possible que le sens et la portée véritables des diverses dispositions ne soient pas compris de la même façon par l'employeur et le syndicat. Lorsqu'il en est ainsi, il appartient à l'arbitre de griefs d'imposer la « version officielle » d'une clause. Pour ce faire, ce tiers intervenant utilise des règles présumément connues de tous, qui empruntent aux règles d'interprétation plus générales (loi, contrat), mais qui sont adaptées au contexte.

Les règles d'interprétation et, par voie de conséquence, de rédaction de la convention collective tiennent compte des éléments structurels du régime des rapports collectifs du travail, soit le processus obligatoire de la négociation collective dès lors qu'une association de personnes salariées est accréditée, la fonction normative et réglementaire de la convention collective qui produit avant tout ses effets juridiques non pas sur les parties signataires, mais sur les salariés et salariées, et le particularisme du mode exécutoire des litiges qui découlent du texte négocié. En raison du contexte de ce régime exorbitant de celui qui a cours en droit civil plus général, l'arbitre de griefs doit savoir respecter l'originalité et les caractéristiques de la convention collective. Le recours à des règles d'interprétation adaptées permet à l'arbitre de se prononcer en respectant la nature spécifique et la finalité de cet instrument juridique, qui appartient au domaine des rapports collectifs du travail.

Les règles de rédaction et d'interprétation de la convention collective ne sont pas énoncées dans le *Code du travail*. Toute entente peut prévoir des règles, comme les définitions des termes utilisés dans la convention. Par ailleurs, la doctrine a codifié, à l'aide de la jurisprudence, les règles les plus usitées, qui semblent dorénavant être celles qui ont une commune renommée. Les règles retenues ne sont cependant nullement exclusives et l'arbitre de griefs peut devoir en retenir d'autres en raison des circonstances. Il nous est impossible de développer ce sujet davantage ici, mais il était nécessaire de rappeler l'existence et l'importance de ces règles.

10.4.2 Les voies de résolution des litiges

Depuis 1961, toute mésentente relative à l'interprétation et à l'application d'une convention collective, c'est-à-dire tout grief, doit être renvoyée à l'arbitrage obligatoire des griefs. Le *Code du travail* accorde cependant une certaine liberté aux parties pour assurer la mise en place et le fonctionnement de cette instance de justice, qui se substitue à celle des tribunaux traditionnels. En raison de cette marge de manœuvre, il est courant que les parties ajoutent à la convention collective un mécanisme de rencontres préalables à l'arbitrage proprement dit, en l'occurrence la procédure interne. À défaut du règlement

---

192. *Ibid.*, art. 67.
193. *Ibid.*, art. 69.
194. *Ibid.*, art. 72.
195. *Ibid.*, art. 45.
196. *Ibid.*, art. 61.

des griefs entre les parties, il devient alors nécessaire de saisir le tribunal d'arbitrage.

L'arbitrage obligatoire des griefs avec sentence exécutoire

Puisque la loi stipule impérativement que tout grief non réglé doit être renvoyé à l'arbitrage des griefs[197], il s'ensuit que l'arbitre de griefs a la compétence exclusive en la matière. Il convient dès lors de circonscrire la compétence de l'arbitre et de déterminer quelles sont les parties à l'arbitrage.

La compétence de l'arbitre

L'arbitre de griefs a compétence concernant toute disposition de la convention collective et tout document qui lui est intégré sous forme d'annexe, d'appendice ou autrement. Il doit rendre sa décision conformément aux droits fondamentaux et aux dispositions d'ordre public. Dans les secteurs public et parapublic, sa compétence s'étend à l'ensemble des textes convenus, c'est-à-dire aux stipulations agréées à l'échelle nationale, régionale ou locale ainsi qu'aux arrangements locaux.

Par ailleurs, les parties à la convention collective peuvent élargir la compétence de l'arbitre au-delà des seuls textes officiels en incorporant des clauses relatives au maintien des droits acquis et des pratiques antérieures. L'arbitre de griefs a alors compétence pour ces sources de droit. De plus, la compétence de l'arbitre peut être amplifiée par une clause conventionnelle stipulant expressément que toute mésentente autre qu'un grief, qu'un différend ou qu'un désaccord peut être renvoyée à l'arbitrage des griefs[198].

Toute réclamation qui prend quelque fondement dans une clause de la convention collective en vigueur est susceptible d'être qualifiée de grief. Il peut s'agir du non-respect manifeste et direct d'une disposition conventionnelle, comme le refus d'accorder un congé férié. Il peut aussi être question d'une violation moins évidente, indirecte en quelque sorte, d'une clause ; il en est ainsi lorsque l'employeur doit réclamer des dommages-intérêts à une personne salariée qui, au mépris de l'obligation inhérente d'exécuter avec diligence son travail, a brisé un outil de travail par suite d'un comportement fautif délictuel. De plus, lorsqu'une convention collective est expirée, les droits réclamés après son échéance doivent l'être par voie d'arbitrage des griefs s'ils se fondent sur ladite convention auparavant en vigueur. Enfin, l'arbitre de griefs est habilité à juger une mésentente concernant le maintien des conditions de travail à l'expiration de la convention collective[199].

Les parties à l'arbitrage

Parce que les signataires de la convention collective sont l'employeur et le syndicat accrédité, il en découle que seuls ces acteurs ont le droit de déposer un grief. Certaines autres personnes peuvent cependant intervenir en des circonstances précises.

Lorsque le syndicat ou les membres de l'unité d'accréditation ne respectent pas la convention collective, c'est l'employeur qui dépose le grief. Il est la seule partie habilitée à présenter un grief patronal, à recourir à la procédure interne ou à agir lors de l'arbitrage, peu importe le mode de négociation de la convention collective. Dans les secteurs public et parapublic, les ententes précisent cependant le droit d'intervention des comités patronaux de négociation et du gouvernement aux fins de l'arbitrage des griefs.

Le syndicat accrédité est pour sa part l'acteur qui peut présenter un grief du personnel. Il est le seul qui a un accès direct et immédiat au processus d'arbitrage, tant pour un grief qui le concerne spécifiquement (grief syndical) que pour celui qu'il soumet au nom d'une personne salariée (grief individuel), de plusieurs personnes (grief de groupe) ou de l'ensemble des membres de l'unité d'accréditation (grief collectif). Dans les secteurs public et parapublic, le droit d'intervention des agents négociateurs, s'il y a lieu, est circonscrit par les conventions collectives. Par ailleurs, le législateur prévoit de façon expresse qu'un arbitre de griefs doit donner au salarié visé par un grief la possibilité d'être entendu[200]. La convention collective élargit parfois ce droit en permettant au salarié d'intervenir dans la procédure interne et quelquefois dans la procédure arbitrale. Enfin, une personne salariée qui a un intérêt distinct de celui de son syndicat dans une affaire qui la touche personnellement, par exemple lorsque ce dernier prend fait et cause pour une autre personne salariée, a le droit d'invoquer l'arbitrage, peu importe la teneur de la convention collective à ce sujet. Cependant, le grief relève du syndicat accrédité.

---

197. *Ibid.*, art. 1f) et 100.
198. *Ibid.*, art. 102.
199. *Ibid.*, art. 59 et 100.
200. *Ibid.*, art. 100.5.

La procédure interne de réclamation

La procédure de plainte a pour objet de permettre aux parties de régler entre elles, avec ou sans l'aide d'un tiers, le grief. Elle ne prend pas toujours la même forme, mais il existe des éléments qui servent de guide à l'élaboration de divers modèles. Il importe par ailleurs de se sensibiliser aux effets juridiques qu'entraînent les comportements retenus à cette étape, que la procédure soit formellement consacrée ou non dans la convention collective.

Les modalités de la procédure

La procédure interne prévoit les diverses étapes à franchir avant de déférer le grief à l'arbitrage proprement dit. Ainsi, elle définit habituellement les règles de présentation d'un grief: formulaire de dépôt, délai, etc. Elle aménage aussi, le plus souvent, les étapes de l'étude conjointe du grief: interlocuteurs et nombre de rencontres, délai des réactions respectives, etc. Enfin, elle décrit généralement le mécanisme de renvoi à l'arbitrage: avis de référé, liste d'arbitres, modalités du renvoi, etc. Elle doit respecter les prescriptions juridiques, comme le droit de soumettre un grief dans les 15 jours de l'événement à l'origine du grief[201].

Il peut arriver que la convention collective prévoie que, à défaut d'un règlement du grief, celui-ci soit soumis à un médiateur avant l'arbitrage. Ce tiers intervenant a alors pour tâche d'aider les parties et doit garder constamment à l'esprit l'obligation de composer avec les textes conventionnels. Il ne peut, en principe, modifier la convention collective.

Lorsque la convention collective n'établit pas de procédure interne, les parties demeurent libres de résoudre entre elles la mésentente ou de s'adjoindre un médiateur. En l'absence de toute disposition conventionnelle pertinente, le grief doit être déposé et renvoyé dans un délai de six mois[202].

Les effets juridiques

Le comportement des parties en matière de procédure interne entraîne des conséquences juridiques importantes. Ainsi, le défaut de respecter les dispositions impératives de déchéance de cette procédure rend irrecevable tout grief[203]. Par ailleurs, l'arbitre n'a plus compétence si le grief est réglé.

Toute entente visant à régler un grief ne prive pas pour autant l'arbitre de toute compétence. Tout dépend si le règlement intervient avant ou après la nomination de l'arbitre de griefs. Dans le premier cas, lorsqu'une partie refuse de donner suite audit règlement, l'autre partie peut soumettre cette nouvelle mésentente à l'arbitrage sans contrainte de délai[204]. Il s'agit alors d'obtenir une décision arbitrale finale sur le grief à la lumière du règlement. Par contre, si l'arbitre est nommé, il lui appartient de constater le règlement, qui équivaut alors à une décision finale et exécutoire[205].

L'arbitrage des griefs

L'arbitre de griefs est chargé de trancher les mésententes relatives à l'interprétation et à l'application de la convention collective. Il est assimilé de ce fait à un juge spécialisé en justice civile. Il doit se comporter comme tout juge, c'est-à-dire qu'il doit respecter le processus judiciaire et rendre sa décision selon les règles de droit. Il ne crée pas le droit, mais explique le droit existant. Après une enquête contradictoire, il rend sa décision, qui est finale et exécutoire.

L'enquête

Le processus d'arbitrage s'amorce dès qu'un arbitre est nommé. La nomination de l'arbitre peut être encadrée par la convention collective; à défaut, les parties doivent s'entendre pour nommer un arbitre, sans quoi l'une d'elles peut demander au ministre du Travail d'en nommer un[206]. Il appartient par la suite aux parties d'établir si elles désirent procéder avec des assesseurs, si ce n'est déjà prévu dans l'entente[207].

Le déclenchement de l'enquête relève normalement de l'arbitre, qui doit procéder en toute diligence[208]. Il convoque les témoins et fixe la date, l'heure et le lieu de l'instruction du grief, après consultation des parties[209].

---

201. *Ibid.*, art. 100, 3ᵉ al. et art. 100.0.1.
202. *Ibid.*, art. 71.
203. Il n'en va cependant pas ainsi s'il s'agit d'un simple vice de forme ou d'une irrégularité de procédure: *ibid.*, art. 100.2.1.
204. *Ibid.*, art. 100.0.2.
205. *Ibid.*, art. 100.3.
206. *Ibid.*, art. 100.
207. *Ibid.*, art. 100.1.1 et 100.1.2.
208. *Ibid.*, art. 100.2.
209. *Ibid.*, art. 100.6.

Les séances d'arbitrage sont en principe publiques[210]. L'arbitre de griefs est maître de la procédure, mais il doit offrir à chaque partie l'occasion de présenter sa preuve. L'enquête se déroule sous forme de débat contradictoire. L'arbitre peut par ailleurs poser aux témoins les questions qu'il juge utiles et visiter des lieux pertinents[211]. Lorsque la présentation de la preuve est terminée, les parties doivent plaider le droit conventionnel et démontrer que les faits mis en preuve relèvent du droit allégué.

Au terme des plaidoiries, l'arbitre prononce la clôture de l'enquête et se retire pour décider.

La décision arbitrale

L'arbitre de griefs doit rendre sa décision après délibéré, à partir de la seule preuve recueillie à l'enquête et en s'appuyant sur les règles de droit[212]. Il dispose des pouvoirs de correction et de redressement prévus par la convention collective et le *Code du travail*[213]. En matière disciplinaire, il peut notamment confirmer, modifier ou infirmer la décision de l'employeur[214].

Dès qu'il rend sa sentence, l'arbitre doit en informer les parties et la déposer auprès du Ministre; il est tenu de conserver le dossier pendant un certain laps de temps[215]. Sa décision est finale et exécutoire; elle lie les parties et tout salarié concerné[216]. En cas d'inexécution, la partie qui désire obliger son vis-à-vis peut déposer la décision au greffe de la Cour supérieure du district où l'affaire a été introduite et selon les règles prévues[217].

Conclusion

La méticulosité avec laquelle le législateur s'intéresse au régime général des rapports collectifs du travail par le biais du *Code du travail* témoigne de son intérêt passé à édifier la démocratie sur les lieux de travail. Une des questions les plus cruciales à laquelle est actuellement confronté l'observateur est de savoir si cet aménagement juridique traduit bien les aspirations profondes de la société et, le cas échéant, si cet aménagement pourra survivre. Car, depuis plus d'un quart de siècle, les transformations dans les systèmes politiques, économiques et sociaux sont telles que les personnes traditionnellement concernées par les rapports collectifs du travail voient s'amplifier les blocages structurels de l'accès au régime. Nous vivons dans une société démocratique, pluraliste et libérale qui ne pourra plus s'accommoder, dans un avenir rapproché, des inégalités sociales et économiques que crée la mondialisation. Notre société est particulièrement jalouse de ses droits fondamentaux, dont les droits en matière de participation, d'expression et d'égalité. Les travailleurs et travailleuses sont maintenant vivement conscients que ces droits doivent être exercés non seulement dans la société en général, mais aussi sur les lieux de travail.

Pour assurer une véritable démocratie du travail, il est nécessaire que le législateur définisse des moyens de représentation plus flexibles que le régime actuel. En réalité, il conviendrait de faire davantage et de jouxter à des rapports collectifs mieux adaptés aux réalités modernes le droit à la représentation syndicale universelle. En quelque sorte, il s'agirait de concevoir que le droit à la représentation syndicale se traduise par une mise en application de la démocratie pure et simple. En l'occurrence, toute personne salariée pourrait, à l'occasion d'une réclamation fondée sur quelque législation du droit du travail et de la sécurité sociale, être représentée par le syndicat auquel elle a adhéré.

---

210. *Ibid.*, art. 100.4.
211. *Ibid.*, art. 100.7 à 100.9.
212. *Ibid.*, art. 100.11 et 101.3.
213. *Ibid.*, art. 100.12.
214. *Ibid.*, art. 100.12 f).
215. *Ibid.*, art. 101.6 et 101.9.
216. *Ibid.*, art. 101.
217. *Ibid.*, art. 101. *Loi instituant le Tribunal administratif du travail*, RLRQ, c. T-15.1, art. 51.

QUESTIONS DE RÉVISION

1. Le *Code du travail* est-il accessible à toute personne qui travaille ? Justifiez votre réponse.

2. Quelles sont les mesures de protection dont bénéficie une personne salariée pour faire sanctionner les atteintes à la liberté d'association ? Précisez sommairement leur contenu.

3. Quels sont les deux concepts fondamentaux qui gouvernent l'émission d'une accréditation ? Expliquez le contenu de chacun.

4. Quels sont les principaux effets liés à l'octroi de l'accréditation ? Veuillez fournir une réponse détaillée.

5. Que signifie l'obligation de négocier avec diligence et bonne foi et quels sont les principaux moyens retenus pour en assurer le respect ?

6. Expliquez sommairement les principaux mécanismes de soutien et de substitution aux parties dans la négociation directe.

7. Explicitez les effets juridiques les plus immédiats et directs d'une grève.

8. En quoi consiste le contenu usuel d'une convention collective ?

9. Circonscrivez les principaux effets juridiques d'une convention collective.

10. Quelle est la voie retenue pour résoudre les mésententes relatives à l'interprétation et à l'application d'une convention collective ? En quoi consiste-t-elle ?

POUR ALLER PLUS LOIN

Morin, F. et R. Blouin avec la collaboration de J.-Y. Brière et J.-P. Villaggi (2012). *Droit de l'arbitrage de grief*. 6ᵉ éd., Cowansville, Éditions Yvon Blais.

Morin, F., J.-Y. Brière, D. Roux et J.-P. Villaggi (2010). *Le droit de l'emploi au Québec*. 4ᵉ éd., Montréal, Wilson & Lafleur.

Ouimet, H. (2018). *Code du travail du Québec (législation, jurisprudence et doctrine)*. 23ᵉ éd., Montréal, Wilson & Lafleur.

ANNEXE 10.1 • Les tableaux synthèses[1]

Martine D'Amours
Mise à jour par Joëlle Rivet-Sabourin

Tableau Une comparaison de l'accréditation selon le régime général et les secteurs public et parapublic

	Régime général (majorité des entreprises privées)	Secteur public		Secteur parapublic		Policiers-pompiers municipaux
		Fonction publique	Agents de la paix	Éducation	Santé et services sociaux	
Accréditation	Groupe approprié proposé par l'association[1], peut être contesté par l'employeur[2]; dans ce cas, le TAT tranche[3]	5 unités prédéterminées, regroupant chacune une catégorie de fonctionnaires[4]	6 unités prédéterminées, regroupant chacune une catégorie d'agents de la paix[5]	3 unités prédéterminées[6]	4 unités prédéterminées[7]	1 unité par groupe[8]
Niveau de l'accréditation	Établissement ou portion d'établissement[9]	National	National	Chaque commission scolaire et chaque collège[10]	Chaque établissement de santé[11]	Chaque municipalité ou regroupement de municipalités

1. Art. 21 al. 3 C.t.
2. Art. 28c) C.t.
3. Art. 32 C.t.
4. Art. 64, 65 et 66 de la *Loi sur la fonction publique* (ci-après L.F.P.).
5. Art. 64(4) L.F.P.
6. Art. 29 de la *Loi sur le régime de négociation des conventions collectives dans les secteurs public et parapublic* (ci-après c. R-8.2).
7. Art. 4 de la *Loi concernant les unités de négociation dans le secteur des affaires sociales* (ci-après c. U-0.1).
8. Art. 4 C.t.
9. Art. 21 C.t.
10. Art. 25 c. R-8.2.
11. Art. 25 c. R-8.2 et art. 9 Loi C-25.

---

1. Les tableaux sont à jour au 1er juin 2018.

Tableau A10.2 Une comparaison des niveaux de la négociation collective et des parties à la négociation selon le régime général et les secteurs public et parapublic

	Régime général	Secteur public		Secteur parapublic		Policiers-pompiers municipaux
		Fonction publique	Agents de la paix	Éducation	Santé et services sociaux	
Niveau	Local dans la majorité des cas	National	National	En grande partie national	En grande partie national	Local
Parties à la négociation	Employeur et association accréditée[1]	Conseil du trésor et associations accréditées[2]	Conseil du trésor et associations accréditées, négociant au sein de comités paritaires et conjoints[3]	• Conseil du trésor pour les salaires[4] • Comités patronaux* (5) bicéphales et fédérations syndicales pour la majorité des autres matières[5] • Directions locales et associations accréditées pour les matières (une vingtaine) négociées sur le plan local ou régional[6] • Directions locales et associations accréditées pour les arrangements locaux[7]	• Conseil du trésor pour les salaires[8] • Comité patronal* bicéphale et fédérations syndicales pour la majorité des autres matières[9] • Directions locales et associations accréditées pour les matières négociées sur le plan local ou régional[10]	Chaque ville ou municipalité et chaque association accréditée[11]

* Ces comités patronaux reçoivent leurs mandats du Conseil du trésor.

1. Art. 52 C.t.
2. Art. 30 à 40 L.F.P.
3. Art. 71 à 74 L.F.P.
4. Art. 52 à 56 c. R-8.2.
5. Art. 33 et 44 c. R-8.2.
6. Art. 57 et 58 c. R-8.2.
7. Art. 70 c. R-8.2.
8. Art. 52 à 56 c. R-8.2.
9. Art. 39 et 44 c. R-8.2.
10. Art. 57 et 58 c. R-8.2.
11. Art. 176.1 c. O-9.

Tableau A10.3 Une comparaison des modalités possibles de règlement des différends et des moyens de pression économiques selon le régime général et les secteurs public et parapublic

	Régime général	Secteur public		Secteur parapublic		Policiers-pompiers municipaux
		Fonction publique	Agents de la paix	Éducation	Santé et services sociaux	
Droit de grève	Oui*[1]	Oui, mais sous condition de maintenir des services essentiels[2]	Non[3]	Oui, seulement pour les matières négociées à l'échelle nationale[4]	Oui, pour les matières négociées à l'échelle nationale, sous condition de maintenir des services essentiels[5]	Non[6]
Droit de lock-out[7]	Oui	Oui	Non	Oui	Non[8]	Non
Modalités de règlement des litiges	• Conciliation possible, à la demande d'une partie[9] • Arbitrage possible, à la demande des deux parties[10] • Possibilité pour une partie de demander l'arbitrage de la première convention collective[11]	• Médiation possible[12] • Arbitrage de différends possible[13] • Pas de possibilité d'arbitrage de la première convention collective[14]	• Mode de règlement convenu par les parties, sur le modèle du régime général d'arbitrage de différends[15]	• Médiation possible pour les matières négociées sur le plan national, sauf les salaires et échelles de salaires • Médiation-arbitrage possible pour les matières négociées sur le plan local ou régional • Pas de possibilité d'arbitrage de la première convention collective[16]	• Médiation possible pour les matières négociées sur le plan national, sauf les salaires et échelles de salaires[17] • Médiation-arbitrage possible pour les matières négociées sur le plan local ou régional[18] • Pas de possibilité d'arbitrage de la première convention collective[19]	• Médiation possible[20] • Conseil de règlement des différends[21]

* Si l'entreprise dispense des services publics (alimentation en gaz, services ambulanciers, collecte des ordures, etc.), elle est tenue d'offrir des services essentiels en cas de grève et le lock-out est interdit.

1. Art. 58 et 106-107 C.t.
2. Art. 69, al. 2 L.F.P.
3. Art. 69 L.F.P.
4. Art. 111.11 C.t.
5. Art. 111.10, 111.11 et 111.14 C.t.
6. Art. 105 C.t.
7. Art. 109 C.t.
8. Art. 111.13 C.t.
9. Art. 54 C.t.
10. Art. 74 C.t.
11. Art. 93.1 C.t.
12. Art. 46, 47 et 81 c. R-8.2.
13. Art. 62 c. R-8.2.
14. Art. 111.1 C.t.
15. Art. 76 L.F.P.
16. Art. 111.1 C.t.
17. Art. 46 c. R-8.2.
18. Art. 35 c. U-0.1.
19. Art. 111.1 C.t.
20. Art. 4 et suivants c. R-8.3.
21. Art. 9 et suivants c. R-8.3.

Partie 4

L'organisation des rapports de travail dans l'entreprise

Chapitre 11 ○ Les fondements, la théorie et les pratiques de gestion des ressources humaines

Chapitre 12 ○ L'organisation de la prévention en santé et en sécurité du travail à l'échelle du milieu de travail

Chapitre 13 ○ La négociation collective

Chapitre 14 ○ La convention collective

C'est au sein de l'organisation productive – qu'il s'agisse d'une entreprise, d'un ministère ou d'un organisme communautaire – que se noue la relation d'emploi. L'organisation est, de ce fait, un point focal des relations industrielles, là où se déploient de nombreuses régulations publiques du travail et de l'emploi, de même que les régulations autonomes des acteurs collectifs représentant les employeurs et les travailleurs.

Kochan, Katz et McKersie (1986)[1] divisent l'organisation en trois paliers. Au premier, le lieu concret de production (atelier, bureau, magasin, etc.), se trouve l'ensemble des interactions directement associées à la prestation de travail des salariés et autres travailleurs, sous la supervision, ou non, de cadres de premier niveau. Le deuxième palier peut, quant à lui, être qualifié de « fonctionnel » dans la mesure où les gestionnaires et, le cas échéant, les représentants syndicaux, y fixent les règles relatives aux opérations réalisées au palier inférieur. Enfin, le palier stratégique, niveau supérieur de toute organisation, est le lieu où la direction et les administrateurs définissent les objectifs de l'organisation – les biens ou les services qu'elle doit produire à des fins lucratives ou non – ainsi que les moyens généraux à retenir pour les atteindre.

Les pratiques et institutions faisant l'objet de cette quatrième et dernière partie sont généralement associées au palier fonctionnel de l'organisation, tout en étant solidement ancrées dans la réalité du lieu de production (palier inférieur). De fait, au Québec, et plus généralement en Amérique du Nord, les questions associées aux relations industrielles sont le plus souvent confinées à ces deux paliers, le palier stratégique étant conçu comme une source de contraintes et de possibilités pour les parties à la relation d'emploi. Il n'en va toutefois pas toujours ainsi. En effet, si les directions d'entreprise cherchent à aligner les pratiques de gestion des ressources humaines (GRH) sur leur stratégie d'affaires, elles sont, en retour, sollicitées pour intervenir plus directement dans la prévention des lésions professionnelles et interpelées de plus en plus souvent dans le cadre des négociations de conventions collectives.

Dans le chapitre 11, Yves Hallée présente la place et la nature de la GRH comme composante du champ des relations industrielles, ainsi que ses politiques, pratiques et principes sous-jacents. Au chapitre 12, Geneviève Baril-Gingras aborde la question de la prévention des accidents du travail et des maladies professionnelles dans les milieux de travail, de ses moyens et de ses

---

1. Kochan, T. A., H. C. Katz et R. B. McKersie (1986). *The Transformation of American Industrial Relations*. New York, Basic Books.

acteurs. Au chapitre 13, Pier-Luc Bilodeau expose les grandes lignes de la négociation collective telle qu'elle se pratique au Québec. Enfin, le chapitre 14 porte sur le produit de cette négociation, soit la convention collective de travail. Jean-Noël Grenier et Patrice Jalette y présentent la place, le contenu et l'évolution de cette institution clé des rapports collectifs du travail dans l'organisation.

Chapitre 11

Yves Hallée

Les fondements, la théorie et les pratiques de gestion des ressources humaines

Plan du chapitre

11.1 ▸ Les fondements et l'évolution de la gestion des ressources humaines

11.2 ▸ Quelques approches théoriques

11.3 ▸ La gestion des ressources humaines ou la gestion des personnes ?

11.4 ▸ Quelques considérations générales

11.5 ▸ Les pratiques de gestion des ressources humaines

Objectifs d'apprentissage

○ Situer la gestion des ressources humaines dans le corpus interdisciplinaire du champ des relations industrielles et en connaître l'évolution historique.

○ Distinguer et comprendre les diverses approches théoriques.

○ Définir la gestion des ressources humaines et se familiariser avec ses objectifs.

○ Faire la distinction entre la gestion des personnes et la gestion des ressources humaines, de même qu'entre une politique et une pratique de gestion des ressources humaines.

○ Cerner le paradoxe de la gestion des ressources humaines et décrire ses pratiques.

Introduction

Nous ne pouvons discuter de gestion des ressources humaines (ci-après désignée « GRH »[1]) dans un ouvrage de relations industrielles sans aborder les différences que présentent les tenants d'une perspective unitariste et les partisans d'une approche davantage pluraliste. Les gestionnaires qui s'inscrivent dans une vision unitariste vont espérer et même exiger, dans un élan autoritaire, que les personnes se regroupent autour d'objectifs communs, tout en respectant l'autorité formelle comme la seule source de pouvoir légitime ; les employés ont le devoir d'obéir et de respecter leur rôle assigné. Ceux qui personnifient la thèse pluraliste devront notamment être en mesure de décoder les dynamiques internes, d'analyser les intérêts en jeu, de comprendre les conflits et les jeux de pouvoir afin d'être en mesure, d'une certaine manière, de maîtriser les situations, d'intervenir et de négocier pour orienter le conflit à des fins constructives (Morgan, 1989, p. 221). On voit très bien que ces cadres de référence conduisent à des formes de GRH largement différentes. De façon générale, les ouvrages consacrés à la GRH incarnent cette dichotomie qui fait que les auteurs s'inscrivent généralement dans l'une ou l'autre des perspectives. À quelques exceptions près, le courant hégémonique nord-américain est davantage unitariste, la chose politique étant notamment la grande absente, alors que la GRH anglaise tend à être davantage pluraliste.

La GRH est l'un des domaines fondateurs du champ des relations industrielles (Kaufman, 2000 ; 2003 ; 2008a). Son émergence, dans les années 1920, a conduit à l'adoption de pratiques moins paternalistes et autoritaires qu'à la fin du siècle précédent afin de trouver des réponses aux conflits du travail. Ce regard historique permet d'introduire ou de réintroduire la GRH dans le corpus disciplinaire du champ des relations industrielles afin qu'il ne soit pas réduit à une conception instrumentale et unitaire liée à des intérêts strictement affairistes[2].

Ces considérations ont en partie guidé la rédaction de ce chapitre. Sans éliminer la discussion sur les autres perspectives, ce qui en diminuerait d'autant l'apport pédagogique, ce texte s'inscrit dans une approche davantage pluraliste et constructiviste des pratiques[3] de GRH. Aucune harmonie préétablie n'assure que les intentions et les intérêts coïncident. Si c'était le cas, le travail du gestionnaire serait particulièrement facile (Reynaud, 1982, p. 7). La GRH n'est pas à strictement parler un instrument au service de l'employeur, c'est une forme de régulation commune du vivre-ensemble organisationnel. Elle se situe quelque part entre les deux pôles où se trouveraient, d'un côté, les intérêts productivistes et, de l'autre, ceux qui sont liés à l'humanisation du travail. En termes d'intérêt commun supérieur, l'employeur, les salariés et leurs représentants partagent un même destin économique et sont en quelque sorte en relation d'interdépendance (Commons, 1959). Comme l'humain est un puissant déterminant de la productivité et une source d'avantages concurrentiels (Noe *et al.*, 2010), il devrait normalement être traité avec équité et justice, une conception de la GRH que nous défendons (Kaufman, 2008a).

Il n'y a pas de théories globales en GRH et cela s'explique par l'absence de consensus sur une définition commune. Ses fondements ne font pas non plus l'unanimité parmi les auteurs, et nous ne pouvons pas ignorer les distinctions conceptuelles entre la gestion des « personnes » et la gestion des « ressources humaines », qui expriment le dualisme de la fonction GRH. Pour les uns, il s'agit d'être d'abord et avant tout préoccupé par l'individu au travail, par ses besoins et ses aspirations, alors que, pour d'autres, l'individu est avant tout conçu comme un facteur de production qu'il importe de faire fructifier pour atteindre ses objectifs.

Enfin, la GRH est aussi multidisciplinaire. Elle peut être autre chose que de la gestion. À trop vouloir minimiser ou ignorer l'apport des disciplines en sciences humaines et sociales comme la sociologie, l'économie, le droit, les sciences politiques, l'anthropologie et l'histoire, elle se

---

1. Nous utilisons ce sigle parce qu'il est d'un usage plus courant que l'expression au long.
2. Le rattachement du Département des relations industrielles à la Faculté des sciences sociales de l'Université Laval avait justement pour objectif d'éviter une vision affairiste et déshumanisée (Clavette, 2008).
3. Dans ce chapitre, nous préférerons le concept « pratiques de GRH » à « politiques de GRH », puisqu'il est représentatif des jeux de pouvoir et des logiques d'intérêts qui influencent le résultat, le réel (Cadin *et al.*, 2007).

prive hélas trop souvent de perspectives lui permettant une « compréhension approfondie des individus, des collectifs, des organisations, des groupes de pression ou même des sociétés auxquels elle entend appliquer ses efforts » (Cadin *et al.*, 2007, p. 2 ; Chanlat, 1990).

Dans ce chapitre, nous traiterons dans la première partie des fondements et de l'évolution de la GRH. La deuxième partie sera consacrée à l'étude de certaines approches théoriques en GRH, la troisième, à sa définition et à ses objectifs, alors que les quatrième et cinquième parties en détailleront les pratiques.

11.1 Les fondements et l'évolution de la gestion des ressources humaines

La première période associée à la GRH débute à la fin du XIXe siècle et accompagne la révolution industrielle. Bien qu'il n'y ait pas encore de fonction spécialisée en cette matière, les pratiques de GRH reçoivent, dès 1876 aux États-Unis, une attention particulière (Kaufman, 2008a, p. 5). Sans être formellement constituée, puisqu'elle n'a pas de statut officiel, la GRH est assumée par les cadres intermédiaires et les contremaîtres[4] (embauche, répartition et organisation du travail, etc.). Jusqu'à la Première Guerre mondiale, les conditions de travail sont très difficiles, ce qui provoque plusieurs conflits et manifestations (*ibid.*, p. 287). Lentement, et jusqu'à l'après-guerre, les employeurs réalisent que leurs pratiques sont vraiment inefficaces ; l'attention se tourne donc vers la stabilisation de l'emploi, un meilleur traitement du personnel et l'amélioration des conditions de travail, compte tenu notamment des hauts taux de roulement, des pressions et des critiques importantes de réformateurs sociaux (*ibid.*, p. 22-23).

11.1.1 La formalisation de la fonction GRH, le mouvement de démocratie industrielle et l'organisation scientifique du travail (1914-1930)

La Première Guerre mondiale accélère le développement de la gestion du travail (*labor management*). Cette deuxième époque correspond à l'essor de la discipline. L'expression « gestion du personnel » passe dans l'usage une fois popularisée par Walter Dill Scott et d'autres psychologues industriels alors qu'ils travaillent avec l'armée américaine (tests de sélection, classification des emplois, etc.) (Kaufman, 2008a, p. 284). À la fin de la guerre, deux nouvelles voies s'offrent à la gestion du travail : la gestion du personnel et les relations industrielles[5] (*ibid.*, p. 164). Le boom économique d'après-guerre et la demande incessante de main-d'œuvre font prendre conscience de l'inefficacité du système traditionnel, ce qui force les employeurs à accorder plus d'attention au personnel, qui devient davantage stratégique. C'est aussi à cette époque que l'on voit apparaître le mouvement embryonnaire de la démocratie industrielle. L'importance stratégique que prend la gestion du travail devient évidente tant pour les praticiens que pour les chercheurs. C'est ainsi qu'en 1919, John R. Commons publie *Industrial Goodwill*, volume qui fait l'apologie du salarié, qui se trouve au centre d'un modèle de démocratie industrielle et de coopération qui permettrait aux entreprises d'accroître leur productivité et leur compétitivité tout en diminuant leurs taux de roulement (*ibid.*, p. 187-188). Un second ouvrage de Commons, *Industrial Government,* publié en 1921, fait état, à partir d'une série d'études de cas, des meilleures pratiques de gestion du personnel et de politiques de relations du travail (Kaufman, 2000, p. 241). Commons précise que, pour pouvoir faire appel à la coopération et à la bonne volonté des travailleurs, l'employeur doit satisfaire leurs intérêts et leurs aspirations (salaires, sécurité, respect et pouvoir). La gestion du personnel est alors perçue comme de l'économie appliquée (Kaufman, 2000, p. 243-244).

Il ne faut donc pas sous-estimer l'apport essentiel des économistes du travail, notamment les institutionnalistes ;

---

4. C'est la période du management paternaliste où les salaires des travailleurs, notamment, sont déterminés par les contremaîtres. Ceux-ci ont le pouvoir de fixer les salaires en fonction de la situation familiale du travailleur, de sa loyauté et d'autres considérations personnelles. Cette situation provoque des injustices et, par conséquent, des conflits entre les employeurs et les travailleurs.

5. La première misait sur les solutions internes pour améliorer les pratiques de gestion, alors que la seconde correspondait à un courant qui prenait aussi en considération les problèmes extérieurs à l'organisation.

les travaux de Kaufman (2000) montrent que l'économie est une discipline source et fondatrice de la gestion des personnes. De plus, jusqu'au milieu des années 1930, les économistes dominent la recherche et les publications sur la gestion du personnel. Nombreux sont ceux qui cherchent à trouver des réponses aux problèmes ouvriers (*labor problems*, voir le chapitre 1) dont les effets négatifs touchent les employeurs, les employés et la société tout entière. Un consensus émerge sur la définition de trois catégories de solutions aux problèmes ouvriers : 1) les solutions pour l'employeur, qui passent par la gestion des personnes et l'introduction de pratiques partenariales (coopération et démocratie industrielle); 2) les solutions pour les salariés, lesquelles suivent la voie de la protection collective par le syndicalisme et la négociation collective; et 3) la prise en compte pour la société des problèmes du travail, qui se traduira ensuite par l'amélioration de la protection sociale et des lois du travail (Kaufman, 2000, p. 239). Nous retrouvons là les trois sous-champs fondateurs des relations industrielles, soit la gestion du personnel, les relations du travail et les politiques publiques[6].

La montée du taylorisme[7] et du fordisme dans les années 1920, des termes devenus indissociablement liés, contribue à la prospérité économique. Durant cette période, on assiste à l'émergence d'un « nouveau système de gestion du travail », qualifié de *welfare capitalism*. Ce système permet une amélioration substantielle de la rémunération, une meilleure sécurité d'emploi et l'accroissement des bénéfices, ainsi que l'instauration de procédures formelles de prise de parole et de résolution de conflits, notamment chez la Ford Motor Company[8] (Kaufman, 2008a, p. 201). D'autres entreprises adopteront ces pratiques par la suite dans tous les États-Unis. La gestion du personnel résulte du mariage du scientifique et de l'humaniste (*human factor*, *cooperation* et *square deal*) (*ibid.*, p. 287-288). Les tests de sélection, les systèmes incitatifs de rémunération et les nouveaux programmes de formation, par exemple, représentent le scientifique, tandis que le facteur humain (prise de parole, processus juste de résolution de conflits, etc.), la coopération et les principes d'équité et de justice représentent l'humaniste. Pour Kaufman (2008a, p. 286-291), ces principes sont centraux en GRH.

Cette période correspond d'ailleurs aux travaux précurseurs de Mary Parker Follet et au concept d'unité d'intérêt entre employé et employeur qui, selon elle, est la clé pour obtenir une coopération complète (Kaufman, 2008a, p. 259-260). Alors que Taylor met l'accent sur la science, les initiatives individuelles et la rémunération incitative, Follet se concentre sur la prise en compte des intérêts des parties prenantes, la gestion participative, le consensus de groupe et l'esprit de corps. Elle privilégie la résolution de problèmes et la coopération dans une approche gagnant-gagnant ainsi que la communication descendante et ascendante (*ibid.*, p. 260).

11.1.2 L'école des relations humaines (1930-1950)

Dans les années 1930-1940, on observe l'émergence des psychologues industriels, inspirés par les travaux d'Elton Mayo (de 1927 à 1932) à l'usine Hawthorne de la Western Electric, où l'on découvre que des éléments d'ordre affectif et émotif sont déterminants pour la productivité des travailleurs. Les écrits de Mayo et de ses collègues de la Harvard Business School donnent l'impulsion nécessaire à l'apparition de l'école des relations humaines, qui enrichit le volet « personnel » de la GRH (Kaufman, 2008a, p. 260-261). L'accent est mis sur le rôle de la psychologie et de la sociologie dans le développement de la discipline et, en particulier, sur les efforts de Münsterberg et de Mayo pour accroître l'efficacité par les pratiques de GRH qui prennent en compte les besoins sociaux et psychologiques des travailleurs (Kaufman, 2008a, p. 40). Cette période consacre le facteur psychologique comme déterminant majeur de la productivité des travailleurs, l'organisation sociale informelle comme facteur d'influence sur la performance de l'entreprise et les relations interpersonnelles,

---

6. Les économistes institutionnalistes estimaient que les solutions aux problèmes ouvriers, qui s'adressaient aux employés et à la communauté, avaient un poids considérable et jouaient un rôle complémentaire aux solutions promues par les employeurs. Autrement dit, si elles n'étaient pas accompagnées d'une représentation collective des travailleurs et d'une régulation gouvernementale, les pratiques innovatrices en gestion de personnel leur apparaissaient comme une solution partielle et inefficace (Kaufman, 1999, p. 104). Cette GRH des origines, en complémentarité avec les sous-champs traditionnels que sont les politiques publiques et les relations du travail, correspond davantage à celle qui est ou devrait être enseignée dans les départements de relations industrielles (Kaufman, 2008b).

7. Ce sont les travaux de Frederick W. Taylor qui débouchent sur l'organisation scientifique du travail. En matière de pratiques de GRH, ce dernier s'attarde à l'analyse des emplois et à la clarification des exigences, de même qu'aux descriptions d'emploi et à la rémunération au rendement (voir le chapitre 1 pour un exposé plus détaillé sur Taylor).

8. La Ford Motor Company était le porte-étendard de pratiques de GRH relativement progressistes pour l'époque. Elles se sont même attiré les éloges de Commons après sa visite d'une usine de Detroit (Kaufman, 2008a, p. 161).

et la place des méthodes de recherche anthropologique et sociologique (Kaufman, 1993).

11.1.3 La discipline du comportement organisationnel et les perspectives fonctionnalistes (1950-1980)

La fonction « ressources humaines » voit son importance s'amplifier encore considérablement dans les années 1950, et les sciences du comportement – qui cherchent à découvrir les clés permettant de rendre l'être humain motivé et plus productif au détriment de sa nature profonde, ambivalente et multiple – font leur apparition. En s'intéressant ainsi aux effets des activités de GRH sur la motivation et la satisfaction des employés au travail dans un objectif productiviste, la fonction glisse vers une GRH plus instrumentalisée, c'est-à-dire conçue et appréhendée comme une activité malléable au gré des visées organisationnelles et en fonction du seul intérêt de l'entreprise (Aktouf, 2006 ; Kaufman, 2007).

Cette période correspond au déclin de l'économie institutionnaliste et à l'ascension de l'économie néoclassique, notamment grâce aux travaux de Stigler et à ceux de Becker (père de la théorie du capital humain), qui évacuent les dimensions sociales et la psychologie de la théorisation économique pour s'en tenir aux forces du marché (Kaufman, 2000, p. 249). Ainsi, depuis la fin des années 1950, dans la mouvance et la montée en puissance de l'économie néoclassique, s'installe l'hégémonie de la nécessité « scientifique » et de son corollaire, le positivisme, autour des sciences de la gestion, dont la GRH. Cet idéal positiviste a eu des implications jusqu'à la fin des années 1960 et au début des années 1970 par le développement du fonctionnalisme et de la pensée systémique[9], dont l'influence s'est étendue à la théorisation organisationnelle, occupant l'avant-scène des articles et des ouvrages portant sur le management (Aktouf, 2006).

Le terme « GRH » fait son apparition au milieu des années 1960. La discipline du comportement organisationnel (*organizational behavior*) poursuit sa domination, ce qui a pour effet d'associer davantage la GRH à la gestion et de la rendre plus managériale (Kaufman, 1993, p. 120). Les auteurs que Kaufman (2007, p. 35) associe à ce courant sont Herzberg et sa théorie des deux facteurs, McGregor avec sa théorie X et sa théorie Y (commande et contrôle versus consensus et participation), Porter, Maslow et sa pyramide des besoins, et Argyris (apprentissage organisationnel). Leur dénominateur commun, notamment inspiré des travaux précurseurs de Mayo et de Münsterberg, découle de la croyance selon laquelle les organisations peuvent accroître leur productivité et leur performance en prenant en considération les besoins sociaux et psychologiques ainsi que les aspirations des salariés dans la détermination de la GRH. C'est le passage d'une perspective pluraliste – qualifiée d'improductive, conflictuelle et inflexible – vers une perspective unitariste – qualifiée de flexible, non conflictuelle et productive (*ibid.*, p. 34-35). C'est le nouveau paradigme GRH axé sur la performance de l'organisation et le haut niveau d'engagement des ressources humaines qui culmine jusqu'aux années 1980.

11.1.4 Les perspectives stratégiques (de 1980 à aujourd'hui)

En 1980, la GRH devient stratégique. Elle adopte des perspectives à long terme, met l'accent sur l'alignement horizontal et vertical des pratiques de GRH (*voir la sous-section 11.4.2, à la page 304*), suppose l'unité d'intérêt, remplace la participation et l'engagement par le commandement et le contrôle, insiste sur le développement du potentiel humain et adopte des pratiques de GRH flexibles (Kaufman, 2008a, p. 42). C'est ainsi que la gestion stratégique des ressources humaines (GSRH) gagne en importance pour devenir incontournable (Saba et Dolan, 2013, p. 4). Dans les années 1990, avec le phénomène de la mondialisation, la GRH s'internationalise, ce qui devient un nouvel objet de recherche. On assiste au développement de différentes approches de la gestion internationale des ressources humaines (GIRH) et à des études comparatives entre pays.

Ces nouveautés n'invalident pas pour autant les autres conceptions de la GRH. Un courant majoritaire et dominant en recherche ne fait pas disparaître les approches, la recherche n'étant pas neutre, comme on le sait[10]. C'est

---

9. On peut associer à la notion de système le développement de l'approche sociotechnique au Tavistock Institute de Londres, qui réside « dans la conceptualisation de l'organisation comme un système et l'optimisation conjointe des systèmes sociaux et techniques de l'organisation » (Boisvert, 1980, p. 23). Cette approche mise au point dans les années 1950 et 1960 est attribuable à Frederick E. Emery et à Eric L. Trist.

10. Le courant postpositiviste précise que la recherche est influencée par les valeurs du chercheur, par sa posture théorique et par le fait que sa compréhension de la réalité est socialement construite (Miller, 2000, p. 55-60) (*voir à cet égard le chapitre 2*).

dans ce contexte que nous aborderons les perspectives théoriques dans la prochaine section.

11.2 Quelques approches théoriques

Les obstacles majeurs à l'élaboration d'une théorie intégrée de GRH résident dans la profusion et les contradictions des définitions (Kaufman, 2004, p. 322). À ces obstacles peut s'ajouter la difficulté de concilier théoriquement les conceptions de la GRH, celles qui sont instrumentalisées et liées à des fins productives (*hard model*) et celles qui relèvent d'une perspective davantage humaniste avec comme finalité le développement humain (*soft model*) (Legge, 2005). Nous retrouvons là tout le paradoxe de la GRH. Cette absence de théorie « intégratrice » (Kaufman, 2004, p. 321, 327 et 328) nous incite à envisager diverses perspectives.

11.2.1 Les théories globales

Nous aborderons d'abord les théories plus globales, qui offrent une perspective d'étude plus large des phénomènes, pour ensuite nous pencher sur les théories de la justice, la théorie du contrat psychologique et les théories de la motivation.

L'approche universaliste et les approches contingentes

L'approche universaliste (*voir la sous-section 11.4.1, à la page 304*) repose sur l'idée que certaines pratiques seraient meilleures que d'autres et qu'elles produiraient à coup sûr des effets positifs. Elle ne reconnaît que cette seule véritable hypothèse qui permet aux organisations d'accroître de manière significative leur niveau de performance. Selon ce courant, il existe des pratiques de GRH universalisables et performantes qui sont applicables partout, peu importe les contextes et les individus.

Quant aux approches contingentes, elles mettent l'accent sur l'impact des contextes externe et interne sur les pratiques de GRH. Woodward, Lawrence et Lorsch, Pugh et Hickson ainsi que Mintzberg en sont les principaux instigateurs (Paauwe et Boselie, 2007, p. 169). Le contexte externe est composé de forces économiques, politiques et culturelles qui agissent sur les politiques et les pratiques de GRH. D'autres modèles plus explicites reconnaissent un large éventail de facteurs contextuels qui découlent des intérêts des parties prenantes : employés, gouvernement, communauté et syndicat. Les facteurs situationnels qui ont un impact sur ces parties prenantes incluent le marché du travail, la technologie, les lois et les valeurs sociales.

L'approche contingente se distingue de l'approche universaliste en ce qu'elle repose sur le postulat selon lequel l'efficacité découle de la compatibilité des pratiques de ressources humaines avec les contingences qui prévalent dans les environnements interne et externe. L'accent est mis sur la contextualisation de la GRH, qui fait « qu'il existe autant de pratiques appropriées qu'il existe de contextes » (Gagnon et Arcand, 2011, p. 6). L'idée d'une supériorité ou de meilleures pratiques est à rejeter ; la marche à suivre est dictée par le facteur de contingence (*ibid.*). L'approche de la contingence stratégique qui lie les pratiques de GRH à la stratégie organisationnelle, laquelle découle de l'analyse de l'environnement externe, est la plus populaire parmi les auteurs (Paauwe et Boselie, 2007, p. 169-170). L'organisation doit ainsi implanter des pratiques qui encouragent la compatibilité des comportements avec la stratégie organisationnelle, permettant d'atteindre une performance organisationnelle supérieure (Delery et Doty, 1996, p. 808).

Toutefois, selon Boxall et Purcell (2008), l'approche contingente tend à surestimer l'intérêt des employés à s'aligner sur les stratégies et les objectifs de la GRH. Elle est incapable de reconnaître la prédominance des normes sociales et des critères légaux sur ce besoin d'aligner les intérêts sur ceux de l'organisation. Nous pouvons également prendre nos distances avec le caractère trop déterministe de la contingence (Pichault et Nizet, 2013, p. 29).

Les approches du nouvel institutionnalisme ou néo-institutionnalisme

Cette idée que l'entreprise n'est pas totalement désincarnée des institutions de son environnement suggère que les pratiques organisationnelles seraient souvent soit le reflet des règles et des structures existantes de la société d'appartenance, soit la réponse à ces règles et structures (Paauwe et Boselie, 2007). Le processus d'institutionnalisation peut être défini par les attentes normatives d'une société envers une organisation, attentes qui structurent les comportements organisationnels dans une direction donnée. Les politiques et les pratiques traduiraient ainsi les valeurs et les attentes sociales. Selon cette approche, la GRH est institutionnellement située et évolue au rythme des changements dans les institutions. Dans cette perspective, nous trouvons le concept de cohérence institutionnelle (*institutional fit*), qui implique la synchronisation de la GRH avec l'environnement institutionnel (Boon *et al.*, 2009, p. 493). Citant Hall et Soskice (2001, p. 9), Léonard (2011, p. 139) définit la notion d'institution comme « un ensemble de règles, formelles ou informelles, que les acteurs suivent généralement, que ce soit pour des raisons normatives, cognitives ou matérielles ». Les institutions comprennent, par exemple, les systèmes légaux et réglementaires, le régime de rapports collectifs du travail, le « marché », l'éducation, y compris les services de garde, la formation professionnelle, le développement durable, la famille, etc.

Ainsi, la GRH se trouve ancrée dans un environnement institutionnel particulier qui oriente les pratiques de gestion et participe à l'établissement de l'ordre au sein de l'organisation (Léonard, 2015, p. 75). Cet ancrage renvoie au fait que l'entreprise s'insère dans des réseaux d'acteurs interdépendants qui interagissent sur des enjeux économiques, sociaux, écologiques ou autres. Cette interaction dépasse la conception déterministe, unilatérale et relativement statique de la théorie de la contingence, puisqu'elle est davantage un rapport d'interdépendance dynamique « entre les choix de gestion des ressources humaines qui sont posés au sein de l'entreprise et le régime institutionnel [externe] dans lequel elle se trouve » (Léonard, 2011, p. 141). Dans une perspective néo-institutionnaliste (Esping-Andersen, 1999 ; Hall et Soskice, 2001 ; Hollingsworth et Boyer, 1997), non seulement l'entreprise est orientée, sans être déterminée, par un ensemble institutionnel spécifique, mais elle peut à son tour l'influencer par l'entremise des leviers d'action et des réseaux utiles (Léonard, 2011, p. 144-145).

Pour illustrer notre propos concernant l'impact des institutions sur les pratiques de GRH, soulignons les effets spécifiques de l'institution de la famille (règle informelle) sur l'adoption de politiques de congés de paternité ou de maternité, ou les effets du droit du travail (règles formelles) sur l'établissement de politiques visant à combattre le harcèlement psychologique. En ce qui a trait au lien dynamique, Léonard (2011, p. 145) donne l'exemple de la formation continue où l'entreprise a intérêt à connaître « le marché du travail où [elle] recrute, les qualifications qui y sont disponibles, mais aussi les parcours éducatifs qui l'intéressent [...] ou les ressources sectorielles sur lesquelles il est possible de capitaliser pour développer tel ou tel type de formation. [L'entreprise peut alors investir] les espaces pertinents pour tenter d'infléchir la formation externe dans un sens qui lui convient, tout au moins partiellement ».

La théorie de la régulation sociale

Peu ou pas abordée dans les ouvrages de GRH nord-américains, la régulation fait pourtant partie du paysage organisationnel comme mécanisme d'ajustement du système social de l'entreprise. Pour Jean-Daniel Reynaud (1997, p. 17), les règles sont à la base de tout système social et sont une contrainte externe qui s'impose aux décisions et à l'action individuelle. La contrainte qu'exerce une règle sur un individu est liée à son appartenance à un collectif. Comme construit social, les règles peuvent être formelles ou informelles, les premières répondant à une logique de coûts et d'efficacité, et les secondes étant liées aux relations internes et à la satisfaction des sentiments propres au collectif (*ibid.*, p. 109).

Pour Reynaud (1988), la régulation sociale découle de deux démarches imbriquées, mais de nature différente : la régulation de contrôle, qui est associée à la régulation des dirigeants, du sommet à la base, et la régulation autonome, qui est le produit du groupe d'exécutants eux-mêmes (Donnadieu, 2005, p. 246). Bien que ces deux formes de régulation ne soient pas nécessairement en opposition, leur articulation donne toutefois « lieu à des ajustements : "les régulations réelles sont des compromis (souvent assez instables) entre autonomie et contrôle" » (*ibid.*, citant Reynaud). Même si la régulation de contrôle a l'ambition de régir l'ensemble de l'activité de travail, elle doit composer avec la régulation autonome, ce qui provoque des conflits provenant des formes de désajustement. Les dirigeants, en instaurant de nouvelles règles, vont chercher à contrôler les zones de liberté. Par exemple, le travail prescrit, celui qui fait partie d'une description d'emploi, répond à la régulation de contrôle. Quant au travail réellement effectué, compte tenu notamment de l'autonomie et de la marge de manœuvre inhérente au travail, il fait partie de la régulation autonome (Reynaud, 1997, p. 112). Cette « évolution » du travail peut être ou ne pas être reconnue et concrétisée par la création d'un nouvel emploi convenant davantage au travail réellement effectué, ce qui correspondrait à une forme de contrôle de cette zone de liberté. Dans un contexte syndiqué, la régulation conjointe élaborée par un syndicat et un employeur dans une convention collective est une régulation de contrôle (*ibid.*, p. 120). Soulignons que, bien que la régulation de contrôle s'exerce classiquement par la voie hiérarchique, elle peut aussi être déléguée ; les règles de GRH élaborées en partenariat en sont un exemple.

Pour la GRH, la régulation de contrôle permet aux dirigeants de : 1) modifier le système organisationnel en changeant les règles et procédures, en déterminant la structure et les emplois et en prenant des décisions qui auront un impact sur l'ensemble du fonctionnement de l'organisation et de 2) « s'impliquer directement dans le jeu des acteurs en utilisant ou en modifiant les enjeux, en négociant et en utilisant leur pouvoir statutaire » (*ibid.*, p. 248). La GRH est un élément clé de la régulation sociale en permettant :

> d'agir sur les flux d'entrée (recrutement) et de sortie, ainsi que les mécanismes de « transformation » de la ressource humaine (formation, appréciation, promotion). Ces facteurs ont une incidence, à la fois sur le jeu possible des acteurs et sur leur « imprégnation » culturelle. Modifier les systèmes de classification, de rémunération, d'évolution de carrière a le plus souvent un impact très important sur la régulation (ou la dérégulation) sociale. (*ibid.*)

Intervenir dans le jeu des acteurs, c'est déterminer les intérêts et les enjeux, repérer les partenaires ou les adversaires potentiels et déceler les possibilités d'alliances. Ignorer ou ne pas tenir compte du jeu des acteurs et de ses règles implicites peut avoir pour effet de faire échouer des projets pourtant novateurs (*ibid.*, p. 250).

11.2.2 Les théories de la justice organisationnelle

Sur le plan organisationnel, trois déclinaisons des théories de la justice sont applicables à la GRH : la justice distributive (ou théorie de l'équité), la justice procédurale et la justice interactionnelle. La théorie de l'équité a trait à la perception de justice d'un employé en regard du résultat de l'échange contractuel. En d'autres termes, c'est la comparaison qui permet à cet employé d'estimer dans quelle mesure la distribution des ressources offertes lui semble juste par rapport à sa contribution personnelle et comparativement aux rétributions et ressources offertes aux autres employés (Adams, 1965). Cette théorie révèle cependant une conception unidirectionnelle de la justice : la perception de justice est évaluée seulement sur le plan du mérite (Leventhal, 1980). De plus, l'attention n'est portée qu'au résultat, au détriment du processus, et la justice est conçue uniquement en termes de motivation personnelle (*ibid.*).

Ainsi, la perception de justice est largement influencée par les procédures qu'utilise l'organisation pour prendre des décisions et effectuer des changements (Leventhal, 1980). La justice procédurale précise que ces procédures sont aussi importantes que les résultats. Leventhal (*ibid.*) a défini des critères normatifs à respecter pour que les individus considèrent que la procédure est juste.

- La suppression des biais : Les procédures mises en place doivent être impartiales et ne servir aucun intérêt personnel.
- La cohérence : Les règles doivent témoigner d'une certaine cohérence et d'une stabilité dans le temps. Elles doivent s'appliquer de la même manière pour tout le monde. L'idée est d'éviter le favoritisme et le changement des règles en fonction du moment et des personnes dans le but de créer un avantage personnel.
- La fiabilité : Les procédures doivent être basées sur des informations fiables, valides, précises et partagées en permettant la participation des personnes salariées ou de leurs représentants.
- La correction : Il s'agit de donner la possibilité aux individus et aux groupes de faire appel des décisions et de les corriger en présentant de nouveaux éléments pertinents afin d'éviter un processus arbitraire.
- La représentativité : Les procédures doivent avoir pour principal objectif de représenter les intérêts de l'ensemble des individus, de l'ensemble des parties prenantes de l'entreprise.
- L'éthique : Les règles doivent respecter les principes moraux et les règles d'éthique reconnues.

L'équité procédurale montre non seulement l'importance d'établir des politiques de GRH et des procédures en GRH, mais également le devoir de les respecter afin de répondre à ces critères normatifs ; c'est une forme de régulation d'équité et de justice. Nous avons vu que, pour Kaufman (2008a, p. 286-291), les concepts d'équité et de justice font partie des principes fondamentaux de la GRH. Cette préoccupation rejoint d'ailleurs la préoccupation syndicale en ce qui concerne l'utilisation de procédures équitables (*due process*) (Kanungo et Mendonca, 1977). Les mécanismes de communication permettent aux salariés de révéler leurs intérêts, de contester ou de réviser une décision, en plus d'être révélateurs d'une certaine forme de transparence organisationnelle. Cet idéal normatif peut cependant être mis à mal par les diverses logiques d'action, les rapports de force, les jeux politiques et de pouvoir.

Enfin, la troisième forme de justice organisationnelle, la justice interactionnelle, fait référence à la qualité du traitement des salariés pendant la mise en œuvre des procédures. Ainsi, cette justice est composée d'une justice informationnelle, c'est-à-dire le fait de donner une information pertinente aux individus sur la décision (Bies et Moag, 1986 ; Bies, 1987), et d'une justice interpersonnelle qui précise l'importance de respecter les personnes salariées durant la mise en place des processus et même d'avoir envers elles une certaine forme de sensibilité sociale (Bies et Moag, 1986). Une information claire et le respect des personnes salariées influent positivement l'image de l'organisation et peuvent avoir un effet sur la motivation et la mobilisation.

11.2.3 Les théories du contrat psychologique et de la motivation

Nous terminons cette sous-section consacrée aux théories qui sous-tendent la GRH en portant notre attention d'abord sur la théorie du contrat psychologique et ensuite sur des théories de la motivation, notamment les apports de Maslow, Herzberg et McGregor.

La théorie du contrat psychologique

La relation salarié-entreprise a été théorisée dans une version contractuelle à partir du concept de contrat psychologique de Rousseau. Citant Rousseau (1989), Pihel (2010, p. 196) précise que « [l]e contrat psychologique renvoie aux "croyances d'un individu concernant les termes et les conditions d'un accord d'échange réciproque entre lui-même et une autre partie" ». Le contrat « naît lorsqu'une partie croit qu'une promesse en un retour futur a été faite par l'autre partie, et donc que si elle lui apporte une contribution, elle l'oblige en retour pour un bénéfice futur » (ibid., citant Rousseau, 1990). C'est une entente construite à la fois sur des éléments tacites, implicites ou explicites, sur des promesses de l'entreprise, autant d'obligations perçues et envisagées par le salarié et l'employeur. C'est un principe de réciprocité et d'équilibre du rapport de contribution et de rétribution qui est au centre de la relation d'échange : je donne pour recevoir ; tant qu'il y a réception, tout va (Pihel, 2010). Armstrong (2012, p. 408) précise que le contrat psychologique offre des indications sur les réponses aux questions que se posent les individus en regard de la relation d'emploi : que pourraient être les attentes raisonnables de mon organisation et à quoi devrais-je raisonnablement m'attendre en retour de ma prestation de travail ? Du point de vue des employés, les aspects de la relation d'emploi couverts par le contrat psychologique pourraient inclure le traitement en termes : 1) de justice et d'équité ; 2) de sécurité d'emploi ; 3) de place accordée à la démonstration des compétences ; 4) de possibilités de développement de carrière et de perfectionnement professionnel ; 5) de communication ouverte, d'implication et d'influence ; et 6) de confiance envers la direction quant aux promesses faites. Pour l'employeur, le contrat psychologique couvre plusieurs aspects de la relation d'emploi comme la compétence, l'effort, l'engagement et la loyauté (ibid., p. 408-409).

Pour ce qui est des limites, soulignons la croyance selon laquelle l'individu « est compris comme [étant] davantage intéressé par la finalité matérielle de l'échange que par la vie de la relation » (Pihel, 2010, p. 197). Les éléments de cette théorie du contrat psychologique « atrophient, excluent certaines influences (symboliques, identitaires notamment), traitent le lien social[11] comme un objet annexe » (ibid.). Le don reste souvent analysé comme la contribution, et le contre-don, comme la réciproque « matérielle » nécessairement recherchée et attendue (rémunération, promotion). La réalité sociale serait de la sorte le fait d'individus calculateurs qui raisonnent en termes d'utilité espérée.

Les théories de la motivation

Abraham H. Maslow est célèbre pour sa hiérarchisation des besoins humains. Tout commence avec la satisfaction des besoins physiologiques (manger, dormir, etc.), qui est le point de départ de sa théorie de la motivation (Maslow, 1943, p. 372). Suit la satisfaction des besoins de sécurité et de protection (se sentir à l'abri des menaces et des dangers, vivre sans peur, etc.). À un niveau supérieur suivront dans l'ordre les besoins d'appartenance et d'amour (donner et recevoir de l'affection, de l'amitié, de l'amour, etc.), les besoins d'estime de soi et des autres (ibid., p. 380-381) associés aux besoins de « relations ». Enfin, au sommet se trouve le besoin ultime d'actualisation (utiliser son potentiel et ses talents, s'accomplir, etc.). Les premiers besoins (inférieurs, concrets et terre à terre) doivent être satisfaits pour qu'on soit en mesure de passer aux suivants, et ainsi de suite. Bien qu'un grand nombre de psychologues du travail se soient inspirés de Maslow pour bâtir leurs théories, ce qui est le cas de McGregor et même de Herzberg, son apport est très contesté, compte tenu du fait qu'aucune étude n'a pu démontrer la réalité de la hiérarchie, c'est-à-dire le caractère linéaire

---

11. Nous n'exposerons pas ici la théorie du don et du contre-don de Marcel Mauss, bien qu'elle puisse très bien s'appliquer à la relation d'emploi comme « lien social » et permette ainsi de comprendre tout ce qui se joue dans le travail (l'investissement de l'individu dans l'expérience de travail, ce qu'il donne de lui, de sa personne, de son temps et de ses sentiments) sans y voir d'intérêts instrumentaux, purement calculés ou purement intéressés (Alter, 2009).

du processus de satisfaction des besoins, ni « confirmer que les besoins de l'être humain se classent vraiment en cinq catégories » (Bergeron, 1979, p. 111).

Selon la théorie des deux facteurs de Frederick Herzberg (1968), l'inverse de l'insatisfaction n'est pas la satisfaction et vice et versa, mais plutôt une sorte de point neutre appelé « absence d'insatisfaction et de satisfaction » (Bergeron, 1979, p. 118). De plus, les facteurs qui entraînent la satisfaction ne sont pas les mêmes que ceux qui causent l'insatisfaction. Les premiers, appelés « facteurs de motivation », sont liés au contenu de la tâche (le travail lui-même, les réalisations qu'il permet et qui apportent fierté et reconnaissance, les responsabilités qu'il comporte, l'avancement, la croissance, etc.). La seconde série de facteurs, les facteurs d'hygiène, est liée au contexte dans lequel est accomplie la tâche, comme la supervision, les conditions de travail, les relations avec les collègues, le climat de travail, etc. Lorsque ces facteurs suscitent une satisfaction chez les employés, ces derniers cesseraient de se plaindre et leur rendement atteindrait le point neutre, c'est-à-dire qu'il serait convenable, ordinaire et moyen, « juste assez pour ne pas perdre son emploi » (*ibid.*). S'il est souhaité que les employés dépassent ce stade de neutralité et qu'ils atteignent « un niveau élevé de satisfaction et de motivation », il faut, une fois qu'on a le contexte adéquat, « mettre l'accent sur le contenu des tâches donc sur les facteurs de motivation » (*ibid.*), soit stabiliser l'hygiène pour ensuite s'attaquer à la motivation.

Les critiques de la théorie des deux facteurs sont d'ordre méthodologique. En effet, bien que l'utilisation des mêmes méthodes d'enquête permette d'arriver aux mêmes résultats, le changement de méthode amène souvent des résultats différents. On lui reproche également le caractère linéaire de la relation satisfaction-motivation (relation de cause à effet), par exemple : certains éléments m'ont rendu très satisfait (la cause) et pendant les mois qui ont suivi, j'ai nécessairement travaillé très fort (l'effet) (*ibid.*, p. 120). Nous pourrions ainsi qualifier cette théorie de « pensée magique » largement positive, selon laquelle tous les êtres humains seraient, à divers degrés, animés par les mêmes facteurs de motivation.

Douglas McGregor (1960) propose dans les années 1960 les théories X et Y, suggérant « le nom de théorie X pour définir l'ensemble des postulats ayant prévalu dans les théories classiques du management depuis Henri Fayol[12] » (Wynne, 2000). Suivant cette perspective, l'individu éprouverait une aversion pour le travail et ferait tout pour l'éviter. De ce fait, les travailleurs « doivent être contraints, contrôlés, dirigés, menacés de sanctions, si l'on veut qu'ils fournissent les efforts à la réalisation des objectifs organisationnels » (*ibid.*). Ils préfèrent être dirigés, ils évitent les responsabilités et ont peu d'ambition, cherchant avant tout la sécurité. Selon McGregor, la théorie X, fondée sur la pyramide des besoins de Maslow, n'est valable que si les besoins inférieurs sont insatisfaits. Selon lui, si les besoins élémentaires sont comblés, la théorie X n'aurait plus sa raison d'être. Il propose alors la théorie Y, qui consiste en l'intégration des buts individuels et organisationnels. Ainsi, l'homme n'éprouverait pas d'aversion innée pour le travail, celui-ci étant quasi naturel et pouvant être une grande source de satisfaction. Il peut se diriger lui-même s'il accepte les objectifs de son travail, le contrôle et la sanction n'étant pas les seuls moyens de le faire travailler. Dans ce contexte, le système de récompense peut être modulé en fonction de ces objectifs : la satisfaction ultime demeure l'actualisation, le besoin de réalisation de soi. Enfin, le travailleur peut très bien apprendre à accepter, à chercher davantage de responsabilités et à faire preuve de créativité.

Ainsi, cette posture théorique conforte largement les visées organisationnelles et s'imbrique aisément dans une perspective unitariste en mettant à l'avant-scène le rôle de la direction dans la recherche d'un moyen de réaliser le potentiel de ses ressources humaines. Cette perspective introduit bien la section suivante, qui aborde l'une des deux conceptions en GRH, soit la gestion des « ressources humaines ».

11.3 La gestion des ressources humaines ou la gestion des personnes ?

Pierre Louart (1991, p. 5) précise que l'expression « ressources humaines » remonte aux écoles de dynamisation sociale pour qui « l'homme est un potentiel à mobiliser : par les contenus de travail (enrichissement des tâches, réalisation personnelle grâce à l'emploi), par une communication ouverte et par un management participatif (décentralisation des décisions, autocontrôle, intéressement financier, actionnariat) ». Les personnes seraient des ressources parce que leur travail constitue un facteur de production et « que leur développement,

---

12. Pour Fayol, administrer c'est « prévoir, organiser, commander, coordonner et contrôler », les fameux mots-clés qui ont marqué les ouvrages classiques en management (Aktouf, 2006, p. 56).

leurs initiatives et leur potentiel contribuent activement à l'efficacité globale de l'organisation » (*ibid.*, p. 7). En 1990, Jean-François Chanlat écrit que l'être humain en contexte organisationnel est souvent perçu comme une ressource, une variable à maîtriser et à faire fructifier, dans une optique utilitaire et productiviste. Il est ainsi réduit à un objet, un facteur ou une variable d'ajustement. Or l'employé n'est pas une simple marchandise ou un facteur de production lié à une finalité économique ; il requiert des conditions de travail décentes, un traitement équitable et la prise de parole (Kaufman, 2008a, p. 282). On ne gère pas des ressources mais des personnes, ce qui demande de promouvoir le développement d'une relation humaine de confiance et d'échange, de considération et de respect, de faire appel entre autres à l'intelligence et à la capacité de compréhension. Boxall (2014, p. 579) présente un point de vue original sur la façon de qualifier les ressources humaines : celles-ci ne se limitent pas aux personnes salariées au sein d'une organisation, mais doivent plutôt être comprises comme les ressources intrinsèques – ou les talents – de chaque être humain à la fois au travail et dans les autres aspects de la vie, tels que l'éducation des enfants, les loisirs récréatifs et les services communautaires. Ce sont des connaissances, des compétences, de l'énergie, des capacités intellectuelles, des personnalités, de la motivation, etc., applicables et utilisables pour divers aspects, tant au sein de l'organisation qu'à l'extérieur de celle-ci.

11.3.1 Une définition

Le lecteur comprendra qu'il n'y a pas de définition de la GRH qui fasse l'unanimité. Chacune reflète le paradigme unitariste, pluraliste ou même critique (Legge, 2005) dans lequel les auteurs s'inscrivent et doit donc être contextualisée en fonction des influences académiques et théoriques. Le présent chapitre se situe davantage dans une approche pluraliste. De plus, les relations industrielles se retrouvent largement dans ce paradigme et nous inscrivons la GRH comme un sous-champ de ce champ d'étude, en complémentarité avec les politiques publiques et les relations du travail. Pour ces raisons, voici une définition de Sisson (1989, cité par Legge, 2005, p. 46) qui correspond à une perspective pluraliste de la GRH.

> Le terme gestion du personnel est utilisé ici pour décrire les politiques, processus et procédures qu'implique la gestion des personnes dans l'organisation. [...] La gestion du personnel est principalement un système de régulation de la relation d'emploi qui se traduit par les différents moyens utilisés en organisation pour embaucher, évaluer, former, rémunérer, discipliner, et ainsi de suite. Ces fonctions sont principalement assumées par les gestionnaires, quoiqu'ils ne soient pas exclusivement responsables de celles-ci [Traduction libre].

Sisson suggère que « les fonctions associées sont » – et non devraient être – « des moyens de régulation de la relation d'emploi » (*ibid.*). Sa définition laisse également entendre que les employeurs et les employés ne sont pas nécessairement toujours d'accord ou qu'ils ne poursuivent pas forcément les mêmes objectifs, n'utilisant pas nécessairement non plus les mêmes moyens pour les atteindre. À noter aussi l'existence et l'influence des parties prenantes (par exemple, les employés, le gouvernement, la communauté et le syndicat) dans cette inévitable fonction de régulation. Ainsi, pour que l'organisation survive et existe comme entité collective, la régulation est nécessaire, « d'où cette fonction première de la gestion du personnel » (*ibid.*, p. 47). La définition de Sisson nous paraît conforme à la pratique de la GRH en entreprise ; elle n'est pas associée aux prescriptions strictement normatives qui brossent un portrait pas toujours représentatif de la réalité. Toutefois, il n'est pas exagéré de dire que la fonction « ressources humaines » comporte certains aspects normatifs, puisqu'elle détermine, par exemple, des profils souhaités, des comportements et des compétences attendues, des niveaux de rémunération, etc. La main visible du gestionnaire revêt ainsi une fonction normative et remplace la main invisible du marché comme mode de régulation des échanges. La GRH comporte aussi des aspects liés à la gestion, puisque les ressources humaines « sont soumises à des processus et des outils visant à en organiser le fonctionnement » (Léonard, 2015, p. 60). Elle contribue de la sorte à organiser un ordre social local par la mise en place de ses différentes activités (recrutement, gestion de la rémunération, etc.). Enfin, par nature, la GRH se révèle « profondément et inévitablement sociale, au sens où elle s'inscrit dans les rapports sociaux au sein d'une organisation qui, elle-même, par ses structures, ses activités, sa technologie, organise ces rapports sociaux » (*ibid.*).

11.3.2 Les objectifs

Pour analyser les objectifs de la GRH, il faut considérer l'influence de l'environnement dans lequel l'entreprise se déploie, c'est-à-dire les contextes externe et interne, y compris les interactions entre les acteurs. Pour analyser les objectifs de la GRH qui découlent de l'environnement externe, il faut les diviser selon deux grandes catégories : les objectifs économiques et les objectifs sociopolitiques (Boxall, 2007, p. 56 ; Boxall et Purcell, 2008, p. 11).

Les objectifs économiques : le rapport coût-efficacité et la flexibilité

La sécurisation de la viabilité économique est un des problèmes auxquels les entreprises doivent faire face. Cette viabilité économique passe notamment par la compétitivité du système de production des biens et des services. Les organisations doivent être en mesure de produire leurs biens et de fournir leurs services à l'intérieur des paramètres budgétaires et des structures de coûts qu'elles ont les moyens de s'offrir. Dans ce contexte, la GRH est soumise à une logique de coûts et de normes d'efficacité qui pousse les gestionnaires à être attentifs à la « productivité » et à la compétitivité des pratiques adoptées.

Les pratiques de GRH peuvent également tendre vers une plus grande flexibilité. Avec la logique de coûts, la flexibilité implique la gestion de certaines tensions stratégiques, y compris les compromis exigés par les intérêts des travailleurs (Boxall, 2007, p. 58). L'engagement des employés peut être conditionnel à une contrepartie, par exemple une sécurité par la négociation d'un plancher d'emploi en retour d'une plus grande flexibilité.

Les objectifs sociopolitiques : la légitimité et l'acceptabilité sociale

Les employeurs sont également concernés par la légitimité et l'acceptabilité sociale des pratiques de GRH. Ces dernières doivent correspondre aux normes sociales et respecter les diverses lois du travail, le cadre juridique ainsi que les politiques publiques (*ibid.*, p. 61). Bien que les organisations poursuivent des objectifs économiques en mettant l'accent sur la création de valeur, elles sont également confrontées au défi de la rationalité relationnelle ou normative. Pour relever ce défi, elles doivent établir une certaine relation de confiance avec les parties prenantes, basée sur des critères de légitimité, d'acceptabilité, de justice, d'équité et de valeurs morales[13].

Les objectifs liés au contexte interne

Saba et Dolan (2013, p. 24) définissent quatre objectifs davantage liés aux aspects et aux rôles fonctionnels d'un service des ressources humaines : 1) attirer des candidats qualifiés ; 2) retenir les employés qui fournissent un rendement satisfaisant ; 3) accroître la motivation des employés ; et 4) favoriser l'épanouissement des employés dans l'entreprise par la pleine utilisation de leurs compétences.

La GRH poursuit aussi des objectifs implicites qui ne sont pas nécessairement incompatibles entre eux et qui sont susceptibles d'influer sur l'organisation. De la description de Saba et Dolan (2013, p. 25) et des enseignements de Legge (2005, p. 105-108), nous retenons deux grands objectifs qui reflètent cette dichotomie à laquelle est soumis un service des ressources humaines, soit l'accroissement de la productivité du travail ainsi que l'amélioration de la qualité de vie au travail et la promotion du développement humain. Ces objectifs expriment les tensions, les paradoxes et la recherche d'équilibre des gestionnaires des ressources humaines placés face à une balance comportant, d'un côté, la productivité, et de l'autre, la qualité de vie au travail et la perspective humaniste. Ces objectifs expriment les tensions, les paradoxes, voire l'équilibre auxquels sont confrontés les gestionnaires des ressources humaines où se trouvent d'un côté et sur un axe horizontal, la productivité, et de l'autre, la qualité de vie au travail et la perspective humaniste. Dans leur pratique quotidienne, les gestionnaires des RH doivent gérer au mieux les tensions entre ces objectifs. Ces tensions peuvent être à la base de l'élaboration et de la conception des pratiques de GRH, c'est-à-dire de la régulation conjointe au service de la GRH, qui résulte des interactions entre les employeurs et les employés ou leurs représentants ainsi que des attentes de chacun. Qu'en est-il maintenant du rôle des professionnels ?

11.3.3 Le rôle des professionnels de la GRH

Les auteurs attribuent généralement à ces professionnels trois grandes catégories de rôles : d'abord, les rôles traditionnels et opérationnels de représentants du personnel (et ajoutons de la direction) dans la gestion quotidienne des activités de GRH et des processus administratifs. Ainsi, une grande partie du travail découle de la gestion quotidienne des activités liées à ces intérêts : résolution de problèmes et gestion des activités telles l'embauche, la rémunération, l'information à donner aux cadres et l'exécution des tâches administratives. Quant aux responsabilités à l'égard du processus administratif, elles consistent à établir et à faire adopter par le personnel des politiques et des processus en fonction des activités de l'entreprise, ainsi qu'à former les cadres et les employés pour améliorer l'efficience et l'efficacité au regard de ces politiques. Ensuite, il y a le rôle de courroie de transmission des intérêts et des droits

---

13. Le courant de responsabilité sociale et même éthique des entreprises pourrait potentiellement s'inscrire dans ce respect des attentes normatives de la société d'appartenance.

des salariés auprès de la direction, ainsi que les rôles liés à la collecte d'informations auprès des employés pour connaître leurs besoins et leurs opinions, puis les communiquer. Ce processus permet d'élaborer des politiques qui répondent à leurs attentes et, bien entendu, à celles de la direction, afin de s'assurer que tous contribuent à l'atteinte des objectifs de l'organisation. Les professionnels de la GRH devront sanctionner les comportements qui ne sont pas conformes à ces politiques et, éventuellement, aux attentes de l'employeur.

Enfin, dans la foulée des récents développements, soulignons les rôles de partenaire stratégique et d'agent de changement (St-Onge *et al.*, 2013, p. 9). En effet, les professionnels de la GRH doivent gérer les changements organisationnels, la réorganisation du travail et les procédés administratifs dans le but d'accroître l'efficience et l'efficacité de l'organisation et de la GRH. Comme partenaires stratégiques, ils ont un rôle à jouer dans la formulation et l'implantation des stratégies de GRH (*ibid.*, p. 10).

11.4 Quelques considérations générales

Nous ne pouvons décrire les pratiques de GRH sans nous attarder sur leur définition et leur application. Voyons d'abord la mise en garde que Pichault et Nizet (2013, p. 12) font au sujet de la « tentation universaliste » des pratiques de GRH.

11.4.1 La tentation universaliste

Cette conception qualifiée d'universaliste repose sur l'idée qu'une pratique (*best practice*[14]) donnée peut parfaitement s'appliquer d'une organisation à l'autre, peu importent les contextes. Les modèles et les étapes qui y sont associées, les fameux « comment faire » (*how to*), seraient immuables et couronnés de succès partout. La perspective universaliste classique s'érige en dogme et « autorise la mise au point de techniques et [de] méthodes formalisées » qui permettent de rassurer bon nombre de gestionnaires en « leur donnant l'illusion d'une maîtrise sur le cours du changement[15] » (*ibid.*, p. 294). Or il n'est « guère possible de proposer une liste de pratiques caractérisant la GRH puisque ces pratiques varient considérablement en fonction des contextes » (*ibid.*, p. 89-90 et 112).

11.4.2 L'alignement horizontal et vertical des pratiques

En GSRH, deux formes d'alignement (*fit*) sont mises en avant : l'alignement vertical des pratiques de GRH et l'alignement horizontal ou interne des pratiques[16]. La première concerne l'alignement des pratiques de GRH avec, entre autres, la stratégie, la mission et les orientations de l'entreprise. Le lien du haut vers le bas, qui est la représentation la plus commune, insiste sur l'« intégration des politiques et des pratiques à la stratégie d'affaires » ; cette cohérence avec les objectifs organisationnels est souvent présentée comme déterminante en termes de performance organisationnelle (Pichault et Nizet, 2013, p. 25). Mais il y a plus. Dans une version qui s'écarte des courants dominants, il pourrait aussi s'agir d'une forme de cohérence du bas vers le haut, impliquant la participation des salariés et des gestionnaires à la définition de la stratégie de l'entreprise, ce qui démontre l'importance de la contribution des salariés aux choix organisationnels, compte tenu des compétences et des motivations à s'impliquer dans l'amélioration des performances de l'entreprise (*ibid.*).

L'alignement horizontal des pratiques, pour sa part, concerne la cohérence interne entre les pratiques de GRH d'un même contexte, témoignant d'une parenté profonde entre des pratiques de sélection, de rémunération et de

---

14. Les meilleures pratiques sont notamment le fruit des travaux des psychologues industriels et de ceux sur la prédiction et l'amélioration de la performance individuelle, qui deviennent un enjeu stratégique. Par exemple, les pratiques de sélection reposent traditionnellement sur l'utilisation de divers tests d'habileté et de personnalité, par exemple, qui ont pour prétention de prévoir la performance future, peu importe la personne évaluée. Sur le plan collectif, on peut parler des systèmes de travail à haut rendement (*high-performance work systems*) (Appelbaum et Batt, 1994) et des systèmes à haut niveau d'engagement ou d'implication (*high-involvement work systems*) (Lawler, 1986 ; Boxall et Purcell, 2008, p. 75-79), qui contribuent à alimenter cette conception prescriptive et positiviste selon laquelle ces pratiques et systèmes auraient le même effet de performance partout, en dépit des personnes et des contextes.

15. C'est l'application du positivisme scientifique où il suffit de découvrir les lois qui gouvernent les comportements pour les utiliser à son avantage. Une même pratique donnera les mêmes résultats partout, puisqu'elle est basée sur le postulat qu'il existe des lois universelles relatives aux phénomènes sociaux. De plus, cette connaissance du monde social permettrait même de le maîtriser et du même coup de le contrôler. N'est-ce pas attrayant pour un gestionnaire ?

16. Delery et Doty (1996, p. 804) caractérisent cette démarche d'approche configurationnelle, laquelle découle des approches contingentes vues à la sous-section 11.2.1.

formation, par exemple, apparemment différentes mais contingentes (*ibid.*, p. 113). Cet alignement horizontal pourrait se traduire notamment par les mêmes exigences sur le plan de la scolarité aux fins de la sélection du personnel que celles qui sont prises en compte pour l'évaluation des emplois et la détermination de la rémunération. L'idée derrière l'alignement horizontal, c'est de recourir à un ensemble de pratiques qui se renforcent mutuellement et qui sont interdépendantes, intégrées, complémentaires et synergiques (Kaufman, 2004, p. 324-325). Pour Delery et Doty (1996, p. 809-811), la configuration idéale pour une performance optimale serait la meilleure combinaison horizontale des pratiques de GRH en adéquation avec la stratégie adoptée.

11.4.3 L'effet des relations de pouvoir et l'interaction entre les acteurs

Les pratiques de GRH peuvent donner lieu à des rapports de pouvoir entre les acteurs (Pichault et Nizet, 2013, p. 227-228). Les réalités humaines sont ponctuées de tensions et de logiques d'intérêts qui conduisent à des interactions influencées par des forces à la fois complémentaires et contradictoires qui ont un effet sur les pratiques de GRH et les font évoluer. Les situations organisationnelles impliquent une pluralité d'acteurs qui interprètent les actions en cours de multiples façons. Ces acteurs sont aussi porteurs de logiques d'action spécifiques plus ou moins conscientes. Dans cette analyse, qui découle de la régulation sociale (*voir la sous-section 11.2.1 à la page 297*), il s'agit de comprendre les enjeux, les jeux de pouvoir, les règles du jeu, les alliances et les stratégies des acteurs.

Ces précisions nous incitent à faire une distinction entre les politiques de GRH, qui sont définies par les organisations sous forme de procédures et d'intentions, et les pratiques, qui ne sont jamais totalement conformes aux prescriptions que l'on donne : en clair, il y a un net décalage entre le réel et le prescrit (Cadin *et al.*, 2007). Si nous considérons la « ressource humaine » comme un acteur autonome, sa gestion est davantage négociée. Elle « devient alors l'organisation de processus de décision faisant intervenir des acteurs dotés de logiques propres et de pouvoir variable, mais jamais complètement négligeables » (*ibid.*, p. 6).

Les décisions de gestion des ressources humaines sont considérées comme les résultats de processus, c'est-à-dire d'enchaînements d'opérations, d'interactions, d'influences et de négociations plus ou moins implicites. Ces processus font intervenir des acteurs qu'il convient d'identifier et dont on cherche à appréhender les logiques, autrement dit la manière dont ils se représentent leurs intérêts. Les décisions de gestion des ressources humaines sont le produit des négociations entre ces acteurs, acteurs détenteurs de ressources de pouvoir plus ou moins importantes. (*ibid.*, p. 8)

Des résultats conformes aux intentions d'une politique sont donc loin d'être acquis : « la GRH pratiquée peut être sensiblement différente de celle qui est proclamée » (*ibid.*, p. 6). Certes, il est préférable de commencer en se conformant aux choix organisationnels et aux procédures que préconise l'entreprise. Par exemple, lors du recrutement, il est requis de s'interroger sur le profil de candidat que l'entreprise souhaite recruter, et cela, en suivant la procédure habituelle. Il ne faut toutefois pas en rester là. Rien ne permet de tenir pour acquis que les personnes recrutées correspondront à la politique et « que les candidats retenus le seront en parfaite conformité avec la procédure officielle » (*ibid.*, p. 7). Considérant le nombre important d'acteurs internes et externes dont les enjeux et les intérêts sont le plus souvent divergents, « [l]es pratiques de GRH sont inévitablement, à divers degrés, influencées par des jeux politiques et des logiques souvent contradictoires » (*ibid.*, p. 8). Bien qu'il faille s'intéresser aux intentions affichées, les politiques, les décisions concrètes et les pratiques ne doivent pas être sous-estimées, considérant « que les stratégies de certains acteurs peuvent l'emporter sur les politiques officielles, même très instrumentées » (*ibid.*).

11.4.4 La convention collective

En tant qu'acteur collectif participant à l'élaboration et à la conception des pratiques de GRH, nous ne pouvons sous-estimer l'ascendance de l'acteur syndical[17], car il peut exercer une influence sur les règles du jeu, donc sur les pratiques de GRH. Cet acteur n'est pas toujours à la merci d'un déterminisme patronal ; il est bel et bien un acteur participant, non seulement à la mise au point et à la négociation de nouvelles règles, mais également à leur application (Didry et Jobert, 2010). Dans les entreprises, il est possible d'envisager une régulation conjointe durable de la relation d'emploi ou, en d'autres termes,

---

17. Précisons brièvement que l'influence syndicale peut s'étendre au-delà des entreprises. Dans le processus de comparaison entre entreprises (équité externe), une organisation peut offrir des conditions de travail similaires par la négociation collective, par décision unilatérale, ou même offrir des conditions supérieures afin d'éviter la syndicalisation.

une «articulation entre la mobilisation collective des salariés et l'action des représentants du personnel pour maintenir une coproduction de règles spécifiques de la relation d'emploi» (*ibid.*, p. 15-16).

La convention collective est un document qui résulte d'une régulation conjointe: elle balise certaines pratiques de GRH (*voir le chapitre 14*). Ainsi, comme elle contient les règles qui déterminent les conditions de travail, tout en garantissant le respect de la procédure (justice procédurale) par rapport aux décisions prises à son égard, elle peut jouer le rôle d'instrument de GRH (Hébert *et al.*, 2007, p. 3). C'est une régulation commune négociée qui dicte la marche à suivre pour plusieurs pratiques de GRH telles la rémunération, l'organisation du travail et la formation. C'est «un recueil relativement complet des politiques concernant la main-d'œuvre» que l'employeur s'engage à respecter, ce qui lui permet de se mettre à l'abri de toute contestation. Bien sûr, elle ne couvre pas tous les champs de la GRH, lesquels devront faire l'objet de politiques et de pratiques. Elle ne peut non plus prévoir tout ce qui est susceptible de se produire en cours de convention collective. Ces situations peuvent cependant faire l'objet de mécanismes conjoints, comme les comités d'évaluation des emplois ou d'organisation du travail (*ibid.*, p. 4).

11.5 Les pratiques de gestion des ressources humaines

Nous discuterons des pratiques de GRH[18] en gardant à l'esprit les réserves préalablement énoncées. Nous parlerons d'abord de la GSRH, qui fait partie des tendances actuelles dans la conception de ces pratiques.

11.5.1 Les aspects stratégiques

La GSRH est définie comme «l'ensemble des moyens auxquels une entreprise a recours pour assurer l'utilisation optimale de la structure, des compétences, des processus et des ressources dont elle dispose, afin de tirer profit des perspectives favorables que lui offre son environnement, tout en réduisant au minimum l'effet des contraintes externes susceptibles de compromettre l'atteinte de ses objectifs» (Saba et Dolan, 2013, p. 56, citant Baird et Meshoulam, 1984). Cette définition fait référence à l'adéquation des ressources humaines de l'entreprise avec ses objectifs fondamentaux, ainsi qu'aux processus, structures et moyens mis en œuvre au sein de la fonction GRH. Il ne faut pas non plus sous-estimer l'importance pour plusieurs auteurs d'orienter les comportements et les pratiques pour qu'ils répondent aux objectifs de l'entreprise et à ses besoins stratégiques (Wright et McMahan, cité par Kaufman, 2004, p. 324). Deux composantes émergent donc de la gestion stratégique. Les pratiques de GRH devraient être: 1) étroitement liées à la stratégie organisationnelle; et 2) complémentaires et compatibles entre elles afin d'accroître la performance organisationnelle (Saba et Dolan, 2013, p. 56).

11.5.2 L'analyse des emplois

L'analyse des emplois[19] est fondamentale, puisqu'elle «constitue un préalable [sur lequel s'appuient les] activités de gestion des ressources humaines» (*ibid.*, p. 91). Elle permet de décrire notamment les tâches, les responsabilités assumées, les compétences et les aptitudes exigées du titulaire d'un emploi. Son but est de fournir les informations nécessaires sur les emplois tout en indiquant la façon «dont l'entreprise remplit ses fonctions et atteint ses objectifs» (*ibid.*, p. 92). À la lumière de cette analyse peut s'établir une description d'emploi dans laquelle sont consignées les tâches, responsabilités, exigences, etc. Ces informations permettent, par exemple, d'évaluer la valeur des emplois, que nous verrons dans la sous-section 11.5.8.

11.5.3 La gestion prévisionnelle

La gestion prévisionnelle a pour objectif de déterminer les besoins en main-d'œuvre d'une entreprise et l'offre sur le marché du travail (*ibid.*, p. 137). L'analyse des emplois constitue un préalable de la gestion prévisionnelle. Lorsqu'une entreprise connaît le nombre de candidats requis

---

18. Il est important de mentionner qu'il ne faut surtout pas réduire la GRH à ses pratiques organisationnelles. La GRH implique trois perspectives d'analyse différentes: individuelle, organisationnelle et sociétale/globale (Boxall, 2014, p. 579), à laquelle nous pouvons associer la responsabilité sociale, la GRH territoriale, le développement durable, l'éthique, l'influence de la gouvernance étatique et la mondialisation (Boxall, 2014; Wright et Boswell, 2002).

19. Il y a souvent confusion entre analyse des postes et analyse des emplois, ce qui provient de la traduction fautive de *job analysis*. Le terme «poste» recouvre l'ensemble des activités et des responsabilités que représente le travail d'un salarié. Un «emploi» peut être constitué d'un ou de plusieurs postes aux tâches et aux responsabilités semblables.

et le profil recherché, elle peut entreprendre les activités de dotation, notamment le recrutement et la sélection. La gestion prévisionnelle permet également de prévoir les pénuries de main-d'œuvre potentielles et les secteurs de l'entreprise où les compétences peuvent devenir obsolètes. Elle peut ainsi planifier des programmes de formation et mettre en place des programmes de gestion de carrière. Diverses statistiques sont susceptibles d'être utilisées pour évaluer la demande de main-d'œuvre, notamment les taux de roulement et d'absentéisme, les départs à la retraite, les départs volontaires et involontaires. Il s'agit également de faire l'inventaire des ressources humaines et des emplois disponibles (*ibid.*, p. 139).

Sur le plan de l'offre, il faut prévoir la composition future de la main-d'œuvre en ayant notamment recours aux données démographiques, économiques et informationnelles des ministères et des établissements scolaires. À noter que l'offre de main-d'œuvre peut être interne. Les mouvements internes et les promotions peuvent être envisagés pour établir les disponibilités en ressources humaines.

L'étape suivante concerne l'évaluation de l'écart entre l'offre et la demande de main-d'œuvre, sans oublier la formulation des objectifs en matière de gestion prévisionnelle des ressources humaines. Cette formulation tient compte des besoins de l'organisation en termes d'effectifs et de compétences requises. Il va sans dire que cette étape est cruciale, car elle déterminera la suite des pratiques de dotation (*ibid.*, p. 146). Les objectifs formulés permettent d'élaborer un plan d'action qui vise à combler les besoins en main-d'œuvre ou à accroître l'offre lorsque l'analyse démontre que la demande excède l'offre. Enfin, une étape de suivi et d'évaluation est suggérée afin de vérifier, entre autres choses, l'atteinte des objectifs (*ibid.*, p. 151). Il est souhaitable, en contexte syndiqué, de discuter avec les représentants des salariés des plans d'action et de mobilité, le cas échéant, qui pourraient aussi faire l'objet d'un partenariat (St-Onge *et al.*, 2013, p. 77).

11.5.4 Les pratiques de dotation

Le concept de dotation englobe les pratiques de recrutement, de sélection, d'accueil et d'intégration des personnes. Le recrutement peut être effectué à l'interne ou à l'externe. Il s'agit d'obtenir un nombre suffisant de candidats intéressants, de qualité et susceptibles de pourvoir les emplois disponibles. Anne Bourhis (2007, p. 227) définit le recrutement comme « l'ensemble des pratiques qui consistent à faire savoir à des candidats potentiels qu'un poste est disponible dans une organisation, et à les inviter à poser leur candidature ».

Un emploi disponible peut intéresser un individu qui est déjà dans l'organisation. Il pourra obtenir cet emploi par voie de promotion, de transfert ou de mutation. Le fait de recruter à l'interne comporte certains avantages non négligeables, dont le fait que l'entreprise connaît déjà le candidat et qu'elle est en mesure de l'évaluer correctement. Ce recrutement est nettement moins onéreux en termes de temps et d'argent et envoie le message que l'organisation valorise la progression professionnelle de ses employés. Pour le salarié, le temps d'apprentissage s'en trouve largement diminué. Par contre, un candidat qui est déjà sur place n'apporte pas nécessairement d'idées nouvelles, ce qui peut constituer un inconvénient. Dans un contexte syndiqué, il importe de prendre en considération les clauses touchant le recrutement, par exemple celles qui prévoient qu'un poste vacant doit être offert en priorité à un employé dont le poste a été aboli (*ibid.*, p. 228).

L'affichage est la méthode de recrutement interne la plus répandue. Il y a aussi les plans de carrière ou la promotion, qui consistent à affecter un employé à un poste dont les responsabilités et le salaire se voient augmentés. Le recrutement externe, quant à lui, vise l'ensemble de la population active et peut être effectué à l'aide de plusieurs méthodes (*ibid.*, p. 233-248).

Les pratiques de sélection « consiste[nt] à recueillir et à évaluer l'information sur chaque candidat à un poste donné afin de déterminer le meilleur possible pour l'embauche » (*ibid.*, p. 200). Pour Bourhis, le processus débute par une présélection, soit un premier tri des candidatures, afin de déterminer les personnes qui seront invitées à poursuivre. Ce premier tri se fait généralement à partir des curriculums vitæ, en fonction des critères liés au profil recherché. Par la suite, les candidats retenus à la présélection sont convoqués à une entrevue de sélection, qui est l'outil le plus utilisé par les entreprises. Il est évidemment requis que l'entrevue soit systématique et uniforme d'un candidat à l'autre, par souci d'équité et de justice. L'entrevue de sélection a pour objectif de « s'assurer [que] le candidat répond aux critères de sélection élaborés en fonction du poste à pourvoir » (*ibid.*, p. 362). Ces critères sont généralement contenus dans une grille d'évaluation qui sera pondérée afin qu'on puisse comparer les candidats et choisir celui qui répond le mieux aux exigences. Des tests de compétences ou des mises en situation peuvent aussi compléter l'entrevue (Bourhis, 2007). Sur le plan du choix du candidat qui sera embauché, ce sont souvent des appréciations subjectives, voire des intérêts personnels des gestionnaires[20], qui influencent cette décision. Les membres du comité de sélection procèdent quelquefois par ordonnancement, c'est-à-dire en classant les candidats dans un ordre donné, en plaçant au premier rang celui qui semble le plus qualifié. On communique ensuite la décision d'embauche au candidat choisi en premier lieu. Une fois qu'on a la certitude qu'il accepte le poste et les termes de l'entente proposée (le contrat individuel de travail), on annonce aux autres candidats qu'ils n'ont pas été retenus. En milieu syndiqué, les conditions d'embauche et de travail sont déterminées par la convention collective (*voir le chapitre 14*).

Quant aux pratiques d'accueil et d'intégration, elles consistent à « présenter le nouvel employé à ses collègues et à le familiariser avec les différentes composantes de son milieu de travail, ce qui lui permet de s'adapter le plus rapidement possible » (Saba et Dolan, 2013, p. 174).

11.5.5 L'affectation des ressources humaines ou l'organisation du travail

Sylvie St-Onge et ses collaborateurs (2013, p. 87) définissent l'organisation du travail « comme la décomposition du travail en activités (différenciation) et le réaménagement de ces activités (intégration) par l'intermédiaire de mécanismes de coordination appropriés, dans le but d'accroître l'efficacité et d'améliorer la qualité de vie des employés ». L'organisation du travail touche ainsi non seulement les rapports entre l'individu et son poste, mais aussi les rapports entre tous les postes, ainsi que les mécanismes de contrôle, de coordination et de différentiation[21]. Voyons maintenant les trois perspectives sur lesquelles se fondent l'organisation, les groupes et les individus.

L'organisation du travail dans une perspective organisationnelle

La structure organisationnelle représente la répartition des rôles et des responsabilités sur les plans vertical (la hiérarchie) et horizontal (les différentes fonctions de l'entreprise : comptabilité, marketing, production, ressources humaines, etc.) (*ibid.*, p. 89). Différents modèles de configuration organisationnelle se déploient selon l'analyse de l'environnement externe (*voir les approches contingentes à la page 297*). Nous discuterons ici des principales formes qu'elle peut prendre en commençant par la structure bureaucratique ou mécanique, qui se caractérise par la présence de nombreux paliers hiérarchiques et d'un processus de prise de décision centralisé (Saba et Dolan, 2013, p. 113). Dans ce type de structure, on trouve généralement des emplois spécialisés verticalement et horizontalement, stables et indépendants les uns des autres, dans un environnement de travail stable également. La structure organique, quant à elle, se caractérise par un moins grand nombre de paliers hiérarchiques ainsi que par la responsabilisation et la mobilisation des individus. On parle alors d'une structure « aplatie », qui mise sur la flexibilité et la participation des salariés à la vie organisationnelle, laquelle est facilitée par le rapprochement de la prise de décision et de l'action. Cette structure s'adapte plus facilement aux environnements dynamiques et changeants. Enfin, la dernière structure est celle en réseau, qui implique que l'organisation « peut nouer des relations avec des clients, des fournisseurs, et même des compétiteurs, pour mettre en commun les ressources afin de réaliser des gains ou de coopérer dans certains domaines » (*ibid.*, p. 115). Les entreprises peuvent, par exemple, partager leurs expertises ou mettre en commun leurs services et réseaux de distribution.

L'organisation du travail dans une perspective de groupe

Après l'adoption de la structure, il y a formation des équipes de travail. Dans un contexte de flexibilité marqué par le changement, plusieurs auteurs sont d'avis que le groupe remplace graduellement l'individu comme unité de production (Roy, 1999). On évoque notamment le fait que les besoins d'efficacité et d'efficience concourent à la création de collectifs de travail plus adaptés. À la formation d'équipes se greffent les tentatives contemporaines de rapprocher la prise de décision de l'action, lesquelles reposent notamment

---

20. Hormis le fait que des facteurs subjectifs liés notamment à des préférences individuelles influencent le jugement d'appréciation, les pratiques de GRH, et par extension de recrutement, sont inévitablement, à divers degrés, influencées par les jeux politiques (*voir la sous-section 11.4.3, à la page 305*).

21. De plus, il ne faut pas sous-estimer le processus continu de négociation qui détermine ce qui est réellement accompli par rapport à ce qui est prescrit, puisque l'organisation du travail ne peut être complètement formalisée. Le caractère inévitablement incomplet du contrôle organisationnel, où l'on observe toujours des lieux non formalisés ou des zones obscures situées aux frontières de l'organisation formelle du travail, révèle des espaces d'autonomie dans lesquels les employés, cadres y compris, peuvent opposer une résistance à la subordination hiérarchique formelle (*voir à ce propos la théorie de la régulation sociale à la sous-section 11.2.1, à la page 297*).

sur les équipes de travail semi-autonomes et les équipes de projets qui assument des fonctions décisionnelles. L'organisation évoluerait donc vers un rapprochement temporel et opérationnel de la décision et de l'exécution, alors que ces dernières étaient jadis aux antipodes, ce qui leur vaut d'être considérées comme la séparation fondatrice du taylorisme.

Les équipes sont composées d'individus dont les compétences sont complémentaires et qui travaillent en commun pour atteindre des objectifs dont ils assument collectivement la responsabilité. Les divers types d'équipes de travail se différencient principalement par le degré d'autonomie décisionnelle. Dans les équipes traditionnelles de travail, les membres font généralement office d'exécutants, et le superviseur responsable prend les décisions. Sur ce continuum d'autonomie décisionnelle se trouvent les cercles de qualité, qui découlent d'expériences japonaises dans l'industrie manufacturière et dont les efforts sont axés sur le contrôle de la qualité et l'excellence des produits. Ce type d'équipe, qui a un pouvoir de recommandation et de suggestion, est composé de personnes qui se rencontrent pour « déceler, analyser et résoudre les problèmes liés notamment à la qualité, au coût, à la sécurité, à la motivation, à l'entretien et à l'environnement du travail » (Saba et Dolan, 2013, p. 119). Quant aux équipes de projets, elles sont formées ponctuellement pour mener à bien un projet précis ou accomplir un mandat ponctuel. Ses membres jouissent d'une certaine latitude décisionnelle, qui demeure toutefois dans les limites du mandat qui leur a été confié. Enfin, les équipes de travail semi-autonomes ont la responsabilité de gérer et de fournir un produit ou un service dans son intégralité ou non. Popularisées en Norvège et en Finlande, notamment dans les usines de production de Volvo et de Saab, ces équipes passent « d'un paradigme d'autorité et de supervision à un paradigme d'habilitation et de responsabilisation » (*ibid.*).

L'organisation du travail dans une perspective individuelle

Sur le plan individuel, trois approches de réaménagement du travail ont notamment pour objectif d'accroître la contribution de la personne salariée et de donner davantage de sens à son travail.

Mentionnons tout d'abord la rotation d'emplois, qui vise à augmenter le nombre de tâches qu'un employé est en mesure d'accomplir. En permettant à chaque employé de se familiariser avec divers types d'emplois, cette approche améliore la polyvalence de chacun. Avec l'élargissement du travail, on procède à l'extension des tâches associées à un emploi afin d'augmenter la flexibilité de l'employé. Cet élargissement horizontal implique des tâches de même nature et d'un même niveau de responsabilité. Enfin, comme son nom l'indique, l'approche de l'enrichissement des tâches a pour but d'augmenter la charge de travail et le niveau de responsabilité de l'employé par une intégration verticale de certaines tâches (*ibid.*, p. 123).

11.5.6 L'évaluation du rendement

L'évaluation du rendement se traduit par une série d'activités planifiées, organisées et contrôlées en vue d'observer, de mesurer et d'améliorer la contribution de l'employé. C'est un acte qui consiste à mesurer la valeur relative de la contribution de l'employé. Une évaluation formelle permet d'apprécier la contribution de l'employé à l'aide d'une procédure systématique et uniforme. Elle vise aussi à établir un dialogue constructif entre le gestionnaire et les personnes qui relèvent de lui. Cependant, c'est une activité qui est souvent éludée en raison notamment de la difficulté de mesurer le rendement réel, de la pauvreté des outils et des modes d'évaluation, ainsi que de l'incapacité ou du manque de volonté de certains gestionnaires d'évaluer correctement les employés (Gosselin et Murphy, 2006). C'est un exercice particulièrement délicat compte tenu de l'arbitraire possible dans l'évaluation des personnes.

Une évaluation individuelle n'est valide que dans la mesure où l'employé contrôle les tenants et aboutissants de son travail. Il faut donc s'assurer que son rendement n'est pas lié à des facteurs hors de son contrôle[22]. Petit et DeCotiis (1978) soulignent que l'évaluation du rendement doit s'inscrire non seulement dans le contexte de l'emploi, mais aussi dans celui plus global de l'organisation du travail d'une unité organisationnelle, et cette dernière, par rapport à la stratégie organisationnelle dans son ensemble.

Généralement, une évaluation comprend : 1) la définition du niveau de rendement attendu (situation souhaitée) ; 2) l'observation de la situation existante ; 3) la comparaison de la situation réelle avec la situation souhaitée ; et 4) l'application de la décision au regard de différentes

---

22. Par exemple, le rendement d'une répartitrice au 911 sera intimement lié à la qualité de l'information qui lui sera transmise par le citoyen ou le policier, à l'efficacité des technologies mises à sa disposition pour, entre autres, fournir l'information nécessaire ou orienter l'appel, ainsi qu'à la rapidité d'intervention des intervenants dans les situations d'urgence.

pratiques de GRH (la rémunération, la mobilité interne, la formation, etc.). Le principal objectif d'une évaluation du rendement est de s'assurer que le travail du personnel sera accompli de la meilleure façon possible. L'évaluation vise l'amélioration du travail assigné à l'employé. Évidemment, elle ne doit pas se limiter à l'examen du passé ; elle doit intégrer la préparation de plans d'action prévisionnels fondés sur les constats passés.

Voici certains objectifs considérés comme les plus importants pour l'évaluation du rendement.

- Fournir un cadre formel pour une discussion officielle concernant le rendement, les progrès effectués, l'attitude, etc.
- Établir, d'un commun accord, des objectifs réalistes en vue de la prochaine évaluation.
- Fournir une base concrète pour justifier certains changements ou certaines décisions concernant l'employé (rémunération, mutation, promotion, mesure disciplinaire, etc.).
- Donner l'occasion à l'employé de s'exprimer au sujet de son travail et de ses progrès, et de parler de ses intérêts et objectifs.
- Donner l'occasion au gestionnaire d'expliquer à un nouvel employé dans son service quelles sont les tâches et les objectifs du poste qu'il occupe.

Il faut absolument éviter de personnaliser l'évaluation et d'exprimer son opinion sur la personne elle-même, notamment sur les traits permanents de sa personnalité exprimés en termes de qualités et de défauts. Sinon, elle pourrait considérer qu'il s'agit d'une attaque à son intégrité, ou une forme d'accusation, de défoulement ou d'agressivité. Cela risquerait de provoquer une rupture dans les communications interpersonnelles qui sont indispensables au maintien de la motivation[23]. L'évaluation doit se faire en relation avec les fonctions, les tâches et la situation de travail. Il importe de rattacher la mesure au travail et non à la personne. Dans un souci de transparence, l'entreprise doit faire connaître à l'avance à ses employés les éléments sur lesquels portera leur évaluation. De plus, la procédure doit être appliquée uniformément d'un employé à l'autre et permettre à chacun de participer à l'évaluation de son rendement.

11.5.7 La formation et le développement des compétences

La formation d'un salarié vise l'acquisition et le maintien de compétences qui lui permettent d'accomplir adéquatement ses tâches. L'efficacité de la formation se mesure par le niveau d'acquisition des connaissances (savoir), des habiletés (savoir-faire) et des attitudes (savoir-être). Le développement s'applique davantage au perfectionnement, à l'évolution professionnelle et à l'accroissement du potentiel des employés dans une optique de développement de carrière. Un programme de formation commence par une analyse des besoins de formation, une étape déterminante dans l'élaboration d'une intervention en formation (Blais et Hallée, 2003).

L'analyse des besoins de formation

L'analyse des besoins fournit les données nécessaires pour déterminer l'orientation générale du programme de formation et en fixer les objectifs spécifiques. Dans un premier temps, on procède à une analyse organisationnelle, qui consiste à recueillir des indices révélateurs des besoins de formation (appréciation du rendement, changement humain et matériel, nouvelle technologie, demande des supérieurs, etc.). Dans un deuxième temps, une définition des objectifs de l'organisation et de ses différents secteurs permettra à la personne responsable de l'analyse des besoins de se sensibiliser aux attentes de la direction. Cela aidera à définir l'influence que les objectifs de l'organisation (résultats qu'on se propose d'atteindre) ont sur le travail des employés[24].

L'analyse des besoins de formation suppose aussi d'établir un relevé de l'état actuel des habiletés, des attitudes et des connaissances des individus concernés. Cet exercice permet de brosser un portrait de la situation actuelle. Par la suite, il sera essentiel de définir la situation désirée, celle-ci étant établie en fonction des exigences propres à chaque poste. Cette étape exige une connaissance approfondie des tâches et des responsabilités de chaque poste touché par une éventuelle formation. Ainsi, la personne

---

23. Il revient cependant au gestionnaire de sanctionner les comportements ou attitudes inappropriés du salarié dans le cadre de sa prestation de travail.

24. Les emplois et leurs exigences sont liés à la nature, à la mission et aux objectifs de l'organisation. Un emploi, avec tout ce qu'il comporte, indique la façon dont l'organisation désire atteindre ses objectifs. De plus, un même emploi dans une autre organisation pourrait requérir d'autres types de compétences.

responsable de l'analyse des besoins sera en mesure de déterminer les écarts possibles entre la situation actuelle et celle désirée, ce qui lui permettra de relever les carences individuelles sur le plan des connaissances, des habiletés et des attitudes requises.

Le plan de formation global

Le plan de formation se veut l'aboutissement de l'analyse des besoins. C'est une démarche de planification qui vise à consolider ou à développer les compétences des employés pour qu'ils puissent s'adapter aux changements touchant l'entreprise et atteindre les objectifs fixés. Il donne également des indications précises quant aux différentes activités de formation.

Le plan de formation précise le contenu de la formation, en termes de cours ou d'activités, les niveaux d'apprentissage souhaités, la séquence et la durée des cours, ainsi que le nombre d'heures allouées à chaque formation. Il comprend également les objectifs de formation ou d'apprentissage qui permettent d'établir précisément où on veut aller et comment s'y rendre (Blais et Hallée, 2003, p. 17). La formulation des objectifs est fondamentale, puisque c'est elle qui définira le contenu des cours, les approches et méthodes pédagogiques, ainsi que l'évaluation des résultats obtenus grâce à la formation. Une bonne planification favorise la prise en compte des caractéristiques de l'organisation et de ses employés.

L'élaboration ou le choix du contenu de la formation

Le contenu d'une formation doit être adapté à la clientèle à qui elle est destinée. On peut penser au niveau de langage, aux termes employés, à la séquence des activités, etc. Il faut aussi être attentif au fait que l'adulte en situation d'apprentissage (andragogie) n'a pas les mêmes besoins, aspirations, responsabilités professionnelles et sociales, etc., qu'un jeune élève. De plus, on ne peut mettre au point une activité de formation sans prendre en considération le contexte organisationnel dans lequel elle s'inscrit. Les responsables de la formation devront par la suite réfléchir aux questions de l'élaboration, de la sélection ou de l'adaptation d'un contenu de formation. Une fois les objectifs de formation adéquatement formulés, la clientèle à former et le contexte organisationnel pourront notamment guider ce choix.

L'activité de formation

En ce qui a trait à l'activité de formation proprement dite, il s'agira notamment de réfléchir à la durée et au déroulement du ou des cours, à l'animation, aux stratégies de formation, aux outils et aux méthodes pédagogiques, à la séquence des activités, aux formes d'évaluation et au suivi postformation.

Le retour et le suivi dans l'organisation

L'accueil des personnes qui reviennent dans l'organisation après une formation a une grande incidence sur le transfert des apprentissages.

> Indéniablement, les caractéristiques de l'organisation vont au départ déterminer le type de transfert qui sera réalisé dans l'organisation ; il est donc nécessaire d'y porter une attention particulière en tant que milieu d'accueil [...]. [L]a réaction [de l'organisation] à l'égard de ceux qui reviennent au travail aura un impact considérable sur le transfert et, par conséquent, sur la valeur réelle d'une formation. De même, l'engagement de l'organisation à implanter le changement visé par la démarche de formation et à mettre en place les conditions pour y parvenir influe aussi sur le succès du transfert. (*ibid.*, p. 53-54)

11.5.8 Les pratiques de rémunération : définitions et considérations générales

La rémunération comprend toutes les formes de rétribution, ainsi que les services et les avantages que reçoivent les personnes salariées en contrepartie de leur travail, dans le cadre d'une relation d'emploi. La rémunération extrinsèque est communément appelée « rémunération directe et indirecte » (pécuniaire et non pécuniaire), alors que la rémunération intrinsèque fait référence aux bénéfices intangibles ou avantages à incidence psychologique (reconnaissance, perfectionnement et occasion d'apprentissage, etc.). En bref, la rémunération directe inclut le salaire de base, établi sur une base horaire, hebdomadaire ou annuelle. Les augmentations peuvent être accordées en fonction des années de service ou du coût de la vie. La rémunération directe comprend également la rémunération au mérite, qui est une forme de rémunération récurrente attribuée en fonction du rendement passé. Quant à la rémunération incitative ou variable à court ou à long terme, elle est versée en sus ou à la place du salaire de base (par exemple, à des employés payés entièrement à la commission) et elle n'est pas récurrente ; les critères d'évaluation sont connus d'avance et elle dépend d'une performance individuelle, collective ou organisationnelle. La rémunération indirecte comprend les régimes de protection du revenu (assurances maladie, vie, accident, salaire, etc.), les régimes de retraite considérés comme un salaire différé, le temps chômé et payé (vacances, congés les jours fériés, etc.) et les autres avantages (véhicule, droits de scolarité, allocations diverses, etc.).

Les politiques et les principes d'équité

Les politiques de rémunération représentent le fondement sur lequel le système de rémunération est construit. Elles reposent sur la cohérence interne (équité interne), la compétitivité (équité externe) et la contribution des employés (équité individuelle et équité collective).

Pour permettre l'équité interne, il faut s'assurer d'une rémunération égale pour des emplois de valeur équivalente et d'une rémunération différente pour des emplois de valeur différente. La valeur d'un emploi, que l'on obtient au moyen d'une méthode d'évaluation des emplois, est établie en fonction de sa contribution à l'atteinte des objectifs organisationnels. L'équité interne permet de définir le positionnement d'un emploi dans la hiérarchie des emplois d'une organisation. Par conséquent, les emplois dont la contribution apporte le plus de valeur à l'organisation reçoivent le taux de rémunération le plus élevé. Il existe alors une cohérence interne dans la rémunération des différents emplois dans l'entreprise (Milkovich et Newman, 2002). Il existe différentes applications du concept d'équité interne. Idéalement, celle-ci devrait s'étendre à l'ensemble des emplois de l'entreprise, y compris les emplois de cadres et de professionnels. Cependant, elle n'est souvent réalisée que pour les emplois couverts par la même convention collective ou pour des catégories professionnelles similaires, ce qui peut créer des problèmes de cohérence interne et d'équité entre les différentes catégories professionnelles.

L'équité externe assure la compétitivité de la rémunération sur le marché. Pour atteindre cette équité, il faut veiller à ce que la rémunération offerte par l'organisation pour divers types d'emplois repères, ou emplois clés, soit semblable à celle qui est offerte par les autres organisations pour des emplois comparables en fonction du « marché » de référence, c'est-à-dire ce qu'offrent les autres organisations de même taille et du même secteur pour des emplois similaires (St-Onge et Thériault, 2006 ; Milkovich et Newman, 2002). Aucun employeur ne gère sa rémunération en ignorant complètement son marché de référence (St-Onge et Thériault, 2006, p. 73). Le rapprochement entre entreprises similaires est une pratique qui a également cours dans la négociation de conventions collectives (Hébert, 1992) (*voir le chapitre 13*).

L'organisation souhaite ainsi améliorer sa capacité à attirer et à retenir la main-d'œuvre dont elle a besoin. Elle aura à décider si ce qu'elle offre pour un emploi donné est comparable au marché, ou se situe au-delà ou en deçà du marché. Selon les objectifs qu'elle s'est fixés, sa politique de rémunération la placera dans une position concurrentielle, fortement concurrentielle ou encore à la remorque du marché. Toutefois, dans ce dernier cas, d'autres facteurs que la rémunération peuvent compenser, pensons entre autres au prestige de l'organisation ainsi qu'aux possibilités de carrière et à la sécurité d'emploi qu'elle offre à la main-d'œuvre.

L'équité individuelle consiste à utiliser la rémunération comme une forme de reconnaissance de la contribution de chaque personne à l'organisation. Cette reconnaissance s'obtient selon un ou plusieurs facteurs liés aux caractéristiques individuelles telles que l'ancienneté, le rendement, l'expérience et les compétences. La rémunération variera donc chez les titulaires d'un même emploi selon qu'ils ont plus d'ancienneté, plus d'expérience ou plus de compétences, ou qu'ils donnent un meilleur rendement.

Comme le terme l'indique, l'équité collective tient compte de la contribution collective des individus. Il s'agit alors pour l'organisation de reconnaître la contribution des équipes de travail, des unités administratives ou encore de l'organisation dans son ensemble. Généralement, cette reconnaissance se fait selon le rendement de ces différentes entités ou selon la rentabilité de l'entreprise.

Les techniques et les pratiques de fixation de la rémunération

Une politique de rémunération est rendue effective par des techniques et des pratiques spécifiques. Celles-ci font le lien entre les éléments de la politique de rémunération (équités interne, externe, individuelle et collective) pour former la structure salariale de l'entreprise. En théorie, ces principes d'équité ne sont donc pas isolés les uns des autres.

L'équité interne repose d'abord sur une analyse et une description des emplois et des compétences qui y sont rattachées. Ensuite, on établit la valeur relative des emplois et leur hiérarchisation à l'aide d'une méthode d'évaluation. Évaluer les emplois, c'est attribuer une valeur à chacun, le plus systématiquement possible, selon quatre grands facteurs : les qualifications, les efforts, les responsabilités et les conditions de travail. L'évaluation permet ainsi de hiérarchiser les emplois de l'organisation et de déterminer ceux qui doivent être rémunérés à des taux identiques et ceux qui doivent être rémunérés à des taux différents. D'une organisation à l'autre, la valeur attribuée aux mêmes emplois pourrait ne pas être analogue, puisque les exigences et les responsabilités diffèrent.

L'établissement de classes salariales (classification) fait partie de l'élaboration d'une structure salariale. Une classe salariale (*grades*) est un intervalle de points à l'intérieur duquel des emplois sont de valeur équivalente étant donné que les exigences pour les occuper sont considérées comme équivalentes (Milkovich et Newman, 2002, p. 263). Selon ces auteurs, il n'y a pas de règles formelles pour déterminer l'étendue des classes d'emplois ou salariales. En établissant des classes salariales, l'employeur s'assure, entre autres, qu'un changement mineur apporté à la nature des tâches ou aux exigences d'un emploi ne nécessitera pas d'emblée de modifier la rémunération. Avec le regroupement en classes d'emplois, les personnes salariées acceptent plus facilement la structure salariale. Il serait en effet difficile de justifier que des emplois ayant des résultats semblables en matière d'évaluation soient rémunérés différemment. Enfin, le processus d'évaluation des emplois repose sur une série de décisions subjectives. N'étant ni une science exacte ni un processus aléatoire quant à la qualité de ses résultats, la détermination de classes salariales permet de regrouper les emplois jugés semblables du point de vue de leur valeur.

L'une des techniques pour reconnaître la contribution du personnel est l'évaluation du rendement. Le choix d'établir une rémunération basée sur le rendement collectif et individuel est intimement lié aux caractéristiques et aux particularités de l'emploi. En ce qui concerne le rendement de l'organisation, il s'agit de procéder à une évaluation des indicateurs de performance organisationnelle. Une façon de tenir compte de la contribution individuelle consiste à établir des échelles salariales permettant aux individus de progresser d'un taux de salaire minimum à un taux maximum. Une échelle salariale, c'est une progression de taux de salaire (*range*) situés sur l'axe vertical d'une structure salariale. Par définition, une échelle salariale est constituée d'au moins deux taux de salaire (un minimum et un maximum) (*ibid.*)[25]. À l'intérieur de ces limites, d'autres taux et le « point du milieu » (ou « point de contrôle ») servent de points de repère. L'ensemble des échelles constitue la structure salariale (*ibid.*, p. 264). Ces taux s'appliquent de la même manière à tous les emplois d'une même classe salariale parce qu'ils sont considérés avoir une valeur équivalente. Une échelle salariale comporte des règles de progression, permet de reconnaître la contribution individuelle, garantit au salarié une augmentation salariale à condition qu'il continue d'occuper le même emploi et l'encourage à demeurer dans l'organisation. Dans ce contexte, toute échelle doit être connue des personnes auxquelles elle s'applique afin de pouvoir jouer efficacement son rôle (par exemple, retenir la main-d'œuvre). Il ne faut pas exclure les situations où un taux unique est applicable à l'ensemble des salariés qui occupent un même emploi. C'est généralement le cas pour les métiers (par exemple, dans le secteur de la construction) où l'apprentissage précède l'entrée en emploi[26].

En contexte syndiqué, l'association accréditée joue un rôle important dans l'établissement du système de rémunération. Elle milite en général pour un système qui respecte l'ancienneté, l'expérience et le paiement des heures supplémentaires, qui balise la durée du travail et qui offre une série d'avantages sociaux propres à satisfaire ses membres. Elle revendique aussi des clauses de sécurité d'emploi et de procédure équitable (*due process*). Les salariés pourront notamment être représentés dans des comités d'évaluation des emplois, et des clauses touchant la rémunération pourront faire partie de la convention collective (Kanungo et Mendoca, 1997), ce qui fait du syndicat un acteur de premier plan dans la gestion de la rémunération.

---

25. Le taux maximum est un point de repère qui correspond à un objectif de rémunération. C'est le taux de salaire le plus élevé qu'un salarié peut obtenir lorsque sa formation est complète et qu'il satisfait pleinement aux exigences normales de son emploi.

26. Notons que, dans un contexte d'équité salariale, il devient difficilement justifiable d'établir des échelles salariales pour les employés cols blancs, majoritairement féminins, et des taux uniques pour les employés cols bleus, majoritairement masculins.

11.5.9 Les pratiques disciplinaires[27]

Nous terminons ce chapitre en traitant des pratiques disciplinaires. Voyons d'abord une définition de ce que St-Onge et ses collaborateurs (2004) appellent les « employés difficiles ».

Les employés difficiles

Les employés difficiles sont des « individus ou groupes qui présentent un rendement inadéquat ou qui adoptent des attitudes et des comportements jugés inacceptables, compte tenu de ce qui est généralement attendu en pareilles circonstances » (St-Onge *et al.*, 2004, p. 366, citant Rondeau et Boulard, 1992, p. 32-33). Il ne faut pas négliger de traiter ces cas exceptionnels, car une gestion insuffisante de ces employés peut entraîner dans le milieu de travail des conséquences négatives et même coûteuses, notamment en termes de détérioration du climat de travail et de départs d'employés compétents. Une stratégie d'évitement peut 1) entraîner une charge de travail inégalement répartie ; 2) avoir un effet de découragement sur les autres employés ; et 3) stimuler les autres à accomplir les mêmes actions inappropriées (*ibid.*, p. 369). L'inaction du gestionnaire est souvent due à l'absence de politiques ou de pratiques en la matière ou provient de sa propre difficulté à intervenir dans ces situations. Pourtant, le contrôle et la sanction font partie de son travail.

Les types de problèmes et l'intervention

Les auteurs Rondeau et Boulard (1992) évoquent quatre types de problèmes pouvant conduire à une intervention auprès d'un employé difficile : 1) les résultats inacceptables, notamment des fautes liées à l'exécution du travail ; 2) les attitudes et les comportements injustifiés ; 3) les relations interpersonnelles inacceptables, qui provoquent en outre une dynamique malsaine, des mésententes et des conflits entre personnes salariées, la création de sous-groupes ou de cliques, etc. ; et 4) une contestation abusive de l'autorité (St-Onge *et al.*, 2004, p. 374, citant Rondeau et Boulard, 1992). Certes, en termes d'intervention, il est impératif de documenter le cas de l'employé difficile afin que ce dernier « puisse en prendre conscience, comprenne ses répercussions négatives sur l'unité et reconnaisse la nécessité de remédier au problème » (*ibid.*, p. 376). L'intervention auprès d'un employé difficile peut prendre la forme d'une relation d'aide[28] ou d'une approche disciplinaire. Cette dernière est le point tournant de l'intervention. Elle intègre « les mesures, consécutives à des infractions, qui visent à décourager d'autres infractions afin que le rendement au travail respecte les normes » (*ibid.*, p. 384). Ce processus survient généralement lorsque les démarches de relation d'aide (*counselling*) n'ont pas donné de résultats. La discipline s'avère une mesure officielle réprouvant un comportement ou un résultat inapproprié et volontaire. Elle « comporte une sanction telle qu'un avertissement, une réprimande, une suspension, un congédiement, une rétrogradation, une perte de salaire ou le refus d'une promotion » (*ibid.*). Rappelons qu'il est évidemment essentiel de documenter le dossier par des faits et d'éviter de porter des accusations sur la base de présomptions. Il importe aussi d'examiner les circonstances, atténuantes ou aggravantes, entourant le problème (par exemple, la situation, l'état de santé ou l'état d'esprit de l'employé, qui pourrait être affecté par un divorce, le décès d'un proche, etc., les conséquences d'un manquement quant aux coûts, la réputation de l'employeur ou d'un collègue, etc.). L'employeur doit également s'assurer de la légalité du motif de la mesure disciplinaire, à défaut de quoi l'employé pourrait avoir droit à des recours. En effet, les conventions collectives (*voir le chapitre 14*), de même que des lois du travail telles que la *Loi sur les normes du travail* (*voir le chapitre 7*), le *Code du travail* (*voir le chapitre 10*) ou la *Loi sur les accidents du travail et les maladies professionnelles* (*voir le chapitre 9*), restreignent à juste titre l'intervention potentiellement arbitraire en matière disciplinaire. Il ne faut certes pas non plus mésestimer la jurisprudence des tribunaux administratifs et judiciaires qui balise « les interventions disciplinaires des employeurs en matière de harcèlement psychologique, d'absentéisme, de refus de travailler, etc. » (*ibid.*, p. 386).

Dans une démarche disciplinaire, « la sanction doit s'avérer [sic] en quelque sorte une solution (et non seulement une punition) qu'on adopte au nom d'un employeur pour amener l'employé à améliorer son rendement ou son comportement » (*ibid.*, p. 388). C'est pourquoi il importe de respecter le principe de gradation des mesures disciplinaires, qui découle de la jurisprudence et dont la sévérité est croissante.

---

27. L'essentiel de cette section est tiré de l'ouvrage suivant : St-Onge, S., M. Audet, V. Haines et A. Petit (2004). *Relever les défis de la gestion des ressources humaines*. Montréal, 2ᵉ édition, Gaëtan Morin, p. 364-408.

28. Dans ce chapitre, nous ne traitons pas des approches en relation d'aide. Pour en savoir plus à ce sujet, nous suggérons de consulter les pages 377 à 384 de l'ouvrage cité à la note n° 27.

Conclusion

Faute d'espace, nous avons dû nous limiter aux pratiques de GRH traditionnelles. Certes, nous aurions pu traiter des nouvelles perspectives en GRH, comme l'informatisation (les systèmes d'information et la cybergestion des ressources humaines), la mondialisation, l'évaluation de la fonction GRH ou la gestion des ressources humaines territoriales.

Aussi, même si nous privilégions l'adoption de pratiques de GRH justes et équitables, il ne faut pas y voir une conception naïve de la réalité et sous-estimer les ravages que causent le néolibéralisme et l'économie financière où le guide incontesté de la gestion devient la création de valeur pour l'actionnaire (Sennett, 2000). Nous ne voulons pas non plus minimiser les stratégies de certaines entreprises pour éliminer toute source de contestation, notamment syndicale. Certaines grandes entreprises mondialisées usent parfois d'une conception largement unitariste, voire autoritaire, de la gestion des pratiques de GRH, en faisant par exemple des pressions à la baisse sur les régimes de rémunération (salaire, régime de retraite, etc.) et les conditions de travail, et ce, dans un contexte de rémunérations extravagantes des hauts dirigeants d'entreprises cotées en bourse et d'écarts grandissants entre cette rémunération et le salaire moyen d'un employé[29] (Allaire et Firsirotu, 2010). De plus, les accords de libre-échange sont souvent plus favorables aux entreprises qu'aux travailleurs, et l'opposition, voire l'indifférence, des acteurs sociaux et de la société civile peut se révéler dévastatrice sur le plan social et contribuer à la « déresponsabilisation des États et des entreprises en matière de respect des normes du travail et d'amélioration des conditions de vie des travailleurs » (Deblock et Rioux, 2009, p. 18). Mentionnons également que l'inadéquation des politiques du travail avec les nouvelles réalités de l'emploi peut contribuer à l'adoption de pratiques de GRH empreintes de disparités et de discrimination liées au statut d'emploi (Bernstein et al., 2009).

Le domaine de la GRH « semble avoir été progressivement envahi par la psychologie au cours des dernières décennies » (Léonard, 2015, p. 37), ce que Godard (2014) appelle la psychologisation de la relation d'emploi, associée au triomphe des apports du domaine du comportement organisationnel. Ce type d'approche présente un certain degré de confort pour le gestionnaire, puisqu'il ouvre la possibilité d'attribuer à l'individu les motifs de l'efficacité ou de l'inefficacité (Léonard, 2015). Ce courant de l'individualisation de la GRH est aussi renforcé par les conceptions néoclassiques du libre marché, selon lesquelles il faut chercher à libérer l'entrepreneuriat individuel et à légitimer la concurrence, l'intérêt personnel et la cupidité individuelle (Dundon et Rafferty, 2018). Or cette mise en concurrence permanente et la rivalité entretenue entre salariés peuvent avoir des effets importants sur la santé des travailleurs.

Le lecteur averti comprendra que ce n'est pas cette voie que nous prônons. Cette perspective, associée au paradigme unitariste et aux conceptions strictement productivistes de la GRH, non seulement entre en contradiction avec le caractère interdisciplinaire, pluraliste et même critique des relations industrielles, mais impose une conception restrictive, en plus de contribuer à l'affaiblissement du rôle socioéconomique de la GRH (Hallée et Luc, 2019). Nous souscrivons notamment à l'importance pour un gestionnaire des ressources humaines de « comprendre les enjeux institutionnels externes et [de] saisir les jeux politiques internes [qui] sont les conditions mêmes d'une action qui soit à la fois pertinente, crédible et sans doute légitime » (Léonard, 2011, p. 145).

Peut-on se permettre d'être optimiste ? Il y a des employeurs plus progressistes que d'autres[30]. Même si les actions sont souvent noyées dans une rhétorique de profit, de marge bénéficiaire et de compétitivité, certaines entreprises adoptent des pratiques plus humaines qu'il importe d'encourager. Les espoirs résident dans une prise de conscience collective de la nécessité d'humaniser le travail et le commerce. La GSRH peut être porteuse

---

29. « En 2017, les 100 PDG les mieux rémunérés au Canada ont touché 197 fois plus que les travailleurs moyens, atteignant leur salaire annuel moyen (50 759 $) le 2 janvier avant l'heure du lunch. » Cet exemple montre qu'on assiste au phénomène de l'américanisation de la rémunération des dirigeants canadiens (Allaire, 2012). Récupéré au www.policyalternatives.ca/publications/reports/des-conditions-exceptionnelles

30. Soulignons l'exemple de Costco (sans vouloir l'ériger en modèle, car cette entreprise du commerce de détail, un secteur qui n'a pas globalement la réputation d'accorder de bonnes conditions de travail, n'est pas syndiquée), qui offre des conditions salariales supérieures de 42 % à celles de son principal concurrent qu'est Walmart (Barrera et Heymann, 2012, p. 2).

d'un équilibre entre la performance économique et la « performance » sociale et humaine, dans une optique de légitimité sociale et d'humanisation des rapports collectifs (Hallée, 2019). L'être humain est au centre des pratiques de GRH et participe largement au succès des entreprises. Certes, les changements que nous préconisons dépendront de la place qui sera laissée aux gestionnaires des ressources humaines pour définir la stratégie de l'entreprise. En effet, trop souvent absente des lieux de pouvoir décisionnel, la GRH a été amenée à se cantonner dans une fonction d'accompagnement et de servitude et à adopter un rôle de « second effacé », accentué par une perte d'ancrage dans le réel et par des pratiques contribuant au bris du lien social (Galambaud, 2014, p. 32). En terminant, attirons l'attention sur le fait qu'il n'y a pas que le modèle américain. Il est impératif de demeurer critiques par rapport à cette conception instrumentalisée et productiviste, et de proposer d'autres solutions. Notamment, la GRH d'inspiration britannique est amplement pluraliste, et même critique (Legge, 2005). Voilà pourquoi elle sied davantage au corpus disciplinaire des relations industrielles.

QUESTIONS DE RÉVISION

1. Comment peut-on distinguer les pratiques de GRH universalistes et contingentes ?

2. Quelle différence y a-t-il entre une politique et une pratique de GRH ?

3. Quelles sont les étapes historiques du développement de la fonction GRH ?

4. Quels sont les obstacles à l'élaboration d'une théorie intégrée de GRH ?

5. Comment distingue-t-on la gestion des personnes et la GRH ?

6. En quoi consiste l'évaluation du rendement ?

7. Qu'est-ce que l'équité interne dans les pratiques de rémunération ?

8. Que comprend la dotation ?

9. Quels sont les types de comportements qui peuvent amener un gestionnaire des ressources humaines à intervenir en matière disciplinaire ?

10. Quelles sont les deux composantes de la GSRH ?

POUR ALLER PLUS LOIN

Bach, S. et K. Sisson (2000). *Personnel Management : A Comprehensive Guide to Theory and Practice*, 3e éd., Oxford, Blackwell Business.

Brabet, J. (1993). *Repenser la gestion des ressources humaines ?* Paris, Economica, coll. « Gestion ».

Cadin, L., F. Guérin et F. Pigeyre (2007). *Gestion des ressources humaines : pratiques et éléments de théories*, 3e éd., Paris, Dunod.

Galambaud, B. (2014). *Réinventer le management des ressources humaines : une métamorphose obligée*. Paris, Éditions Liaisons.

Kaufman, B. E. (2008). *Managing the Human Factor : The Early Years of Human Resource Management in American Industry.* Ithaca et Londres, ILR Press, Cornell University Press.

Legge, K. (2005). *Human Resource Management : Rhetorics and Realities.* Londres, Palgrave Macmillan, coll. « Management, Work & Organisations ».

Léonard, É. (2015). *Ressources humaines : gérer les personnes et l'ordre social dans l'entreprise.* Louvain-la-Neuve, Belgique, De Boeck.

Pichault, F. et J. Nizet (2013). *Les pratiques de gestion des ressources humaines : conventions, contextes et jeux d'acteurs*, 2e éd., Paris, Éditions du Seuil.

RÉFÉRENCES

Adams, J. S. (1965). « Inequity in Social Exchange », dans Berkowitz, L. (dir.), *Advances in Experimental Social Psychology*. New York, Academic Press, p. 267-299.

Aktouf, O. (2006). *Le management entre tradition et renouvellement*, 4e éd., Montréal, Gaëtan Morin et Chenelière Éducation.

Allaire, Y. (2012). *L'américanisation de la rémunération des dirigeants canadiens.* Récupéré au https://igopp.org/lamericanisation-de-la-remuneration-des-dirigeants-canadiens/

Allaire, Y. et M. Firsirotu (2010). *Plaidoyer pour un nouveau capitalisme.* Montréal, Institut sur la gouvernance d'organisations privées et publiques (IGOPP).

Alter, N. (2009). *Donner et prendre : la coopération en entreprise.* Paris, La Découverte.

Appelbaum, E. et R. L. Batt (1994). *The New American Workplace : Transforming Work Systems in the United States*, ILR Press.

Armstrong, M. (2012). *Armstrong's Handbook of Human Resource Management Practice*, 12e éd., Londres, Kogan Page.

Barrera, M. et J. Heymann (2012). « Une formule gagnante : investissement au bas de l'échelle et enrichissement commun », *Regards sur le travail*, vol. 8, n° 1, p. 1-7. Récupéré au https://www.travail.gouv.qc.ca/fileadmin/fichiers/Documents/regards_travail/vol08-01/04_Investissement_bas_echelle.pdf

Becker, H. S. (2002). *Les ficelles du métier : comment conduire sa recherche en sciences sociales.* Paris, La Découverte.

Bergeron, J.-L. (1979). « La motivation », dans Bergeron, J.-L. et al., *Les aspects humains de l'organisation.* Chicoutimi, Gaëtan Morin.

Bernstein, S. *et al.* (2009). « Les transformations des relations d'emploi : une sécurité compromise ? », *Regards sur le travail*, vol. 6, n° 1, p. 19-29.

Bies, R. J. (1987). « The Predicament of Injustice : The Management of Moral Outrage », dans Cumming, L. L. et B. M. Staw (dir.), *Research in Organizational Behaviour*, vol. 9, p. 289-319.

Bies, R. J. et J. F. Moag (1986). « Interactional Justice : Communication Criteria of Fairness », dans Lewicki, R. J. et al., *Research on Negotiations in Organizations*, vol. 1, Greenwich, JAI Press, p. 43-55.

Blais, R. et Y. Hallée (2003). *La formation en entreprise*, vol. 1. *Les étapes de la formation dans une perspective d'évaluation*, Québec, Presses Inter Universitaires.

Boisvert, M. (1980). *L'approche socio-technique.* Montréal, Les Éditions Agence d'Arc.

Boon, C., Paauwe, J. Boselie, P. et D. D. Hartog (2009). « Institutional Pressures and HRM : Developing Institutional Fit », *Personnel Review*, vol. 38, n° 5, p. 492-508.

Bourhis, A. (2007). *Recrutement et sélection de personnel.* Montréal, Gaëtan Morin.

Boxall, P. (2014). « The Future of Employment Relations from the Perspective of Human Resource Management », *Journal of Industrial Relations*, vol. 56, n° 4, p. 578-593.

Boxall, P. (2007). « The Goals of HRM », dans Boxall, P., J. Purcell et P. Wright (dir.), *The Oxford Handbook of Human Resource Management*. Oxford, Oxford University Press, p. 48-67.

Boxall, P. et J. Purcell (2008). *Strategy and Human Resource Management*, 2e éd., Londres, Palgrave Macmillan, coll. « Management, Work & Organisations ».

Cadin, L., F. Guérin et F. Pigeyre (2007). *Gestion des ressources humaines : pratiques et éléments de théories*, 3e éd., Paris, Dunod.

Chanlat, J.-F. (dir.) (1990). *L'individu dans l'organisation : les dimensions oubliées.* Québec, Presses de l'Université Laval.

Clavette, S. (2008). *Gérard Dion : artisan de la Révolution tranquille.* Québec, Presses de l'Université Laval.

Commons, J. R. (1959). *Institutional Economics : Its Place in Political Economy.* Madison, The University of Wisconsin Press.

Deblock, C. et M. Rioux (2009). « Humaniser le commerce : le travail dans les accords de libre-échange du Canada et des États-Unis », *Regards sur le travail*, vol. 6, n° 1, p. 2-18.

Delery, J.E., et D.H. Doty (1996). « Modes of Theorizing in Strategic Human Resource Management : Tests of Universalistic, Contingency, and Configurational Performance Predictions », *Academy of Management Journal*, vol. 39, n° 4, pp. 802-835.

Didry, C. et A. Jobert (dir.) (2010). *L'entreprise en restructuration. Dynamiques institutionnelles et mobilisations collectives.* Rennes, Presses universitaires de Rennes.

Donnadieu, G. (2005). « La régulation sociale », dans Weiss, D. (dir.), *Ressources humaines,* 2ᵉ éd., Paris, Éditions d'Organisation, p. 221-280.

Dundon, T. et A. Rafferty (2018). « The (potential) demise of HRM ? », *Human Resource Management Journal,* vol. 28, n° 3, p. 377-391.

Gagnon, O. et G. Arcand (2011). « Les pratiques de GRH comme catalyseur de la performance organisationnelle », *Revue internationale sur le travail et la société,* vol. 9, n° 2. Récupéré au https://oraprdnt.uqtr.uquebec.ca/pls/public/docs/FWG/GSC/Publication/280/3/8542/1/100157/8/F_600452071_2011Vol9No2pp1_23ArcandGagnon.pdf

Galambaud, B. (2014). *Réinventer le management des ressources humaines : une métamorphose obligée.* Paris, Éditions Liaisons.

Godard, J. (2014). « The psychologisation of employment relations ? », dans *Human Resource Management Journal*, vol. 24, n° 1, pp. 1-18.

Gosselin, A. et K. R. Murphy (2006). « L'échec de l'évaluation de la performance », dans Tremblay, M. (dir.), *La mobilisation des personnes au travail : quoi, pourquoi, comment,* Montréal, Gestion, revue internationale de gestion, p. 608-630.

Esping-Andersen, G. (1999). *Social Foundations of Postindustrial Economies.* Oxford, University Press.

Hall, P.A. et D. Soskice (2001). *Varieties of Capitalism : The Institutional Foundations of Comparative Advantage.* Oxford University Press.

Hallée, Y. (2019). « La rémunération en entreprise vue autrement : l'importance des dimensions sociales et sociétales », dans Malo, F. B., J. D. Thwaites et Y. Hallée (dir.), *L'humain, plus qu'une ressource au cœur de la gestion.* Québec, Presses de l'Université Laval, p. 226-242.

Hallée, Y. et S. Luc (2019). « L'enseignement de la gestion des ressources humaines au sein du champ des relations industrielles au Québec : fondements, évolution et perspectives », dans Malo, F. B., J. D. Thwaites et Y. Hallée (dir.), *L'humain, plus qu'une ressource au cœur de la gestion.* Québec, Presses de l'Université Laval, p. 32-47.

Hébert, G., J. Charest et M. Simard. (2007). *La convention collective au Québec,* Montréal, Gaëtan Morin éditeur.

Hébert, G. (1992). *Traité sur la négociation collective.* Boucherville, Gaëtan Morin.

Herzberg, F. (1968). « One More Time : How do You Motivate Employees ? », *Harvard Business Review,* vol. 46, n° 1, p. 53-62.

Hollingsworth, J.R. et R. Boyer (1997). *Contemporary Capitalism : The Embeddedness of Institutions.* Cambridge University Press.

Kanungo, R. N. et M. Mendonca (1997). « Union Management Relations : Impact on Compensation », dans *Compensation : Effective Reward Management.* Montréal, Université McGill, p. 41-53.

Kaufman, B. E. (2008a). *Managing the Human Factor : The Early Years of Human Resource Management in American Industry.* Ithaca et Londres, ILR Press, Cornell University Press.

Kaufman, B. E. (2008b). « Paradigms in Industrial Relations : Original, Modern, and Versions In-Between », *British Journal of Industrial Relations*, vol. 46, n° 2, p. 314-339.

Kaufman, B. E. (2007). « The Development of HRM in Historical and International Perspective », dans Boxall, P., J. Purcell et P. Wright (dir.), *The Oxford Handbook of Human Resource Management.* Oxford, Oxford University Press, p. 19-47.

Kaufman, B. E. (2004). *Theoretical Perspectives on Work and the Employment Relationship,* Urbana-Champaign, Industrial Relations Research Association, p. 321-366.

Kaufman, B. E. (2003). « Industrial Relations Conselors, Inc. : Its History and Signifiance », dans *Industrial Relations to Human Ressources and Beyond : The Evolving Process of Employee Relations Management.* B. E. Kaufman, R.A. Beaumont et R. B. Helfgott (dir.), New York, London, England, M.E. Armonk.

Kaufman, B. E. (2000). « Personnel/Human Resource Management : Its Roots as Applied Economics », dans Biddle, J. et R. E. Backhouse (dir.), *Toward a History of Applied Economics : Annual Supplement to Volume 32, History of Political Economy*. Durham, Caroline du Nord, Duke University Press, p. 226-256.

Kaufman, B. E. (1999). « Evolution and Current Status of University HR Programs », *Human Resource Management*, vol. 38, n° 2, p. 103-110.

Kaufman, B. E. (1993). *The Origins and Evolution of the Field of Industrial Relations in the United States*. Ithaca, ILR Press.

Lawler, E. E. (1986). *High-Involvement Management*. San Francisco, Jossey-Bass.

Legge, K. (2005). « What is Personnel Management ? », dans *Human Resource Management : Rhetorics and Realities*. Londres, Palgrave Macmillan, coll. « Management, Work & Organisations ».

Léonard, É. (2015). *Ressources humaines : gérer les personnes et l'ordre social dans l'entreprise*. Louvain-la-Neuve, Belgique, De Boeck.

Léonard, É. (2011). « Gestion des ressources humaines, institutions et régulation sociale : pour ouvrir la perspective », dans Taskin, L. et M. de Nanteuil (dir.), *Perspectives critiques en management : pour une gestion citoyenne*. Louvain-la-Neuve, Belgique, De Boeck, p. 135-147.

Leventhal, G. S. (1980). « What Should Be Done with Equity Theory ? New Approaches to the Study of Fairness in Social Relationships », dans Gergen, K. J., M. S. Greenberg et R. H. Willis (dir.), *Social Exchange : Advances in Theory and Research*. New York, Plenum Press, p. 27-55.

Louart, P. (1991). *Gestion des ressources humaines*. Paris, Eyrolles Université, coll. « Gestion ».

Maslow, A. H. (1943). « A Theory of Human Motivation », *Psychological Review*, vol. 50, n° 4, p. 370-396.

McGregor, D. (1960). *The Human Side of Enterprise*. New York et Toronto, McGraw-Hill.

Milkovich, G. T. et J. M. Newman (2002). *Compensation*, 7e éd., Boston, Irwin-McGraw-Hill.

Miller, K. I. (2000). « Common Ground from the Post-Positivist Perspective : From "Straw Person" Argument to Collaborative Coexistence », dans Corman, S. R. et M. S. Poole (dir.), *Perspectives on Organizational Communication : Finding Common Ground*. New York, The Guilford Press, p. 46-67.

Mintzberg, H. (1982). *Structure et dynamique des organisations*. Paris, Éditions d'Organisation.

Morgan, G. (1989). *Images de l'organisation*. Québec, Presses de l'Université Laval.

Noe, R. A. *et al.* (2010). *Human Resource Management : Gaining a Competitive Advantage*, 7e éd. New York, McGraw-Hill.

Paauwe, J. et P. Boselie (2007). « HRM and Social Embeddedness », dans Boxall, P., J. Purcell et P. Wright (dir.), *The Oxford Handbook of Human Resource Management*. Oxford, Oxford University Press, p. 166-184.

Petit, A. et T. A. DeCotiis (1978). « La validité des résultats obtenus en évaluation du rendement : un modèle conceptuel », *Relations industrielles/Industrial Relations*, vol. 33, n° 1, p. 58-79.

Pichault, F. et J. Nizet (2013). *Les pratiques de gestion des ressources humaines : conventions, contextes et jeux d'acteurs*, 2e éd., Paris, Éditions du Seuil.

Pihel, L. (2010). « La relation salariale moderne : La dynamique du don/contre-don à l'épreuve et dans l'impasse », *Revue du MAUSS*, vol. 1, n° 35, p. 195-213.

Reynaud, J.-D. (1997). *Les règles du jeu : l'action collective et la régulation sociale*, 2e éd., Paris, Armand Colin.

Reynaud, J.-D. (1988). « Les régulations dans les organisations : régulation de contrôle et régulation autonome », *Revue française de sociologie*, vol. 29, n° 1, p. 5-18.

Reynaud, J.-D. (1982). *Sociologie des conflits de travail*. Paris, Presses universitaires de France, coll. « Que sais-je ? ».

Rondeau, A. et F. Boulard (1992). « Gérer des employés qui font problème, une habileté à développer », *Gestion*, vol. 17, n° 1, p. 32-42.

Rousseau, D. (1990). « New Hire Perceptions of Their Own and Their Employer's Obligations : A Study of Psychological Contracts », *Journal of Organizational Behavior*, vol. 11, n° 5, p. 389-400.

Rousseau, D. (1989). « Psychological and Implied Contract in Organizations », *Employee Responsibilities and Rights Journal,* vol. 2, n° 2, p. 121-139.

Roy, M. (1999). « Les équipes semi-autonomes au Québec et la transformation des organisations », *Gestion,* vol. 24, n° 3, p. 76-85.

Saba, T. et S. L. Dolan (2013). *La gestion des ressources humaines : tendances, enjeux et pratiques actuelles,* 5e éd., Montréal, Pearson ERPI.

Sennett, R. (2000). *Le travail sans qualités : les conséquences humaines de la flexibilité.* Paris, Albin Michel.

St-Onge, S. et al. (2013). *Relever les défis de la gestion des ressources humaines,* 4e éd., Montréal, Gaëtan Morin.

St-Onge, S. et R. Thériault (2006). *Gestion de la rémunération : théorie et pratique,* 2e éd., Montréal, Gaëtan Morin.

St-Onge, S., M. Audet, V. Haines et A. Petit (2004). *Relever les défis de la gestion des ressources humaines,* Montréal, Gaëtan Morin, p. 364-408.

Wright, P. M. et W. R. Boswell (2002). « Desagregating HRM : A Review and Synthesis of Micro and Macro Human Resource Management Research », *Journal of Management,* vol. 28, n° 3, p. 247-276.

Wynne, C. (2000). *Douglas McGregor. La dimension humaine de l'entreprise.* Récupéré au http://mip-ms.cnam.fr/servlet/com.univ.collaboratif.utils.LectureFichiergw?ID_FICHIER=1295877018119

Chapitre 12

Geneviève Baril-Gingras

L'organisation de la prévention en santé et en sécurité du travail à l'échelle du milieu de travail

Plan du chapitre

12.1 ▸ Les risques du travail et de l'emploi
12.2 ▸ Le regard de l'ergonomie et des relations industrielles
12.3 ▸ Les pratiques spécifiques à la prévention
12.4 ▸ Les acteurs en prévention

Objectifs d'apprentissage

- Connaître le rôle du travail et de l'emploi comme déterminants de la santé et les principaux facteurs de risque, dont les facteurs organisationnels et de l'environnement psychosocial du travail.
- Comprendre l'apport à la prévention en santé et en sécurité du travail de la perspective multidisciplinaire des relations industrielles et de l'analyse de la situation de travail par l'ergonomie.
- Maîtriser la définition des niveaux de prévention (primaire, secondaire, tertiaire) et l'efficacité relative des différents types d'interventions en prévention primaire.
- Intégrer le principe selon lequel l'élimination du risque à la source est la stratégie la plus efficace et comprendre qu'agir efficacement en prévention suppose de remonter en amont, jusqu'aux décisions de gestion.
- Se familiariser avec le rôle des personnes formées en relations industrielles en matière de prévention, dont la fonction de « coordonnateur en santé et en sécurité du travail ».

Introduction

Ce chapitre porte sur la prévention en santé et en sécurité du travail (SST) : « du » et non « au », puisqu'il s'agit bien d'agir sur les risques créés par la relation d'emploi et les conditions de travail. Il commence par un portrait sommaire des risques auxquels les travailleurs sont exposés dans leur milieu de travail et se poursuit par un bref exposé de la relation entre le travail et l'emploi d'une part, et la santé[1] d'autre part. Nous proposons d'examiner ces questions en combinant l'analyse ergonomique de l'activité de travail, au niveau micro, et le regard plus méso et macro rendu possible par les disciplines qui contribuent au champ des relations industrielles. Nous verrons que toutes les dimensions des relations industrielles, depuis l'organisation de la production et du travail jusqu'aux relations du travail, en passant par les pratiques de gestion des ressources humaines, ont une influence sur la santé et la sécurité des personnes au travail. Nous présenterons ensuite quelques notions de base en prévention ainsi que la « démarche préventive », soit un ensemble d'activités d'identification des risques et d'élimination, sinon de contrôle, puis de suivi et d'évaluation, ainsi que les recommandations courantes quant à l'intégration de la prévention. Dans une perspective pluraliste ou critique en relations industrielles, nous ferons un survol de ce que disent les études sur le rôle, en prévention, des différents acteurs du milieu de travail. À la différence des exposés habituels sur le sujet, nous réserverons une part importante à l'action syndicale.

12.1 Les risques du travail et de l'emploi

Au travail, la santé des personnes est affectée directement par les caractéristiques de leur emploi et de leurs conditions de travail, au point où diverses études constatent que « les inégalités [sociales] observées pour plusieurs problèmes de santé disparaissent ou diminuent lorsqu'on tient compte de l'exposition à des contraintes physiques ou psychosociales du travail » (Vézina *et al.*, 2011, p. 25).

On distingue le plus souvent les risques pour la « sécurité » et les risques pour la « santé », les premiers découlant d'une exposition ponctuelle, souvent traumatique, et les seconds étant plutôt, mais pas seulement, associés à une exposition chronique ou prolongée générant une maladie. En fait, dans les deux cas, le résultat est bien une altération de la santé : cette distinction découle probablement en grande partie de l'établissement des balises aux fins de l'indemnisation. La *Loi sur les accidents du travail et les maladies professionnelles* (ci-après désignée *LATMP*) (*voir le chapitre 9*) définit en effet des critères spécifiques pour la reconnaissance d'une lésion soit comme « accident du travail », soit comme « maladie professionnelle ». On retiendra cependant qu'en prévention on s'intéresse à tous les risques d'altération de la santé par le travail, que cela génère ou non des lésions indemnisées.

On utilise généralement les grandes catégories suivantes pour décrire les risques présents dans une situation de travail (Préventex, 1995[2]) : les risques chimiques, biologiques, physiques (le bruit, les vibrations, le rayonnement, l'éclairage, etc.) ; les risques mécaniques (les machines, par exemple), thermiques, électriques ; les risques liés aux rayonnements ; les risques psychosociaux ; et les risques dits « ergonomiques ». La typologie proposée par l'Institut national de recherche et de sécurité (INRS, 2018) pour la prévention des accidents du travail et des maladies professionnelles en France s'appuie, quant à elle, sur de grandes catégories d'activités, notamment celles présentant les risques précédemment cités, mais cette typologie comprend également des risques résultant du rôle de l'organisation du travail et de divers facteurs organisationnels : les risques de trébuchement, de heurts ou d'autres perturbations du mouvement ; les risques

---

1. Il faut noter qu'on utilise ici une définition positive de la santé, soit celle qui est retenue par l'Organisation mondiale de la santé (OMS) (1948), à savoir : « La santé est un état de complet bien-être physique, mental et social, et ne consiste pas seulement en une absence de maladie ou d'infirmité. »
2. Préventex est l'association sectorielle paritaire (ASP) de santé et de sécurité du travail du secteur du textile et de la bonneterie. Voir le site www.preventex.qc.ca

de chute de hauteur; les risques liés à la circulation de véhicules à l'intérieur; les risques routiers; les risques liés à la charge physique de travail, à la manutention mécanique, aux produits, aux émissions et aux déchets, aux agents biologiques, aux équipements de travail, aux effondrements et aux chutes d'objets; les risques et les nuisances liés au bruit, aux ambiances thermiques; les risques d'incendie, d'explosion; les risques liés à l'électricité, aux ambiances lumineuses, aux rayonnements; les risques psychosociaux; etc. Parmi les facteurs de risque de l'environnement psychosocial du travail, Gollac et Bodier (2011) recensent: l'intensité du travail et le temps de travail; les exigences émotionnelles; le manque d'autonomie; les rapports sociaux au travail, dont la justice et la reconnaissance, les relations avec les collègues et la hiérarchie, la violence, les conflits de valeurs; et l'insécurité de la situation de travail.

On s'en doute, dans le monde du travail, la répartition des risques découlant des conditions de travail et d'emploi ne relève pas du hasard. Leur présence dépend bien sûr de la nature des activités économiques d'un secteur donné. Ainsi, si l'on considère les lésions indemnisées par la Commission des normes, de l'équité, de la santé et de la sécurité du travail (CNESST), « [l]es travailleurs manuels des activités de soutien à l'agriculture et à la foresterie, des entrepreneurs spécialisés de la construction, et ceux des mines et carrières continuent d'être parmi les regroupements de travailleurs ayant les taux de fréquence-gravité ETC [équivalent temps complet] les plus élevés » (Duguay *et al.*, 2017, p. iii). Cependant, contrairement à l'image généralement véhiculée, des secteurs des services présentent des taux semblables, par exemple: « les travailleurs manuels des grossistes-distributeurs de produits pétroliers, ceux de la gestion des déchets et de l'assainissement, des services d'hébergement, des magasins d'appareils électroniques et ménagers et ceux des établissements de soins infirmiers, pour n'en nommer que quelques-uns » (*ibid.*).

Encore aujourd'hui, l'importance des effets du travail sur la santé et le maintien des inégalités sociales de santé liées au travail s'expliquent, entre autres, par le fait que, dans les pays riches, l'exposition aux risques depuis longtemps connus – produits chimiques, radiations, vibrations – est restée stable ou n'a diminué que légèrement, alors que l'exposition aux risques associés à l'intensification du travail et à l'emploi précaire augmente (Benach, 2010, p. 1392). On constate ainsi l'accroissement des problèmes musculosquelettiques et de santé psychologique associés au travail, l'augmentation de la violence au travail et des préoccupations pour les risques biologiques (syndrome respiratoire aigu sévère (SRAS), grippe H1N1, coronavirus, par exemple), la multiplication des produits toxiques et de produits dont on connaît mal les dangers (les nanomatériaux, par exemple), en parallèle avec la présence tenace de contaminants bien connus, comme l'amiante dans les bâtiments. La « révolution industrielle 4.0 », caractérisée, entre autres, par la robotisation et les technologies numériques, pourrait réduire l'exposition à certains risques physiques, mais aussi en créer de nouveaux, d'autant plus que les choix technologiques ne sont pas faits d'emblée sur la base de critères de santé et de sécurité du travail et que ces changements sont associés à des modifications de la relation d'emploi qui rendent les travailleurs plus vulnérables.

Ainsi, il importe de considérer non seulement les risques associés aux conditions de « travail », mais aussi ceux découlant des conditions d'« emploi ». C'est ce que montre l'*Enquête québécoise sur des conditions de travail, d'emploi et de santé et de sécurité du travail* (*EQCOTESST*): « Les personnes qui vivent une situation d'insécurité d'emploi sont nettement plus nombreuses, en proportion, à avoir une perception négative de leur état de santé (10,4 % contre 5,2 %) » (Vézina *et al.*, 2011, p. 405). La précarité de l'emploi est liée à des effets négatifs en termes de taux d'accidents du travail, de risques de maladie, d'exposition aux risques et de connaissance des travailleurs et des gestionnaires quant à la SST et aux responsabilités légales (Quinlan *et al.*, 2001).

Si de nombreux facteurs de risque sont relativement bien connus, l'étendue des problèmes de santé liés au travail ne l'est pas suffisamment. En 2016, la CNESST a reconnu 82 179 accidents du travail et 8235 maladies professionnelles (CNESST, 2017); la même année, elle a dû verser des indemnités pour 15 303 547 jours perdus (*ibid.*). Par ailleurs, toujours en 2016, on a dénombré trois fois plus de décès par accident du travail (80) ou par maladie professionnelle (134) reconnus par la CNESST que d'homicides (67). Or les accidents du travail et les maladies professionnelles ne font pas aussi souvent la une des journaux que les homicides. On peut y voir l'influence de deux phénomènes: une certaine « normalisation » ou banalisation des effets du travail sur la santé (« Ça fait partie de *la job* »), ainsi que la sous-déclaration et la sous-reconnaissance des problèmes de santé en lien avec le travail. De fait, les statistiques de lésions indemnisées par la CNESST ne représentent que la pointe de l'iceberg, les lésions éventuellement « indemnisables » n'étant pas toutes indemnisées, et tous les effets ne se manifestant pas par de telles « lésions ». Dans une étude récente (Bittle *et al.*, 2018), on suggère que les données canadiennes sous-estiment largement les décès par accident du travail et maladies professionnelles, et on propose, entre autres, d'y ajouter des décès survenant dans le secteur de l'agriculture (toutes les personnes qui y œuvrent n'étant pas nécessairement couvertes), des décès par suicide reliés au travail, des cas de mésothéliome et, surtout, un grand nombre de décès causés par d'autres types de cancers, de même que de maladies pulmonaires obstructives chroniques, résultant d'expositions professionnelles. Ainsi, alors que, pour l'année 2017, l'Association des commissions des accidents du travail du Canada rapportait 951 décès reconnus comme découlant d'accidents du travail et de maladies professionnelles, Bittle et ses collaborateurs (2018) estiment plutôt que le total serait au moins 10 fois plus élevé, se situant entre 9878 et 13 246. Quelques années plus tôt, l'*EQCOTESST* (Vézina *et al.*, 2011) estimait que 222 000 personnes avaient été victimes d'au moins un accident du travail à leur emploi principal au cours de l'année qui venait de s'écouler (en l'occurrence, 2007-2008), pour un total de 265 000 accidents de tous niveaux de gravité. Or il faut signaler que, pendant la période couverte par cette enquête, le tiers des victimes d'un accident ayant entraîné une absence du travail n'ont pas fait de réclamation à la Commission de la santé et de la sécurité du travail (CSST ; aujourd'hui la CNESST). Selon les données de la Commission, on dénombre plutôt 45 000 accidents traumatiques indemnisés durant la période couverte par l'enquête. Le même phénomène est observable en ce qui a trait aux troubles musculosquelettiques. On sait par ailleurs que les problèmes de santé mentale liés au travail sont plus difficilement reconnus par les organismes d'indemnisation (comme la CNESST) que les lésions physiques (Lippel et Sikka, 2010).

Dans les années 1990 et jusqu'à 2015, on a observé une diminution de l'« incidence » des lésions indemnisées ; cependant, Hébert (1999) a constaté que cette baisse s'est accompagnée d'une augmentation de la « gravité » de celles-ci, selon l'indicateur que constitue la durée de l'absence. Une partie de la réduction de la fréquence observée jusqu'à 2015 est réelle, et les efforts de prévention y sont pour quelque chose ; la réduction des décès par accident dans la construction et des accidents dus aux machines est très probablement associée aux campagnes d'inspection spécifiques de la CNESST. Une part de la réduction globale pourrait aussi s'expliquer par le déplacement d'un certain nombre d'emplois vers des secteurs moins à risque. Cependant, l'augmentation de la durée des absences pointe non seulement vers le vieillissement de la population, mais aussi vers l'effet d'une pratique de gestion qui réduit artificiellement le nombre de lésions causées par le travail qui sont indemnisées par la CNESST. En effet, en raison de l'assignation temporaire à d'autres tâches des travailleurs blessés ou malades du fait de leur travail, leurs lésions ne figurent pas dans les statistiques de cet organisme. Il faut s'inquiéter du fait qu'on assiste depuis 2016 à une augmentation du taux de lésions professionnelles, comme le souligne le rapport du Vérificateur général du Québec (2019, p. 7).

12.2 Le regard de l'ergonomie et des relations industrielles

Si le fait d'être en emploi peut être bénéfique pour la santé, il importe de bien comprendre pourquoi le travail peut aussi blesser et « rendre malade ». Pour cela, on fera état très brièvement des apports de l'analyse ergonomique du travail et de l'approche multidisciplinaire des relations industrielles en matière de SST.

L'intérêt de l'ergonomie[3], c'est qu'elle permet de comprendre l'activité de travail réelle, là où les risques sont présents. L'analyse ergonomique vise à remonter jusqu'aux déterminants de cette activité de travail, qui expliquent la présence de facteurs de risque. Comme l'indiquent Fernande Lamonde et Sylvie Montreuil (1995, p. 698), « l'activité réelle des opérateurs réfère aux stratégies cognitives, physiologiques, perceptives, sociales et psychiques mises en œuvre par eux pour réaliser, au mieux, le travail attendu, avec les moyens qui sont mis à leur disposition et avec lesquels ce travail doit être exécuté ».

---

3. On emploie souvent le terme ergonomie pour désigner du mobilier et des outils bien adaptés, confortables, pratiques, etc. Or l'ergonomie a une portée plus large : « L'ergonomie (ou les *Human factors*) est la discipline scientifique qui s'intéresse à la compréhension des interactions entre les humains et les autres éléments d'un système, et la profession qui applique la théorie, les principes, les données et les méthodes à la conception afin d'optimiser le bien-être humain et la performance globale du système. Les praticiens de l'ergonomie et les ergonomes contribuent à la conception et à l'évaluation des tâches, des emplois, des produits, des environnements et des systèmes afin de les rendre compatibles avec les besoins, les capacités et les limites des personnes. » (traduction libre) (International Ergonomics Association : www.iea.cc/whats)

Selon une approche ergonomique, le travail est compris comme une activité de « régulation » (Faverge, 1980) qui consiste, entre autres, à gérer la variabilité des situations de travail et à récupérer divers incidents, pour arriver à produire un bien ou un service. L'activité de travail est donc le résultat d'un compromis issu de la rencontre entre, d'une part, une tâche prescrite, des moyens et des objectifs, et, d'autre part, les caractéristiques d'un individu au travail (Leplat et Cuny, 1984 ; Guérin *et al.*, 2007). Parmi ces caractéristiques se trouvent l'âge, le sexe (et le genre), les caractéristiques anthropométriques, la formation, l'expérience, etc. Teiger et Frontini (1998) expliquent l'importance de ces régulations et de la marge de manœuvre qu'elles requièrent :

> [L]es opérateurs sont généralement conscients des risques auxquels ils sont exposés et ils construisent et mettent en œuvre individuellement et collectivement des « savoir-faire de prudence » adaptés à la situation et complètement intégrés à leurs savoir-faire techniques, à condition qu'ils puissent jouir d'une marge de manœuvre suffisante dans l'organisation de leur travail. (Cru et Dejours, 1983)

La situation de travail offre (ou n'offre pas) des marges de manœuvre permettant de réguler, par exemple, la charge de travail, et ainsi de contrôler ses effets potentiellement négatifs :

> En situation non contraignante, des indices d'alerte relatifs à son état interne (« fatigue ») conduisent l'opérateur à modifier les objectifs ou les moyens de travail pour éviter les atteintes à la santé […]. À l'inverse, en situation contraignante, il n'est pas possible d'agir sur les moyens de travail. Dans un premier temps, les résultats exigés seront atteints au prix de modifications de l'état interne, susceptibles de se traduire à terme par des atteintes relatives à la santé. Dans un deuxième temps (typique du « débordement »), l'opérateur ne peut plus atteindre les objectifs fixés, quels que soient les modes opératoires mis en œuvre. (Guérin *et al.*, 1997, p. 100-102)

L'ergonomie s'intéresse donc aux marges de manœuvre dont les travailleurs disposent ou qu'ils construisent, individuellement ou collectivement. Les diverses disciplines contribuant aux recherches en relations industrielles (droit, économie, sociologie, psychologie, etc.) permettent d'élargir le regard d'abord micro posé par l'ergonomie pour remonter aux déterminants organisationnels, économiques et sociaux ou politiques de cette activité de travail et de ces marges de manœuvre. De fait, les praticiens des relations industrielles constatent que la santé et la sécurité « se cachent » derrière la quasi-totalité des décisions de gestion : choix technologiques et d'investissement, organisation de la production (présence ou non de stocks tampons, par exemple) et du travail (répartition du travail entre les postes, qualifications requises, horaires, etc.), pratiques de gestion des ressources humaines (formation, mode de rémunération, forme d'emploi, etc.).

Les recherches en relations industrielles renseignent aussi sur les facteurs favorables et les obstacles à l'intégration de la prévention. Parmi ces obstacles se trouvent en particulier les possibilités d'externalisation des conséquences négatives du travail sur la santé, que ce soit par la nature de la relation d'emploi, par certaines pratiques de « gestion de l'indemnisation », par le déplacement des emplois vers les pays du Sud, etc. (Baril-Gingras, 2013).

12.3 Les pratiques spécifiques à la prévention

Dans cette section, nous faisons un rapide survol des pratiques de prévention, en indiquant au passage certains facteurs favorables à leur intégration.

12.3.1 La démarche préventive

Pour être efficace, la prévention ne doit pas procéder à la pièce, mais en suivant une démarche bien structurée. La démarche préventive est souvent décrite en cinq étapes, comme le suggère l'Association paritaire pour la santé et la sécurité du travail, secteur « affaires municipales » (APSAM, 2004a) :

1. l'identification des risques ou des problèmes ;
2. l'établissement des priorités ;
3. l'identification et le choix des solutions ;
4. l'implantation et le suivi ;
5. le suivi, le contrôle et l'évaluation.

Cette démarche est présentée comme une boucle devant être reprise périodiquement. Elle est parfois réduite à trois étapes, comme celle proposée par la CNESST (2016) aux petites et moyennes entreprises : identifier, corriger et contrôler, cette dernière étape devant assurer la pérennité des mesures préventives.

La démarche préventive décrite ci-dessus concrétise le principe établi par l'article 2 de la *Loi sur la santé et la sécurité du travail* (ci-après désignée *LSST*), qui indique que « [l]a présente loi a pour objet l'élimination à la source même des dangers pour la santé, la sécurité et l'intégrité physique des travailleurs »; elle est par ailleurs cohérente par rapport à l'article 51 de cette même loi, qui définit le devoir général de prévention de l'employeur en précisant, au paragraphe 5, que l'employeur doit notamment « utiliser les méthodes et techniques visant à identifier, contrôler et éliminer les risques pouvant affecter la santé et la sécurité du travailleur ». C'est aussi la démarche préventive qui se trouve en filigrane de l'article 59 de cette même loi, qui décrit le contenu attendu d'un « programme de prévention » (*voir le chapitre 9*).

Enfin, on peut constater que les mêmes composantes sont à la base des systèmes de gestion de la santé et de la sécurité du travail (SGSST), par exemple les « principes directeurs concernant les systèmes de gestion de la sécurité et de la santé au travail (ILO-OSH 2001) » du Bureau international du travail (BIT, 2002), les normes (non réglementaires) étatsuniennes (ANSI/AIHA Z10-2005), la norme du Royaume-Uni OHSAS 18001 (BSI, 2000), la norme canadienne CSA Z1000-14 (Association canadienne de normalisation, 2014) et la toute récente norme internationale ISO 45001 - Santé et sécurité au travail, adoptée en 2018. Ces systèmes sont cependant nettement plus élaborés.

12.3.2 Les activités d'identification des risques

Pour appliquer la première étape de la démarche préventive, soit l'identification des risques, il est utile de bien comprendre les activités de l'entreprise (ou de l'organisation). Quels sont ses produits ou services ? Quelles technologies utilise-t-elle ? Quelles sont ses étapes de production ou celles qu'elle suit pour fournir ses services ? Quelles sont ses matières premières ? Qui sont les utilisateurs de ses services ? Quel est son organigramme ? Quels sont ses différents départements ou services ? Qui sont les personnes au travail (qualifications, ancienneté, hommes et femmes, répartition par tranches d'âge, taux de roulement, etc.) ? Comment la production et le travail sont-ils organisés ? Quelle est l'activité de chaque travailleur ? Comment le travail est-il contrôlé ? Y a-t-il un ou des syndicats ? Quel est l'état des relations du travail ? Comment la prévention est-elle organisée, c'est-à-dire quelles activités sont déjà en place et quelles informations fournissent-elles ? Les réponses à ces questions donneront des éléments de contexte qui permettront de mieux repérer les risques, mais aussi, éventuellement, de remonter au-delà des causes immédiates des problèmes de SST jusqu'à des déterminants organisationnels.

Il importe ensuite que l'identification des risques soit « systématique ». Il ne s'agit pas seulement de dresser la liste des risques que l'on connaît déjà (bien que ce soit le point de départ nécessaire) ni des risques dont les conséquences se sont déjà manifestées sous forme d'accidents, d'absences, etc. Il importe de tenir compte de l'ensemble des situations de travail, y compris les tâches peu fréquentes (par exemple, celles qui surviennent en période de pointe, ou lors des arrêts de production ou de service, de l'entretien, etc.) et les situations critiques. L'identification des risques doit être soutenue par une connaissance solide de la réglementation, des normes, des recommandations des organismes de prévention et des risques possibles. L'expérience concrète des personnes qui font le travail est essentielle, et on devra prendre en compte les difficultés rencontrées par les novices. Le recours à des spécialistes (hygiéniste industriel, ingénieur, ergonome, médecin et infirmière en santé du travail) est parfois nécessaire, comme lorsqu'il faut évaluer les risques associés à la présence de contaminants chimiques.

Dans une approche inspirée de l'ergonomie, Mercieca et Pinatel (2009) suggèrent d'identifier d'abord les risques communs à tous les salariés ou « transversaux », puis de découper l'établissement en « unités de travail » selon leurs activités propres. Pour chacune de ces unités, une équipe composée par exemple d'un superviseur, d'un ou de représentants des travailleurs et d'une personne qui sait comment identifier des risques (un coordonnateur en prévention, par exemple) peut alors procéder à l'identification, et ensuite à l'analyse, de situations caractéristiques du fonctionnement habituel puis de situations plus critiques (« pics d'activité, changement au sein des équipes, périodes de congé… ») (*ibid.*, p. 62-63). L'identification des risques doit s'appuyer sur une compréhension de l'activité de travail réelle, qui peut se construire sur la base d'observations des situations de travail dans des circonstances variées et d'entretiens avec des travailleurs, par exemple des personnes expérimentées et des novices. La participation directe et la participation représentative des travailleuses et travailleurs sont des déterminants importants de la qualité de l'identification des risques de même que de l'efficacité des prochaines étapes de la démarche. Les collectifs de travail doivent participer à cette démarche à la fois pour que tous les risques soient identifiés et pour que les solutions soient efficaces. On parle de « participation directe » quand on sonde les travailleurs eux-mêmes, ceux qui sont exposés aux risques. Parce qu'elle permet d'accéder à la connaissance des travailleurs au sujet de leur activité de travail, cette forme de participation est essentielle à la qualité de l'identification des risques comme, plus tard, à la pertinence des mesures préventives et à leur compatibilité avec le contexte de travail (voir à ce sujet Trudel et Montreuil, 1999). On entend par « participation représentative » celle de personnes désignées par leurs collègues, des délégués syndicaux ou des membres du comité de SST (eux-mêmes désignés par le ou les syndicats si l'établissement est syndiqué, sinon par les travailleurs, *voir le chapitre 9*). Ces personnes peuvent, du fait de leur statut, se faire le relais de préoccupations que les autres travailleurs n'osent peut-être pas formuler à l'employeur. Elles sont susceptibles d'apporter des éléments complémentaires pour une compréhension plus globale de la situation et de ce qui fera obstacle à la prévention comme de ce qui pourra servir de levier.

Outre les entretiens et les observations, cette identification des risques peut s'appuyer sur un ensemble d'activités, comme celles qui sont indiquées dans l'encadré 12.1. À la différence des présentations habituelles qui séparent les démarches concernant la SST au sens étroit et la santé mentale au travail, on tente ici d'inclure diverses activités d'identification des risques, de sorte que tous les types de risques peuvent être couverts. Ainsi, des outils diagnostiques spécifiques servent à repérer les risques reliés à l'environnement psychosocial, telle la grille développée par l'Institut national de santé publique du Québec (Vézina *et al.*, 2016), qui s'accompagne d'une formation en ligne pour assurer son utilisation appropriée, dans une démarche d'ensemble.

La production d'indicateurs statistiques sur les lésions professionnelles, tels que le taux de fréquence et l'indice de gravité, est l'une des activités systématiquement recommandées. Le taux de fréquence se calcule généralement en utilisant le nombre de 200 000 heures travaillées (soit le nombre d'heures travaillées par 100 personnes pendant une année, à raison d'environ 2000 heures par personne), pour permettre la comparaison entre divers

---

Encadré 12.1 — Des exemples d'activités d'identification des risques selon le moment

Avant l'événement, la lésion, l'apparition de problèmes de santé

- L'identification des produits utilisés, dont ceux qui doivent être identifiés conformément au Système d'information sur les matières dangereuses utilisées au travail, au Système général harmonisé et à la réglementation sur le transport des matières dangereuses
- L'inspection, la vérification de prévention (aménagements, équipements)
- La surveillance, l'analyse de la qualité du milieu de travail (air, bruit et autres éléments de l'« environnement »)
- La surveillance de la santé (règles éthiques)
- La déclaration de situations dangereuses, les plaintes (analyse, compilation), les incidents (appelés parfois « ouf ! » ou « passé proche »)
- Les questionnaires individuels et les « cartes corporelles », par exemple concernant les douleurs musculosquelettiques, les problèmes de santé mentale et l'environnement psychosocial du travail*
- Les grilles d'identification (pour divers risques, pour l'environnement psychosocial du travail, etc.)

- Les entretiens avec les travailleurs et superviseurs, les réunions
- L'analyse de la sécurité des tâches, l'analyse des tâches critiques, l'analyse de poste
- L'analyse ergonomique de l'activité de travail (St-Vincent *et al.*, 2011)

Après l'événement, la lésion, l'apparition de problèmes de santé

- L'enquête et l'analyse d'accident (réalisées paritairement, pour identifier les causes immédiates et fondamentales et éviter la répétition), la compilation des résultats d'enquêtes
- L'analyse du registre des premiers secours et premiers soins
- Le portrait statistique des lésions indemnisées ou des assignations temporaires (pour pouvoir cibler des problèmes)
- Toutes les activités pouvant être réalisées avant l'événement, la lésion ou l'apparition de problèmes de santé

---

* Des mesures doivent être prises pour assurer l'anonymat et la confidentialité.

Note : L'ouvrage de Michel Pérusse (2011) donne des indications précieuses quant à la réalisation de plusieurs de ces activités d'identification.

lieux de travail, entre différents départements ou services, ou d'une année à l'autre, etc. :

$$\text{Taux de fréquence} = \frac{\text{Nombre de lésions (pour une période donnée)} \times 200\,000 \text{ heures}}{\text{Nombre d'heures travaillées (durant la même période)}}$$

Quant à l'indice de gravité, il se calcule de la manière suivante :

$$\text{Indice de gravité} = \frac{\text{Nombre de jours perdus ou hors du poste régulier}}{\text{Nombre de lésions}}$$

Pour que ces analyses reflètent bien la réalité, les données devraient inclure non seulement les jours d'absence à la suite d'un accident du travail ou d'une maladie professionnelle indemnisés, mais aussi les jours où l'employé travaille hors de son activité habituelle (par exemple, en assignation temporaire). On devrait également examiner, tout en respectant leur confidentialité, les informations qui concernent des absences indemnisées par l'assurance salaire, mais qui pourraient avoir un lien avec le travail, comme les troubles musculosquelettiques et les problèmes de santé mentale. De plus, c'est bien souvent le hasard qui fait en sorte qu'un incident, qu'on appelle parfois un « ouf ! » ou un « passé proche », se transforme en accident impliquant des conséquences pour la santé ou la sécurité d'une personne. Le hasard peut aussi expliquer la gravité plus ou moins importante des conséquences (de simples égratignures à une commotion cérébrale, par exemple). Sur le plan de la prévention, tous ces événements doivent être analysés parce qu'ils fournissent des indices pour éviter leur répétition.

Quelles que soient les activités d'identification des risques, il importe de remonter à ce qu'on a appelé les « causes fondamentales » ou « indirectes » plutôt que d'en rester simplement aux « causes immédiates » ou « directes », en reconnaissant qu'il y a rarement ou même qu'il n'y a jamais de cause unique. Par exemple, « la présence d'un équipement défectueux (cause directe) pourrait s'expliquer par l'absence d'un programme d'entretien préventif adéquat (cause indirecte), un travailleur inexpérimenté (cause directe), par l'absence d'un programme de formation (cause indirecte), etc. » (APSAM, 2004b).

Il est courant que les activités d'identification des risques se fassent en premier lieu dans les unités de travail (départements ou services) où l'on dispose d'indices laissant croire que les risques y sont plus élevés, souvent sur la base de données statistiques. Il faut cependant reconnaître les limites de ces données statistiques. Il est nécessaire d'établir des priorités, ce qui ne justifie pas de passer outre à un examen systématique dans toutes les unités, de manière diligente. Un calendrier de mise en œuvre d'une opération d'ensemble peut être établi ; certaines activités, comme les inspections[4], doivent être reprises sur une base régulière. À partir de l'ensemble des informations recueillies au moyen des activités d'identification des risques, il s'agit de dresser un portrait par unité (service ou département) et pour l'ensemble de l'établissement.

12.3.3 Le choix et l'implantation des mesures préventives

Une fois les risques bien identifiés, le travail le plus motivant peut commencer : prévenir ! Une définition de la prévention, de ses différents niveaux et des types d'actions préventives, de la contribution et de l'efficacité relative de ces actions donne de précieux outils théoriques aux acteurs des milieux de travail.

La prévention : une définition, des niveaux

Une fois les risques bien identifiés, il s'agit de choisir les mesures préventives appropriées ; pour ce faire, il sera utile de s'appuyer sur quelques principes et concepts de base. L'un de ces principes, repris par l'ergonomie, établit que c'est le travail qui doit s'adapter à la personne, et non l'inverse. Pour cela, on agira le plus possible en amont, « à la source », en remontant jusqu'aux pratiques de gestion et aux modes de prise de décision. On appliquera également le principe de précaution. On ne considérera pas les risques isolément : on prendra en compte leur cumul et leur synergie.

Nous définirons maintenant les grands niveaux de prévention (primaire, secondaire et tertiaire) pour ensuite examiner leur rôle et leur efficacité respectifs. Nous nous appuierons sur les définitions utilisées dans le domaine de la santé (Gjestland, 1955 ; Leavell et Clark, 1953 ; Andersson et Menckel, 1995 ; Katz, 1997).

La prévention primaire consiste à empêcher l'exposition (ici, des travailleurs) aux facteurs de risque. En SST, elle concerne toutes les actions menées à la source (pour

---

4. Voir Pérusse (2011) et les outils proposés par l'Association paritaire pour la santé et la sécurité du travail, secteur « administration provinciale », par exemple son calendrier des inspections (APSSAP, 2014).

éliminer ou réduire les risques eux-mêmes), entre la source et les personnes (protection collective, puis protection individuelle) et auprès des personnes (pour éviter l'exposition) (à ce sujet, voir Pérusse, 2011).

La prévention secondaire consiste à limiter les conséquences néfastes de l'exposition à un risque, par exemple par la prise en charge du problème de santé dès son apparition. Ainsi, d'un point de vue médical, on parle de prévention secondaire lorsqu'une maladie latente est dépistée, sans avoir encore produit de symptômes, et qu'un traitement à ce stade vise à arrêter le processus pathologique et à prévenir des séquelles (Katz, 1997, p. 116 et 139).

Quant à la prévention tertiaire, elle consiste à limiter les conséquences d'une maladie installée et à améliorer la qualité de vie des personnes touchées (Katz, 1997). On peut penser bien sûr à l'indemnisation (remplacement du revenu, compensation du préjudice corporel) et à la réadaptation (physique, professionnelle et sociale) afin de permettre le retour au travail[5].

Pour illustrer ces trois niveaux de prévention, on peut les appliquer à la santé mentale au travail. Dans ce cas, la prévention primaire consiste à agir sur l'environnement psychosocial du travail, sur l'organisation du travail et sur les conditions d'exécution du travail; la prévention secondaire agit sur les manifestations de stress, les symptômes d'anxiété et les habitudes de vie délétères qui découlent de l'exposition aux risques et alourdissent le problème, comme la consommation d'alcool. Toujours dans cette situation, la prévention secondaire consiste à aider les personnes à « gérer leur stress » et à adopter des habitudes de vie qui les aident plutôt que de nuire encore plus à leur santé. Enfin, la prévention tertiaire vise, entre autres, le retour au travail. Dans ce chapitre, faute d'espace, nous nous concentrerons sur la prévention primaire.

Les différents niveaux d'action préventive en prévention primaire

Parmi les mesures de prévention primaire, toutes n'ont pas la même efficacité. On peut retenir deux typologies, qui classent ces mesures des plus efficaces aux moins efficaces. La plus reconnue internationalement est la hiérarchie des contrôles, soit l'élimination du danger ou la substitution d'un produit (ou autre élément de la situation) dangereux par un autre qui ne l'est pas, les mesures d'ingénierie (la conception ou la modification d'un élément de la situation de travail), les mesures administratives (la modification de l'exécution du travail ou de l'échéancier des travaux, les politiques, les règlements, normes et procédures opérationnelles, la formation, etc.), l'équipement de protection individuelle (Centre canadien d'hygiène et de sécurité au travail, 2020). L'ouvrage de Michel Pérusse (2011) propose une typologie assez similaire, mais plus précise, qui est largement utilisée au Québec (*voir l'encadré 12.2, à la page suivante, qui en est inspiré*).

La typologie de la hiérarchie des contrôles, comme celle élaborée par Pérusse (2011), a très probablement été pensée pour faire face aux problèmes « classiques » de santé et de sécurité du travail tels que l'exposition au bruit, à des contaminants chimiques ou aux pièces en mouvement des machines, mais elle pourrait très bien être adaptée aux risques de l'environnement psychosocial (LaMontagne *et al.*, 2007), aux troubles musculosquelettiques ou aux maux de dos. Ainsi, pour prévenir les blessures au dos, on éliminera les soulèvements manuels en utilisant un équipement (comme un lève-personne sur rail au plafond), on modifiera les objets (des sacs de farine de 10 kg plutôt que de 20 kg, l'ajout de poignées, etc.), on aménagera les lieux (prises à des hauteurs et à des distances plus adéquates, etc.) (MultiPrévention, 2016a).

Il est donc possible d'agir à la source en matière de santé mentale et de violence au travail en réduisant l'exposition aux facteurs de risque reconnus (Gollac et Bodier, 2011; Vézina *et al.*, 2016). Par exemple, on réduira la demande psychologique en fournissant de la formation et des outils pour simplifier le travail, en ajoutant des effectifs et en réduisant les contraintes de temps et les interruptions; on augmentera la latitude décisionnelle en favorisant la participation réelle aux décisions, en augmentant les marges de manœuvre pour organiser son travail, en fournissant des occasions de formation et en tirant partie des compétences acquises; on favorisera le soutien social des collègues et du superviseur, par exemple en créant des occasions d'échange professionnel et en assurant la disponibilité du superviseur; on réduira le déséquilibre entre les efforts et la reconnaissance, par exemple en transformant les emplois précaires en postes bénéficiant d'une sécurité d'emploi.

Si la priorité doit aller aux mesures qui agissent à la source, les mesures les plus spontanément adoptées ne sont pas nécessairement les plus efficaces sur le plan préventif (Baril-Gingras, 2003): bouchons ou coquilles plutôt que réduction du bruit, formation à des techniques de manutention peu applicables plutôt que réduction des charges et introduction d'aides mécaniques, etc. De même, des mesures comme le port d'équipements

---

[5]. Voir le chapitre 9 quant aux dispositions de la *LATMP*.

> **Encadré 12.2** La typologie des interventions préventives basée sur l'ouvrage de Michel Pérusse (2011)
>
> **Les interventions à la source**
>
> - L'entretien préventif
> - Les interventions organisationnelles, par exemple l'intégration de la prévention :
>   - au processus d'achat
>   - au niveau de l'ingénierie
>   - au niveau de la sous-traitance
>   - à la gestion des ressources humaines
>   - à l'organisation du travail
>   - à l'organisation de la production
> - Les modifications* matérielles, par exemple :
>   - au procédé
>   - aux outils
>   - aux postes de travail
>   - aux équipements et aux machines
>   - aux matériaux et aux matières premières
>
> **Les interventions entre la source et les personnes exposées**
>
> - La protection collective (par exemple, un garde de sécurité sur une machine, des écrans protégeant des rayonnements et des étincelles lors d'une opération de soudure)
> - La protection individuelle (par exemple, le casque, les gants, les bottes)
>
> **Les interventions auprès des personnes exposées**
>
> - Les normes de comportement (par exemple, les règlements, les règles concernant le port des équipements de protection individuelle, les méthodes de travail appropriées, les procédures de sécurité)
> - La formation (dont l'accueil et l'intégration des nouveaux employés)
> - La communication
> - Les techniques incitatives
>
> ___
> * On pourrait ajouter systématiquement « conception » à la suite de « modifications », puisque la prévention devrait être intégrée dès la conception architecturale, de l'aménagement, de l'ingénierie, de l'organisation de la production et du travail. Voir la section suivante, qui traite de l'intégration de la prévention aux pratiques de gestion et à la conception des situations de travail.

de protection individuelle (qu'on désigne souvent simplement par le sigle EPI), lorsqu'elles demeurent nécessaires, sont trop souvent implantées sans avoir été intégrées à un plan prévoyant, entre autres, la sélection appropriée des EPI, leur entretien et leur remplacement, la formation sur l'utilisation de ces équipements (voir, par exemple, MultiPrévention, 2016a). Dans le même ordre d'idées, les règles et procédures sont des mesures courantes qui visent à agir sur les comportements et ne permettent donc pas d'éliminer les risques à la source. Elles demeurent cependant essentielles dans diverses situations, dont certaines sont prévues par le *Règlement sur la santé et la sécurité du travail* (ci-après désigné *RSST*), par exemple pour l'entrée en espace clos, le soudage-coupage, les travaux dans des lieux isolés, sans oublier la procédure de cadenassage visant à protéger, entre autres, les personnes intervenant pour entretenir une machine.

La définition des règles et procédures intégrant la prévention suppose notamment la connaissance des lois et règlements, des caractéristiques propres à un milieu de travail donné (procédés, tâches, etc.), des activités de travail réelles et de leur variabilité. Cette définition doit s'appuyer sur les résultats de l'identification systématique des risques et s'intégrer dans un ensemble articulé de mesures préventives (MultiPrévention, 2016b). Il importe que ces règles et procédures tiennent compte, en s'assurant de leur validité, des savoir-faire de prudence développés par les travailleurs. Elles ne devraient pas servir à reporter la responsabilité de la prévention sur les travailleurs sans que les efforts nécessaires à l'élimination sinon à la réduction des risques aient été faits, y compris dans l'organisation du travail et de la production. Des exigences de production et des règles informelles faisant passer le rendement avant la SST discréditent les procédures de sécurité et conduisent à des accidents.

Les « techniques incitatives », dernier élément de l'encadré 12.2, méritent un commentaire : les concours et prix récompensant l'atteinte d'un nombre X de jours, de semaines, de mois sans accidents incitent plutôt les travailleurs à… ne pas déclarer les accidents. Plutôt que de récompenser pour l'absence d'accidents déclarés, on insiste aujourd'hui sur l'utilisation d'indicateurs plus fiables mesurant la réalisation d'activités préventives, telles que les inspections par les superviseurs accompagnés d'un représentant des travailleurs, par exemple.

Il faut enfin retenir la distinction que fait Michel Pérusse (2011, p. 128) entre les mesures correctives et les mesures préventives: « la mesure corrective règle le problème qui est déjà présent. [...] la mesure préventive empêche le même problème de se représenter. » Pour ce faire, une mesure préventive vise à remonter aux « causes indirectes » ou fondamentales et à s'adresser aux pratiques de gestion et à la conception des situations de travail. Cela rejoint le cadre d'intervention adopté par la CNESST pour ses inspecteurs, qui exigent que l'entreprise démontre les moyens qu'elle prend pour s'assurer qu'une mesure de prévention demeurera en place et sera efficace (Pichette, 2009, p. 46).

L'intégration de la prévention aux pratiques de gestion et à la conception des situations de travail

Il est bien établi qu'une plus grande efficacité de la prévention repose sur son intégration aux activités des divers acteurs qui, dans un milieu de travail, définissent les conditions dans lesquelles se déroulent les activités de travail. On parle alors d'intégration aux critères de décision de gestion dans les différentes fonctions de l'entreprise (Pérusse, 2011, p. 144), telles que: 1) les achats (équipements, matières premières, etc.); 2) l'ingénierie (la conception des aménagements, le choix des équipements, l'organisation de la production et du travail); 3) l'organisation du travail et de la production (ou du service); 4) la gestion des ressources humaines (les qualifications recherchées, le mode de rémunération, la formation, etc.); 5) la sous-traitance (les critères menant à la décision de recourir à de la main-d'œuvre de l'extérieur, la sélection et l'encadrement des sous-traitants pour éviter soit d'introduire des risques, soit de simplement exposer des personnes envers lesquelles l'employeur n'a pas de responsabilité directe, etc.); 6) le marketing et les ventes (pour éviter les échéanciers trop serrés, les demandes contradictoires, etc.); 7) la production ou les opérations (les objectifs et la gestion quotidienne, etc.); etc.

L'ergonomie a, quant à elle, fait des avancées substantielles pour définir une méthodologie permettant d'intégrer la compréhension de l'activité de travail réelle, actuelle et future, à la « conception » en matière d'architecture, d'équipement ou d'ingénierie, ou à celle de l'organisation de la production et du travail (voir, par exemple, Bellemare *et al.*, 2005). L'intégration des critères de prévention et d'ergonomie, dès l'étape de la conception, peut permettre d'éviter que des risques soient introduits dans les activités de travail futures et que les pratiques existantes favorables à la santé et à la sécurité du travail soient préservées. Ainsi,

> [l]e cas de la conception d'une aluminerie québécoise offre un exemple de ce potentiel (Lamonde et coll., 2007). L'intervention d'un ergonome et de deux préventionnistes a permis d'éliminer plus de 2000 situations dangereuses au stade de l'ingénierie de définition (alors que l'usine n'est encore que sur papier), de réduire le risque associé à près de 500 autres situations dangereuses et de résoudre des problèmes d'usage qui auraient généré de l'inefficacité; les situations dangereuses résiduelles ont été listées, ce qui a permis de planifier le programme de prévention avant le démarrage de l'usine. (Lamonde *et al.*, 2010, p. 3)

La norme CSA Z1000-14 reconnaît aussi la nécessité de cette intégration en exigeant que la prévention soit intégrée à la gestion du changement.

Les premiers secours, les mesures d'urgence

De manière à limiter les conséquences d'un événement accidentel (prévention secondaire), tous les employeurs de juridiction provinciale québécoise sont soumis au *Règlement sur les normes minimales de premiers secours et de premiers soins*. Les équipes du réseau de santé publique en santé au travail (*voir le chapitre 9*) offrent du soutien dans l'organisation des services de premiers secours et de premiers soins et disposent d'une grande expertise quant aux conditions de l'efficacité de tels services.

Plus globalement, l'employeur devrait élaborer un plan de mesures d'urgence qui tiennent compte des risques propres à ses activités (incendies et explosions, risques environnementaux, appels à la bombe, etc.) et des obligations définies non seulement par la *LSST* et le *RSST*, mais également par la *Loi sur la sécurité incendie*, la *Loi sur la sécurité civile* du Québec, etc. (à ce sujet, voir Centre patronal de santé et sécurité du travail, 2014).

Les mesures visant le retour au travail par l'adaptation du travail

On l'a vu, la prévention comprend également les mesures qui visent à rendre possible et à faciliter le retour au travail d'un travailleur blessé ou rendu malade par le travail. Au chapitre 9 du présent ouvrage, nous présentons brièvement en quoi consistent le droit de retour au travail et le droit à la réadaptation physique, professionnelle et sociale prévus par la *LATMP*.

12.3.4 Le suivi des activités de prévention et leur évaluation

Mentionnons enfin que divers ouvrages à caractère professionnel comme celui de Pérusse (2011) soulignent l'importance du suivi et de l'évaluation des activités de prévention. C'est ce qui explique la présence, dans une norme comme la CSA Z1000-14, d'exigences quant à la réalisation d'audits internes, puis externes, et à celle d'une revue de direction, dans un objectif dit d'amélioration continue[6]. L'évaluation des activités préventives est aussi une préoccupation grandissante pour les chercheurs.

12.4 Les acteurs en prévention

Notre présentation de la démarche préventive et de ses grandes composantes peut donner l'impression que l'intégration de la prévention en santé et en sécurité du travail relève simplement d'un processus rationnel, d'une « saine gestion ».

> Les questions de santé et de sécurité du travail sont souvent perçues comme des problèmes essentiellement techniques, que les progrès de la science et des technologies, le développement économique et une organisation du travail plus rationnelle feraient disparaître à terme. Dans une tout autre perspective, [...] pour faire face à ces problèmes, il faut considérer la nature sociale de leur production : la silice se trouve naturellement dans les roches, un gaz donné est explosif dans telles conditions, les capacités physiologiques humaines ont certaines limites (par exemple, pour le soulèvement de charge, la répétition de mouvement, etc.) ; cependant, l'exposition à ces risques, elle, n'est ni « naturelle », ni tombée du ciel, et ne répond pas à des déterminants essentiellement « techniques » : elle relève de processus sociaux inscrits dans l'histoire, l'économie et la politique, à travers les rapports sociaux de travail. (Baril-Gingras, 2013, p. 23-24)

Il faut donc s'interroger ici sur la convergence d'intérêts supposée par la perspective unitariste[7] qui sous-tend bien souvent les ouvrages nord-américains traitant de santé et de sécurité du travail en s'adressant aux professionnels de la gestion des ressources humaines. Pour bien comprendre ce qui explique que des solutions de prévention soient ou non trouvées et qu'elles soient ou non appliquées, il est plus fructueux d'adopter une perspective pluraliste ou critique. On reconnaîtra alors que la « convergence des intérêts » est intrinsèquement limitée par le fait que ce sont les travailleurs qui sont blessés ou malades et parce que les entreprises ont encore la possibilité d'externaliser les coûts et les conséquences négatives du travail sur la santé (Baril-Gingras, 2013). En ce sens, trois grandes catégories de facteurs influencent la mise en œuvre de mesures préventives (Dawson et al., 1988 ; Baril-Gingras et al., 2004) :

- la volonté d'agir des employeurs ou leur disposition à agir, liées aux enjeux auxquels la prévention peut être associée (dysfonctionnement dans la production, roulement du personnel, réputation de l'entreprise, etc.) et à la pression effective venant de la législation et de l'inspectorat ;
- les ressources disponibles et allouées à la prévention par les employeurs, lesquelles découlent en grande partie de l'importance des enjeux que l'on vient d'évoquer ;
- l'importance et la place accordées à la représentation et à la participation des travailleurs (Walters et Nichols, 2007), ce qui résulte le plus souvent de l'action syndicale.

Dans les sections qui suivent, nous donnerons un aperçu des modes d'organisation de la prévention se révélant les plus efficaces, et nous ferons état des connaissances sur ce qui favorise un rôle positif en prévention de la part de la direction et des superviseurs. Quant à l'employeur, nous traiterons brièvement du « coordonnateur en prévention », qui doit régulièrement être soutenu par des ressources spécialisées, souvent externes. Nous poursuivrons en examinant les formes que peut prendre la participation des travailleurs en matière de SST et nous conclurons en traitant de l'action syndicale dans ce domaine.

12.4.1 La structuration de la prévention

La revue des études scientifiques effectuée par Shannon et ses collaborateurs (1997) donne des indications quant aux modes d'organisation qui contribuent à réduire les lésions professionnelles. Il en ressort qu'un rôle actif joué par la haute direction en SST ainsi que la

---

6. À ce sujet, consulter la section « Pour aller plus loin » à la fin du chapitre.

7. Voir le chapitre 2 sur les théories des relations industrielles et le chapitre 11 sur la gestion des ressources humaines.

délégation des activités de sécurité sont le plus souvent associés, dans les études recensées, à des taux de lésions inférieurs. Ces résultats vont dans le sens de ceux qu'ont obtenus Simard et ses collaborateurs (1988). Ces auteurs ont examiné le lien entre la structuration de la SST et l'efficacité en prévention dans des entreprises de plus de 70 travailleurs. Ils ont constaté que le comité de SST était le mécanisme de prévention le plus répandu, quelle que soit la taille de l'entreprise. Malgré tout, la taille d'une entreprise influence grandement l'existence des autres mécanismes. Ces chercheurs font une distinction entre les stratégies de structuration suivantes : la centralisation des activités de prévention, la prise en charge par le responsable patronal et le Comité paritaire en santé et sécurité du travail (CPSST), la décentralisation hiérarchique vers les contremaîtres, et la décentralisation en profondeur jusqu'aux contremaîtres et aux employés. C'est cette dernière stratégie qui serait la plus efficace.

12.4.2 La direction

L'engagement de la direction est amplement reconnu comme un facteur clé de l'efficacité de la prévention (Berthelette et Planché, 1995 ; Simard *et al.*, 1990 ; Simard et Marchand, 1995), comme dans le cas des systèmes de gestion de la SST (Gallagher *et al.*, 2001). On constate cependant que la santé et la sécurité sont en compétition avec d'autres enjeux (Gunningham et Johnstone, 1999) tels que la recherche de rendement à court terme et les pressions des investisseurs à cet égard. De ce fait, des recherches internationales ont montré que, pour les gestionnaires, la première raison d'améliorer la performance en matière de SST est l'obligation de se conformer à la législation : c'est le constat tiré de quatre revues des écrits citées par Davis (2004).

Dans une étude portant sur 31 pays européens, Dollard et Neser (2013) ont constaté que l'un des 2 facteurs les plus importants[8] expliquant les différences entre les pays par rapport à l'état de santé rapporté par les travailleurs (ainsi qu'au produit intérieur brut par habitant, l'indicateur de productivité retenu par les auteurs) était le climat de sécurité psychosocial ; celui-ci découle de l'importance accordée par la direction à la prévention et à la protection contre les conditions stressantes du travail, au moyen d'un engagement et d'un soutien concrets envers la protection de la santé psychologique, et en la faisant passer devant le profit et la productivité.

Ainsi, en SST, on peut généralement conclure que, au-delà des politiques et du discours, l'engagement réel de la direction doit se concrétiser, entre autres, par l'allocation de ressources : personnel qualifié ; temps consacré à la prévention ; temps de libération pour les représentants des travailleurs en SST ; budget pour les mesures préventives ; maintien des ressources ; participation de la direction ou d'une délégation de personnes en autorité réelle au comité de SST ; réponses aux questions et recommandations du CPSST ; soutien réel à la participation représentative et directe des travailleurs ; etc.

12.4.3 Les superviseurs

On observe également que les superviseurs ont un rôle crucial dans toute tentative d'intégration de la prévention (Simard *et al.*, 1990 ; Simard *et al.*, 1993). Or les cadres de premier niveau doivent, dans leur propre activité, gérer la complexité des compromis entre diverses logiques, parfois contradictoires (Six, 2000). La compréhension du travail des superviseurs (*ibid.*) est donc capitale pour repérer et lever les obstacles à la prévention : les superviseurs se retrouvent avec la tâche difficile d'assurer la cohérence entre les critères de prévention et les exigences touchant les objectifs à atteindre et les moyens disponibles. Selon l'étude de Simard et de ses collaborateurs (1990), l'appui des contremaîtres à un modèle de gestion participative de la prévention (qui intégrerait ces informations montant des travailleurs vers la direction et y donnerait des réponses appropriées) dépendrait de la cohérence entre ce modèle et leur contexte organisationnel immédiat. Cela passe, entre autres, par un aménagement de leur charge de travail. De fait, des travaux sur l'activité réelle des superviseurs de premier niveau suggèrent que leur charge de travail est élevée, de même que le nombre de personnes supervisées, alors que leur autonomie décisionnelle formelle et réelle est limitée. Souvent dans l'urgence, ils se heurtent à divers obstacles à la planification et au développement à long terme et doivent prendre en compte des critères différents et parfois contradictoires (rendements, coûts et délais versus santé et sécurité) (Bolduc et Baril-Gingras, 2010). Au-delà de la motivation, il apparaît nécessaire d'examiner les besoins de formation et les ressources nécessaires aux superviseurs pour intégrer la prévention et de remonter, encore une fois, « à la source », dans les orientations, explicites ou implicites, données par la direction.

---

8. L'autre facteur est la densité de la représentation syndicale, comme on le verra plus loin.

12.4.4 Les préventionnistes et les coordonnateurs en santé et en sécurité du travail sous la responsabilité de l'employeur

La *LSST* prévoit que l'employeur désigne des personnes chargées de la prévention, mais ne spécifie pas quelle formation elles doivent avoir ni combien de temps elles doivent consacrer à cette fonction. Les personnes à qui est confié le « dossier SST » se trouvent le plus souvent dans l'une ou l'autre des positions suivantes dans l'organigramme : au sein de la direction des ressources humaines, éventuellement dans un service distinct (en position « *staff* », dans un rôle-conseil), dans un service spécialisé en SST relevant de la direction générale ou, plus rarement, au sein de la direction de la production ou des opérations (« *line* », opérationnel). La première situation semble la plus courante.

Puisqu'ils sont rarement en position d'autorité directe, l'influence des préventionnistes ou responsables de la SST pour l'employeur est largement définie par les relations qu'ils ont établies avec les acteurs et les sources de pouvoir dont ces acteurs disposent (Dawson *et al.*, 1988, p. 167). Dans le même sens, selon les observations de Brun et de ses collaborateurs (1998), cette influence dépendrait d'une part de la légitimité qui leur est en partie transmise par ceux qui les ont nommés, et d'autre part de la manière dont ils interagissent avec tous ces acteurs. Selon cette étude, leur crédibilité serait liée à leur présence sur les lieux du travail, là où sont les risques, ce qui les met en contact avec ces différents acteurs, et à leur rigueur dans l'action face aux dangers, quelles que soient les pressions exercées par les responsables de production ou par les travailleurs.

On observe donc une grande variabilité sur le plan de la formation pour assumer cette fonction qu'ont reçue les responsables de la prévention pour l'employeur. Le niveau de formation initial est souvent insuffisant, en particulier dans les petites et moyennes entreprises. Or la présence d'expertise interne ou de ressources humaines qualifiées et compétentes est un facteur de succès pour l'implantation d'activités en SST, comme le constate Côté (2010) dans sa revue des écrits. De fait, on constate qu'une formation de base chez les personnes coordonnant la prévention pour l'employeur génère un degré plus élevé d'activité en prévention (Baril-Gingras *et al.*, 2004). L'accès à de la formation continue et à l'aide de ressources spécialisées (ASP, équipes de santé au travail, consultants, etc.) peut grandement les aider.

L'apport d'expertise externe en prévention

Quoi qu'il en soit, la prévention ne peut reposer que sur ces personnes étant donné la nécessité d'intégrer la SST à toutes les fonctions de l'organisation et l'apport incontournable de la représentation/participation des travailleurs. On préférera donc le terme « coordonnateur SST » à « responsable SST ». Par ailleurs, on constate la nécessité de faire appel à différentes disciplines pouvant contribuer à l'identification des risques et des mesures préventives appropriées : « [a]ucune profession ne peut se vanter de saisir et encore moins de régler tous les problèmes des risques professionnels. Le domaine de la sécurité et de la santé au travail est véritablement multidisciplinaire » (Stellman, 2000).

Toutes ces ressources multidisciplinaires étant rarement présentes dans une entreprise, on fait ainsi souvent appel à des ressources externes comme des hygiénistes industriels, des ergonomes, des ingénieurs, etc.

La contribution de ressources externes est particulièrement importante dans les petites entreprises. Ainsi, en s'appuyant sur une revue des écrits, MacEachen et ses collaborateurs (2008) concluent que, pour améliorer la performance des petites entreprises en matière de prévention et pour qu'elles comprennent les règles de SST, elles ont besoin de soutien. L'approche utilisée auprès des petites entreprises doit être bien adaptée au caractère souvent informel de leur organisation et de leur division du travail ; cela passe, par exemple, par le soutien d'organismes qui connaissent bien les problématiques de leur secteur d'activité, gratuitement ou sans frais importants, comme c'est le cas des équipes de santé au travail et des ASP.

Qu'elles fassent partie intégrante de l'entreprise ou qu'elles agissent de l'extérieur, un enjeu important du travail des personnes chargées de la prévention est leur indépendance professionnelle. C'est ce que souligne, entre autres choses, le Code international d'éthique pour les professionnels de la santé au travail adopté par la Commission internationale de la santé au travail (CIST)[9].

---

9. Par « professionnels de la santé au travail », le Code d'éthique international de la CIST (2012) entend, au point 4 de son introduction, « tous ceux qui, de part [sic] leurs qualifications professionnelles, accomplissent des activités ou fournissent des services de santé au travail, ou sont impliqués dans la pratique de la santé au travail. Un large éventail de disciplines est concerné par la santé au travail dans la mesure où elle est une interface entre la technologie et la santé dans ses aspects techniques, médicaux, sociaux et légaux. Les professionnels de [la] santé au travail comprennent les médecins du travail et les infirmières de santé au travail, les inspecteurs du travail, les hygiénistes industriels et les psychologues du travail, les spécialistes de l'ergonomie, de la réhabilitation, de la prévention des accidents et de l'amélioration des conditions de travail tout autant que les chercheurs en santé et [en] sécurité au travail. »

12.4.5 Les travailleurs

Il est bien établi que la prévention est plus efficace lorsqu'il y a une participation représentative des travailleurs sur les questions de SST que lorsque l'employeur s'en occupe seul : c'est ce que conclut la revue internationale des écrits effectuée par Walters et Nichols (2007). De même, une autre revue a bien montré que la participation des travailleurs a un rôle déterminant dans les initiatives de gestion systématique de la prévention en SST (Côté, 2010).

Les travailleurs peuvent contribuer de deux façons différentes, mais tout aussi importantes : 1) la participation directe, qui apporte la connaissance de l'activité réelle, un savoir incontournable sur les risques, et donne accès au jugement des travailleurs sur la pertinence et la compatibilité des solutions (Trudel et Montreuil, 1999) ; 2) la représentation ou participation représentative (par l'entremise de la représentation syndicale et d'un comité de SST), qui permet de faire entendre la « voix » des travailleurs, y compris ce qu'ils n'oseraient pas dire directement à leur superviseur ou à un représentant de leur employeur.

La participation directe des travailleurs

Selon l'étude réalisée par Simard et Marchand (1997), l'initiative sécuritaire des travailleurs (identifier un danger, faire des suggestions pour le corriger, etc.) a un effet considérable, à la baisse, sur le taux de fréquence des accidents. Cet effet est plus conséquent que celui de la seule « prudence », définie par ces auteurs comme le respect des règles de sécurité édictées par l'employeur. L'une et l'autre sont nécessaires. Or la contribution des travailleurs à la prévention peut être soit favorisée soit desservie par l'organisation du travail. Selon Simard et ses collaborateurs (1999), divers facteurs socio-organisationnels influencent la propension des travailleurs à ce que ces auteurs appellent l'« initiative sécuritaire » et la « prudence » : le mode participatif de gestion de la SST par les superviseurs, le climat coopératif entre ceux-ci et les travailleurs, la cohésion du groupe de travail et l'autonomie dans l'organisation du travail.

La participation représentative des travailleurs

On a vu que la prévention est plus efficace lorsqu'il y a une « participation représentative » des travailleurs sur les questions de SST que lorsque l'employeur s'en occupe seul. Au Québec, cette participation passe généralement par la délégation de travailleurs, par leurs collègues, à un comité paritaire de SST. La présence de ces comités est beaucoup plus probable en milieu syndiqué.

Les dispositions de la *LSST* concernant les comités de SST ne s'appliquent que dans les groupes des secteurs d'activité économique I et II (*voir le chapitre 9*) et ne créent pas l'obligation systématique de mettre en place un comité paritaire de SST : cela ne devient obligatoire que lorsque la demande en a été faite par une association accréditée ou, en l'absence d'un syndicat, par un certain nombre de travailleurs. En dehors et même au sein des groupes I et II, de nombreuses conventions collectives et des ententes employeur-syndicat mènent à la création d'un comité de SST, et certaines reprennent les règles et les fonctions relatives au comité qui font partie de la *LSST*.

Certaines publications peuvent aider les comités de SST à améliorer leur fonctionnement, par exemple, le guide de l'APSAM[10] (1999) et la fiche produite par l'ASP MultiPrévention (2016c)[11]. Les recommandations portent le plus souvent sur la planification du travail, la structuration des échanges, le suivi, etc. Dans une revue systématique, Yassi et ses collaborateurs (2012) indiquent que cette mesure est très généralement reconnue comme nécessaire, mais insuffisante, un ensemble de conditions étant requis pour assurer l'efficacité des comités de SST. Ces auteurs identifient, entre autres, les mécanismes suivants : information adéquate fournie au comité ; sélection appropriée et formation des membres du comité ; mandat clair et large ; bon processus de résolution de problèmes au sein du comité, encouragé par le soutien donné au comité par l'employeur.

Le manque de formation des membres des comités de SST fait obstacle à l'atteinte de l'objectif de la *LSST*, soit éliminer les dangers à la source même (voir la synthèse des études faite par Desmarais, 2004, p. 34-35). De fait, la revue systématique des études sur les facteurs organisationnels contribuant à la SST réalisée par Shannon et ses collaborateurs en 1997 concluait que la durée de la formation reçue par les membres de comités de SST est associée à une réduction des taux de lésions professionnelles. Étonnamment, la *LSST* ne mentionne aucune obligation de formation, par exemple sur les risques, leur identification et leur prévention, pour les membres des comités de SST.

---

10. APSAM : Association paritaire pour la santé et la sécurité du travail, secteur « affaires municipales ».

11. MultiPrévention est une ASP pour la santé et la sécurité du travail des secteurs de la fabrication des produits en métal, de la fabrication des produits électriques, de l'industrie de l'habillement et de l'imprimerie et activités connexes.

En ce qui concerne la participation représentative des travailleurs, il ne faut pas oublier ce que la *LSST* entend par « représentants à la prévention » (RP). Les résultats disponibles au Québec sur leur contribution positive à la prévention vont dans le même sens que ceux des études menées ailleurs (par exemple, Walters *et al.*, 2005, pour le Royaume-Uni). Ainsi, selon l'étude réalisée par Simard (1986), les RP agissent comme un stimulant de l'activité du comité de SST, leur présence étant associée à une fréquence accrue des réunions du comité de SST annuellement et à un nombre plus élevé de recommandations formulées par le comité et d'activités réalisées par celui-ci, parmi celles qui sont prévues par la *LSST*. Comme pour les comités de SST, les RP sont essentiellement présents en milieu syndiqué, ce qui nous amène à parler du rôle des syndicats en matière de prévention.

12.4.6 Les syndicats[12]

On l'a vu au chapitre 9, les risques du travail pour la santé sont à l'origine des premières formes d'organisation des travailleurs. Divers travaux montrent le rôle positif de la représentation syndicale en matière de SST (Walters et Nichols, 2007, p. 29). Une étude sur 31 pays européens développés montre que la densité de la représentation syndicale (soit le pourcentage des travailleurs qui, à l'échelle nationale, sont membres d'un syndicat) est l'un des facteurs les plus importants expliquant les différences dans la perception que les travailleurs ont de leur état de santé (Dollard et Neser, 2013).

Les représentants des travailleurs en SST sont d'importants incitatifs à l'action en prévention (Walters et Nichols, 2007 ; Simard, 1986). Parmi les conditions d'efficacité des comités de santé et de sécurité (CSS), plusieurs études mettent en évidence la présence d'un syndicat (Yassi *et al.*, 2012), la représentation autonome effective de la part du syndicat et le soutien externe de celui-ci (Walters et Nichols, 2007).

Il importe de souligner que l'action syndicale en matière de SST ne se limite pas à la participation à un comité paritaire de SST. Schurman et ses collaborateurs (1998), puis Morantz (2009), paraphrasant le maintenant classique *What Do Unions Do ?* de Freeman et Medoff (1984), ont proposé une typologie des moyens par lesquels les syndicats agissent en matière de prévention qui peut se résumer ainsi : en éduquant les travailleurs au sujet des risques ; en modifiant directement les comportements des travailleurs ; en amenant les employeurs à réduire les risques ; en influençant la rigueur avec laquelle la réglementation est appliquée par l'inspectorat ; en développant des innovations préventives ; en utilisant la négociation collective pour que se mettent en place des politiques et des mesures, ainsi que la présence de CSS ou d'autres structures ; et en influençant les décisions de gestion (les choix technologiques, par exemple). Par ailleurs, des syndicats peuvent chercher à agir sur divers enjeux qui ont une relation bien claire avec la SST, comme la charge de travail, sans pourtant leur accoler cette étiquette.

L'action syndicale en matière de SST serait tributaire de l'intensité de la vie syndicale : Shannon et ses collaborateurs (1992) montrent comment sont liés le mode d'organisation des syndicats et les taux de lésions, puisque chaque délégué supplémentaire pour 100 travailleurs est associé à une réduction de 8 % de la fréquence des lésions avec perte de temps. L'action des représentants des travailleurs en SST est rendue plus efficace par les facteurs suivants : la désignation de la SST comme priorité syndicale ; l'élaboration d'orientations collectives ; l'intégration des représentants en SST dans l'organisation syndicale locale ; la consultation entre les représentants et les travailleurs et la reddition de comptes ; le soutien : l'information et la formation fournies par le syndicat aux représentants en SST ; et l'appui de l'employeur à une démarche participative (Walters et Gourlay, 1990). Selon une étude ontarienne (Hall *et al.*, 2006), les représentants des travailleurs en SST qui obtiennent les meilleurs résultats sont ceux qui recueillent et utilisent de façon proactive, indépendante et stratégique les connaissances techniques, scientifiques et légales pertinentes. Ces représentants font des recherches et se forment de manière continue. Cela leur permet de donner de la légitimité aux connaissances propres aux travailleurs quant aux risques et à leurs effets, de remonter aux causes fondamentales, de proposer des solutions concrètes aux gestionnaires et de les convaincre. Cette stratégie mènerait à des améliorations plus significatives, en particulier sur des questions d'organisation du travail et sur les changements technologiques.

---

12. Cette section est largement inspirée d'une demande de subvention soumise par l'auteure à l'Alliance de recherche université-communauté (ARUC) Innovation, travail et emploi pour une recherche intitulée « Action syndicale locale en santé et sécurité du travail », dont une partie des résultats est publiée dans Baril-Gingras et Dubois-Ouellet (2018).

Conclusion

Ce chapitre constitue une initiation à la prévention en matière de SST, destinée aux futurs praticiens des relations industrielles. Ses objectifs sont atteints si, au terme de sa lecture, on comprend bien l'importance du travail et de l'emploi comme déterminants de la santé, si l'on saisit le rôle majeur que peuvent jouer les personnes formées en relations industrielles pour favoriser l'intégration de la prévention et si l'on est convaincu que l'application du principe d'élimination du risque à la source est non seulement nécessaire, mais possible. Ceux et celles qui se dirigent vers les domaines des relations du travail, de la gestion des ressources humaines ou des politiques publiques, qu'ils agissent à titre de représentants de l'employeur ou pour un syndicat, savent maintenant qu'ils auront un rôle important à jouer en prévention.

Et il l'est d'autant plus que les effets de l'emploi et du travail sur la santé dépassent largement les frontières physiques du lieu de travail, qu'ils touchent aussi les proches des travailleurs et sont toujours présents lorsqu'on a quitté pour la retraite. En effet, le travail et l'emploi ont des effets sur les habitudes de vie qui sont en lien avec la santé, dont l'usage du tabac, par exemple: « Au Québec, les employés, les ouvriers et les manœuvres sont les plus nombreux à fumer […] » (Dussault, 2005). Par ailleurs, les conditions d'emploi et de travail des parents vont jusqu'à influencer la réussite éducative des enfants (Montreuil *et al.*, 2011). Encore aujourd'hui, on doit déplorer de grandes différences dans l'espérance de vie, selon la catégorie professionnelle. En l'absence de données pour le Québec, on peut noter qu'en France « [l]es hommes cadres vivent en moyenne 6 ans de plus que les ouvriers dans les conditions de mortalité de 2009-2013 » (Blanpain, 2016). Autant on sait que les politiques publiques jouent un grand rôle dans la réduction de ces inégalités flagrantes, autant les acteurs des relations industrielles comprendront que l'action préventive sur les lieux de travail est essentielle.

QUESTIONS DE RÉVISION

1. Comment se caractérise l'évolution de la SST dans les dernières décennies ?

2. Pourquoi ne doit-on pas se limiter aux lésions indemnisées pour faire le portrait des conséquences négatives du travail et de l'emploi sur la santé et la sécurité ?

3. Que signifie « prévention primaire » ? Quelles sont les formes de prévention primaire en SST ? Laquelle est la plus efficace et pourquoi ?

4. Que signifie « prévention secondaire » ? Que signifie prévention tertiaire ? Donnez des exemples.

5. Quelles sont les étapes de la « démarche préventive » ? Donnez des exemples de mesures visant l'intégration de la prévention à la gestion.

6. Quelle forme de structuration de la prévention en milieu de travail apparaît la plus efficace et pourquoi ?

7. Comment l'engagement de la direction envers la prévention peut-il se concrétiser ? Quels sont les défis pour les superviseurs et quel soutien peut-on leur accorder ?

8. Expliquez l'importance respective de la participation directe et de la participation représentative des travailleurs pour la SST.

9. Nommez au moins trois formes de contribution de l'action syndicale à la prévention.

POUR ALLER PLUS LOIN

Montreuil, S., P.-S. Fournier et G. Baril-Gingras (dir.) (2013). *L'intervention en santé et en sécurité du travail : pour agir en prévention dans les milieux de travail.* Québec, Presses de l'Université Laval, 459 p.

Pérusse, M. (2011). *Le coffre à outils de la prévention des accidents en milieu de travail,* 4e éd. révisée et améliorée. Longueuil, Le groupe de communication Sansectra, 234 p.

Roberge, B., J.-E. Deadman, M. Legris, L. Ménard et M. Baril (dir.) (2004). *Manuel d'hygiène du travail : du diagnostic à la maîtrise des facteurs de risque.* Mont-Royal, Modulo-Griffon, 738 p.

St-Vincent, M., N. Vézina, M. Bellemare, D. Denis, É. Ledoux et D. Imbeau (2011). *L'intervention en ergonomie.* Québec, Éditions MultiMondes, 360 p.

RÉFÉRENCES

American Industrial Hygiene Association (AIHA) et American National Standards Institute (ANSI) (2005). *American National Standard – Occupational Health and Safety Management Systems* (ANSI/AIHA Z10-2005). Fairfax, VA, AIHA.

Andersson, R. et E. Menckel (1995). « On the Prevention of Accidents and Injuries : A Comparative Analysis of Conceptual Frameworks », *Accident Analysis & Prevention,* vol. 27, n° 6, p. 757-768.

Association canadienne de normalisation (2014). *Gestion de la santé et de la sécurité au travail* (CAN/CSA-Z1000-F14 [C2014]).

Association paritaire pour la santé et la sécurité du travail, secteur « administration provinciale » (APSSAP) (2014). *Calendrier des inspections.* Québec, APSSAP.

Association paritaire pour la santé et la sécurité du travail, secteur « affaires municipales » (APSAM) (2004a). Fiche technique n° 41, « Organisation de la prévention : la démarche préventive – introduction ». Montréal, APSAM.

Association paritaire pour la santé et la sécurité du travail, secteur « affaires municipales » (APSAM) (2004b). Fiche technique n° 42, « Organisation de la prévention : les techniques d'identification des risques – l'enquête et l'analyse des accidents ». Montréal, APSAM.

Association paritaire pour la santé et la sécurité du travail, secteur « affaires municipales » (APSAM) (1999). *Guide en santé et sécurité : vers un comité de santé et de sécurité efficace.* Montréal, APSAM.

Baril-Gingras, G. (2013). « La production sociale de la santé et de la sécurité du travail » dans Montreuil, S., P.-S. Fournier et G. Baril-Gingras (dir.), *L'intervention en santé et en sécurité du travail : pour agir en prévention dans les milieux de travail.* Québec, Presses de l'Université Laval, p. 23-108.

Baril-Gingras, G. (2003). *La production de transformations visant la prévention lors d'interventions de conseil externe en santé et sécurité du travail : un modèle fondé sur l'analyse d'interventions de conseillers d'associations sectorielles paritaires, dans le contexte du régime québécois.* Thèse de doctorat en sciences de l'administration. Québec, Université Laval.

Baril-Gingras, G., M. Bellemare et J.-P. Brun (2004). *Intervention externe en santé et en sécurité du travail : un modèle pour comprendre la production de transformations à partir de l'analyse d'interventions d'associations sectorielles paritaires.* Rapport R-367, série Études et recherches. Montréal, Institut de recherche Robert-Sauvé en santé et en sécurité du travail (IRSST).

Baril-Gingras, G. et S. P. Dubois-Ouellet (2018). « Framing, Resources and Repertoire of Local Trade Union Action for Health and Safety : A Study Conducted with a Quebec Central Labour Body », *Relations industrielles/Industrial Relations,* vol. 73, n° 3, p. 429-460.

Bellemare, M., L. Trudel, E. Ledoux, S. Montreuil, M. Marier, M. Laberge et M.-J. Godi (2005). Intégration de la prévention des TMS dès la conception d'un aménagement, le cas des bibliothèques publiques. Rapport de recherche R-395, Institut de recherche Robert-Sauvé en santé et en sécurité du travail.

Benach, J. (2010). « Reducing the Health Inequalities Associated with Employment Conditions », *British Medical Journal* (Overseas and Retired Doctors edition), 340(7761), p. 1392-1395.

Berthelette, D. et F. Planché (1995). *Évaluation du programme de sécurité du travail dans des petites et moyennes entreprises*. Rapport R-107, série Études et recherches. Montréal, Institut de recherche Robert-Sauvé en santé et en sécurité du travail (IRSST).

Bittle, S., A. Chen et J. Hébert (2018). « Work-Related Deaths in Canada », *Labour/Le Travail*, n° 82, p. 159-187.

Blanpain, N. (2016). Les hommes cadres vivent toujours 6 ans de plus que les hommes ouvriers, Institut national de la statistique et des études économiques (France) : INSEE Première, n° 1584, février 2016.

Bolduc, F. et G. Baril-Gingras (2010). « Les conditions d'exercice du travail des cadres de premier niveau : une étude de cas », *Perspectives interdisciplinaires sur le travail et la santé*, vol. 12, n° 3.

British Standards Institution (BSI) (2000). *Occupational Health and Safety Management Systems : Guidelines for the Implementation of OHSAS 18001* (OHSAS 18002 : 2000). Londres, BSI, p. ii.

Brun, J.-P., C. D. Loiselle, G. Gauthier et C. Bégin (1998). *Le métier de préventionniste : entre l'arbre et l'écorce*. Napierville et Saint-Lambert, Impact Héritage et Le groupe de communication Sansectra.

Bureau international du travail (BIT) (2002). *Principes directeurs concernant les systèmes de gestion de la sécurité et de la santé au travail : ILO-OSH 2001*. Genève, BIT, p. ix.

Centre canadien d'hygiène et de sécurité au travail (2020). « Contrôle des dangers ». Récupéré au www.cchst.ca/oshanswers/hsprograms/hazard_control.html?print

Centre patronal de santé et sécurité du travail (2014). *Les mesures d'urgence : vous avez des obligations légales !* Récupéré au https://www.centrepatronalsst.qc.ca/media/1514/conv_avril_2014.pdf

Commission de la santé et de la sécurité du travail (CSST) (2013). *Statistiques annuelles 2012* (DC 200-1046-20).

Commission des normes, de l'équité, de la santé et de la sécurité du travail (CNESST) (2016). *Guide de prévention en milieu de travail à l'intention de la petite et moyenne entreprise*, 2ᵉ édition.

Commission internationale de la santé au travail (CIST) (2012). *Code international d'éthique pour les professionnels de la santé au travail*. Récupéré au www.cfecgc-santetravail.fr/wp-content/uploads/2014/05/ICOH-code_ethics_fra_2012.pdf

Côté, A. (2010). *L'implantation des processus prescrits par le programme de prévention prévu à la Loi sur la santé et la sécurité du travail du Québec et les systèmes de gestion de la santé et de la sécurité du travail (SGSST) : une étude de cas dans un établissement du secteur manufacturier québécois*. Mémoire de maîtrise, Québec, Université Laval.

Cru, D. et C. Dejours (1983). « Les savoir-faire de prudence dans les métiers du bâtiment », *Cahiers médico-sociaux*, 3, p. 239-247.

Davis, C. (2004). *Making Companies Safe : What Works ?* Londres, Centre for Corporate Accountability.

Dawson, S., P. Willman, M. Bamford et A. Clinton (1988). *Safety at Work : The Limits of Self-Regulation*. Cambridge, Cambridge University Press.

Desmarais, L. (2004). *Évaluation de l'implantation des comités de santé et de sécurité du travail : Une étude de cas multiples réalisée dans les petites et moyennes entreprises au Québec*. Thèse de doctorat en sciences de l'administration, Montréal, UQAM.

Dollard, M. F. et D. Y. Neser (2013). « Worker Health is Good for the Economy : Union Density and Psychosocial Safety Climate as Determinants of Country Differences in Worker Health and Productivity in 31 European Countries », *Social Science & Medicine*, vol. 92, p. 114-123.

Duguay, P., A. Boucher, P. Prud'homme, M. A. Busque et M. Lebeau (2017). Lésions professionnelles indemnisées au Québec en 2010-2012. Rapport de recherche R-963, Institut de recherche Robert-Sauvé en santé et en sécurité du travail.

Dussault, J. (2005). « La Loi sur le tabac (décembre 1999) et les paradoxes de son application dans les milieux usiniers », *Perspectives interdisciplinaires sur le travail et la santé*, vol. 7, n° 2.

Faverge, J.-M. (1980). « Le travail comme activité de récupération », *Bulletin de psychologie*, tome XXXIII, 34, p. 203-206.

Freeman, R. B. et J. L. Medoff (1984). *What Do Unions Do ?* New York, Basic Books.

Gallagher, C., E. Underhill et M. Rimmer (2001). *Occupational Health and Safety Management Systems: A Review of Their Effectiveness in Securing Healthy and Safe Workplaces.* Sydney, National Occupational Health and Safety Commission.

Gjestland, T. (1955). « The Oslo Study of Untreated Syphilis », *Acta Dermato-Venereologica,* supplément n° 34.

Gollac, M. et M. Bodier (avril 2011). *Mesurer les facteurs psychosociaux de risque au travail pour les maîtriser.* Rapport du Collège d'expertise sur le suivi des risques psychosociaux au travail, faisant suite à la demande du ministre du Travail, de l'Emploi et de la Santé, France.

Guérin, F., A. Laville, F. Daniellou, J. Duraffourg et A. Kerguelen (2007). *Comprendre le travail pour le transformer. La pratique de l'ergonomie.* Lyon cedex, Éditions de l'Agence nationale pour l'amélioration des conditions de travail, 318 p.

Guérin, F., A. Laville, F. Daniellou, J., Duraffourg et A. Kerguelen (1997). *Comprendre le travail pour le transformer. La pratique de l'ergonomie.* France : ANACT.

Gunningham, N. et R. Johnstone (1999). *Regulating Workplace Safety: Systems and Sanctions.* Oxford, Oxford University Press.

Hall, A., A. Forrest, A. Sears et N. Carlan (2006). « Making a Difference: Knowledge Activism and Worker Representation in Joint OHS Committees », *Relations industrielles/Industrial Relations,* vol. 61, n° 3, p. 408-436.

Hébert, F. (1999). *Évolution des indicateurs de lésions professionnelles indemnisées par secteur d'activité économique, Québec, 1986-1996.* Montréal, Institut de recherche Robert-Sauvé en santé et en sécurité du travail (IRSST).

Institut national de recherche et de sécurité (INRS) (2018). *Évaluation des risques professionnels : aide au repérage des risques dans les PME-PMI.* Paris, INRS.

ISO (Organisation internationale de normalisation) (2018). *ISO 45001 - Santé et sécurité au travail.*

Katz, D. L. (1997). *Epidemiology, Biostatistics, and Preventive Medicine Review.* Saunders Text and Review Series. Philadelphie, W.B. Saunders Company.

Lamonde, F. et S. Montreuil (1995). « Le travail humain, l'ergonomie et les relations industrielles », *Relations industrielles/Industrial Relations,* vol. 50, n° 4, p. 695-740.

Lamonde, F., J.-G. Richard, L. Langlois, J. Dallaire et A. Vinet (2010). *La prise en compte des situations de travail dans les projets de conception : la pratique des concepteurs et des opérations impliqués dans un projet conjoint entre un donneur d'ouvrage et une firme de génie conseils.* Rapport R-636, série Études et recherches. Montréal, Institut de recherche Robert-Sauvé en santé et en sécurité du travail (IRSST).

LaMontagne, A. D., T. Keegel, A. M. Louie, A. Ostry et P. A. Landsbergis (2007). « A Systematic Review of the Job-Stress Intervention Evaluation Literature, 1990-2005 », *International Journal of Occupational and Environmental Health,* vol. 13, n° 3, p. 268-280.

Leavell, H. R. et E. G. Clark (dir.) (1953). *Textbook of Preventive Medicine.* New York, McGraw-Hill.

Leplat, J. et X. Cuny (1984). *Introduction à la psychologie du travail.* Paris, Presses universitaires de France, Collection « Le psychologue », 305 p.

Lippel, K. et A. Sikka (2010). « Access to Workers' Compensation Benefits and Other Legal Protections for Work-Related Mental Health Problems : A Canadian Overview », *Canadian Journal of Public Health/Revue canadienne de santé publique,* p. S16-S22.

MacEachen, E. et al. (2008). *Effectiveness and Implementation of Health and Safety Programs in Small Enterprises : A Systematic Review of Quantitative and Qualitative Literature.* Toronto, Institute for Work & Health.

Mercieca, P. et C. Pinatel (2009). *La prévention des risques professionnels : du document unique au plan d'actions.* Lyon, ANACT.

Montreuil, S., A. Marchand, J.-P. Brun, S. Lamontagne et L. Tulk (2011). *L'incidence du travail des parents sur la réussite éducative et le bien-être des enfants.* Rapport de recherche, Chaire en gestion de la santé et de la sécurité du travail. Québec, Université Laval.

Morantz, A. D. (2009). *The Elusive Union Safety Effect : Towards a New Empirical Research Agenda.* Procès-verbal de la 61ᵉ réunion annuelle de la Labor and Employment Relations Association tenue à San Francisco du 3 au 5 janvier 2009, Champaign, IL, Labor and Employment Relations Association, p. 130-146.

MultiPrévention (Association sectorielle paritaire pour la santé et la sécurité du travail des secteurs : métal, électrique, habillement et imprimerie) (2016a).

« Concevoir un programme de gestion des équipements de protection individuelle », fiche technique *Gestion de la prévention.* Longueuil et Québec.

MultiPrévention (Association sectorielle paritaire pour la santé et la sécurité du travail des secteurs : métal, électrique, habillement et imprimerie) (2016b). « Mettre en place des règles de sécurité », fiche technique *Contrôle des risques.* Longueuil et Québec.

MultiPrévention (Association sectorielle paritaire pour la santé et la sécurité du travail des secteurs : métal, électrique, habillement et imprimerie) (2016c). « Démarrer et faire fonctionner un comité de santé et de sécurité », fiche technique *Gestion de la prévention.* Longueuil et Québec.

Organisation mondiale de la santé (OMS) (1948). *Préambule à la Constitution de l'Organisation mondiale de la santé, telle qu'adoptée par la Conférence internationale sur la Santé tenue à New York du 19 juin au 22 juillet 1946 et signée le 22 juillet 1946 par les représentants de 61 États.* (Actes officiels de l'Organisation mondiale de la santé, n° 2, p. 100) et entrée en vigueur le 7 avril 1948.

Pérusse, M. (2011). *Le coffre à outils de la prévention des accidents en milieu de travail,* 4ᵉ éd. revue et améliorée. Longueuil, Le groupe de communication Sansectra.

Pichette, L. (2009). « La permanence des correctifs : un premier pas vers une saine gestion de la SST », *Prévention au travail,* vol. 22, n° 3, p. 46-47.

Préventex (1995). *Élaboration des analyses de sécurité de la tâche.* Brossard, Préventex.

Quinlan, M., C. Mayhew et P. Bohle (2001). « The Global Expansion of Precarious Employment, Work Disorganization, and Consequences for Occupational Health : A Review of Recent Research », *International Journal of Health Services,* vol. 31, n° 2, p. 335-414.

Schurman, S. J., D. Weil, P. Landsbergis et B. A. Israel (1998). « The Role of Unions and Collective Bargaining in Preventing Work-Related Disability », dans Thomason, T., J. F. Burton Jr., D. Hyatt et D. E. Hyatt (dir.), *New Approaches to Disability in the Workplace.* Madison, WI, Industrial Relations Research Association, p. 121-154.

Shannon, H. *et al.* (1992). *Health and Safety Approaches in the Workplace : A Report Prepared by the Interdisciplinary Health and Safety Research Group of McMaster University in Hamilton, Ontario.* Toronto, Industrial Accident Prevention Association.

Shannon, H. S., J. Mayr et T. Haines (1997). « Overview of the Relationship Between Organizational and Workplace Factors and Injury Rates », *Safety Science,* vol. 26, n° 3, p. 201-217.

Simard, M. (1986). *Les représentants à la prévention : principaux résultats d'un sondage auprès d'établissements syndiqués.* Rapport de recherche, Université de Montréal, Groupe de recherche sur les aspects sociaux de la prévention en santé et en sécurité du travail (GRASPSST).

Simard, M., M.-C. Carpentier-Roy, A. Marchand et F. Ouellet (1999). *Processus organisationnels et psychosociaux favorisant la participation des travailleurs en santé et en sécurité du travail.* Rapport R-211, série Études et recherches, Montréal, Institut de recherche Robert-Sauvé en santé et en sécurité du travail (IRSST).

Simard, M., C. Lévesque et D. Bouteiller (1988). *L'efficacité en gestion de la sécurité du travail : principaux résultats d'une recherche dans l'industrie manufacturière.* Rapport de recherche, Université de Montréal, Groupe de recherche sur les aspects sociaux de la prévention en santé et en sécurité du travail (GRASPSST).

Simard, M. et A. Marchand (1997). « La participation des travailleurs à la prévention des accidents du travail : formes, efficacité et déterminants ». Rapport R-154, série Études et recherches. Montréal, Institut de recherche Robert-Sauvé en santé et en sécurité du travail (IRSST).

Simard, M. et A. Marchand (1995). « A Multilevel Analysis of Organisational Factors Related to the Taking of Safety Initiatives by Workgroups », *Safety Science,* vol. 21, p. 113-129.

Simard, M., A. Marchand et M. Brossard (1990). *Les contremaîtres et la prévention en contexte de participation des travailleurs.* Profil-recherche/Rapport PR-122, Université de Montréal, Groupe de recherche sur les aspects sociaux de la prévention (GRASP).

Simard, M., A. Marchand, J. Couvrette et M.-J. Duquette (1993). *Étude des stratégies de développement de l'implication des contremaîtres en prévention des accidents du travail dans l'industrie manufacturière.* Profil-recherche/Rapport PR-150, Université de Montréal, Groupe de recherche sur les aspects sociaux de la prévention (GRASP).

Six, F. (2000). *Le travail des cadres : le point de vue de l'ergonomie.* Actes de colloques du 26ᵉ Congrès National de Médecine du Travail. Lille, p. 6-9.

Stellman, J. M. (2000). *Encyclopédie de sécurité et de santé au travail,* 3e éd. fr., trad. de la 4e éd. ang. Genève, Bureau international du travail (BIT).

St-Vincent, M., N. Vézina, M. Bellemare, D. Denis, É. Ledoux et D. Imbeau (2011). *L'intervention en ergonomie.* Québec, Éditions MultiMondes.

Teiger, C. et J.-M. Frontini (1998). « L'apprentissage de l'analyse ergonomique du travail comme moteur de changement individuel et organisationnel. Le cas de la formation des préventeurs en entreprise », *Performances humaines et techniques,* numéro hors série (décembre 1998), p. 101-110.

Trudel, L. et S. Montreuil (1999). « Understanding the Transfer of Knowledge and Skills From Training to Preventive Action Using Ergonomic Work Analysis With 11 Female VDT Users », *Work,* vol. 13, n° 3, p. 171-183.

Vérificateur général du Québec (VGQ) (2019). *Rapport du Vérificateur général du Québec à l'Assemblée nationale pour l'année 2019-2020. Rapport du commissaire au développement durable. Mai 2019. Chapitre 3 – Prévention en santé et en sécurité du travail : audit de performance.*

Vézina, M., C. Chénard, M.-M. Mantha-Bélisle et le Groupe scientifique sur l'impact des conditions et de l'organisation du travail sur la santé de l'INSPQ (2016). *Grille d'identification de risques psychosociaux du travail,* Institut national de santé publique du Québec (INSPQ).

Vézina, M. et al. (2011). *Enquête québécoise sur des conditions de travail, d'emploi et de santé et de sécurité du travail (EQCOTESST).* Rapport sommaire RR-691, série Études et recherches. Québec, Institut de recherche Robert-Sauvé en santé et en sécurité du travail (IRSST), Institut national de santé publique du Québec (INSPQ) et Institut de la statistique du Québec (ISQ).

Walters, D. et T. Nichols (2007). *Worker Representation and Workplace Health and Safety.* New York, Palgrave Macmillan.

Walters, D., T. Nichols, J. Connor, A. C. Tasiran et S. Cam (2005). *The Role and Effectiveness of Safety Representatives in Influencing Workplace Health and Safety.* Rapport de recherche 363. Cardiff, R.-U., Health and Safety Executive.

Walters, D. R. et S. Gourlay (1990). *Statutory Employee Involvement in Health and Safety at the Workplace : A Report of the Implementation and Effectiveness of the Safety Representatives and Safety Committees Regulations 1977.* Health and Safety Executive Contract Reports No. 20/1990, Bootle, Health and Safety Executive.

Yassi, A. et al. (2012). « Effectiveness of Joint Health and Safety Committees : A Realist Review », *American Journal of Industrial Medicine,* vol. 56, n° 4, p. 424-438.

Chapitre 13

Pier-Luc Bilodeau

La négociation collective

Plan du chapitre

13.1 ▶ La définition, les origines et le développement de la négociation collective

13.2 ▶ Les structures de négociation collective

13.3 ▶ Le processus de négociation

13.4 ▶ L'action stratégique en négociation collective

Objectifs d'apprentissage

- Distinguer la négociation collective des autres formes de négociation et des autres méthodes de résolution de conflits et de prise de décisions.
- Comprendre le rôle et la place de la négociation collective dans le monde du travail et, plus largement, dans la société québécoise contemporaine.
- Se familiariser avec les parties à la négociation collective et les formes générales de structures de négociation collective.
- Connaître les dimensions du processus de négociation collective et les phases de son déroulement.
- Savoir, de façon générale, quels sont les moyens concrets par lesquels les parties à la négociation collective peuvent parvenir à une entente et atteindre leurs objectifs respectifs.

Introduction

La négociation collective est une institution centrale des économies occidentales contemporaines. Au Québec, les conditions de travail de près d'un million de personnes sont fixées directement par ce moyen qui fait l'objet, depuis près d'un siècle, d'un cadre juridique particulier. Celui-ci traduit la volonté du législateur d'assurer la paix industrielle, notamment en favorisant un certain équilibre du rapport de forces dans les relations patronales-syndicales.

Après avoir constitué pendant près de trois décennies le mécanisme par excellence pour améliorer les conditions de travail, la négociation collective fait face à de nombreuses difficultés depuis le milieu des années 1970. L'action combinée des turbulences économiques, de la mondialisation et de la financiarisation, ainsi que du virage néolibéral de l'État, influe sur cette institution tant dans son déroulement que dans les résultats qu'elle produit.

Pour comprendre ces transformations et être en mesure de participer aux débats auxquels elles donnent lieu, dans le monde du travail et dans la société en général, il est essentiel de connaître la nature, les origines et les principales composantes de la négociation collective. Ce chapitre est consacré à une telle introduction, ancrée dans la réalité québécoise. Nous y aborderons tour à tour la nature du phénomène et son développement au fil de l'histoire, les structures de négociation, le processus de négociation, ainsi que les stratégies et tactiques déployées par les parties et les moyens dont elles disposent pour parvenir à leurs fins.

13.1 La définition, les origines et le développement de la négociation collective

Pour atteindre la forme que nous lui connaissons aujourd'hui, la négociation collective s'est développée au gré des relations entre employeurs et regroupements de travailleurs. Nous ferons un bref survol de cette évolution en remontant jusqu'au XIXe siècle, mais d'abord, définissons la négociation collective dans sa forme contemporaine.

13.1.1 La négociation collective

D'entrée de jeu, il importe de savoir ce qu'est la négociation collective. Pour ce faire, nous mettrons en lumière ce qui distingue la négociation collective des autres formes de négociation et des autres mécanismes de détermination des conditions de travail.

La négociation comme méthode de résolution de conflits et de prise de décisions

Dans les sociétés humaines, la négociation est un moyen auquel les individus et les groupes ont recours pour résoudre des conflits et prendre certaines décisions, ou « un processus à travers lequel deux parties (ou davantage) passent de positions conflictuelles à une décision commune et unique » (Zartman, 2008, p. 53, traduction libre). Cette définition étant quelque peu sommaire, relevons quatre conditions fondamentales.

D'abord, la négociation suppose la présence d'au moins deux parties distinctes. Lorsqu'elle implique des individus, la négociation est interpersonnelle; dans le cas de groupes, elle est dite sociale (Walton et McKersie, 1991, p. 3). Ensuite, les parties en présence doivent disposer d'une certaine autonomie décisionnelle, et l'objet de la décision doit donc être indéterminé. Cela signifie qu'aucune règle préétablie ne doit dicter la décision à prendre et que celle-ci doit revenir aux parties tant qu'elles n'ont pas décidé de s'en remettre à un tiers. De plus, pour que le recours à la négociation soit approprié, les parties doivent poursuivre des objectifs incompatibles au regard d'une décision à prendre, ce qui les place – ou pourra un jour les placer – en situation de conflit. Sinon, pourquoi se donneraient-elles la peine de négocier? Elles doivent également souhaiter résoudre ce conflit, en évitant si possible l'affrontement. Cette volonté découle de la relation d'interdépendance qui unit les parties. Comme elles ont besoin l'une de l'autre, elles ne s'ignorent pas et cherchent une solution susceptible de préserver leur relation.

Partant de ce qui précède, nous pouvons donc, comme Thuderoz (2000, p. 99-107), distinguer la négociation d'autres mécanismes de prise de décisions et de résolution de conflits. D'abord, compte tenu de la présence inévitable d'enjeux conflictuels, la négociation ne peut être assimilée à une démarche consensuelle. Puis, l'interdépendance des parties permet de distinguer la négociation de démarches unilatérales ayant pour finalité le triomphe de l'une ou l'élimination de l'autre. Enfin, la négociation ne doit être confondue avec aucune forme de décision par un tiers (par exemple, l'arbitrage) en raison de l'autonomie de ses parties.

La négociation est donc un mode d'interaction très général et peut porter sur une multitude d'objets. Freund (1987, p. 84) discerne deux types de négociation en fonction de leurs objets : la négociation commerciale, qui correspond au marchandage pour la vente et l'achat d'un bien ou d'un service quelconque, et la négociation politique ou diplomatique, qui renvoie au règlement pacifique d'un désaccord ou d'un conflit entre deux entités politiques. La négociation collective contemporaine est une forme particulière de la négociation politique ou diplomatique.

Les éléments d'une définition générale de la négociation collective

Dans son *Dictionnaire canadien des relations du travail*, Gérard Dion (1986, p. 310) définit la négociation collective comme un « [p]rocédé selon lequel, d'une part, un employeur, une association d'employeurs et, d'autre part, un syndicat cherchent à en venir à une entente sur des questions relatives aux rapports du travail dans l'intention de conclure une convention collective à laquelle les deux parties souscrivent mutuellement ».

La négociation collective est une négociation sociale. Elle est dite collective parce qu'elle met en présence des acteurs collectifs : un syndicat et un employeur ou une association d'employeurs. Il arrive aussi que plusieurs syndicats ou plusieurs employeurs non regroupés en association patronale négocient de concert.

La négociation collective se distingue également d'autres formes de négociation en raison de ses objets propres. D'une part, elle porte sur les conditions de travail, c'est-à-dire qu'elle permet de fixer la rémunération et la durée de la prestation de travail, ainsi que sur les droits et devoirs réciproques des travailleurs et de leur employeur dans le cadre de l'emploi (Barbash, 1977). D'autre part, elle fixe les termes de la relation entre les parties patronales et syndicales, notamment par la reconnaissance des droits syndicaux de représentation et des droits de direction du

ou des employeurs. Les conditions et les termes faisant l'objet d'une entente entre les parties sont consignés dans une convention collective conclue à l'échelle d'un milieu de travail, d'un secteur ou d'un territoire (*voir le chapitre 14*).

Si la fixation de la rémunération y occupe une place importante, la négociation collective ne constitue pas pour autant une négociation de type « commercial » au sens où l'entend Freund (1987), mais plutôt, du moins dans sa forme contemporaine, une activité de régulation conjointe des conditions de travail (Flanders, 1968, p. 10). En effet, personne ne s'y engage à effectuer une prestation de travail ou à embaucher qui que ce soit en échange d'une rémunération. En d'autres mots, la négociation collective ne crée pas le lien d'emploi entre un salarié et son employeur, mais produit plutôt des règles que les parties doivent respecter à différentes étapes de la relation d'emploi.

C'est au terme d'une évolution de plusieurs décennies que la négociation collective a pris la forme que nous venons d'exposer, et qu'elle s'est imposée comme méthode de résolution de conflits et de prise de décisions et comme institution dans les rapports collectifs du travail.

13.1.2 L'évolution de la négociation collective : du marchandage à la régulation conjointe

Depuis le XIXe siècle, les travailleurs nord-américains ont tenté par différents moyens d'accroître leur influence dans la détermination de leur salaire et, plus largement, de l'ensemble de leurs conditions de travail. Cette volonté d'avoir voix au chapitre s'est traduite par des actions collectives dont la forme privilégiée a évolué au fil des ans. Ainsi, la pratique contemporaine de la négociation collective est le fruit d'un raffinement des pratiques syndicales, des réactions patronales à leur égard et des interventions de l'État en matière de rapports collectifs du travail.

Les trois stades de la négociation collective que nous présentons dans cette section ne sont pas mutuellement exclusifs. Bien que, de façon générale, ils soient apparus successivement, ils peuvent avoir coexisté à une même période dans divers secteurs et milieux de travail.

Le cartel de travail et le marchandage collectif

Les rapports de production connaissent des changements majeurs au cours du XIXe siècle (*voir le chapitre 1*).

Avec la disparition de la corporation professionnelle, ou ce qu'il en reste, et l'extension de certains marchés, les travailleurs se trouvent aux prises avec des situations de concurrence, sur les marchés du travail et du produit, ce qui a pour effet de miner leurs conditions de travail (Commons, 1909). C'est en réaction à ces pressions sur le revenu que certains travailleurs se regroupent en cartels de travail. En obtenant l'engagement de leurs pairs de refuser tout travail dont la rémunération serait inférieure aux taux prévus dans une «liste de salaires», les travailleurs qualifiés d'un métier et d'une région donnés parviennent à imposer des conditions aux employeurs. Cette action collective est rendue possible grâce à diverses formes de contrôle de la concurrence entre les travailleurs, ainsi qu'à des mécanismes (serment sur la Bible, surveillance des uns et des autres et menace de représailles, par exemple) visant à décourager les individus qui seraient tentés d'accepter des conditions inférieures à celles qui sont convenues à l'avance.

La pratique du marchandage collectif souffre toutefois d'une limite importante. En effet, si elle s'avère assez efficace en contexte de forte demande et de pénurie de main-d'œuvre, il est par contre très difficile de faire respecter la liste de salaires en situation de récession alors que la concurrence pour l'emploi devient très forte entre les travailleurs ayant d'abord souscrit à l'action collective. Les cartels apparaissent et disparaissent donc, la plupart du temps, au gré de la conjoncture économique, et les conditions de travail évoluent selon le même mouvement, causant une insécurité économique aux parties.

De plus, cette succession d'actions unilatérales entre employeurs et travailleurs tend à s'envenimer et à donner lieu, dans certains secteurs, à des affrontements de grande envergure, ce qui conduit les parties à chercher des méthodes pour régler de façon pacifique les différends ouvriers et donne naissance au «gouvernement de l'industrie».

Le gouvernement de l'industrie

Au tournant du XXe siècle, John R. Commons s'intéresse à une nouvelle forme de rapports collectifs du travail. Il rend compte de quelques cas dans un article (Commons, 1901). Dans les secteurs d'activité qu'il étudie – le débardage, l'exploitation du charbon bitumineux et la fabrication d'équipements de chauffage en fonte –, l'éventualité d'une grève ou d'un lock-out constitue une menace sérieuse pour la sécurité économique des entreprises et des travailleurs, dont les représentants, forts de l'expérience de conflits passés, sont incités à tenter de fixer conjointement les conditions de travail, alors que, dans d'autres secteurs, le marchandage patronal-syndical et les affrontements ont toujours cours (*ibid.*, p. 329-330). Les procédures de négociation adoptées par les parties sont fortement inspirées du parlementarisme britannique. Le cas du débardage dans les Grands Lacs en constitue une bonne illustration.

Les représentants des entreprises d'arrimage opérant dans les Grands Lacs et ceux des débardeurs se réunissent deux fois l'an. Parce que plusieurs employeurs et syndicats sont concernés, les représentants patronaux et syndicaux se rencontrent d'abord séparément au sein d'assemblées semblables à des chambres parlementaires. Lors de ces assemblées – assimilées à une «Chambre des lords» regroupant les employeurs et à une «Chambre des communes» regroupant les travailleurs –, on convient alors des positions officielles en vue des pourparlers patronaux-syndicaux. Chaque partie mandate ensuite un comité de quatre ou cinq personnes, et c'est entre ces comités que se tient la négociation au terme de laquelle les parties espèrent parvenir à un accord mutuellement acceptable et ainsi éviter le déclenchement d'un conflit de travail. Ce processus, libre de toute intervention externe, s'étend sur 10 à 15 jours (*ibid.*, p. 328-329).

Le produit des tractations entre la «chambre patronale» et la «chambre syndicale» est une entente (*trade agreement*) valide pour quelques mois et dont le contenu est double (Leiserson, 1922, p. 61). D'une part, cette entente fixe les droits et les devoirs réciproques des parties en matière de conditions de vente et d'achat de la force de travail, mais aussi d'encadrement de la discipline et de l'exécution du travail. D'autre part, elle agit comme une «constitution industrielle» en créant les instances et procédures permettant la mise en œuvre des droits et des devoirs réciproques des parties. Elle transforme donc les milieux de travail en «États de droit», d'où l'appellation «gouvernement constitutionnel de l'industrie». En l'absence d'un encadrement juridique positif des rapports collectifs du travail, les ententes ainsi conclues ont le statut de *gentlemen's agreement*[1]. Leur application dépend donc de la bonne volonté des parties et de leur capacité à les faire respecter.

---

1. Un *gentlemen's agreement* est «une convention collective conclue entre un employeur et un syndicat soit en dehors des mécanismes reconnus par le système juridique global: droit du travail, droit commun, etc., soit dans le cadre d'un ordonnancement juridique qui ne reconnaît pas que la violation de l'entente puisse être sanctionnée par un tribunal. La valeur de cette convention collective ne repose que sur la bonne volonté des parties ou sur la crainte de représailles» (Dion, 1986, p. 229).

La régulation conjointe des milieux de travail

Au cours des premières décennies du XXᵉ siècle, la négociation collective délaisse graduellement le décorum du parlementarisme britannique pour prendre la forme que nous lui connaissons aujourd'hui. L'adoption aux États-Unis, dès 1935, puis au Québec et dans le reste du Canada en 1944, des régimes contemporains de rapports collectifs du travail a un effet structurant sur cette pratique. En effet, ces régimes encadrent, bien qu'assez sommairement, la marche à suivre des parties ainsi que son produit – la convention collective –, qui passe alors d'un *gentlemen's agreement* à un acte juridique spécifique (*voir le chapitre 10*).

De nos jours, la négociation collective constitue le moyen privilégié pour les travailleurs de participer aux décisions prises dans les milieux de travail. Par l'intermédiaire de leurs représentants syndicaux, ils prennent part à la détermination de leur rémunération et d'autres avantages, ainsi qu'à la fixation de règles encadrant la gestion des ressources humaines.

La négociation collective est donc une régulation conjointe[2] du travail et de l'emploi (Flanders, 1968). Il ne faut toutefois pas la confondre avec la cogestion, car si l'action collective et son encadrement juridique ont favorisé des rapports moins inégaux entre les travailleurs syndiqués et leurs employeurs, et si les tribunaux ont reconnu aux parties une grande liberté quant à ce qui peut être inclus dans une convention collective (Coutu *et al.*, 2013, p. 639), les travailleurs syndiqués n'en demeurent pas moins des partenaires au pouvoir de décision moindre dans l'organisation, et ce, pour trois raisons majeures. D'abord, le contenu de la convention collective négociée par un syndicat n'est qu'un droit dérogatoire par rapport aux droits de direction de l'employeur, lequel conserve donc le contrôle de tout ce qui n'est pas explicitement ou implicitement prévu dans cette convention (*ibid.*, p. 646-651). Ensuite, dans la plupart des milieux de travail nord-américains, la négociation collective porte sur les conditions immédiates de réalisation du travail ainsi que sur sa rémunération, laissant une grande marge de manœuvre aux employeurs dans les décisions de niveau stratégique (par exemple, le choix des produits et des façons de produire), qui ont pourtant un impact majeur sur l'emploi et le travail. Enfin, cette délimitation *de facto* des enjeux de négociation a été stimulée par les décisions administratives concernant l'accréditation des syndicats et les structures de négociation qui en découlent.

13.2 Les structures de négociation collective

Les structures de négociation correspondent à la façon dont les parties organisent leurs relations de négociation collective, à l'interne et avec l'autre (Barbash, 1984, p. 96). Ce faisant, elles dictent la composition des parties patronales (nombre d'employeurs ou d'établissements concernés) et syndicales (nombre de salariés, de catégories d'emplois et de syndicats concernés) ainsi que la portée (locale, sectorielle ou territoriale) des règles négociées. Elles revêtent donc une grande importance pour le déroulement et les résultats de la négociation collective, et ce, pour deux raisons.

Premièrement, la capacité de payer des employeurs du secteur privé dépend largement de la concurrence, et la présence d'entreprises non syndiquées, supportant des coûts de main-d'œuvre et des règles de travail moins importants, constitue une menace pour la performance et la survie des entreprises syndiquées. L'amélioration des conditions de travail a donc historiquement découlé de la capacité des organisations ouvrières à les imposer à l'ensemble des employeurs qui sont en concurrence sur un marché donné (Commons, 1909). De nos jours, l'extension des marchés, associée à la mondialisation, représente un défi de taille pour la négociation collective, en particulier dans le secteur manufacturier, puisque de nombreux biens disponibles au Québec, autrefois produits localement, proviennent désormais de régions du monde où le droit du travail et le syndicalisme sont moins développés et où les conditions de travail sont, en conséquence, largement inférieures à celles des salariés québécois. Une telle concurrence étrangère a mis à mal les rapports entre les parties dans plusieurs milieux de travail québécois en exerçant une pression considérable sur les conditions de travail négociées.

Deuxièmement, les structures de négociation ont un impact sur la capacité des syndicats de « faire payer » les employeurs (Craypo, 1986, p. 34-39), car, dans la mesure où l'efficacité d'une grève dépend du degré de perturbation des activités de l'employeur, un syndicat a intérêt à ce que la structure de négociation collective couvre l'ensemble des établissements de l'entreprise. En effet, s'il y avait une grève ou un lock-out, les activités de l'employeur seraient touchées au maximum, et il lui serait plus difficile de transférer sa production d'une usine à

---

2. Cette idée de « régulation conjointe » est également au cœur des travaux de Jean-Daniel Reynaud, dont il est question au chapitre 11 (sous-section 11.2.1).

l'autre pour minimiser les impacts du conflit de travail (Mishel, 1986).

Au Québec, les structures de négociation collective sont balisées par des règles d'accréditation syndicale qui favorisent une négociation à l'échelle de l'entreprise ou d'un établissement (Grant, 2011, p. 31-32). Le *Code du travail*[3] permet toutefois aux parties d'établir, sur une base volontaire et d'un commun accord, une structure de négociation plus centralisée, mais de tels cas sont plutôt rares. La négociation centralisée est donc, en général, le fait de régimes particuliers pour lesquels le législateur a imposé une négociation provinciale, comme dans l'industrie de la construction, dans la fonction publique québécoise et chez les artistes interprètes. Pour rendre compte de cette diversité, ainsi que des avantages et inconvénients associés à différentes structures de négociation, il est utile d'en présenter une typologie.

13.2.1 Une typologie des structures de négociation

Katz, Kochan et Colvin (2008) proposent une typologie des structures de négociation en fonction de la variété des intérêts syndicaux et patronaux concernés. Ainsi, une structure est dite étroite si le ou les groupes de travailleurs concernés appartiennent à un nombre restreint de catégories d'emplois ou de syndicats, alors qu'une structure large, au contraire, vise des catégories d'emplois variées. Par ailleurs, une négociation visant un seul établissement d'un employeur est dite décentralisée, alors qu'elle est dite centralisée si elle vise plusieurs établissements ou employeurs.

La combinaison de ces dimensions « occupationnelle » et « décisionnelle » nous permet d'identifier des structures typiques, que nous présentons au tableau 13.1. Afin de mieux rendre compte des degrés de centralisation possibles, nous y avons intégré trois possibilités quant aux intérêts patronaux concernés.

Une structure de négociation étroite, qu'elle soit centralisée ou décentralisée, présente l'avantage d'une plus grande cohésion au sein du groupe de travailleurs représenté par le syndicat, ce qui a pour effet de faciliter l'élaboration des demandes syndicales de même que la conclusion d'une entente. Une structure large peut donc occasionner les difficultés correspondantes, puisque la plus grande diversité des groupes d'emplois concernés entraîne une plus grande diversité d'intérêts à harmoniser au sein du syndicat. En revanche, en ciblant plusieurs groupes d'emplois, les parties à la négociation peuvent plus facilement traiter d'enjeux dont la portée est plus générale, tels que des changements dans l'organisation de la production.

En ce qui concerne la variété des intérêts patronaux concernés, une structure centralisée permet d'uniformiser davantage les conditions de travail au sein d'une entreprise, d'un secteur ou d'un territoire, réduisant ainsi la pression que subissent les salariés et leurs représentants en raison de la concurrence entre entreprises. Bien que les structures centralisées soient davantage associées aux intérêts syndicaux, il arrive que des employeurs soient favorables à leur mise en place afin, notamment, de limiter la surenchère

Tableau 13.1 Les structures de négociation

	Intérêts patronaux concernés		
Intérêts syndicaux concernés (diversité des travailleurs)	Multiemployeurs (centralisée)	Employeur unique – multiétablissements	Employeur unique – établissement unique (décentralisée)
Étroite (métier)	Les enseignants du réseau public d'éducation préscolaire, primaire et secondaire du Québec	Les ingénieurs d'Hydro-Québec	Les policiers et les pompiers municipaux
Large (industrielle)	L'industrie québécoise de la construction	Les salariés des constructeurs automobiles nord-américains (Chrysler, Ford et GM)	Les salariés d'un supermarché

---

3. RLRQ, c. C-27.

des demandes syndicales (industrie de la construction) ou pour assurer un meilleur contrôle sur les relations du travail (secteur parapublic québécois). Par ailleurs, une structure centralisée est susceptible de conférer un caractère plus politique à la négociation, l'État pouvant être appelé à intervenir si les inconvénients pour la population ou l'économie nationale sont grands. L'industrie québécoise de la construction en est un exemple éloquent[4]. Finalement, une structure de négociation décentralisée présente, quant à elle, l'avantage de favoriser le traitement d'enjeux plus spécifiques liés à la réalisation du travail.

Mentionnons enfin que la structure de négociation collective large et décentralisée est la plus commune au Québec (Grant, 2011, p. 24) en raison des règles d'accréditation. La structure étroite et centralisée est, quant à elle, vraisemblablement la plus rare, du moins depuis le regroupement des unités de négociation dans le secteur de la santé et des services sociaux (*ibid.*, p. 33).

13.2.2 La centralisation indirecte ou informelle de la négociation collective

Nous l'avons vu, le régime de rapports collectifs du travail contenu dans le *Code du travail* favorise une négociation collective décentralisée. Deux formes de négociation plus centralisée ont tout de même fait leur place dans certains secteurs d'activité. Dans le premier cas – l'extension juridique des conventions collectives –, la centralisation est indirecte et dépend d'une intervention de l'État, alors que dans l'autre – la négociation type ou coordonnée –, elle est le fruit d'une stratégie syndicale.

L'extension juridique des conventions collectives

Pratique d'inspiration européenne, l'extension juridique des conventions collectives au Québec remonte à 1934 et est aujourd'hui prévue dans la *Loi sur les décrets de convention collective*[5]. Comme nous l'avons expliqué au chapitre 5, cette loi permet aux parties à une convention collective de demander au gouvernement d'en étendre certains contenus (par exemple, les salaires et horaires de travail) aux autres milieux de travail d'un secteur ou d'un territoire, ce qui favorise ainsi l'exclusion de certaines conditions de travail de la concurrence entre entreprises.

Très populaire au cours des décennies qui ont suivi l'adoption de la *Loi*, le recours à l'extension juridique n'a cessé de chuter depuis la fin des années 1960[6]. Outre l'exclusion, en 1968, de l'industrie de la construction de ce régime, la menace concurrentielle associée à la mondialisation, notamment dans le secteur du vêtement, a entraîné le recul le plus significatif du nombre de décrets en vigueur (Rouillard, 2011, p. 29-32). Aujourd'hui, on trouve davantage de décrets de convention collective dans des secteurs dont les activités peuvent difficilement être délocalisées, comme les services automobiles et l'entretien des édifices publics (*voir le tableau 13.2 à la page suivante*).

La négociation type ou coordonnée

Au lendemain de la Seconde Guerre mondiale, face à de grandes entreprises contrôlant les marchés nationaux dans des secteurs comme ceux de la métallurgie, de l'automobile, de la pétrochimie et des produits forestiers, plusieurs syndicats nord-américains adoptent des stratégies de négociation qui permettent une certaine uniformisation des conditions de travail à l'échelle sectorielle. La forme la plus répandue de ces approches, la négociation type (*pattern bargaining*), vise la conclusion d'une convention collective avec un employeur ciblé pour faire accepter certaines des conditions négociées par les autres employeurs du même secteur d'activité. Cette stratégie syndicale, quoique moins présente au Québec, en raison de la coexistence d'organisations syndicales concurrentes, s'avère d'autant plus importante au Canada et aux États-Unis, compte tenu du fait que les règles encadrant l'accréditation syndicale dans le régime américain et les régimes canadiens qui en sont inspirés favorisent la négociation décentralisée des conditions de travail. Au cours des années 1980 et 1990, elle a fait l'objet, dans plusieurs secteurs, d'une offensive de la part de nombreux employeurs cherchant à décentraliser la négociation collective en contexte de développement de

---

4. Cette industrie, où la négociation collective se déroule au niveau sectoriel, a été ciblée, de 1968 à aujourd'hui, par cinq lois spéciales de retour au travail. Il s'agit là d'une situation unique dans le secteur privé québécois.

5. RLRQ, c. D-2.

6. Le nombre de décrets en vigueur est passé de 40 en 1935 à 120 en 1959, puis à 75 en 1970, soit deux ans après l'adoption de la *Loi des relations du travail dans l'industrie de la construction* (LQ 1968, c. 45). Ce nombre a ensuite diminué de plus de moitié en vingt ans, passant à 34 en 1990. Dix ans plus tard, en 2000, on en comptait 20. Il est aujourd'hui de 15, selon les données du ministère du Travail, de l'Emploi et de la Solidarité sociale (MTESS).

Tableau 13.2 La liste des décrets de convention collective en vigueur, 2013

	Industrie ou activité visée	Territoire(s) visé(s)
Industries productrices de biens	Matériaux de construction	Province de Québec
	Menuiserie métallique	Montréal
	Agents de sécurité	Province de Québec
	Camionnage	Montréal
	Coiffure	Outaouais
	Enlèvement des déchets solides	Montréal
	Entretien d'édifices publics	Montréal Québec
Industries productrices de services	Installation d'équipement pétrolier	Province de Québec
	Services automobiles	Arthabaska, Granby, Sherbrooke et Thetford Mines Régions de Drummondville et de Trois-Rivières Montréal Québec Lanaudière-Laurentides Chapais, Chibougamau, Lac-Saint-Jean et Saguenay

Source: Données fournies à l'auteur par le MTESS et provenant des rapports annuels 2017 des comités paritaires.

la concurrence sur les marchés des produits. Elle a connu un déclin important depuis (Grant, 1993; Voos, 1994).

La négociation coordonnée est, quant à elle, une « forme de négociation collective dans laquelle diverses [organisations syndicales] [...] s'organisent entre elles pour formuler des demandes semblables, unifier leurs préparatifs, établir un calendrier à peu près identique, s'informer mutuellement du progrès accompli à chaque table [de négociation] et en arriver à des conventions collectives relativement équivalentes, bien que vraiment distinctes » (Dion, 1986, p. 311).

Au Québec, on trouve une telle approche, relativement marginale, dans le secteur de l'hôtellerie et dans les caisses populaires Desjardins, avec les syndicats affiliés à la Fédération du commerce de la CSN. Des syndicats affiliés à cette même fédération y ont également recours dans le commerce de l'alimentation au détail, tout comme les Travailleurs et travailleuses unis de l'alimentation et du commerce Canada (TUAC-FTQ).

Par la centralisation indirecte ou informelle de la négociation collective, les organisations syndicales ont pu, pour un temps du moins, obtenir des conditions de travail plus avantageuses et plus uniformes, en les sortant de la concurrence entre les entreprises. Dans les secteurs où il leur a été impossible de le faire, la négociation décentralisée est la règle, sauf là où l'État préconise une négociation centralisée.

13.3 Le processus de négociation

Le processus de négociation est le chemin qu'empruntent les parties pour passer du conflit à l'accord; il est donc indispensable de se pencher sur ses aspects et son déroulement. Nous aborderons les quatre sous-processus de la négociation collective, le déroulement de la négociation selon le modèle traditionnel et celui de la négociation basée sur les intérêts (NBI). Nous traiterons ensuite de l'intervention de tiers pour aider les parties à parvenir à une entente ou pour se substituer à elles en cas d'impasse.

13.3.1 Les sous-processus de la négociation collective

Depuis la publication de l'ouvrage classique *A Behavioral Theory of Labor Negotiations* (Walton et McKersie, 1991), il est généralement reconnu que la négociation collective est composée de quatre sous-processus.

Les deux premiers correspondent aux pourparlers qui interviennent entre les parties à la table de négociation. La négociation distributive porte sur des objets de négociation pour lesquels les parties conçoivent que leurs intérêts sont divergents et s'engagent dans un jeu à somme nulle où tout ce qu'obtient l'une provient d'une perte équivalente de l'autre. La conclusion d'une entente sur de tels enjeux nécessite donc des concessions de la part d'au moins une partie et n'est envisageable que s'il existe une « zone de compromis », c'est-à-dire si le minimum acceptable pour l'une est inférieur au maximum que l'autre est prête à accepter (*voir le scénario A du tableau 13.3*). La négociation intégrative s'apparente davantage à une démarche de résolution de problèmes. Elle implique des échanges plus ouverts entre les représentants patronaux et syndicaux, de façon à trouver des pistes de solution susceptibles de produire des résultats mutuellement bénéfiques sur le plan de la satisfaction des intérêts des parties.

Parce qu'elle met en présence des groupes organisés plutôt que des individus, la négociation collective suppose qu'une négociation se tienne au sein de chacune des parties pour l'élaboration des mandats (quelles sont les priorités ?), la prise des décisions en cours de processus (est-il opportun de déclencher une grève ou un lock-out ?) et la conclusion de l'entente (les mandants sont-ils satisfaits de ce que leurs représentants ont obtenu ?). Cette négociation intraorganisationnelle est inévitable, puisque les parties patronales et syndicales ne sont pas des groupes homogènes et que des conflits peuvent opposer différents groupes de salariés ou de gestionnaires à leurs collègues – on parle alors de « conflits de factions » – ou à leurs représentants – des « conflits de rôles ». Selon les contextes, la négociation intraorganisationnelle peut revêtir de multiples formes, prendre plus ou moins d'importance dans les décisions internes des parties et faire l'objet de règles de procédure plus ou moins officielles.

Enfin, parce qu'elle met en présence des êtres humains dans le cadre de situations chargées d'émotions, la négociation collective implique une structuration des attitudes de ses participants. Les représentants patronaux et syndicaux peuvent ainsi entretenir des rapports personnels allant de la confiance à la crainte et du respect au mépris. Dans le cadre des pourparlers, ils cherchent donc, plus ou moins consciemment, à instrumentaliser le vécu émotionnel de leur vis-à-vis dans le but de créer un climat relationnel propice à la mise en œuvre de différentes stratégies et à la conclusion d'une convention collective satisfaisante pour leurs mandants. Par exemple, dans le cadre d'une négociation difficile où les demandes d'une partie sont très importantes et où le risque d'un conflit est grand, le porte-parole de cette partie peut faire de grands efforts pour conserver la confiance de son vis-à-vis afin

Tableau 13.3 La zone de compromis

Scénario A		Scénario B	
Taux horaire	**Position des parties**	**Taux horaire**	**Position des parties**
9,35 $	Maximum du syndicat	9,35 $	Maximum du syndicat
8,50 $	Maximum de l'employeur (limite supérieure de la zone de compromis)	8,50 $	Minimum du syndicat
8,00 $	Minimum du syndicat (limite inférieure de la zone de compromis)	8,00 $	Maximum de l'employeur
6,00 $	Minimum de l'employeur	6,00 $	Minimum de l'employeur
Zone de compromis entre 8,00 $ et 8,50 $		Absence de zone de compromis	

Source : Adapté de Chamberlain, N. W. et J. W. Kuhn (1986). *Collective Bargaining*, 3ᵉ éd., New York, McGraw-Hill, p. 170.

de pouvoir conclure une entente après quelques jours ou quelques semaines de grève ou de lock-out.

13.3.2 Le déroulement de la négociation interorganisationnelle selon le modèle traditionnel

Depuis les années 1950, plusieurs modèles de déroulement d'une négociation interorganisationnelle ont été proposés. Ces modèles ont en commun leur forme séquentielle, les parties progressant d'une phase à une autre jusqu'à la conclusion d'une convention collective. À l'image de celle proposée par Paquet (2011, p. 70-74), la version que nous retenons compte cinq phases (Bilodeau et Sexton, 2013, p. 45-48) ayant pour préalable la préparation de l'employeur et du syndicat.

La préparation à la négociation collective

Nous n'insisterons jamais assez sur l'importance pour les parties d'être adéquatement préparées. Par son caractère stratégique, la préparation constitue donc un préalable essentiel pour que les objectifs soient atteints et que le processus se déroule le mieux possible. Cette préparation concerne tout autant le fond que la forme.

Sur le fond, les parties doivent déterminer leurs préoccupations, établir un ordre de priorité entre elles et les formuler en termes de demandes ou d'intérêts à soumettre aux représentants de l'autre partie. Pour être utile, la négociation collective doit porter sur des problèmes et des enjeux réels et concrets que vivent les travailleurs, l'employeur et leurs représentants. Aussi, les représentants des parties doivent-ils disposer d'arguments pour convaincre leur vis-à-vis du bien-fondé de leurs demandes. L'élaboration de tels arguments de même que la collecte d'informations les soutenant (conventions collectives comparables, données sur l'emploi et le coût de la vie, etc.) demandent du temps. Quant aux séances de négociation, un ensemble de conditions sont nécessaires. Les représentants patronaux et syndicaux doivent se rendre disponibles et convenir d'un lieu pour les rencontres. À l'approche d'une négociation difficile, les parties doivent prendre certaines mesures en vue d'un éventuel conflit de travail. Pour le syndicat, il s'agit d'organiser le piquetage (pancartes, horaire, abris en cas d'intempéries, etc.), de verser les indemnités de grève, d'informer et de faire participer les membres (salles pour les assemblées délibérantes, bulletins de vote, etc.) et de s'occuper des communications. Pour l'employeur, il s'agit d'assurer la sécurité des installations, de communiquer avec les clients (ou la population) et les fournisseurs de même que, le cas échéant, de maintenir une partie ou l'ensemble des activités de l'organisation.

Une fois réalisée, la préparation à la négociation collective aura nécessairement une incidence sur son déroulement, notamment en ce qui concerne le choix des parties de recourir au modèle traditionnel de négociation ou à la NBI pour conclure une convention collective.

Les cinq phases de la négociation interorganisationnelle

La phase d'ouverture correspond aux premières rencontres de négociation. Lors de ces rencontres, où chaque partie présente ses demandes initiales et souligne leur importance pour en arriver à une entente, les représentants cherchent à délimiter les pourparlers à venir tout en se donnant une marge de manœuvre en vue d'éventuelles concessions.

Les parties s'engagent ensuite dans la phase d'exploration afin d'établir les conditions d'une entente à l'intérieur des limites posées en ouverture. De part et d'autre, les représentants cherchent alors à cerner les priorités du vis-à-vis tout en dissimulant les leurs. C'est l'explication des positions adoptées et l'argumentation à leur sujet qui fourniront les indications permettant aux parties, pendant la troisième phase, de « dégager une zone de compromis » quant à certains enjeux.

Dans de nombreux cas, ces trois premières étapes mènent directement à la phase d'accord. Cependant, lorsque les parties n'arrivent pas à trouver de zones d'accord concernant un ou plusieurs enjeux, elles font face à une impasse plus ou moins imminente. La phase de crise, à laquelle conduit une telle impasse, entraîne une accélération du processus. L'approche du délai limite (*deadline*), ou la simple menace du recours à des moyens de pression, incite les parties à revoir leurs positions. Lorsque cette menace s'avère insuffisante, le déclenchement et la poursuite des moyens de pression peuvent contraindre l'une ou l'autre des parties à réduire ses aspirations, jusqu'à ce qu'une zone de compromis apparaisse. Exception faite de rares cas où l'impasse est insurmontable, l'étape de la crise débouche sur un accord, qui prend la forme d'une entente de principe devant être soumise aux mandants de chaque partie pour approbation.

Une critique des modèles séquentiels

Les modèles séquentiels n'offrent toutefois qu'une représentation partielle du processus de négociation interorganisationnelle, que l'expérience et la recherche empirique (Bilodeau, 2008) permettent de compléter par quelques observations. D'abord, les matières considérées de part et d'autre comme intégratives (problèmes à régler) sont habituellement traitées et réglées tôt dans le processus. De même, les matières distributives (positions divergentes) auxquelles les parties accordent moins d'importance sont généralement traitées et surtout réglées avant celles auxquelles on en accorde le plus. Enfin, puisque les enjeux à forte incidence financière (les salaires et avantages sociaux, par exemple) sont de nature essentiellement distributive et que les parties leur accordent habituellement une grande importance, ils ne sont très souvent traités qu'en fin de négociation. Cette façon de procéder suit le principe selon lequel la conclusion d'ententes partielles encourage normalement les parties à cheminer vers une entente de principe. Compte tenu du fait que ce cheminement s'opère le plus souvent par la succession de concessions réciproques et que les parties souhaitent éviter d'en faire sur leurs priorités, l'occurrence de ces ententes partielles suivra un ordre croissant de distributivité et de priorité.

Une fois prises en compte, ces observations nous permettent de proposer une représentation quelque peu différente du processus de négociation interorganisationnelle, que nous reproduisons à la figure 13.1.

13.3.3 La négociation basée sur les intérêts

Depuis le milieu des années 1980, une approche de la négociation axée sur les aspects intégratifs de la relation entre les parties a acquis une grande popularité chez certains universitaires, consultants et praticiens. La négociation basée sur les intérêts (NBI) est une approche de la négociation « mettant l'accent sur la compréhension et la mise en valeur des intérêts et utilisant des outils de résolution de problèmes afin d'éviter les conflits positionnels et de favoriser de meilleurs résultats pour toutes les parties » (Fonstad *et al.*, 2004, p. 6, traduction libre).

La documentation sur cette approche pose quatre principes (ou piliers) sous-jacents à son utilisation (Fisher et Ury, 1981, cités dans Paquet et Bergeron, 2011, p. 210-212). D'abord, les parties doivent se concentrer sur les intérêts en jeu plutôt que sur des positions qu'elles ont l'une et l'autre adoptées. Ensuite, les décisions prises en négociation doivent reposer sur un vaste éventail de solutions et procurer un avantage mutuel aux parties. De plus, l'évaluation des solutions envisagées doit reposer sur des critères objectifs et consensuels. Il importe, enfin, de traiter séparément les questions touchant les personnes et les matières négociées. Plus spécifiquement,

Figure 13.1 Le processus habituel de négociation interorganisationnelle

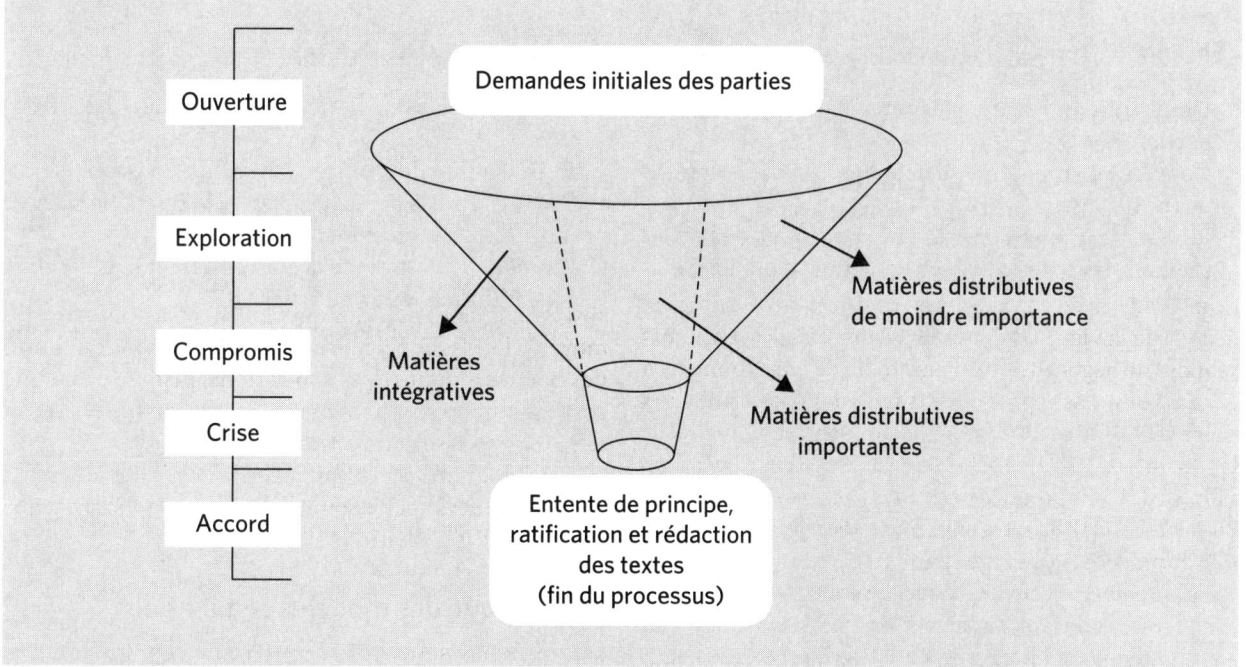

Sources : Bilodeau, P.-L. et J. Sexton (2013). *Initiation à la négociation collective*, 2e éd., Québec, Presses de l'Université Laval, p. 47.

Cutcher-Gershenfeld (2003, p. 146) circonscrit les comportements jugés appropriés dans le cadre d'une telle approche (*voir l'encadré 13.1*). Cet auteur propose également un modèle de déroulement d'une NBI en cinq phases (incluant la préparation), précisant que le succès de chaque phase du processus dépend des résultats de la précédente.

Au terme de la phase de préparation, lors de laquelle les représentants ont obtenu leurs mandats et recueilli les informations nécessaires à la documentation des enjeux négociés, les parties procèdent à l'ouverture de la négociation. Les représentants exposent alors leurs préoccupations respectives en évitant autant que possible la prise de positions fermes. Il s'agit là d'un moment crucial de la NBI puisque, comme dans une négociation traditionnelle, les déclarations d'ouverture des négociateurs risquent de donner le ton à tout le processus.

L'ouverture de la négociation est suivie de la phase d'exploration. À la différence de son équivalent en négociation traditionnelle, cette phase a des allures de séance de remue-méninges à laquelle tous les représentants patronaux et syndicaux sont invités à participer. S'ils y participent de façon active et sérieuse, les parties auront établi, au terme de cette troisième phase, une liste de problèmes bien définis et un éventail de solutions possibles pour chacun d'entre eux. C'est à la phase suivante, celle de la concentration (*focus*), que sont fixés les paramètres d'une entente mutuellement satisfaisante. Pour ce faire, les parties peuvent élaborer différents scénarios de règlement en combinant des problèmes et des solutions.

Lors de la cinquième et dernière phase, celle de l'accord, les parties doivent transformer le ou les scénarios retenus en un texte de convention collective. Les représentants doivent également convaincre leurs mandants respectifs des avantages de l'entente conclue et, éventuellement, de sa supériorité par rapport à un règlement qui aurait été obtenu par une négociation traditionnelle.

La NBI constitue donc une autre voie pour la négociation d'une convention collective. Elle n'est toutefois possible que lorsque les parties conviennent de s'y engager d'un commun accord et qu'il leur a été possible d'envisager un grand nombre de matières négociées sous l'angle d'intérêts pouvant être « intégrés », d'où la difficulté d'y recourir dans les cas où des enjeux plus « naturellement » distributifs – tels que le montant de la rémunération – sont au cœur de la négociation.

13.3.4 L'intervention de tiers en négociation collective

Au Québec, les données des années 2013 à 2017 montrent que les parties patronales et syndicales parviennent à conclure une convention collective de façon autonome et sans conflit de travail dans près de trois cas sur quatre[7].

Encadré 13.1 — Les comportements appropriés en négociation basée sur les intérêts

- Déterminer à l'avance les intérêts de chacune des parties.
- Convertir en intérêts les demandes formulées comme des positions.
- Utiliser des sous-comités et des équipes de travail spécialisées pour la collecte et l'analyse conjointe de données.
- Structurer les enjeux sous la forme d'intérêts et éviter les énoncés de position.
- Encourager l'échange ouvert d'informations ainsi que la résolution de problèmes conjointe.
- Générer le plus de solutions possible pour chacun des enjeux.
- Tenir compte des contraintes du vis-à-vis.
- S'assurer que les mandants disposent de connaissances suffisantes sur chacun des enjeux.
- Anticiper la gestion de la convention collective ainsi que les difficultés éventuelles.
- Ratifier la convention collective avec enthousiasme (gage de succès).

Source: Cutcher-Gershenfeld, J. (2003). « How Process Matters: A Five-Phase Model for Examining Interest-Based Bargaining », dans Kochan, T. A. et D. B. Lipsky (dir.), *Negotiations and Change: From the Workplace to Society*. Ithaca, Cornell University Press, p. 146. [Traduction libre]

---

7. Données fournies à l'auteur par le MTESS. À l'exclusion de l'année 2016, au cours de laquelle de nombreux conflits de travail sont survenus dans les secteurs de la santé, de l'éducation et de la fonction publique, ce taux est supérieur à quatre cas sur cinq (80 %).

Lorsqu'elles n'y arrivent pas, deux autres acteurs jouent un rôle très important. Il s'agit du médiateur-conciliateur et de l'arbitre de différends, qui interviennent en cours de négociation afin d'aider les parties à conclure une entente ou de se substituer à elles pour trancher un différend.

La conciliation

La conciliation est une « procédure comportant l'intervention d'un tiers, qui ne possède aucun pouvoir coercitif, pour rapprocher les parties dans un conflit, faciliter le dialogue entre elles et les aider à se mettre d'accord » (Dion, 1986, p. 103). Ce type d'intervention est généralement volontaire, sauf pour certains groupes de salariés ne disposant pas du droit de grève, tels que les policiers et pompiers municipaux (*voir le chapitre 10*).

Au Québec, le MTESS offre, depuis sa création en 1931[8], des services de conciliation aux parties patronales et syndicales qui souhaitent l'intervention d'un tiers ou qui doivent y faire appel pour négocier une convention collective. Le droit à de tels services est prévu au *Code du travail*[9], lequel prévoit aussi la possibilité d'une nomination à l'initiative du ministre du Travail[10]. Au cours des dernières années, la vingtaine de médiateurs-conciliateurs[11] du MTESS sont intervenus dans près de 15 % des rondes de négociations (Gouvernement du Québec, 2013-2018).

En tant que tiers aidant, le médiateur-conciliateur ne détient aucune autorité officielle, exception faite de celle qui lui permet de convoquer les parties aux séances qu'il fixe[12]. Il ne peut donc compter que sur son expérience, sa maîtrise des techniques de résolution de conflits et sur la relation de confiance qu'il a établie avec les représentants patronaux et syndicaux pour remplir son mandat dans le cadre de la négociation collective.

Bien qu'il y ait certainement autant de façons de faire que de conciliateurs, deux grandes approches dominent, en fonction du degré d'interventionnisme du tiers dans la négociation entre les parties (Kolb, 1983). Selon la première approche – très interventionniste –, le conciliateur considère que la négociation directe entre les parties est terminée. Il se positionne donc de façon à devenir le canal de communication qui les relie, en plus de contribuer, au besoin, aux efforts de persuasion de l'une ou de l'autre pour des propositions qu'il juge susceptibles de mener à un accord. Le tiers participe ainsi très activement à l'élaboration d'une entente : il en est un artisan de premier plan. Selon la seconde approche – beaucoup moins interventionniste –, le conciliateur inscrit son intervention dans la poursuite de la négociation directe. Ce qu'il dit et fait concerne alors davantage le processus et le dialogue entre les parties et il assume un rôle secondaire – celui de facilitateur ou d'orchestrateur –, puisqu'il considère que c'est aux parties, et à elles d'abord, que revient la tâche de trouver un terrain d'entente.

L'arbitrage des différends

Lorsqu'elles sont aux prises avec « une mésentente relative à la négociation ou au renouvellement d'une convention collective ou à sa révision [...][13] », les parties peuvent s'en remettre à un tiers pour trancher ce différend et fixer les conditions de travail applicables pour une période donnée. Ce système de justice privé, nommé « arbitrage des différends », est habituellement à la charge des parties et fait l'objet d'un encadrement par le *Code du travail*[14] et par les lois régissant les rapports collectifs du travail pour des groupes de salariés qui en sont exclus. Dans tous les cas, la prononciation de la sentence arbitrale marque la fin de la négociation collective, les parties ayant alors délaissé leur autonomie – volontairement ou par obligation – au profit du tiers adjudicateur.

Pour réaliser son mandat, l'arbitre de différends nommé par le ministre du Travail prend connaissance de l'état d'avancement des pourparlers ainsi que de toute autre information qu'il juge utile. Il entend ensuite les parties sur les questions qui demeurent en litige et rend une sentence qui tient lieu de convention collective.

L'élaboration d'une sentence arbitrale suit l'une ou l'autre des deux pratiques établies. La première, et la plus

---

8. De 1901 à 1931, c'est le ministère des Travaux publics qui assumait les responsabilités en matière de travail, notamment en ce qui a trait aux conseils de conciliation prévus dans la *Loi des différends ouvriers de Québec* (LQ 1901, c. 31).
9. *Code du travail*, art. 54.
10. *Ibid.*, art. 55.
11. L'appellation « médiateur-conciliateur » renvoie aux termes utilisés dans le *Code du travail* ainsi que dans d'autres lois pour désigner les professionnels du Service des relations du travail du MTESS à qui des mandats sont confiés.
12. *Code du travail*, art. 56.
13. *Ibid.*, paragr. 1(e).
14. *Ibid.*, art. 74 à 99.11.

commune, est qualifiée de « traditionnelle » et confère à l'arbitre une grande latitude pour fixer les conditions de travail. La seconde, l'arbitrage dit « des offres finales », est plus contraignante, puisque l'arbitre doit retenir, pour l'ensemble de la convention collective ou pour chacune des clauses, l'une ou l'autre des propositions que lui ont soumises les parties.

Quel que soit le modèle retenu ou imposé, l'arbitrage n'est, la plupart du temps, qu'une solution de dernier recours, puisqu'il prive les parties de leur autonomie conjointe et donc de leur maîtrise de leurs conditions de travail. C'est d'ailleurs pour cette raison que ce mécanisme n'a été employé, selon les années, que lors de 0,5 % à 1 % des négociations survenues au Québec depuis 2013 (données fournies à l'auteur par le MTESS).

13.4 L'action stratégique en négociation collective

La négociation collective est une activité stratégique en ce sens que les parties y poursuivent des objectifs définis pour lesquels elles élaborent un plan intégrant des actions – que nous nommons « tactiques » – coordonnées dans le temps et dans l'espace (Ganz, 2000, p. 1010). La mise en œuvre d'un tel plan implique la mobilisation de ressources que contrôlent l'employeur et le syndicat. Ces ressources, ainsi que la capacité qu'ont les représentants patronaux et syndicaux de les mobiliser, constituent donc un préalable à l'élaboration et à la mise en œuvre des stratégies de négociation collective.

Dans cette section, nous allons traiter de la puissance des parties, puis de deux grandes stratégies et de certaines tactiques de négociation collective.

13.4.1 La puissance des parties et ses fondements

Les parties disposent d'un éventail de ressources qu'elles peuvent mobiliser afin de convaincre ou de contraindre leur vis-à-vis d'offrir davantage ou de demander moins.

Ces ressources sont particulièrement importantes en cas d'impasse, puisque c'est à ce moment que les parties doivent faire appel à d'autres moyens que le seul dialogue si elles souhaitent parvenir à une entente sans s'en remettre à un tiers. Les ressources pertinentes constituent donc une composante essentielle de la capacité qu'ont l'employeur et le syndicat d'obtenir des concessions d'un vis-à-vis qui y résiste, ou d'éviter de céder à ses demandes. C'est cette capacité que nous nommons « puissance ».

La puissance et l'interdépendance patronale-syndicale

Dans le cadre spécifique de la négociation collective, la puissance peut être définie comme la capacité dont disposent les représentants d'une partie d'influer sur les décisions prises au sein de l'autre partie, dans un sens qu'ils jugent bénéfique, au regard d'un ou de plusieurs enjeux distributifs et importants (Bilodeau, 2011, p. 180)[15]. Cette capacité repose sur l'interdépendance des parties, mais aussi sur les ressources et la capacité stratégique qui leur permettent de mitiger leur propre dépendance et surtout d'exploiter celle du vis-à-vis.

La dépendance qu'entretiennent mutuellement les parties à la négociation collective est le premier fondement de leur puissance respective (Bacharach et Lawler, 1988). La dépendance d'un syndicat envers un employeur (et vice versa) comprend deux dimensions : 1) l'existence de solutions de rechange pour atteindre les objectifs poursuivis dans le cadre de la négociation collective – c'est-à-dire d'autres sources de revenus (ou de production) ; et 2) l'engagement envers ce que procure le vis-à-vis dans le cadre de cette négociation (ou, plus largement, de la relation d'emploi) (*voir le tableau 13.4*).

Il convient de préciser que l'engagement d'une partie envers son vis-à-vis est fonction de deux facteurs : 1) l'importance de ce que cette partie recherche ; et 2) l'urgence du besoin qu'elle éprouve pour cette chose, qu'il s'agisse de la rémunération offerte par l'employeur ou de la prestation de travail des salariés (Bilodeau et Sexton, 2013, p. 64).

Plus concrètement, l'interdépendance des parties à la négociation collective repose largement sur l'action collective des salariés et sur certaines règles contenues dans les régimes de rapports collectifs du travail. Au

---

15. Par souci de justesse terminologique, nous employons ici le terme « puissance » plutôt que « pouvoir » lorsqu'il est question de la capacité qu'ont les parties patronales et syndicales d'atteindre leurs objectifs en négociation collective. Bien qu'il soit d'un usage plus commun, le terme « pouvoir » renvoie en fait à la mise en œuvre de cette capacité. Ainsi, pour quiconque s'intéresse aux résultats d'une négociation, la puissance correspond au pourquoi, et le pouvoir, au comment. Pour une explication plus détaillée de cette distinction, voir Bilodeau (2011, p. 175).

Tableau 13.4 **La dépendance comme fondement de la puissance**

Dimensions de la dépendance	Puissance du syndicat	Puissance de l'employeur
Solutions de rechange du syndicat	+	-
Engagement du syndicat	-	+
Solutions de rechange de l'employeur	-	+
Engagement de l'employeur	+	-

Source: Bacharach, S. B. et E. J. Lawler (1988). *Bargaining: Power, Tactics, and Outcomes*. San Francisco, Jossey-Bass, p. 69. [Traduction libre]

Québec, les employeurs dont les salariés sont représentés par un syndicat accrédité en vertu du *Code du travail* ont l'obligation de négocier avec ce seul syndicat les conditions de travail applicables à tous les salariés visés par l'accréditation[16]. Le *Code du travail* impose également des limites quant à l'utilisation et à l'embauche de travailleurs de remplacement en cas de conflit de travail[17] et préserve le lien d'emploi en cas de grève[18].

En fixant de telles règles, le droit des rapports collectifs du travail contribue à rompre avec le déséquilibre propre aux rapports individuels et découlant de la nature monopsonistique[19] du marché du travail dans plusieurs secteurs (Mitchell et Erickson, 2005) ainsi que du fait que les revenus d'emploi constituent le seul moyen d'échapper à la pauvreté pour des millions de travailleurs. Cette rupture se traduit dans les avenues qui s'offrent aux parties en cas de différend. Alors que dans la négociation (marchandage) d'un contrat individuel de travail, un désaccord mène nécessairement à l'une des deux issues possibles, c'est-à-dire céder (*loyalty*) ou mettre fin à la relation (*exit*), les parties à la négociation collective ont, certes, la possibilité de céder, mais aussi celle d'opposer une résistance (*voice*) au vis-à-vis (Hirschman [1970], repris par Freeman et Medoff, 1984).

De multiples facteurs contribuent à la dépendance réciproque des parties (Bilodeau et Sexton, 2013, p. 66). Aux facteurs politico-légaux que nous venons d'évoquer s'ajoutent ceux de nature financière, économique, organisationnelle et résiduelle (*voir le tableau 13.5*).

Tableau 13.5 **Quelques facteurs de dépendance des parties à la négociation collective**

Dép. = f				
Facteurs financiers	**Facteurs économiques**	**Facteurs politico-légaux**	**Facteurs organisationnels**	**Facteurs résiduels**
Patience des propriétaires Niveau d'endettement Capacité d'emprunt Patience des créanciers	État du marché du travail Demande immédiate pour le produit Demande anticipée pour le produit (court terme) Degré de concurrence et de fragmentation	Obligation de négocier Mode de représentation syndicale et structures de négociation	Organisation de la production Importance du groupe de salariés par rapport à l'ensemble de la main-d'œuvre	Température Événement *ad hoc* Moment d'expiration de la convention collective

Source: Adapté de Bilodeau, P.-L. et J. Sexton (2013). *Initiation à la négociation collective*, 2e éd., Québec, Presses de l'Université Laval, p. 66.

---

16. *Code du travail*, art. 22, 43, 53, 53.1 et 67.
17. *Ibid.*, art. 109.1 à 109.4.
18. *Ibid.*, art. 110.
19. Selon *Le Grand Robert de la langue française*, un monopsone est une «situation économique où de nombreux vendeurs doivent écouler leur marchandise à un acheteur unique».

Sur le plan financier, la patience des mandants patronaux ou syndicaux – qui dépend habituellement de leur niveau d'endettement et de leur capacité d'emprunt – détermine l'urgence du besoin de ce que procure l'autre et donc la vulnérabilité à un arrêt de travail de plus ou moins longue durée. Du côté syndical, la situation d'emploi des conjoints contribue à l'importance, pour les salariés, du revenu d'emploi interrompu en cas de grève ou de lock-out. Ainsi, ces facteurs financiers ne se distinguent de ceux qui se trouvent à la base des rapports individuels que par la nature temporaire de l'interruption des prestations de travail et de rémunération.

Des facteurs économiques, tels que la concurrence et la demande immédiate ou anticipée pour le produit, fixent également l'urgence du besoin de l'employeur envers le travail des syndiqués; l'état des marchés du travail régional et sectoriel, pour sa part, influe sur les solutions de rechange offertes aux salariés qui seraient à la recherche d'un emploi, pour la durée du conflit ou de façon permanente, s'il y avait un règlement insatisfaisant au terme de la négociation. L'importance pour l'employeur de la prestation de travail des syndiqués dépend, quant à elle, de la fonction de ceux-ci dans l'organisation de la production ainsi que de l'importance de ce groupe par rapport à l'ensemble de la main-d'œuvre de l'employeur.

Enfin, d'autres facteurs, que nous qualifions de résiduels, se combinent au moment de l'expiration de la convention collective (ou de l'accréditation du syndicat) et contribuent à amplifier l'impact de certains facteurs économiques sur l'urgence du besoin des parties. C'est le cas des conditions météorologiques, qui ont un effet sur la possibilité de produire, et de la tenue d'événements telles une compétition sportive ou une rencontre de chefs d'État, qui occasionnent une augmentation ponctuelle et importante de la demande pour le produit de l'employeur.

Dans les secteurs public et parapublic ainsi que dans les municipalités, où l'employeur est une administration élue par la population et où l'organisation est à but non lucratif, mais doit offrir certains services tout en contrôlant les dépenses qui y sont associées, l'interdépendance entre les parties revêt une forme quelque peu différente, du moins du côté patronal. En effet, les décideurs patronaux sont élus par des citoyens. Leur avenir politique dépend donc de la satisfaction des électeurs à l'endroit de leurs décisions, d'autant plus que ceux-ci sont parfois directement bénéficiaires des services offerts par les syndiqués (Thompson et Jalette, 2009, p. 411-412).

Rappelons que la puissance en négociation collective repose également sur deux autres composantes: d'une part, les parties doivent disposer de ressources leur permettant de mitiger leur propre dépendance et, surtout, d'exploiter celle du vis-à-vis; d'autre part, les parties doivent avoir les aptitudes nécessaires à une mobilisation efficace des ressources qu'elles contrôlent. Ces aptitudes, ou capacités stratégiques (Ganz, 2000), reposent sur les connaissances, la créativité et la motivation des membres et représentants de chaque partie de même que sur certains facteurs collectifs ou organisationnels tels que la diversité culturelle, les structures délibératives (ou instances décisionnelles) en place et la répartition et le mode d'exercice de l'autorité.

Les ressources contribuant à la puissance des parties

Les ressources que peuvent mobiliser les parties à la négociation collective pour parvenir à leurs fins étant diverses et nombreuses, il est impossible d'en faire un inventaire complet. Pour les fins de cet exposé, nous ne présenterons que les plus communes parmi celles qui contribuent à la puissance. Évidemment, dans la mesure où elles permettent d'exploiter ou de mitiger la dépendance des parties (*voir le tableau 13.6*), ces ressources sont étroitement liées aux facteurs de dépendance présentés plus tôt (Bilodeau et Sexton, 2013, p. 67-72).

Des ressources financières telles que l'épargne, le crédit ou les prestations de grève (pour les salariés) permettent aux parties d'endurer un conflit de travail. Les salariés impliqués peuvent ainsi subvenir à leurs besoins, ce qui réduit l'urgence du besoin d'un revenu d'emploi, alors que l'employeur peut acquérir d'autres ressources – matérielles ou humaines –, lui permettant de poursuivre ses activités en cas de conflit de travail.

Les ressources matérielles sont particulièrement importantes pour l'employeur, car, en substituant du capital au travail, il diminue l'importance de son besoin de main-d'œuvre, donc sa dépendance envers les salariés. Dans le secteur manufacturier, l'inventaire de l'employeur peut aussi s'avérer utile pour satisfaire à la demande des clients malgré un arrêt de la production, ce qui réduit l'urgence du besoin de la prestation de travail des salariés. Les ressources matérielles du syndicat facilitent la mise en œuvre des moyens de pression. Par exemple, les pancartes donnent plus de visibilité aux revendications syndicales lors du piquetage, alors que l'installation d'un abri et

Tableau 13.6 Quelques ressources patronales et syndicales

Ressources financières	Ressources matérielles	Ressources humaines	Ressources politico-légales
Emploi d'appoint (S) Emploi du conjoint (S) Fonds de grève (S) Assurance grève/lock-out (E) Épargne (S) Capacité d'emprunt individuelle ou collective (E et S) Etc.	Équipements de production (E) Établissements (E) Inventaire (E) Moyens de transport (E) Équipement pour piquetage et manifestations (S) Etc.	Personnel cadre (E) Autres salariés (E) Briseurs de grève (E) Service de sécurité (E) Salariés grévistes/lock-outés (S) Sympathisants (S) Etc.	Politiciens (maire, député, etc.) (E/S) Communauté-citoyens (E/S) Communauté-gens d'affaires (E) Communauté-autres (leaders religieux) (E/S) Tribunaux (E et S) Service de police (E) Etc.

Légende : E = Ressource à la disposition de l'employeur • S = Ressource à la disposition des salariés et de leur syndicat • E et S = Ressource à la disposition de l'employeur, mais aussi des salariés et de leur syndicat • E/S = Ressource à la disposition de l'employeur ou des salariés et de leur syndicat

Source : Bilodeau, P.-L. et J. Sexton (2013). *Initiation à la négociation collective*, 2ᵉ éd., Québec, Presses de l'Université Laval, p. 72.

la distribution d'eau ou de boissons chaudes favorisent la participation à cette activité, surtout dans des conditions climatiques difficiles.

Les ressources humaines jouent un rôle similaire pour les parties. Elles permettent à l'employeur de pallier un arrêt de travail en recourant à d'autres employés ou en embauchant du personnel supplémentaire pour les tâches habituellement effectuées par les salariés en grève ou en lock-out, bien que cela puisse être illégal en vertu du *Code du travail* (*voir le chapitre 10*). Le recours à une agence de sécurité permet également à l'employeur de protéger sa propriété et de faciliter l'accès au lieu de travail. Du côté syndical, la mobilisation des militants syndicaux et de leurs sympathisants permet de former des lignes de piquetage efficaces et visibles, ainsi que d'organiser des manifestations de solidarité visant à solliciter l'intervention de l'État ou simplement à dénoncer publiquement certains comportements de l'employeur.

Dans certains cas, les parties interpellent certaines personnes en raison de leur statut ou de leur fonction. Il est alors question de ressources politico-légales. C'est le cas d'élus locaux (maire, député, etc.), de personnalités publiques, d'organisations (groupes communautaires, associations d'usagers, chambres de commerce, etc.) ou de la population en général, dont on recherche l'appui, de juges auxquels on demande une injonction pour la sauvegarde d'un droit, ou encore du législateur ou du gouvernement, pour une intervention directe de l'État. Ce type de ressources occupe évidemment une place centrale dans les secteurs public, parapublic et municipal.

En cas d'impasse, les ressources pertinentes sont donc celles qui permettent de faire pression sur le vis-à-vis en exploitant sa dépendance tout en se protégeant. Par conséquent, la puissance, comme capacité de vaincre la résistance du vis-à-vis, constitue un préalable à toute stratégie de négociation à dominante distributive. Il va sans dire que d'autres ressources et connaissances sont nécessaires pour atteindre les objectifs de négociation fixés par les mandants de part et d'autre de la table de négociation.

13.4.2 Deux approches stratégiques générales

Les stratégies de négociation sont nombreuses et leur choix dépend d'une foule de facteurs, dont les objectifs poursuivis, l'historique et le climat des relations du travail, la perception du rapport de forces, les idéologies des représentants et des organisations, etc. (Bilodeau et Sexton, 2013, p. 100-107). S'il est impossible d'en faire une présentation exhaustive, il est utile de retenir qu'elles se situent le long d'un axe allant de la coopération (voire de la collusion) à l'affrontement. Les travaux de Walton,

Cutcher-Gershenfeld et McKersie (1994) permettent de cerner deux approches stratégiques typiques[20].

La contrainte, comme son nom l'indique, est utilisée par un employeur ou un syndicat qui cherche à imposer ses objectifs à son vis-à-vis, même au prix d'une détérioration des relations patronales-syndicales et du climat de travail (*ibid.*, p. 26). Dans le cadre d'une telle stratégie, axée sur la négociation distributive, la division entre les parties est mise en évidence par le comportement des représentants patronaux et syndicaux qui cherchent à renforcer l'unité de leurs organisations respectives face à l'autre partie, davantage traitée en adversaire qu'en partenaire. Une stratégie de contrainte peut être déployée avec plus ou moins d'hostilité et de contrôle, selon l'importance accordée à la relation avec l'autre.

La stratégie d'accompagnement, contrairement à la précédente, vise à obtenir un consentement authentique de l'autre partie afin qu'elle s'engage dans la mise en œuvre des contenus négociés et qu'on maintienne des relations patronales-syndicales et un climat de travail de qualité (*ibid.*, p. 28). L'accent y est donc mis sur la négociation intégrative et sur la confiance entre les représentants patronaux et syndicaux.

Selon qu'elles préconisent une approche tenant davantage de l'accompagnement ou de la contrainte, les parties retiendront des tactiques de négociation plus intégratives ou plus distributives. Ces tactiques, qui sont les moyens pris concrètement pour mettre les stratégies en œuvre, seront retenues ou délaissées en fonction de leur pertinence et des ressources disponibles.

13.4.3 Les tactiques de négociation

Les tactiques pouvant être utilisées dans le cadre d'une stratégie de négociation sont innombrables. Nous nous contenterons, comme dans le cas des stratégies, d'en exposer brièvement les principaux types, sauf pour deux d'entre elles dont nous parlerons plus longuement parce qu'elles occupent une place à part dans la dynamique de la négociation collective : la grève et le lock-out.

Les types généraux de tactiques

Selon les objectifs poursuivis, les parties peuvent recourir à six types de tactiques, certaines étant étroitement associées à l'un ou à l'autre des types de stratégies, les autres se trouvant dans toute négociation.

Les tactiques d'information sont habituellement utilisées en début de négociation. Elles visent à transmettre et à recueillir des informations quant à la nature et à la raison d'être des revendications et des préférences respectives des parties. Les informations véhiculées ne sont pas nécessairement exactes, comme dans le cas des demandes initiales exagérées par rapport aux mandats véritablement obtenus de part et d'autre.

Les tactiques de persuasion occupent habituellement une place de choix dans le processus de négociation. Lors des phases d'exploration et de dégagement d'une zone de compromis, la présentation d'arguments, appuyée ou non par une documentation ou par l'intervention d'experts, vise à démontrer le bien-fondé des demandes formulées pour obtenir des concessions ou le retrait d'une ou de plusieurs demandes du vis-à-vis. La comparaison de conventions collectives est une forme commune des tactiques de ce type.

Les tactiques de coercition, davantage associées à la négociation distributive et à une stratégie de contrainte, visent à forcer le vis-à-vis à adopter le comportement, qu'il s'agisse de concessions ou du retrait de demandes. Le recours à la coercition survient lors de la phase de crise et suit habituellement un échec des tactiques de persuasion. Les tactiques de ce type peuvent prendre deux formes : la menace de sanction ou la sanction effective. Il importe de rappeler que l'une et l'autre ont de bonnes chances de laisser des traces sur les relations patronales-syndicales et, dans le cas de la seconde surtout, sur le climat de travail.

La menace de sanction peut être formulée explicitement par les représentants d'une partie – c'est le cas d'un délai limite de grève – ou être déduite des comportements d'une partie sans devoir être formulée verbalement. Ce type de tactique peut, par ailleurs, constituer ou non un bluff. Lorsque la menace est inefficace ou lorsqu'il apparaît évident qu'elle le sera, une partie peut recourir à la sanction effective pour obtenir une concession ou le retrait d'une demande du vis-à-vis. À la différence de la menace, qui ne tient qu'à des paroles et n'implique pas (ou peu) d'inconvénients immédiats à celui qui la profère, l'imposition d'une sanction est souvent accompagnée de coûts et d'autres inconvénients.

---

20. Ces auteurs proposent une troisième stratégie, la fuite (*exit*), mise en œuvre par des employeurs cherchant à éliminer la représentation syndicale de leurs travailleurs. Une telle stratégie n'en est évidemment pas une de négociation collective, bien que le recours au conflit de travail en fasse souvent partie.

Les tactiques de protection, telles que la mise sur pied d'un centre d'emploi pour les grévistes et les travailleurs mis en lock-out, sont utilisées dans le cadre d'une stratégie de contrainte et visent à soutenir les sanctions imposées ou subies. Habituellement, elles entrent en jeu lors de la phase de crise de la négociation, mais elles sont préparées dès le début du processus ou même avant.

Enfin, les tactiques de coopération apparaissent généralement à la dernière phase de la négociation, lorsque les parties font des concessions afin d'en arriver à une entente. La réciprocité et l'équivalence des concessions sont alors primordiales, puisqu'une concession trop modeste ou trop rapide peut faire dérailler le processus en projetant une image de mauvaise foi ou de faiblesse. Lorsque les parties à une négociation collective optent pour une stratégie d'accompagnement, les tactiques de coopération peuvent être employées beaucoup plus tôt en cours de négociation et prendre la forme de propositions de solutions à des problèmes plutôt que de concessions.

Le tableau 13.7 reprend les types de tactiques utilisées en les associant aux phases de la négociation collective présentées à la sous-section 13.3.2.

Cette présentation vaut évidemment pour le modèle traditionnel de négociation. Trois des six types de tactiques de la NBI s'y trouvent. Aux phases d'ouverture, d'exploration et de concentration figure l'information, alors que la persuasion peut se trouver à la phase de concentration. En NBI, la coopération revêt une forme quelque peu différente, puisqu'il ne s'agit pas de consentir à des concessions, mais de faire preuve d'ouverture envers des solutions susceptibles de maximiser les gains de part et d'autre. C'est donc lors des phases de concentration et d'accord que l'on a recours à de telles tactiques.

La grève et le lock-out

Les tactiques de coercition que sont la grève et le lock-out constituent sans aucun doute l'aspect le plus visible de la négociation collective, du moins pour le grand public. Alors que les pourparlers entre les représentants patronaux et syndicaux se tiennent derrière des portes closes, il s'en faut de peu qu'un conflit de travail défraie la chronique. Mais au-delà de leur aspect parfois spectaculaire, la grève et le lock-out tirent leur importance du rôle qu'ils jouent comme incitatifs à la conclusion d'une convention collective. C'est à ce titre que la possibilité d'y recourir constitue la condition *sine qua non* d'une négociation collective véritablement libre.

Bien qu'ils soient souvent présentés comme des instruments d'extorsion, la grève et le lock-out, entendus au sens étroit[21] d'une « cessation concertée de travail[22] »

Tableau 13.7 Les types de tactiques et les phases de la négociation collective (selon le modèle traditionnel)

Phase	Interactions entre les parties	Tactiques utilisées
Ouverture	Présentation des revendications	Tactiques d'information
Exploration	Explication des revendications Argumentation	Tactiques d'information Tactiques de persuasion
Dégagement d'une zone de compromis	Argumentation Premières concessions envisageables	Tactiques de persuasion Tactiques de coopération
Crise	Argumentation Durcissement du ton Moyens de pression Concessions	Tactiques de persuasion Tactiques de coercition-menace Tactiques de coercition-sanction Tactiques de protection Tactiques de coopération
Accord	Rapprochement (concessions) Entente de principe Ratification Entente sur les textes	Tactiques de coopération

Source: Bilodeau, P.-L. et J. Sexton (2013). *Initiation à la négociation collective*, 2e éd., Québec, Presses de l'Université Laval, p. 109.

---

21. Prise dans un sens plus large, la grève ne se limite pas à la cessation pure et simple du travail et peut comprendre diverses formes de perturbation de la prestation de travail. Ces formes, développées au gré des luttes syndicales, sont très nombreuses, comme en témoigne la variété des types de grève présentée par Dion (1986, p. 232-237), qui comprend notamment les grèves d'escarmouche, d'occupation, du zèle, ainsi que les grèves perlées, tournantes et thromboses.

22. *Code du travail*, paragr. 1(g).

et d'un « refus [...] de fournir du travail[23] », assument une fonction indispensable dans le cadre de la négociation collective : ils permettent aux parties de cheminer vers une entente de façon autonome lorsqu'elles font face à une impasse sur un ou plusieurs enjeux. Si tous les arguments sont épuisés et que la position adoptée revêt une trop grande importance pour être abandonnée par voie de concession, l'exercice d'une pression sur le vis-à-vis est en effet la seule façon de rapprocher les parties. La grève et le lock-out sont considérés comme les formes les plus fortes d'une telle pression en négociation collective, constituant « la continuation des négociations par d'autres moyens », pour reprendre l'expression de Pierre Elliott Trudeau (1956, p. 388). Ce rapprochement s'opère en raison des inconvénients subis du fait du recours à ces armes économiques – la perte de revenus d'emploi ou de vente, ou l'appréhension de tels inconvénients, lorsqu'une partie menace d'y recourir. Plus indirectement, avant même que les parties commencent la négociation, la possibilité d'un conflit de travail est, en elle-même, susceptible de les inciter à modérer leurs attentes. En l'absence de tels instruments, compte tenu du fait que l'apparition potentielle d'un différend est inhérente à la nature même des rapports collectifs du travail, les parties seraient condamnées à s'en remettre à un tiers pour trancher le litige qui les oppose. L'autonomie des parties – si étroitement associée aux principes de la démocratie libérale – disparaîtrait alors et il ne serait plus question de régulation conjointe des conditions de travail. C'est pour cette raison qu'« accepter un régime de négociation collective, c'est implicitement reconnaître le droit de recours aux sanctions économiques [que sont la grève et le lock-out] » (Bureau du Conseil privé, 1968, p. 192, cité dans Verge, 2009, p. 282).

Pour que la grève et le lock-out assument cet important rôle dans la négociation, les parties doivent évidemment être en mesure d'y recourir efficacement, ou du moins en donner l'impression. Katz, Kochan et Colvin (2008) proposent un modèle qui permet d'expliquer l'efficacité d'une grève (*voir la figure 13.2*).

Une grève cible évidemment la production de l'employeur, mais aussi ses ventes et ses profits. Son efficacité est donc fonction du degré de dépendance de l'employeur – dans ses dimensions financière (coût du capital et autres coûts à assumer par l'employeur), économique (concurrence) et organisationnelle (essentialité des salariés) – ainsi que des ressources humaines (travailleurs de remplacement), matérielles (stocks et autres lieux de production) et autres qu'il peut mobiliser pour mitiger cette dépendance. De même, l'impact d'un tel moyen de pression différera selon que le syndicat s'en tient à une cessation de travail, suivant

Figure 13.2 Les déterminants de l'efficacité d'une grève

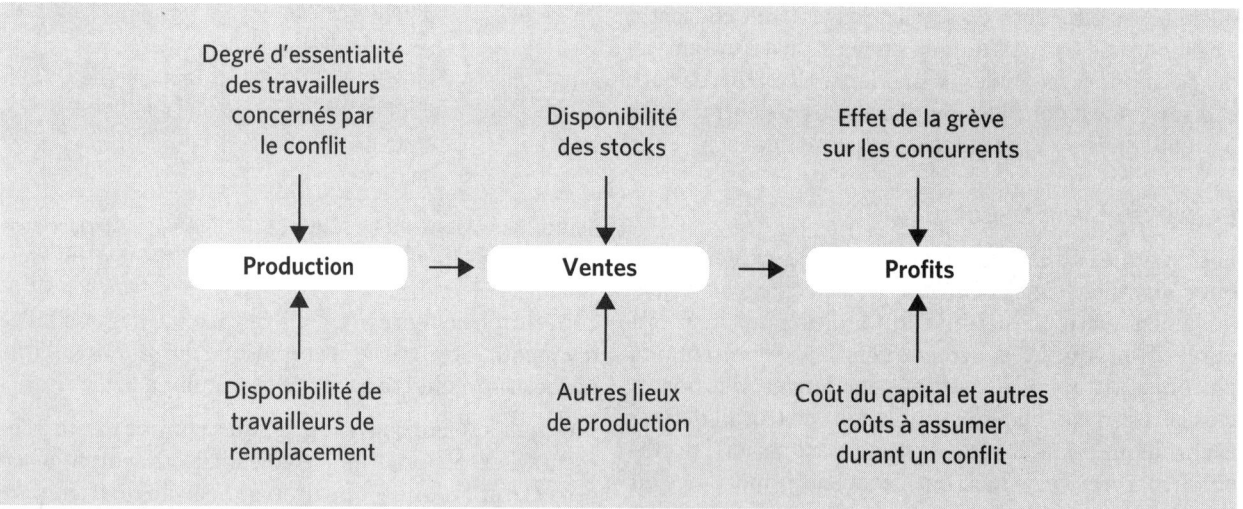

Source : Katz, H. C., T. A. Kochan et A. J. S. Colvin (2008). *An Introduction to Collective Bargaining and Industrial Relations*, 4ᵉ éd., Boston, McGraw-Hill/Irwin, p. 82.

---

23. *Ibid.*, paragr. 1(h).

le cadre juridique en vigueur, ou cherche, suivant une pratique plus traditionnelle, à interrompre totalement la production de l'employeur, notamment par le recours à un piquetage effectif des installations de l'entreprise (Burns, 2013). L'efficacité du lock-out dépend essentiellement, pour sa part, de la dépendance des travailleurs ciblés envers les revenus que leur procure leur emploi. Un employeur aura donc d'autant plus de succès avec cette tactique de coercition qu'il ciblera un groupe de travailleurs à bas salaires dans un secteur et une région où le chômage est élevé.

Comme le montrent le tableau 13.8 et les figures 13.3 et 13.4, le recours effectif à la grève et au lock-out a connu une nette diminution au cours des dernières décennies. Signe d'un recul de la syndicalisation, d'un climat économique moins favorable aux travailleurs ainsi que d'un syndicalisme moins militant, le nombre de conflits de travail et leur intensité se maintiennent, depuis le milieu des années 1990, à des valeurs très inférieures à ce qu'a connu le Québec au cours des années 1970 et 1980. Il faut toutefois noter que, au terme d'une brève période d'accalmie, on assiste à une remontée des arrêts de travail depuis les années 2010, laquelle

Tableau 13.8 Les grèves et les lock-out au Québec (moyennes annuelles)

Période	Nombre	Jours-personnes perdus
1974-1978	237,4	2 012 761,8
1979-1983	305	2 471 503,6
1984-1988	271,6	1 265 564,6
1989-1993	178	758 596,6
1994-1998	109,8	395 244,6
1999-2003	117,2	517 382,2
2004-2008	84,6	526 347
2009-2013	65,8	413 532,4
2014-2018	163,4	581 764,4

Source: Données colligées annuellement par le MTESS (Direction de l'information sur le travail). Conflits de travail de compétence provinciale.

Figure 13.3 Les grèves et les lock-out au Québec, 1974-2018 (moyennes annuelles)

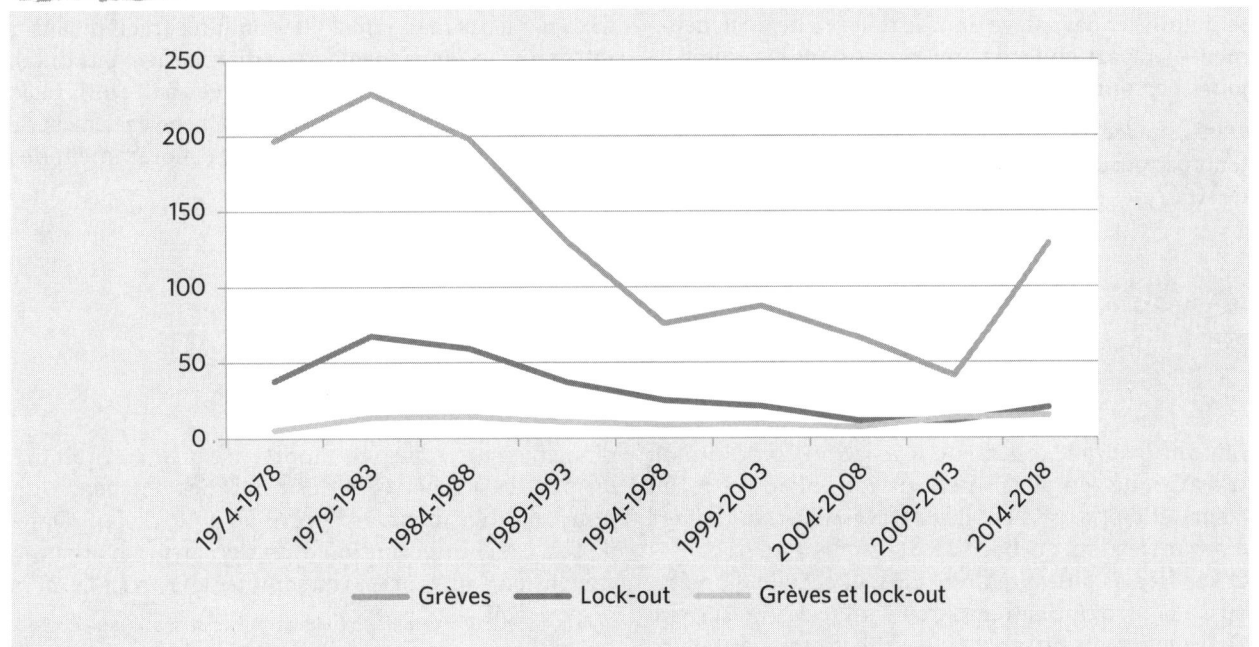

Source: Données colligées annuellement par le MTESS (Direction de l'information sur le travail). Conflits de travail de compétence provinciale.

Figure 13.4 Les jours-personnes perdus au Québec en raison de grèves ou de lock-out, 1974-2018 (moyennes annuelles)

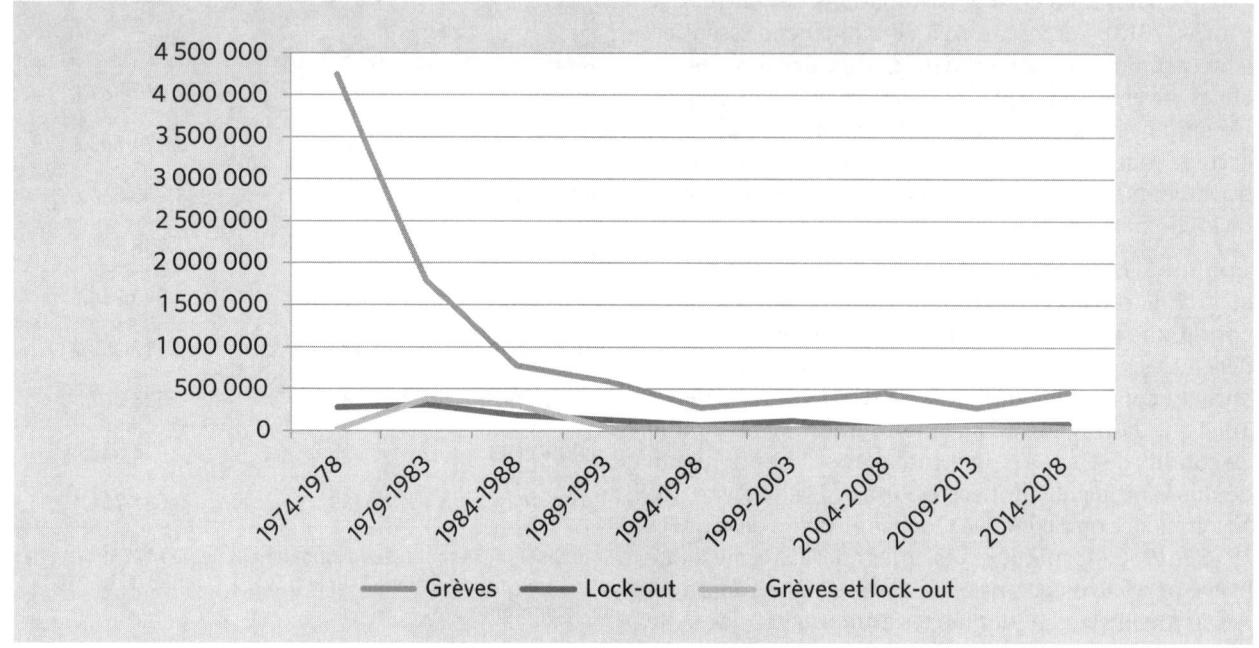

Source : Données colligées annuellement par le MTESS (Direction de l'information sur le travail). Conflits de travail de compétence provinciale.

se manifeste davantage dans le nombre de déclenchements (en particulier de grèves) que dans le volume de jours-personnes perdus.

Dans le cadre d'une négociation collective, les représentants patronaux et syndicaux disposent d'un large éventail de stratégies et de tactiques pour atteindre les objectifs fixés par leurs mandants. Elles ont un caractère plutôt intégratif (accompagnement) ou distributif (contrainte), selon les objectifs poursuivis de part et d'autre de la table de négociation. Leur mise en œuvre dépend également de la puissance des parties en présence, notamment des ressources mobilisables.

Conclusion

En tant que mécanisme de régulation conjointe du travail et de l'emploi, la négociation collective est au cœur des rapports collectifs du travail dans des milliers d'organisations québécoises. Les parties patronales et syndicales qui y prennent part à l'échelle d'un établissement, d'une entreprise ou d'un secteur d'activité s'engagent dans un processus institutionnalisé tenant plutôt de la coopération ou de l'affrontement. Bien qu'un règlement rapide et sans heurt soit aujourd'hui la norme au Québec, une impasse dans le traitement d'un enjeu distributif d'importance peut contraindre les parties à recourir à des tactiques de coercition pouvant aller jusqu'à la grève ou au lock-out. Dans de tels cas, l'intervention d'un tiers peut favoriser la conclusion d'une entente ou soulager les parties de leurs responsabilités.

Dans la mesure où elle constitue le principal instrument dont disposent les syndicats pour l'amélioration directe des conditions de travail, la négociation collective partage avec le syndicalisme de nombreux défis. Dans les industries productrices de biens, où elle s'est développée au cours du XXe siècle, l'importance accordée à la rémunération et aux conditions immédiates du travail de même que sa portée territoriale limitée semblent la rendre inefficace au regard des restructurations industrielles et du déclin général de l'emploi en contexte de mondialisation. Dans les secteurs public et parapublic, où elle constitue le mécanisme central de fixation des conditions de travail, elle est fréquemment rendue inopérante par le recours à des mesures législatives d'exception (retour au travail forcé, imposition de l'arbitrage sur certaines matières, etc.). Elle est, par ailleurs, largement absente du secteur des services privés, malgré la croissance fulgurante de l'emploi qu'on y observe depuis quelques décennies.

À ces difficultés s'ajoute une image publique dégradée selon laquelle l'exercice légal de la grève, pourtant reconnu par la Cour suprême du Canada[24] et bénéficiant de la protection de la liberté d'association prévue au paragraphe 2(d) de la *Charte canadienne des droits et libertés*[25], est assimilé à une « prise d'otages », alors même que son occurrence est très inférieure à ce qu'elle a été il y a moins d'un demi-siècle.

S'il n'y a pas encore péril en la demeure, un tel contexte impose néanmoins une mise en examen de la négociation collective par les parties patronales et syndicales. Elles doivent, en outre, s'interroger sur certaines pratiques de façon à pouvoir répondre aux critiques légitimes qui leur sont adressées et redorer le blason de cette institution essentielle du projet de démocratie industrielle des sociétés occidentales modernes.

QUESTIONS DE RÉVISION

1. Quelles sont les quatre conditions d'une véritable négociation ?

2. Que produit la négociation collective ?

3. Pourquoi les structures de négociation sont-elles si importantes pour le déroulement et le résultat d'une négociation collective ?

4. Qu'est-ce qu'une structure de négociation large et décentralisée ? Pourquoi ce type de structure est-il le plus commun au Québec ?

5. Distinguez la négociation type de la négociation coordonnée.

6. Quels sont les deux sous-processus composant la négociation interorganisationnelle ?

7. Expliquez pourquoi la négociation collective implique nécessairement une négociation intraorganisationnelle.

8. Qu'est-ce que la NBI ?

9. Sur quoi repose la puissance des parties à la négociation collective ?

10. Donnez deux exemples de ressources permettant à l'employeur de mitiger sa dépendance envers le syndicat.

11. Donnez deux exemples de ressources permettant au syndicat d'exploiter la dépendance de l'employeur.

12. Pourquoi le droit à la grève et au lock-out est-il fondamental pour la libre négociation collective ?

---

24. *Saskatchewan Federation of Labour* c. *Saskatchewan*, 2015 CSC 4.
25. *Charte canadienne des droits et libertés,* partie I de la *Loi constitutionnelle de 1982,* [annexe B de la *Loi de 1982 sur le Canada,* 1982, c. 11 (R.-U.)].

POUR ALLER PLUS LOIN

Bergeron, J.-G. et R. Paquet (2017). *La négociation collective*, 3e éd., Montréal, Gaëtan Morin.

Bilodeau, P.-L. et J. Sexton (2013). *Initiation à la négociation collective*, 2e éd., Québec, Presses de l'Université Laval.

Bourque, R. et C. Thuderoz (2002). *Sociologie de la négociation*. Paris, La Découverte, coll. « Repères ».

RÉFÉRENCES

Bacharach, S. B. et E. J. Lawler (1988). *Bargaining : Power, Tactics, and Outcomes*. San Francisco, Jossey-Bass.

Barbash, J. (1984). *The Elements of Industrial Relations*. Madison, Wisconsin, The University of Wisconsin Press.

Barbash, J. (1977). « Price and Power in Collective Bargaining », *Journal of Economic Issues*, vol. 11, n° 4, p. 847-859.

Bilodeau, P.-L. (2011). « Puissance et pouvoir en négociation collective », *Relations industrielles/Industrial Relations*, vol. 66, n° 2, p. 171-191.

Bilodeau, P.-L. (2008). *Le pouvoir en négociation collective dans le secteur privé : analyse d'un cas du secteur manufacturier du bois*. Thèse de doctorat, Québec, Université Laval.

Bilodeau, P.-L. et J. Sexton (2013). *Initiation à la négociation collective*, 2e éd., Québec, Presses de l'Université Laval.

Burns, J. (2013). « Labor's Economic Weapons : Learning from Labor History », *Labor Studies Journal*, vol. 37, n° 4, p. 337-344.

Commons, J. R (1909). « American Shoemakers, 1648-1895 : A Sketch of Industrial Evolution », *The Quarterly Journal of Economics*, vol. 24, n° 1, p. 39-84.

Commons, J. R (1901). « A New Way of Settling Labor Disputes », *The American Monthly Review of Reviews*, vol. 23, p. 328-333.

Coutu, M., L. L. Fontaine, G. Marceau et U. Coiquaud (2013). « Droit des rapports collectifs du travail », *Vol. 2 – Les régimes particuliers*, 2e éd., Cowansville, Éditions Yvon Blais.

Craypo, C. (1986). *The Economics of Collective Bargaining : Case Studies in the Private Sector*. Washington, D. C., BNA Books.

Cutcher-Gershenfeld, J. (2003). « How Process Matters : A Five-Phase Model for Examining Interest-Based Bargaining », dans Kochan, T. A. et D. B. Lipsky (dir.), *Negotiations and Change : From the Workplace to Society*. Ithaca, Cornell University Press, p. 141-160.

Dion, G. (1986). *Dictionnaire canadien des relations du travail*, 2e éd., Québec, Presses de l'Université Laval.

Flanders, A. (1968). « Collective Bargaining : A Theoretical Analysis », *British Journal of Industrial Relations*, vol. 6, n° 1, p. 1-26.

Fonstad, N. O., R. B. McKersie et S. C. Eaton (2004). « Interest-Based Negotiations in a Transformed Labor-Management Setting », *Negotiation Journal*, vol. 20, n° 1, p. 5-11.

Freeman, R. B. et J. L. Medoff (1984). *What Do Unions Do ?* New York, Basic Books.

Freund, J. (1987). « Typologie de la négociation », dans *Politique et impolitique*. Paris, Sirey, p. 84-97.

Grant, M. (2011). « La structure de négociation », dans Bergeron, J.-G. et R. Paquet (dir.), *La négociation collective*, 2e éd., Montréal, Gaëtan Morin, p. 19-42.

Ganz, M. (2000). « Resources and Resourcefulness : Strategic Capacity in the Unionization of California Agriculture, 1959-1966 », *American Journal of Sociology*, vol. 105, n° 4, p. 1003-1062.

Grant, M. (1993). « Les structures de négociation : une adaptation nécessaire ? », dans Bernier, C., R. Laflamme,

F. Morin, G. Murray et C. Rondeau (dir.), *La négociation collective du travail : adaptation ou disparition ?* Actes du XLVIIIe congrès des relations industrielles de l'Université Laval, Québec, Presses de l'Université Laval, p. 57-80.

Gouvernement du Québec – Ministère du Travail, de l'Emploi et de la Solidarité sociale (2013-2018). *Rapport annuel de gestion*, Québec, Ministère du Travail, de l'Emploi et de la Solidarité sociale.

Katz, H. C., T. A. Kochan et A. J. S. Colvin (2008). *An Introduction to Collective Bargaining and Industrial Relations*, 4e éd., Boston, McGraw-Hill/Irwin.

Kolb, D. M. (1983). *The Mediators*. Cambridge, MIT Press.

Leiserson, W. M. (1922). « Constitutional Government in American Industries », *The American Economic Review*, vol. 12, n° 1, p. 56-79.

Mishel, L. (1986). « The Structural Determinants of Union Bargaining Power », *Industrial and Labor Relations Review*, vol. 40, n° 1, p. 90-104.

Mitchell, D. J. B. et C. L. Erickson (2005). « Monopsony : Today's New Labor Market Reality », *WorkingUSA : The Journal of Labor and Society*, vol. 8, n° 6, p. 671-682.

Paquet, R. (2011). « Le processus de la négociation collective », dans Bergeron, J.-G. et R. Paquet (dir.), *La négociation collective*, 2e éd., Montréal, Gaëtan Morin, p. 61-84.

Paquet, R. et J.-G. Bergeron (2011). « La négociation basée sur les intérêts », dans Bergeron, J.-G. et R. Paquet (dir.), *La négociation collective*, 2e éd., Montréal, Gaëtan Morin, p. 207-218.

Rouillard, J. (2011). « Genèse et mutation de la Loi sur les décrets de convention collective au Québec (1934-2010) », *Labour/Le Travail*, n° 68, p. 9-34.

Thompson, M. et P. Jalette (2009). « Public-Sector Collective Bargaining », dans Gunderson, M. et D. G. Taras (dir.), *Canadian Labour and Employment Relations*, 6e éd., Toronto, Pearson/Addison Wesley, p. 403-429.

Thuderoz, C. (2000). *Négociations : essai de sociologie du lien social*. Paris, Presses universitaires de France.

Trudeau, P. E. (dir.) (1956). *La grève de l'amiante*. Montréal, Les Éditions Cité libre.

Verge, P. (2009). « Inclusion du droit de grève dans la liberté générale et constitutionnelle d'association : justification et effets », *Les Cahiers de droit*, vol. 50, n° 2, p. 267-299.

Voos, P. B. (dir.) (1994). *Contemporary Collective Bargaining in the Private Sector*. Madison, Industrial Relations Research Association.

Walton, R. E. et R. B. McKersie (1991). *A Behavioral Theory of Labor Negotiations : An Analysis of a Social Interaction System*. Ithaca, ILR Press.

Walton, R. E., J. E. Cutcher-Gershenfeld et R. B. McKersie (1994). *Strategic Negotiations : A Theory of Change in Labor-Management Relations*. Ithaca, ILR Press.

Zartman, I. W. (2008). *Negotiation and Conflict Management : Essays on Theory and Practice*. New York, Routledge.

Chapitre 14

Jean-Noël Grenier et Patrice Jalette

La convention collective

Plan du chapitre

14.1 ▸ La place de la convention collective de travail

14.2 ▸ Le contenu de la convention collective

14.3 ▸ L'évolution des conventions collectives et les perspectives

Objectifs d'apprentissage

- Savoir ce qu'est une convention collective de travail.
- Saisir le rôle et l'importance de la convention collective en relations industrielles ainsi que dans le marché du travail québécois.
- Comprendre les objectifs propres à chacune des clauses importantes d'une convention collective ainsi que les enjeux qui s'y rapportent.
- Discerner les enjeux et les dynamiques influençant le contenu de la convention collective.

Introduction

La convention collective est le résultat du processus de libre négociation par lequel l'employeur et ses salariés, représentés par leur syndicat dûment accrédité, conviennent des règles et des conditions de travail qui vont régir la relation d'emploi et les relations patronales-syndicales pendant une période plus ou moins longue (*voir le chapitre 13*). La convention collective lie les parties dans une relation continue dans le temps, ce qui exige qu'elle prévoie un espace de dialogue et un mécanisme de règlement des litiges survenant en cours de route. Elle marque le début du « vivre-ensemble » et de la période de paix industrielle au cours de laquelle les parties devront interpréter et appliquer les dispositions de l'entente, dans un contexte en évolution constante, tout en poursuivant leurs intérêts respectifs, à la fois divergents et convergents.

La convention collective de travail est le résultat des stratégies et des relations de pouvoir entre les parties de même que des contextes interne et externe (Dunlop, 1993). De cette observation découle l'idée que même si les conventions collectives comportent une structure similaire et une terminologie commune, les conditions normatives qu'elles renferment ne s'expliquent souvent qu'en regard de la situation de l'organisation et du groupe de salariés en question au moment de la négociation (Kochan et Katz, 1988). En effet, il existe des différences significatives dans le contenu des conventions collectives selon les secteurs d'activité (par exemple, entre le secteur manufacturier et celui de l'enseignement), les catégories professionnelles (par exemple, entre les employés de métier et les employés de bureau) et l'organisation du travail en vigueur, y compris les technologies et les qualifications requises. L'évolution des contextes et des relations entre les parties vont contribuer à modifier les dispositions d'une convention collective.

14.1 La place de la convention collective de travail

Cette section se divise en trois parties. La première offre une définition de la convention collective et en présente quelques variantes. La discussion porte ensuite sur la place de la convention collective en relations du travail et sur ses fonctions dans une société démocratique. Enfin, la troisième partie présente l'importance relative de la convention collective dans le marché du travail au Québec.

14.1.1 La définition et les types de convention collective

Selon Dion (1986, p. 132), la convention collective est une « entente écrite relative aux conditions de travail conclue entre une ou plusieurs associations de salariés et un ou plusieurs employeurs ou associations d'employeurs ». Le *Code du travail* (ci-après désigné « C. t. ») du Québec établit le cadre juridique du modèle dominant de rapports collectifs du travail, dont le but ultime est la conclusion de la convention (*voir le chapitre 10*). Cependant, « pour produire les effets que la loi prévoit, une convention collective est assujettie à certaines conditions d'existence » (Vallée et Bourgault, 2017a, p. 26). Ces conditions touchent les parties ; par exemple, seules les parties visées par l'accréditation peuvent conclure une convention, et celle-ci doit être ratifiée par un vote majoritaire, au scrutin secret, des salariés membres de l'association accréditée (C. t., art 20.3). Il y a aussi des conditions de forme ; la convention collective doit être consignée par écrit (C. t., art. 1 d), sa version officielle doit être rédigée en français (*Charte de la langue française*, LRQ, c. C-11, art. 43) et elle doit être déposée auprès du ministre (C. t., art. 72). Enfin, bien que les parties soient relativement libres quant au contenu de la convention collective, celle-ci doit respecter certaines conditions de fond. Par exemple, l'article 62 du *Code du travail* subordonne son contenu à l'ordre public et à la loi, en stipulant que la convention collective « peut contenir toute disposition relative aux conditions de travail qui n'est pas contraire à l'ordre public ni prohibée par la loi ». La durée de la convention collective est l'une des rares dispositions directement réglementées ; d'un à trois ans dans le cas d'une première convention collective et d'au moins un an dans le cas d'un renouvellement (C. t., art. 65).

En Amérique du Nord, la convention collective se négocie le plus souvent à l'échelle d'un établissement (une usine, un commerce, une succursale, etc.), entre un employeur et un syndicat local, et vise directement les salariés de cet établissement. La très grande majorité des négociations collectives se déroule dans ce cadre décentralisé et mène à la conclusion d'une convention particulière à un établissement (Laroche et Grant, 2017). Il existe d'autres types de conventions collectives, qui se distinguent de la convention collective d'établissement de par leur portée élargie. Il s'agit de la convention collective type, de la convention collective étendue, de la convention collective de branche et, finalement, de la convention collective-cadre[1].

La convention collective type ou modèle désigne un accord intervenu entre un employeur et un syndicat, dont le contenu sera transposé, avec ou sans modifications, dans des conventions collectives similaires chez d'autres employeurs. Une convention collective étendue est celle « […] dont certaines des dispositions, telles quelles ou modifiées, s'appliquent par l'effet d'un décret [gouvernemental] à l'ensemble des salariés et des employeurs d'un secteur d'activité et à l'intérieur d'un territoire donné » (Dion, 1986, p. 132). Une telle extension par décret gouvernemental est prévue au Québec dans la *Loi sur les décrets de convention collective* (LRQ, c. D-2). Une convention collective de branche est négociée entre un ou plusieurs syndicats et tous les employeurs, généralement regroupés dans une association, d'un même secteur d'activité sur un territoire donné. Quant à la convention collective-cadre, il s'agit d'une entente, négociée à une table centrale, qui contient des dispositions susceptibles de s'appliquer à l'ensemble des salariés syndiqués, dans une entreprise comportant plusieurs établissements ou dans un secteur d'activité, mais qui laisse aux instances locales (syndicat local et direction d'un établissement) la liberté de négocier de petites adaptations à l'intérieur de ce cadre. La juxtaposition de l'accord-cadre et de l'entente locale, négociée pour un établissement, forme alors la convention collective en vigueur dans cet établissement.

14.1.2 Le rôle de la convention collective en relations industrielles

Force est d'admettre qu'il n'y a pas une seule réponse à la question du rôle réservé à la convention collective de travail en relations industrielles. Il nous apparaît approprié de la situer dans le paradigme pluraliste, puisqu'il a grandement influencé le régime québécois de rapports collectifs du travail.

La convention collective et le paradigme pluraliste

Si la place de la convention collective, comme celle du syndicalisme et de la négociation collective, semblait acquise dans la période suivant la Deuxième Guerre mondiale, le consensus pluraliste a été remis en cause par l'érosion du compromis fordiste engendrée par les crises économiques successives, depuis la fin des années 1970 (Bélanger *et al.*, 2004). C'est dans ce contexte que la légitimité de la convention collective a été remise en question par les tenants de l'économie néoclassique et des thèses managériales, d'une part, et par les tenants des approches radicales d'autre part (Budd, 2006). Les premiers partagent une vision unitariste. Selon cette approche, les conflits et les tensions de la relation d'emploi peuvent être résolus par les mécanismes du marché du travail ou par les approches appropriées de gestion des ressources humaines, car les intérêts des parties convergent de manière à créer une unité d'intérêt. Les règles contenues dans la convention collective sont considérées comme des contraintes à l'exercice des forces du marché et à la discrétion de la direction dans la gestion de la force de travail. Bref, selon cette vision de la relation d'emploi, la convention collective représente un ensemble de rigidités empêchant une gestion optimale de l'entreprise.

Paradoxalement, les auteurs associés aux approches radicales critiquent également le rôle que joue la convention collective dans la relation d'emploi (Burawoy, 1979; Drache et Glasbeek, 1992). L'approche radicale met en évidence l'inévitable conflit entre les parties de la relation d'emploi et envisage la convention collective comme l'une des institutions du travail qui renforcent la relation de subordination et l'exploitation des salariés. En effet, l'entente collective impose des contraintes à la capacité du syndicat et des salariés de s'opposer aux politiques de l'employeur, en raison de l'obligation qui leur est faite de maintenir la paix industrielle pendant la durée de l'entente. La reconnaissance explicite des droits de direction et la déférence envers le régime de traitement et d'arbitrage des griefs sont vues comme une capitulation qui profite au capital (Peirce, 2000). Selon cette conception, l'obligation de veiller au respect de la convention collective qui revient au syndicat en fait un

---

1. Ces autres types de conventions collectives correspondent généralement à des types particuliers de négociation qui diffèrent de la négociation classique se déroulant dans un seul établissement (*voir le chapitre 13*).

«gestionnaire du mécontentement des salariés» plutôt qu'un représentant de leurs revendications.

Entre ces deux visions polarisées, la discipline des relations industrielles a été construite par des auteurs appartenant à un courant réformateur au XIXe siècle et des tenants de l'approche pluraliste en sciences sociales. Les pluralistes reconnaissent l'existence d'un conflit d'intérêts entre les salariés et les employeurs, mais aussi que les parties à la relation d'emploi ont également des intérêts communs, ce qui met en évidence la pluralité des intérêts en cause. Dans cette optique, la convention collective est le résultat d'un processus de libre négociation entre les parties et elle est constituée de l'ensemble des compromis auxquels elles sont arrivées afin de concilier leurs intérêts respectifs.

Les principaux intérêts des salariés sont la sécurité, l'expression (*voice*) et l'équité (Barbash, 1984; Budd, 2006; Budd, Gomez et Meltz, 2004; Freeman et Medoff, 1984). Si la notion de sécurité, qui se définit comme l'absence de danger, concerne au premier chef la sécurité physique et mentale, elle ne s'y limite pas. Les salariés sont aussi préoccupés par leur sécurité économique et s'attendent à ce que la convention collective contribue de différentes manières à leur sécurité d'emploi, de même qu'à la sécurité du revenu qu'ils en tirent. Ils chercheront également à obtenir des garanties quant au maintien de leur employabilité sur le marché du travail (sécurité des compétences) et quant à leur capacité de concilier leur travail avec leurs responsabilités hors travail (sécurité de conciliation) (Tangian, 2007). Quant à l'équité dans la relation d'emploi, elle renvoie à une forme de justice naturelle, à un ensemble de normes impliquant les notions d'égalité et de juste traitement respectant la dignité et la liberté humaines.

Les principes d'équité (salaire égal pour un travail équivalent, chances égales, respect de l'ancienneté, lien entre les caractéristiques des emplois et le salaire, etc.) tout comme l'équité procédurale (droit à la justice, droit de se faire entendre, etc.) visent à protéger les salariés du favoritisme, de l'abus de pouvoir et de la discrimination (Budd, 2006). Enfin, les salariés désirent pouvoir s'exprimer afin d'avoir une influence significative sur les décisions qui les touchent au travail. Ce droit à l'expression collective ou individuelle repose autant sur l'idée de démocratie industrielle que sur l'importance, pour la dignité humaine, d'être partie prenante aux décisions. Ce droit peut être un but en lui-même dans une société démocratique, se matérialisant à travers les dispositions de la convention collective visant la participation du syndicat et des salariés aux décisions de l'employeur (Budd, 2006).

Du côté de l'employeur, l'efficience, la flexibilité et le contrôle constituent des intérêts fondamentaux. La performance économique est centrale pour toutes les organisations qui ont à tirer le maximum de ressources rares, de manière à créer de la richesse ou, plus précisément, à atteindre les objectifs organisationnels (Budd, 2006). La productivité, l'économie des ressources ainsi que le profit et le coût du travail sont autant d'indicateurs de la performance économique. Ce dernier indicateur est particulièrement crucial pour l'employeur qui, lors de la négociation, cherchera à contrôler ce coût, déterminé en bonne partie par le contenu de la convention collective (Jalette, Hallé et Lauzon Duguay, 2017). La flexibilité ou la capacité de s'adapter au changement est généralement vue comme un gage de performance organisationnelle, en raison du contexte changeant avec lequel les organisations doivent composer. L'employeur peut rechercher différents types de flexibilité (Atkinson, 1987; Jalette et Laroche, 2017). Il y a la flexibilité numérique, qui désigne la capacité patronale à adapter facilement et rapidement le nombre d'employés ou le nombre d'heures de travail en fonction des fluctuations de la demande et des besoins. Quant à la flexibilité fonctionnelle, elle met en évidence le besoin pour l'entreprise d'être en mesure de redéployer les employés en fonction des tâches et des activités à accomplir, ce qui est facilité notamment par le développement de la polyvalence des salariés. Enfin, le contrôle en tant que fonction de la gestion constitue une prérogative patronale essentielle afin d'atteindre l'objectif de performance. L'employeur s'assurera que la convention collective lui laisse le contrôle des opérations et des comportements des salariés au travail.

Dans une perspective pluraliste tenant pour acquis que la relation d'emploi fonctionne mieux lorsque les intérêts des parties sont pris en compte, la question fondamentale en relations du travail est de trouver un équilibre entre ces divers intérêts patronaux et syndicaux (Budd, Gomez et Meltz, 2004). L'atteinte d'un tel équilibre est facilitée par le fait que, dans certaines circonstances, les intérêts des parties ne s'opposent pas complètement. Par exemple, les salariés ont avantage à ce que l'entreprise soit performante, car cela assure leur emploi et leur revenu. De même, l'employeur a intérêt à ce que les salariés puissent se faire entendre. Cela lui permet d'avoir accès à une nouvelle information, de détecter les problèmes, de légitimer le processus de décision, et donc d'améliorer la performance organisationnelle. La convention collective contient ainsi des dispositions qui reflètent les compromis qui sont tissés autour de ces intérêts (*voir la figure 14.1 à la page suivante*).

La convention collective est située à l'intersection des intérêts des parties, illustrant ainsi qu'elle est le résultat

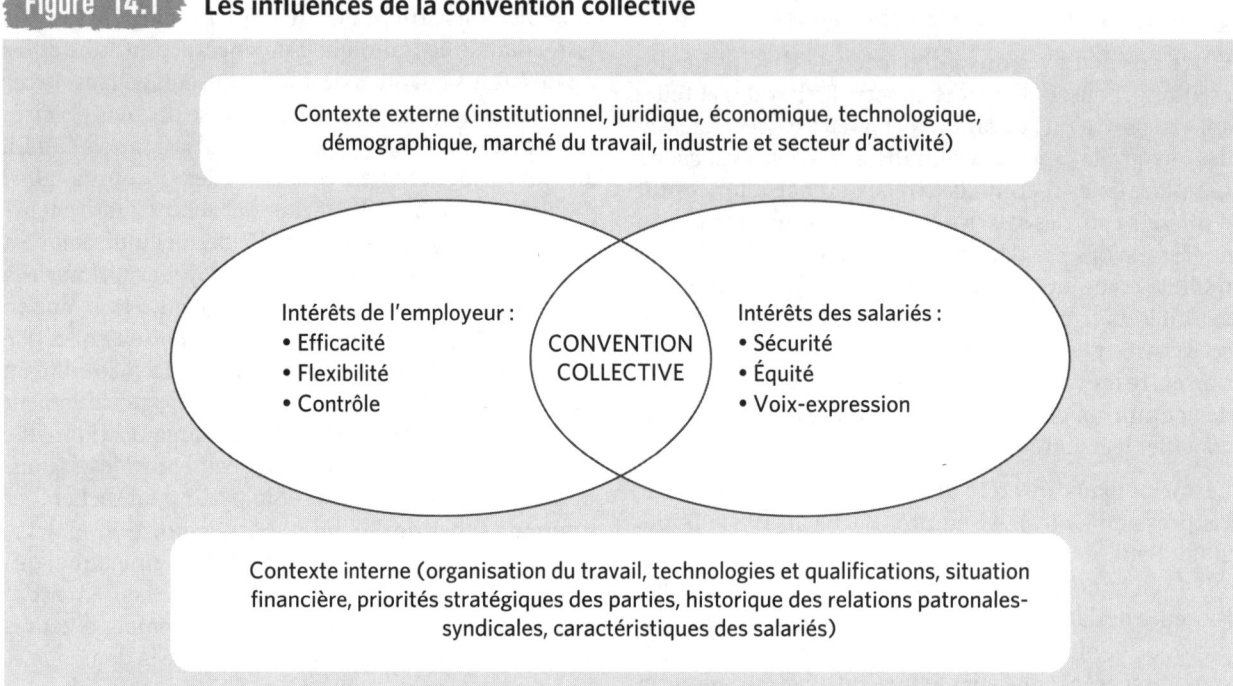

Figure 14.1 Les influences de la convention collective

Sources: Adaptée de Budd, J. W. (2006). *Employment with a Human Face: Balancing Efficiency, Equity, and Voice*. Ithaca, New York, Cornell University Press et Barbash, J. (1984). *The Elements of Industrial Relations*. Madison, Wisconsin, University of Wisconsin Press.

d'un compromis, d'un marchandage qui peut parfois se poursuivre, au terme du processus. L'entente est influencée par le contexte externe (par exemple, l'état du marché du travail et du secteur d'activité, les lois et institutions du travail), mais aussi par le contexte interne de l'organisation (par exemple, les qualifications des salariés, les technologies, les priorités stratégiques des deux parties, l'historique des relations patronales-syndicales, les caractéristiques sociodémographiques des salariés).

En somme, la convention collective joue plusieurs rôles dans le système de relations industrielles. Premièrement, elle est un instrument de justice sociale, car, conformément à l'un des objectifs principaux de la négociation, elle protège les droits des salariés, qui peuvent l'invoquer dans la poursuite de leurs intérêts. Deuxièmement, même si la convention collective contient surtout des contraintes pour l'employeur, elle lui offre, par ailleurs, un outil de gestion des ressources humaines qu'il peut utiliser à son avantage. Pour tous les points traités, la convention collective lui indique la manière de procéder et devient un recueil relativement complet des politiques concernant la main-d'œuvre. Bien qu'elle ne puisse couvrir tout le champ de la gestion des ressources humaines dans l'entreprise ni prévoir toutes les situations nouvelles

découlant de l'évolution des circonstances, il est possible pour les parties d'adapter la convention collective à de nouvelles circonstances en dehors de la période prévue pour les négociations (Bilodeau, 2017a), parfois par l'entremise de mécanismes conjoints comme les comités, ce qui contribue à la flexibilité de la convention. Troisièmement, la convention collective peut être envisagée comme un instrument de participation et un instrument de pouvoir. Cette dualité reflète l'ambivalence des rapports sociaux du travail et plus particulièrement des relations patronales-syndicales, empreintes de conflit et de coopération. La convention collective peut également être vue comme l'aboutissement de la participation des salariés au processus de détermination de leurs conditions de travail et un pas important vers la démocratie industrielle (Jalette, 2017; Giles et Starkman, 2009).

14.1.3 Le profil statistique de la convention collective au Québec

Comme le révèlent les taux de présence syndicale étudiés au chapitre 4, la convention collective ne régit pas les conditions de travail de la majorité des travailleurs québécois. Plus de 60 % des salariés n'y sont pas assujettis, et son importance est plus grande dans le secteur public que dans le secteur privé (Labrosse, 2018).

Selon les données présentées au tableau 14.1, 7501 conventions collectives régissant les conditions de travail de plus d'un million de salariés étaient en vigueur au Québec au 3 décembre 2018[2]. Ces données confirment l'inégalité de la répartition des conventions collectives selon les secteurs. C'est au sein du secteur tertiaire que l'on trouve le plus grand nombre de conventions collectives et de salariés assujettis. Il faut noter le poids prépondérant des services publics (enseignement, santé, services gouvernementaux, etc.) au sein du secteur tertiaire par rapport aux services privés (commerce, restauration et hébergement, etc.) tant en termes de salariés couverts que du nombre de conventions collectives; cette prépondérance s'explique par la plus forte présence syndicale dans les services publics (*voir le chapitre 4*).

Pour ce qui est des autres grands secteurs, moins du quart des conventions collectives regroupant un peu plus de 13 % des salariés provient du secteur secondaire, tandis que moins de 2 % des conventions collectives et moins de 1 % des salariés assujettis viennent du secteur primaire. Les données distinguant les secteurs public et privé sont aussi révélatrices. Le secteur public regroupe plus des deux tiers des salariés assujettis, même si les conventions collectives de ce secteur ne représentent que 24 % de toutes les conventions collectives de cette population. Cela s'explique par le fait que la taille des unités de négociation est plus grande dans le secteur public (environ 392 salariés en moyenne[3]) qu'elle ne l'est dans le secteur privé (57,5 salariés en moyenne).

Pour conclure ce portrait statistique sommaire, nous présentons au tableau 14.2, à la page suivante, la répartition des conventions collectives selon la taille des unités où elles s'appliquent. Globalement, les conventions collectives visent 137,8 salariés en moyenne. Plus de 61 % d'entre

Tableau 14.1 **La répartition des conventions collectives en vigueur au Québec en décembre 2018, et des salariés assujettis, selon les secteurs d'activité**

	Conventions collectives		Salariés assujettis	
Secteurs d'activité	Nombre	Pourcentage	Nombre	Pourcentage
Secteur primaire	119	1,58 %	6 080	0,59 %
Secteur secondaire	1 629	21,72 %	135 911	13,14 %
Secteur tertiaire	5 753	76,70 %	892 007	86,27 %
Ensemble	7 501	100,0	1 033 998	
Provenance				
Secteur privé	5 700	75,99 %	327 726	31,70 %
Secteur public	1 801	24,01 %	706 272	68,30 %
Ensemble	7 501		1 033 998	**100,0**

Source: Système d'information « Gestion des relations du travail », ministère du Travail, de l'Emploi et de la Solidarité sociale (MTESS) du Québec, conventions collectives déposées, analysées et en vigueur en date du 17 décembre 2018.

---

2. Il s'agit uniquement des conventions collectives déposées en vertu du *Code du travail* du Québec. La banque de données exclut donc les conventions collectives de l'industrie de la construction et celles conclues en vertu du *Code canadien du travail*. Il faut aussi préciser que ce décompte porte sur les conventions collectives de dernière génération, dont la date d'expiration est fixée au 17 décembre 2015 ou est postérieure à cette date, et dont le syndicat était toujours accrédité au 17 décembre 2015. Enfin, les données portent sur les conventions collectives déposées, analysées et en vigueur au 17 décembre 2018.

3. Pour calculer le nombre moyen de salariés par convention, il s'agit de diviser le nombre de salariés assujettis par le nombre de conventions collectives : 706 272 ÷ 1801 = 392,16.

Tableau 14.2 La répartition des conventions collectives en vigueur au Québec, en décembre 2018, et des salariés assujettis, selon le nombre de salariés assujettis par convention

Conventions assujettissant...	Conventions collectives		Salariés assujettis	
	Nombre	Pourcentage	Nombre	Pourcentage
De 1 à 19 salariés	2 426	32,35 %	23 401	2,26 %
De 20 à 49 salariés	2 169	28,92 %	68 650	6,64 %
De 50 à 99 salariés	1 409	18,78 %	96 712	9,35 %
De 100 à 199 salariés	778	10,37 %	102 604	9,92 %
De 200 à 499 salariés	364	4,85 %	109 283	10,57 %
De 500 à 999 salariés	157	2,09 %	110 431	10,68 %
De 1000 à 4999 salariés	184	2,45 %	403 527	39,03 %
De 5000 à 9999 salariés	11	0,15 %	63 886	6,18 %
10 000 salariés et plus	3	0,04 %	55 504	5,37 %
Ensemble	7 501	100,0	1 033 998	**100,0**

Source : Système d'information « Gestion des relations du travail », MTESS du Québec, conventions collectives déposées, analysées et en vigueur en date du 17 décembre 2018.

elles couvrent moins de 50 salariés ; ces 4595 conventions collectives visent 8,91 % de l'ensemble des salariés.

L'importance numérique de ces conventions collectives est énorme, même si elles ne concernent qu'un faible pourcentage de tous les salariés assujettis. À l'inverse, les conventions collectives couvrant plus de 500 salariés sont relativement peu nombreuses (moins de 5 % de l'ensemble), mais elles déterminent les conditions de travail d'un peu plus de 61 % de l'ensemble des salariés de la population visée.

14.2 Le contenu de la convention collective

Dans cette deuxième section, nous examinons le contenu de la convention collective en faisant un tour d'horizon des principales clauses qui se trouvent dans les conventions collectives au Québec[4].

14.2.1 La classification des clauses

Une façon courante de classer les clauses est de distinguer les clauses contractuelles des clauses normatives. Les premières visent directement les parties contractantes (employeur et syndicat) et l'entente, alors que les secondes traitent des conditions de travail des salariés (Jalette, 2017 ; Hébert, 1992). L'encadré 14.1 reproduit la table des matières d'une convention collective typique de l'industrie de l'alimentation au détail. Les clauses contractuelles comprennent, sans s'y limiter, l'article II traitant des droits de direction ainsi que les articles III et IV touchant l'adhésion syndicale et les fonctions syndicales. S'y trouvent également les articles VII et VIII traitant de la procédure de règlement de griefs et de l'arbitrage. Les clauses normatives concernent notamment les salaires (article XII), les heures de travail (article IX) et les vacances payées (article XIV).

Cette méthode de classification comporte l'avantage de distinguer les clauses visant les parties contractantes et l'entente elle-même d'une part et, d'autre part, les

---

4. Nous faisons référence à plusieurs des chapitres du livre *La convention collective au Québec*, qui demeure l'ouvrage de référence incontournable en la matière. Les travaux de Giles et Starkman (2008) et d'Hébert (1979) nous ont grandement inspirés dans l'exercice de synthèse que nous devions réaliser.

> **Encadré 14.1**   **Un exemple de table des matières d'une convention collective**
>
> | | |
> |---|---|
> | Préambule | Article XVI Congés sociaux |
> | Article .01 Préambule | Article XVII Permis d'absence |
> | Article .02 Interprétation des termes | Article XVIII Sécurité sociale |
> | Article .03 Notes | Article XIX Santé et sécurité |
> | Article .04 Comité de relations professionnelles | Article XX Fonctions juridiques |
> | Article I Reconnaissance et juridiction | Article XXI Clauses générales |
> | Article II Droits de direction | Article XXII Durée de la convention |
> | Article III Adhésion syndicale | Annexe A Classifications |
> | Article IV Fonctions syndicales | Annexe B-1 Échelle de salaires |
> | Article V Ancienneté | Annexe B-2 Règlement salarial |
> | Article VI Discipline et sécurité d'emploi | Annexe C Boni de performance |
> | Article VII Procédure de règlement de griefs | Annexe D Formule de disponibilité salarié à temps partiel à disponibilité restreinte |
> | Article VIII Arbitrage | |
> | Article IX Heures de travail | Annexe E Salaire minimum |
> | Article X Pauses et repas | Annexe F Modification à la *Loi sur les jours et heures d'admission dans les établissements commerciaux* |
> | Article XI Heures supplémentaires | |
> | Article XII Salaires | Annexe G Paix industrielle et arbitrage des offres finales |
> | Article XIII Primes et bonis | Annexe H Salarié à temps partiel à disponibilité restreinte (étudiant) |
> | Article XIV Vacances payées | |
> | Article XV Jours fériés | Annexe I L'aire de service aux caisses et l'aire de production et de vente |
>
> Source: Convention collective de travail 2016-2019, intervenue entre Les travailleurs et travailleuses unis de l'alimentation et du commerce, local 500 et Super C, une division de Métro-Richelieu inc., établissement visé: Super C Lavaltrie, 250, rue Saint-Antoine Nord, Lavaltrie (Québec).

contenus plus substantiels de la convention collective, qui ont trait aux conditions de travail des salariés. Une autre approche consiste à distinguer les clauses pécuniaires (monétaires ou financières) des clauses non pécuniaires (Jalette, 2017). Les premières concernent les conditions de travail qui représentent un coût direct pour l'employeur, telles que les salaires et les avantages sociaux. Les secondes définissent les conditions qui n'ont pas d'incidence monétaire immédiate, comme l'ancienneté, la procédure de grief ou la protection contre le harcèlement. Dans ce chapitre, nous nous inspirons de la méthode de classification employée par Giles et Starkman (2008), qui permet de regrouper les clauses selon les grandes dimensions de la relation d'emploi et des relations patronales-syndicales. Cette méthode permet également de mieux cerner les liens entre les différentes dispositions de la convention collective et les intérêts en jeu, auxquels nous avons fait allusion à la section précédente. Le tableau 14.3, à la page suivante, présente les quatre grandes catégories de clauses de la convention collective. La première concerne la relation patronale-syndicale et le contrôle du conflit dans le milieu de travail. Elle regroupe les clauses qui s'apparentent aux clauses contractuelles, dont les droits des parties, le maintien de la paix industrielle, le règlement des différends, de même que les instances de participation patronale-syndicale et de gouvernance des lieux de travail, sans oublier les autres lieux d'échanges entre les parties. La seconde catégorie englobe les dispositions qui ont trait au compromis effort-rémunération, y compris les heures et horaires de

Tableau 14.3 La classification des clauses

Relation patronale-syndicale et contrôle du conflit	Compromis effort-rémunération	Régulation de l'emploi et du travail	Contrôle du comportement au travail et de l'environnement de travail
• Droits de direction	• Heures et horaires de travail	• Embauche et statuts d'emploi	• Droits de la personne
• Droits syndicaux		• Ancienneté	• Santé et sécurité au travail
• Résolution des conflits durant la convention collective	• Rémunération globale	• Mouvements de personnel • Protection de l'emploi	• Comportements et discipline au travail
		• Contenu du travail et changements à l'organisation du travail	

Source: Adapté de Giles, A. et A. Starkman (2008). « The Collective Agreement », dans Gunderson, M. et D. G. Taras (dir.), *Canadian Labour and Employment Relations*, 6ᵉ éd., Toronto, Pearson/Addison Wesley.

travail ainsi que les salaires, les primes et les avantages sociaux. Le contrôle ou la régulation de l'emploi et du travail, troisième catégorie, est également une dimension centrale de la relation d'emploi. Elle comprend les dispositions de la convention collective concernant l'embauche, les statuts d'emploi, l'ancienneté, les mouvements de main-d'œuvre, la protection de l'emploi, de même que le contenu du travail et les changements à l'organisation du travail. La quatrième et dernière catégorie touche l'encadrement des comportements au travail par la convention collective et surtout la manière dont les parties établissent des normes en matière de discipline industrielle.

Dans les sous-sections suivantes, c'est à la lumière de cette classification que nous examinons les principales clauses de la convention collective.

14.2.2 La relation patronale-syndicale et le contrôle du conflit

Cette sous-section présente diverses clauses visant directement les parties, de même que l'entente elle-même : les droits de direction, les droits syndicaux et les mécanismes de résolution des conflits.

Les droits de direction

La plupart des conventions collectives comportent une clause des droits de direction, le plus souvent énoncée au début. Mais quels sont ces droits réservés à l'employeur ?

Ils sont généralement classés en trois catégories : la direction des affaires (par exemple, le choix des biens ou des services à offrir à la clientèle, la localisation des établissements ou le niveau de profit visé), la direction de la production (par exemple, le mode de production, les techniques et technologies utilisées ou le recours à la sous-traitance) et la direction du travail (par exemple, le nombre d'employés, la sélection du personnel ou le contrôle du travail). Il s'agit donc principalement du droit unilatéral de l'employeur d'orienter la destinée et le fonctionnement de l'entreprise comme bon lui semble, selon les objectifs et les moyens qu'il a déterminés. Cette capacité se traduit, pour les personnes exerçant les droits de direction, par des pouvoirs de décision, de réglementation et de contrôle (Vallée et Bourgault, 2017b).

En milieu non syndiqué, l'employeur a toute latitude de gérer l'entreprise et de déterminer les conditions d'emploi et de travail ainsi que l'organisation du travail, sous réserve des dispositions de la législation du travail. En milieu syndiqué, à cette contrainte s'ajoutent les obligations découlant de la convention collective. Ainsi, une convention collective vient encadrer et limiter les droits de direction, surtout en ce qui concerne le travail. Par exemple, la clause des salaires négociée avec le syndicat vient limiter le droit de l'employeur de déterminer la rémunération des salariés.

Concrètement, la clause des droits de direction pourra prendre la forme d'une déclaration générale ou d'une énumération détaillée. Cependant, contrairement à la plupart des droits syndicaux et des droits des travailleurs, la convention collective ne crée pas les droits de direction, elle ne fait que les reconnaître et en encadrer l'exercice. Le droit commun, notamment la subordination juridique inhérente au contrat de travail et le droit de propriété, constitue le principal ancrage juridique des droits de direction même si d'autres thèses sont proposées pour en expliquer l'origine (Vallée et Bourgault, 2017b). C'est pourquoi l'absence d'une clause des droits de direction dans une convention collective n'empêche aucunement l'employeur d'exercer des droits qu'il possède de toute façon. Pourquoi alors inclure une telle clause ? La valeur « psychologique » pour l'employeur du fait que le syndicat reconnaisse ses droits par écrit, la valeur « éducative » pour les parties et les salariés de réitérer les droits patronaux dans la convention, et la volonté d'obliger explicitement les arbitres à en tenir compte dans leur interprétation de la convention sont autant de raisons avancées pour l'inclusion de ces clauses (Vallée et Bourgault, 2017b).

En matière de droits de direction, l'enjeu pour l'employeur est de pouvoir conserver ses prérogatives lui permettant de contrôler le travail, l'organisation de la production et la direction des affaires de manière à atteindre ses objectifs de performance. Pour les syndicats, l'enjeu est de limiter le contrôle patronal unilatéral pour y substituer un contrôle bilatéral et une prise de décision commune concernant les conditions de travail. Si les conventions collectives encadrent surtout la direction du travail, la direction de la production constitue de plus en plus un enjeu syndical en raison de l'impact important de ces décisions (changements technologiques, sous-traitance, etc.) sur les emplois et les conditions de travail (Jalette et Laroche, 2017). Nous y reviendrons.

Les droits syndicaux

La convention collective contient généralement une clause par laquelle l'employeur reconnaît le syndicat. Une telle clause inscrite au début de la convention vient rappeler qu'en vertu du *Code du travail*, le syndicat a été dûment accrédité et reconnu comme agent négociateur des salariés de l'unité de négociation (*voir le chapitre 10*) (Vallée et Bourgault, 2017a). Mais la convention collective vient reconnaître d'autres droits permettant au syndicat local d'exercer son rôle de façon efficace et permanente : le régime syndical et la représentation syndicale.

Le régime syndical vise à assurer la sécurité du syndicat par deux moyens : le maintien d'une majorité de membres parmi les salariés de l'unité d'accréditation (sécurité juridique) et la garantie d'un revenu régulier (sécurité financière) (Bilodeau, 2017b). La clause d'appartenance syndicale ou régime syndical cherche à assurer au syndicat son effectif et, par le fait même, sa représentativité pour la durée de la convention collective. Une telle clause oblige les salariés, en totalité ou en partie, à devenir ou à demeurer membres du syndicat accrédité. Les clauses d'appartenance syndicale peuvent prendre diverses formes : atelier syndical fermé (lorsque l'employeur est obligé d'employer un salarié déjà membre du syndicat), atelier syndical parfait (lorsque tous les salariés sont obligés de devenir et de demeurer membres du syndicat), atelier syndical imparfait (lorsque les nouveaux salariés et ceux qui ont adhéré au syndicat, au moment de l'accréditation, doivent demeurer membres), maintien d'adhésion (lorsque les salariés peuvent être membres ou pas, mais lorsqu'ils le sont, ils doivent le demeurer jusqu'à la fin de la convention) ou atelier ouvert (lorsque le salarié peut adhérer au syndicat ou le quitter en tout temps). Les ateliers syndicaux parfait et imparfait sont les formes les plus courantes (Bilodeau, 2017b).

Le financement du syndicat est assuré par la retenue des cotisations syndicales, appelée aussi « précompte syndical », dont traite également la très vaste majorité des conventions collectives, même si cette retenue est aussi prévue par le *Code du travail* et donc obligatoire (*voir le chapitre 10*) (Vallée et Bourgault, 2017a). L'employeur doit ainsi retenir à la source, sur la paie des salariés, la cotisation syndicale de ceux qui sont membres du syndicat ainsi qu'une somme égale à cette cotisation pour les non-membres et remettre ces sommes au syndicat. Il s'agit du principe de la « formule Rand », selon lequel tous les salariés, qu'ils soient membres ou non, doivent payer la cotisation syndicale de manière à partager les coûts entraînés, entre autres, par la négociation et l'administration de la convention collective, car ils en bénéficient tous (Bilodeau, 2017b).

En plus de ce que prévoient les deux facettes du régime syndical, le syndicat s'assure par la convention d'avoir accès à d'autres ressources pour mener à bien son devoir de représentation syndicale. L'accès à un local dont le syndicat pourra disposer pour rencontrer les membres et administrer ses affaires, le droit d'avoir accès à diverses informations concernant les salariés (nom, salaire, ancienneté, etc.) ou administratives (affichages de postes, politiques, règlements, etc.) de même que le droit de communiquer avec ses membres par divers moyens (tableau d'affichage, courrier électronique, etc.) en sont quelques exemples.

Les libérations syndicales sont peut-être la ressource la plus importante pour que le syndicat soit en mesure d'assumer sa fonction représentative. Il s'agit principalement de congés du travail pour les membres remplissant généralement des fonctions syndicales, afin qu'ils puissent s'occuper des activités syndicales, c'est-à-dire l'administration des affaires quotidiennes du syndicat, les négociations collectives, l'administration de la convention collective (comités mixtes, enquête ou procédure de grief, etc.), les activités syndicales externes (formation, congrès syndical, etc.), les fonctions syndicales à temps plein à l'intérieur du syndicat local ou au sein d'autres organes syndicaux (fédération, centrale, etc.). Les modalités des libérations (rémunération, avis à l'employeur, nombre de libérations, banque d'heures de libération, etc.) varient selon la taille de l'unité et la nature de l'activité syndicale visée (Bilodeau, 2017b). À l'instar du régime syndical, les libérations syndicales constituent un enjeu fondamental pour le syndicat, qui a besoin de se doter de ressources et de les mobiliser pour assumer sa mission de représentation.

La résolution des conflits durant la convention collective

La signature de la convention collective clôt le processus de négociation, mais sonne le début de la période où les parties auront à l'appliquer concrètement dans le milieu de travail. Même si la convention collective constitue le « traité de paix industrielle », en établissant les conditions d'emploi et de travail pour une période déterminée, au cours de laquelle les parties ne pourront recourir à l'arrêt de travail, de nombreuses sources de tension peuvent subsister et engendrer des conflits ; changements de la situation économique de l'entreprise, émergence de situations ou d'enjeux non prévus dans la convention collective, frictions entre les salariés et la supervision, mauvaise interprétation ou ambiguïté des termes de la convention, etc. (Giles et Starkman, 2009). C'est pourquoi les parties vont prévoir des moyens afin de résoudre les conflits survenant en cours de convention collective.

Tout d'abord, il est commun de trouver dans les conventions collectives une disposition prohibant le recours à la grève, au lock-out, à un ralentissement de travail et possiblement à d'autres moyens de pression pendant la durée de la convention, reprenant en cela la lettre et l'esprit des interdictions prévues aux articles 107, 108 et 109 du *Code du travail* (*voir le chapitre 10*). La durée de la convention collective fait également l'objet d'une clause qui sera placée à la fin et stipulera sa date d'entrée en vigueur ainsi que sa date de fin. Apparemment anodine, cette clause soulève des enjeux importants. Pour l'employeur, une durée de convention longue signifie une période prolongée de paix industrielle et de stabilité des opérations. Pour le syndicat, cela reporte dans le temps la prochaine négociation formelle des conditions de travail et la possibilité d'exercer des moyens de pression.

Si les conflits ouverts et l'exercice des moyens de pression sont interdits pendant la durée de la convention collective, comment les parties vont-elles résoudre ces conflits ? Le principal mécanisme de résolution des conflits en cours de convention est la procédure de règlement et d'arbitrage des griefs qui se trouve dans la quasi-totalité des conventions collectives. À l'article 1f) du *Code du travail*, un grief est défini comme « toute mésentente relative à l'interprétation ou à l'application d'une convention collective ». Ainsi, les salariés (individuellement ou en groupe), le syndicat ou l'employeur estimant qu'une clause (ou plusieurs) de la convention a été violée peuvent se faire entendre pour en demander le respect et en appeler de tout règlement insatisfaisant jusqu'en arbitrage. Ainsi, le grief sera réglé par discussion entre les parties, au cours de ce qu'on appelle la « procédure interne », ou par l'intervention d'un arbitre externe qui sera amené à trancher le litige s'il n'est pas résolu avant.

La procédure interne de règlement des griefs est constituée de l'« ensemble des mécanismes, niveaux de discussion entre les parties, délais à respecter et règles à suivre qui forment les étapes successives dans l'acheminement d'un grief vers son règlement final » (Dion, 1986, p. 371). Comme il revient à l'employeur d'administrer et d'appliquer la plupart des règles de la convention collective, le point de départ est généralement un salarié s'estimant lésé par l'employeur qui, par exemple, ne lui a pas accordé une promotion ou qui a omis de lui payer une prime, comme le prévoit la convention collective. Plusieurs conventions collectives vont d'abord prévoir une discussion informelle entre le salarié, possiblement accompagné d'un délégué syndical, et son supérieur immédiat, à qui il formulera verbalement sa plainte. Si un règlement ne survient pas lors de la discussion prévue à cette étape préliminaire, le salarié pourra habituellement enclencher la procédure officielle, en formulant son grief par écrit, et le grief sera porté à un niveau supérieur pour qu'il soit discuté entre, par exemple, un représentant du syndicat local et le directeur des relations du travail, qui ont une plus grande expertise en matière de relations patronales-syndicales. En l'absence d'une entente à cette première étape formelle, le grief pourra passer à l'étape suivante, qui impliquera d'autres représentants, généralement d'un niveau hiérarchique plus élevé, comme le président du syndicat et un haut dirigeant de l'organisation. Selon les circonstances de l'organisation et la volonté des parties, la procédure interne peut comporter plus ou moins d'étapes ou faire intervenir d'autres acteurs (Trudeau, 2017a).

L'étape finale de la procédure de règlement des griefs est l'arbitrage, qui intervient si les parties n'ont pu s'entendre aux étapes antérieures. Même si ce processus est bien encadré dans le *Code du travail* (articles 100 à 102), la convention collective peut en préciser différents aspects. Par exemple, elle peut contenir une liste des arbitres choisis d'un commun accord par les parties pour entendre à tour de rôle les griefs ou suivre le processus prévu au *Code du travail* (article 100). Le ministre du Travail désignera lui-même un arbitre si les parties ne peuvent s'entendre sur son choix. L'arbitre nommé pourra trancher le litige par une sentence (décision) sans appel, exécutoire et liant les parties (C. t., art. 101). Le pouvoir de l'arbitre lui vient de la convention, même si le *Code du travail* y pourvoit également (article 100.12). Ainsi, les parties pourraient lui accorder le pouvoir de résoudre, par exemple, une mésentente autre qu'un grief, mésentente qui pourrait porter sur un sujet non prévu à la convention collective. Par ailleurs, la convention collective peut comporter des modalités spéciales, notamment une procédure accélérée, pour des arbitrages particuliers : cas de congédiement, grief syndical, grief patronal, etc. (Trudeau, 2017a).

Ce système de justice privé contribue à préserver la paix industrielle en incitant d'abord les parties à régler entre elles leurs litiges et en évitant qu'elles tentent de se faire justice elles-mêmes en recourant à des moyens de pression illégaux en cours de convention. Cette procédure faite par et pour elles permet l'expression des points de vue et le dialogue afin de résoudre d'une façon rapide et efficace, en toute équité, les conflits qui ne manqueront pas de survenir. En dépit de la complexification du droit du travail, de la judiciarisation du processus, de sa lenteur et de ses coûts, le système continue, selon Trudeau (2017a), à bien remplir son rôle en participant à l'application de la justice du travail.

Les conventions collectives prévoient d'autres moyens pour que le dialogue se poursuive de manière continue entre les parties. À cette fin peuvent être créés divers comités conjoints ou paritaires, permanents ou *ad hoc*, où siégeront un nombre égal de représentants patronaux et syndicaux. Se situant dans le cadre de l'administration de la convention collective, « ces forums sont l'occasion pour [les parties] d'exprimer des positions, de résoudre des conflits et parfois de prendre [conjointement] des décisions » (Bilodeau, 2017a). Leur mandat sera parfois assez large, comme c'est le cas des comités de relations de travail que prévoient une majorité de conventions collectives et au sein desquels il sera possible de discuter de toute question ou situation susceptible de se présenter en cours de convention. D'autres comités conjoints ont un mandat plus restreint et traitent d'objets plus circonscrits, comme la santé et la sécurité au travail, la formation, la sous-traitance ou l'évaluation des emplois. Même si la plupart des comités sont consultatifs et non décisionnels, ils permettent néanmoins l'expression des points de vue syndicaux sur la gestion actuelle du travail et de l'organisation, que pourra considérer l'employeur dans ses prises de décision (Bilodeau, 2017a).

Enfin, rappelons que, la convention appartenant aux parties, elles sont donc libres de la modifier en tout temps, dans la mesure où elles y consentent toutes les deux. Par des arrangements divers, notamment les lettres d'entente, les annexes, les protocoles et les lettres d'intention, qui seront réputés faire partie intégrante de la convention collective, les parties pourront modifier la convention collective ou y ajouter des éléments (clauses, annexe, lettre d'entente, etc.) (Vallée et Bourgault, 2017a). Cela ouvre la porte aux négociations « volontaires » qui se poursuivront de façon continue afin d'adapter la convention collective à la réalité mouvante de l'organisation et aux situations nouvelles, et de résoudre les problèmes et conflits surgissant inévitablement au cours de la convention.

14.2.3 Le compromis effort-rémunération

Le compromis effort-rémunération occupe une place centrale dans la relation d'emploi et fait l'objet de plusieurs dispositions des conventions collectives. Il est associé de près au temps de travail, qui est encadré par les conventions collectives avec beaucoup de détails. Une autre part importante de ce compromis effort-rémunération est constituée des salaires, des avantages sociaux et des régimes de retraite.

Les heures et les horaires de travail

La désignation des heures normales de travail est sans doute la plus utilisée dans les conventions collectives. Il s'agit notamment des heures normales établies dans une loi, une coutume ou une convention collective. Les « heures normales » peuvent aussi renvoyer aux heures de travail qui sont habituellement effectuées par les salariés d'une entreprise, d'un métier, d'une profession ou d'une industrie. Les heures supplémentaires désignent les heures de travail effectuées qui dépassent le seuil normalement prévu à la convention collective ou dans une loi (Grenier, 2017). Quant à la durée maximale du travail, c'est le nombre d'heures de travail qu'aucun employeur ou salarié ne peut dépasser par jour ou par semaine en vertu d'une loi ou d'une convention collective. À ce sujet, il est important de distinguer les heures travaillées et les heures payées. Alors que les heures travaillées renvoient clairement aux heures pendant lesquelles la personne salariée a effectivement travaillé, les heures payées comprennent également les heures non travaillées, mais pour lesquelles le salarié est rémunéré, comme les congés payés et les vacances annuelles.

La plupart des conventions collectives contiennent des dispositions plus ou moins complexes sur les heures normales de travail. Elles déterminent, dans la majorité des cas, les heures de début et de fin de la journée de travail, les quarts de travail de même que les périodes de repos et de repas (Grenier, 2017 ; Giles et Starkman, 2009). Environ 55 % des conventions collectives en vigueur en décembre 2018 prévoient une semaine de travail s'étalant sur cinq jours pour les cols bleus et les cols blancs[5]. L'employeur peut, sous certaines conditions et lorsque cela est prévu à la convention collective ou au décret (*Loi sur les normes du travail* [L.n.t.], art. 53), étaler les heures de travail sur une base autre qu'hebdomadaire. Lorsque cela s'avère nécessaire en raison des caractéristiques du milieu de travail couvert, la convention collective contient des dispositions qui précisent la manière dont doit se faire l'attribution des quarts de travail ainsi que les conditions qui s'appliquent lorsque les salariés doivent assurer une disponibilité sans être présents sur les lieux du travail ou encore lorsqu'ils doivent travailler exceptionnellement les fins de semaine (Grenier, 2017 ; Giles et Starkman, 2009). Seule une minorité de conventions collectives (environ 15 %) prévoient un droit individuel de refuser d'effectuer des heures supplémentaires ou de les effectuer volontairement en toute circonstance. La majorité du temps, le droit de refus est soumis à un ensemble de conditions (par exemple, un nombre maximal d'heures par jour ou par semaine ou la disponibilité d'un remplaçant) ou à certaines circonstances (par exemple, une urgence) liées aux exigences des opérations de l'entreprise.

Les heures de travail comptent parmi les dispositions les plus importantes de la convention collective en raison de leurs impacts sur la capacité des salariés à concilier leur travail avec leur vie personnelle et sur la flexibilité du travail recherchée par l'employeur. S'il y a plusieurs mesures susceptibles d'influencer la conciliation travail-vie personnelle[6], les heures et les horaires de travail constituent un enjeu crucial. Malgré tout, les statistiques compilées par le MTESS montrent que les dispositions relatives à l'aménagement ou à la réduction du temps de travail (ARTT) et à des horaires prévoyant une semaine de travail flexible ou réduite sont plutôt rares, celles-ci se trouvant respectivement dans environ 7 %, 5 % et 11 % des conventions.

La majorité des entreprises et des industries ne cessent pas leurs activités pendant une période fixe de l'année, comme c'est le cas de l'industrie de la construction ou des services d'enseignement. Ainsi, l'attribution des périodes de vacances peut soulever des questions d'équité entre les salariés. Les demandes de conciliation travail-famille, par exemple, posent notamment la question des règles ou des normes devant déterminer l'attribution des périodes de vacances en fonction des obligations et des contraintes de vie des personnes salariées (Marotte, 2006). Les statistiques compilées par le MTESS révèlent en fait que, dans plus de 72 % des conventions collectives visant 46 % des salariés, le choix de la période de vacances annuelles est déterminé en fonction de l'ancienneté et des exigences du service.

La rémunération

Pour des raisons évidentes, la rémunération occupe une place centrale dans les conventions collectives de travail. D'une part, les salariés cherchent un salaire juste et raisonnable en échange de leur contribution au succès de l'organisation. Pour l'employeur, d'autre part, les enjeux sont le contrôle et la flexibilité des coûts du travail, ainsi que l'alignement de la politique salariale sur les contraintes et les stratégies de l'entreprise en matière de gestion des ressources humaines. La question salariale est donc liée de très près à celle de l'équité. Les parties visent, par la négociation, l'équité interne (entre les emplois au sein de l'organisation), mais aussi l'équité externe (entre les emplois de l'organisation et les emplois similaires du même secteur d'activité et/ou de la même région).

La rémunération va au-delà du salaire versé par l'employeur en échange de la contribution de la personne salariée. Le salaire représente la rémunération directe que reçoit l'employé et qui est complétée par la rémunération indirecte, constituée principalement des avantages sociaux (assurances collectives, congés, vacances payées, régime de retraite, etc.) et du temps chômé rémunéré. Les notions importantes abordées ici sont la structure salariale, la progression dans l'échelle salariale ainsi que les primes salariales et les avantages sociaux.

---

5. Ces données et les suivantes proviennent du Système d'information « Gestion des relations du travail », MTESS du Québec, conventions collectives déposées, analysées et en vigueur en date du 17 décembre 2018.

6. Pour un tour d'horizon complet de ces mesures, consulter Laroche et Genin (2017).

La structure salariale

Une structure salariale précise tous les salaires possibles pour des emplois ou des catégories d'emplois au sein d'un établissement ou d'une organisation (Lauzon Duguay *et al.*, 2017b). Il arrive que plusieurs structures salariales soient présentes chez un même employeur et même à l'intérieur de la même convention collective. Les modèles les plus fréquents sont les structures à taux de salaire unique et les échelles salariales. Les structures salariales à taux unique sont habituellement établies par emploi, par métier, par fonction ou par classe d'emplois. Elles signifient que tous les salariés occupant une même fonction donnée reçoivent le même salaire, peu importe les caractéristiques individuelles (Lauzon Duguay *et al.*, 2017b).

Dans une structure salariale, deux facteurs peuvent généralement influer sur le salaire : la fonction occupée, qui détermine l'échelle s'appliquant à une personne, et le temps travaillé, qui établit la progression dans l'échelle. Le premier enjeu dans ce type de structure est de déterminer, selon des critères objectifs (qualifications, expérience, etc.), l'échelon et la classe d'emploi où le salarié fera son entrée dans l'échelle. La progression se fait ensuite habituellement en fonction de deux modalités : la progression intraclasse, qui signifie une progression dans la même fonction, souvent après une période de temps donnée, et la progression interclasse, qui renvoie à la hausse de traitement accompagnant une promotion d'une classe d'emploi inférieure à une classe d'emploi supérieure. Les conventions collectives qui adoptent ce type d'échelle prévoient également les modalités d'ajustement des salaires dans les situations particulières : rétrogradation, mutation, remplacement temporaire, etc.).

Les échelles salariales mixtes sont assez rares au Québec. Elles comportent habituellement des échelons accessibles à tous en fonction du temps, et d'autres qui dépendent des compétences maîtrisées par les salariés ou du niveau de scolarité atteint (Lauzon Duguay *et al.*, 2017b). Dans le cas du personnel enseignant des commissions scolaires et des cégeps, par exemple, certains des échelons supérieurs sont réservés aux titulaires de diplômes de maîtrise et de doctorat, dans des disciplines considérées comme pertinentes. Ainsi, ceux qui ont plus de scolarité débutent à un échelon plus élevé et progressent à des échelons plus élevés que ceux qui ne sont titulaires que d'un baccalauréat.

Les primes et les augmentations

Il existe diverses primes liées au temps de travail. La prime d'heures supplémentaires est la plus fréquente, probablement en raison de son encadrement par la *Loi sur les normes du travail*. Les parties peuvent s'entendre pour que la compensation puisse prendre la forme de jours chômés payés. En 2018, près de la moitié des conventions collectives prévoyaient une telle compensation. Les conventions collectives prévoient fréquemment des primes liées au travail de soir ou de nuit, parfois pour les heures travaillées la fin de semaine (Grenier, 2017). Enfin, les conventions collectives ajoutent aussi à l'occasion des primes de quart brisé (ou primes d'amplitude) et des primes de disponibilité.

Les augmentations de salaire s'expriment en dollars ou en pourcentage. Une augmentation peut être intégrée à l'échelle salariale – ce qui implique une hausse de tous les taux de l'échelle et sa pleine intégration à celle-ci – ou elle peut prendre la forme d'un montant forfaitaire. Dans ce dernier cas, l'augmentation est versée une seule fois, et les échelles salariales et les taux de salaires demeurent inchangés. Les augmentations salariales prévues par la convention collective ou par les lois du travail sont habituellement statutaires. Elles peuvent être générales ou particulières.

Lorsqu'un salarié passe à un échelon supérieur dans la même classe d'emploi, comme prévu à la convention collective, il s'agit d'une augmentation particulière statutaire. Un autre exemple d'augmentation particulière statutairement prévue dans la convention est lorsque la personne salariée reçoit une promotion qui la fait entrer dans une classe d'emploi comportant une échelle salariale supérieure. Contrairement aux augmentations particulières qui concernent le salarié sur une base individuelle, les augmentations générales touchent tous les salariés de l'unité de négociation et sont habituellement uniformes. Elles résultent normalement de la négociation d'une nouvelle convention collective, de son renouvellement ou encore de sa réouverture. D'autres formes d'augmentations générales ou particulières sont l'indexation des salaires à l'augmentation du coût de la vie (afin de protéger le pouvoir d'achat des salariés), les révisions d'échelles à la suite d'un processus d'équité salariale et les ajustements négociés afin d'améliorer la capacité d'attraction et de rétention de la main-d'œuvre (Giles et Starkman, 2009).

Les avantages sociaux

Tout d'abord, les salariés québécois sont protégés par des régimes publics d'assurances, dont certains sont liés au fait d'occuper un emploi et de cotiser au régime. D'autres sont plutôt universels et liés à la citoyenneté. Parmi les régimes d'avantages sociaux publics, on trouve le régime de la Commission des normes, de l'équité, de la santé et de la sécurité du travail (CNESST), le régime d'assurance-emploi du Canada, le Régime de rentes du

Québec, le programme universel de soins de santé de la Régie de l'assurance maladie du Québec, qui protège les travailleurs non pas en tant que salariés, mais en tant que citoyens, le régime d'assurance médicaments, qui peut être considéré à mi-chemin entre les régimes public et privé, et le régime québécois d'assurance parentale.

Les salariés québécois peuvent aussi être couverts par des régimes privés, qui sont complémentaires aux régimes publics, c'est-à-dire qu'ils procurent des compléments aux avantages de base offerts par les régimes publics. On trouve trois types d'avantages sociaux dans les régimes privés : le temps chômé et payé, les régimes de retraite complémentaires et les assurances collectives. Selon les données produites par l'Institut de la statistique du Québec (ISQ), le temps chômé et payé de même que les autres avantages sociaux privés représentaient, pour l'année 2017, des débours équivalant à 42,5 % du salaire, dans l'administration publique, et à 43,8 % du salaire des syndiqués du secteur privé (ISQ, 2018). Parmi ces débours, les plus importants étaient les heures chômées et payées, à hauteur d'un peu plus de 15 % du salaire payé.

Souvent, les conventions collectives vont préciser les modalités pour le paiement et la prise de ces journées de congés payés ou des vacances annuelles, ou accorder un nombre plus important de congés que ce que prévoient les lois du travail. Différentes questions relatives au temps chômé se trouveront dans la convention collective, par exemple : Le congé est-il rémunéré en tout, en partie ou pas du tout ? S'il est rémunéré, quelle sera la base de calcul, afin de déterminer la rémunération du congé ? Si l'absence est compensée par un régime public, la convention collective prévoit-elle une compensation supplémentaire, versée par l'employeur ? Quelles sont les conditions d'utilisation des congés ou des vacances annuelles ? Quelles sont les modalités qui s'appliquent au choix des dates des vacances ?

Pour les salariés, les avantages sociaux privés procurent une protection additionnelle à celle qu'offrent les régimes publics, notamment contre les risques économiques que constituent la perte d'un emploi, la retraite et la maladie. En outre, ils permettent de couvrir des soins de santé non couverts par le régime public.

Dans le cas des assurances collectives, quatre questions principales se posent par rapport à ce qui est prévu dans les conventions collectives. Qui paie pour l'assurance ? Quel niveau de protection est assuré ? Quelles conditions faut-il remplir pour bénéficier de l'assurance, et quelles en sont les modalités d'application ? Enfin, ces régimes sont-ils maintenus, une fois l'employé à la retraite ? Si tel est le cas, sous quelles conditions et qui les défraie ?

Ces préoccupations cruciales quant à la protection des salariés font que les avantages sociaux occupent une place importante dans les conventions collectives et sont l'objet de clauses très détaillées (Giles et Starkman, 2009 ; Jalette *et al.*, 2017). Leurs coûts peuvent être des enjeux importants lors du renouvellement des conventions collectives dans le contexte du vieillissement de la main-d'œuvre et de l'explosion des cas d'atteinte à la santé psychologique au travail (Vézina, 2010). Les parties s'engagent parfois dans des démarches conjointes de réduction ou de contrôle des coûts qui, dans le cas des régimes d'assurances collectives, se traduisent par un vaste éventail de mesures (Jalette *et al.*, 2017). Un dernier enjeu est la coordination entre les régimes publics et privés quant aux indemnités versées, qui doivent être complémentaires et non cumulatives (*ibid.*).

La grande majorité des régimes complémentaires de retraite qu'on trouve dans les conventions collectives sont contributifs, c'est-à-dire que les salariés et l'employeur en partagent les coûts. On doit ensuite différencier à la base deux types de régimes : celui à cotisations déterminées et celui à prestations déterminées. Dans le cas des régimes à cotisations déterminées, l'employeur et l'employé (ou plus rarement l'employeur seul) versent une somme préétablie et fixe. Ce type de régime est celui qui expose le salarié et le retraité aux plus grands risques financiers, car si le montant de la cotisation est connu, la rente versée ne l'est pas, sa valeur dépendant de plusieurs facteurs, dont le rendement des placements. L'autre type de régime, à prestations déterminées, offre une plus grande sécurité financière aux travailleurs et aux personnes retraitées, bien qu'il fasse l'objet d'une remise en question importante. Ces régimes garantissent à l'avance aux participants un niveau de rente (prestation) qui n'est pas affecté par les aléas des marchés financiers et de l'économie.

14.2.4 La régulation de l'emploi et du travail

La convention contient aussi des règles relatives à la gestion des emplois dans l'organisation et à la manière dont le travail y est effectué. Elles sont au cœur des préoccupations des parties, car elles concernent les mouvements de personnel, les changements organisationnels et le contenu même du travail. Les décisions que l'employeur prend relativement à la gestion de l'emploi et du travail répondent à des préoccupations telles que la réduction des coûts (par exemple, sous-traitance), la flexibilité (par exemple, statuts d'emploi atypiques) et le contrôle (par exemple, embauche). Quant aux préoccupations des salariés et du syndicat, elles concernent la sécurité (d'emploi, du revenu et des compétences), l'équité (par exemple, critères de choix des salariés) et l'expression (par exemple, autonomie et influence au travail). Avant de discuter de la régulation et de l'organisation du travail, nous présentons les règles concernant l'embauche et les statuts d'emploi, l'ancienneté, les mouvements de personnel ainsi que la protection de l'emploi.

L'embauche et les statuts d'emploi

Il est très rare que les conventions collectives restreignent les droits de direction en matière de recrutement, de sélection et d'embauche des travailleurs. L'employeur dispose ainsi de beaucoup de latitude pour décider de recruter ou non de nouveaux salariés, pour choisir les candidats et pour retenir la personne répondant le mieux à ses exigences. Les quelques aspects touchant ces matières qui sont réglementés dans la convention collective sont la priorité d'embauche donnée, par exemple, aux salariés sur la liste de rappel ou aux salariés à statut précaire, lors d'ouvertures de postes permanents, l'appartenance syndicale (*voir la sous-section* Les droits syndicaux, à *la page 377*) et l'information à donner à la nouvelle recrue au sujet du syndicat (remise d'un exemplaire de la convention et rencontre avec des représentants syndicaux). Un dernier aspect réglementé est la période de probation ou d'essai dont l'employeur se servira pour évaluer les capacités de la personne nouvellement embauchée et qui permettra à celle-ci, une fois cette période complétée avec succès, de bénéficier de tous les avantages de la convention, y compris celui d'avoir accès à la procédure de griefs en cas de congédiement (Giles, 2017a et 2017b).

Les salariés travaillant pour une entreprise n'ont pas tous le même statut. En effet, si certains ont le statut de salarié permanent à temps plein, d'autres ont un statut dit « atypique » ou précaire. Il s'agit des salariés à temps partiel, temporaires, occasionnels, saisonniers, remplaçants, surnuméraires, étudiants ou autres. Le recours à ces emplois atypiques assure une plus grande flexibilité numérique à l'employeur, qui peut ainsi, par exemple, disposer d'une main-d'œuvre pour remplacer les salariés permanents absents ou accroître, à certains moments précis, le niveau de production ou de services. Souvent, en recourant à ces salariés atypiques, l'employeur réduit également ses coûts de main-d'œuvre, car les conditions de travail de ces salariés sont moindres que celles dont bénéficient les salariés permanents à temps plein. Les syndicats, qui préfèrent la création d'emplois permanents à temps plein, n'ont pas toujours été en mesure de protéger cette catégorie de salariés dans les conventions collectives. Si les conventions s'appliquent souvent en tout ou en partie aux salariés à temps partiel, c'est moins le cas pour les salariés remplaçants, occasionnels, surnuméraires ou étudiants. Lorsqu'elles traitent de ces statuts, les conventions les définiront dans les premières pages, définitions qui varieront d'un milieu de travail à l'autre (Jalette et Laroche, 2017).

L'ancienneté, les mouvements de personnel et la protection de l'emploi

Lors des mouvements de personnel comme les promotions ou les mises à pied, l'employeur désire être en mesure d'affecter ou de conserver une personne apte et compétente au poste approprié. Cette flexibilité fonctionnelle, permettant que les compétences soient réparties aux bons endroits dans l'organisation, est considérée comme un gage de performance. Ces mouvements de personnel sont aussi une source de préoccupation pour les salariés, qui se demandent, par exemple, en vertu de quels critères ces décisions de promotion ou de réduction d'effectifs sont prises. C'est afin d'assurer une certaine équité dans ces décisions et de réduire l'insécurité d'emploi et du revenu que les conventions collectives vont généralement encadrer ces mouvements.

L'ancienneté est une notion fondamentale à la gestion des mouvements de main-d'œuvre en milieu syndiqué. L'ancienneté renvoie généralement au temps passé dans un emploi ou à la durée du service chez un même employeur. Elle peut aussi se calculer en fonction de la durée de l'emploi dans un même poste, dans une même classification ou catégorie d'emplois, dans un même département ou service ou dans un même établissement. L'ancienneté d'établissement est la plus couramment utilisée, car elle correspond habituellement à l'unité de négociation déterminée dans le certificat d'accréditation (Giles, 2017a).

En revendiquant que l'ancienneté soit considérée dans la gestion de la main-d'œuvre, le syndicat vise à réduire l'arbitraire patronal, car il oblige ainsi l'employeur à considérer ce critère objectif, clair et concret plutôt que de s'en remettre exclusivement à des critères subjectifs et discrétionnaires. Bien que l'ancienneté permette de distribuer de manière relativement équitable les avantages et les inconvénients du travail dans un milieu donné, il n'en demeure pas moins qu'elle constitue un instrument de discrimination, avantageant certains salariés au détriment d'autres (Giles, 2017a). Cependant, cette discrimination reste temporaire : les salariés avec moins d'ancienneté en acquerront au fil des ans, ce qui leur permettra de profiter, éventuellement, des effets positifs de l'ancienneté.

C'est en vertu de l'application du critère d'ancienneté que la convention collective va généralement donner au salarié plus ancien des droits de priorité ou des conditions de travail plus avantageuses. Dans le cas des promotions, des mises à pied et d'autres situations (choix de la période de vacances, répartition des heures supplémentaires, attribution des horaires, etc.), l'ancienneté va servir à départager les salariés qui sont en concurrence pour obtenir le même avantage. Il s'agit de l'ancienneté relative, ou ancienneté-concurrence, qui se distingue de l'ancienneté absolue, ou ancienneté-bénéfice, laquelle s'applique aux situations où l'ancienneté sert plutôt à déterminer l'ampleur de certains avantages (durée des vacances, niveau de salaire, indemnités de fin d'emploi, etc.) (Giles, 2017a).

Au cours de sa carrière au sein d'une organisation, un salarié peut être promu à un nouveau poste comportant un plus haut niveau de responsabilités, être muté à un poste équivalent à celui qu'il occupe ou encore être rétrogradé à un poste de niveau inférieur ou licencié pour cause de manque de travail. Ces mouvements de personnel sont habituellement régis par la convention collective, notamment en ce qui concerne les critères présidant au choix de la personne promue, mise à pied ou licenciée.

Les promotions

En milieu syndiqué, il existe généralement une procédure d'affichage pour les postes vacants ou nouvellement créés. Cet affichage vise à informer l'ensemble des salariés de façon ouverte et équitable, en permettant à tout un chacun de soumettre sa candidature pour peu qu'il respecte les exigences spécifiées. Même si d'autres critères peuvent être considérés, l'ancienneté et les compétences sont généralement les plus fondamentaux, illustrant bien, dans le premier cas, les préoccupations des travailleurs pour la sécurité et l'équité et, dans le second cas, celles de l'employeur pour la flexibilité fonctionnelle et la performance. Les compromis entre les parties à cet égard viseront à déterminer le poids de chacun de ces critères dans la décision.

Certaines conventions donnent un poids prépondérant à l'un ou à l'autre de ces critères : on parle alors d'ancienneté stricte ou de compétences seules. Par contre, les conventions collectives prévoient aussi des combinaisons de l'ancienneté et des compétences. La combinaison dite « ancienneté et compétence normale » implique que l'ancienneté est le critère déterminant si le travailleur possède les compétences suffisantes ou normales pour occuper le poste à pourvoir. En d'autres termes, l'employeur choisit le candidat le plus ancien parmi l'ensemble des salariés possédant les compétences requises et ayant soumis leur candidature. Il s'agit de la formule la plus répandue dans les conventions collectives québécoises (Giles, 2017b). Une autre combinaison, « ancienneté et compétence égale », prévoit que l'ancienneté deviendra le critère de choix déterminant s'il y a égalité de compétences entre plusieurs candidats, c'est-à-dire que l'ancienneté sera seulement un critère pour départager deux salariés « égaux » du point de vue des compétences. Les clauses de promotion peuvent comporter d'autres modalités, comme une période d'essai ou de formation ainsi que la possibilité de revenir à l'ancien poste si le nouveau ne convient pas au salarié ou si celui-ci ne répond pas aux exigences (Giles, 2017b).

Les mises à pied et les licenciements

Les enjeux des mises à pied et des licenciements diffèrent de ceux des promotions. L'employeur désire disposer d'une marge de manœuvre pour mettre à pied ou licencier des salariés en raison d'un manque de travail – peu importe la cause : récession, baisse de la demande, perte de contrats, restructuration, etc. –, tout en gardant à son service les personnes en mesure de faire le travail qui reste. Pour les salariés, une mise à pied est un événement grave, car la personne touchée se retrouve alors sans emploi et sans revenu d'emploi. C'est pour réduire l'incertitude liée aux mises à pied et assurer une certaine sécurité d'emploi et de revenu que la plupart des conventions collectives prévoient différents mécanismes, dont une procédure de compression des effectifs, que celle-ci soit permanente (licenciement) ou temporaire (mise à pied). La détermination des personnes qui perdront leur emploi est d'une grande importance. Ici encore, l'ancienneté et les compétences seront considérées. Une bonne part des conventions collectives stipulent que les salariés les moins anciens, par exemple dans une catégorie d'emplois, un service ou département ou dans toute l'unité, seront les premiers touchés par une réduction d'effectifs (selon le principe du « dernier embauché, premier à partir »), dans la mesure où ceux qui restent sont qualifiés pour occuper les emplois disponibles (Giles, 2017b). L'ancienneté a un poids généralement plus important dans le cas des compressions d'effectifs que dans celui des promotions, car il est plus grave de perdre son emploi que de ne pas obtenir une promotion. En effet, une perte d'emploi implique une perte de revenu qui n'est jamais entièrement compensée par l'assurance-emploi ou par les indemnités de fin d'emploi, prévues par certaines conventions collectives.

Par ailleurs, la majorité des conventions collectives donne des droits spécifiques aux salariés visés par une mise à pied ou un licenciement: un droit de supplantation et un droit de rappel. En vertu du premier, le salarié qui perd son emploi peut supplanter ou évincer de son poste un autre salarié ayant moins d'ancienneté, dans la mesure où il possède les qualifications requises pour occuper ce poste. Quant au droit de rappel au travail, il prévoit que, advenant le cas où le travail reprend et l'organisation augmente ses effectifs, l'ordre dans lequel les salariés mis à pied seront rappelés au travail suivra la règle du « dernier sorti, premier rappelé ». Il faut comprendre que la prise en considération de l'ancienneté, et plus largement la procédure et les droits prévus à la convention collective, n'empêcheront pas les réductions d'effectifs, mais détermineront la façon dont elles se feront et qui elles viseront. En ce sens, la sécurité d'emploi offerte par la vaste majorité des conventions collectives est relativement faible (Giles, 2017b).

Les autres mesures de protection de l'emploi et la formation

Certaines conventions collectives, notamment dans l'administration publique provinciale et municipale, comportent des dispositions assurant une plus grande sécurité d'emploi, telles que: un plancher d'emplois obligeant l'employeur à maintenir un certain niveau d'effectifs et à remplacer chaque départ; une garantie d'emploi prévoyant que les salariés admissibles (par exemple, parce qu'ils travaillent pour l'employeur à une certaine date ou ont accumulé un certain nombre d'années de service) verront leur emploi garanti pendant une certaine période (par exemple, la durée de la convention); et une interdiction de mettre à pied pour pénurie de travail (Giles, 2017b). Par ailleurs, des mesures *ad hoc* comme la réduction du temps de travail, des heures supplémentaires ou de la sous-traitance, de même que le non-remplacement des départs à la retraite et des concessions salariales, ont pu être négociées par les parties, lors de la dernière crise économique, afin de sauver des emplois et d'atténuer les mises à pied tout en réduisant les coûts de l'entreprise (Hayter, Fashoyin et Kochan, 2011).

Autre moyen de protéger les emplois, la formation est l'exemple parfait d'un enjeu de négociation intégratif, c'est-à-dire au sujet duquel les intérêts des parties convergent. Pour l'employeur, la formation permet de disposer d'une main-d'œuvre polyvalente et capable de s'adapter au changement. Pour le salarié, la formation signifie des compétences accrues qui lui procurent une plus grande employabilité tant dans l'entreprise que sur le marché, réduisant ainsi l'incertitude quant à son emploi et à son revenu. Les dispositions relatives à la formation dans les conventions collectives vont généralement garantir des droits aux salariés en cette matière (par exemple, remboursement des frais de scolarité), assurer une distribution équitable et transparente de la formation entre les salariés (par exemple, critères pour accéder à la formation) et leur donner une voix au chapitre afin qu'ils puissent exprimer leurs besoins et leurs préférences (par exemple, comité conjoint) (Bernier, 2017).

La régulation du travail

La manière d'organiser la production et d'utiliser la main-d'œuvre va influencer l'emploi et les conditions de réalisation du travail. Comme l'organisation de la production et du travail est au cœur même des droits de direction et du contrôle managérial, l'employeur dispose d'une grande latitude en ces matières, que le syndicat va tenter d'encadrer par la convention collective. Le syndicat cherchera surtout à protéger l'emploi et les conditions de travail des salariés lorsque l'employeur prendra des décisions entraînant des changements dans l'organisation de la production et du travail. Si ces changements organisationnels peuvent prendre diverses formes (restructuration, rationalisation, fusion, délocalisation, consolidation, modernisation, etc.), les conventions collectives comportent souvent des dispositions relatives à deux formes particulières: les changements technologiques et la sous-traitance.

L'introduction de nouvelles technologies ou de nouvelles méthodes de production constitue le moteur de l'innovation et de la compétitivité. Par ce moyen, l'employeur cherche généralement à améliorer la productivité et à réduire les coûts, mais aussi à mieux contrôler la production ou la prestation de services et à introduire davantage de flexibilité. Si le syndicat ne s'oppose pas à l'innovation technologique, il vise à en atténuer les conséquences négatives pour les salariés, spécialement les pertes d'emploi et la déqualification. Les conventions collectives traitant des changements technologiques prévoient souvent un préavis de l'employeur avant l'implantation des changements et octroient aux salariés touchés le droit d'avoir accès à de la formation afin d'acquérir les connaissances nécessaires pour se requalifier. La protection de l'emploi en cas de changements technologiques peut varier d'une convention à l'autre: alors que certaines conventions protègent totalement l'emploi des salariés, d'autres prévoient, dans une situation, par exemple, où des licenciements sont nécessaires, mais où le salarié n'est pas en mesure de se requalifier, que ces licenciements s'effectueront selon les dispositions générales de la convention collective en matière de réduction d'effectifs (Jalette et Laroche, 2017).

À l'instar des changements technologiques, l'introduction de la sous-traitance constitue un changement important dans l'organisation de la production et du travail, dont les principaux enjeux sont la performance organisationnelle et l'emploi. En confiant l'exécution de certaines activités à une entreprise indépendante spécialisée, l'employeur désire généralement accroître sa flexibilité numérique (accès à de la main-d'œuvre supplémentaire) et fonctionnelle (accès à une expertise complémentaire) tout en réduisant ses coûts. De son côté, le syndicat tentera d'empêcher l'employeur de recourir à la sous-traitance, surtout lorsque les salariés actuels de l'organisation sont qualifiés pour réaliser le travail que l'employeur veut sous-traiter. Le compromis le plus fréquent est que l'employeur aura droit de recourir à la sous-traitance à la condition que ce recours n'entraîne pas le licenciement ou la mise à pied des salariés actuels (Jalette et Laroche, 2017).

Le contrôle du travail et de la manière de l'organiser, qui est entièrement dévolu à l'employeur en l'absence d'un syndicat, fait l'objet d'autres clauses dans les conventions collectives. Il arrive à l'occasion qu'elles traitent de la charge de travail, comme c'est le cas dans le secteur de l'hôtellerie, où le nombre de chambres à nettoyer par jour, par préposé, peut être réglementé. Par ailleurs, les descriptions d'emplois souvent négociées entre les parties vont définir le contenu de chacun des emplois en termes de tâches et d'activités à effectuer par le titulaire, de responsabilités assumées ainsi que d'exigences et de qualifications attendues. La description des emplois est l'une des étapes du processus d'évaluation des emplois qui mènera à la détermination des structures salariales (Lauzon Duguay, Jalette et Hallé, 2017a) (*voir la sous-section* La structure salariale, *à la page 381*). L'équité et la flexibilité fonctionnelle sont les principales préoccupations en cette matière, comme l'illustrent la *Loi sur l'équité salariale* (*voir le chapitre 8*) et la volonté des employeurs d'élargir les tâches et de réduire les catégories d'emplois (Jalette et Laroche, 2017). Enfin, au cours des dernières années, les parties ont introduit dans les conventions des dispositions concernant des comités conjoints chargés de discuter les questions relatives à la réorganisation du travail et, dans certains cas, des dispositions touchant des innovations spécifiques, comme le télétravail, le travail en équipe ou le décloisonnement des tâches (Jalette et Laroche, 2017).

14.2.5 Le contrôle des comportements et l'environnement de travail

Dans cette sous-section, nous abordons d'une manière générale la façon dont la convention collective intervient sur l'environnement des rapports sociaux du travail. Les questions liées aux droits humains, à la discipline industrielle, ainsi qu'à la santé et à la sécurité illustrent peut-être mieux que toute autre les liens étroits entre, d'une part, les changements sociaux et l'évolution de la législation générale et, d'autre part, la législation en matière de travail. C'est une autre occasion d'apprécier comment la convention collective incarne des compromis entre l'intérêt des employeurs pour l'efficacité, la flexibilité et le contrôle, et celui des salariés pour un environnement de travail sécuritaire à tous points de vue, un traitement équitable et un droit d'expression sur les questions relatives aux conditions de travail.

Les mesures disciplinaires

La convention collective reconnaît habituellement le pouvoir de l'employeur d'imposer des sanctions disciplinaires. Cette reconnaissance est souvent comprise dans la clause relative aux droits de direction (*voir la sous-section* Les droits de direction, *à la page 376*). D'autres conventions collectives contiennent plutôt une clause portant explicitement sur le pouvoir disciplinaire de l'employeur. Le rôle de la convention collective en cette matière est d'encadrer l'exercice de ce pouvoir disciplinaire, en obligeant l'employeur à respecter à la fois une procédure équitable et une approche corrective. Les parties ont toute latitude pour inscrire dans la convention collective des sanctions précises relativement à certains manquements. Il faut souligner, enfin, que le contenu de la convention collective et l'autorité patronale en matière disciplinaire doivent respecter le droit en vigueur (Trudeau, 2017b).

Avant d'aller plus loin, il convient de distinguer les sanctions disciplinaires des mesures administratives. Les deux ont souvent le même effet pour la personne salariée, mais leur fondement diffère de manière importante. Selon Trudeau (2017b), une sanction disciplinaire est imposée par l'employeur au salarié à la suite d'une faute commise par celui-ci. La gravité de la faute peut varier, mais le geste fautif doit avoir un effet négatif sur le travail ou sur l'entreprise. La sanction imposée par l'employeur doit alors poursuivre deux objectifs : elle doit être punitive, mais également corrective, car elle doit amener le salarié à corriger son comportement ou ses gestes. Il peut arriver également que le salarié commette des manquements involontaires lorsque, par exemple, il est incapable de répondre aux exigences de l'emploi. La sanction imposée par l'employeur est alors une mesure administrative et non disciplinaire, car on ne vise pas à corriger le comportement du salarié, le manquement étant indépendant de sa volonté (Trudeau, 2017b). La sanction repose sur la nécessité de préserver l'intérêt de l'entreprise et de maintenir l'efficacité des opérations. Dans les conventions collectives, les parties prévoient parfois des dispositions particulières au sujet des mesures administratives qui peuvent être prises par l'employeur. Ces clauses définissent le type de mesures, leurs modalités d'application et les pouvoirs de révision de l'arbitre (Trudeau, 2017b).

Dans le cas des mesures disciplinaires, la norme de la cause juste et suffisante est le critère le plus important pour évaluer la pertinence et l'à-propos d'une sanction imposée par l'employeur. L'employeur doit également montrer qu'il y a une cause véritable, un vrai motif, et non seulement un prétexte. La cause doit être juste, c'est-à-dire que le pouvoir disciplinaire doit être exercé de manière raisonnable et non discriminatoire. Ensuite, l'employeur doit tenir compte de l'ensemble des facteurs ou des circonstances atténuantes avant d'imposer une sanction disciplinaire. La sanction doit également être suffisante (Trudeau, 2017b), c'est-à-dire imposée de manière à faire réaliser au salarié que son comportement est inacceptable et qu'il doit s'amender. Cette notion de cause juste et suffisante vise à obliger l'employeur à tenir compte des circonstances propres à chaque situation, telles les circonstances atténuantes, avant d'imposer une sanction disciplinaire (*ibid.*).

La jurisprudence arbitrale a élaboré plusieurs règles de révision des sanctions disciplinaires imposées par les employeurs. Elles sont expliquées en détail par Trudeau (2017b), dont nous reprenons ici l'essentiel du propos.

1. Il doit y avoir proportionnalité entre la faute commise et la sanction imposée par l'employeur. Le principe de l'incident culminant[7] peut justifier une mesure disciplinaire plus sévère, étant donnée la faute.
2. Il doit y avoir progressivité. La sanction imposée doit être avant tout corrective et non punitive. Elle doit donc chercher à améliorer la conduite du salarié par une approche graduelle ou progressive des sanctions. Ce principe ne s'applique pas dans le cas de l'incident culminant ou encore lorsque l'incident est si grave qu'il entraîne une rupture définitive du lien de confiance entre l'employeur et le salarié.
3. Il y a prohibition de la double sanction et de la discrimination. D'abord, il s'agit d'interdire de punir deux fois le salarié pour la même faute. Ensuite, l'employeur doit appliquer le système disciplinaire avec constance et cohérence, c'est-à-dire que, pour une faute identique, il doit imposer les mêmes sanctions disciplinaires sans discrimination tout en tenant compte des circonstances atténuantes ou aggravantes selon la situation.

L'employeur doit également suivre certaines étapes au moment d'imposer la sanction. Si la convention collective contient des dispositions à cet égard, l'employeur est tenu de les respecter rigoureusement. Si, par contre, la convention est silencieuse quant aux étapes, l'employeur est tout de même tenu de respecter les principes d'équité et de non-discrimination.

Il faut garder à l'esprit que la sanction doit être imposée dans un délai raisonnable. Les conventions collectives contiennent souvent une clause d'amnistie qui prévoit, après une certaine période de temps et en l'absence d'une seconde infraction de la même nature, un retrait des mesures disciplinaires du dossier du salarié, qui ne peuvent donc plus être invoquées contre lui. Finalement, les conventions collectives permettent généralement la consultation du dossier disciplinaire par le salarié. Cette pratique contribue à assurer l'application équitable et non discriminatoire de la discipline industrielle (Trudeau, 2017b).

La santé et la sécurité au travail

Il arrive encore aujourd'hui que des employeurs considèrent les mesures de prévention et de correction des risques pour la santé et la sécurité au travail uniquement sous l'angle des coûts et de la perte d'efficacité à court terme qu'elles peuvent engendrer. Il arrive également que les salariés s'exposent eux-mêmes, par bravade ou afin d'améliorer leur rendement, à des risques pour la santé (Giles et Starkman, 2009). Pourtant, les coûts humains et financiers des accidents de travail incitent les parties à s'y intéresser de façon consensuelle et par intérêt mutuel. Il faut dire que la coopération des parties est encouragée par le législateur, qui y voit une avenue privilégiée pour améliorer le bilan des entreprises en la matière.

---

7. Selon Dion (1986, p. 250), l'incident culminant est une « infraction commise par un salarié, donnant lieu à une sanction disciplinaire qui dépasse la gravité de la faute commise en elle-même, mais qui est justifiée si l'on tient compte du contexte des comportements répréhensibles antérieurs du salarié ou de son dossier disciplinaire ».

Les mesures législatives semblent avoir stimulé plutôt que freiné la négociation de dispositions en matière de santé et de sécurité au travail. Par exemple, les conventions collectives contiennent souvent des clauses portant sur les équipements de protection devant être fournis par l'employeur, surtout dans les secteurs primaire et secondaire (Beauregard, 2017). On peut distinguer les clauses des conventions collectives relatives à la santé et à la sécurité au travail selon qu'elles concernent la prévention des risques ou les mesures de réparation (*voir aussi le chapitre 9*).

Les clauses portant sur la prévention énoncent parfois des principes de base. Ce type de disposition, qui peut être générale ou détaillée, affirme la responsabilité de l'employeur et son engagement à respecter les lois et les règlements en matière de santé et de sécurité. Les dispositions prévoyant le droit de refus individuel du salarié précisent habituellement que ce droit ne peut s'exercer que dans des situations où le travail est anormalement dangereux. Les clauses ayant trait aux mesures de réparation peuvent être classées en quatre catégories. D'abord, les clauses relatives à l'assistance médicale reprennent souvent les dispositions de la loi et obligent l'employeur à rembourser les frais médicaux au retour au travail du salarié. Les clauses relatives aux indemnités bonifient la loi pour ce qui est des versements et du montant des indemnités. Les dispositions relatives à la réadaptation visent principalement les affectations temporaires (pendant la consolidation de la lésion) et tendent aussi à aller plus loin que la loi. Enfin, il arrive que la convention collective comprenne des clauses relatives au droit de retour au travail après la consolidation de la lésion (*ibid.*).

Les droits humains, le respect de la vie privée, le harcèlement et les accommodements

Il revient à l'employeur d'offrir un environnement de travail sain et exempt de discrimination et de harcèlement. Lorsque la convention collective traite de la discrimination au travail, elle le fait selon le principe que ni l'employeur ni le syndicat, ou leurs représentants respectifs, n'useront de menaces ou de contraintes envers un salarié, en raison des motifs énumérés à la *Charte des droits et libertés de la personne* du Québec et à la *Charte canadienne des droits et libertés*. Les parties y ajoutent parfois d'autres motifs, selon le cas. Elles peuvent prévoir parfois un processus de recours particulier pour que le salarié fasse valoir ses droits ou elles s'en remettent dans d'autres cas à la procédure générale de règlement des griefs et à l'arbitrage pour traiter ces plaintes.

Les clauses de non-discrimination protègent, par un énoncé général, les droits des salariés dans la presque totalité des situations (embauche, promotion, rémunération, évaluation du rendement, affectation) (Giles et Starkman, 2009). Il est également habituel que la convention collective comprenne une clause qui protège les droits des salariés, du syndicat ou de ses représentants lorsqu'ils exercent des fonctions syndicales. D'autres clauses visent à protéger les droits de certains groupes ou individus aux prises avec des situations particulières. Pour les salariés handicapés, elles prennent la forme de mécanismes qui facilitent le transfert vers des emplois convenant à leur situation ou d'obligations faites à l'employeur d'adapter, dans la mesure du possible et autant que cela soit viable, le poste de travail aux capacités de l'individu avec un handicap (Giles et Starkman, 2009).

Certaines conventions contiennent des clauses relatives à la vie privée, notamment lorsque l'employeur peut utiliser différentes méthodes de surveillance des salariés. Dans de tels cas, il arrive que les conventions collectives interdisent à l'employeur certaines méthodes de surveillance et les enregistrements à des fins d'évaluation de la performance individuelle ou à des fins disciplinaires, à l'exception des actes criminels qui pourraient être posés par les salariés (Giles et Starkman, 2009). Certaines conventions collectives contiennent des dispositions qui encadrent étroitement l'administration des tests de dépistage de drogues ou d'alcool. Dans ces cas, les conventions collectives prévoient parfois des mesures d'accompagnement et d'aide médicale, la plupart du temps par l'entremise du programme d'aide aux employés. Ces programmes garantissent le respect de la vie privée et l'anonymat des utilisateurs. Ils visent à soutenir le salarié qui éprouve des difficultés causées par une dépendance.

Le harcèlement au travail est de deux ordres : sexuel et psychologique. Le harcèlement sexuel est depuis longtemps une préoccupation des parties, et les dispositions l'interdisant sont fréquentes dans les conventions collectives. Elles prévoient habituellement un mode de recours et d'enquête interne. Les plaintes pour harcèlement psychologique, lorsqu'elles sont dirigées contre un représentant de l'employeur, sont habituellement traitées par la procédure interne de griefs et ultimement soumises à un arbitre de griefs. Dans les cas plus délicats où la plainte vise un ou des collègues de travail, les conventions collectives, lorsqu'elles en traitent, renvoient habituellement à la procédure interne d'enquête et de médiation prévue par l'employeur. Elles peuvent également prévoir qu'une plainte dirigée contre un ou des collègues soit soumise directement à la CNESST, conformément aux articles 123.6 et suivants de la *Loi sur les normes du travail*. Le syndicat pourra éventuellement défendre le salarié visé par la plainte si l'employeur lui impose des sanctions.

14.3 L'évolution des conventions collectives et les perspectives

Le contenu des conventions collectives évolue dans le temps. Les parties les adaptent de manière à répondre à différents changements, comme l'intensification de la concurrence, les modifications apportées à la législation du travail ou l'évolution sociodémographique. Cependant, il ne faut pas perdre de vue que la convention collective reflète les intérêts de l'employeur et des travailleurs, de même que les compromis mutuels relativement à ces intérêts. De plus, même si les conventions collectives comportent des ressemblances quant à leur contenu, elles se distinguent en fonction des particularités du milieu de travail dont elles sont issues : organisation de la production et du travail, secteur d'activité, catégories d'emploi couvertes, etc. D'autres facteurs, comme l'évolution technologique, les changements d'attitudes et de valeurs des travailleurs, ainsi que l'état du marché du travail, contribuent également à influer sur le contenu de la convention. Enfin, celle-ci étant déterminée dans le cadre d'un processus donnant lieu à l'exercice d'un rapport de force, il est clair que le pouvoir de négociation des parties joue également un rôle dans l'établissement des conditions de travail que la convention contient.

Hayter, Fashoyin et Kochan (2011) constatent que si, dans certains pays, la convention collective ne fait pas beaucoup plus que de reproduire les normes minimales en matière de salaires et d'heures de travail découlant de la législation nationale, ailleurs, son contenu s'est élargi au cours des ans. L'organisation du travail, la formation professionnelle, les congés parentaux et pour responsabilités familiales, la flexibilité du temps de travail, la sécurité d'emploi et la pérennité de l'entreprise ainsi que les préoccupations des travailleurs atypiques sont des sujets dont traitent de plus en plus les conventions collectives. Selon ces auteurs, cet élargissement témoigne de la capacité des parties à négocier des ententes combinant les intérêts des entreprises quant à la flexibilité avec ceux des salariés quant à la sécurité d'emploi et de revenu et quant à l'égalité de traitement.

La figure 14.2 illustre cette évolution avec des statistiques relatives à certaines dispositions dans les conventions collectives québécoises. Ces chiffres permettent de comparer la présence de ces dispositions à deux moments distants d'environ une trentaine d'années. Les premières conventions retenues sont celles conclues entre 1988 et 1991. Ces données proviennent de la publication annuelle

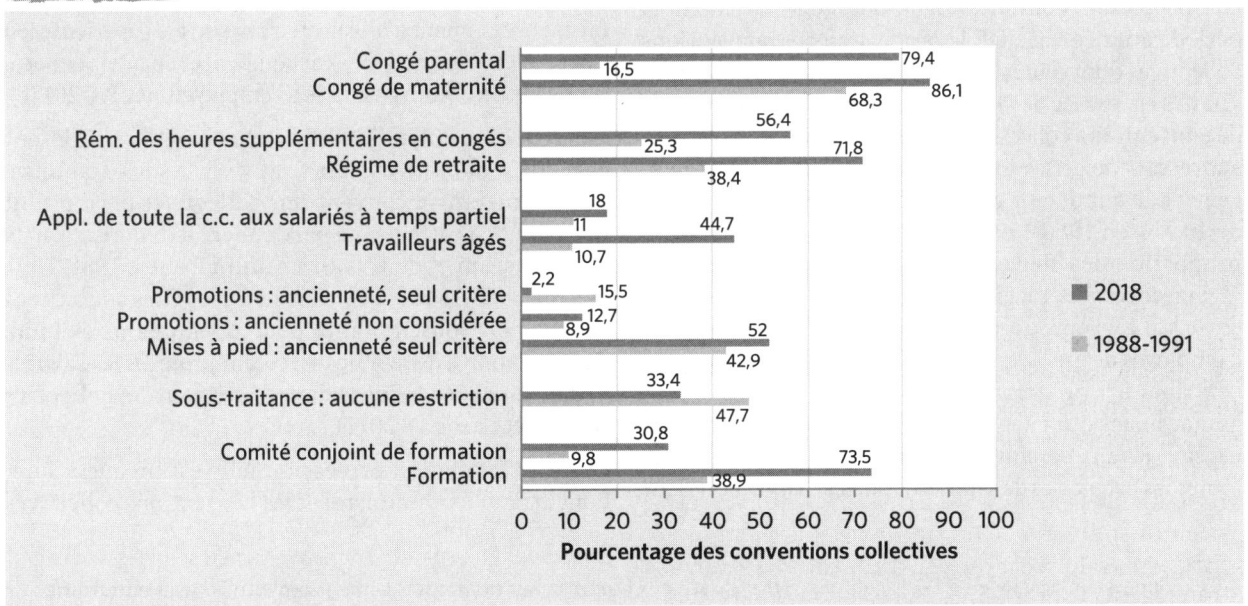

Figure 14.2 L'évolution des conventions collectives québécoises entre 1988-1991 et 2018

Disposition	2018	1988-1991
Congé parental	79,4	16,5
Congé de maternité	86,1	68,3
Rém. des heures supplémentaires en congés	56,4	25,3
Régime de retraite	71,8	38,4
Appl. de toute la c.c. aux salariés à temps partiel	18	11
Travailleurs âgés	44,7	10,7
Promotions : ancienneté, seul critère	2,2	15,5
Promotions : ancienneté non considérée	12,7	8,9
Mises à pied : ancienneté seul critère	52	42,9
Sous-traitance : aucune restriction	33,4	47,7
Comité conjoint de formation	30,8	9,8
Formation	73,5	38,9

Sources : Pour les conventions de 1988-1991 (n = 3696) : Centre de recherche et de statistiques sur le marché du travail (diverses années), *Conditions de travail contenues dans les conventions collectives au Québec*. Pour les conventions de 2018 (n = 7501) : Système d'information « Gestion des relations du travail », MTESS du Québec, conventions collectives déposées, analysées et en vigueur en date du 17 décembre 2018.

produite, à l'époque, par le ministère du Travail et intitulée *Conditions de travail contenues dans les conventions collectives au Québec*[8]. L'autre groupe de comparaison est constitué de l'ensemble des conventions collectives en vigueur à la fin de l'année 2018 et analysées par le MTESS (statistiques obtenues sur demande). Cette comparaison dans le temps, en dépit de ses limites[9], révèle tout de même quelques orientations intéressantes des conventions collectives depuis environ 30 ans.

Une des évolutions les plus significatives concerne les mesures permettant aux salariés de mieux concilier leurs responsabilités parentales et leur travail. Alors que le congé de maternité était traité dans une bonne portion des conventions collectives conclues entre 1988 et 1991 (68,3 %) et que cette proportion s'est accrue récemment (86,1 %), c'est surtout le congé parental qui a connu une augmentation notable au cours de la période : la proportion de conventions prévoyant ce type de disposition a presque quintuplé, passant de 16,5 % à 79,4 %. Les mesures législatives favorisant la conciliation travail-famille, adoptées au cours des dernières années, la croissance soutenue de la présence des femmes sur le marché du travail de même que le changement des mentalités à cet égard sont autant de facteurs susceptibles d'avoir contribué à cette évolution.

Outre ceux des parents, les droits d'autres catégories de salariés se sont améliorés grâce aux conventions collectives. Par exemple, souvent laissés pour compte par rapport aux salariés à temps plein, les salariés à temps partiel ont vu leur protection conventionnelle augmenter pendant la période étudiée. En effet, la proportion des conventions collectives dont toutes les dispositions s'appliquent à ces salariés est passée de 11 % à 18 %. De plus, quatre fois plus de conventions collectives comportent des dispositions s'adressant aux travailleurs âgés (par exemple, l'aménagement du temps de travail), leur proportion étant passée de 10,7 %, en 1988-1991, à 44,7 %, en 2018. En outre, la proportion des conventions collectives traitant d'un régime de retraite a augmenté d'environ 33 points de pourcentage. La volonté d'accroître l'équité entre les catégories d'employés de même que l'évolution démographique ont contribué à la progression des pratiques visant une plus grande inclusion et une meilleure protection des droits de ces salariés aux besoins particuliers. Afin d'accommoder toutes les catégories de salariés, d'autres dispositions leur ont donné une plus grande flexibilité, notamment en ce qui concerne le temps de travail. Par exemple, la proportion des conventions collectives prévoyant la rémunération des heures supplémentaires sous forme de congés a plus que doublé entre 1988-1991 (25,3 %) et 2018 (56,4 %). Cela s'explique peut-être par les revendications des salariés concernant la flexibilité et les changements apportés en ce sens à la législation du travail.

Plusieurs modifications s'expliquent par le fait que les employeurs recherchent une plus grande flexibilité et que les salariés veulent bénéficier d'une relative sécurité d'emploi. En ce qui concerne les promotions, il semble que les employeurs aient réussi à réduire l'importance de l'ancienneté (et, en conséquence, qu'ils aient augmenté celle d'autres critères, comme les compétences) et à assouplir ce type de mouvement de personnel, afin d'accroître la flexibilité fonctionnelle. Ce constat découle de la diminution de la proportion des conventions collectives où l'ancienneté est le seul critère dans l'octroi des promotions (15,5 % à 2,2 %) et de l'augmentation de la proportion des conventions où l'ancienneté n'est pas du tout considérée (8,9 % à 12,7 %). Par contre, l'importance de l'ancienneté comme seul critère de choix dans les mises à pied non seulement s'est maintenue, mais a même progressé (42,9 % à 52,0 %). Cette disposition montre bien la grande importance accordée à la sécurité d'emploi dans la convention collective en Amérique du Nord, comparativement à l'Europe où cette réglementation de la protection de l'emploi par l'ancienneté n'existe pratiquement pas, en raison notamment d'une protection sociale supérieure, en cas de licenciement, qui vient compenser en quelque sorte la grande flexibilité accordée à l'employeur (Giles, 2017b).

Les tensions entre flexibilité et sécurité se reflètent également dans les clauses relatives à la sous-traitance. La proportion de conventions collectives permettant de recourir à cette forme particulière d'organisation de la production et du travail a diminué entre 1988-1991 (47,7 %) et 2018 (33,4 %). Si les employeurs souhaitent recourir à la sous-traitance pour améliorer la flexibilité des opérations, les syndicats veulent protéger les salariés en encadrant ce recours dans la convention collective (Jalette et Laroche, 2017).

Enfin, la formation professionnelle est un autre sujet dont traitent communément les conventions collectives

---

8. Ces données sur la période 1988-1991 ont aussi été utilisées, aux fins de comparaisons similaires, par Jalette, Bourque et Laroche (2008) et par Jalette, Laroche et Trudeau (2017).

9. La comparaison idéale porterait sur un échantillon de conventions collectives gardé constant dans le temps, ce qui n'est pas le cas de la présente comparaison. Les changements apportés, au cours des ans, au processus d'analyse des conventions du MTESS ont contribué à la réduction du nombre de dispositions qu'il était possible de considérer dans cette comparaison.

au Québec. Selon la figure 14.2, plus de 7 conventions collectives sur 10 en 2018 comportent une disposition relative à la formation, au recyclage et au perfectionnement des salariés, soit une augmentation d'environ 90 % par rapport à la situation prévalant en 1988-1991. Les comités conjoints en matière de formation sont aussi plus fréquents, leur présence ayant plus que triplé au cours de la période, passant de 9,8 % à 30,8 % des conventions. Ces évolutions importantes s'expliquent par le développement des politiques publiques en cette matière, la volonté syndicale de garantir des droits aux salariés en formation et de participer à sa gestion, mais surtout par la sensibilité des deux parties aux enjeux multiples de la formation et à leurs intérêts communs en cette matière. Du point de vue des salariés, la formation constitue une façon d'éviter l'obsolescence de leurs compétences et une perte d'emploi, tandis que de celui de l'employeur, elle constitue une source importante de compétitivité et de flexibilité (Bernier, 2017).

Conclusion

Institution centrale du système de relations industrielles, la convention collective a besoin d'évoluer afin de répondre aux intérêts et aux préoccupations des employeurs et des salariés, de même qu'aux transformations du contexte dans lequel elle s'inscrit. À l'instar d'autres études (Hayter, Fashoyin et Kochan, 2011 ; Jalette et Laroche, 2010 ; Jalette, Laroche et Trudeau, 2017), le présent chapitre montre que la convention collective permet une adaptation souple aux grands changements économiques et sociaux comme aux contraintes et aux besoins des parties au niveau local. Employeurs et syndicats ont su exploiter cette grande capacité d'adaptation, découlant de la structure décentralisée de la négociation collective au Québec, pour relever les défis contemporains, tels que la formation professionnelle et la conciliation travail-famille. Quant aux intérêts particuliers des parties et qui leur sont propres, comme la performance de l'organisation ou l'implication des salariés dans la façon dont le travail est organisé, on a constaté au cours des dernières années qu'ils sont le mieux pris en compte en élargissant l'éventail des matières discutées lors des négociations et couvertes par la convention collective.

Le contenu de la convention collective continuera d'être influencé, entre autres, par l'évolution du cadre législatif et des politiques en matière de travail et d'emploi, les valeurs sociétales et le contexte économique. Il est probable, par exemple, que les pressions économiques, qu'elles proviennent d'une concurrence étrangère accrue ou de la dette et des déficits publics, persisteront et s'exerceront selon la conjoncture générale et la situation particulière de l'organisation. Alors que les difficultés économiques amènent leur lot de concessions salariales, de disparités de traitement ou de suppression d'avantages sociaux, les périodes de prospérité sont plutôt marquées par une bonification du contenu de la convention, qui se traduit par des gains pour les salariés surtout sur le plan de la rémunération. Cette capacité d'adaptation démontrée de la convention collective saura permettre aux milieux de travail syndiqués de mieux composer avec les changements découlant de l'évolution des réalités et des préoccupations socioéconomiques et organisationnelles.

QUESTIONS DE RÉVISION

1. Comment les différents types de conventions collectives se distinguent-ils ? Quel type est le plus répandu au Québec ? Pourquoi ?

2. Quelles sont les différences fondamentales entre les approches pluraliste, unitariste et radicale quant à leur conception du rôle de la convention collective ? Expliquez ces différences en vous référant aux quatre grandes catégories de clauses d'une convention collective.

3. Quels sont les intérêts des parties qui sont en jeu dans la convention collective ? Montrez comment ces intérêts peuvent varier selon la matière ou la clause considérée.

4. Qu'est-ce qui distingue les clauses normatives des clauses contractuelles d'une convention collective ? Expliquez leurs différences et donnez des exemples pour chaque catégorie.

5. En quoi la convention collective vient-elle influencer l'exercice des droits de direction ? Donnez des exemples.

6. Quelles sont les ressources permettant au syndicat local d'exercer son rôle de façon efficace et permanente et qui sont souvent traitées dans une convention collective ?

7. Quels sont les moyens prévus par les parties afin de résoudre les conflits survenant en cours de convention collective ?

8. Quels sont les grands enjeux liés aux heures de travail, aux salaires et aux avantages sociaux dans les conventions collectives ?

9. De quelles manières les clauses relatives à la gestion de l'emploi et du travail représentent-elles un compromis entre les intérêts de l'employeur et ceux des salariés ? Donnez des exemples pour illustrer votre réponse.

10. Quels sont les droits des travailleurs prévus dans une convention collective en matière de droits humains, de discipline industrielle, de santé et de sécurité au travail ?

11. Quels sont les principaux facteurs qui influencent l'évolution du contenu de la convention collective ?

12. La convention collective constitue-t-elle une contrainte ou une aide à l'adaptation de l'entreprise et des salariés au changement ? Justifiez votre réponse.

POUR ALLER PLUS LOIN

Barbash, J. (1984). *The Elements of Industrial Relations.* Madison, Wisconsin, The University of Wisconsin Press, 153 p.

Budd, J. W. (2006). *Employment with a Human Face : Balancing Efficiency, Equity, and Voice.* Ithaca, New York, Cornell University Press, 263 p.

Hébert, G. (1992). *Traité de la négociation collective.* Boucherville, Gaëtan Morin, 1242 p.

Jalette, P. et M. Laroche (2010). « L'incessante adaptation des conventions collectives au Québec », *Effectif,* vol. 13, n° 5, p. 14-20.

Jalette, P., M. Laroche et G. Trudeau (dir.) (2017). *La convention collective au Québec,* 3ᵉ éd., Montréal, Chenelière Éducation, 520 p.

RÉFÉRENCES

Atkinson, J. (1987). « Flexibilité ou fragmentation ? Le marché du travail au Royaume-Uni dans les années 80 », *Travail et société,* vol. 12, n° 1, p. 163-205.

Barbash, J. (1984). *The Elements of Industrial Relations.* Madison, Wisconsin, The University of Wisconsin Press.

Beauregard, N. (2017). « Santé et sécurité du travail », dans Jalette, P., M. Laroche et G. Trudeau (dir.), *La convention collective au Québec,* 3ᵉ éd., Montréal, Chenelière Éducation, p. 434-460.

Bélanger, J., G. Murray et P.-A. Lapointe (dir.) (2004). *L'organisation de la production et du travail : vers un nouveau modèle ?* Québec, Presses de l'Université Laval.

Bernier, A. (2017). « Formation continue de la main-d'œuvre », dans Jalette, P., M. Laroche et G. Trudeau (dir.), *La convention collective au Québec,* 3ᵉ éd., Montréal, Chenelière Éducation, p. 253-272.

Bilodeau, P.-L. (2017a). « Administration de la convention collective », dans Jalette, P., M. Laroche et G. Trudeau (dir.), *La convention collective au Québec*, 3ᵉ éd., Montréal, Chenelière Éducation, p. 58-72.

Bilodeau, P.-L. (2017b). « Vie et sécurité syndicales », dans Jalette, P., M. Laroche et G. Trudeau (dir.), *La convention collective au Québec*, 3ᵉ éd., Montréal, Chenelière Éducation, p. 111-130.

Budd, J. W. (2006). *Employment with a Human Face : Balancing Efficiency, Equity, and Voice*. Ithaca, New York, Cornell University Press.

Budd, J. W., R. Gomez et N. M. Meltz (2004). « Why a Balance Is Best : The Pluralist Industrial Relations Paradigm of Balancing Competing Interests », dans Kaufman, B. E. (dir.), *Theoretical Perspectives on Work and the Employment Relationship*. Champaign, Illinois, University of Illinois Press, IRRA Series, p. 195-228.

Burawoy, M. (1979). *Manufacturing Consent*. Chicago, University of Chicago Press.

Dion, G. (1986). *Dictionnaire canadien des relations du travail*, 2ᵉ éd., Québec, Presses de l'Université Laval.

Drache, D. et H. J. Glasbeek (1992). *The Changing Workplace : Reshaping Canada's Industrial Relations System*. Toronto, J. Lorimer & Co.

Dunlop, J. T. (1993). *Industrial Relations Systems*, édition révisée, Boston, Harvard Business School Press.

Freeman, R. B. et J. L. Medoff (1984). *What Do Unions Do ?* New York, Basic Books.

Giles, A. (2017a). « Ancienneté », dans Jalette, P., M. Laroche et G. Trudeau (dir.), *La convention collective au Québec*, 3ᵉ éd., Montréal, Chenelière Éducation, p. 179-196.

Giles, A. (2017b). « Gestion et protection de l'emploi », dans Jalette, P., M. Laroche et G. Trudeau (dir.), *La convention collective au Québec*, 3ᵉ éd., Montréal, Chenelière Éducation, p. 197-218.

Giles, A. et A. Starkman (2008). « The Collective Agreement », dans Gunderson, M. et D. G. Taras (dir.), *Canadian Labour and Employment Relations*, 6ᵉ éd., Toronto, Pearson/Addison Wesley, p. 283-360.

Grenier, J.-N. (2017). « Heures de travail », dans Jalette, P., M. Laroche et G. Trudeau (dir.), *La convention collective au Québec*, 3ᵉ éd., Montréal, Chenelière Éducation, p. 273-293.

Hayter, S., T. Fashoyin et T. A. Kochan (2011). « Collective Bargaining for the 21ˢᵗ Century », *Journal of Industrial Relations*, vol. 53, n° 2, p. 225-247.

Hébert, G. (1992). *Traité de la négociation collective*. Boucherville, Gaëtan Morin.

Hébert, G. (1979). *Négociation et convention collective : introduction*. École de relations industrielles, Université de Montréal, Tiré-à-part 31.

Institut de la statistique du Québec (ISQ) (2018). *Rémunération des salariés. État et évolution comparés*. Québec, Gouvernement du Québec.

Jalette, P. (2017). « Aspects généraux de la convention collective », dans Jalette, P., M. Laroche et G. Trudeau (dir.), *La convention collective au Québec*, 3ᵉ éd., Montréal, Chenelière Éducation, p. 2-20.

Jalette, P., R. Bourque et M. Laroche (2008), « Les relations du travail au Québec : évolution et perspectives », *Effectif*, vol. 11, n° 2, p. 10-17.

Jalette P., G. Hallé et F. Lauzon Duguay (2017). « Analyse des coûts de la convention collective et de la masse salariale », dans Bergeron, J.-G. et R. Paquet (dir.), *La négociation collective*, 3ᵉ éd., Montréal, Chenelière Éducation, p. 73-115.

Jalette, P. et M. Laroche (2017). « Organisation de la production et du travail », dans Jalette, P., M. Laroche et G. Trudeau (dir.), *La convention collective au Québec*, 3ᵉ éd., Montréal, Chenelière Éducation, p. 219-252.

Jalette, P. et M. Laroche (2010). « L'incessante adaptation des conventions collectives au Québec », *Effectif*, vol. 13, n° 5, p. 14-20.

Jalette, P., M. Laroche et G. Trudeau (2017). « Évolution de la convention collective au Québec : bilan et tendances », dans Jalette, P., M. Laroche et G. Trudeau (dir.), *La convention collective au Québec*, 3ᵉ éd., Montréal, Chenelière Éducation, p. 461-494.

Jalette, P., F. Lauzon Duguay et G. Hallé (2017). « Avantages sociaux », dans Jalette, P., M. Laroche et G. Trudeau (dir.), *La convention collective au Québec*. 3ᵉ éd., Montréal, Chenelière Éducation, p. 371-409.

Kochan, T. A. et H. C. Katz (1988). *Collective Bargaining and Industrial Relations*, 2ᵉ éd., Homewood, Illinois, Richard D. Irwin.

Labrosse, A. (2018). *La présence syndicale au Québec en 2016*. Québec, ministère du Travail.

Laroche, M. et É. Genin (2017), « Conciliation travail-vie personnelle », dans Jalette, P., M. Laroche et G. Trudeau (dir.), *La convention collective au Québec*, 3ᵉ éd., Montréal, Chenelière Éducation, p. 410-433.

Laroche, M. et M. Grant (2017). « Structure de négociation », dans Bergeron, J.-G. et R. Paquet (dir.), *La négociation collective*, 3ᵉ éd., Montréal, Chenelière Éducation, p. 19-36.

Lauzon Duguay, F., P. Jalette et G. Hallé (2017a). « Évaluation des emplois », dans Jalette, P., M. Laroche et G. Trudeau (dir.), *La convention collective au Québec*, 3ᵉ éd., Montréal, Chenelière Éducation, p. 294-323.

Lauzon Duguay, F., P. Jalette et G. Hallé (2017b). « Salaires », dans Jalette, P., M. Laroche et G. Trudeau (dir.), *La convention collective au Québec*, 3ᵉ éd., Montréal, Chenelière Éducation, p. 324-370.

Marotte, J. (2006). « Le principe d'ancienneté dans les conventions collectives au Québec », *Regards sur le travail*, vol. 3, n° 2, p. 2-12.

Peirce, J. (2000). *Canadian Industrial Relations*. Scarborough, Prentice-Hall Canada.

Tangian, A. (2007). « European Flexicurity: Concepts, Methodology and Policies », *Transfer: European Review of Labour and Research*, vol. 13, n° 4, p. 551-573.

Trudeau, G. (2017a). « Règlement et arbitrage des griefs », dans Jalette, P., M. Laroche et G. Trudeau (dir.), *La convention collective au Québec*, 3ᵉ éd., Montréal, Chenelière Éducation, p. 131-160.

Trudeau, G. (2017b). « Mesures disciplinaires », dans Jalette, P., M. Laroche et G. Trudeau (dir.), *La convention collective au Québec*, 3ᵉ éd., Montréal, Chenelière Éducation, p. 161-178.

Vallée, G. et J. Bourgault (2017a). « Cadre juridique de la convention collective », dans Jalette, P., M. Laroche et G. Trudeau (dir.), *La convention collective au Québec*, 3ᵉ éd., Montréal, Chenelière Éducation, p. 21-57.

Vallée, G. et J. Bourgault (2017b). « Droits de direction », dans Jalette, P., M. Laroche et G. Trudeau (dir.), *La convention collective au Québec*, 3ᵉ éd., Montréal, Chenelière Éducation, p. 91-110.

Vézina, M. (2010). « Santé mentale et conditions de travail au Québec », dans Laflamme, R. (dir.), *Main-d'œuvre et conditions de travail. Vers de nouveaux arrimages*. Québec, Presses de l'Université Laval, p. 61-74.

Index

A

A Behavioral Theory of Labor Negotiations, 351
Absence(s), *voir aussi* Congé(s)
    du travail, 184
    pour cause d'accident, 184
    pour cause d'acte criminel, 184
    pour cause de dénonciation d'un acte de corruption, 178
    pour cause de harcèlement psychologique, 178
    pour cause de maladie, 184
    pour cause de retraite, 178
    pour raisons familiales et parentales, 178, 182-183, 390
Accès à l'égalité
    au Québec, 212-213
    groupes ciblés par l'_, 212
    programmes d'_, 210-211, 213-218
Accident(s) du travail, 244-245, 322
Accommodements
    en milieu de travail, 388
    raisonnables, 218-220
Accord Canada-Québec, 161
Accord de libre-échange canado-américain, 133
Accord de libre-échange nord-américain, 133
Accords-cadres internationaux (ACI), 107
Acte d'arbitrage des chemins de fer, 126
Acte de conciliation, 126
Acte des manufactures de Québec, 227, *voir aussi Factory Acts*
Acteurs
    de l'entreprise privée, 68-71
    directs, 68-70
    indirects, 70-71
Activité économique
    secteur primaire d'_, 63
    secteur secondaire d'_, 63
    secteur tertiaire d'_ 63
Adam, Henry Carter, 12
Affichage
    d'équité salariale, 205, 208
    de postes, 307
Affirmative Action Programs, 211-212, *voir aussi* Programmes d'action positive
Agence du revenu du Canada, 64
Agents de la paix, 271
Air Canada, 133
Ajustements salariaux, 207
Alliance de la fonction publique du Canada, 95
Alliances syndicales internationales (ASI), 107
Allocation familiale, 129, 134
Aménagement ou réduction du temps de travail (ARTT), 380
Analyse régulationniste, 47, *voir* École de la régulation
Ancienneté, 383-385
Antipositivisme, 34, 42
Approche systémique de Dunlop, 34
Arbitrage
    de différends, 274, 355-356
    de griefs, 283-285
Argyris (apprentissage organisationnel), 296
Assignation temporaire d'un emploi, 247-248
Association(s)
    d'employeurs, 77-79, 266
    de salariés, 266-268
Association chrétienne du travail du Canada, 95
Association des enseignantes et des enseignants catholiques anglo-ontariens, 96
Association des entrepreneurs en construction du Québec (AECQ), 78
Association des infirmières et des infirmiers de l'Ontario, 95
Association internationale des machinistes et des travailleurs et travailleuses de l'aérospatiale, 95
Association unie des compagnons et apprentis de l'industrie de la plomberie et de la tuyauterie des États-Unis et du Canada, 95
Associations sectorielles paritaires de SST, 233
Assurance-chômage, 135, 137
Assurance-emploi, 118, 135, 137
Assurance hospitalisation et soins médicaux, 129
Assurance maladie universelle, 129
Au bas de l'échelle (ABE), 119
Autochtones, 125, 130, 134
Avantages sociaux, 207, 353

B

Baby-boomers, 158
Becker, 296, *voir* Théorie du capital humain
Bipartisme patronal et syndical, 38
Bourgeoisie, 45
Boycottage, 279
Boyer, R., 37, *voir* Théorie néomarxiste
Braverman, H., 36, *voir* Marxisme
Briseurs de grève
    interdiction du recours aux_, 38
British Columbia Nurses' Union, 96
Bureau d'évaluation médicale (BEM), 250
Bureau international du travail (BIT), 214

C

Caisses populaires Desjardins, 350
Canada
    État-providence au_, 129
    relation avec le Québec, 161
    relations de travail au_, 35
    syndicats au_, 90-99
    taux de chômage au_, 14
    travailleurs pauvres au_, 19

Canadien national, 133
Capacité de travail, 4, 46
Capitalisme, 4-5, 35-36, 45-46
Catégorie(s) d'emploi
　évaluation des_, 207
Centrale des syndicats démocratiques (CSD), 93, 98
Centrale des syndicats du Québec (CSQ), 93, 99
Centrales syndicales au Québec, 94-99
Centre intégré de santé et de services sociaux (CISSS), 232
Centre intégré universitaire de santé et de services sociaux (CIUSSS), 232
Cessation
　d'emploi, 185-186
　de la grève, 279
Chaîne de montage, 8, *voir* Fordisme
Chalmers, A., 30
Charge de travail, 386
Charte canadienne des droits et libertés, 52, 101, 148, 262
Charte de la langue française, 192, 263
Charte des droits et libertés de la personne, 101, 148, 201, 229, 263
Chômage, 10
Chômeurs, 14
Citoyenneté industrielle, 130
Classification des activités économiques, 251-253
Clauses de convention collective, 374
Clegg, H., 36, *voir* Théorie pluraliste des relations industrielles
Clients, 69
Coalition Québec-Kyoto, 86
Code canadien du travail, 131, 263
Code civil du Bas-Canada, 5, 175
Code civil du Québec, 177, 229

Code civil français, 5
Code criminel, 230
Code du travail, 101, 131, 261-285
Code international d'éthique pour les professionnels de la santé au travail, 334
Coefficient de Gini, 118
Cohérence institutionnelle, 297
Comité Bernier, 243
Comité consultatif sur les normes du travail, 187
Comité de santé et de sécurité du travail, 238
Comité sectoriel de main-d'œuvre de l'économie sociale et de l'action communautaire (CSMO-ÉSAC), 67
Commission de la construction du Québec (CCQ), 121
Commission de la santé mentale du Canada, 103
Commission des droits de la personne et des droits de la jeunesse (CDPDJ), 202, 213
　rôle de la_, 218
Commission des normes, de l'équité, de la santé et de la sécurité du travail (CNESST), 64, 187, 204, 231-232
　rôle de la_, 209-210
Commission des relations industrielles, 12
Commission Donovan, 40
Commission du salaire minimum, 176
Commission internationale de la santé au travail (CIST), 334
Commission nationale d'examen sur l'assurance-emploi, 161
Commission royale d'enquête sur les relations entre le capital et le travail, 10

Commission royale d'enquête sur les relations industrielles, 12
Commission Woods, 35
Commons, John R., 13, 35, 294, 346
Comportements au travail, contrôle des_, 386-388
Compromis effort-rémunération, 379-382
Conciliation
　en négociation collective, 355
　travail-famille, 51, 134, 182, 390
Concurrents, 70
Condition ouvrière, 10-12
　au Québec, 11
Condition personnelle du travailleur, 245
Confédération des syndicats nationaux (CSN), 93, 98
Confédération des travailleurs catholiques du Canada (CTCC), 88
Conflit de travail, 136
Congé(s), *voir aussi* Absence(s)
　annuel, 182
　pour cause de dénonciation d'un acte de corruption, 178
　pour cause de harcèlement psychologique, 178
　pour cause de retraite, 178
　pour raisons familiales et parentales, 178, 182-183
Congrès du travail du Canada, 93
Conseil d'administration (CA), 62
Conseil du patronat du Québec (CPQ), 78
Conseil du statut de la femme, 120
Conseil permanent de la jeunesse, 120

Conseil provincial du Québec des métiers de la construction (International) (CPQMCI), 121
Conseils mondiaux d'entreprises (CME), 107
Constitution du Canada, 263
Contexte(s)
　dans la théorie du système de relations industrielles (SRI), 39
　déterminisme des_, 39
　global de déréglementation et de judiciarisation des relations du travail, 101
Contrat de travail
　à durée déterminée, 16
　à durée indéterminée, 16
Contremaître, 11
Convention(s) collective(s), 268, 280-285, 305-306, 368-391, *voir aussi* Négociation collective
　approche pluraliste de la_, 370
　approche radicale de la_, 370
　approche unitariste de la_, 370
　au Québec, 372-374, 389
　conditions d'existence de la_, 280-281
　contenu de la_, 374-388
　effets juridiques de la_, 282
　rôle de la_ en RI, 370-372
　types de_, 369-370
Cour suprême du Canada, 202, 208
CSD Construction, 121
CSN-Construction, 121

D

Danger, 239
De Beauvoir, Simone, 49
Décision arbitrale, 285
Déclaration de Philadelphie, 13

Déclaration universelle des droits de l'homme, 148, 201
Délit de coalition, 13
Démarche Action concertée de coopération régionale de développement (ACCORD), 166
Démocratie industrielle, 13, 294-295, voir Syndicats
Dépendance
   économique, 4
   professionnelle, 4
Déréglementation des relations du travail, 101
Détresse psychologique, voir Précarité de l'emploi des travailleurs québécois, 20, 103
Développement des compétences, 310-311
Dialogue social, 168
Diligence raisonnable, 230
Direction, 69
Discipline, 314
Discipline du comportement organisationnel, 296, voir Gestion des ressources humaines
Discrimination
   affaire Gaz Métro, 214
   approche proactive pour lutter contre la_, 202
   approche réactive pour lutter contre la_, 202
   conditions de la_, 201
   directe, 202
   formes de_, 202
   indirecte, 202
   systémique, 202
Dispositions antibriseurs de grève, 278-279
Division technique
   du travail, 6-9
   conséquences de la_, 8-9
   étapes de la_, 6
Division sexuelle du travail, 50
Drive system, 10-11 voir Condition ouvrière

Droit de refus d'un employé d'exécuter un travail, 239-240
Droit du travail, 13, 261-285
   cadre juridique du_ 262-264
   hétéronomie du_, 262-263
   liberté syndicale, 265-268
Droits
   des personnes, 148
   des travailleurs en matière de SST, 239-241
   humains, 388
Dunlop, J. T., 34-36, 58, voir Approche systémique de Dunlop, voir Système de relations industrielles de Dunlop, voir Théorie du système de relations industrielles

E

Écarts salariaux, 207
Échelles salariales, 313
École de la régulation, 46-47, voir aussi Théorie néomarxiste
École des relations humaines, 12, 75, 295-296
École du Wisconsin, 13
Économie
   capitaliste, 3-6
   de marché, 4-5
   de plateformes, 21
   institutionnaliste, 12
   mondes de l'_, 62
   néoclassique, 296
   sociale, 66-67
   solidaire, 67
Efficacité, 74
Efficience, 74
Embauche, 383
Émotions, 37, 51
Emploi, 2-24
   atypique, 18-20
   cessation d'_, 185-186
   définitions de l'_, 3, 14-17
   formation à l'_, 154-156
   formes d'_, 16-17
   indicateurs d'_, 14-16

   insécurité d'_, 10
   intégration en_, 156-157
   permanent, 16
   protection de l'_, 148-150, 383-385
   qualité de l'_, 17
   risques de l'_, 322-324
   temporaire, 16
   typique, 17-19
Emploi-Québec, 157, 164
Employé(s), 69
   difficile, 314
   sanctionné, 314
Employeur
   intérêts de l'_, 371-372
   notion d'_, 204
Enfant(s)
   travail des_, 122-123, 175, 186-187
Enquête québécoise sur des conditions de travail, d'emploi et de santé et de sécurité au travail (EQCOTESST), 20, 242, 323
Enquête sur la population active, 14
Enquête sur les ménages, 212
Enrichissement des tâches de l'employé, 309
Entreprise(s), 65
   conception masculiniste de l'_, 50
   crise générale de l'_ 48
   culture d'_, 51
   division du travail dans les_, 50
   en réseau, 71-73
   en tant qu'autorité unifiée, 40, voir Théorie unitariste
   en tant qu'institution, 47
   environnement compétitif des_ 42
   et les rapports de travail, 40
   individuelle, 67
   notion d'_, 52, 204
   nouvelles attentes des_ 22
   privée, 67-68
   relations de pouvoir dans l'_ 34

   responsabilité sociale des_, 42, 76
   restructurations des_18
Épistémologie,
   conventionnaliste, 32
   néopositiviste, 31
   positiviste, 30-31
Épuisement professionnel, 22
Équilibre dans la théorie des systèmes, 38
Équité salariale, 203
   délais de mise en œuvre, 208
   formation à l'_, 206
   maintien de l'_, 208-209
   participation des salariés à l'_, 205-206
   programmes d'_, 204-205
   réalisation de l'_, 204-208
Ergonomie, 324-325
Espaces de cotravail (*coworking*), 73
État
   keynésien-providence, 127-132
   moderne, 117-121
   néocorporatiste, 161
   néolibéral, 133-139
   résiduel, 122-127
   social, 150, 153
Établissement, 65
État-providence, 47
   au Canada, 129
États-Unis
   déclin du syndicalisme aux_, 49
   état providence aux_, 13
   recherche en relations industrielles aux_, 44
   relations industrielles aux_, 12
   taux de syndicalisation aux_35
Étude des rapports de genre, 50
Évaluation du rendement, 309-310
Évitement syndical, 102

F

Fabrique, *voir* Industrialisation
Factory Acts, 227, *voir aussi* Acte des manufactures de Québec
Fair Labor Standards Act, 176, 193
Fédération autonome de l'enseignement, 96
Fédération canadienne de l'entreprise indépendante (FCEI), 79
Fédération de la santé et des services sociaux, 95
Fédération des chambres de commerce du Québec (FCCQ), 79
Fédération des commissions scolaires du Québec (FCSQ), 78
Fédération des employées et employés de services publics inc., 95
Fédération des enseignantes et des enseignants de l'élémentaire de l'Ontario, 95
Fédération des enseignantes et enseignants de la Colombie-Britannique, 96
Fédération des enseignantes et des enseignants des écoles secondaires de l'Ontario, 95
Fédération des syndicats de l'enseignement, 95
Fédération des travailleurs et travailleuses du Québec (FTQ), 93, 96-97
Fédération interprofessionnelle de la santé du Québec, 95
Fédération nationale des enseignantes et des enseignants du Québec, 96
Femmes
    discrimination des_, 49
    division sexuelle du_, 50
    exploitation du travail des_, 50
    harcèlement psychologique et sexuel, 185
    inégalité salariale, 203
    précarité des_, 49
    programme *Pour une maternité sans danger* (PMSD), 232, 240
    racisées, 50
    santé au travail des_, 51
    situation dans les entreprises, 50
    sous-représentation dans les syndicats, 49, 105
Fixation de la rémunération, 345
Flanders, A., 36, *voir* Théorie pluraliste des relations industrielles
Flânerie des ouvriers, 7
Flexibilité organisationnelle, 371
    fonctionnelle, 371
    numérique, 371
Fonction publique, *voir* Secteur public
Fonctionnalisme, 296
Fonds de solidarité FTQ, 68, 70
Force de travail, 4-5
Ford, Henry, 8, *voir* Fordisme
Fordisme, 8-9, 47, *voir aussi* Division technique du travail
Formation
    des compétences, 310-311
    des équipes de travail, 308-309
Formule Rand, 377
Forrest, A., 37, *voir* Théories féministes
Fournisseurs, 69
Fox, A., 36, *voir* Théorie pluraliste des relations industrielles
Fragmentation sociale, 49
Fraternité internationale des ouvriers en électricité, 95
Fraternité unie des charpentiers et menuisiers d'Amérique, 96
Front commun, 89
Front de défense des non-syndiquéEs, 120
FTQ Construction, 95, 121

G

Gaz Métro (affaire), 214
Gentlemen's agreement, 346
Gestion des ressources humaines (GRH), 12
    fondements de la_, 294-297
    objectifs de la_, 302-303
    pratiques de_, 306-314
    théorie de la_, 292-315
Gestion
    du personnel (*human factor, cooperation* et *square deal*), 295, 302
    du travail (*labor management*), 294
    scientifique du travail, 12
Gestion internationale des ressources humaines (GIRH), 296
Gestion stratégique des ressources humaines (GSRH), 296, 304, 306
Globalisation, 49
Gouvernements étrangers, 70
Grande-Bretagne
    conflits de travail en_, 40
Grande Dépression, 88
Grappes industrielles (*clusters*), 72
Grève(s), 275-280
    acquisition du droit de_, 275-277
    au Québec, 363-364
    cessation de la_, 279
    comme tactique de négociation, 361-364
    d'Asbestos, 128
    effets juridiques de la_, 277-279
    exercice légal de la_, 365
    maintien des services essentiels lors d'une_, 276
    taux records en Occident, 42
Grief(s)
    arbitrage des_, 284-285
    arbitre de_, 283-285
    collectif, 283
    de groupe, 283
    du personnel, 283
    individuel, 283
    patronal, 283
    présentation d'un_, 284
    syndical, 283
Groupe de référence grossesse-travail, 240

H

Harcèlement
    au travail, 52, 388
    dispositions législatives relatives au_, 52
    psychologique, 134, 184-185, 388
    sexuel, 134, 388
Hégémonie économique, 211
Herzberg, Frederick (Théorie des deux facteurs), 296, 301
Hiérarchisation des besoins humains, 300
Horaire
    atypique, 22
    de travail, 22
    normal, 22
    traditionnel, 22
Hydro-Québec, 61, 65, 128
Hyman, R., 34, 37, *voir* Théorie néomarxiste

I

Identification des risques, 325-328
Idéologie
    néolibérale, 42
Immigration économique, 161, 169
Indemnisation,
    de remplacement du revenu, 240, 246-247

du chômage, 129
    en matière de SST, 228-229
    sans égard à la faute, 229
Indice de gravité des lésions professionnelles, 327
Industrialisation, 5-6
    au Québec, 6
    processus d'_, 6
Inégalité, 46
    salariale, 203
    sociale, 210
Innovation ouverte, 73
Innovation, Sciences et Développement économique Canada, 64
Institut de la statistique du Québec (ISQ), 66
Institut de recherche Robert-Sauvé en santé et en sécurité du travail (IRSST), 233
Institut national de santé publique du Québec (INSPQ), 240
Institut professionnel de la fonction publique du Canada, 95
Institution(s)
    comme dimension d'analyse fondamentale, 47
    financières, 70
    fondamentale, 47
    internationales, 71
Intégration en emploi, 156-157
Intensification du travail, 18
    classique, 21
    événementielle, 21
    par cumul de contraintes, 21
Interdépendance patronale-syndicale, 356-359
Intérêts
    de l'employeur, 371-372
    du salarié, 371-372
Intersectionnalité (Théorie de l'_), 50

J

Job control, voir aussi Néomarxisme
Jours fériés, 181-182
Judiciarisation des relations du travail, 101
Justice
    distributive, voir aussi Théorie de l'équité, 299
    informationnelle, 299
    interactionnelle, 299
    interpersonnelle, 299
    organisationnelle, 299-300
    procédurale, 299
    sociale, 175

K

Katz, H. C., *voir* Théorie stratégique
Kaufman, Bruce E., 33, 295
Kergoat, D., *voir* Théories féministes
Keynes, John Maynard, 29, 127, 160, 176
King, William L. Mackenzie, 126
Kochan, T. A., *voir* Théorie stratégique
Krach boursier de 1929, 176

L

Labor management, 294
Langue de travail, 192
Leadership
    partagé, 41
    syndical, 105
Lésion(s) professionnelle(s), 244-246
    taux de fréquence et indice de gravité des_, 327
Liberté syndicale, 265-267
Licenciement, 384-385
Lock out, 38, 42, 280
    au Québec, 363-364
    comme tactique de négociation, 361-364
Locke, John, 4
Loi assurant le droit de l'enfant à l'éducation et instituant un nouveau régime de convention collective dans le secteur scolaire, 132
Loi concernant la lutte contre la corruption, 189
Loi concernant la responsabilité des accidents dont les ouvriers sont victimes dans leur travail et la réparation des dommages qui en résultent, 124
Loi concernant le régime de négociation des conventions collectives et de règlement dans le secteur municipal, 274
Loi de la conciliation et du travail, 126
Loi de Wagner, 150
Loi des différends ouvriers de Québec, 126
Loi des enquêtes en matière de différends industriels (dite *loi Lemieux*), 126
Loi des pensions de vieillesse, 125
Loi des relations ouvrières, 89
Loi des salaires raisonnables, 124
Loi du salaire minimum, 176
Loi éliminant le placement syndical et visant l'amélioration du fonctionnement de l'industrie de la construction, 121
Loi facilitant le paiement des pensions alimentaires, 189
Loi favorisant le développement et la reconnaissance des compétences de la main-d'œuvre, 155, 161
Loi modifiant la Loi sur l'équité salariale afin principalement d'améliorer l'évaluation du maintien de l'équité salariale, 208
Loi modifiant la Loi sur les transports, 138
Loi modifiant le Code du travail à l'égard de certains salariés d'exploitations agricoles, 104
Loi relative aux établissements industriels, 123
Loi sur l'accès à l'égalité en emploi dans des organismes publics, 134, 213
Loi sur l'administration financière, 264
Loi sur l'assurance-chômage, 129
Loi sur l'assurance parentale, 158
Loi sur l'économie sociale, 67
Loi sur l'égalité en emploi, 52
Loi sur l'équité salariale, 52, 134, 203, 386
    bilan de la_, 209-210
    cadre général de la_, 203
    objet et application de la_, 203
Loi sur la fête nationale, 263
Loi sur la fonction publique, 264
Loi sur la santé et la sécurité du travail (LSST), 134, 183, 228, 233-242, 325
    champ d'application de la_, 233-234
    mécanismes de la_, 236
    principes de la_, 234-235
Loi sur la sécurité civile, 331
Loi sur la sécurité incendie, 331
Loi sur le ministère de l'Emploi et de la Solidarité sociale et sur la Commission des partenaires du marché du travail, 157
Loi sur le régime de négociation des conventions collectives dans les secteurs public et parapublic, 264
Loi sur le régime des rentes du Québec (RRQ), 158
Loi sur le régime syndical applicable à la Sûreté du Québec, 263

Loi sur les accidents du travail et les maladies professionnelles, 158, 242-251, 322
Loi sur les décrets de conventions collectives, 78, 349, 370
Loi sur les différends entre les services publics et leurs salariés, 131
Loi sur les normes du travail, 19, 101, 177, 229, 263
   administration de la_, 187-188
   recours à l'encontre d'un congédiement, 189-190
   recours à l'encontre d'une pratique interdite, 189
   recours civils ou généraux, 188
   recours particuliers, 188-189
   réforme de la_, 119
Loi sur les régimes complémentaires de retraite (RCR), 158
Loi sur les relations du travail, la formation professionnelle et la gestion de la main-d'œuvre dans l'industrie de la construction, 121, 263
Loi sur les syndicats ouvriers, 87
Loi sur les syndicats professionnels, 126
Loi universelle, 30
Lois
   liées aux conditions de travail minimales, 174-177
   protectrices de la personne au travail, 123, 128, 133

M

Macdonald, John A., 10, 125
Maladie professionnelle, 245, 322
Manufacture, 5-6
Manufacturiers et Exportateurs du Québec (MEC), 79
Maslow, Abraham H. (Pyramide des besoins), 296, 300
Mayo, Elton, 75, 295, *voir* École des relations humaines
McGregor, Douglas (Théories X et Y), 296, 301
McKersie, R. B., 37, *voir* Théorie stratégique
Main-d'œuvre
   catégories de_, 14
   rareté de la_, 168-169
Maintien du lien d'emploi, 278
Manufacture, *voir* Industrialisation
Marche des femmes contre la pauvreté, 120
Marche mondiale des femmes de l'an 2000, 120
Marché autorégulateur, 10
Marx, Karl, 4, 5, 12, 36, 45, *voir* Marxisme
Marxisme, 36, 45
Médiateur, 273
Médiateur-conciliateur, 355
Médiation
   -arbitrage d'un désaccord, 273
   d'un différend, 274-275
Mésentente(s)
   arbitrage d'une_, 265, 283-284
   médiation d'une_, 284
   régulation et sanction des, 281
   résolution des_, 281-282
Mesures disciplinaires, 386-387
Miliband, R., 36, *voir* Marxisme
Mine Westray (explosion à la), 230
Ministère canadien du Travail, 35
Ministère de l'Économie et de l'Innovation du Québec, 64
Minorité(s)
   ethniques, 212, 217
   ethnoculturelles, 134
   visibles, 134, 210, 212, 214, 217
Mise à pied, 384-385
Modèle(s)
   béveridgien, 153
   bismarckien, 153
   d'efficacité d'une grève, 362
   de déroulement d'une NBI, 354
   nouveaux_ de travail, 47
   traditionnel d'une négociation, 350-361
   traditionnel de la négociation interorganisationnelle, 352-353
Modernité avancée, 48
Monde(s)
   associatif, 62, 66-67
   de l'économie, 61-63
   privé, 62, 68
   public, 62, 65-66
Montréal
   conditions de travail à_ lors des débuts de l'industrialisation_, 11
   grappes industrielles à_, 72
Morin, Fernand, 144
Mouvements de personnel, 383-385
Moyens de production, 4
Münsterberg, 295

N

National Labor Relations Act, 130
Négociation
   basée sur les intérêts (NBI), 350
   commerciale, 345
   politique ou diplomatique, 345
Négociation collective, 13, 191, 268-280, 344-364, *voir aussi* Convention collective
   action stratégique en_, 356-364
   au Québec, 349
   basée sur les intérêts (NBI), 353
   dans les secteurs public et parapublic, 269-270
   définition et origines, 344-347
   fixation de la rémunération lors de la_, 345
   interorganisationnelle, 352-353
   moyens de pression économiques lors de la_, 275, 280
   obligation de négocier lors de la_, 269
   processus de_, 350-356
   règlement des conflits lors de la_, 272-273
   ressources en_, 358-359
   structures de la_, 347-350
   tactiques de_, 360-364
Néo-institutionnalisme, 297-298, *voir aussi* Nouvel institutionnalisme
Néolibéralisme, 86, 101
Néomarxisme, 37, 44-48, *voir aussi* Théorie du *job control*
Néopositivisme, 30-31
New Deal, 13, 43, 130, 176
Normes minimales du travail, 179-187
   effets juridiques des_, 179
   fondements des_, 174-177
   nécessité des_, 190-192
   portée des_, 192-194
   régime actuel des_, 177-190
Nouveau système de gestion du travail (*welfare capitalism*), 295
Nouvel institutionnalisme, *voir aussi* Néo-institutionnalisme, 297-298

Nouvelles
   méthodes de production, 385
   technologies, 385

O

Obligations de l'employeur en matière de prévention de SST, 235-241
Obligations du salarié en matière de prévention de SST, 241
Office des personnes handicapées du Québec, 120
Office des salaires raisonnables, 176
Office of Federal Contract Compliance Programs, 211
Opportunisme, 44
Organisation
   comme dimension d'analyse fondamentale, 47
   du travail, 308-309
   internationale du travail, 13
Organisation de coopération et de développement économiques (OCDE), 71, 99
Organisation des Nations unies (ONU), 201
Organisation du travail
   dans une perspective de groupe, 308-309
   dans une perspective individuelle, 309
   dans une perspective organisationnelle, 308
Organisation internationale du travail (OIT), 106, 148, 175, 203
Organisation mondiale du commerce (OMC), 71
Organisation scientifique du travail, 294-295, *voir* Gestion des ressources humaines

Organisations
   marchandes, 62
   non marchandes, 62
Organisme à but non lucratif (OBNL), 62

P

Paradigme pluraliste, 370-372
Parcellisation du travail, 8-9, *voir* Fordisme
Parker Follet, Mary, 295
Partenaires sociaux, 165
Pensée
   critique, 45
   moderne, 37, 48
   systémique, 296
Pension de la Sécurité de la vieillesse, 125, 129, 136
   universelle, 130
   vieillesse, 136
Péréquation, 118
Performance, 73-74
   critères d'évaluation de la_, 74
   d'entreprise, 73-79
   vision des acteurs sur la_, 76-77
   vision Tayloriste de la _, 74-75
Petites et moyennes entreprises (PME), 64, 72-73
Petro-Canada, 133
Piquetage, 279
Placement syndical, 121
Plainte(s), *voir* Recours
Pluralisme, 36, 40-42, 372
Policiers, 271
Politique d'obligation contractuelle, 215
Politiques publiques de l'emploi (PPE), 147
   actives, 151
   comme outil économique, 150
   comme outil juridique, 148-150
   comme outil politique, 148

   définition des_, 150
   défis des_, 165-169
   dimensions des_, 154
   fondements des_, 148-153
   gestion des_, 160-165
   modèle béveridgien, 153
   modèle bismarckien, 153
   objectifs économiques des_, 151-153
   passives, 151
   territorialisation des_, 165-167
Pompiers municipaux, 271
Population
   active, 14
   inactive, 14
Positivisme, 296
Pour une maternité sans danger (programme), 232, 240
Poursuites contre l'employeur
   au civil, 230
   au criminel, 230
   au pénal, 230
Pouvoirs publics, 70
Précarisation
   de l'emploi, 18-21
   dimensions de la_, 21
   du travail, 21-22
Précarité
   et détresse psychologique, 20
   sociale (*work-fare*), 151
Prédominance en emploi
   notion de_, 206
Premiers secours, 331
Prestations
   d'assurance-emploi et de sécurité du revenu, 118
   de maternité, 118
   de vieillesse, 118
Prévention en santé et sécurité du travail (SST), 322-336
   acteurs en_, 332-336
   ergonomie, 324-325
   importance des syndicats, 336
   mesures d'urgence, 331

   pratiques de_, 325-332
   prévention primaire, 328
   prévention secondaire, 329
   prévention tertiaire, 329
   risques du travail, 322-324
   typologie des interventions préventives, 330
Problèmes ouvriers, 9-14
   causes des_, 12
   perspective réformiste sur les_, 12
   perspective socialiste révolutionnaire sur les_, 12
Processus
   d'industrialisation, 6
   de contrôle sur le travail, 46
Producteurs, 4
Production, 68
   dans l'entreprise, 71
Productivité
   apparente du travail, 74, 75
Produit intérieur brut (PIB), 61, 151
   au Québec, 151
Programme(s)
   d'action positive, 211-212, *voir aussi Affirmative Action Programs*
   d'équité salariale, 204-205
   de prévention, 237-238
   sociaux, 118
Programmes d'accès à l'égalité (PAE), 210-211
   au Québec, 212-213
   types de_, 213-218
Programme de santé spécifique à l'établissement (PSSE), 238
Prolétariat, 45, *voir* Marxisme
Promotions, 384
Propriétaires, 68

Protection
    contre le harcèlement, 375
    de l'emploi, 148-150, 376, 383, 385
    des salariés, 382, 390
Puissance des parties, 356-357
Pyramide des besoins, 296, 301

Q

Qualité du travail, 17
Québec
    centrales syndicales au_, 94-99
    condition ouvrière au_, 11
    convention collective au_, 372-374, 389
    économie sociale au_, 67
    formation à l'emploi au_, 156
    grèves au_,
    intégration en emploi au_, 157
    interdiction de la discrimination en emploi au_, 201
    lock out au_,
    modification du *Code du travail* au_, 38
    précarisation de l'emploi au_, 18
    programmes d'accès à l'égalité au_, 212-213
    relation avec le Canada, 161
    rémunération horaire au_, 19
    structure industrielle au_, 63-68
    syndicats au_, 90-99
    vieillissement de la population au_, 152

R

Rapport sur la sécurité sociale au Canada (Rapport Marsh), 129
Rapports collectifs du travail, 125-127, 130, 136, 261-285, *voir aussi* Convention collective
    arbitre de griefs, 283-285
    cadre juridique des_, 262-264
    liberté syndicale des_, 265-268
    négociation collective, 268-280,
    résolution des litiges, 282-285
Recensement de la population canadienne, 212
Reclassement professionnel, 157-158
Recours
    civils, 188
    contre un congédiement sans cause juste et suffisante, 189
    contre une pratique interdite, 189
    généraux, 188
    particuliers, 188-189
Recrutement
    à l'interne, 307
    à l'externe, 307
Réforme du système d'éducation, 155
Régime
    d'accumulation concurrentielle, 46
    d'accumulation fordiste, 46
    d'assurance-emploi, 135, 161
    de congés parentaux, 136
Régime d'indemnisation des lésions professionnelles, 242-251
Régime des rentes du Québec (RRQ), 161
Régime québécois d'assurance parentale (RQAP), 183
    accident du travail, 244-245
    financement du_, 251-253
    indemnités, 246-247
    lésion professionnelle, 244-246
    maladie professionnelle, 245, 322
    réclamation, 243-246
    révision et contestation, 250-251
Régime québécois en matière de santé et de sécurité du travail
    contexte historique du_, 227-228
Régime québécois de santé et sécurité du travail (SST), 228
Registraire des entreprises du Québec, 64
Règlement sur la santé et la sécurité du travail (RSST), 235, 330
Règlement sur les normes minimales de premiers secours et de premiers soins, 243
Relation patronale-syndicale, 376-379
Relations industrielles (RI)
    convention collective de travail en_, 370-372
    enjeux des_, 43
    intervention de l'État dans_, 122
    naissance des_, 9-14
    niveaux d'activités en_, 44
    origine des_, 12-13
    recherche en_, 51
    théories en_, 33-52
Rémunération, 207
    dans la convention collective, 380-382
    horaire, 19
    pratiques de_, 311-314
Rendement, 309-310
Représentant à la prévention, 239
Réseau de santé publique en santé au travail (RSPSAT), 232-233
Résolution des conflits durant la convention collective, 378-379
Respect de la vie privée, 388
Responsabilité sociale, 76
    critères de_, 76

Retour au travail, 248-250
Retrait
    d'activité, 157-158
    préventif, 240-241
Retraite, 129-130, 136
    prestations de_, 130
    système de_, 129
Revenu
    minimal, 10
    soutien et remplacement du_, 159-160
Revenu, *voir* Salaire(s)
Revenu Québec, 64
Révolution industrielle 4.0, 323
Révolution tranquille, 155
Risque(s)
    catégories des_, 322
    du travail et de l'emploi, 322-324
    identification des_, 327
    mesures préventives, 328-331
Rotation d'emplois, 309
Royaume-Uni, 226-227

S

Saillard, Y., 37, *voir* Théorie néomarxiste
Salaire(s), 5, 10, 180-181
    à pourboire, 180
    écart de_, 203
    échelle de_, 313
    minimum, 10, 124, 180, 193
Salarié, 178
    formation et développement des compétences du_, 310-311
    notion de_, 203
Sanction, 314
    disciplinaire, 386-387
Santé, 322
Santé et sécurité du travail (SST), 11, 51, 322-336
    droits des travailleurs, 238-241
    indemnisation, 228-229
    obligations des travailleurs, 241

prévention en_, 322-336
régime d'indemnisation des lésions professionnelles, 242-251
régime de prévention en_, 230-242
stratégies étatiques de_, 228
systèmes de gestion de la santé et de la sécurité du travail (SGSST), 326
Sciences de l'organisation, 48
Scott, Walter Dill, 294
Secrétariat à la condition féminine du Québec, 214
Secrétariat du Conseil du trésor (SCT), 215
Secteur
    parapublic, 62
    primaire, 63
    public, 62
    secondaire, 63
    tertiaire, 63
Sécurité
    d'emploi, 77
    sociale, 124, 128, 134
Services de garde, 52; 136
Services essentiels, 136
Services publics
    grève dans les_, 131
    services essentiels dans les_,136
Smith, Adam, 4
Société
    en commandite, 67
    en nom collectif, 67
    par actions, 67
Sociétés précapitalistes, 4
Solidarité sociale, 150-151
Statistique Canada, 14
Stigler, 296
Stratégie de l'innovation ouverte, 72
Stratégie nationale sur la main-d'œuvre, 167
Stratégies étatiques
    en matière d'indemnisation, 228, 229
    en matière de prévention, 228

Stress, 21
Structure industrielle, 308
    au Québec, 63-68
Structure organisationnelle
    bureaucratique ou mécanique, 308
    en réseau, 308
    organique, 308
Sweating system, voir Condition ouvrière
Syndical(e)
    action_, 105-106
    entraide_, 105
    leadership_, 105
    liberté_, 265-268
    placement_, 121
Syndicalisation
    besoin de_, 85-86
    des centres de la petite enfance, 50
Syndicalisme
    catholique au Québec, 88
    crise du_, 99-104
    dans les secteurs public et parapublic, 89-90
    de métier, 87-88
    de nouveaux milieux_104-105
    déclin aux États-Unis et en Europe, 49
    décriminalisation du_, 125
    défis actuels du_99-108
    double fonction du_, 86
    industriel, 88-89
    origines du_, 87
Syndicat(s), 12, 34-35, 43, 46
    accrédité, 267-268
    américains, 38, 49
    au Québec et Canada, 90-99
    coalitions entre_, 42
    comme niveau d'activité en relations industrielles, 44
    illégalité des_, 5, 10
    indépendants, 93
    mouvement de protection des travailleurs, 13
    négociations avec les_, 42

    rapport de force entre employeurs et_, 38
    structures et fonctionnement des_, 93-99
Syndicat canadien de la fonction publique (SCFP), 95
Syndicat canadien des employées et employés professionnels et de bureau, 96
Syndicat de la fonction publique de l'Alberta, 95
Syndicat de la fonction publique du Québec et parapublique du Québec, 96
Syndicat des Métallos, 95
Syndicat des travailleurs et travailleuses des postes, 95
Syndicat des Travailleurs et travailleuses unis de l'alimentation et du commerce Canada (TUAC), 104
Syndicat national des employées et employés généraux du secteur public, 95
Syndicat québécois de la construction, 121
Syndicat uni du transport, 96
Système
    de retraite, 129
    notion de_, 35
    professionnel de travail, 7, *voir aussi* Division technique du travail
Système de gestion de la santé et de la sécurité du travail (SGSST), 326
Système de relations industrielles de Dunlop, 38-40, *voir aussi* Approche systémique de Dunlop, *voir aussi* Théorie du système de relations industrielles

T

Tactiques (en négociation collective), 360-364
    d'information, 360-361
    de coercition, 360-361
    de coopération, 361
    de persuasion, 360-361
    de protection, 361
Taux
    d'activité, 15
    d'emploi, 15
    de chômage, 14, 129, 135
    de cotisation, 251-253
    de cotisation à la CNESST, 247
    de fréquence-gravité ETC (équivalent temps complet), 323
    de fréquence des lésions professionnelles, 327
    de présence syndicale, 90-92
    de salaire minimum, 180
    de syndicalisation, 90-92
Taylor, Frederick W., 7, 74, 295, *voir* Taylorisme
Taylorisme, 7-8, *voir aussi* Division technique du travail définition du_, 7
Teamsters Canada, 95
Temps
    complet, 17
    partiel, 17
Temps chômé rémunéré, 381-382
Territorialisation des PPE, 165-167
The Alberta Teachers' Association, 96
The one best way, 7, *voir* Taylorisme
Théorie
    de l'équité, 299, *voir aussi* Justice distributive de l'intersectionnalité, 50
    du risque professionnel, 124
    et idéologie, 32-33

Théorie(s) en gestion des ressources humaines
    de la justice organisationnelle, 299
    de la motivation, 300-301
    de la régulation sociale, 298-299
    de l'équité, 299
    des deux facteurs, 301
    du contrat psychologique, 300-301
    du « crâne fragile », *voir* Condition personnelle du travailleur, 245
    globales, 297-301
    X et Y, 301
Théorie(s) en relations industrielles (RI), 33-52
    classification des_, 34
    de la régulation, 46-47
    du capital humain, 296
    du contrat psychologique et de la motivation, 300-301
    du *job control*, 45-46
    du système de RI (Dunlop), 35-40
    féministes, 37, 48-51
    importance de la_, 29-30
    néomarxiste, 37, 44-48
    pluraliste, 36, 40-42
    stratégique, 37, 42-44
    unitariste, 40

Thèse de la bureaucratie impersonnelle, 51
Transfert canadien en matière de santé et de programmes sociaux (TCSPS), 135
Transfert par aliénation ou concession, 179
Travail, 3-27
    absence du_, 184-185
    accidents de_, 20, 244-245, 322
    capacité de_, 4, 46
    comme catégorie anthropologique universelle, 3
    comme catégorie historique, 3
    comme marchandise, 4-5, 13
    définition du_, 3
    des enfants, 122-123, 175, 186-187
    division sexuelle du_, 50
    durée du_, 181
    gestion scientifique du_, 12
    nouveaux modèles de_, 47
    parcellisation du_, 8-9
    qualité du_, 17
    rapports collectifs de_, 125-127, 130, 136
    risques du_, 322-324
Travailleur(s)
    à temps complet ou partiel, 17

    aspirations des_, 18, 22-23
    atypiques, 19
    autonomes, 15, 234
    capacités affectives des_, 51
    contrôle des_, 44
    domestiques, 243
    en détresse psychologique, 20
    étrangers temporaires, 187
    faiblement rémunérés, 19
    familiaux non rémunérés (TFNR), 16
    handicapés, 388
    notion de_, 234
    nouvelles figures de_, 4
    pauvres, 19
    peu qualifiés, 8-9
    typiques, 18
Travailleurs et travailleuses unis de l'alimentation et du commerce Canada (TUAC-FTQ), 95
Travailleurs indépendants, 16-17, 19, 21, 138
Tribunal administratif du travail (TAT), 104, 265
Tribunal des droits de la personne du Québec (TDPQ), 213
Tripartisme État-patronat-syndicat, 38

U

Unifor, 95
Union des travailleuses et travailleurs accidentés ou malades de Montréal (UTTAM), 243
Union internationale des employés des services, 95
Union internationale des journaliers d'Amérique du Nord, 95
Union internationale des opérateurs-ingénieurs, 95
Unitarisme, 40-41

V

Vie privée (respect de la), 388
Vieillissement de la population, 152-153
    au Québec, 152

W

Wagner Act, 89, 130
Wagner, Adolf, 150
Wagner, Loi de_, 150
Wagner, Robert, 130
Webb, Sidney et Beatrice, 13
Welfare capitalism, 295

Z

Zone de compromis, 351